Las novelas de Torquemada

Sección: Literatura

Benito Pérez Galdós:
Las novelas de Torquemada

Torquemada en la hoguera
Torquemada en la cruz
Torquemada en el purgatorio
Torquemada y San Pedro

El Libro de Bolsillo
Alianza Editorial
Madrid

®

Primera edición en "El Libro de Bolsillo": 1967
Segunda edición en "El Libro de Bolsillo": 1970
Tercera edición en "El Libro de Bolsillo": 1976
Cuarta edición en "El Libro de Bolsillo": 1979

© Alianza Editorial, S. A. Madrid, 1967, 1970, 1976, 1979
    Calle Milán, 38; ☎ 200 00 45
    ISBN: 84-206-1088-7
    Depósito legal: M. 1.291-1979
    Impreso en Hijos de E. Minuesa, S. L.
    Ronda de Toledo, 24. - Madrid-5
    Printed in Spain

Uno

Voy a contar cómo fue al quemadero el inhumano que tantas vidas infelices consumió en llamas; que a unos les traspasó los hígados con un hierro candente; a otros les puso en cazuela bien mechados, y a los demás los achicharró por partes, a fuego lento, con rebuscada y metódica saña. Voy a contar cómo vino el fiero sayón a ser víctima; cómo los odios que provocó se le volvieron lástima, y las nubes de maldiciones arrojaron sobre él lluvia de piedad; caso patético, caso muy ejemplar, señores, digno de contarse para enseñanza de todos, aviso de condenados y escarmiento de inquisidores.

Mis amigos conocen ya, por lo que de él se me antojó referirles, a don Francisco Torquemada, a quien algunos historiadores inéditos de estos tiempos llaman *Torquemada el Peor*. ¡Ay de mis buenos lectores si cono-

cen al implacable fogonero de vidas y haciendas por
tratos de otra clase, no tan sin malicia, no tan desinteresados como estas inocentes relaciones entre narrador y
lector! Porque si han tenido algo que ver con él en cosa
de más cuenta; si le han ido a pedir socorro en las pata-
letas de la agonía pecuniaria, más les valiera encomen-
darse a Dios y dejarse morir. Es Torquemada el habili-
tado de aquel infierno en que fenecen desnudos y fritos los deudores; hombres de más necesidades que posibles; empleados con más hijos que sueldo; otros ávidos
de la nómina tras larga cesantía; militares trasladados
de residencia, con familión y suegra por añadidura; personajes de flaco espíritu, poseedores de un buen destino, pero con la carcoma de una mujercita que da tés
y empeña el verbo para comprar las pastas; viudas llo-
ronas que cobran el Montepío civil o militar y. se ven
en mil apuros; sujetos diversos que no aciertan a resolver el problema aritmético en que se funda la existencia social, y otros muy perdidos, muy faltones, muy des-
tornillados de cabeza o rasos de moral, tramposos y em-
busteros.

Pues todos éstos, el bueno y el malo, el desgraciado y
el pillo, cada uno por su arte propio, pero siempre con
su sangre y sus huesos, le amasaron al sucio de Torquemada una fortunita que ya la quisieran muchos que se
dan lustre en Madrid, muy estirados de guantes, estre-
nando ropa en todas las estaciones y preguntando como
quien no pregunta nada: «Diga usted, ¿a cómo han quedado hoy los fondos?»

El año de la revolución compró Torquemada una casa
de corredor en la calle de San Blas, con vuelta a la de
la Leche; finca bien aprovechada, con veinticuatro habi-
tacioncitas, que daban, descontando insolvencias inevi-
tables, reparaciones, contribución, etc., una renta de mil
trescientos reales al mes, equivalente a un siete o siete
y medio por ciento del capital. Todos los domingos se
personaba en ella mi don Francisco para hacer la cobranza, los recibos en una mano, en otra el bastón con

puño de asta de ciervo, y los pobres inquilinos que tenían la desgracia de no poder ser puntuales andaban
desde el sábado por la tarde con el estómago descompuesto, porque la adusta cara, el carácter férreo del propietario, no concordaban con la idea que tenemos del
día de fiesta, del día del Señor, todo descanso y alegría.
El año de la Restauración ya había duplicado Torquemada la pella con que le cogió la *Gloriosa,* y el radical
cambio político proporcionóle bonitos préstamos y anticipos. Situación nueva, nómina fresca, pagas saneadas,
negocio limpio. Los gobernadores flamantes que tenían
que hacerse ropa, los funcionarios diversos que salían de
la oscuridad famélicos le hicieron un buen agosto. Toda
la época de los conservadores fue regularcita, como que
éstos le daban juego con las esplendideces propias de la
dominación, y los liberales también, con sus ansias y
necesidades no satisfechas. Al entrar en el Gobierno, en
1881, los que tanto tiempo estuvieron sin catarlo, otra
vez Torquemada en alza: préstamos de lo fino, adelantos de lo gordo, y vamos viviendo. Total, que ya le
estaba echando el ojo a otra casa, no de corredor, sino
de buena vecindad, casi nueva, bien acondicionada para
inquilinos modestos, y que si no rentaba más que un tres
y medio a todo tirar, en cambio su administración y cobranza no darían las jaquecas de la cansada finca dominguera.

Todo iba como una seda para aquella feroz hormiga,
cuando de súbito le afligió el cielo con tremenda desgracia: se murió su mujer. Perdónenme mis lectores si
les doy la noticia sin la preparación conveniente, pues sé
que apreciaban a doña Silvia, como la apreciábamos todos los que tuvimos el honor de tratarla y conocíamos
sus excelentes prendas y circunstancias. Falleció de cólico miserere, y he de decir, en aplauso a Torquemada,
que no se omitió gasto de médico y botica para salvarle la vida a la pobre señora. Esta pérdida fue un golpe
cruel para don Francisco, pues habiendo vivido el matrimonio en santa y laboriosa paz durante más de cuatro

lustros, los caracteres de ambos cónyuges se habían compenetrado de un modo perfecto, llegando a ser ella otro él, y él como cifra y refundición de ambos. Doña Silvia no sólo gobernaba la casa con magistral economía, sino que asesoraba a su pariente en los negocios difíciles, auxiliándole con sus luces y su experiencia para el préstamo. Ella defendiendo el céntimo en casa para que no se fuera a la calle, y él barriendo para adentro a fin de traer todo lo que pasara, formaron un matrimonio sin desperdicio, pareja que podría servir de modelo a cuantas hormigas hay debajo de la tierra y encima de ella.

Estuvo Torquemada el *Peor* los primeros días de su viudez sin saber lo que le pasaba, dudando que pudiera sobrevivir a su cara mitad. Púsose más amarillo de lo que comúnmente estaba, y le salieron algunas canas en el pelo y en la perilla. Pero el tiempo cumplió, como suele cumplir siempre, endulzando lo amargo, limando con insensible diente las asperezas de la vida, y aunque el recuerdo de su esposa no se extinguió en el alma del usurero, el dolor hubo de calmarse; los días fueron perdiendo lentamente su fúnebre tristeza; despejóse el sol del alma, iluminando de nuevo las variadas combinaciones numéricas que en ella había, los negocios distrajeron al aburrido negociante, y a los dos años, Torquemada parecía consolado; pero, entiéndase bien y repítase en honor suyo, sin malditas ganas de volver a casarse.

Dos hijos le quedaron: Rufinita, cuyo nombre no es nuevo para mis amigos, y Valentinito, que ahora sale por primera vez. Entre la edad de uno y otro hallamos diez años de diferencia, pues a mi doña Silvia se le malograron más o menos prematuramente todas las crías intermedias, quedándole sólo la primera y la última. En la época en que cae lo que voy a referir, Rufinita había cumplido los veintidós, y Valentín andaba al ras de los doce. Y para que se vea la buena estrella de aquel animal de don Francisco, sus dos hijos eran, cada cual por su estilo, verdaderas joyas o como bendiciones de Dios que llovían sobre él para consolarle en su soledad. Rufina había sacado todas las capacidades domésticas de su madre, y gobernaba el hogar casi tan bien como ella. Claro que no tenía el alto tino de los negocios, ni la consumada trastienda, ni el golpe de vista, ni otras aptitudes entre molares y olfativas de aquella insigne matrona; pero en formalidad, en modesta compostura y buen parecer, ninguna chica de su edad le echaba el pie adelante. No era presumida, ni tampoco descuidada en su persona; no se la podía tachar de desenvuelta, ni tampoco de huraña. Coqueterías, jamás en ella se conocieron. Un solo novio tuvo desde la edad en que apunta el querer hasta los días en que la presento, el cual, después de mucho rondar y suspiretear, mostrando por mil medios la rectitud de sus fines, fue admitido en la casa en los últimos tiempos de doña Silvia, y siguió después, con asentimiento del papá, en la misma honrada y amorosa costumbre. Era un *chico de Medicina,* chico en toda la extensión de la palabra, pues levantaba del suelo lo menos que puede levantar un hombre; estudiosillo, inocente, bonísimo y manchego por más señas. Desde el cuarto año empezaron aquellas castas relaciones, y en los días de este relato, concluida ya la carrera y lanzado Quevedito (que así se llamaba) a la práctica de la facultad, tocaban ya a casarse. Satisfecho el *Peor* de la elección de la niña, alababa su discreción, su desprecio de vanas apariencias para atender sólo a lo sólido y práctico.

Pues digo, si de Rufina volvemos los ojos al tierno vástago de Torquemada, encontraremos mejor explicación de la vanidad que le infundía su prole, porque (lo digo sinceramente) no he conocido criatura más mona que aquel Valentín, ni preciosidad tan extraordinaria como la suya. ¡Cosa tan rara! No obstante el parecido con su antipático papá, era el chiquillo guapísimo, con tal expresión de inteligencia en aquella cara, que se quedaba uno embobado mirándole; con tales encantos en en su persona y carácter, y rasgos de conducta tan su-

periores a su edad, que verle, hablarle y quererle vivamente era todo uno. ¡Y qué hechicera gravedad la suya,
no incompatible con la inquietud propia de la infancia!
¡Qué gracia mezclada de no sé qué aplomo inexplicable
a sus años! ¡Qué rayo divino en sus ojos algunas veces,
y otras qué misteriosa y dulce tristeza! Espigadillo de
cuerpo, tenía las piernas delgadas, pero de buena forma; la cabeza, más grande de lo regular, con alguna de-
formidad en el cráneo. En cuanto a su aptitud para el
estudio llamémosla verdadero prodigio, asombro de la
escuela y orgullo y gala de los maestros. De esto hablaré
más adelante. Sólo he de afirmar ahora que el *Peor* no
merecía tal joya, ¡qué había de merecerla!, y que si
fuese hombre capaz de alabar a Dios por los bienes con
que le agraciaba, motivos tenía el muy tuno para estarse, como Moisés, tantísimas horas con los brazos levantados al cielo. No los levantaba, porque sabía que del
cielo no había de caerle ninguna breva de las que a él
le gustaban.

Dos

Vamos a otra cosa. Torquemada no era de esos usureros que se pasan la vida multiplicando caudales por
el gustazo platónico de poseerlos, que viven sórdida-
mente para no gastarlos y al morirse quisieran, o bien
llevárselos consigo a la tierra, o esconderlos donde alma
viviente no los pueda encontrar. No; don Francisco habría sido así en otra época; pero no pudo eximirse de
la influencia de esta segunda mitad del siglo XIX, que
casi ha hecho una religión de las materialidades decoro-
sas de la existencia. Aquellos avaros de antiguo cuño,
que afanaban riquezas y vivían como mendigos y se
morían como perros en un camastro lleno de pulgas y
de billetes de Banco metidos entre la paja, eran los
místicos o metafísicos de la usura; su egoísmo se sutili-
zaba en la idea pura del negocio; adoraban la santísima,
la inefable cantidad, sacrificando a ella su material exis-

tencia, las necesidades del cuerpo y de la vida, como el místico lo pospone todo a la absorbente idea de salvarse. Viviendo el *Peor* en una época que arranca de la desamortización, sufrió, sin comprenderlo, la metamorfosis que ha desnaturalizado la usura metafísica, convirtiéndolo en positivista, y si bien es cierto, como lo acredita la Historia, que desde el 51 al 68, su verdadera época de aprendizaje, andaba muy mal trajeado y con afectación de pobreza, la cara y las manos sin lavar, rascándose a cada instante en brazos y piernas, cual si llevase miseria; el sombrero con grasa, la capa deshilachada; si bien consta también en las crónicas de la vecindad que en su casa se comía de vigilia casi todo el año y que la señora salía a sus negocios con una toquilla agujereada y unas botas viejas de su marido, no es menos cierto que alrededor del 70 la casa estaba ya en otro pie; que mi doña Silvia se ponía muy maja en ciertos días; que don Francisco se mudaba de camisa más de una vez por quincena; que en la comida había menos carnero que vaca y los domingos se añadía al cocido un despojito de gallina; que aquello de judías a todo pasto y algunos días pan seco y salchicha cruda fue pasando a la historia; que el estofado de contra apareció en determinadas fechas por las noches, y también pescados, sobre todo en tiempo de blandura, que iban baratos; que se iniciaron en aquella mesa las chuletas de ternera y la cabeza de cerdo, salada en casa por el propio Torquemada, el cual era un famoso salador; que, en suma y para no cansar, la familia toda empezaba a tratarse como Dios manda.

Pues en los últimos años de doña Silvia, la transformación acentuóse más. Por aquella época cató la familia los colchones de muelles; Torquemada empezó a usar chistera de cincuenta reales; disfrutaba dos capas, una muy buena, con embozos colorados; los hijos iban bien apañaditos; Rufina tenía un lavabo de los de mírame y no me toques, con jofaina y jarro de cristal azul, que no se usaba nunca por no estropearlo; doña Silvia

se engalanó con un abrigo de pieles que parecían de conejo, y dejaba bizca a toda la calle de Tudescos y callejón del Perro cuando salía con la *visita* guarnecida de
abalorio; en fin, que pasito a paso y a codazo limpio, se
habían ido metiendo en la clase media, en nuestra bo-
nachona clase media, toda necesidades y pretensiones,
y que crece tanto, tanto, ¡ay dolor!, que nos estamos
quedando sin pueblo.

Pues, señor, revienta doña Silvia, y empuñadas por
Rufina las riendas del gobierno de la casa, la metamorfosis se marca mucho más. A reinados nuevos, principios
nuevos. Comparando lo pequeño con lo grande y lo
privado con lo público, diré que aquello se me parecía
a la entrada de los liberales, con su poquito de sentido
revolucionario en lo que hacen y dicen. Torquemada
representaba la idea conservadora; pero transigía, ¡pues
no había de transigir!, doblegándose a la lógica de los
tiempos. Apechugó con la camisa limpia cada media semana; con el abandono de la capa número dos para de
día, relegándola al servicio nocturno; con el destierro
absoluto del hongo número tres, que no podía ya con
más sebo; aceptó, sin viva protesta, la renovación de
manteles entre semana, el vino a pasto, el cordero con
guisantes (en su tiempo), los pescados finos en Cuaresma y el pavo en Navidad; toleró la vajilla nueva para
ciertos días; el chaquet con trencilla, que en él era un
refinamiento de etiqueta, y no tuvo nada que decir de
las modestas galas de Rufina y de su hermanito, ni de la
alfombra del gabinete, ni de otros muchos progresos que
se fueron metiendo en casa a modo de contrabando.

Y vio muy pronto don Francisco que aquellas novedades eran buenas y que su hija tenía mucho talento,
porque…, vamos, parecía cosa del otro jueves…; echá-
base mi hombre a la calle y se sentía, con la buena ropa,
más persona que antes; hasta le salían mejores negocios,
más amigos útiles y explotables. Pisaba más fuerte, tosía
más recio, hablaba más alto y atrevíase a levantar el
gallo en la tertulia del café, notándose con bríos para

sustentar una opinión cualquiera, cuando antes, por efecto, sin duda, del mal pelaje y de su rutinaria afectación
de pobreza, siempre era de la opinión de los demás. Poco
a poco llegó a advertir en sí los alientos propios de su
capacidad social y financiera; se tocaba, y el sonido le
advertía que era propietario y rentista. Pero la vanidad
no le cegó nunca. Hombre de composición homogénea,
compacta y dura, no podía incurrir en la tontería de
estirar el pie más del largo de la sábana. En su carácter
había algo resistente a las mudanzas de formas impues-
tas por la época, y así como no varió nunca su manera
de hablar, tampoco ciertas ideas y prácticas del oficio se
modificaron. Prevaleció el amaneramiento de decir siempre que los tiempos eran muy malos, pero muy malos;
el lamentarse de la desproporción entre sus míseras ganancias y su mucho trabajar; subsistió aquella melosidad
de dicción y aquella costumbre de preguntar por la familia siempre que saludaba a alguien, y el decir que no
andaba bien de salud, haciendo un mohín de hastío de
la vida. Tenía ya la perilla amarillenta, el bigote más
negro que blanco, ambos adornos de la cara tan recorta-
ditos, que antes parecían pegados que nacidos allí. Fuera de la ropa, mejorada en calidad, si no en la manera
de llevarla, era el mismo que conocimos en casa de doña Lupe *la de los Pavos;* en su cara la propia confusión
extraña de lo militar y lo eclesiástico, el color bilioso,
los ojos negros y algo soñadores, el gesto y los modales
expresando lo mismo afeminación que hipocresía, la calva
más despoblada y más limpia, y todo él craso, resbala-
dizo y repulsivo, muy pronto siempre cuando se le saludaba a dar la mano, por cierto bastante sudada.

De la precoz inteligencia de Valentinito estaba tan
orgulloso, que no cabía en su pellejo. A medida que el
chico avanzaba en sus estudios, don Francisco sentía crecer el amor paterno, hasta llegar a la ciega pasión. En
honor del tacaño, debe decirse que, si se conceptuaba
reproducido físicamente en aquel pedazo de su propia
naturaleza, sentía la superioridad del hijo, y por esto se

congratulaba más de haberle dado el ser. Porque Valentinito era el prodigio de los prodigios, un jirón excelso de la divinidad caído en la tierra. Y Torquemada, pensando en el porvenir, en lo que su hijo había de ser, si viviera, no se conceptuaba digno de haberlo engendrado, y sentía ante él la ingénita cortedad de lo que es materia frente a lo que es espíritu.

En lo que digo que las inauditas dotes intelectuales de aquella criatura no se crea que hay la más mínima exageración. Afirmo con toda ingenuidad que el chico era de lo más estupendo que se puede ver, y que se presentó en el campo de la enseñanza como esos extraordinarios ingenios que nacen de tarde en tarde destinados a abrir nuevos caminos a la humanidad. A más de la inteligencia, que en edad temprana despuntaba en él como aurora de un día espléndido, poseía todos los encantos de la infancia, dulzura, gracejo y amabilidad. El chiquillo, en suma, enamoraba, y no es de extrañar que don Francisco y su hija estuvieran loquitos con él. Pasados los primeros años, no fue preciso castigarle nunca, ni aun siquiera reprenderle. Aprendió a leer por arte milagroso, en pocos días, como si lo trajera sabido ya del claustro materno. A los cinco años sabía muchas cosas que otros chicos aprenden difícilmente a los doce. Un día me hablaron de él dos profesores amigos míos que tienen colegio de primera y segunda enseñanza, lleváronme a verle y me quedé asombrado. Jamás vi precocidad semejante ni un apuntar de inteligencia tan maravilloso. Porque si algunas respuestas las endilgó de tarabilla, demostrando el vigor y riqueza de su memoria, en el tono con que decía otras se echaba de ver cómo comprendía y apreciaba el sentido.

La Gramática la sabía de carretilla; pero la Geografía la dominaba como un hombre. Fuera del terreno escolar, pasmaba ver la seguridad de sus respuestas y observaciones, sin asomos de arrogancia pueril. Tímido y discreto, no parecía comprender que hubiese mérito en las habilidades que lucía, y se asombraba de que se

las ponderasen y aplaudiesen tanto. Contáronme que en
su casa daba muy poco que hacer. Estudiaba las lecciones con tal rapidez y facilidad, que le sobraba tiempo
para sus juegos, siempre muy sosos e inocentes. No le
hablaran a él de bajar a la calle para enredar con los
chiquillos de la vecindad. Sus travesuras eran pacíficas,
y consistieron, hasta los cinco años, en llenar de monigotes y letras el papel de las habitaciones o arrancarle
algún cacho; en echar desde el balcón a la calle una cuerda muy larga, con la tapa de una cafetera, arriándola
hasta tocar el sombrero de un transeúnte y recogiéndola
después a toda prisa. A obediente y humilde no le ganaba ningún niño, y por tener todas las perfecciones, hasta
maltrataba la ropa lo menos que maltratarse puede.

Pero sus inauditas facultades no se habían mostrado
todavía; iniciáronse cuando estudió la Aritmética, y se
revelaron más adelante en la segunda enseñanza. Ya
desde sus primeros años, al recibir las nociones elementales de la ciencia de la cantidad, sumaba y restaba de
memoria decenas altas y aun centenas. Calculaba con
tino infalible, y su padre mismo, que era un águila para
hacer en el filo de la imaginación cuentas por la regla
de interés, le consultaba no pocas veces. Comenzar Valentín el estudio de las matemáticas de instituto y revelar de golpe toda la grandeza de su numen aritmético
fue todo uno. No aprendía las cosas, las sabía ya, y el
libro no hacía más que despertarle las ideas, abrírselas,
digámoslo así, como si fueran capullos que al calor pri-
maveral se despliegan en flores. Para él no había nada
difícil ni problema que le causara miedo. Un día fue
el profesor a su padre y le dijo:

—Ese niño es cosa inexplicable, señor Torquemada:
o tiene el diablo en el cuerpo o es el pedazo de divinidad más hermoso que ha caído en la tierra. Dentro de
poco no tendré nada que enseñarle. Es Newton resucitado, señor don Francisco; una organización excepcional
para las matemáticas, un genio que sin duda se trae
fórmulas nuevas debajo del brazo para ensanchar el cam-

po de la ciencia. Acuérdese usted de lo que digo: cuando este chico sea hombre asombrará y trastornará el
mundo.

Cómo se quedó Torquemada al oír esto se comprenderá fácilmente. Abrazó al profesor, y la satisfacción le
rebosaba por ojos y boca en forma de lágrimas y babas.
Desde aquel día, el hombre no cabía en sí: trataba a su
hijo no ya con amor, sino con cierto respeto supersticioso. Cuidaba de él como de un ser sobrenatural, puesto
en sus manos por especial privilegio. Vigilaba sus comidas, asustándose mucho si no mostraba apetito; al verle
estudiando recorría las ventanas para que no entrase
aire, se enteraba de la temperatura exterior antes de
dejarle salir para determinar si debía ponerse bufanda o
el *carrik* gordo o las botas de agua; cuando dormía andaba de puntillas; le llevaba a paseo los domingos o al
teatro, y si el angelito hubiese mostrado afición a juguetes extraños y costosos, Torquemada, vencida su sordidez, se los hubiera comprado. Pero el fenómeno aquel
no mostraba afición sino a los libros: leía rápidamente y
como por magia, enterándose de cada página en un abrir
y cerrar de ojos. Su papá le compró una obra de viajes
con mucha estampa de ciudades europeas y de comarcas
salvajes. La seriedad del chico pasmaba a todos los amigos de la casa, y no faltó quien dijera de él que parecía
un viejo. En cosas de malicia era de una pureza excepcional: no aprendía ningún dicho ni acto feo de los que
saben a su edad los retoños desvergonzados de la presente generación. Su inocencia y celestial donosura casi nos
permitían conocer a los ángeles como si los hubiéramos
tratado, y su reflexión rayaba en lo maravilloso. Otros
niños, cuando les preguntaban lo que quieren ser, res-
ponden que obispos o generales si despuntan por la vanidad; los que pican por la destreza corporal dicen que
cocheros, atletas o payasos de circo; los inclinados a la
imitación, actores, pintores... Valentinito, al oír la pregunta, alzaba los hombros y no respondía nada. Cuando
más, decía «No sé», y al decirlo clavaba en su interlocu-

tor una mirada luminosa y penetrante, vago destello del
sinfín de ideas que tenía en aquel cerebrazo, y que en
su día habían de iluminar toda la tierra.

Mas el *Peor,* aun reconociendo que no había carrera
a la altura de su milagroso niño, pensaba dedicarlo a
ingeniero, porque la abogacía es cosa de charlatanes.
Ingeniero; pero ¿de qué? ¿Civil o militar? Pronto notó
que a Valentín no le entusiasmaba la tropa y que, contra
la ley general de las aficiones infantiles, veía con indiferencia los uniformes. Pues ingeniero de Caminos. Por
dictamen del profesor del colegio, fue puesto Valentín
antes de concluir los años de bachillerato en manos de
un profesor de estudios preparatorios para carreras espe-
ciales, el cual, luego que tanteó su colosal inteligencia,
quedóse atónito, y un día salió asustado, con las manos
en la cabeza, y corriendo en busca de otros maestros de
matemáticas superiores, les dijo:

—Voy a presentarles a ustedes el monstruo de la edad
presente.

Y le presentó y se maravillaron, pues fue el chico a
la pizarra, y como quien garabatea por enredar y gastar
tiza, resolvió problemas dificilísimos. Luego hizo de memoria diferentes cálculos y operaciones, que aun para
los más peritos no son coser y cantar. Uno de aquellos
maestrazos, queriendo apurarle, le echó el cálculo de radicales numéricos, y como si le hubieran echado almendras. Lo mismo era para él la raíz enésima que para
otros dar un par de brincos. Los tíos aquellos, tan sabios,
se miraron absortos, declarando no haber visto caso ni
remotamente parecido.

Era en verdad interesante aquel cuadro y digno de figurar en los anales de la ciencia: cuatro varones de más
de cincuenta años, calvos y medio ciegos de tanto estudiar, maestros de maestros, congregábanse delante de
aquel mocoso, que tenía que hacer sus cálculos en la
parte baja del encerado, y la admiración los tenía mudos
y perplejos, pues ya le podían echar dificultades al angelito, que se las bebía como agua. Otro de los examina-

dores propuso las homologías, creyendo que Valentín
estaba raso de ellas, y cuando vieron que no, los tales
no pudieron contener su entusiasmo: uno le llamó el
Anticristo; otro le cogió en brazos y se lo puso a la pela,
y todos se disputaban sobre quién se le llevaría, ansiosos de completar la educación del primer matemático
del siglo. Valentín los miraba sin orgullo ni cortedad,
inocente y dueño de sí, como Cristo niño entre los doctores.

Tres

Basta de matemáticas, digo yo ahora, pues me urge
apuntar que Torquemada vivía en la misma casa de la
calle de Tudescos donde le conocimos cuando fue a verle
la de Bringas para pedirle no recuerdo qué favor, allá
por el 68, y tengo prisa por presentar a cierto sujeto
que conozco hace tiempo y que hasta ahora nunca men-
té para nada: un don José Bailón, que iba todas las
noches a la casa de nuestro don Francisco a jugar con él
la partida de damas o de mus, y cuya intervención en mi
cuento es necesaria ya para que se desarrolle con lógica.
Este señor Bailón es un clérigo que ahorcó los hábitos
el 69, en Málaga, echándose a revolucionario y a libre-
cultista con tan furibundo ardor, que ya no pudo volver
al rebaño, ni aunque quisiera le habían de admitir. Lo
primero que hizo el condenado fue dejarse crecer las
barbas, despotricarse en los clubs, escribir tremendas
catilinarias contra los de su oficio, y, por fin, operando
verbo et gladio, se lanzó a las barricadas con un trabuco
naranjero que tenía la boca lo mismo que una trompe-
ta. Vencido y dado a los demonios, le catequizaron los
protestantes, ajustándole para predicar y dar lecciones en
la capilla, lo que él hacía de malísima gana y sólo por el
arrastrado garbanzo. A Madrid vino cuando aquella gentil pareja, don Horacio y doña Malvina, puso su establecimiento evangélico en Chamberí. Por un regular estipendio, Bailón los ayudaba en los oficios, echando unos

sermones agridulces, estrafalarios y fastidiosos. Pero al
año de estos tratos, yo no sé lo que pasó..., ello fue cosa
de algún atrevimiento apostólico de Bailón con las neófi-
tas; lo cierto es que doña Malvina, que era persona muy
mirada, le dijo en mal español cuatro frescas; intervino
don Horacio, denostando también a su coadjutor, y entonces Bailón, que era hombre de muchísima sal para tales casos, sacó una navaja tamaña como hoy y mañana,
y se dejó decir que si no se quitaban de delante les
echaba fuera el mondongo. Fue tal el pánico de los pobres ingleses, que echaron a correr pegando gritos, y no
pararon hasta el tejado. Resumen: que tuvo que abandonar Bailón aquel acomodo, y después de rodar por ahí
dando sablazos, fue a parar a la redacción de un periódico muy atrevidillo; como que su misión era echar chini-
tas de fuego a toda autoridad; a los curas, a los obispos
y al mismo Papa. Esto ocurría el 73, y de aquella época
datan los opúsculos políticos de actualidad que publicó
el clerizonte en el folletín, y de los cuales hizo tiraditas
aparte; bobadas escritas en estilo bíblico y que tuvieron,
aunque parezca mentira, sus días de éxito. Como que se
vendían bien y sacaron a su endiablado autor de más de
un apuro.

Pero todo aquello pasó; la fiebre revolucionaria, los
folletos de Bailón tuvieron que esconderse, afeitándose
para disfrazarse y poder huir al extranjero. A los dos
años asomó por aquí otra vez, de bigotes larguísimos,
aumentados con parte de la barba, como los que gastaba
Víctor Manuel, y por si traía o no traía chismes y men-
sajes de los emigrados, metiéronle mano y le tuvieron
en el Saladero tres meses. Al año siguiente, sobreseída
la causa, vivía el hombre en Chamberí, y, según la cháchara del barrio, muy a lo bíblico, amancebado con una
viuda rica que tenía rebaño de cabras y además un establecimiento de burras de leche. Cuento todo esto como
me lo contaron, reconociendo que en esta parte de la historia patriarcal de Bailón hay gran oscuridad. Lo público
y notorio es que la viuda aquella cascó, y que Bailón apa-

reció al poco tiempo con dinero. El establecimiento y
las burras y cabras le pertenecían. Arrendólo todo; se fue
a vivir al centro de Madrid, dedicándose a *inglés,* y no
necesito decir más para que se comprenda de dónde vinieron su conocimiento y tratos con Torquemada, porque
bien se ve que éste fue su maestro, le inició en los misterios del oficio y le manejó parte de sus capitales como
había manejado los de doña Lupe, la *Magnífica,* más conocida por *la de los Pavos.*

Eran don José Bailón un animalote de gran alzada,
atlético, de formas robustas y muy recalcado de facciones, verdadero y vivo estudio anatómico por su riqueza
muscular. Ultimamente había dado otra vez en afeitar-
se; pero no tenía cara de cura, ni de fraile, ni de torero.
Era más bien un Dante echado a perder. Dice un amigo
mío que por sus pecados ha tenido que vérselas con
Bailón, que éste es el vivo retrato de la sibila de Cumas,
pintada por Miguel Angel, con las demás señoras sibilas
y los profetas, en el maravilloso techo de la Capilla Sixtina. Parece, en efecto, una vieja de raza titánica que
lleva en su ceño todas las iras celestiales. El perfil de
Bailón y el brazo y pierna, como troncos añosos; el for-
zudo tórax y las posturas que sabía tomar, alzando una
pataza y enarcando el brazo, le asemejaban a esos figuro-
nes que andan por los techos de las catedrales, despata-
rrados sobre una nube. Lástima que no fuera moda que
anduviéramos en cueros para que luciese en toda su
gallardía académica este ángel de cornisa. En la época
en que lo presento ahora pasaba de los cincuenta años.

Torquemada lo estimaba mucho, porque, en sus relaciones de negocios, Bailón hacía gala de gran formalidad y aun de delicadeza. Y como el clérigo renegado
tenía una historia tan variadita y dramática, y sabía con-
tarla con mucho aquel, adornándola con mentiras, don
Francisco se embelesaba oyéndole, y en todas las cuestiones de un orden elevado le tenía por oráculo. Don José era de los que con cuatro ideas y pocas más palabras
se las componen para aparentar que saben lo que igno-

ran y deslumbrar a los ignorantes sin malicia. El más deslumbrado era don Francisco, y además el único mortal que leía los folletos babilónicos a los diez años de publicarse; literatura envejecida casi al nacer, y cuyo fugaz éxito no comprendemos sino recordando que la democracia sentimental a estilo de Jeremías tuvo también sus quince.

Escribía Bailón aquellas necedades en parrafitos cortos, y a veces rompía con una cosa muy santa: verbigracia: «Gloria a Dios en las alturas y paz, etc.», para salir luego por este registro:

«Los tiempos se acercan, tiempos de redención, en que el Hijo del Hombre será dueño de la tierra.

»El Verbo depositó hace dieciocho siglos la semilla divina. En noche tenebrosa fructificó. He aquí las flores.

»¿Cómo se llaman? Los derechos del pueblo.»

Y a lo mejor, cuando el lector estaba más descuidado, le soltaba ésta:

«He aquí al tirano. ¡Maldito sea!

»Aplicad el oído y decidme de dónde viene ese rumor vago, confuso, extraño.

»Posad la mano en la tierra y decidme por qué se ha estremecido.

»Es el Hijo del Hombre que avanza, decidido a recobrar su primogenitura.

»¿Por qué palidece la faz del tirano? ¡Ah! El tirano ve que sus horas están contadas...»

Otras veces empezaba diciendo aquello de: «Joven soldado, ¿adónde vas?» Y por fin, después de mucho marear, quedábase el lector sin saber adónde iba el soldadito, como no fueran todos, autor y público, a Leganés.

Todo esto le parecía de perlas a don Francisco, hombre de escasa lectura. Algunas tardes se iban a pasear juntos los dos tacaños, charla que te charla; y si en negocios era Torquemada la sibila, en otra clase de conocimientos no había más sibila que el señor de Bailón. En política, sobre todo, el ex clérigo se las echaba de muy entendido, principiando por decir que ya no le daba la

gana de conspirar; como que tenía la olla asegurada y
no quería exponer su pelleja para hacer el caldo gordo
a cuatro silbantes. Luego pintaba a todos los políticos,
desde el más alto al más oscuro, como un hatajo de pilletes, y les sacaba la cuenta al céntimo de cuanto habían rapiñado... Platicaba mucho también de reformas
urbanas, y como Bailón había estado en París y Londres,
podía comparar. La higiene pública les preocupaba a entrambos: el clérigo le echaba la culpa de todo a los
miasmas, y formulaba unas teorías biológicas que eran
lo que había que oír. De astronomía y música también
se le alcanzaba algo; no era lego en botánica, ni en vete-
rinaria, ni en el arte de escoger melones. Pero en nada
lucía tanto su enciclopédico saber como en cosas de religión. Sus meditaciones y estudios le habían permitido
sondear el grande y temerario problema de nuestro destino total.

—¿Adónde vamos a parar cuando nos morimos? Pues
volvemos a nacer; esto es claro como el agua. Yo me
acuerdo—decía, mirando fijamente a su amigo y tur-
bándole con el tono solemne que daba a sus palabras—,
yo me acuerdo de haber vivido antes de ahora. He tenido en mi mocedad un recuerdo vago de aquella vida,
y ahora, a fuerza de meditar, puedo verla clara. Yo fui
sacerdote en Egipto, ¿se entera usted?, allá por los años
de qué sé yo cuántos... Sí, señor, sacerdote en Egipto.
Me parece que me estoy viendo con una sotana o vestimenta de color de azafrán, y unas al modo de orejeras,
que me caían por los lados de la cara. Me quemaron
vivo, porque... verá usted..., había en aquella iglesia,
digo templo, una sacerdotisa que me gustaba..., de lo
más barbián, ¿se entera usted?..., ¡y con unos ojos...
así, y un golpe de caderas, señor don Francisco...! En
fin, que aquello se enredó y la diosa Isis y el buey Apis
lo llevaron muy a mal. Alborotóse todo aquel cleriguicio,
y nos quemaron vivos a la chavala y a mí... Lo que le
cuento es verdad, como ése es sol. Fíjese usted bien,
amigo, revuelva en su memoria; rebusque bien en el

sótano y en los desvanes de su ser, y encontrará la certeza de que también usted ha vivido en tiempos lejanos. Su niño de usted, ese prodigio, debe de haber sido antes el propio Newton o Galileo o Euclides. Y por lo que hace a otras cosas, mis ideas son bien claras. Infierno y cielo no existen: papas simbólicas y nada más. Infierno y cielo están aquí. Aquí pagamos tarde o temprano todas las que hemos hecho; aquí recibimos, si no hoy, mañana, nuestro premio, si lo merecemos, y quien dice mañana, dice el siglo que viene... Dios, ¡oh!, la idea de Dios tiene mucho busilis..., y para comprenderla hay que devanarse los sesos, como me los he devanado yo, dale que dale sobre los libros, y meditando luego. Pues Dios...—poniendo unos ojazos muy reventones y haciendo con ambas manos el gesto expresivo de abarcar un grande espacio—es la Humanidad, la Humanidad, ¿se entera usted?, lo cual no quiere decir que deje de ser personal... ¿Qué cosa es personal? Fíjese bien. Personal es lo que es uno. Y el gran Conjunto, amigo don Francisco, el gran Conjunto..., es uno, porque no hay más, y tiene los atributos de un ser infinitamente infinito. Nosotros en montón, componemos la Humanidad, somos los átomos que forman el gran todo; somos parte mínima de Dios, parte minúscula, y nos renovamos como en nuestro cuerpo se renuevan los átomos de la cochina materia...; ¿se va usted enterando?

Torquemada no se iba enterando ni poco ni mucho; pero el otro se metía en un laberinto del cual no salía sino callándose. Lo único que don Francisco sacaba de toda aquella monserga era que *Dios es la Humanidad,* y que la Humanidad es la que nos hace pagar nuestras picardías o nos premia por nuestras buenas obras. Lo demás no lo entendía así le ahorcaran. El sentimiento católico de Torquemada no había sido nunca muy vivo. Cierto que en tiempos de doña Silvia iban los dos a misa por rutina; pero nada más. Pues después de viudo las pocas ideas del Catecismo que el *Peor* conservaba en su mente, como papeles o apuntes inútiles, las barajó con

todo aquel fárrago de la Humanidad-Dios, haciendo un
lío de mil demonios.

A decir verdad, ninguna de estas teorías ocupaba largo tiempo el magín del tacaño, siempre atento a la baja
realidad de sus negocios. Pero llegó un día, mejor dicho,
una noche, en que tales ideas hubieron de posesionarse
de su mente con cierta tenacidad, por lo que ahorita
mismo voy a referir. Entraba mi hombre en su casa al
caer de una tarde del mes de febrero, evacuadas mil diligencias con diverso éxito, discurriendo los pasos que
daría al día siguiente, cuando su hija, que le abrió la
puerta, le dijo estas palabras:

—No te asustes papá, no es nada... Valentín ha venido malo de la escuela.

Las desazones del monstruo ponían a don Francisco
en gran sobresalto. La que se le anunciaba podía ser insignificante, como otras. No obstante, en la voz de Rufina había cierto temblor, una veladura, un timbre extraño, que dejaron a Torquemada frío y suspenso.

—Yo creo que no es cosa mayor—prosiguió la señorita—. Parece que le dio un vahído. El maestro fue
quien lo trajo en brazos.

El *Peor* seguía clavado en el recibimiento, sin acertar
a decir nada ni a dar un paso.

—Le acosté en seguida y mandé un recado a Quevedo
para que viniera a escape.

Don Francisco, saliendo de su estupor, como si le hu-
biesen dado un latigazo, corrió al cuarto del chico, a
quien vio en el lecho con tanto abrigo encima, que parecía sofocado. Tenía la cara encendida, los ojos dormi-
lones. Su quietud más era de modorra dolorosa que de
sueño tranquilo. El padre aplicó su mano a las sienes del
inocente monstruo, que abrasaban.

—Pero ese trasto de Quevedillo... Así reventara...
No sé en qué piensa... Mira, mejor será llamar otro médico que sepa más.

Su hija procuraba tranquilizarle; pero él se resistía al
consuelo. Aquel hijo no era un hijo cualquiera, y no

podía enfermar sin que alterara el orden del universo. No probó el afligido padre la comida; no hacía más que dar vueltas por la casa, esperando al maldito médico, y sin cesar iba de su cuarto al del niño, y de aquí al comedor, donde se le presentaba ante los ojos, oprimiéndole el corazón, el encerado en que Valentín trazaba con tiza sus problemas matemáticos. Aún subsistía lo pintado por la mañana: garabatos que Torquemada no entendió, pero que casi le hicieron llorar como una música triste: el signo de raíz, letras por arriba y por abajo, y en otra parte una red de líneas, formando como una estrella de muchos picos con numeritos en las puntas.

Por fin, alabado sea Dios, llegó el dichoso Quevedito, y don Francisco le echó la correspondiente chillería, pues ya le trataba como a yerno. Visto y examinado el niño, no puso el médico muy buena cara. A Torquemada se le podía ahogar con un cabello cuando el doctorcillo, arrimándole contra la pared y poniéndole ambas manos en los hombros, le dijo:

—No me gusta nada esto; pero hay que esperar a mañana, a ver si brota alguna erupción. La fiebre es bastante alta. Ya le he dicho a usted que tuviera mucho cuidado con este fenómeno del chico. ¡Tanto estudiar, tanto saber, un desarrollo cerebral disparatado! Lo que hay que hacer con Valentín es ponerle un cencerro al pescuezo, soltarle en el campo en medio de un ganado y no traerle a Madrid hasta que esté bien bruto.

Torquemada odiaba el campo, y no podía comprender que en él hubiese nada bueno. Pero hizo propósito, si el niño se curaba, de llevarle a una dehesa a que bebiera leche a pasto y respirase aires puros. Los aires puros, bien lo decía Bailón, eran cosa muy buena. ¡Ah! Los malditos miasmas tenían la culpa de lo que estaba pasando. Tanta rabia sintió don Francisco, que si coge un miasma en aquel momento lo parte por el eje. Fue la sibila aquella noche a pasar un rato con su amigo, y mira por dónde se repitió la matraca de la Humanidad, pareciéndole a Torquemada el clérigo más enigmático y *latero*

que nunca, sus brazos más largos, su cara más dura y
temerosa. Al quedarse solo, el usurero no se acostó.
Puesto que Rufina y Quevedo se quedaban a velar, él
también velaría. Contigua a la alcoba del padre estaba
la de los hijos, y en ésta, el lecho de Valentín, que pasó
la noche inquietísimo, sofocado, echando lumbre de su
piel, los ojos atónitos y chispeantes, el habla insegura,
las ideas desenhebradas, como cuentas de un rosario cuyo
hilo se rompe.

Cuatro

El día siguiente fue todo sobresalto y amargura. Quevedo opinó que la enfermedad era *inflamación de las
meninges* y que el chico estaba en peligro de muerte.
Esto no se lo dijo al padre, sino a Bailón, para que le
fuese preparando. Torquemada y él se encerraron, y de
la conferencia resultó que por poco se pegan, pues don
Francisco, trastornado por el dolor, llamó a su amigo
embustero y farsante. El desasosiego, la inquietud nerviosa, el desvarío del tacaño sin ventura, no se pueden
describir. Tuvo que salir a varias diligencias de su penoso oficio, y a cada instante tornaba a casa jadeante, con
medio palmo de lengua fuera, el hongo echado hacia
atrás. Entraba, daba un vistazo, vuelta a salir. El mismo
traía las medicinas, y en la botica contaba toda la historia: «Un vahído estando en clase; después calentura horrible... ¿Para qué sirven los médicos?» Por consejo del
mismo Quevedito mandó venir a uno de los más emi-
nentes, el cual calificó el caso de meningitis aguda.

La noche del segundo día, Torquemada, rendido de
cansancio, se embutió en uno de los sillones de la sala,
y allí se estuvo como media horita, dando vueltas a una
pícara idea, ¡ay!, dura y con muchas esquinas, que se le
había metido en el cerebro. «He faltado a la Humanidad,
y esa muy tal y cual me las cobra ahora con los réditos
atrasados... No; pues si Dios, o quienquiera que sea,
me lleva mi hijo, ¡me voy a volver más malo, más pe-

rro...! Ya verán entonces lo que es canela fina. Pues no faltaba otra cosa... Conmigo no juegan... Pero no, ¡qué disparates digo! No me le quitará, porque yo... Eso que dicen de que no he hecho bien a nadie es mentira. Que me lo prueben..., porque no basta decirlo. ¿Y los tantísimos a quien he sacado de apuros?... Pues ¿y eso? Porque si a la Humanidad le han ido con cuentos de mí: que si aprieto, que si no aprieto..., yo probaré... Ea, que ya me voy cargando; si no he hecho ningún bien, ahora lo haré; ahora, pues por algo se ha dicho que nunca para el bien es tarde. Vamos a ver: ¿y si yo me pusiera ahora a rezar, qué dirían allá arriba? Bailón me parece a mí que está equivocado, y la Humanidad no debe de ser Dios, sino la Virgen... Claro, es hembra, señora... No, no, no..., no nos fijemos en el materialismo de la palabra. La Humanidad es Dios, la Virgen y todos los santos juntos... Tente, hombre, tente, que te vuelves loco... Tan sólo saco en limpio que no habiendo buenas obras, todo es, como si dijéramos, basura... ¡Ay Dios, qué pena, qué pena!... Si me pones bueno a mi hijo, yo no sé qué cosas haría; pero ¡qué cosas tan magníficas y tan...! Pero ¿quién es el sinvergüenza que dice que no tengo apuntada ninguna buena obra? Es que me quieren perder, me quieren quitar a mi hijo, al que ha nacido para enseñar a todos los sabios y dejarlos tamañitos. Y me tienen envidia, porque soy su padre, porque de estos huesos y de esta sangre salió aquella gloria del mundo... Envidia; pero ¡qué envidiosa es esta puerca Humanidad! Digo, la Humanidad no, porque es Dios...; los hombres, los prójimos, nosotros, que somos todos muy pillos, y por eso nos pasa lo que nos pasa... Bien merecido nos está..., bien merecido nos está.»

Acordóse entonces de que al día siguiente era domingo y no había extendido los recibos para cobrar los alquileres de su casa. Después de dedicar a esta operación una media hora descansó algunos ratos, estirándose en el sofá de la sala. Por la mañana, entre nueve y diez, fue a la cobranza dominguera. Con el no comer y el mal

dormir y la acerbísima pena que le destrozaba el alma
estaba el hombre *mismamente* del color de una aceitu-
na. Su andar era vacilante, y sus miradas vagaban in-
ciertas, perdidas, tan pronto barriendo el suelo como
disparándose a las alturas. Cuando el remendón que en el
sucio portal tenía su taller vio entrar al casero y reparó
en su cara descompuesta y en aquel andar de beodo,
asustóse tanto, que se le cayó el martillo con que clavaba las tachuelas. La presencia de Torquemada en el patio, que todos los domingos era una desagradabilísima
aparición, produjo aquel día verdadero pánico, y mientras algunas mujeres corrieron a refugiarse en sus respectivos aposentos, otras, que debían de ser malas paga-
doras y que observaron la cara que traía la fiera, se
fueron a la calle. La cobranza empezó por los cuartos
bajos y pagaron sin chistar el albañil y las dos pitilleras,
deseando que se les quitase de delante la aborrecida estampa de don Francisco. Algo desusado y anormal notaron en él, pues tomaba el dinero maquinalmente y sin
examinarlo con roñosa nimiedad, como otras veces, cual
si tuviera el pensamiento a cien leguas del acto importantísimo que estaba realizando; no se le oían aquellos
refunfuños de perro mordelón, ni inspeccionó las habitaciones buscando el baldosín roto o el pedazo de revoco
caído para echar los tiempos a la inquilina.

Al llegar al cuarto de la Rumalda, planchadora, viuda,
con su madre enferma en un camastro y tres niños menores que andaban en el patio enseñando las carnes por
los agujeros de la ropa, Torquemada soltó el gruñido de
ordenanza, y la pobre mujer, con afligida y trémula voz,
cual si tuviera que confesar ante el juez un negro delito, soltó la frase de reglamento:

—Don Francisco, por hoy no se puede. Otro día cumpliré.

No puedo dar idea del estupor de aquella mujer y de
las dos vecinas que presentes estaban cuando vieron que
el tacaño no escupió por aquella boca ninguna maldición

ni herejía, cuando le oyeron decir con la voz más empañada y llorosa del mundo:

—No, hija; si no te digo nada...; si no te apuro...; si no se me ha pasado por la cabeza reñirte... ¡Qué le hemos de hacer si no puedes!...

—Don Francisco, es que...—murmuró la otra, creyendo que la fiera se expresaba con sarcasmo, y que tras el sarcasmo vendría la mordida.

—No, hija, si no he chistado... ¿Cómo se han de decir las cosas? Es que a ustedes no hay quien las apee de que soy un hombre, como quien dice, tirano... ¿De dónde sacáis que no hay en mí compasión ni..., ni caridad? En vez de agradecerme lo que hago por vosotras, me calumniáis... No, no; entendámonos. Tú, Rumalda, estate tranquila; sé que tienes necesidades, que los tiempos están malos, hijas, ¿qué hemos de hacer sino ayudarnos los unos a los otros?

Siguió adelante, y en el principal dio con una inquilina muy mal pagadora, pero de muchísimo corazón para afrontar a la fiera, y así que le vio llegar, juzgando por el cariz que venía más enfurruñado que nunca, salió al encuentro de su aspereza con estas arrogantes expresiones:

—Oiga usted, a mí no me venga con apreturas. Ya sabe que no lo hay. *Ese* está sin trabajo. ¿Quiere que salga a un camino? ¿No ve la casa sin muebles, como un hospital prestao? ¿De dónde quiere que lo saque?... Maldita sea su alma...

—¿Y quién te dice a ti, grandísima tal, deslenguada y bocona, que yo vengo a sofocarte? A ver si hay alguna tarasca de éstas que sostenga que yo no tengo humanidad. Atrévase a decírmelo...

Enarboló el garrote, símbolo de su autoridad y de su mal genio, y en el corrillo que se había formado sólo se veían bocas abiertas y miradas de estupefacción.

—Pues a ti y a todas les digo que no me importa un rábano que no me paguéis hoy. ¡Vaya! ¿Cómo lo he de decir para que lo entiendan?... ¡Conque estando tu ma-

rido sin trabajar te iba yo a poner el dogal al cuello!...
Yo sé que me pagarás cuando puedas, ¿verdad? Porque
lo que es intención de pagar, tú la tienes. Pues entonces, ¿a qué tanto enfurruñarse?... ¡Tontas, malas cabezas!—esforzándose en producir una sonrisa—. ¡Vosotras creyéndome a mí más duro que las peñas y yo
dejándooslo creer, porque me convenía, porque me convenía, claro, pues Dios manda que no echemos facha con
nuestra humanidad! Vaya, que sois todas unos grandí-
simos peines... Abur. Tú, no te sofoques. Y no creas que
hago esto para que me eches bendiciones. Pero conste
que no te ahogo, y para que veas lo bueno que soy...

Se detuvo y meditó un momento, llevándose la mano
al bolsillo y mirando al suelo.

—Nada, nada. Quédate con Dios.

Y a otra. Cobró en las tres puertas siguientes sin ninguna dificultad.

—Don Francisco, que me ponga usted piedra nueva
en la hornilla, que aquí no se puede guisar...

En otras circunstancias, esta reclamación habría sido
el principio de una chillería tremenda; verbigracia:

—Pon el traspontín en la hornilla, sinvergüenza, y
arma el fuego encima.

—Miren el tío manguitillas; así se le vuelvan veneno
los cuartos.

Pero aquel día todo era paz y concordia, y Torquemada concedía cuanto le demandaban.

—¡Ay don Francisco!—le dijo otra en el número
11—. Tengo los jeringados cincuenta reales. Para poder-
los juntar no hemos comido más que dos cuartos de galli-
neja y otros dos de hígado con pan seco... Pero por no
verle el carácter de esa cara y no oírle, me mantendría
yo con puntas de París.

—Pues mira, eso es un insulto, una injusticia, porque
si las he sofocado otras veces, no ha sido por el materialismo del dinero, sino porque me gusta ver cumplir
a la gente... para que no se diga... Debe haber dignidad
en todos... ¡A fe que tienes buena idea de mí!... ¿Iba

yo a consentir que tus hijos, estos borregos de Dios, tu-
viesen hambre?... Deja, déjate el dinero... O mejor,
para que no lo tomes a desaire, partámoslo y quédate con
veinticinco reales... Ya me los darás otro día... ¡Bribo-
nazas, cuando debíais confesar que soy para vosotras
como un padre, me tacháis de inhumano y de qué sé yo
qué! No, yo les aseguro a todas que respeto a la Humanidad, que la considero, que la estimo, que ahora y
siempre haré todo el bien que pueda y un poquito más...
¡Hala!

Asombro, confusión. Tras él iba el parlero grupo chis-
morreando así:

—A este condenado le ha pasado algún desavío... Don
Francisco no está bueno de la cafetera. Mirad qué cara
de patíbulo se ha traído. ¡Don Francisco con humanidad! Ahí tenéis por qué está saliendo todas las noches
en el cielo esa estrella con rabo. Es que el mundo se va
a acabar.

En el número 16:

—Pero, hija de mi alma, so tunanta, ¿tenías a tu niña
mala y no me habías dicho nada? Pues ¿para qué estoy
yo en el mundo? Francamente, esto es un agravio que
no te perdono, no te lo perdono. Eres una indecente, y
en prueba de que no tienes ni pizca de sentido, ¿apostamos a que no adivinas lo que voy a hacer? ¿Cuánto
va a que no lo adivinas?... Pues voy a darte para que
pongas un puchero..., ¡ea! Toma, y di ahora que yo no
tengo humanidad. Pero sois tan mal agradecidas, que
me pondréis como chupa de dómine, y hasta puede que
me echéis alguna maldición. Abur.

En el cuarto de la señá Casiana, una vecina se aventuró a decirle:

—Don Francisco, a nosotras no nos la da usted...
A usted le pasa algo. ¿Qué demonios tiene en esa cabeza o en ese corazón de cal y canto?

Dejóse el afligido casero caer en una silla, y quitándose el hongo se pasó la mano por la amarilla frente y la
calva sebosa, diciendo tan sólo entre suspiros:

—¡No es de cal y canto, puñales, no es de cal y canto!

Como observasen que sus ojos se humedecían, y que, mirando al suelo y apoyando con ambas manos en el bastón, cargaba sobre éste todo el peso del cuerpo, meciéndose, le instaron para que se desahogara; pero él no debió creerlas dignas de ser confidentes de su inmensa, desgarradora pena. Tomando el dinero, dijo con voz cavernosa:

—Si no lo tuvieras, Casiana, lo mismo sería. Repito que yo no ahogo al pobre..., como que yo también soy pobre... Quien dijese—levantándose con zozobra y enfado—que soy inhumano, miente más que la *Gaceta*. Yo soy humano; yo compadezco a los desgraciados; yo los ayudo en lo que puedo, porque así nos lo manda la Humanidad; y bien sabéis todas que como faltéis a la Humanidad, lo pagaréis tarde o temprano, y que si sois buenas, tendréis vuestra recompensa. Yo juro por esa imagen de la Virgen de las Angustias con el Hijo muerto en los brazos—señalando una lámina—, yo os juro que si no os he parecido caritativo y bueno, no quiere esto decir que no lo sea, ¡puñales!, y que si son menester pruebas, pruebas se darán. Dale, que no lo creen...; pues váyanse todas con doscientos mil pares de demonios, que a mí, con ser bueno me basta... No necesito que nadie me dé bombo... Piojosas, para nada quiero vuestras gratitudes... Me paso por las narices vuestras bendiciones.

Dicho esto, salió de estampía. Todas le miraban por la escalera abajo, y por el patio adelante, y por el portal afuera, haciendo unos gestos tales que parecía el mismo demonio persignándose.

Cinco

Corrió hacia su casa, y contra su costumbre (pues era hombre que comúnmente prefería despernarse a gastar una peseta), tomó un coche para llegar más pronto. El corazón dio en decirle que encontraría buenas noticias, el enfermo aliviado, la cara de Rufina sonriente al abrir la puerta; y en su impaciencia loca, parecíale que el carruaje no se movía, que el caballo cojeaba y que el cochero no sacudía bastantes palos al pobre animal...

—Arrea, hombre. ¡Maldito jaco! Leña con él—le gritaba—. Mira que tengo mucha prisa.

Llegó, por fin, y al subir jadeante la escalera de su casa razonaba sus esperanzas de esta manera: «No salgan ahora diciendo que es por mis maldades, pues de todo hay...» ¡Qué desengaño al ver la cara de Rufina tan triste, y al oír aquel *Lo mismo, papá,* que sonó en sus oídos como fúnebre campanada! Acercóse de puntillas al enfermo y le examinó. Como el pobre niño se hallara en aquel momento amodorrado, pudo don Francisco observarle con relativa calma, pues cuando deliraba y quería echarse del lecho, revolviendo en torno los espantados ojos, el padre no tenía valor para presenciar tan doloroso espectáculo y huía de la alcoba trémulo y despavorido. Era hombre que carecía de valor para afrontar penas de tal magnitud, sin duda por causa de su deficiencia moral; se sentía medroso, consternado, y como responsable de tanta desventura y dolor tan grande. Seguro de la esmeradísima asistencia de Rufina, ninguna falta hacía el afligido padre junto al lecho de Valentín: al contrario, más bien era estorbo, pues si le asistiera, de fijo, en su turbación, equivocaría las medicinas, dándole a beber algo que acelerara su muerte. Lo que hacía era vigilar sin descanso, acercarse a menudo a la puerta de la alcoba, y ver lo que ocurría, oír la voz del niño delirando o quejándose; pero si los ayes eran muy lastimeros y el delirar muy fuerte, lo que sentía Torquemada era un deseo instintivo de echar a correr y ocultarse con su dolor en el último rincón del mundo.

Aquella tarde le acompañaron un rato Bailón, el carnicero de abajo, el sastre del principal y el fotógrafo de arriba, esforzándose todos en consolarle con las frases de reglamento; mas no acertando Torquemada a sostener la conversación sobre tema tan triste, les daba las gracias con desatenta sequedad. Todo se le volvía suspi-

rar con bramidos, pasearse a trancos, beber buches de
agua y dar algún puñetazo en la pared. ¡Tremendo caso
aquel! ¡Cuántas esperanzas desvanecidas!... ¡Aquella flor
del mundo segada y marchita! Esto era para volverse
loco. Más natural sería el desquiciamiento universal que
la muerte del portentoso niño que había venido a la tierra para iluminarla con el fanal de su talento... ¡Bonitas cosas hacía Dios, la Humanidad o quienquiera que
fuese el muy tal y cual que inventó el mundo y nos puso
en él! Porque si habían de llevarse a Valentín, ¿para qué
le trajeron acá, dándole a él, al buen Torquemada, el
privilegio de engendrar tamaño prodigio? ¡Bonito negocio hacía la Providencia, la Humanidad o el arrastrado
Conjunto, como decía Bailón! ¡Llevarse al niño aquel,
lumbrera de la ciencia, y dejar acá todos los tontos! ¿Tenía esto sentido común? ¿No había motivo para rebelarse contra los de arriba, ponerlos como ropa de pascua
y mandarlos a paseo?... Si Valentín se moría, ¿qué quedaba en el mundo? Oscuridad, ignorancia. Y para el padre, ¡qué golpe! ¡Porque figurémonos todo lo que sería
don Francisco cuando su hijo, ya hombre, empezase a
figurar, a confundir a todos los sabios, a volver patas
arriba la ciencia toda!... Torquemada sería en tal caso
la segunda persona de la Humanidad; y sólo por la gloria
de haber engendrado al gran matemático sería cosa de
plantarle en un trono. ¡Vaya un ingeniero que sería Valentín si viviese! Como que había de haber unos ferrocarriles que irían de aquí a Pekín en cinco minutos, y
globos para navegar por los aires y barcos para andar
por debajito del agua, y otras cosas nunca vistas ni siquiera soñadas. ¡Y el planeta se iba a perder estas gangas
por una estúpida sentencia de los que dan y quitan la
vida!... Nada, nada, envidia pura, envidia. Allá arriba,
en las invisibles cavidades de los altos cielos, alguien se
había propuesto *fastidiar* a Torquemada. Pero..., pero...
¿y si no fuese envidia, sino castigo? ¿Si se había dispuesto así para anonadar al tacaño cruel, al casero tiránico,
al prestamista sin entrañas? ¡Ah! Cuando esta idea en-

traba en turno, Torquemada sentía impulsos de correr
hacia la pared más próxima y estrellarse contra ella.
Pronto reaccionaba y volvía en sí. No, no podía ser castigo, porque él no era malo, y si lo fue, ya se enmen-
daría. Era envidia, tirria y malquerencia que le tenían
por ser autor de tan soberana eminencia. Querían trun-
carle su porvenir y arrebatarle aquella alegría y fortuna
inmensa de sus últimos años... Porque su hijo, si viviese, había de ganar muchísimo dinero, pero muchísimo,
y de aquí la celestial intriga. Pero él (lo pensaba leal-
mente) renunciaría a las ganancias pecuniarias del hijo,
con tal que le dejaran la gloria, ¡la gloria!, pues para
negocios le bastaba con los suyos propios... El último
paroxismo de su exaltada mente fue renunciar a todo el
materialismo de la ciencia del niño, con tal que le deja-
sen la gloria.

Cuando se quedó solo con él, Bailón le dijo que era
preciso tuviese filosofía; y como Torquemada no en-
tendiese bien el significado y aplicación de tal palabra,
explanó la sibila su idea en esta forma:

—Conviene resignarse, considerando nuestra pequeñez ante estas grandes evoluciones de la materia..., pues,
o sustancia vital. Somos átomos, amigo don Francisco;
nada más que unos tontos de átomos. Respetemos las
disposiciones del grandísimo Todo a que pertenecemos,
y vengan penas. Para eso está la filosofía, o, si se quiere,
la religión: para hacer pecho a la adversidad. Pues si
no fuera así, no podríamos vivir.

Todo lo aceptaba Torquemada menos resignarse. No
tenía en su alma la fuente de donde tal consuelo pudiera salir, y ni siquiera lo comprendía. Como el otro, después de haber comido bien, insistiera en aquellas ideas,
a don Francisco se le pasaron ganas de darle un par de
trompadas, destruyendo en un punto el perfil más enérgico que dibujara Miguel Angel. Pero no hizo más que
mirarle con ojos terroríficos, y el otro se asustó y puso
punto en sus teologías.

A prima noche, Quevedito y el otro médico hablaron

a Torquemada en términos desconsoladores. Tenían poca
o ninguna esperanza, aunque no se atrevían a decir en
absoluto que la habían perdido, y dejaban abierta la
puerta a las reparaciones de la Naturaleza y a la misericordia de Dios. Noche horrible fue aquélla. El pobre
Valentín se abrasaba en invisible fuego. Su cara encendida y seca, sus ojos iluminados por esplendor siniestro,
su inquietud ansiosa, sus bruscos saltos en el lecho, cual
si quisiera huir de algo que le asustaba, eran espectáculo
tristísimo que oprimía el corazón. Cuando don Francisco, transido de dolor, se acercaba a la abertura de las
entornadas batientes de las puertas y echaba hacia dentro una mirada tímida, creía escuchar, con la respiración
premiosa del niño, algo como el chirrido de su carne
tostándose en el fuego de la calentura. Puso atención a
las expresiones incoherentes del delirio, y le oyó decir:
«Equis elevado al cuadrado menos uno partido por dos,
más cinco equis menos dos partido por cuatro, igual
equis por equis más dos partido por doce… Papá, papá,
la característica del logaritmo de un entero tiene tantas
unidades menos una, como…» Ningún tormento de la
Inquisición iguala al que sufría Torquemada oyendo estas cosas. Eran las pavesas del asombroso entendimiento de su hijo revolando sobre las llamas en que éste se
consumía. Huyó de allí por no oír la dulce vocecita, y
estuvo más de media hora echado en el sofá de la sala,
agarrándose con ambas manos la cabeza como si se le
quisiese escapar. De improviso se levantó, sacudido por
una idea; fue al escritorio, donde tenía el dinero; sacó
un cartucho de monedas que debían de ser calderilla, y
vaciándoselo en el bolsillo del pantalón, púsose capa y
sombrero, cogió el llavín, y a la calle.

Salió como si fuera en persecución de un deudor. Después de mucho andar, parábase en una esquina, miraba
con azoramiento a una parte y otra, y vuelta a correr
calle adelante, con paso de inglés tras de su víctima.
Al compás de la marcha, sonaba en la pierna derecha el
retintín de las monedas… Grandes eran su impaciencia

y desazón por no encontrar aquella noche lo que otras le salía tan a menudo al paso, molestándole y aburriéndole. Por fin..., gracias a Dios..., acercósele un pobre.

—Toma, hombre, toma: ¿dónde diablos os metéis esta noche? Cuando no hacéis falta salís como moscas, y cuando se os busca para socorreros, nada...

Apareció luego uno de esos mendigos decentes que piden, sombrero en mano, con lacrimosa cortesía:

—Señor, un pobre cesante...

—Tenga, tenga más. Aquí estamos los hombres caritativos para acudir a las miserias... Dígame: ¿no me pidió usted noches pasadas? Pues sepa que no le di porque iba muy de prisa. Y la otra noche, y la otra, tampoco le di porque no llevaba suelto: lo que es voluntad la tuve, bien que la tuve.

Claro es que el cesante pordiosero se quedaba viendo visiones, y no sabía cómo expresar su gratitud. Más allá salió de un callejón la fantasma. Era una mujer que pide en la parte baja de la calle de la Salud, vestida de negro, con un velo espesísimo que le tapa la cara.

—Tome, tome, señora... Y que me digan ahora que yo jamás he dado una limosna. ¿Le parece a usted qué calumnia? Vaya, que ya habrá usted reunido bastantes cuartos esta noche. Como que hay quien dice que pidiendo así y con ese velo por la cara, ha reunido usted un capitalito. Retírese ya, que hace mucho frío..., y ruegue a Dios por mí.

En la calle del Carmen, en la de Preciados y Puerta del Sol a todos los chiquillos que salían dio su perro por barba.

—¡Eh, niño! ¿Tú pides o qué haces ahí como un bobo?

Esto se lo dijo a un chicuelo que estaba arrimado a la pared, con las manos a la espalda, descalzos los pies, el pescuezo envuelto en una bufanda. El muchacho alargó la mano aterida.

—Toma... Pues qué, ¿no te decía el corazón que yo había de venir a socorrerte? ¿Tienes frío y hambre?

Toma más y lárgate a tu casa, si la tienes. Aquí estoy
yo para sacarte de un apuro; digo, para partir contigo
un pedazo de pan, porque yo también soy pobre y más
desgraciado que tú, ¿sabes? Porque el frío, el hambre,
se soportan; pero, ¡ay!, otras cosas...

Apretó el paso sin reparar en la cara burlona de su
favorecido, y siguió dando, dando, hasta que le quedaron
pocas piezas en el bolsillo. Corriendo hacia su casa, en
retirada, miraba al cielo, cosa en él muy contraria a la
costumbre, pues si alguna vez lo miró para enterarse del
tiempo, jamás, hasta aquella noche, lo había contempla-
do. ¡Cuantísima estrella! Y qué claras y resplandecientes, cada una en su sitio, hermosas y graves millones de
millones de miradas que no aciertan a ver nuestra pequeñez. Lo que más suspendía el ánimo del tacaño era
la idea de que todo aquel cielo estuviese indiferente a
su gran dolor, o más bien ignorante de él. Por lo demás,
como bonitas, ¡vaya si eran bonitas las estrellas! Las
había chicas, medianas y grandes; algo así como pesetas,
medios duros y duros. Al insigne prestamista le pasó
por la cabeza lo siguiente: «Como se ponga bueno me
ha de ajustar esta cuenta: si acuñáramos todas las estrellas del cielo, ¿cuánto producirían al cinco por ciento
de interés compuesto en los siglos que van desde que
todo eso existe?»

Entró en su casa cerca de la una, sintiendo algún alivio en las congojas de su alma; se adormeció vestido y
a la mañana del día siguiente la fiebre de Valentín había
remitido bastante. ¿Habría esperanzas? Los médicos no
las daban sino muy vagas, y subordinado su fallo al recargo de la tarde. El usurero, excitadísimo, se abrazó a
tan débil esperanza como el náufrago se agarra a la flotante astilla. Viviría, ¡pues no había de vivir!

—Papá—le dijo Rufina, llorando—, pídeselo a la Virgen del Carmen, y déjate de humanidades.

—¿Crees tú?... Por mí no ha de quedar. Pero te
advierto que no haciendo buenas obras no hay que fiarse de la Virgen. Y acciones cristianas habrá, cueste lo

que cueste: yo te lo aseguro. En las obras de misericordia está todo el intríngulis. Yo vestiré desnudos, visitaré enfermos, consolaré tristes... Bien sabe Dios que ésa es mi voluntad, bien lo sabe... No salgamos después con la peripecia de que no lo sabía... Digo, como saberlo, lo sabe... Falta que quiera.

Vino por la noche el recargo, muy fuerte. Los calomelanos y revulsivos no daban resultado alguno. Tenía el pobre niño las piernas abrasadas a sinapismos, y la cabeza hecha una lástima con las embrocaciones para obtener la erupción artificial. Cuando Rufina le cortó el pelito por la tarde, con objeto de despejar el cráneo, Torquemada oía los tijeretazos como si se los dieran a él en el corazón. Fue preciso comprar más hielo para ponérselo en vejigas en la cabeza y después hubo que traer el yodoformo; recados que el *Peor* desempeñaba con ardiente actividad, saliendo y entrando cada poco tiempo. De vuelta a casa, ya anochecido, encontró, al doblar la esquina de la calle de Hita, un anciano mendigo y haraposo, con pantalones de soldado, la cabeza al aire, un andrajo de chaqueta por los hombros, y mostrando el pecho desnudo. Cara más venerable no se podía encontrar sino en las estampas del *Año Cristiano*. Tenía la barba erizada y la frente llena de arrugas, como San Pedro; el cráneo terso y dos rizados mechones blancos en las sienes.

—Señor, señor—decía con el temblor de un frío intenso—, mire cómo estoy, míreme.

Torquemada pasó de largo, y se detuvo a poca distancia; volvió hacia atrás, estuvo un rato vacilando, y al fin siguió su camino. En el cerebro le fulguró esta idea: «Si conforme traigo la capa nueva, trajera la vieja...»

Seis

Y al entrar en su casa:

—¡Maldito de mí! No debí dejar escapar aquel acto de cristiandad.

Dejó la medicina que traía, y, cambiando de capa, volvió a echarse a la calle. Al poco rato, Rufinita, viéndole entrar a cuerpo, le dijo asustada:

—Pero, papá, ¡cómo tienes la cabeza!... ¿En dónde has dejado la capa?

—Hija de mi alma—contestó el tacaño bajando la voz y poniendo una cara muy compungida—, tú no comprendes lo que es un buen rasgo de caridad, de humanidad... ¿Preguntas por la capa? Ahí te quiero ver... Pues se la he dado a un pobre viejo, casi desnudo y muerto de frío. Yo soy así: no ando con bromas cuando me compadezco del pobre. Podré parecer duro algunas veces; pero como me ablande... Veo que te asustas. ¿Qué vale un triste pedazo de paño?

—¿Era la nueva?

—No, la vieja... Y ahora, créemelo, me remuerde la conciencia por no haberle dado la nueva..., y se me alborota también por habértelo dicho. La caridad no se debe pregonar.

No se habló más de aquello, porque de cosas más graves debían ambos ocuparse. Rendida de cansancio, Rufina no podía ya con su cuerpo: cuatro noches hacía que no se acostaba; pero su valeroso espíritu la sostenía siempre en pie, diligente y amorosa como una hermana de la caridad. Gracias a la asistenta que tenían en casa, la señorita podía descansar algunos ratos; y para ayudar a la asistenta en los trabajos de la cocina, quedábase allí por las tardes la trapera de la casa, viejecita que recogía las basuras y los pocos desperdicios de la comida, *ab initio,* o sea, desde que Torquemada y doña Silvia se casaron, y lo mismo había hecho en la casa de los padres de doña Silvia. Llamábanla la *Tía Roma,* no sé por qué (me inclino a creer que este nombre es corrupción de

Jerónima), y era tan vieja, tan vieja y tan fea, que su
cara parecía un puñado de telarañas revueltas con la
ceniza; su nariz de corcho ya no tenía forma; su boca
redonda y sin dientes menguaba o crecía, según la dis-
tensión de las arrugas que la formaban. Más arriba, entre
aquel revoltijo de piel polvorosa, lucían los ojos de pescado, dentro de un cerco de pimentón húmedo. Lo demás de la persona desaparecía bajo un envoltorio de
trapos y dentro de la remendada falda, en la cual había
restos de un traje de la madre de doña Silvia, cuando
era polla. Esta pobre mujer tenía gran apego a la casa,
cuyas barreduras había recogido diariamente durante
luengos años; tuvo en gran estimación a doña Silvia, la
cual nunca quiso dar a nadie más que a ella los huesos,
mendrugos y piltrafas sobrantes, y amaba entrañablemente a los niños, principalmente a Valentín, delante de
quien se prosternaba con admiración supersticiosa. Al
verle con aquella enfermedad tan mala, que era, según
ella, una reventazón del talento en la cabeza, la *Tía Roma* no tenía sosiego; iba mañana y tarde a enterarse;
penetraba en la alcoba del chico y permanecía largo rato
sentada junto al lecho, mirándole silenciosa, sus ojos
como dos fuentes inagotables que inundaban de lágrimas
los fláccidos pergaminos de la cara y pescuezo.

Salió la trapera del cuarto para volverse a la cocina,
y en el comedor se encontró al amo, que, sentado junto
a la mesa y de bruces en ella, parecía entregarse a pro-
fundas meditaciones. La *Tía Roma,* con el largo trato y
su metimiento en la familia, se tomaba confianzas con
él...

—Rece, rece—le dijo, poniéndose delante y dando
vueltas al pañuelo con que pensaba enjugar el llanto
caudaloso—; rece, que buena falta le hace... ¡Pobre hijo
de mis entrañas, qué malito está!... Mire, mire—señalando al encerado—las cosas tan guapas que escribió en su
bastidor negro. Yo no entiendo lo que dice..., pero a
cuenta que dirá que debemos ser buenos... ¡Sabe más

ese ángel!... Como que por eso Dios no nos le quiere
dejar...

—¿Qué sabes tú, *Tía Roma*?—dijo Torquemada poniéndose lívido—. Nos le dejará. ¿Acaso piensas tú que
yo soy tirano y perverso, como creen los tontos y algunos perdidos, malos pagadores?... Si uno se descuida, le
forman la reputación más perra del mundo... Pero Dios
sabe la verdad... Si he hecho o no he hecho caridades en
estos días, eso no es cuenta de nadie: no me gusta que
me averigüen y pongan en carteles mis buenas acciones...
Reza tú también, reza mucho hasta que se te seque la
boca, que tú debes ser allá muy bien mirada, porque en
tu vida has tenido una peseta... Yo me vuelvo loco, y
me pregunto qué culpa tengo yo de haber ganado algunos jeringados reales... ¡Ay *Tía Roma,* si vieras cómo
tengo mi alma! Pídele a Dios que se nos conserve Valentín, porque si se nos muere, yo no sé lo que pasará: yo
me volveré loco, saldré a la calle y mataré a alguien. Mi
hijo es mío, ¡puñales!, y la gloria del mundo. ¡Al que
me lo quite...!

—¡Ay, qué pena!—murmuró la vieja, ahogándose—
Pero ¡quién sabe!... Puede que la Virgen haga el milagro. Yo se lo estoy pidiendo con muchísima devoción.
Empuje usted por su lado, y prometa ser tan siquiera
regular.

—Pues por prometido no quedará... *Tía Roma,* déjeme..., déjeme solo. No quiero ver a nadie. Me entiendo mejor solo con mi afán.

La anciana salió gimiendo, y don Francisco, puestas
las manos sobre la mesa, apoyó en ellas su frente ardo-
rosa. Así estuvo no sé cuánto tiempo, hasta que le hizo
variar de postura su amigo Bailón, dándole palmadas
en el hombro y diciéndole:

—No hay que amilanarse. Pongamos cara de vaqueta
a la desgracia, y no permitamos que nos acoquine la
muy... Déjese para las mujeres la cobardía. Ante la Naturaleza, ante el sublime Conjunto, somos unos pedazos
de átomos que no sabemos de la misa la media.

—Váyase usted al rábano con sus Conjuntos y sus papas—le dijo Torquemada, echando lumbre por los ojos.

Bailón no insistió; y, juzgando que lo mejor era distraerle, apartando su pensamiento de aquellas sombrías tristezas, pasado un ratito le habló de cierto negocio que traía en la mollera.

Comoquiera que el arrendatario de sus ganados asnales y cabríos hubiese rescindido el contrato, Bailón decidió explotar aquella industria en gran escala, poniendo un gran establecimiento de leches a estilo moderno, con servicio puntual a domicilio, precios arreglados, local elegante, teléfono, etc... Lo había estudiado, y...

—Créame usted, amigo don Francisco, es un negocio seguro, mayormente si añadimos el ramo de vacas, porque en Madrid las leches...

—Déjeme usted a mí de leches y de... ¿Qué tengo yo que ver con burras ni con vacas?—gritó el *Peor*, poniéndose en pie y mirándole con desprecio—. Me ve cómo estoy, ¡puñales!, muerto de pena, y me viene a hablar de la condenada leche... Hábleme de cómo se consigue que Dios nos haga caso cuando pedimos lo que necesitamos, hábleme de lo que... no sé cómo explicarlo..., de lo que significa ser bueno y ser malo..., porque, o yo soy un zote o ésta es de las cosas que tienen más busilis...

—¡Vaya si lo tienen, vaya si lo tienen, carambita! —dijo la sibila con expresión de suficiencia, moviendo la cabeza y entornando los ojos.

En aquel momento tenía el hombre actitud muy diferente de la de su similar en la Capilla Sixtina: sentado, las manos sobre el puño del bastón, éste entre las piernas dobladas con igualdad; el sombrero caído para atrás, el cuerpo atlético desfigurado dentro del gabán de solapas aceitosas, los hombros y cuello plagados de caspa. Y, sin embargo de estas prosas, el muy arrastrado se parecía a Dante y ¡había sido sacerdote en Egipto! Cosas de la pícara Humanidad...

—Vaya si lo tienen—repitió la sibila, preparándose a ilustrar a su amigo con una opinión cardinal—. ¡Lo bueno y lo malo..., como quien dice, luz y tinieblas!

Bailón hablaba de muy distinta manera de como escribía. Esto es muy común. Pero aquella vez la solemnidad del caso exaltó tanto su magín, que se le vinieron a la boca los conceptos en la forma propia de su escuela literaria.

—He aquí que el hombre vacila y se confunde ante el gran problema. ¿Qué es el bien? ¿Qué es el mal? Hijo mío, abre tus oídos a la verdad y tus ojos a la luz. El bien es amar a nuestros semejantes. Amemos y sabremos lo que es el bien; aborrezcamos y sabremos lo que es el mal. Hagamos bien a los que nos aborrecen, y las espinas se nos volverán flores. Esto dijo el Justo, esto digo yo... Sabiduría de sabidurías, y ciencia de ciencias.

—Sabidurías y armas al hombro—gruñó Torquemada con abatimiento—. Eso ya lo sabía yo..., pues lo de *al prójimo contra una esquina* siempre me ha parecido una barbaridad. No hablemos más de eso... No quiero pensar en cosas tristes. No digo más sino que si se me muere el hijo..., vamos, no quiero pensarlo...; si se me muere, lo mismo me da lo blanco que lo negro...

En aquel momento oyóse un grito áspero, estridente, lanzado por Valentín, y que a entrambos los dejó suspensos de terror. Era el grito meníngeo, semejante al alarido del pavo real. Este extraño síntoma encefálico se había iniciado aquel día por la mañana y revelaba el gravísimo y pavoroso curso de la enfermedad del pobre niño matemático. Torquemada se hubiera escondido en el centro de la tierra para no oír tal grito: metióse en su despacho sin hacer caso de las exhortaciones de Bailón, y dando a éste con la puerta en el hocico dantesco. Desde el pasillo le sintieron abriendo el cajón de su mesa, y al poco rato apareció guardando algo en el bolsillo interior de la americana. Cogió el sombrero, y sin decir nada se fue a la calle.

Explicaré lo que esto significaba y adónde iba con su

cuerpo aquella tarde el desventurado don Francisco. El día mismo en que cayó malo Valentín recibió su padre carta de un antiguo y sacrificado cliente o deudor suyo, pidiéndole préstamo con garantía de los muebles de la casa. Las relaciones entre la víctima y el inquisidor databan de larga fecha, y las ganancias obtenidas por éste habían sido enormes, porque el otro era débil, muy delicado y se dejaba desollar, freír y escabechar como si hubiera nacido para eso. Hay personas así. Pero llegaron tiempos penosísimos, y el señor aquel no podía recoger su papel. Cada lunes y cada martes el *Peor* le embestía, le mareaba, le ponía la cuerda al cuello y tiraba muy fuerte, sin conseguir sacarle ni los intereses vencidos. Fácilmente se comprenderá la ira del tacaño al recibir la cartita pidiendo un nuevo préstamo. ¡Qué atroz insolencia! Le habría contestado mandándole a paseo si la enfermedad del niño no le trajera tan afligido y sin ganas de pensar en negocios. Pasaron dos días, y allá te va otra esquela angustiosa, de *in extremis,* como pidiendo la Unción. En aquellas cortas líneas en que la víctima invocaba los *hidalgos sentimientos* de su verdugo se hablaba de un compromiso de honor, proponíanse las condiciones más espantosas, se pasaba por todo con tal de ablandar el corazón de bronce del usurero y obtener de él la afirmativa. Pues cogió mi hombre la carta, y, hecha pedazos, la tiró a la cesta de papeles, no volviendo a acordarse más de semejante cosa. ¡Buena tenía él la cabeza para pensar en los compromisos y apuros de nadie, aunque fueran los del mismísimo Verbo!

Pero llegó la ocasión aquella antes descrita, el coloquio con la *Tía Roma* y con don José, el grito de Valentín, y he aquí que al judío le da como una corazonada, se le enciende en la mollera fuego de inspiración, trinca el sombrero y se va derecho en busca de su desdichado cliente. El cual era apreciable persona, sólo que de cortos alcances, con un familión sin fin, y una señora a quien le daba el hipo por lo elegante. Había desempeñado el tal buenos destinos en la Península y en Ultramar, y lo que trajo de allá, no mucho, porque era hombre de bien, se lo afanó el usurero en menos de un año. Después le cayó la herencia de un tío; pero como la señora tenía unos condenados *jueves* para reunir y agasajar a la mejor sociedad, los cuartos de la herencia se escurrían de lo lindo, y sin saber cómo ni cuándo, fueron a parar al bolsón de Torquemada. Yo no sé qué demonios tenía el dinero de aquella casa, que era como un acero para correr hacia el imán del maldecido prestamista. Lo peor del caso es que aun después de hallarse la familia con el agua al pescuezo, todavía la tarasca aquella tan *fashionable* encargaba vestidos a París, invitaba a sus amigas para un *five o'clock tea,* o imaginaba cualquier otra majadería por el estilo.

Pues, señor, ahí va don Francisco hacia la casa del señor aquel, que, a juzgar por los términos aflictivos de la carta, debía de estar a punto de caer, con toda su elegancia y sus tés, en los tribunales, y de exponer a la burla y a la deshonra un nombre respetable. Por el camino sintió el tacaño que le tiraban de la capa. Volvióse... ¿y quién creéis que era? Pues una mujer que parecía la Magdalena por su cara dolorida y por su hermoso pelo, mal encubierto con pañuelo de cuadros rojos y azules. El palmito era de la mejor ley; pero muy ajado ya por fatigosas campañas. Bien se conocía en ella a la mujer que sabe vestirse, aunque iba en aquella ocasión hecha un pingo, casi indecente, con falda remendada, mantón de ala de mosca y unas botas... ¡Dios, qué botas, y cómo desfiguraban aquel pie tan bonito!

—¡Isidora!...—exclamó don Francisco, poniendo cara de regocijo, cosa en él muy desusada—. ¿Adónde va usted con ese ajetreado cuerpo?

—Iba a su casa. Señor don Francisco, tenga compasión de nosotros... ¿Por qué es usted tan tirano y tan de piedra? ¿No ve cómo estamos? ¿No tiene tan siquiera un poquito de humanidad?

—Hija de mi alma, usted me juzga mal... ¿Y si yo le dijera ahora que iba pensando en usted..., que me acordaba del recado que me mandó ayer por el hijo de la portera..., y de lo que usted misma me dijo anteayer en la calle?

—¡Vaya, que no hacerse cargo de nuestra situación! —dijo la mujer, echándose a llorar—. Martín, muriéndose..., el pobrecito..., en aquel buhardillón helado... Ni cama, ni medicinas, ni con qué poner un triste puchero para darle una taza de caldo... ¡Qué dolor! Don Francisco, tenga cristiandad y no nos abandone. Cierto que no tenemos crédito; pero a Martín le quedan media docena de estudios muy bonitos... Verá usted..., el de la sierra de Guadarrama, precioso...; el de La Granja, con aquellos arbolitos..., también, y el de... qué sé yo qué. Todos muy bonitos. Se los llevaré..., pero no sea malo y compadézcase del pobre artista...

—¡Eh..., eh!... No llore, mujer... Mire que yo estoy montado a pelo...; tengo una aflicción tal dentro de mi alma, Isidora, que..., si sigue usted llorando, también yo soltaré el trapo. Váyase a su casa, y espéreme allí. Iré dentro de un ratito... ¿Qué...? ¿Duda de mi palabra?

—Pero ¿de veras que va? No me engañe, por la Virgen Santísima.

—Pero ¿la he engañado yo alguna vez? Otra queja podrá tener de mí; pero lo que es ésa...

—¿Le espero de verdad?... ¡Qué bueno será usted si va y nos socorre!... ¡Martín se pondrá más contento cuando se lo diga!

—Váyase tranquila... Aguárdeme, y mientras llego pídale a Dios por mí con todo el fervor que pueda.

Siete

No tardó en llegar a la casa del cliente, la cual era un principal muy bueno, amueblado con mucho lujo y elegancia, con *vistas a San Bernardino*. Mientras aguardaba a ser introducido, el *Peor* contempló el hermoso perchero y los soberbios cortinajes de la sala, que por la entornada puerta se alcanzaban a ver, y tanta magnificencia le sugirió estas reflexiones: «En lo tocante a los muebles, como buenos, lo son... vaya si lo son.» Recibióle el amigo en su despacho; y apenas Torquemada le preguntó por la familia, dejóse caer en una silla con muestras de gran consternación.

—Pero ¿qué le pasa?—le dijo el otro.

—No me hable usted, no me hable usted, señor don Juan. Estoy con el alma en un hilo... ¡Mi hijo...!

—¡Pobrecito! Sé que está muy malo... Pero ¿no tiene usted esperanzas?

—No, señor... Digo, esperanzas, lo que se llama esperanzas... No sé, estoy loco; mi cabeza es un volcán...

—¡Sé lo que es eso!—observó el otro con tristeza—. He perdido dos hijos que eran mi encanto: el uno de cuatro años, el otro de once.

—Pero su dolor de usted no puede ser como el mío. Yo, padre, no me parezco a los demás padres, porque mi hijo no es como los demás hijos: es un milagro de sabiduría. ¡Ay, don Juan, don Juan de mi alma, tenga usted compasión de mí! Pues verá usted... Al recibir su carta primera no pude ocuparme..., la aflicción no me dejaba pensar... Pero me acordaba de usted y decía: «Aquel pobre don Juan, ¡qué amarguras estará pasando!...» Recibo la segunda esquela, y entonces digo: «Ea, pues lo que es yo no le dejo en ese pantano. Debemos ayudarnos los unos a los otros en nuestras desgracias.» Así pensé; sólo que con la batahola que hay en casa no tuve tiempo de venir ni de contestar... Pero hoy, aunque estaba medio muerto de pena, dije: «Voy, voy al momento a sacar del purgatorio a ese buen amigo don Juan...» Y aquí estoy para decirle que aunque me debe usted setenta y tantos mil reales, que hacen más de noventa con los intereses no percibidos, y aunque he tenido que darle varias prórrogas, y..., francamente..., me temo tener que darle alguna más, estoy decidido a hacerle a usted ese préstamo sobre los muebles para que evite la peripecia que se le viene encima.

—Ya está evitada—replicó don Juan, mirando al prestamista con la mayor frialdad—. Ya no necesito el préstamo.

—¡Que no lo necesita!—exclamó el tacaño, desconcertado—. Repare usted una cosa, don Juan. Se lo hago a usted... al doce por ciento.

Y viendo que el otro hacía signos negativos, levantóse, y recogiendo la capa, que se le caía, dio algunos pasos hacia don Juan, le puso la mano en el hombro y le dijo:

—Es que usted no quiere tratar conmigo por aquello de que si soy o no soy agarrado. ¡Me parece a mí que un doce! ¿Cuándo las habrá visto usted más gordas?

—Me parece muy razonable el interés; pero, le repito, ya no me hace falta.

—¡Se ha sacado usted el premio gordo, por vida de...! —exclamó Torquemada con grosería—. Don Juan, no gaste usted bromas conmigo... ¿Es que duda de que le hable con seriedad? Porque eso de que no le hace falta..., ¡rábano!..., ¡a usted!, que sería capaz de tragarse no digo yo este pico, sino la Casa de la Moneda enterita... Don Juan, don Juan, sepa usted, si no lo sabe, que yo también tengo mi humanidad como cualquier hijo de vecino, que me intereso por el prójimo y hasta que favorezco a los que me aborrecen. Usted me odia, don Juan; usted me detesta, no me lo niegue, porque no me puede pagar; esto es claro. Pues bien: para que vea usted de lo que soy capaz, se lo doy al cinco..., ¡al cinco!

Y como el otro repitiera con la cabeza los signos negativos, Torquemada se desconcertó más, y alzando los brazos, con lo cual dicho se está que la capa fue a parar al suelo, soltó esta andanada:

—¡Tampoco al cinco!... Pues, hombre, menos que el cinco, ¡caracoles!..., a no ser que quiera que le dé también la camisa que llevo puesta... ¿Cuándo se ha visto usted en otra?... Pues no sé qué quiere el ángel de Dios... De esta hecha me vuelvo loco. Para que vea, para que vea hasta dónde llega mi generosidad, se lo doy sin interés.

—Muchas gracias, amigo don Francisco. No dudo de sus buenas intenciones. Pero ya nos hemos arreglado. Viendo que usted no me contestaba me fui a dar con un pariente, y tuve ánimos para contarle mi triste situación. ¡Ojalá lo hubiera hecho antes!

—Pues aviado está el pariente... Ya puede decir que ha hecho un pan como unas hostias... Con muchos negocios de esos... En fin, usted no lo ha querido de mí, usted se lo pierde. Vaya diciendo ahora que no tengo buen corazón; quien no lo tiene es usted...

—¿Yo? Esa sí que es salada.

—Sí, usted, usted —con despecho—. En fin, me las guillo, que me aguardan en otra parte donde hago muchísima falta, donde me están esperando como agua de mayo. Aquí estoy de más. Abur...

Despidióle don Juan en la puerta, y Torquemada bajó la escalera refunfuñando:

—No se puede tratar con gente mal agradecida. Voy a entenderme con aquellos pobrecitos... ¡Qué será de ellos sin mí!...

No tardó en llegar a la otra casa, donde le aguardaban con tanta ansiedad. Era en la calle de la Luna, edificio de buena apariencia, que albergaba en el principal a un aristócrata; más arriba, familias modestas, y en el techo, un enjambre de pobres. Torquemada recorrió el pasillo oscuro buscando una puerta. Los números de éstas eran inútiles, porque no se veían. La suerte fue que Isidora le sintió los pasos y abrió.

—¡Ah! Vivan los hombres de palabra. Pase, pase.

Hallóse don Francisco dentro de una estancia cuyo inclinado techo tocaba al piso por la parte contraria a la puerta; arriba, un ventanón con algunos de sus vidrios rotos, tapados con trapos y papeles; el suelo, de baldosín, cubierto a trechos de pedazos de alfombra; a un lado un baúl abierto, dos sillas, un anafre con lumbre; a otro, una cama, sobre la cual, entre mantas y ropas diversas, medio vestido y medio abrigado, yacía un hombre como de treinta años, guapo, de barba puntiaguda,

ojos grandes, frente hermosa, demacrado y con los pó-
mulos ligeramente encendidos; en las sienes una depresión verdosa, y las orejas transparentes como la cera de
los exvotos que se cuelgan en los altares. Torquemada
le miró sin contestar al saludo y pensaba así: «El pobre
está más tísico que la *Traviatta*. ¡Lástima de muchacho!
Tan buen pintor y tan mala cabeza... ¡Habría podido ganar tanto dinero!»

—Ya ve usted, don Francisco, cómo estoy... Con este catarrazo que no me quiere dejar. Siéntese... ¡Cuánto
le agradezco su bondad!

—No hay que agradecer nada... Pues no faltaba más.
¿No nos manda Dios vestir a los enfermos, dar de beber
al triste, visitar al desnudo?... ¡Ay! Todo lo trabuco.
¡Qué cabeza!... Decía que para aliviar las desgracias estamos los hombres de corazón blando..., sí, señor.

Miró las paredes del guardillón, cubiertas en gran
parte por multitud de estudios de paisajes, algunos con
el cielo para abajo, clavados en la pared o arrimados
a ella.

—Bonitas cosas hay todavía por aquí.

—En cuanto suelte el constipado voy a salir al campo—dijo el enfermo, los ojos iluminados por la fiebre—.
¡Tengo una idea, qué idea!... Creo que me pondré bueno de ocho a diez días, si usted me socorre, don Francisco, y en seguida al campo, al campo...

«Al campo santo es a donde tú vas prontito», pensó
Torquemada, y luego en alta voz:

—Sí, eso es cuestión de ocho o diez días... nada
más... Luego saldrá usted por ahí..., en un coche...
¿Sabe usted que la guardilla es fresquita?... ¡Caramba!
Déjeme embozar en la capa.

—Pues asómbrese usted—dijo el enfermo incorporándose—. Aquí me he puesto algo mejor. Los últimos
días que pasamos en el estudio..., que se lo cuente a
usted Isidora..., estuve malísimo; como que nos asus-
tamos, y...

Le entró tan fuerte golpe de tos, que parecía que se

ahogaba. Isidora acudió a incorporarle, levantando las
almohadas. Los ojos del infeliz parecía que se saltaban,
sus deshechos pulmones agitábanse trabajosamente, como fuelles que no pueden expeler ni aspirar el aire;
crispaba los dedos, quedando al fin postrado y como sin
vida. Isidora le enjugó el sudor de la frente, puso en
orden la ropa que por ambos lados del angosto lecho
se caía y le dio a beber un calmante.

—Pero ¡qué pasmo tan atroz he cogido!...—exclamó el artista al reponerse del acceso.

—Habla lo menos posible—le aconsejó Isidora.

—Yo me entenderé con don Francisco; verás cómo
nos arreglamos. Este don Francisco es más bueno de lo
que parece, es un santo disfrazado de diablo, ¿verdad?

Al reírse mostró su dentadura incomparable, una de
las pocas gracias que le quedaban en su decadencia triste. Torquemada, echándoselas de bondadoso, la hizo
sentar a su lado y le puso la mano en el hombro, diciéndole:

—Ya lo creo que nos arreglaremos... Como que con
usted se puede entender uno fácilmente; porque usted,
Isidorita, no es como esas otras mujeronas que no tienen educación. Usted es una persona decente que ha
venido a menos, y tiene todo el aquel de mujer fina,
como hija neta de marqueses... Bien lo sé..., y que le
quitaron la posición que le corresponde esos pillos de
la curia...

—¡Ay, Jesús!—exclamó Isidora, exhalando en un
suspiro todas las remembranzas tristes y alegres de su no-
velesco pasado—. No hablemos de eso... Pongámonos
en la realidad, don Francisco. ¿Se ha hecho usted cargo
de nuestra situación? A Martín le embargaron el estudio. Las deudas eran tantas, que no pudimos salvar más
que lo que usted ve aquí. Después hemos tenido que empeñar toda su ropa y la mía para poder comer... No me
queda más que lo puesto..., ¡mire usted qué facha!, y
a él nada, lo que le ve usted sobre la cama. Necesitamos
desempeñar lo preciso; tomar una habitación más abri-

gada, la del tercero, que está con papeles; encender lumbre, comprar medicinas, poner siquiera un buen cocido todos los días... Un señor de la beneficencia domiciliaria me trajo ayer dos bonos, y me mandó ir allá, adonde está la oficina; pero tengo vergüenza por presentarme con esta facha... Los que hemos nacido en cierta posición, señor don Francisco, por mucho que caigamos, nunca caemos hasta lo hondo... Pero vamos al caso; para todo eso que le he dicho y para que Martín se reponga y pueda salir al campo, necesitamos tres mil reales..., y no digo cuatro porque no se asuste. Es lo último. Sí, don Francisco de mi alma, y confiamos en su buen corazón.

—¡Tres mil reales!—dijo el usurero poniendo la cara de duda reflexiva que para los casos de benevolencia tenía; cara que era ya en él como una fórmula dilatoria, de las que se usan en diplomacia—. ¡Tres mil realetes!... Hija de mi alma, mire usted.

Y haciendo con los dedos pulgar e índice una perfecta rosquilla, se la presentó a Isidora, y prosiguió así:

—No sé si podré disponer de los tres mil reales en el momento. De todos modos, me parece que podrían ustedes arreglarse con menos. Piénselo bien y ajuste sus cuentas. Yo estoy decidido a protegerlos y ayudarlos para que mejoren de suerte..., llegaré hasta el sacrificio y hasta quitarme el pan de la boca para que ustedes maten el hambre, pero..., pero reparen que debo mirar también por mis intereses...

—Pongamos el interés que quiera, don Francisco—dijo con énfasis el enfermo, que por lo visto deseaba acabar pronto.

—No me refiero al materialismo del rédito del dinero, sino a mis intereses, claro, a mis intereses. Y doy por hecho que ustedes piensan pagarme algún día.

—Pues claro—replicaron a una Martín e Isidora.

Y Torquemada para su coleto: «El día del Juicio por la tarde me pagaréis; ya sé que éste es dinero perdido.»

El enfermo se incorporó en su lecho, y con cierta exaltación dijo al prestamista:

—Amigo, ¿cree usted que mi tía, la que está en Puerto Rico, ha de dejarme en esta situación cuando se entere? Ya estoy viendo la letra de cuatrocientos o quinientos pesos que me ha de mandar. Le escribí por el correo pasado.

«Como no te mande tu tía quinientos puñales», pensó Torquemada. Y en voz alta:

—Y alguna garantía me han de dar ustedes también..., digo, me parece que...

—¡Toma! Los estudios. Escoja los que quiera.

Echando en redondo una mirada pericial, Torquemada explanó su pensamiento en esta forma:

«Bueno, amigos míos, voy a decirles una cosa que les va a dejar turulatos. Me he compadecido de tanta miseria; yo no puedo ver una desgracia semejante sin acudir al instante a remediarla. ¡Ah! ¿Qué idea teníais de mí? Porque otra vez me debieron un pico y los apuré y los ahogué, ¿creen que soy de mármol? Tontos, era porque entonces le vi triunfando y gastando, y, francamente, el dinero que yo gano con tanto afán no es para tirarlo en francachelas. No me conocéis, os aseguro que no me conocéis. Comparen la tiranía de esos chupones que les embargaron el estudio y os dejaron en cueros vivos; comparen eso, digo, con mi generosidad y con ese corazón tierno que me ha dado Dios... Soy tan bueno, tan bueno, que yo mismo me tengo que alabar y darme las gracias por el bien que hago. Pues verán qué golpe. Miren...»

Volvió a aparecer la rosquilla, acompañada de estas graves palabras:

—Les voy a dar los tres mil reales, y se los voy a dar ahora mismo..., pero no es eso lo más gordo, sino que se los voy a dar sin intereses... Qué tal, ¿es esto rasgo o no es rasgo?

—Don Francisco—exclamó Isidora con efusión—, déjeme que le dé un abrazo.

—Y yo le daré otro si viene acá—gritó el enfermo, queriendo echarse fuera de la cama.

—Sí, vengan todos los cariños que queráis—dijo el tacaño, dejándose abrazar por ambos—. Pero no me alaben mucho, porque estas acciones son deber de toda persona que mire por la Humanidad, y no tienen gran mérito... Abrácenme otra vez, como si fuera vuestro padre, y compadézcanme, que yo también lo necesito... En fin, que se me saltan las lágrimas si me descuido, porque soy tan compasivo..., tan...

—Don Francisco de mis entretelas—declaró el tísico arropándose bien otra vez con aquellos andrajos—, es usted la persona más cristiana, más completa y más humanitaria que hay bajo el sol. Isidora, trae el tintero, la pluma y el papel sellado que compraste ayer, que voy a hacer un pagaré.

La otra le llevó lo pedido, y mientras el desgraciado joven escribía, Torquemada, meditabundo y con la frente apoyada en un solo dedo, fijaba en el suelo su mirar reflexivo. Al coger el documento que Isidora le presentaba, miró a sus deudores con expresión paternal y echó el registro afeminado y dulzón de su voz para decirles:

—Hijos de mi alma, no me conocéis. Pensáis sin duda que voy a guardarme este pagaré... Sois unos bobalicones. Cuando yo hago una obra de caridad, allá te va de veras, con el alma y con la vida. No os presto los tres mil reales, os los regalo, por vuestra linda cara. Mirad lo que hago: ras, ras.

Rompió el papel. Isidora y Martín lo creyeron porque lo estaban viendo, que si no, no lo hubieran creído.

—Eso se llama hombre cabal... Don Francisco, muchísimas gracias—dijo Isidora, conmovida.

Y el otro, tapándose la boca con las sábanas para contener el acceso de tos que se iniciaba:

—¡María Santísima, qué hombre tan bueno!

—Lo único que haré—dijo don Francisco levantándose y examinando de cerca los cuadros—es aceptar un par de estudios, como recuerdo... Este de las montañas ne-

vadas y aquel de los burros pastando... Mire usted, Martín, también me llevaré, si le parece, aquella marinita
y este puente con hiedra...

A Martín le había entrado el acceso y se asfixiaba.
Isidora, acudiendo a auxiliarle, dirigió una mirada furtiva
a las tablas y al escrutinio y elección que de ellas hacía
el aprovechado prestamista.

—Los acepto como recuerdo—dijo éste apartándolos—; y si les parece bien, también me llevaré este otro...
Una cosa tengo que advertirles: si temen que con las
mudanzas se estropeen estas pinturas, llévenmelas a casa, que allí las guardaré y pueden recogerlas el día que
quieran... Vaya, ¿va pasando esa condenada tos? La
semana que entra ya no toserá usted nada, pero nada.
Irá usted al campo..., allá, por el puente de San Isidro... Pero ¡qué cabeza la mía!..., se me olvidaba lo
principal, que es darles los tres mil reales... Venga acá,
Isidorita, entérese bien... Un billete de cien pesetas, otro,
otro...—los iba contando y mojaba los dedos con saliva
a cada billete para que no se pegaran—. Setecientas pesetas... No tengo billete de cincuenta hija. Otro día lo
daré. Tiene ahí ciento cuarenta duros, o sean dos mil
ochocientos reales...

Ocho

Al ver el dinero, Isidora casi lloraba de gusto, y el
enfermo se animó tanto, que parecía haber recobrado
la salud. ¡Pobrecillos, estaban tan mal, habían pasado
tan horribles escaseces y miserias! Dos años antes se
conocieron en casa de un prestamista que a entrambos
los desollaba vivos. Se confiaron su situación respectiva,
se compadecieron y se amaron: aquella misma noche
durmió Isidora en el estudio. El desgraciado artista y la
mujer perdida hicieron el pacto de fundir sus miserias
en una sola y de ahogar sus penas en el dulce licor de
una confianza enteramente conyugal. El amor les hizo
llevadera la desgracia. Se casaron en el ara del amance-

bamiento, y a los dos días de unión se querían de veras y hallábanse dispuestos a morirse juntos y a partir lo poco bueno y lo mucho malo que la vida pudiera traerles. Lucharon contra la pobreza, contra la usura, y sucumbieron sin dejar de quererse: él siempre amante; solícita y cariñosa ella; ejemplo ambos de abnegación, de esas altas virtudes que se esconden avergonzadas para que no las vean la ley y la religión, como el noble haraposo se esconde de sus iguales bien vestidos.

Volvió a abrazarlos Torquemada, diciéndoles con melosa voz:

—Hijos míos, sed buenos y que os aproveche el ejemplo que os doy. Favoreced al pobre, amad al prójimo, y así como yo os he compadecido, compadecedme a mí, porque soy muy desgraciado.

—Ya sé—dijo Isidora, desprendiéndose de los brazos del avaro—que tiene usted al niño malo. ¡Pobrecito! Verá usted cómo se le pone bueno ahora...

—¡Ahora! ¿Por qué ahora?—preguntó Torquemada con ansiedad muy viva.

—Pues..., qué sé yo... Me parece que Dios le ha de favorecer, le ha de premiar sus buenas obras...

—¡Oh!, si mi hijo se muere—afirmó don Francisco con desesperación—, no sé qué va a ser de mí.

—No hay que hablar de morirse—gritó el enfermo, a quien la posesión de los santos cuartos había despabilado y excitado cual si fuera una toma del estimulante más enérgico—. ¿Qué es eso de morirse? Aquí no se muere nadie. Don Francisco, el niño no se muere. Pues no faltaba más. ¿Qué tiene? ¿Meningitis? Yo tuve una muy fuerte a los diez años, y ya me daban por muerto cuando entré en reacción, y viví, y aquí me tiene usted, dispuesto a llegar a viejo, y llegaré, porque lo que es el catarro ahora lo largo. Vivirá el niño, don Francisco, no tengo duda; vivirá.

—Vivirá—repitió Isidora—; yo se lo voy a pedir a la Virgencita del Carmen.

—Sí, hija, a la Virgen del Carmen—dijo Torquemada, llevándose el pañuelo a los ojos—. Me parece muy bien. Cada uno empuje por su lado, a ver si entre todos...

El artista, loco de contento, quería comunicárselo al atribulado padre, y medio se echó de la cama para decirle:

—Don Francisco, no llore, que el chico vive... Me lo dice el corazón, me lo dice una voz secreta... Viviremos todos y seremos felices.

—¡Ay hijo de mi alma!—exclamó el *Peor*; y abrazándole otra vez—: Dios le oiga a usted. ¡Qué consuelo tan grande me da!

—También usted nos ha consolado a nosotros. Dios se lo tiene que premiar. Viviremos, sí, sí. Mire, mire: el día en que yo pueda salir, nos vamos todos al campo, el niño también, de merienda. Isidora nos hará la comida, y pasaremos un día muy agradable, celebrando nuestro restablecimiento.

—Iremos, iremos—dijo el tacaño con efusión, olvidándose de lo que antes había pensado respecto al *campo* a que iría Martín muy pronto—. Sí, y nos divertiremos mucho y daremos limosnas a todos los pobres que nos salgan... ¡Qué alivio siento en mi interior desde que he hecho ese beneficio!... No, no me lo alaben... Pues verán: se me ocurre que aún les puedo hacer otro mucho mayor.

—¿Cuál?... A ver, don Francisquito.

—Pues se me ha ocurrido... No es idea de ahora, que la tengo hace tiempo... Se me ha ocurrido que si la Isidora conserva los papeles de su herencia y sucesión de la casa de Aransis hemos de intentar sacar eso...

Isidora le miró entre aturdida y asombrada.

—¿Otra vez eso?—fue lo único que dijo.

—Sí, sí, tiene razón don Francisco—afirmó el pobre tísico, que estaba de buenas, entregándose con embriaguez a un loco optimismo—. Se intentará... Eso no puede quedar así.

—Tengo el recelo—añadió Torquemada—de que los

que intervinieron en la acción la otra vez no anduvieron muy listos o se vendieron a la marquesa vieja... Lo hemos de ver, lo hemos de ver.

—En cuantito que yo suelte el catarro. Isidora, mi ropa, que me quiero levantar... ¡Qué bien me siento ahora!... Me dan ganas de ponerme a pintar, don Francisco. En cuanto el niño se levante de la cama, quiero hacerle el retrato.

—Gracias, gracias..., sois muy buenos..., los tres somos muy buenos, ¿verdad? Venga otro abrazo y pedid a Dios por mí. Tengo que irme, porque estoy con una zozobra que no puedo vivir.

—Nada, nada, que el niño está mejor, que se salva —repitió el artista, cada vez más exaltado—. Si le estoy viendo, si no me puedo equivocar.

Isidora se dispuso a salir con parte del dinero, camino de la casa de préstamos; pero al pobre artista le acometió la tos y disnea con mayor fuerza, y tuvo que quedarse. Don Francisco se despidió con las expresiones más cariñosas que sabía, y cogiendo los cuadritos salió con ellos debajo de la capa. Por la escalera iba diciendo:

—¡Vaya, que es bueno ser bueno!... ¡Siento en mi interior una cosa, un consuelo...! ¡Si tendrá razón Martín! ¡Si se me pondrá bueno aquel pedazo de mi vida!... Vamos corriendo allá. No me fío, no me fío. Este botarate tiene las ilusiones de los tísicos en último grado. Pero ¡quién sabe!, se engaña de seguro respecto a sí mismo y acierta en lo demás. A donde él va pronto es al nicho... Pero los moribundos suelen tener doble vista, y puede que haya *visto* la mejoría de Valentín...; voy corriendo, corriendo. ¡Cuánto me estorban estos malditos cuadros! ¡No dirán ahora que soy tirano y judío, pues rasgos de éstos entran pocos en libra!... No me dirán que me cobro en pinturas, pues por estos apuntes, en venta, no me darían ni la mitad de lo que yo di. Verdad que si se muere valdrán más, porque aquí cuando un artista está vivo nadie le hace maldito caso, y en cuanto se muere de miseria o de cansancio le ponen en

las nubes, le llaman genio y qué sé yo qué... Me parece
que no llego nunca a mi casa. ¡Qué lejos está, estando
tan cerca!

Subió de tres en tres peldaños la escalera de su casa,
y le abrió la puerta la *Tía Roma,* disparándole a boca
de jarro estas palabras:

—Señor, el niño parece que está un poquito más
tranquilo.

Oírlo don Francisco y soltar los cuadros y abrazar
a la vieja fue todo uno. La trapera lloraba, y el *Peor*
le dio tres besos en la frente. Después fue derechito a
la alcoba del enfermo y miró desde la puerta. Rufina se
abalanzó hacia él para decirle:

—Está desde mediodía más sosegado... ¿Ves? Parece que duerme el pobre ángel. Quién sabe... Puede que
se salve. Pero no me atrevo a tener esperanzas, no sea
que las perdamos esta tarde.

Torquemada no cabía en sí de sobresalto y ansiedad.
Estaba el hombre con los nervios tirantes, sin poder
permanecer quieto ni un momento, tan pronto con
ganas de echarse a llorar como de soltar la risa. Iba y
venía del comedor a la puerta de la alcoba, de ésta a
su despacho, y del despacho al gabinete. En una de estas
volteretas llamó a la *Tía Roma,* y metiéndose con ella
en la alcoba la hizo sentar y le dijo:

—*Tía Roma,* ¿crees tú que se salva el niño?

—Señor, será lo que Dios quiera, y nada más. Yo se
lo he pedido anoche y esta mañana a la Virgen del Carmen con tanta devoción, que más no puede ser, llorando a moco y baba. ¿No me ve cómo tengo los ojos?

—¿Y crees tú...?

—Yo tengo esperanza, señor. Mientras no sea cadáver, esperanzas ha de haber, aunque digan los médicos
lo que dijeren. Si la Virgen lo manda, los médicos se
van a hacer puñales... Otra, anoche me quedé dormida
rezando, y me pareció que la Virgen bajaba hasta delan-
tito de mí, y que me decía que sí con la cabeza... Otra,
¿no ha rezado usted?

—Sí, mujer; ¡qué preguntas haces! Voy a decirte una cosa importante. Verás.

Abrió un bargueño, en cuyos cajoncillos guardaba papeles y alhajas de gran valor que habían ido a sus manos en garantía de préstamos usurarios; algunas no eran todavía suyas, otras sí. Un rato estuvo abriendo estuches, y a la *Tía Roma,* que jamás había visto cosa semejante, se le encandilaban los ojos de pez con los resplandores que de las cajas salían. Eran, según ella, esmeraldas como nueces, diamantes que arrojaban pálidos rayos, rubíes como pepitas de granada y oro finísimo, oro de la mejor ley, que valía cientos de miles... Torquemada, después de abrir y cerrar estuches, encontró lo que buscaba: una perla enorme, del tamaño de una avellana, de hermosísimo oriente, y cogiéndola entre los dedos, la mostró a la vieja.

—¿Qué te parece esta perla, *Tía Roma?*

—Bonita de veras. Yo no lo entiendo. Valdrá miles de millones. ¿Verdá usted?

—Pues esta perla—dijo Torquemada en tono triunfal—es para la señora Virgen del Carmen. Para ella es si pone bueno a mi hijo. Te la enseño, y pongo en tu conocimiento la intención para que se lo digas. Si se lo digo yo, de seguro no me lo cree.

—Don Francisco—mirándole con profunda lástima—, usted está malo de la jícara. Dígame, por su vida, ¿para qué quiere ese requilorio la Virgen del Carmen?

—Toma, para que se lo pongan el día de su santo, el dieciséis de julio. ¡Pues no estará poco maja con esto! Fue regalo de boda de la excelentísima señora marquesa de Tellería. Créelo, como ésta hay pocas.

—Pero, don Francisco, ¡usted piensa que la Virgen le va a conceder...! Paice bobo..., ¡por ese piazo de cualquier cosa!

—Mira qué oriente. Se puede hacer un alfiler y ponérselo a ella en el pecho, o al Niño.

—¡Un rayo! ¡Valiente caso hace la Virgen de perlas

y pindonguerías!... Créame a mí: véndala y dele a los
pobres el dinero.

—Mira, tú, no es mala idea—dijo el tacaño, guardando la joya—. Tú sabes mucho. Seguiré tu consejo,
aunque, si he de ser franco, eso de dar a los pobres viene
a ser una tontería, porque cuanto les das se lo gastan
en aguardiente. Pero ya lo arreglaremos de modo que
el dinero de la perla no vaya a parar a las tabernas... Y
ahora quiero hablarte de otra cosa. Pon muchísima atención: ¿te acuerdas de cuando mi hija, paseando una
tarde por las afueras con Quevedo y las de Morejón, fue
a dar allá, por donde tú vives, hacia los Tejares del
Aragonés, y entró en tu choza y vino contándome, ho-
rrorizada, la pobreza y escasez que allí vio? ¿Te acuerdas de eso? Contóme Rufina que tu vivienda es un cubil,
una inmundicia hecha con adobes, tablas viejas · y plan-
chas de hierro, el techo de paja y tierra; me dijo que
ni tú ni tus nietos tenéis cama y dormís sobre un montón de trapos; que los cerdos y las gallinas que criáis
con la basura son allí las personas y vosotros los animales. Sí; Rufina me contó esto, y yo debí tenerte lástima
y no te la tuve. Debí regalarte una cama, pues nos has
servido bien; querías mucho a mi mujer, quieres a mis
hijos, y en tantos años que entras aquí jamás nos has
robado ni el valor de un triste clavo. Pues bien; si entonces no se me pasó por la cabeza socorrerte, ahora sí.

Diciendo esto, se aproximó al lecho y dio en él un
fuerte palmetazo con ambas manos, como el que se
suele dar para sacudir los colchones al hacer las camas.

—*Tía Roma,* ven acá, toca aquí. Mira qué blandura.
¿Ves este colchón de lana encima de un colchón de
muelles? Pues es para ti, para ti, para que descanses
tus huesos duros y te despatarres a tus anchas.

Esperaba el tacaño una explosión de gratitud por
dádiva tan espléndida, y ya le parecía estar oyendo las
bendiciones de la *Tía Roma,* cuando ésta salió por un
registro muy diferente. Su cara telarañosa se dilató, y de
aquellas úlceras con vista que se abrían en el lugar de

los ojos salió un resplandor de azoramiento y susto mientras volvía la espalda al lecho, dirigiéndose hacia la puerta.

—Quite, quite allá—dijo—; vaya con lo que se le ocurre... ¡Darme a mí los colchones, que ni tan siquiera caben por la puerta de mi casa!... Y aunque cupieran... ¡rayo! A cuenta que he vivido tantísimos años durmiendo en duro como una reina, y en estas blanduras no pegaría los ojos. Dios me libre de tenderme ahí. ¿Sabe lo que le digo? Que quiero morirme en paz. Cuando venga la de la cara fea me encontrará sin una mota, pero con la conciencia como los chorros de la plata. No, no quiero los colchones, que dentro de ellos está su idea..., porque aquí duerme usted, y por la noche, cuando se pone a cavilar, las ideas se meten por la tela adentro y por los muelles, y ahí estarán, como las chinches cuando no hay limpieza. ¡Rayo con el hombre, y la que me quería encajar!...

Accionaba la viejecilla de una manera gráfica, expresando tan bien con el mover de las manos y de los flexibles dedos cómo la cama del tacaño se contaminaba de sus ruines pensamientos, que Torquemada la oía con verdadero furor, asombrado de tanta ingratitud; pero ella, firme y arisca, continuó despreciando el regalo:

—Pos vaya un premio gordo que me caía, Santo Dios... ¡Pa que yo durmiera en eso! Ni que estuviera boba, don Francisco! ¡Pa que a medianoche me salga toda la gusanera de las ideas de usted y se me meta por los oídos y por los ojos, volviéndome loca y dándome una mala muerte...! Porque, bien lo sé yo..., a mí no me la da usted..., ahí dentro, ahí dentro están todos sus pecados, la guerra que le hace al pobre, su tacañería, los réditos que mama y todos los números que le andan por la sesera para ajuntar dinero... Si yo me durmiera ahí, a la hora de la muerte me saldrían por un lado y por otro unos sapos con la boca muy grande, unos culebrones asquerosos que se me enroscarían en el cuerpo, unos diablos muy feos con bigotazos y con orejas de

murciélago, y me cogerían entre todos para llevarme a
rastras a los infiernos. Váyase al rayo y guárdese sus
colchones, que yo tengo un camastro hecho de sacos de
trapo, con una manta por encima, que es la gloria divina... Ya lo quisiera usted... Aquello sí que es rico para
dormir a pierna suelta...

—Pues dámelo, dámelo, *Tía Roma*—dijo el avaro
con aflicción—. Si mi hijo se salva, me comprometo a
dormir en él lo que me queda de vida y a no comer
más que las bazofias que tú comes.

—A buenas horas y con sol. Usted quiere ahora poner
un puño en el cielo. ¡Ay, señor, a cada paje su ropaje!
A usted le sienta eso como a las burras las arracadas.
Y todo ello es porque está afligido; pero si se pone bueno el niño, volverá usted a ser más malo que Holofernes.
Mire que ya va para viejo; mire que el mejor día se le
pone delante la de la cara pelada, y a ésta sí que no le
da usted el timo.

—Pero ¿de dónde sacas tú, estampa de la basura
—replicó Torquemada con ira, agarrándola por el pescuezo y sacudiéndola—, de dónde sacas tú que yo soy
malo ni lo he sido nunca?

—Déjeme, suélteme, no me menee, que no soy ninguna pandereta. Mire que soy más vieja que Jerusalén
y he visto mucho mundo y le conozco a usted desde que
se quiso casar con la Silvia. Y bien le aconsejé a ella
que no se casara..., y bien le anuncié las hambres que
había de pasar. Ahora que está rico no se acuerda de
cuando empezaba a ganarlo. Yo sí me acuerdo, y me
paice que fue ayer cuando le contaba los garbanzos a la
cuitada de Silvia y todo lo tenía bajo llave, y la pobre
estaba descomida, trasijada y ladrando de hambre. Como que si no es por mí, que le traía algún huevo de
ocultis, se hubiera muerto cien veces. ¿Se acuerda de
cuando se levantaba usted a medianoche para registrar
la cocina a ver si descubría algo de condumio que la
Silvia hubiera escondido para comérselo sola? ¿Se acuerda de cuando encontró un pedazo de jamón en dulce y

un medio pastel que me dieron a mí en casa de la marquesa, y que yo le traje a la Silvia para que se lo zampara ella sola, sin darle a usted ni tanto así? ¿Recuerda que al otro día estaba usted hecho un león, y' que cuando entré me tiró al suelo y me'estuvo pateando? Y yo no me enfadé, y volví, y todos los días le traía algo a la Silvia. Como usted era el que iba a la compra, no le podíamos sisar, y la infeliz ni tenía una triste chambra que ponerse. Era una mártira, don Francisco, una mártira; ¡y usted guardando el dinero y dándolo a peseta por duro al mes! Y mientre tanto, no comían más que mojama cruda con pan seco y ensalada. Gracias que yo partía con ustedes lo que me daban en las casas ricas, y una noche, ¿se acuerda?, traje un hueso de jabalí, que lo estuvo usted echando en el puchero seis días seguidos, hasta que se quedó más seco que su alma puñalera. Yo no tenía obligación de traer nada: lo hacía por la Silvia, a quien cogí en brazos cuando nació de señá Rufinica, la del callejón del Perro. Y lo que a usted le ponía furioso era que yo le guardase las cosas a ella y no se las diera a usted, ¡un rayo! Como si tuviera yo obligación de llenarle a usted el buche, perro, más que perro... Y dígame ahora, ¿me ha dado alguna vez el valor de un real? Ella sí me daba lo que podía, a la chita callando; pero usted, el muy capigorrón, ¿qué me ha dado? Clavos torcidos y las barreduras de la casa. ¡Véngase ahora con jipíos y farsa!... Valiente caso le van a hacer.

—Mira, vieja de todos los demonios—le dijo Torquemada furioso—, por respeto a tu edad no te reviento de una patada. Eres una embustera, una diabla, con todo el cuerpo lleno de mentiras y enredos. Ahora te da por desacreditarme, después de haber estado más de veinte años comiendo de mi pan. Pero ¡si te conozco, zurrón de veneno; si eso que has dicho nadie te lo va a creer: ni arriba ni abajo! El demonio está contigo, y maldita tú eres entre todas las brujas y esperpentos que hay en el cielo..., digo, en el infierno.

Nueve

Estaba el hombre fuera de sí, delirante; y sin echar de ver que la vieja se había largado a buen paso de la habitación, siguió hablando como si delante la tuviera.

—Espantajo, madre de las telarañas, si te cojo, verás... ¡Desacreditarme así!

Iba de una parte a otra en la estrecha alcoba, y de ésta al gabinete, cual si le persiguieran sombras; daba cabezadas contra la pared, algunas tan fuetes que resonaban en toda la casa.

Caía la tarde, y la oscuridad reinaba ya en torno del infeliz tacaño, cuando éste oyó claro y distinto el grito de pavo real que Valentín daba en el paroxismo de su altísima fiebre.

—Y ¡decían que estaba mejor!... Hijo de mi alma... Nos han vendido, nos han engañado.

Rufina entró llorando en la estancia de la fiera, y le dijo:

—¡Ay, papá, qué malito se ha puesto; pero qué malito!

—¡Ese trasto de Quevedo!—gritó Torquemada, llevándose un puño a la boca y mordiéndoselo con rabia—. Le voy a sacar las entrañas... El nos le ha matado.

—Papá, por Dios, no seas así... No te rebeles contra la voluntad de Dios... Si El lo dispone...

—Yo no me rebelo, ¡puñales!, yo no me rebelo. Es que no quiero, no quiero dar a mi hijo, porque es mío, sangre de mi sangre y hueso de mis huesos...

—Resígnate, resígnate, y tengamos conformidad—exclamó la hija, hecha un mar de lágrimas.

—No puedo, no me da la gana de resignarme. Esto es un robo... Envidia, pura envidia. ¿Qué tiene que hacer Valentín en el cielo? Nada, digan lo que dijeren; pero nada... Dios, ¡cuánta mentira, cuánto embuste! Que si cielo, que si infierno, que si Dios, que si diablo, que si... ¡tres mil rábanos! ¡Y la muerte, esa muy pindonga de la muerte, que no se acuerda de tanto pillo, de tanto farsante, de tanto imbécil, y se le antoja mi niño, por ser lo mejor que hay en el mundo!... Todo está mal, y el mundo es un asco, una grandísima porquería.

Rufina se fue y entró Bailón, trayéndose una cara muy compungida. Venía de ver al enfermito, que estaba ya agonizando, rodeado de algunas vecinas y amigos de la casa. Disponíase el clerizonte a confortar al afligido padre en aquel trance doloroso, y empezó por darle un abrazo, diciéndole con empañada voz:

—Valor, amigo mío, valor. En estos casos se conocen las almas fuertes. Acuérdese usted de aquel gran Filósofo que expiró en una cruz dejando consagrados los principios de la Humanidad.

—¡Qué principios ni qué...! ¿Quiere usted marcharse de aquí, so chinche?... Vaya que es de lo más pelmazo y cargante y apestoso que he visto. Siempre que estoy angustiado me sale con esos retruécanos.

—Amigo mío, mucha calma. Ante los designios de la Naturaleza, de la Humanidad, del gran Todo, ¿qué puede el hombre? ¡El hombre! Esa hormiga, menos aún, esa pulga..., todavía mucho menos.

—Ese coquito..., menos aún, ese..., ¡puñales!—agregó Torquemada con sarcasmo horrible, remedando la voz de la sibila y enarbolando después el puño cerrado—. Si no se calla le rompo la cara... Lo mismo me da a mí el grandísimo todo que la grandísima nada y el muy piojoso que le inventó. Déjeme, suélteme, por la condenada alma de su madre, o...

Entró Rufina otra vez, traída por dos amigas suyas, para apartarla del tristísimo espectáculo de la alcoba. La pobre joven no podía sostenerse. Cayó de rodillas exhalando gemidos, y al ver a su padre forcejeando con Bailón, le dijo:

—Papá, por Dios, no te pongas así. Resígnate..., yo estoy resignada, ¿no me ves?... El pobrecito..., cuando yo entré..., tuvo un instante, ¡ay!, en que recobró el conocimiento. Habló con voz clara y dijo que veía a los ángeles que le estaban llamando.

—¡Hijo de mi alma, hijo de mi vida!—gritó Torquemada con toda la fuerza de sus pulmones, hecho un salvaje, un demente—. No vayas, no hagas caso; que ésos
son unos pillos que te quieren engañar... Quédate con
nosotros...

Dicho esto, cayó redondo al suelo, estiró una pierna,
contrajo la otra y un brazo. Bailón, con toda su fuerza,
no podía sujetarle, pues desarrollaba un vigor muscular
inverosímil. Al propio tiempo soltaba de su fruncida
boca un rugido feroz y espumarajos. Las contracciones
de las extremidades y el pataleo eran en verdad horrible espectáculo: se clavaba las uñas en el cuello hasta
hacerse sangre. Así estuvo largo rato, sujetado por Bailón y el carnicero, mientras Rufina, transida de dolor,
pero en sus cinco sentidos, era consolada y atendida
por Quevedito y el fotógrafo. Llenóse la casa de vecinos y amigos, que en tales trances suelen acudir com-
padecidos y serviciales. Por fin, tuvo término el patatús
de Torquemada, y caído en profundo sopor, que a la
misma muerte, por lo quieto, se asemejaba, le cargaron
entre cuatro y le arrojaron en su lecho. La *Tía Roma,*
por acuerdo de Quevedito, le daba friegas con un cepillo, rasca que te rasca, como si le estuviera sacando
lustre.

Valentín había expirado ya. Su hermana, que quieras
que no, allá se fue, le dio mil besos, y ayudada de las
amigas, se dispuso a cumplir los últimos deberes con el
pobre niño. Era valiente, mucho más valiente que su
padre, el cual, cuando volvió en sí de aquel tremendo
síncope, y pudo enterarse de la completa extinción de sus
esperanzas, cayó en profundísimo abatimiento físico y
moral. Lloraba en silencio y daba unos suspiros que se
oían en toda la casa. Transcurrido un buen rato, pidió
que le llevaran café con media tostada, porque sentía
debilidad horrible. La pérdida absoluta de la esperanza
le trajo la sedación, estímulos apremiantes de reparar el
fatigado organismo. A medianoche fue preciso adminis-
trarle un sustancioso potingue, que fabricaron la herma-

na del fotógrafo de arriba y la mujer del carnicero de abajo, con huevos, jerez y caldo de puchero.

—No sé qué me pasa—decía el *Peor*—; pero ello es que parece que se me quiere ir la vida.

El suspirar hondo y el llanto comprimido le duraron hasta cerca del día, hora en que fue atacado de un nuevo paroxismo de dolor, diciendo que quería ver a su hijo, *resucitarle costara lo que costase,* e intentaba salirse del lecho, contra los combinados esfuerzos de Bailón, el carnicero y de los demás amigos que contenerle y calmarle querían. Por fin, lograron que se estuviera quieto, resultado en que no tuvieron poca parte las filosóficas amonestaciones del clerigucho y las sabias cosas que echó por aquella boca el carnicero, hombre de pocas letras, pero muy buen cristiano.

—Tiene razón—dijo don Francisco, agobiado y sin aliento—. ¿Qué remedio queda más que conformarse? ¡Conformarse! Es un viaje para el que no se necesitan alforjas. Vean de qué le vale a uno ser más bueno que el pan, y sacrificarse por los desgraciados, y hacer bien a los que no nos pueden ver ni en pintura... Total, que lo que pensaba emplear en favorecer a cuatro pillos..., ¡mal empleado dinero, que había de ir a parar a las tabernas, a los garitos y a las casas de empeño!..., digo que esos dinerales los voy a gastar en hacerle a mi hijo del alma, a esa gloria, a ese prodigio que no parecía de este mundo, el entierro más lucido que en Madrid se ha visto. ¡Ah, qué hijo! ¿No es dolor que me lo hayan quitado? Aquello no era hijo: era un diosecito que engendramos a medias el Padre Eterno y yo... ¿No creen ustedes que debo hacerle un entierro magnífico? Ea, ya es de día. Que me traigan muestras de carros fúnebres, y vengan papeletas negras para convidar a todos los profesores.

Con estos proyectos de vanidad excitóse el hombre, y a eso de las nueve de la mañana, levantado y vestido, daba sus disposiciones con aplomo y serenidad. Almorzó

bien, recibía a cuantos amigos llegaban a verle, y a todos les endilgaba la consabida historia:

—Conformidad... ¡Qué le hemos de hacer!... Está
visto: lo mismo da que usted se vuelva santo, que se
vuelva usted Judas, para el caso de que le escuchen y
le tengan misericordia... ¡Ah misericordia!... Lindo anzuelo sin cebo para que se lo traguen los tontos.

Y se hizo el lujoso entierro, y acudió a él mucha y
lucida gente, lo que fue para Torquemada motivo de
satisfacción y orgullo, único bálsamo de su hondísima
pena. Aquella lúgubre tarde, después que se llevaron
el cadáver del admirable niño, ocurrieron en la casa escenas lastimosas. Rufina, que iba y venía sin consuelo,
vio a su padre salir del comedor con todo el bigote blanco, y se espantó creyendo que en un instante se había
llenado de canas. Lo ocurrido fue lo siguiente: fuera de
sí y acometido de un espasmo de tribulación, el incon-
solable padre fue al comedor y descolgó el encerado en
que estaban aún escritos los problemas matemáticos, y
tomándolo por retrato que fielmente le reproducía las
facciones del adorado hijo, estuvo larguísimo rato dando
besos sobre la fría tela negra, y estrujándose la cara contra ella, con lo que la tiza se le pegó al bigote mojado de
lágrimas, y el infeliz usurero parecía haber envejecido
súbitamente. Todos los presentes se maravillaron de esto, y hasta se echaron a llorar. Llevóse don Francisco a
su cuarto el encerado, y encargó a un dorador un marco
de todo lujo para ponérselo y colgarlo en el mejor sitio
de aquella estancia.

Al día siguiente, el hombre fue acometido, desde que
abrió los ojos, de la fiebre de los negocios terrenos. Como
la señorita había quedado muy quebrantada por los insomnios y el dolor, no podía atender a las cosas de la
casa; la asistenta y la incansable *Tía Roma* la sustituye-
ron hasta donde sustituirla era posible. Y he aquí que
cuando la *Tía Roma* entró a llevarle el chocolate al gran
inquisidor, ya estaba éste en planta, sentado a la mesa
de su despacho, escribiendo números con mano febril.

Y como la bruja aquella tenía tanta confianza con el señor de la casa, permitiéndose tratarle como a igual, se llegó a él, le puso sobre el hombro su descarnada y fría mano y le dijo:

—Nunca aprende... Ya está otra vez preparando los trastos de ahorcar. Mala muerte va usted a tener, condenado de Dios, si no se enmienda.

Y Torquemada arrojó sobre ella una mirada que resultaba enteramente amarilla, por ser en él de este color lo que en los demás humanos ojos es blanco, y le respondió de esta manera:

—Yo hago lo que me da mi santísima gana, so mamarracho, vieja más vieja que la Biblia. Lucido estaría si consultara con tu necedad lo que debo hacer.

Contemplando un momento el encerado de las matemáticas, exhaló un suspiro y prosiguió así:

—Si preparo los trastos, eso no es cuenta tuya ni de nadie, que yo me sé cuanto hay que saber de tejas abajo y aun de tejas arriba, ¡puñales! Ya sé que me vas a salir con el materialismo de la misericordia... A eso te respondo que si buenos memoriales eché, buenas y gordas calabazas me dieron. La misericordia que yo tenga, ¡puñales!, que me la claven en la frente.

Uno

Pues, señor..., fue el 15 de mayo, día grande de Madrid (sobre este punto no hay desavenencia en las historias), del año... (esto sí que no lo sé; averígüelo quien quiera averiguarlo), cuando ocurrió aquella irreparable desgracia que, por más señas, anunciaron cometas, ciclones y terremotos, la muerte de doña Lupe *la de los Pavos,* de dulce memoria.

Y consta la fecha del tristísimo suceso, porque don Francisco Torquemada, que pasó casi todo aquel día en la casa de su amiga y compinche, calle de Toledo, número... (tampoco sé el número, ni creo que importe), cuenta que, habiendo cogido la enferma, al declinar la tarde, un sueñecito reparador que parecía síntoma feliz del término de la crisis nerviosa, salió él al balcón para tomar un poco el aire y descansar de la fatigosa guardia

75

que montaba desde las diez de la mañana; y allí se estuvo cerca de media hora contemplando el sinfín de coches que volvían de la Pradera, con estruendo de mil demonios; los atascos, remolinos y encontronazos de la muchedumbre, que no cabía por las dos aceras arriba; los incidentes propios del mal humor de un regreso de feria, con todo el vino y el cansancio del día convertidos en fluido de escándalo. Entreteníase oyendo los dichos germanescos que, como efervescencia de un líquido bien batido, burbujeaban sobre el tumulto, revolviéndose con doscientos mil pitidos de pitos del Santo, cuando...

—Señor—le dijo la fámula de doña Lupe, dándole tan tremendo palmetazo en el omóplato, que el hombre creyó que se le caía encima el balcón del piso segundo—, señor, venga, venga acá... Otra vez el accidente. De ésta me parece que se nos va.

Corrió a la alcoba don Francisco, y, en efecto, a doña Lupe le había dado la pataleta. Entre el amigo y la criada no la podían sujetar; trancaba la buena señora los dientes; en sus labios hervía una salivilla espumosa, y sus ojos se habían vuelto para dentro, como si quisieran cerciorarse por sí mismos de que ya las ideas volaban dispersas por esos mundos. No se sabe el tiempo que duraron aquellas fieras convulsiones. Pareciéronle a don Francisco interminables, y que se acababa el día de San Isidro y le seguía una larguísima noche, sin que doña Lupe entrase en caja. Mas no habían sonado las nueve, cuando la buena señora se serenó, quedándose como lela. Diéronle de un brebaje, cuya composición farmacológica no consta en autos, como tampoco el nombre de la enfermedad, se mandó recado al médico, y hallándose la enferma en completa quietud de miembros, precursora de la del sepulcro, con toda la vida que le restaba asomándose a los ojos, otra vez vivos y habladores, comprendió Torquemada que su amiga quería hablarle, y no podía. Ligera contracción de los músculos de la cara indicaba el esfuerzo para romper el lúgubre silencio. La lengua, al fin, pellizcada por la voluntad, se despegó, y allá fueron algunas frases que sólo don Francisco con su sutil oído y su conocimiento de cuanto pudiera pensar y decir *la de los Pavos* podía entender.

—Sosiéguese ahora...—le dijo—. Tiempo tenemos de hablar todo lo que nos dé la gana sobre esa incumbencia.

—Prométame hacer lo que le dije, don Francisco —murmuró la enferma, alargando una mano, como si quisiera tomar juramento—. Hágalo, por Dios...

—Pero, señora... ¿Usted sabe...? ¿Cómo quiere que...?

—Y ¿cree usted que yo, su amiga leal—dijo la viuda de Jáuregui, recobrando como por milagro toda la facultad de palabra—, puedo engañarle? En ningún caso le aconsejaría cosa contraria a sus intereses, menos ahora, cuando veo las puertas de la eternidad abiertas de par en par delante de mí..., cuando siento dentro de mi pobre alma la verdad, sí, la verdad, señor don Francisco, pues desde que recibí al Señor... Si no me falla la memoria, ha sido ayer por la mañana.

—No, señora, ha sido hoy, a las diez en punto—replicó él, satisfecho de rectificar un error cronológico.

—Pues mejor: ¿había yo de engañarle... con el Señor acabadito de tomar? Oiga la santa palabra de su amiga, que ya le habla desde el otro mundo, desde la región de..., de la...

Tentativa frustrada de dar un giro poético a la frase.

—...Y añadiré que lo que le predico le vendrá de perillas para el cuerpo y para el alma, como que resultará un buen negocio, y una obra de misericordia, en toda la extensión de la palabra... ¿No lo cree?...

—¡Oh! Yo no digo que...

—Usted no me cree... y algún día le ha de pesar si no lo hace... ¡Que siento morirme sin que podamos hablar largamente de esa peripecia! Pero usted se eternizó en Cadalso de los Vidrios, y yo en este camastro, consumiéndome de impaciencia por echarle la vista encima.

—No pensé que estuviera usted tan malita. Hubiera venido antes.

—¡Y me moriré sin poder convencerle!... Don Francisco, reflexione, haga caso de mí, que siempre le he aconsejado bien. Y para que usted lo sepa, todo moribundo es un oráculo, y yo muriéndome le digo: Señor don Paco, no vacile un momento, cierre los ojos y...

Pausa motivada por un ligero amago. Intermedio de visita del médico, el cual receta otra pócima, y al partir, en el recodo del pasillo, pronostica, con sólo alargar los labios y mover la cabeza, un desenlace fúnebre. Intermedio de expectación y de friegas desesperadas. Don Francisco, desfallecido, pasa al comedor, donde, en colaboración con Nicolás Rubín, sobrino de la enferma, despacha una tortilla con cebolla, preparada por la sirvienta en menos que canta un gallo. A las doce, doña Lupe, inmóvil y con los ojos vigilantes, pronunciaba frases de claro sentido, pero sin correlación entre sí, truncadas, sin principio las unas, sin fin las otras. Era como si se hubiera roto en mil pedazos el manuscrito de un sabio discurso, convirtiéndolo en papeletas, que, después de bien revueltas en un sombrero, se iban sacando, a semejanza del juego de los estrechos. Oíala Torquemada con profunda pena, viendo cómo se desbandaban las ideas en aquel superior talento, palomar hundido y destechado ya.

—...Las buenas obras son la riqueza perdurable, la única que, al morirse una, pasa a la cuenta corriente del cielo... En la puerta del Purgatorio le dan a una una chapa, y luego, el día que se saca ánima, cantan: «Número tantos», y sale la que le toca... La vida es muy corta. Se muere una cuando cree que todavía está naciendo. Debieran darle a una tiempo para enmendar sus equivocaciones... ¡Qué barbaridad!, con el pan a doce, y el vino a seis, ¿cómo quieren que haya virtud? La masa obrera quiere ser virtuosa y no la dejan. Que San Pedro bendito mande cerrar las tabernas a las nueve de la no-

che, y veremos... Voy pensando que el morirse es un
bien, porque si una viviera siempre y no hubiese entierros ni funerales, ¿qué comerían los ministros del Señor?... Veintiocho y ocho debieran ser cuarenta; pero no
son más que treinta y seis... Eso por andar la aritmética,
desde que el mundo es mundo, tan mal apañada, en manos de maestros de escuela y de pasantes que siempre
tiran a la miseria, a que triunfe lo poco, y lo mucho se...
fastidie.

Tuvo un ratito de lucidez, en el cual, mirando cariñosamente a su compinche, que junto al lecho era un verdadero espantajo de conmiseración silenciosa, volvió al
tema de antes con igual insistencia:

—...Mire que me voy persuadida de que lo hará... No,
no menee la cabeza.

—Pero si no la meneo, mi señora doña Lupe, o la
meneo para decir que sí.

—¡Oh, qué alegría! ¿Qué ha dicho?

Torquemada afirmaba, sin reparo de falsificar sus intenciones ante un moribundo. Bien se podía consolar
con un caritativo embuste a quien no había de volver
a pedir cuenta de la promesa no cumplida.

—Sí, sí, señora—agregó—, muérase tranquila...; digo, no; no hay que morirse..., ¡cuidado!, quiero decir,
que se duerma con toda tranquilidad... Conque... a
dormirnos tocan.

Doña Lupe cerró los ojos; pero no tardó en abrirlos
otra vez, trayendo con el resplandor de ellos una idea
nueva, la última, recogida de prisa y corriendo como
un bulto olvidado que el viajero descubre en un rincón,
en el momento de partir. «¡Si sabré yo lo que me pesco
al recomendarle que se junte con esa familia! Debe hacerlo por conciencia, y si me apura, hasta por egoísmo.
¿Usted sabe, usted sabe lo que puede sobrevenir?» Hizo
esta pregunta con tanto énfasis, moviendo ambos brazos
en dirección del asustado rostro del prestamista, que éste
se previno para sujetarla, viendo venir otro delirio con
traqueteo epiléptico.

—¡Ay!—añadió la señora, clavando en Torquemada
una mirada maternal—yo veo claro que ha de sobrevenir porque el Señor me permite adivinar las cosas que a
usted le convienen... y adivino que con su ayuda ganarán mis amigas el pleito... Como que es de justicia que
lo ganen. ¡Pobre familia! Mi señor don Francisco les
lleva la suerte... Arrimamos el hombro, y pleito ganado.
La parte contraria hecha un trapo miserable; y usted...
No, no se han inventado todavía los números con que
poder contar los millones que va usted a tener... ¡Pero,
si no lo merece, por testarudo y por moños que se pone!... ¡Menudo pleitazo! Sepa—bajando la voz, en tono
de confidencia misteriosa—, sepa, don Francisco, que
cuando lo ganen, poseerán todita la huerta de Valencia,
toditas las minas de Bilbao, medio Madrid en casas, y
dos terceras partes de La Habana, en casas también...
Item, una faja de terreno de veintitantas leguas, de Colmenar de Oreja para allá, y tantas acciones del Banco de
España como días y noches tiene el año; con más siete
vapores grandes, grandes, y la mitad, aproximadamente,
de las fábricas de Cataluña... *Ainda mais*, el coche correo
de colleras que va de Molina de Aragón a Sigüenza, un
panteón soberbio en Cabra, y no sé si treinta o treinta
y cinco ingenios, los mejorcitos de la isla de Cuba..., y
añada usted la mitad del dinero que trajeron los galeo-
nes de América y todo el tabaco que da la Vuelta Abajo,
y la Vuelta Arriba, y la Vuelta grande del Retiro...

Y no dijo más, o no pudo entender don Francisco las
cláusulas incoherentes que siguieron, y que terminaron
en gemidos cadenciosos. Mientras doña Lupe agonizaba,
paseábase en el gabinete próximo con la cabeza marea-
da de tanto ingenio de Cuba y de tanto galeón de América como le metió en ella, con exaltación de moribunda
delirante, su infeliz amiga.

La cual tiró hasta las tres de la mañana. Hallábase mi
hombre en la sala, hablando con una vecina, cuando
entró el clérigo Nicolás Rubín, y consternado, pero sin

perder su pedantería en ocasión tan grave, exclamó: *Transit.*

—¡Bah! Ya descansó la pobrecita—dijo Torquemada, como dando a la difunta el parabién por la terminación de su largo padecimiento.

No quiere decir esto que no sintiese la muerte de su amiga: pasados algunos minutos después de oído aquel lúgubre *transit,* notó un gran vacío en su existencia. Sin duda, doña Lupe le había de hacer mucha falta, y no encontraría él, a la vuelta de una esquina, quien con tanta cordura y desinterés le aconsejase en todos los negocios. Caviloso y triste, midiendo con vago mirar del espíritu las extensiones de aquella soledad en que se quedaba, recorrió la casa, dando órdenes para lo que restaba que hacer. No faltaron allí parientes, deudos y vecinas que, con buena voluntad y todo el cariño que se merecía la difunta, le hicieron los últimos honores, ésta rezando cuanto sabía, aquélla ayudando a vestirla con el hábito del Carmen. De acuerdo con el presbítero Rubín, dictó don Francisco acertadas disposiciones para el entierro, y cuando estuvo seguro de que todo saldría conforme a los deseos de la finada y al decoro de la familia y de él mismo, pues como amigo tan antiguo y principal, al par de la propia familia se contaba, retiróse a su domicilio, echando suspiros por la escalera abajo y por la calle adelante. Ya despuntaba la aurora, y aún se oían, a lo largo de las calles oscuras, pitidos de pitos del Santo, sonando estridentes por haberse cascado el tubo de vidrio. Oía también don Francisco pasos arrastrados de trasnochadores y pasos ligeros de madrugadores. Sin hablar con nadie ni detenerse en parte alguna, llegó a su casa, en la calle de San Blas, esquina a la de la Leche.

Dos

Sin permitirse más descanso que unas cinco horas de catre y hora y media más para desayuno, cepillar la ropita negra y ponérsela, calzarse las botas nuevas y *echar*

un ojo a los intereses, volvió el usurero a la casa mortuoria, recelando que no harían poca falta allí su presencia
y autoridad, porque las amigas todo lo embarullaban, y
el sobrino cura no era hombre para resolver cualquier
dificultad que sobreviniese. Por fortuna, toda iba por
los trámites ordinarios. Doña Lupe, de cuerpo presente
en la sala, dormía el primer sueño de la eternidad, rodeada de un duelo discreto y como de oficio. Los parientes lo habían tomado con calma, y la criada y la portera
mostraban una tendencia al consuelo, que había de acen-
tuarse más cuando se llevasen el cadáver. Nicolás Rubín
hocicaba en su breviario con cierto recogimiento, entre-
verando esta santa ocupación con frecuentes escapato-
rias a la cocina para poner al estómago los reparos que
su debilidad crónica y el cansancio de la noche en claro
exigían.

De cuantas personas había en la casa, la que expresaba pena más sincera y del corazón era una señora que
Torquemada no conocía, alta, de cabellos blancos pre-
maturos, pues su rostro cuarentón y todavía fresco no
armonizaba con la canicie sino en el concepto de que
ésta fuese gracia y adorno más que signo de vejez; bien
vestida de negro, con sombrero que a don Francisco le
pareció una de las prendas más elegantes que había visto
en su vida; señora de aspecto noble *hasta la pared de
enfrente,* con guantes, calzado fino de pie pequeño, toda
ella pulcra, decente, requetefina, despidiendo de su persona lo que Torquemada llamaba *olorcillo de aristocracia.*
Después de rezar un ratito junto al cadáver, pasó la
desconocida al gabinete, adonde la siguió el avaro, de-
seoso de meter baza con ella, haciéndole comprender que
él, entre tanta gente ordinaria, sabía distinguir lo fino y
honrarlo. Sentóse la dama en un sofá, enjugando sus lágrimas, que parecían verdaderas, y viendo que aquel esta-
fermo se le acercaba sombrero en mano, le tuvo por representación de la familia, que hacía los honores de la
casa.

—Gracias—le dijo—, estoy bien aquí... ¡Ay, qué amiga hemos perdido!

Y otra vez lágrimas, a las que contestó el prestamista con un suspiro gordo, que no le costó trabajo sacar de sus recios pulmones.

—¡Sí, señora, sí; qué amiga, qué *sujeta* tan excelente...! ¡Como disposición para el manejo..., pues... y como honradez a carta cabal, no había quien le descalzara el zapato. Siempre mirando por el interés, y haciendo todas las cosas como es debido...! Para mí es una pérdida...

—¿Y para mí?—agregó la dama con vivo desconsuelo—. Entre tanta tribulación, con los horizontes cerrados por todas partes, sólo doña Lupe nos consolaba, nos abría un huequecito por donde viéramos lucir algo de esperanza. Cuatro días hace, cuando creíamos que la maldita enfermedad iba ya vencida, nos hizo un favor que nunca le pagaremos...

Aquello de no *pagar nunca* sonó mal en los oídos de Torquemada. ¿Acaso era un préstamo el favor indicado por la aristócrata?

—...Cuatro días hace, me hallaba yo en mi finca de Cadalso de los Vidrios—dijo, haciendo una o redondita con dos dedos de la mano derecha—, sin sospechar tan siquiera la gravedad, y cuando me escribió el sobrino sobre la gravedad, vine corriendo. ¡Pobrecita! Desde el trece por la noche, su caletre, que siempre fue como un reloj, ya no marchaba, no, señora. Tan pronto le decía a usted cosas que eran como los chorros de la verdad, tan pronto salía con otras que el demonio las entendiera. Todo el día catorce se lo pasó en una tecla que me habría vuelto tarumba si no tuviera un servidor de usted la cabeza más firme que un yunque. ¿Qué locura condenada se le metió en la jícara, barruntándole ya la muerte? Figúrese si estaría tocada la pobrecita, que me cogió por su cuenta, y después de recomendarme a unas amigas suyas a quienes tiene dado a préstamo algunos reales, se empeñaba en...

—En que usted ampliase el préstamo, rebajando intereses...

—No, no era eso. Digo, eso y algo más: una idea estrafalaria, que me habría hecho gracia si hubiera estado el tiempo para bromas. Pues... esas amigas de la difunta son unas que se apellidan *Aguilas,* señoras de buenos principios, según oí; pobres porfiadas, a mi entender... Pues la matraca de doña Lupe era que yo me había de casar con una de las Aguilas, no sé cuál de ellas, y hasta que cerró la pestaña me tuvo en el suplicio de *Tártaro* con aquellos disparates.

—Disparates, sí—dijo la señora gravemente—; pero en ellos se ve la nobleza de su intención. ¡Pobre doña Lupe! No le guarde usted rencor por un delirio. ¡Nos quería tanto...! ¡Se interesaba tanto por nosotras...!

Suspenso y cortado, don Francisco contemplaba a la señora, sin saber qué decirle.

—Sí—añadió ésta con bondad, ayudándole a salir del mal paso—. Esas Aguilas somos nosotras, mi hermana y yo. Yo soy el Aguila mayor... Cruz del Aguila... No, no se corte; ya sé que no ha querido ofendernos con eso del supuesto casorio... Tampoco me lastima que nos haya llamado pobres porfiadas...

—Señora, yo no sabía...; perdóneme.

—Claro, no me conocía; nunca me vio, ni yo tuve el gusto de conocerle... hasta ahora, pues por las trazas paréceme que hablo con el señor don Francisco Torquemada.

—Para servir a usted...—balbució el prestamista, que se habría dado un bofetón en castigo de su torpeza—. ¿Conque usted...? Muy señora mía; haga cuenta que no he dicho nada. Lo de pobres...

—Es verdad, y no me ofende. Lo de *porfiadas* se lo perdono: ha sido una ligereza de esas que se escapan a las personas más comedidas cuando hablan de lo que desconocen...

—Cierto.

—Y lo del casamiento, tengámoslo por una broma;

mejor dicho, por un delirio de moribundo. Tanto como a usted le sorprende esa idea, nos sorprende a nosotras.

—Y era una idea sola, una idea clavada, que le cogía todo el hueco de la cabeza, y en ella estaba como embutido todo su talento... ¡Y lo decía con un alma! Y era, no ya recomendación, sino un suplicar, un rogar como se pide a Dios que nos ampare... Y para que se muriera tranquila tuve que prometerle que sí... ¡Ya ve usted qué desatino!... Digo que es desatino en el sentido de... Por lo demás, como honra para mí, ¡cuidado!, supóngase usted... Pero digo que para aplacarle el delirio yo le aseguraba que me casaría, no digo yo con las señoras Aguilas mayores y menores, sino con todas las águilas y buitres del cielo y de la tierra... Naturalmente, viéndola tan sofocada, no podía menos de avenirme; pero en mi interior, naturalmente, echaba el pie atrás, ¡caramba!, y no por el materialismo del matrimonio, que..., ya digo, mucha honra es para mí, sino por razones naturales y respectivas a mí mismo, como edad, circunstancias...

—Comprendido. Nosotras, si Lupe nos hubiera hablado del caso, habríamos contestado lo mismo, que sí..., para tranquilizarla; y en nuestro fuero interno... ¡Oh! ¡Casarse con...! No es desprecio, no... Pero respetando, eso sí, respetando a todo el mundo, esas bromas no se admiten, no, señor; no pueden admitirse... Y ahora, señor don Francisco...

Levantóse, alargando la mano fina y perfectamente enguantada, que el avaro cogió con muchísimo respeto, quedándose un rato sin saber qué hacer con ella.

—Cruz del Aguila... Costanilla de Capuchinos, la puerta que sigue a la panadería..., piso segundo. Allí tiene usted su casa. Vivimos los tres solos, mi hermana y yo, y nuestro hermano Rafael, que está ciego.

—Por muchos años..., digo, no; no sabía que estuviera ciego su hermanito. Disimule... A mucha honra...

—Beso a usted la mano.

—Estimando a toda la familia...

—Gracias...

—Y... lo que digo... Conservarse.

Acompañóla hasta la puerta, refunfuñando cumplidos, sin que ninguno de los que imaginó le saliera correcto y airoso, porque el azoramiento le atascaba las cañerías de la palabra, que nunca fueron en él muy expeditas.

—¡Valiente plancha acabo de tirarme!—bramó, airado contra sí mismo, echándose atrás el sombrero y subiéndose los pantalones con movimiento de barriga ayudado de las manos.

Maquinalmente se metió en la sala, sin acordarse de que allí estaba, entre velas resplandecientes, la difunta; y, al verla, lo único que se le ocurrió fue decirle con el puro pensamiento:

«Pero ¿usted, ¡ñales!, por qué no me advirtió...?»

Tres

Todo aquel día estuvo el avaro de malísimo temple, sin poder apartar del pensamiento su turbación infantil ante la dama, cuya figura y aristocrático porte le cautivaban. Era hombre muy pagado de las buenas formas y admirador sincero de las cualidades que no poseía, entre las cuales contaba, en primer término, con leal modestia, la soltura de modales y el arte social de los cumplidos. Pensó que la tal doña Cruz habría bajado la escalera riéndose de él a todo trapo, y se la imaginaba contando el caso a la otra hermana, y partiéndose las dos de risa, llamándole gaznápiro y... ¡sabe Dios lo que le llamarían! Francamente, él tenía su puntillo de amor propio, como cualquier hijo de vecino, y su dignidad y todos los perendengues de un sujeto merecedor de ocupar puesto honroso en la sociedad. Poseía fortuna suficiente (bien ganadita con su industria) para no hacer el monigote delante de nadie, y eso de ser él personaje de sainete no le entraba..., ¡cuidado! Verdad que, en el caso de aquel día, él tuvo la culpa, por haber hecho befa de las señoras del Aguila, llamándolas *pobres porfiadas* en la propia *fisonomía del rostro* de la mayor de ellas, tan peripuesta, tan política, en toda la extensión de la palabra... ¡Ay! Al recordarlo le subían ardores a la cara y apretaba los puños. Porque, verdaderamente, ya podía haber sospechado que aquella individua era... quien era. Y, sobre todo, ningún hombre agudo dice cosas en desprecro de nadie delante de personas desconocidas, porque el diablo las carga, y cuando menos se piensa salta un compromiso... Hay que mirar lo que se parla, so pena de no poder meter el cuezo en cotarro de gente fina. «Yo—decía, poniendo término a sus meditaciones, porque había llegado la hora de la conducción del cuerpo—tengo pesquis, bastante pesquis, comprendo todo muy bien. Dios no me ha hecho tonto, ni medio tonto, ¡cuidado!, y entiendo el trasteo de la vida. Pero ello es que no tengo política, no la tengo; en viéndome delante de una persona principal, ya estoy hecho un zángano y no sé qué decir, ni qué hacer con las manos... Pues hay que aprenderlo, ¡ñales!, que cosas más difíciles se aprenden cuando sobran buena voluntad y entendederas... Animo, Francisco, que a nuevas posiciones, nuevos modos, y el rico no es bien que haga malos papeles. ¡Bueno andaría el mundo si los hombres de peso, los hombres afinados, los hombres de riñón cubierto, fueran cuento de risa!... ¡Eso, no, no, no!»

En el largo trayecto fúnebre, en la monotonía de aquel paseo perezoso y triste, los mismos pensamientos le acometieron. Delante veía el monstruoso y feísimo armatoste del carro mortuorio, con balances de barco; su cerebro se aletargaba con el rumor lento, sin solución ni fin, de las llantas de las ruedas rayando el suelo polvoroso de los mal cuidados caminos. Como unos veinte simones iban detrás del coche de cabecera, ocupado por don Francisco, Nicolás Rubín, otro clérigo y un señor, pariente lejano de doña Lupe, personas las tres que al usurero le cargaban, y más en aquella ocasión, por tenerlas tan cerca y sin poder zafarse de ella. No era Torquemada hombre para estar tanto tiempo embutido en angosto cajón, entre tipos que le daban de cara, y no hacía más

que cambiar de postura, apoyándose ya en una, ya en
otra cadera. Le estorbaban sus piernas y las de Nicolás
Rubín, su chistera y la teja del otro cura; le estorbaban
el continuo fumar y la charla de aquellos tres puntos,
que no sabían hablar más que del matute y de lo perdido
que andaba el Ayuntamiento.

Sin dignarse arrojar en la conversación más que algún
vocablo afirmativo para que lo royeran, como hueso,
aquellos pelagatos, que no poseían fincas en Cadalso de
los Vidrios ni casas en Madrid, Torquemada seguía tejiendo en su meollo la tela empezada en la casa mortuoria.

«Lo que digo, no tengo política..., y hay que gastar
política para ponerse a la altura que corresponde. Pero
¿cómo había yo de aprender nada tocante a la buena
forma, si en mi vida he tratado más que con gente ordinaria?... Esta pobre doña Lupe, que en gloria esté, también era ordinaria, ¿qué duda tiene? No la ofendo, no,
¡cuidado! Persona bonísima, con mucho talento, un ojo
para los negocios que ya lo quisieran más de cuatro.
Pero, diga ella lo que quiera, y no la ofendo, lo que es
persona fina..., ¡que te quites! Intentaba serlo, y no le
salía..., ¡ñales!, no le salía. Su hipo era ser dama..., ¡y
que si quieres! Aunque se pusiera encima manteletas traídas de París, resultaba tan dama como mi abuela... ¡Ah!
Para damas, las de esta mañana. Aquello sí que es del
mismísimo cosechero. Y de nada le valió a mi amiga mirarse en tal espejo... Ya era tarde, ya era tarde para
aprender... ¡Pobre señora! Como trastienda y disposición, eso sí, ¡cuidado!, yo soy el primero en reconocer...
Pero finura, tono..., ¡quiá! Si ella, como yo, no trataba
más que con gente de poco más o menos. ¿Y qué es lo
que oye uno al cabo del día? Burradas y porquerías. Doña Lupe, me acuerdo bien, decía *ibierno, áccido, Jaco-
metrenzo,* palabras que, según me ha advertido Bailón,
no se dicen así... No vaya a creer que la ofendo por
eso... Cualquiera equivoca el discurso cuando no ha tenido principios. Yo estuve diciendo *diferiencia* hasta el

año ochenta y cinco... Pero para eso está el fijarse, el
poner oído a cómo hablan los que saben hablar... El
cuento es que cuando uno es rico, y lo ha sacado a pulso
con su sudor, cavilando aquí, cavilando allá, está muy
mal que la gente se le ría. Los ricos deben dar el ejemplo, ¡cuidado!, así de las buenas costumbres como de
los buenos modos, para que ande derecha la sociedad
y todo lleve el compás debido... Que sean torpes y mamarrachos los que no tienen sobre qué caerse muertos,
me parece bien. Ahí hay equidad; eso es lo que llaman
equilibrio. Pero que los acaudalados tiren coces, que los
terratenientes y los que pagamos contribución seamos
unos..., unos asnos, eso no, no y no.»

Aún le duraba la correa de aquella meditación cuando
volvían del cementerio, después de dejar los fríos despojos de la gran hacendista perfectamente ennichados en
uno de los tristísimos patios de San Justo. Los tres compañeros de coche, volviendo a engolosinarse con la co-
midilla del matute, contaron mil cuchufletas acerca del
modo de introducir aceite, y de las batallas entre los
guardias y toda la chusma matutera, mientras la imaginación de Torquemada iba en seguimiento de la señora
del Aguila, y fluctuaba entre el deseo y el temor de vol-
verla a ver: deseo, por probar la enmienda de su torpeza,
mostrándose menos ganso que en la primera entrevista;
temor, porque, sin duda, las dos hermanas se soltarían
a reír cuando le viesen, tomándole el pelo en la visita.
La más negra era que, forzosamente, tenía que visitar-
las, por encargo expreso de doña Lupe y obligación in-
eludible. Había convenido con su difunta amiga en renovar un pagaré de las dos damas, añadiendo cierta cantidad. Y el nuevo pagaré no sería a la orden de los herederos de la viuda de Jáuregui, sino a las de Torquemada,
a quien la difunta había dejado, con aquel y otros fines,
algunos fondos, de cuyo producto gozarían unos parientes pobres de su difunto esposo. Que don Francisco
habría de cumplir con recta conciencia cuantos encar-
gos de este linaje le hizo su socia mercantil, no hay

para qué decirlo. Lo difícil era cumplirlos sin personar-
se en el nido de las Aguilas, como categóricamente le
había ordenado la muerta, y aquí entraban los apuros
del pobre hombre. ¿Cómo se presentaría? ¿Risueño o
con cara de pocos amigos? ¿Cómo se vestiría? ¿Con los
trapitos de cristianar o con los de diario? Porque pensar en evadir el careo, dando la comisión a otra persona,
era un disparate; además, implicaba cobardía, deserción
ante el peligro, y esto le malquistaba consigo mismo,
pues su amor propio le pedía siempre apencar con las
dificultades y no volver la espalda a ninguna peripecia
grave. Resolvió, pues, poner pecho a las Aguilas, y en
aquella duda sobre el vestir, su natural despejo triunfó
de la vanidad, sugiriéndole la idea de presentarse con el
traje de todos los días, la camisita limpia, eso sí, que
aquella soez costumbre de la camisa de quincena ya no
regía desde que el hombre empezó a ver claro en el pa-
norama social. En suma: se presentaría tal cual era siempre, y hablaría lo menos posible, contestando con sencillez a cuanto le preguntasen. Si se reían, que se rieran...,
¡ñales! Pero no; probablemente le recibirían con palio,
atendiendo al favor que les hacía y al consuelo que les
llevaba con su visita, pues debían de estar las pobres
señoras, con toda su aristocracia y su innegable finura,
esperando el santo advenimiento..., como quien dice.

Cuatro

Elegida la hora que le pareció conveniente, encami-
nóse el hombre a la Costanilla. La casa no tenía pérdida
en calle tan pequeña y con las señas mortales de la taho-
na. Vio don Francisco, arrimados a una puerta, dos o tres
hombres enharinados y, más arriba, una tienda de anti-
güedades, que más bien debiera llamarse prendería. Allí
era, segundo piso. Al mirar el rótulo de la tienda, lanzó
una exclamación de gozo:

—Pues si a este prendero le conozco yo. Si es Melchor,

el que antes estaba en el cinco duplicado de la calle de San Vicente.

Excuso decir que le entraron ganas de echar un párrafo con su amigo antes de subir a la visita. No tardó el prendero en darle referencias de las señoras del Aguila, pintándolas como lo más decente que él se había echado a la cara desde que andaba en aquel comercio. Pobres, eso sí, como las ratas; pero si nadie en pobreza las ganaba, en dignidad tampoco, ni en resignación para llevar la cruz de su miseria. ¡Y qué educación fina, qué manera de tratar a la gente, qué meterse por los ojos y ganarse el corazón de cuantos les hablaban!... Con estas noticias sintió el avaro que se le disipaba el susto, y subió corriendo. La misma doña Cruz le abrió la puerta. Y aunque estaba de trapillo (sin perjuicio de la decencia, eso sí), a él se le antojó tan elegante como el día anterior la vio, de tiros largos.

—Señor don Francisco—dijo la dama, con más alegría que sorpresa, pues, sin duda, esperaba la visita—. Pase, pase...

Las primeras palabras del visitante fueron torpes:

—¡Cómo había de faltar!... ¿Y qué tal? ¿Toda la familia buena?... Gracias... Es comodidad.

Y se metió por donde no debía, teniendo ella que decirle:

—No, no; por aquí.

Su azoramiento no le impidió observar muchas cosas desde los primeros instantes, cuando Cruz del Aguila le llevaba, por el pasillo de tres recodos, a la salita. Fijóse en la hermosa cabeza, bien envuelta en un pañuelo de color, de modo que no se veía ni poco ni mucho la cabellera blanca. Observó también que vestía bata de lana, antiquísima, pero sin manchas ni jirones, con una toquilla blanca cruzándole el pecho, todo muy pulcro, revelando el uso continuo y esmerado de aquellas personas que saben eternizar las prendas de ropa. Lo más extraño era que tenía guantes viejos y con los dedos tiznados.

—Dispénseme—dijo con graciosa modestia—, estaba limpiando los metales.

—¡Ah!... Perfectamente...

—Porque ha de saber usted, si ya no lo sabía, que no tenemos criada, y nosotras lo hacemos todo. No, no vaya a creer que me quejo por esta nueva privación, una de las muchas que nos ha traído nuestro adverso destino. Hemos convenido en que las criadas son una calamidad, y cuando una se acostumbra a servirse a sí misma, lleva tres ventajas: primera, que no hay que lidiar con fantasmonas; segunda, que todo se hace mucho mejor y a nuestro gusto; tercera, que se pasa el día sin sentirlo, con ejercicio saludable.

—Higiénico—dijo Torquemada, gozoso de poder soltar una palabra bonita que tan bien encajaba. Y el acierto le animó de tal modo, que ya era otro hombre.

—Con permiso de usted—indicó Cruz—seguiré. No estamos en situación de gastar muchos cumplidos, y como usted es de confianza...

—¡Oh! Sí, de toda confianza. Tráteme la señora mismamente como a un chiquillo... Y si quiere que la ayude...

—¡Quia! Eso sería ya faltar al respeto, y... De ninguna manera.

Con la cajita de los polvos en la mano izquierda y un ante en la derecha, ambas manos enguantadas, se puso a dar restregones en la perilla de cobre de una de las puertas, y al punto la dejó tan resplandeciente que de oro fino parecía.

—Ahora saldrá mi hermana, a quien usted no conoce —suspirando fuerte—. Es triste decirlo; pero... está en la cocina. Tenemos que ir alternando en todos los trabajos de casa. Cuando yo declaro la guerra al polvo, o limpio los metales, ella friega la loza o pone el puchero. Otras veces guiso yo, y ella barre, o lava, o compone la ropa. Afortunadamente, tenemos salud; el trabajo no envilece; el trabajo consuela y acompaña, y, además, fortifica la dignidad. Hemos nacido en una gran posición; ahora somos pobres. Dios nos ha sometido a esta prueba tremenda... ¡Ay, qué prueba, señor don Francisco! Nadie sabe lo que hemos sufrido, las humillaciones, las amarguras... Más vale no hablar. Pero el Señor nos ha mandado, al fin, una medicina maravillosa, un específico que hace milagros...: la santa conformidad. Véanos usted hoy ocupadas las dos en estos trajines, que en otro tiempo nos habrían parecido indecorosos; vivimos en paz, con una especie de tristeza plácida que casi casi se nos va pareciendo a la alegría. Hemos aprendido, con las duras lecciones de la realidad, a despreciar todas las vanidades del mundo, y poquito a poco hemos llegado a creer hermosa esta honrada miseria en que vivimos, a mirarla como una bendición de Dios.

En su pobrísimo repertorio de ideas y expresiones no halló el bárbaro nada que pudiera ser sacado dignamente ante aquel decir elegante y suelto, sin afectación. No supo más que admirar y gruñir asintiendo, que es el gruñido más fácil.

—...También conocerá usted a mi hermano, el pobrecito ciego.

—¿De nacimiento?

—No, señor. Perdió la vista seis años ha. ¡Ay, qué dolor! Un muchacho tan bueno, llamado a ser... qué sé yo, lo que hubiera querido... ¡Ciego a los veintitantos años! Su enfermedad coincidió con la pérdida de nuestra fortuna..., para que nos llegara más al alma. Créalo usted, don Francisco: la ceguera de mi hermano, de ese ángel, de ese mártir, es un infortunio al cual mi hermana y yo no hemos podido resignarnos todavía. Dios nos lo perdone. Claro que de arriba nos ha venido el golpe; pero no lo admito, no bajo la cabeza, no, señor... La levanto..., aunque a usted le parezca mal mi irreverencia.

—No, señora..., ¿qué ha de parecerme? El Padre Eterno... es atroz. ¿Pero usted sabe lo que me hizo a mí? No es que yo me le suba a las barbas, ¡cuidado!...: ¡pero, francamente, quitarle a uno toda su esperanza! Al

menos, usted no la habrá perdido; su hermanito podrá
curarse...

—¡Ah! No, señor... No hay esperanza.

—Pero ¿usted sabe?... Hay en Madrid los grandes
ópticos...

En el momento de decirlo conoció el hombre la enormidad de sus *lapsus linguae*. ¡Vaya, qué decir *ópticos* por
oculistas! Quiso enmendarlo; pero la señora, que, al
parecer, no había parado mientes en el desatino, le dio
fácil salida por otra parte. Pidióle permiso para ausen-
tarse brevemente, a fin de traer a su hermana, lo que a
don Francisco le supo muy bien, aunque las zozobras
no tardaron en acometerle de nuevo. ¿Cómo sería la hermanita? ¿Se reiría de él? ¡Si por artes del enemigo no
era tan fina como Cruz, y se espantaba de verle a él tan
ordinario, tan zafiote, tan...! «Vamos, no es tanto—se
dijo, estirando el cuello para verse en un espejo que,
frontero al sofá, pendía de la pared, con inclinación hacia
adelante, como haciendo una cortesía—, no es tanto...
Lo que digo..., llevo muy bien mi edad, y si yo me per-
filara, daría quince y raya a más de cuatro mequetrefes
que no tienen más que la estampa.»

En esto estaba cuando sintió a las dos hermanas en
el pasillo, disputando con cierta viveza:

—Así, mujer, ¿qué importa? ¿No ves que es de toda
confianza?

—Pero ¿cómo quieres que entre así? Deja siquiera
que me quite el delantal.

—¿Para qué? Si somos nuestras propias criadas y
nuestras propias señoras, y él lo sabe bien. ¿Qué importa que te vea así? Este es un caso en que la forma no
supone nada. Si estuviéramos sucias o indecentes, bueno
que no nos vieran humanos ojos. Pero a limpias nadie
nos gana, y las señales del trabajo no nos hacen desmere-
cer a los de una persona tan razonable, tan práctica, tan...
sencilla. ¿Verdad, don Francisco?

Esto lo dijo alzando la voz, ya cerca de la puerta, y
el aturrullado prestamista creyó que la mejor respuesta

era adelantarse a recibir airosamente a las dos damas, diciendo:

—Bien, bien; nada de farándulas conmigo, que soy muy llano y tan trabajador como el primero; y desde la más tierna infancia...

Iba a seguir diciendo que él se limpiaba sus propias botas y se barría el cuarto; pero le cortó la palabra la aparición de la segunda Aguila, que le dejó embobado y suspenso.

—Mi hermana Fidela—dijo Cruz, tirando de ella por un brazo hasta vencer su resistencia.

Cinco

—¿Qué importa que yo las vea en traje de mecánica, si ya sé que son damas, y muy requetedamas?—argumentó don Francisco, que a cada nuevo incidente se iba desentumeciendo de aquel temor que le paralizaba—. Señorita Fidela, por muchos años... ¡Si está muy bien así!... Las buenas mozas no necesitan perfiles...

—¡Oh! Perdone usted—dijo la Aguila menor, toda vergonzosa y confusa—. Mi hermana es así: ¡hacerme salir en esta facha!..., con unas botas viejas de mi hermano, este mandil... y sin peinarme.

—Soy de confianza y conmigo, ¡cuidado!, con Francisco Torquemada no se gastan cumplidos... ¿Y qué tal? ¿Usted buena? ¿Toda la familia buena? Lo que digo, la salud es lo primero, y en habiendo salud, todo va bien. Pienso, de conformidad con ustedes, que no hay chinchorrería como el tener criadas, generalmente puercas, enredadoras, golosas, y siempre, siempre, soliviantadas con los malditos novios.

A todas éstas, no le quitaba ojo a la cocinerita, que era una preciosa miniatura. Mucho más joven que su hermana, el tipo aristocrático presentaba en ella una variante harto común. Sus cabellos rubios, su color anémico, el delicado perfil, la nariz de caballete y un poquito larga, la boca limpia, el pecho de escasísimo bulto,

el talle sutil, denunciaban a la señorita de estirpe, pura
sangre, sin cruzamientos que vivifican, enclenque de nacimiento y desmedrada luego por una educación de estufa. Todo esto y algo más se veía bajo aquel humilde
empaque de fregona, que más bien parecía invención de
chicos que juegan a las máscaras.

Como la pobre niña (no tan niña ya, pues frisaba en
los veintisiete) no se había penetrado aún de aquel dogma de la desgracia que prescribe el desprecio de toda
presunción, esfuerzo grande le costaba el presentarse en
tal facha ante personas desconocidas. Tardó bastante en
aplomarse delante de Torquemada, el cual, acá para
inter nos, le pareció un solemne ganso.

—El señor—indicó la hermana mayor—era grande
amigo de doña Lupe.

—¡Pobrecita! ¡Qué cariño nos tomó!—dijo Fidela,
sentándose en la silla más próxima a la puerta, y escondiendo sus pies tan mal calzados—. Cuando Cruz trajo
la noticia de que había muerto la pobre señora, sentí
una aflicción... ¡Dios mío! Nos vimos más desampara-
das en aquel instante, más solas... La última esperanza,
el último cariño, se nos iban también, y me pareció ver
allá, allá lejos, una mano arrugadita que nos hacía...
—doblando los dedos a estilo de despedida infantil—así,
así...

«Pues ésta—pensó el avaro, de admiración en admiración—también se explica, ¡ñales! ¡Qué par de picos de
oro!»

—Pero Dios no nos desampara—afirmó Cruz, de-
negando expresivamente con su dedo índice—, y dice
que no, que no, que no nos quiere desamparar, aunque
el mundo entero en ello se empeñe.

—Y cuando nos vemos más solas, más rodeadas de tinieblas, asoma un rayito de sol que va entrando, entrando, y...

«Esto va conmigo; yo soy ese sol...», dijo para su
sayo Torquemada, y en alta voz:

—Sí, señoras; pienso lo mismo. La suerte protege al

que trabaja... ¡Vaya, que esta señorita tan delicada meterse en el materialismo de una cocina!

—Y lo peor es que no sirvo—dijo Fidela—. Gracias que ésta me enseña...

—¡Ah! ¿La enseña doña Cruz?... ¡Qué bien!

—No, no quiere decir esto que yo aprenda... Empieza ella por no ser una eminencia, ni mucho menos. Yo me aplico, eso sí; pero soy muy distraída, ¡y hago cada barbaridad...!

—Bueno, ¿y qué?—indicó la mayor en tono festivo—. Como no cocinamos para huéspedes exigentes, como esto no es hotel, y sólo tenemos que gustarnos a nosotras mismas, cuantas faltas se cometan están de antemano perdonadas.

—Y una vez porque sale crudo, otras porque sale quemado, ello es que siempre tenemos diversión en la mesa.

—Y, en fin, que nos resulta una salsa con que no contamos: la alegría.

—Que no se compra en ninguna tienda—dijo Torquemada, muy gozoso de haber comprendido la figura—. Justo y cabal. Que me den a mí esa salsa, y le meto el diente a todas las malas comidas de la cristiandad. Pero usted, señorita Fidela, dice que guisa mal por modestia... ¡Ah! Ya quisieran más de cuatro...

—No, no; lo hago malditamente. Y puede usted creerme—añadió con la expresión viva que era quizá la más visible semejanza que tenía con Cruz—, puede usted creerme que me gustaría cocinar bien; pero muchísimo. Sí, sí; el arte culinario paréceme un arte digno del mayor respeto, y que debe estudiarse por principios y practicarse con seriedad.

—¡Como que debiera ser parte principal de la educación!—afirmó Cruz del Aguila.

—Lo que digo—apuntó Torquemada—: debieran poner en las escuelas una clase de guisado... Y que las niñas, en vez de tanto piano y tanto bordado de zapatillas, aprendieran a poner bien un arroz a la vizcaína, o un atún a la marinera.

—Apruebo.

—Y yo.

—Conque...—murmuró el prestamista, golpeando con ambas manos los brazos del sillón, manera ruda y lacónica de expresar lo siguiente: «Señoras mías, bastante tiempo hemos perdido en la parlamenta. Vamos ahora al negocio...»

—No, no; no venga usted con prisas—dijo la mayor, risueña, alardeando de una confianza que trastornó más al hombre—. ¿Qué tiene usted que hacer ahora? Nada. No le dejamos salir de aquí sin que conozca a nuestro hermano.

—Con *sumísimo* gusto... No faltaba más. Como prisa, no la hay. Es que no quisiera molestar...

—De ningún modo.

Fidela fue la primera que se levantó, diciendo:

—No puedo descuidarme. Dispénseme.

Y se fue presurosa, dejando a su hermana en situación conveniente para hacerle el panegírico.

—Es un ángel de Dios. Por la diferencia de edad, que no es menor de doce años, soy para ella, más que hermana mayor, una madre. Hija y madre somos, hermanas, amiguitas, pues el cariño que nos une no sólo es grande por lo intenso, señor don Francisco, sino por la extensión... No sé si me explico...

—Comprendido—indicó Torquemada, quedándose a oscuras.

—Quiero decir que la desgracia, la necesidad, la misma bravura con que Fidela y yo luchamos por la vida, ha dado a nuestro cariño ramificaciones...

—Ramificaciones..., justo.

—Y por mucho que usted aguce su entendimiento, señor don Francisco, ya tan agudo, no podrá tener idea de la bondad de mi hermana, de la dulzura de su carácter. Y ¡con qué mansedumbre cristiana se ha sometido a estas duras pruebas de nuestro infortunio! En la edad en que las jóvenes gustan de los placeres del mundo, ella vive resignada y contenta en esta pobreza, en esta oscuridad. Me parte el alma su abnegación, que parece una forma de martirio. Crea usted que si, a costa de sufrimientos mayores aún de los que llevo sobre mí, pudiera yo poner a mi pobre hermana en otra esfera, lo haría sin vacilar. Su modestia es para esta triste casa el único bien que quizá poseemos hoy; pero es también un sacrificio, consumado en silencio para que resulte más grande y meritorio, y, la verdad, quisiera yo compensar de algún modo este sacrificio... Pero...—confusa—no sé lo que digo..., no puedo expresarme. Dispénseme si le doy un poquito de matraca. Mi cabeza es un continuo barajar de ideas. ¡Ay! La desgracia me obliga a discurrir tanto, pero tanto, que yo creo que me crece la cabeza, sí... Tengo por seguro que con el ejercicio de pensar se desarrolla el cráneo por la hinchazón de todo el oleaje que hay dentro...—riendo—. Sí, sí... Y también es indudable que no tenemos derecho a marear a nuestros amigos... Dispénseme, y venga a ver a mi hermano.

Camino del cuarto del ciego, Torquemada no abrió el pico, ni nada hubiera podido decir aunque quisiera, porque la elocuencia de la noble señora le fascinaba, y la fascinación le volvía tonto, dispersando sus ideas por espacios desconocidos, e inutilizando para la expresión las poquitas que quedaban.

En la mejor habitación de la casa, un gabinetito con mirador, hallábase Rafael del Aguila, figura inmóvil y melancólica que tenía por peana un sillón negro. Hondísima impresión hizo en Torquemada la vista del joven sin vista, y la soberana tristeza de su noble aspecto, la resignación dulce y discreta de aquella imagen, a la cual no era posible acercarse sin cierto respeto religioso.

Seis

Imagen dije, y no me vuelvo atrás, pues con los santos de talla, mártires jóvenes o Cristos guapos en oración, tenía indudable parentesco de color y líneas. Completaban esta semejanza la absoluta tranquilidad de su

postura, la inercia de sus miembros, la barbita de color
castaño, rizosa y suave, que parecía más oscura sobre
el cutis blanquísimo de nítida cera; la belleza, más que
afeminada, dolorida y mortuoria, de sus facciones, el no
ver, el carecer de alma visible, o sea mirada.

—Ya me han dicho las señoras que...—balbució el
visitante, entre asombrado y conmovido—. Pues..., digo
que es muy sensible que usted perdiera el órgano... Pero ¡quién sabe...! Buenos médicos hay que...

—¡Ah! Señor mío —dijo el ciego, con una voz melo-
diosa y vibrante que estremecía—, le agradezco sus consuelos, que, desgraciadamente, llegan cuando ya no hay
aquí ninguna esperanza que los reciba.

Siguió a esto una pausa, a la cual puso término Fidela
entrando con una taza de caldo, que su hermano acostumbraba tomar a aquella hora. Torquemada no había
soltado aún la mano del ciego, blanca y fina como mano
de mujer, de una pulcritud extremada.

—Todo sea por Dios—dijo el avaro entre un suspiro
y un bostezo; y rebuscando en su mente, con verdadera
desesperación, una frase del caso, tuvo la dicha de encontrar ésta—: En su desgracia, pues... la suerte le ha
desquitado dándole estas dos hermanitas tan buenas, que
tanto le quieren.

—Es verdad. Nunca es completo el mal, como no es
completo el bien—aseguró Rafael, volviendo la cara hacia donde le sonaba la voz de su interlocutor.

Cruz enfriaba el caldo pasándole de la taza al plato,
y del plato a la taza. Don Francisco, en tanto, admiraba
lo limpio que estaba Rafael, con su americana o batín
de lana clara, pantalón oscuro y zapatillas rojas admirable-
mente ajustadas a la medida del pie. El señorito de Aguila
mereció en su tiempo, que era un tiempo no muy remoto,
fama de muchacho guapo, uno de los más guapos de
Madrid. Lució por su elegancia y atildada corrección en
el vestir, y después de quedarse sin vista, cuando, por
ley de lógica, parecía excusada e inútil toda presunción,
sus bondadosas hermanas no querían que dejase de ves-

tirse y acicalarse como en los tiempos en que podía gozar de su hermosura ante el espejo. Era en ellas como un orgullo de familia el tenerle aseado y elegante, y si no hubieran podido darse este gusto entre tantas privaciones, no habrían tenido consuelo. Cruz o Fidela le peinaban todas las mañanas con tanto esmero como para ir a un baile; le sacaban cuidadosamente la raya, procurando imitar la disposición que él solía dar a sus bonitos cabellos; le arreglaban la barba y bigote. Gozaban ambas en esta operación, conociendo cuán grata era para él la *toilette* minuciosa, como recuerdo de su alegre mocedad; y al decir ellas: «¡Qué bien estás!», sentían un goce que se comunicaba a él, y de él a ellas refluía, formando un goce colectivo.

Fidela le lavaba y perfumaba las manos diariamente, cuidándole las uñas con un esmero exquisito, verdadera obra maestra de su paciencia cariñosa. Y para él, en las tinieblas de su vida, era consuelo y alegría sentir la frescura de sus manos. En general, la limpieza le compensaba hasta cierto punto de la oscuridad. ¿El agua sustituyendo a la luz? Ello podría ser un disparate científico; pero Rafael encontraba alguna semejanza entre las propiedades de uno y otro elemento.

Ya he dicho que era el tal una figura delicada y distinguidísima, cara hermosa, manos cinceladas, pies de mujer, de una forma intachable. La idea de que su hermano, por estar ciego y no salir a la calle, tuviese que calzar mal, sublevaba a las dos damas. La pequeñez bonita del pie de Rafael era otro de los orgullos de la raza, y antes se quitaran ellas el pan de la boca, antes arrostrarían las privaciones más cruеles que consentir en que se desluciera el pie de la familia. Por eso le habían hecho aquellas elegantísimas zapatillas de tafilete, exigiendo al zapatero todos los requisitos del arte. El pobre ciego no veía sus pies tan lindamente calzados; pero se los sentía, y esto les bastaba a ellas, sintiendo al unísono con él en todos los actos de la existencia.

No le ponían camisa limpia diariamente, porque esto

no era posible en su miseria y, además, no lo necesitaba, pues su ropa permanecía días y semanas en perfecta pulcritud sobre aquel cuerpo santo; pero aun no siendo preciso, le mudaban con esmero..., y cuidado con ponerle siempre la misma corbata.

—Hoy te pones la azul de rayas—decía con candorosa seriedad Fidela—, y el anillo de la turquesa.

El contestaba que sí, y a veces manifestaba una preferencia bondadosa por otra corbata, tal vez porque así creía complacer más a sus hermanas.

El esmerado aseo del infeliz joven no fue la mayor admiración de don Francisco en aquella casa, en la cual no escaseaban los motivos de asombro. Nunca había visto él casa más limpia. En los suelos, alfombrados tan sólo a trozos, se podía comer; en las paredes no se veía ni una mota de suciedad; los metales echaban chispas... ¡Y tal prodigio era realizado por personas que, según expresión de doña Lupe, no tenían más que el cielo y la tierra! ¿Qué milagros harían para mantenerse?... ¿De dónde sacaban el dinero para la compra? ¿Tendrían trampas? ¡Con qué artes maravillosas estirarían la triste peseta, el tristísimo perro grande o chico! ¡Había que verlo, había que estudiarlo, y meterse hasta el cuello en aquella lección soberana de la vida! Todo esto lo pensaba el prestamista, mientras Rafael se tomaba el caldo, después de ofrecerle.

—¿Quiere usted, don Francisco, un poquito de caldo?—le dijo Cruz.

—¡Oh! No. Gracias, señora.

—Mire usted que es bueno... Es lo único bueno de nuestra cocina de pobres...

—Gracias... Se lo estimo...

—Pues vino no podemos ofrecerle. A éste no le sienta bien, y nosotras no lo gastamos por mil y quinientas razones, de las cuales con que usted comprenda una sola, basta.

—Gracias, señora doña Cruz. Tampoco yo bebo vino más que los domingos y fiestas de guardar.

—¡Vea usted qué cosa tan rara!—dijo el ciego—.
Cuando perdí la vista tomé en aborrecimiento el vino.
Podría creerse que el vino y la luz eran hermanos ge-
melos, y que a un tiempo, por un solo movimiento de
escape, huían de mí.

Fáltame decir que Rafael del Aguila seguía en edad
a su hermana Cruz. Había pasado de los treinta y cinco
años; mas la ceguera, que le atacó el 83, y la inmovilidad
y tristeza consiguientes, parecían haber detenido el curso de la edad, dejándole como embalsamado, con su representación indecisa de treinta años, sin lozanía en el
rostro, pero también sin canas ni arrugas, la vida como
estancada, suspensa, semejando en cierto modo a la inmovilidad insana y verdosa de aguas sin corriente.

Gustaba el pobre ciego de la amenidad en la conversación. Narraba con gracejo cosas de sus tiempos de vista, y pedía informes de los sucesos corrientes. Algo hablaron aquel día de doña Lupe; pero Torquemada no se
interesó poco ni mucho en lo que de su amiga se dijo,
porque embargaban su espíritu las confusas ideas y reflexiones sobre aquella casa y sus tres moradores. Habría
deseado explicarse con las dos damas, hacerles mil preguntas, sacarles a tirones del cuerpo sus endiablados secretos económicos, que debían de constituir toda una ley,
algo así como la Biblia, un código supremo, guía y faro
de pobres vergonzantes.

Aunque bien conocía el avaro que se prolongaba más
de la cuenta la visita, no sabía cómo cortarla, ni en qué
forma desenvainar el pagaré y los dineros, pues esto, sin
saber por qué, se le representaba como un acto vitupe-
rable, equivalente a sacar un revólver y apuntar con él
a las dos señoras del Aguila. Nunca había sentido tan
vivamente la *cortedad del negocio,* que esto y no otra
cosa era su perplejidad; siempre embistió con ánimo
tranquilo y conciencia firme en su derecho a los que por
fas o por nefas necesitaban de su auxilio para salir de
apuros. Dos o tres veces echó mano al bolsillo y se le
vino al pico de la lengua el sacramental introito: «Con-

que, señoras...», y otras tantas la desmayada voluntad
no llegó a la ejecución del intento. Era miedo, verdadero
temor de faltar al respeto a la infeliz cuanto hidalga
familia. La suerte suya fue que Cruz, bien porque conociera su apuro, bien porque deseara verle partir, tomó
la iniciativa, diciéndole:

—Si a usted le parece, arreglaremos eso.

Volvieron a la sala, y allí se trató del negocio tan brevemente, que ambos parecían querer pasar por él como
sobre ascuas. En Cruz era delicadeza; en Torquemada,
el miedo que había sentido antes, y que se le reprodujo
con síntomas graves en el acto de ajustar cuentas pasadas y futuras con las pobrecitas aristócratas. Por su
mente pasó como un relámpago la idea de perdonar intereses en gracia de la tristísima situación de las tres
dignas personas... Pero no fue más que un relámpago, un
chispazo, sin intensidad ni duración bastantes para producir explosión en la voluntad... ¡Perdonar intereses!
Si no lo había hecho nunca, ni pensó que hacerlo pudiera en ningún caso... Cierto que las señoras del Águila
merecían consideraciones excepcionales; pero el abrir-
les mucho la mano, ¡cuidado!, sentaba un precedente
funestísimo.

Con todo, su voluntad volvió a sugerirle, allá en el
fondo del ser, el perdón de intereses. Aún hubo en la
lengua un torpe conato de formular la proposición; pero
no conocía él palabra fea ni bonita que tal cosa expresara, ni qué cara se había de poner al decirlo, ni hallaba
manera de traer semejante idea desde los espacios oscuros de la primera intención a los claros términos del
hecho real. Y, para mayor tormento suyo, recordó que
doña Lupe le había encargado algo referente a esto. No
podía determinar su infiel memoria si la difunta había
dicho *perdón* o *rebaja*. Probablemente sería esto último,
pues *la de los Pavos* no era ninguna derrochadora... Ello
fue que, en su perplejidad, no supo el avaro lo que hacía,
y la operación de crédito se verificó de un modo maqui-
nal. No hizo Cruz observación alguna. Torquemada tam-

poco, limitándose a presentar a la señora el pagaré ya
extendido para que lo firmase. Ni un gemido exhaló la
víctima, ni en su noble faz pudiera observar el más listo
novedad alguna. Terminado el acto, pareció aumentar el
aturdimiento del prestamista, y, despidiéndose grotes-
camente, salió de la casa a tropezones, chocando como
pelota en los ángulos del pasillo, metiéndose por una
puerta que no era la de salida, enganchándose la americana en el cerrojo, y bajando, al fin, casi a saltos, pues
no se fijó en que eran curvas las vueltas de la escalera;
y allá iba el hombre por aquellos peldaños abajo, como
quien rueda por un despeñadero.

Siete

Su confusión y atontamiento no se disiparon, como
pensaba, al pisar el suelo firme de la calle; antes bien,
éste no le pareció absolutamente seguro. Ni las casas
guardaban su nivel, dígase lo que se dijera; tanto, que
por evitar que alguna se le cayera encima, ¡cuidado!,
don Francisco pasaba frecuentemente de una acera a
otra. En el café de Zaragoza, donde tenía una cita con
cierto colega para tratar de un embargo, en dos o tres
tiendas que visitó después, en la calle, y, por fin, en su
propia casa, en la cual recaló ya cerca de anochecido, le
perseguía una idea molesta y tenaz que sacudió de sí
sin conseguir ahuyentarla; y otra vez le atacaba, como
el mosquito en la oscura alcoba desciende del techo con
su trompetilla y su aguijón, y cuando más se le ahuyen-
ta, más porfiado el indino, más burlón y sanguinario.
La pícara idea concluyó por producirle una desazón indecible que le impedía comer con el acompasado apetito
de costumbre. Era una mala opinión de sí mismo, un
voto unánime de todas las potencias de su alma contra
su proceder de aquella mañana. Claro que él quería re-
batir aquel dictamen con argumentos mil que sacaba de
este y el otro rincón de su testa; pero la idea condena-
toria podía más, más, y salía siempre triunfante. El

hombre se entregaba, al fin, ante el aterrador aparato de lógica que la enemiga idea desplegaba, y, dando un trastazo en la mesa con el mango del tenedor, se echó a su propia cara este apóstrofe:

—Porrón de Cristo..., ¡ñales!, mal que te pese, Francisco, confiesa que hoy te has portado como un cochino.

Abandonó los nada limpios manteles sin probar el postre, que, según rezan las historias, era miel de la Alcarria, y, tragado el último buche de agua del Lozoya, se fue a su gabinete, mandando a la tarasca, su sirvienta, que le llevase la lámpara de petróleo. Paseándose desde la cama al balcón, o sea desde la mitad de la alcoba al extremo del gabinete; dando tal cual bofetada a la vidriera que ambas piezas separaban, y algún mojicón a la cortina para que no le estorbara el paso, se rindió, como he dicho, a la idea vencedora. Porque, lo que él decía, alguna ocasión había de llegar en que fuera indispensable tener un rasgo. El jamás tuvo ningún rasgo, ni había hecho nunca más que apretar, apretar y apretar. Ya era tiempo de abrir un poco la mano, porque había llegado a reunir, trabajando a pulso, una fortuna que... Vamos, era más rico de lo que él mismo pensaba; poseía casas, tierras, valores del Estado, créditos mil, todos cobrables; dineros colocados con primera hipoteca, dineros prestados a militares y civiles con retención de paga, cuenta corriente en el Banco de España; tenía cuadros de gran mérito, tapices, sinfín de alhajas valiosísimas; era, hablando bien y pronto, un hombre *opíparo,* vamos al decir, opulento... ¿Qué inconveniente había, pues, en darse un poco de lustre con las señoras del Aguila, tan buenas y finas, damas, en una palabra, cual él nunca las había visto? Ya era tiempo de tirar para caballero, con pulso y medida, ¡cuidado!, y de presentarse ante el mundo, no ya como el prestamista sanguijuela, que no va más que a chupar, a chupar, sino como un señor de su posición que sabe ser generoso cuando le sale de las narices el serlo. Y, ¡qué demonios!, todo era cuestión de unas sucias pesetas, y con ellas o sin ellas él no sería ni más rico ni más pobre. Total, que había sido un puerco, y se privaba de la satisfacción de que aquellas damas le guardaran gratitud y le tuvieran en más de lo que le tenía el común de los deudores... Porque las circunstancias habían cambiado para él con el fabuloso aumento de riqueza; se sentía vagamente ascendido a una categoría social superior; llegaban a su nariz tufos de grandeza y de *caballería,* quiere decirse, de caballerosidad... Imposible afianzarse en aquel estado superior sin que sus costumbres variaran, y sin dar un poco de mano a todas aquellas artes innobles de la tacañería. ¡Si hasta para el negocio le convenía una miaja de rumbo y liberalidad, hasta para el negocio..., ¡ñales!, porque cuando se marcara más aquella transformación a que abocado se sentía, por la fuerza de los hechos, forzoso era que acomodara sus procederes al nuevo estado!... En fin, había que ver cómo se enmendaba el error cometido... Difícil era, ¡re-Cristo!, porque ¿con qué incumbencia se presentaba él nuevamente allá? ¿Qué les iba a decir? Aunque parezca extraño, no encontraba el hombre, con toda su agudeza, términos hábiles para formular el perdón de intereses. Infinitos recursos de palabra poseía para lo contrario; pero del lenguaje de la generosidad no conocía ni de oídas un solo vocablo.

Toda la prima noche se estuvo atormentando con aquellas ideas. Su hija Rufinita y su yerno estuvieron a visitarle, y achacaron su inquietud a motivos enteramente contrarios a los verdaderos.

—A tu papá le han arreado algún timo —decía Quevedito a su esposa cuando salían para irse al teatro a ver una función de hora—. Y ¡que debe de haber sido gordo!

Rufina, cogida del brazo de su diminuto esposo y rebozada en su toquilla color de rosa, iba refunfuñando por la calle:

—Es que papá no aprende... Aprieta sin compasión; quiere sacar jugo hasta de las piedras; no perdona, no considera, no siente lástima ni del sursuncorda; y ¿qué

resulta? Que la divina Providencia se descuelga prote-
giendo a los malos pagadores..., y al pícaro prestamista,
estacazo limpio... Papá debiera abrir los ojos, ver que
con lo que tiene puede hacer otros papeles en el mundo, subirse a la esfera de los hombres ricos, usar levita
inglesa y darse mucha importancia. ¡Vamos, que vivir en
una casa de corredor y no tratar más que con gansos y
vestir tan a la pata la llana...! Esto no está bien, ni medio bien. Verdad que a nosotros, ¿qué nos va ni nos
viene? Allá se entienda; pero es mi padre, y me gustaría verle en otra conformidad... Voy a lo que iba: papá
estruja demasiado, ahoga al pobre, y... hay Dios en el
Cielo, que está mirando dónde se cometen injusticias
para levantar el palo. Claro, ve que mi padre es una
fiera para la cobranza, y allá va el garrotazo... Vete a
saber lo que habrá pasado hoy: alguno que no paga ni
a tiros y al ir a embargarle se han encontrado con cuatro
trastos viejos que no valen ni las diligencias... O alguno que ha hecho la gracia de morirse, dejando a mi padre colgado; en fin, qué sé yo lo que será... Lo que
digo, que a Dios no le hace maldita gracia que papá sea
tan atroz, y le dice: «¡Eh, cuidado!...»

Ocho

Desde la muerte de su hijo Valentín, de triste memoria, Torquemada se arregló una vivienda en el principal
de la casa de corredor que poseía en la calle de San Blas.
Juntando los dos cuartitos principales del exterior, le
resultó una huronera bastante capaz, con más piezas
de las que él necesitaba, todo muy recogido, tortuoso
y estrecho, verdadera vivienda celular en la cual se aco-
modaba muy a gusto, como si en cada uno de aquellos
escondrijos sintiera el molde de su cuerpo. A Rufina le
dio casa en otra de su propiedad, pues aunque hija y
yerno eran dos pedazos de pan, se encontraba mejor
solo que bien acompañado. Había dado Rufinita en la
tecla de refitolear los negocios de su padre, de echarle

tal cual sermoncillo por su avaricia, y él no admitía bromas de esta clase. Para cortarlas y hacer su santa voluntad sin intrusiones fastidiosas, que cada cual estuviese en su casa, y Dios... o el diablo en la de todos.

Tres piezas tan sólo de aquel pequeño laberinto servían de vivienda al tacaño para dormir, para recibir visitas y para comer. Lo demás de la huronera teníalo relleno de muebles, tapices y otras preciosidades adquiridas en almonedas o compradas por un grano de anís a deudores apurados. No se desprendía de ningún bargueño, pintura, objeto de talla, abanico, marfil o tabaquera sin obtener un buen precio, y aunque no era artista, un feliz instinto y la costumbre de manosear obras de arte le daban ciencia infalible para las compras, así como para las ventas.

En el ajuar de las habitaciones vivideras se notaba una heterogeneidad chabacana. A los muebles de la casa matrimonial del tiempo de doña Silvia habíanse agregado otros mejores, y algunos de ínfimo valor, desmantelados y ridículos. En las alfombras se veían pedazos riquísimos de Santa Bárbara cosidos con fieltros indecentes. Pero lo más particular de la vivienda del gran Torquemada era que desde la muerte de su hijo había proscrito toda estampa o cuadro religioso en sus habitaciones. Acometido, en aquella gran desgracia, de un feroz escepticismo, no quería ver caras de santos ni vírgenes, ni aun siquiera la de nuestro Redentor, ya fuese clavado en la cruz, ya arrojando del templo a los mercachifles. Nada, nada..., ¡fuera santos y santas, fuera Cristos, y hasta el mismísimo Padre Eterno, fuera!..., que el que más y el que menos, todos le habían engañado como a un chino, y no sería él, ¡ñales!, quien les guardase consideración. Cortó, pues, toda clase de relaciones con el Cielo, y cuantas imágenes había en la casa, sin perdonar a la misma Virgencita de la Paloma, tan venerada por doña Silvia, fueron llevadas en un gran canasto a la buhardilla, donde ya se las entenderían con las arañas y ratones.

Era tremendo el tal Torquemada en sus fanáticas inquinas religiosas, y con el mismo desdén miraba la fe cristiana con todo aquel fárrago de la Humanidad y del *Gran Todo* que le había enseñado Bailón. Tan mala persona era el *Gran Todo* como el otro, el de los curas, fabricante del mundo en siete pasteleros días, y luego... ¿para qué? Se mareaba pensando en el turris-burris de cosas sucedidas desde la creación hasta el día del cataclismo universal y del desquiciamiento de las esferas, que fue el día en que remontó su vuelo el sublime niño Valentín, tan hijo de Dios como de su padre, digan lo que quieran, y de tanto talento como cualquier *Gran Todo* o cualquier *Altísimo* de por allá. Creía firmemente que su hijo, arrebatado al Cielo en espíritu y carne, lo ocupaba de un cabo a otro, o en toda la extensión del espacio infinito sin fronteras... ¡Cualquiera entendía esto de no acabarse en ninguna parte los terrenos, los aires o lo que fuesen!... Pero, ¡qué demonio!, sin meterse en medidas, él creía a pies juntillas que o no había Cielo ninguno, ni Cristo que lo fundó, o todo lo llenaba el alma de aquel niño prodigioso, para quien fue estrecha cárcel la Tierra y menguado saber todas las matemáticas que andan por estos mundos.

Bueno. Pues con tales antecedentes se comprenderá que la única imagen que en la casa del prestamista representaba a la Divinidad era el retrato de Valentinito, una fotografía muy bien ampliada, con marco estupendo, colgado en el testero principal del gabinete, sobre un bargueño, en el cual había candeleros de plata repujada, con velas, pareciéndose mucho a un altar. La carilla del muchacho era muy expresiva. Diríase que hablaba, y su padre, en noches de insomnio, entendíase con él en un lenguaje sin palabras, más bien de signos o visajes de inteligencia, de cambio de miradas y de un suspirar hondo a que respondía el retrato con milagrosos guiños y muequecillas. A veces sentíase acometido el tacaño de una tristeza indefinible, que no podía explicarse, porque sus negocios marchaban como una seda, tristeza que le

salía del fondo de toda aquella cosa interior que no es
nada del cuerpo; y no se le aliviaba sino comunicándose
con el retrato por medio de una contemplación lenta y
muda, una especie de éxtasis, en que se quedaba el hombre como lelo, abiertos los ojos y sin ganas de moverse
de allí, sintiendo que el tiempo pasaba con extraordinaria
parsimonia, los minutos como horas, y éstas como días
bien largos. Excitado algunas veces por contrariedades o
cuestiones con sus víctimas, se tranquilizaba haciendo la
limpieza total y minuciosa del cuadro, pasándole respe-
tuosamente un pañuelo de seda que para el caso tenía
y a ningún otro uso se destinaba; colocando con sime-
tría los candeleritos, los libros de matemáticas que había
usado el niño y que allí eran como misales, un carreton-
cillo y una oveja que disfrutó en su primera infancia;
encendiendo todas las luces y despabilándolas con exquisito cuidado, y tendiendo sobre el bargueño, para que
fuese digno mantel de tal mesa, un primoroso pañuelo
grande bordado por doña Silvia. Todo esto lo hacía Torquemada con cierta gravedad, y una noche llegó a figurarse que aquello era como decir misa, pues se sorprendió con movimientos pausados de las manos y de la cabeza, que tiraban a algo sacerdotal.

Siempre que le acometía el insomnio rebelde, se vestía y calzaba, y encendido el altar, se metía en pláticas
con el chico, haciéndole garatusas, recordando con fiel
memoria su voz y sus dichos, y ensalzando con una
especie de hosanna inarticulado... ¿Qué dirán ustedes?
Las matemáticas, las santísimas matemáticas, ciencia suprema y única religión verdad en los mundos habidos y
por haber.

Dicho se está que aquella noche, por lo muy excitado
que estaba el hombre, fue noche de gran solemnidad en
tan singulares ritos. Sintiéndose incapaz de dormir, ni
siquiera pensó en acostarse. La tarasca le dejó solo. Encendidas las luces, apagó la lámpara de petróleo, llevén-
dola a la sala próxima para que el tufo no le apestara,
y entregóse a su culto. El recuerdo de las señoras del

Aguila y el vigor con que su conciencia le afeaba la conducta observada con ellas, mezcláronse a otras visiones y sentimientos, formando un conjunto extraño. Las matemáticas, la ciencia de la cantidad, los sacros números, embargaban su espíritu. Caldeado el cerebro, creyó oír cantos lejanos sumando cantidades con música y todo... Era un coro angélico. El rostro de Valentinico resplandecía de júbilo. El padre le dijo: «Cantan, cantan bien... ¿Quiénes son ésos?»

En su interior sentía el retumbar de una gran verdad proferida como un cañonazo; a saber, que las matemáticas son el *Gran Todo,* y los números los espíritus, que, mirados desde abajo..., son las estrellas... Y Valentinico tenía en su ser todas las estrellas, y, por consiguiente, todito el espíritu que anda por allá y por acá. Ya cerca de la madrugada rindióse don Francisco al cansancio, y se sentó frente al bargueño, apoyando la cabeza en el ruedo de sus brazos, y éstos en el respaldo de la silla. Las luces se estiraban y enrojecían lamiendo el pabilo negro; la cera chorreaba, con penetrante olor de iglesia. El prestamista se aletargó o se despabiló, pues ambos verbos, con ser contrarios, podían aplicarse al estado singular de sus nervios y de su cabeza. Valentín no decía nada, triste y mañoso como los niños a quienes no se ha hecho el gusto en algo que vivamente apetecen. Ni habría podido decir don Francisco si le miraba realmente, o si le veía en los nimbos nebulosos de aquel sueñecillo que en la silla descabezaba. Lo indudable es que hijo y padre se hablaron; al menos puede asegurarse, como de absoluta realidad, que don Francisco pronunció estas o parecidas palabras:

—Pero si no supe lo que hacía, hijo de mi alma. No es culpa mía si no sé tocar esa cuerda del perdón..., y si la toco, no me suena, cree que no me suena.

—Pues... lo que digo—debió de expresar la imagen de Valentín—, fuiste un grandísimo puerco... Corre allá mañana y devuélveles a toca teja los arrastrados intereses.

Levantóse bruscamente Torquemada, y despabilando las luces, se decía: «Lo haremos; es menester hacerlo... ¡Devolución..., caballerosidad..., rasgo! Pero ¿cómo se compone uno para el rasgo? ¿Qué se dice? ¿De qué manera y con qué retóricas hay que arrancarse? Diréles, ¡ñales!, que fue una equivocación..., que me distraje..., ¡ea!, que me daba vergüenza de ser rumboso..., la verdad, la verdad por delante... Que no acertaba con el vocablo por ser la primera vez que...»

Nueve

¡La primera vez que perdonaba réditos! Confuso y mareado durante toda la mañana, se sentía en presencia de una estupenda crisis. Veía como un germen de otro hombre dentro de sí, como un ser nuevo, misterioso embrión, que ya rebullía, queriendo vivir por sí dentro de la vida paterna. Y aquel sentimiento novísimo, apuntado como las ansias de amor en quien ama por vez primera, le producía una turbación juvenil, mezcla de alegrías y temor. Dirigióse, pues, a casa de las señoras del Aguila, como el novato de la vida, que después de mil vacilaciones se decide a lanzar su primera declaración amorosa. Y por el camino estudiaba la frase, rebuscando las que tuvieran el saborete melifluo que al caso correspondía. Dificultad grande era para él la palabra suave y cariñosa, pues en su repertorio usual todas sonaban broncas, ordinarias, como la percusión de la llanta de un carro sobre los desgastados adoquines.

Recibido, como el día anterior, por Cruz, que se asombró mucho de verle, estuvo muy torpe en el saludo. Olvidóse todo el *diccionario* fino que preparado llevaba, y como la dama le preguntase por la feliz circunstancia a que debía el honor de tal visita, disparóse el hombre a impulsos de la expansiva ansiedad que dentro llevaba, y allá como el diablo le dio a entender fue echando de su boca este chorretazo de conceptos:

—Porque verá usted, señora doña Cruz... Ayer, co-

mo soy tan distraído... Pero mi intención, ¡cuidado!,
era dar a ustedes una muestra... Soy hombre considerado y sé distinguir. Crea usted que pasé un mal rato al
percatarme, cuando salí, de mi descuido, de mi... *estupefacción.* Ustedes valen, ya lo creo, valen mucho, son
personas dignísimas y merecen que un amigo de corazón
les dé una muestra...

Embarullándose, tomó otro hilo; pero siempre iba a
parar a la muestra, hasta que dando un brinco, de locu-
ción, se entiende, fue a caer despanzurrado en el terreno
de la verdad pura y concisa:

—¡Ea! Señora, que no cobro intereses, que no los
cobro, aunque me lo mande el Verbo... Y aquí tiene usted, en buena moneda, lo que ayer descontamos.

Quitósele un gran peso de encima, y se maravilló de
que la dama no hiciese remilgos para tomar el dinero
devuelto. Diríase que esperaba el rasgo, y su sonrisa
benévola y graciosa de mujer bien curtida en la sociedad
revelaba la satisfacción de una sospecha confirmada.
Dióle las gracias con delicadeza, sin lloriqueos de pobre
en quien el tomar y el pedir ha venido a ser un oficio, y
conociendo con tino admirable que al usurero le causaba
enojo aquel asunto, por no ser de su cuerda, mudó airosamente de conversación. ¡Qué mal tiempo hacía! ¡Vaya, que, después de tanto llover, venirse aquel frío seco
del Norte, en pleno mayo! Y ¡qué desastrosa temporada
para los infelices que tenían cajón en la pradera! Francamente, el Santo no se había portado bien aquel año.
De aquí pasaron al disgusto de las dos señoras por la
mala salud de Rafael. Era, sin duda, una afección hepá-
tica, efecto de su vida sedentaria y tristísima. Una temporada de campo, un viajecito, una tanda de baños alca-
linos, serían, quizá, remedio seguro; pero no podían pensar en semejante cosa. Con discreción de buen tono se
abstuvo la señora de recalcar en el tema de sus escaseces,
por que no creyera el otro que pordioseaba su auxilio
para llevar a baños al ciego.

La mente de Torquemada se había chapuzado en un

profundo cavilar sobre la pobreza decorosa de sus amigas, y aunque Cruz habló de muy distintas cosas, no
podía él seguirla más que con algún que otro tropezón
monosilábico. De repente, como el nadador que después
de una larga inmersión sale a flote respirando fuertemente, se arrancó el hombre con esta pregunta:

—¿Y ese pleito?...

Reproducíase en su imaginación las estupendas pon-
deraciones de doña Lupe agonizante, y aquellas galeras
cargadas de oro, las provincias enteras, los ingenios de
Cuba y el cúmulo increíble de riquezas que por derecho
pertenecían a los del Aguila, y que, sin duda, les había
quitado algún malsín. ¡Hay tanta pillería en esta España
hidalga!

—¿Y ese pleitito?...—volvió a decir, pues la señora
no había contestado al primer tiro.

—Pues el pleito—replicó, al fin, Cruz—sigue sus
trámites. Es de lo contencioso-administrativo.

—Quiere decirse que la parte contraria es el Gobierno.

—Justo.

—Pues entonces, no cansarse, lo perderán ustedes...
El Gobierno se lo lleva todo. Es el amo. Peseta que en
sus manos cae, no esperemos que vuelva a salir de aquellas condenadas arcas. Y dígame: ¿es de mucha cuantía?

—¡Oh! Sí, señor... Y en los seis millones del suministro de cebada en la primera guerra civil..., negocio
de nuestro abuelo, ¿sabe usted?..., pues en los seis millones, la cosa es tan clara, que si no nos reconocen ese
crédito, hay que despedirse de la justicia en España.

Al oír el vocablo *millones,* Torquemada se quedó lelo,
y aguzó el hocico soplando hacia arriba, manera muy
suya de expresar la magnitud de las cosas juntamente
con el asombro que produce.

—...Hay, además, otros cabos, otros asuntos. La cosa
es muy compleja, señor don Francisco... Mi padre fue
despojado de sus tierras de la Rioja y de la ribera del
Jalón, que estuvieron afectas a una fianza, por la contrata de conducción de caudales. El Gobierno no cum-

plió lo pactado, hizo mangas y capirotes de las cláusulas
del arrendamiento, y echó mano a las fincas. Absurdos,
señor don Francisco, que sólo se ven en este país des-
quiciado... ¿Quiere usted conocer detalladamente el
asunto? Pues véngase por aquí alguna de estas noches.
En la soledad y desamparo en que vivimos, víctimas de
tanta injusticia y de tanto atropello, alejadas de la sociedad en que nacimos y en la cual hemos sufrido tantos
desaires y desengaños tan horribles, Dios misericordioso
nos ha concedido un lenitivo, un descanso del alma, la
amistad de un hombre incomparable, de un alma caritativa, hidalga y generosa, que nos sostiene en esta lucha
y nos da ánimo. Sin ese hombre compasivo, sin ese ángel,
nuestra vida sería imposible: ya nos habríamos muerto
de tristeza. Ha sido el contrapeso de tanto infortunio.
En él hemos visto a la Providencia piadosa y bella, tra-
yéndonos un ramito de oliva después del diluvio, y di-
ciéndonos que no olvidemos que existe la esperanza. ¡Esperanza! Basta con saber que no ha sido arrebatada del
mundo, para sentirla y vivir y alentar con ella. Gracias
a ese buen amigo no lo creemos todo perdido. Miramos
a las tinieblas que nos cercan, y allá lejos vemos una
lucecita, una lucecita...

—¿Y ese señor...?—dijo Torquemada, en quien la
curiosidad pudo más que el gustillo de oír a la señora.

—¿Conoce usted a don José Ruiz Donoso?

—Donoso, Donoso... Me parece que me suena ese
nombre.

—Persona muy conocida en Madrid, de edad madura,
buena presencia, respirando respetabilidad; modales de
príncipe, pocas palabras, acciones hidalgas sin afectación... Don José Ruiz Donoso... Sí, le habrá usted visto
mil veces. Ha sido empleado en Hacienda, de esos que
nunca quedan cesantes, pues sin ellos no hay oficina posible... Hoy le tiene usted jubilado con treinta y seis
mil, y vive como un patriarca, sin más ocupación que
cuidar a su mujercita enferma, y mirar por nosotras,
activando el dichoso pleito, que si fuera cosa suya no le

inspiraría mayor interés. ¡Ay, nos quiere mucho, nos adora! Fue íntimo de nuestro padre, y juntos siguieron en Granada la carrera de Leyes. Hombre muy bienquisto en todo el Madrid oficial, para él no hay puerta cerrada en este y el otro Ministerio, ni en el Tribunal de Cuentas, ni en el Consejo de Estado. Todo el día le tiene usted de oficina en oficina, dando empujones al carro pesadísimo de nuestro pleito, que hoy se nos atasca en este bache, mañana en el otro. Conocedor como nadie del teclado jurídico y administrativo, ya toca el registro de la recomendación amistosa, ya el de la autoridad severa; un día le echa el brazo por el hombro al consejero A; otro le suelta una peluca al oficial B, del Tribunal de Cuentas; y así marcha el asunto, y así sabemos lo que es esperanza, y así vivimos. Crea usted que el día en que Donoso nos falte, para nosotros se acabó el mundo, y nada tendremos que hacer en él más que procurarnos una muerte cristiana que nos lleve al otro lo más pronto posible.

Panegírico tan elocuente acreció la curiosidad de Torquemada, que no veía las santas horas de echarse a la cara al señor de Donoso, a quien, por el retrato trazado de tan buena mano, ya creía conocer. Le estaba viendo, le sentía, érale familiar.

—...No falta aquí ni una noche, aunque caigan capuchinos de bronce—añadió la dama—. Es nuestra única tertulia, y el único solaz de esta vida tristísima. Se me figura que han de simpatizar ustedes. Conocerá usted a un hombre muy severo de principios, recto como los caminos de Dios, veraz como el Evangelio, y de trato exquisito sin zalamerías, ese trato que ya se va perdiendo, la finura unida a la dignidad y al sentimiento justo de la distancia que debe guardarse siempre entre las personas.

—Sí que vendré—dijo don Francisco, abrumado por la superioridad del personaje, tal como Cruz le pintaba.

Algo más de lo conveniente alargó la visita, esperando que asomara Fidela, a quien deseaba ver. Oyó su voz

dulce y cariñosa, hablando con el ciego en el gabinete
próximo, como si amorosamente le riñera. Mas la cocinerita no se presentaba, y al fin el tacaño no tuvo más
remedio que largarse, consolándose de su ausencia con
el propósito firme de volver a la noche.

Diez

Vestido con los trapitos de cristianar, se fue entre ocho
y nueve, y cuando llamaba a la puerta, subía tosiendo y
con lento paso el señor de Donoso. Entraron casi juntos,
y en el saludo y presentación, dicho se está que habían
de contrastar la soltura y práctica mundana del viejo
amigo de la casa con la torpeza desmañada del nuevo.
Era Donoso un hombre eminentemente calvo, de bigote
militar casi blanco; las cejas muy negras, grave y ceremo-
nioso el rostro, como un emblema oficial que en sí mismo llevaba el respeto de cuantos lo miraban; lleno y bien
proporcionado de cuerpo y talla, con cierta tiesura de recepción, obra de la costumbre y del trato social; vestido
con acendrada pulcritud, todo muy limpio, desde el cráneo pelado, que relucía como una tapadera de bruñido
marfil, hasta las botas, bien dadas de betún, y sin una
mota del fango de las calles.
Desde los primeros momentos cautivó a Torquemada, que no le quitaba ojo, ni perdía sílaba de cuanto
dijo, admirando lo correcto de su empaque y la fácil
elegancia de sus expresiones. Aquella levita cerrada, tan
bien ajustadita al cuerpo, era la pieza de ropa más de su
gusto. Así, así eran galanas y *señoras* las levitas, *herméticamente cerradas,* no como la suya, del tiempo de Ma-
riana Pineda, tan suelta y desgarbada, que no parecía,
al andar con ella, sino un murciélago en el momento de
levantar el vuelo. Pues ¿y aquel pantalón de rayas con
tan buena caída, sin rodilleras?... ¡Y todo, Señor, todo:
los cuellos tiesos, blancos como la leche; las botas de
becerro, gruesas sin dejar de ser elegantes, y hasta la
petaca que sacó, con cifra, para ofrecerle un cigarrillo

negro, de papel pectoral engomado! Todo, Señor, todo en
don José Ruiz Donoso delataba al caballero de esos tiempos tal y como debían ser los caballeros, como Torquemada deseaba serlo, desde que esta idea de la caballería
se le metió entre ceja y ceja.

El estilo, o lo que don Francisco llamaba *la explica-
dera,* le cautivaba aún más que la ropa, y apenas se atrevía el hombre a dar una opinión tímida sobre las cosas
diversas que allí se hablaron. Donoso y Cruz se lo decían todo, y se lo comentaban a competencia. Ambos gas-
taban un repertorio inagotable de frases lucidísimas,
que Torquemada iba apuntando en su memoria para
usarlas cuando el caso viniese. Fidela hablaba poco; en
cambio, el ciego metía baza en todos los asuntos, con
verbosidad nerviosa y con el donaire propio de un hombre en quien la falta de vista ha cultivado la imaginación.

Dando mentalmente gracias a Dios por haberle depa-
rado en el señor de Donoso el modelo social más de su
gusto, don Francisco se proponía imitarle fielmente en
aquella transformación de su personalidad que le pedían
el cuerpo y el alma; y más atento a observar que a otra
cosa, no se permitía intervenir en la conversación sino
para opinar como el oráculo de la tertulia. ¡Vamos, que
también doña Cruz era oráculo, y decía unas cosas que
ya las habría querido Séneca para sí! Torquemada soltaba gruñiditos de aprobación, y aventuraba alguna frase
tímida, con el encogimiento de quien a cada instante teme hacer un mal papel.

Dicho se está que Donoso trataba al prestamista de
igual a igual, sin marcar en modo alguno la inferioridad
del amigo nuevo de la casa. Su cortesía era como de reglamento, un poco seca y sin incurrir en confianzas impropias de hombres tan formales. Representaba don José unos sesenta años; pero tenía más, bastantes más, muy
bien llevados, eso sí, gracias a una vida arregladísima y
llena de precauciones. Cuerpo y alma se equilibraban
maravillosamente en aquel sujeto de intachables costumbres, de una probidad en que la maledicencia no pudo

poner jamás la más mínima tacha; con la religión del
método, aprendida en el culto burocrático y trasegada
de la administración a todos los órdenes de la vida; de
inteligencia perfectamente alineada en ese nivel medio
que constituye la fuerza llamada opinión. Todo esto,
con sagacidad adivinatriz, lo caló al instante Torquemada; aquél era su hombre, su tipo, lo que él debía y
quería ser al encontrarse rico y merecedor de un puesto
honroso en la sociedad.

Picando aquí y allá, la conversación recayó en el
pleito. Aquella noche, como todas, Donoso llevaba noticias. Cuando no tenía algo nuevo que decir, retocaba lo
de la noche anterior, dándole visos de frescura, para
sostener siempre verdes las esperanzas de sus amigas, a
quienes quería entrañablemente.

—Al fin, en el Tribunal ha aparecido el inventario del
año treinta y nueve. No ha costado poco encontrarlo. El
oficial es amigo mío, y ayer le acusé las cuarenta por su
morosidad... El ponente del Consejo me ha prometido
despachar el dictamen sobre la incidencia. Podemos contar con que antes de las vacaciones habrá recaído fallo...
He podido conseguir que se desista del informe de
Guerra, que sería el cuento de nunca acabar...

Y por aquí seguía. Cruz suspiraba, y Fidela parecía
más atenta a su labor de *frivolité* que al litigio.

—En este Madrid—dijo don Francisco, que en aquel
punto de la conversación se encontró con valor para irse
soltando—se eternizan los pleitos, porque los que admi-
nistran justicia no miran más que a las influencias. Si
las señoras las tienen, échense a dormir. Si no, esperen
sentadas el fallo. De nada le vale al pobre litigante que
su derecho sea más claro que el sol, si no halla buenas
aldabas a que agarrarse.

Dijo, y se sopló de satisfacción al notar lo bien que
caía en los oyentes su discurso. Donoso lo apoyaba con
rápidos movimientos de cabeza, que producían en la convexidad reluciente de su calva destellos mareantes.

—Lo sé por experiencia propia de mí mismo—agregó

el orador, abusando lastimosamente del pleonasmo—. ¡Ay, qué curia, ralea del diablo, peste del infierno! Olían la carne; se figuraban que había dónde hincar la uña, y me volvían loco con esperas de hoy para mañana, y de este mes para el otro, hasta que yo los mandaba a donde fue el padre Padilla y un poquito más allá. Claro, como no me dejaba saquear, perdía, y por esto ahora, antes que andar por justicia, prefiero que todo se lo lleven los demonios.

Risas. Fidela le miró, diciendo de improviso:

—Señor don Francisco, ya sabemos que en Cadalso de los Vidrios tiene usted mucha propiedad.

—Lo sabemos—agregó Cruz—por una mujer que fue criada nuestra y que es de allá. Viene a vernos de cuando en cuando, y nos trae albillo por octubre, y en tiempo de caza, conejos y perdices.

—¿Propiedad yo?... Regular, nada más que regular...

—¿Cuántos pares?—preguntó lacónicamente Donoso.

—Diré a ustedes... Lo principal es viña. Cogí el año pasado mil quinientas cántaras...

—¡Hola, hola!

—¡Pero si va a seis reales! Apenas se saca para el coste de laboreo y para la condenada contribución.

—No se achique—dijo Cruz—. Todos los labradores son lo mismo. Siempre llorando...

—Yo no lloro; no, señora... No vayan a creer que estoy descontento de la suerte. No hay queja, no. Tengo, sí, señora, tengo. ¿A qué lo he de negar, si es el fruto de mi sudor?

—Vamos, que es usted riquísimo—dijo Fidela en tono que lo mismo podía ser de burla que de desdén, con un poquito de asombro, como si detrás de aquella frase hubiese una vaga acusación a la Providencia por lo mal que repartía las riquezas.

—Poco a poco... ¿Qué es eso de riquísimo? Hay, sí, señora, hay para una mediana olla. Tengo algunas casas... Y en Cadalso, además del viñedo, hay un poco de tierra de labor, su poco de pasto...

—Va a resultar—observó el ciego en tono jovial—
que con todos esos pocos se trae usted medio mundo
en el bolsillo. ¡Si con nosotros no ha de partirlo usted!

Risas. Torquemada, un poquitín corrido, se arrancó
a decir:

—Pues bueno, señoras y caballeros, soy rico, relativamente rico, lo cual no quita que sea humilde, muy humilde, muy llano, y que sepa vivir a lo pobre, con un
triste pedazo de pan si a mano viene. Miserable me suponen algunos que me ven trajeado sin los requilorios de
la moda; por pelagatos me tienen los que saben mi cor-
tísimo gasto de casa y boca, y el no suponer, el no pintarla nunca. Como que ignoro lo que es darse lustre, y
para mí no se ha hecho la bambolla.

Al oír este arranque, en que don Francisco puso cierto énfasis, Donoso, después de reclamar con noble gesto
la atención, endilgó un solemne discurso, que todos oyeron religiosamente, y que merece ser consignado, pues
de él se derivan actitudes y determinaciones de la mayor
importancia en esta real historia.

Once

—¿A qué hacer un misterio de la riqueza bien ganada?—dijo Donoso en tono grave, midiendo las palabras,
y oyéndose el concepto, por lo que venía a ser a un tiempo mismo orador y público—. ¿A qué disimularla con
mal entendida humildad? Resabio es ése, señor don Francisco, de una educación meticulosa, y de costumbre que
debemos desterrar, si queremos que haya bienestar y
progreso, y que florezcan el comercio y la industria.
¿Y a qué vienen, señor don Francisco, esa exagerada modestia, esos hábitos de sobriedad sórdida, sí, señor, sórdida, en desacuerdo con los posibles atesorados por el
trabajo? ¿A qué viene ese vivir con apariencias de miseria, poseyendo millones, y cuando digo millones, digo
también miles, o lo que sea? No; cada cual debe vivir
en armonía con sus posibles, y así tiene derecho a exi-

girlo la sociedad. Viva el jornalero como jornalero, y el capitalista como capitalista, pues si es chocante ver a un pobre pelele echando la casa por la ventana, no lo es menos ver a un rico escatimando el céntimo y rodeado de escaseces y porquerías. No; cada cual según su porqué; y el rico que vive con miseria, entre gente zafia y ordinaria, peca gravemente, sí, señor, pero contra la sociedad. Esta necesita constituir una fuerza resistente contra los embates del proletariado envidioso. ¿Y con qué elementos ha de constituir esa fuerza sino con la gente adinerada? Pues si los terratenientes y los rentistas se meten en una covacha y esconden lo que les da el derecho de ocupar las grandes posiciones; si renuncian a éstas y se hacen pasar por mendigos, ¿en quién, digo yo, en quién ha de apoyarse la sociedad para su mejor defensa?

Se cruzó de brazos. Nadie le contestaba, porque nadie se atrevía a interrumpir con palabra ni gesto retahíla tan elocuente. Siguió diciendo:

—...La riqueza impone deberes, señor mío: ser pudiente, y no figurar como tal en el cuadro social, es yerro grave. El rico está obligado a vivir armónicamente con sus posibles, gastándolos con la prudencia debida y presentándose ante el mundo con esplendor decoroso. La posición, amigo mío, es cosa muy esencial. La sociedad designa los puestos a quienes deben ocuparlos. Los que huyen de ellos dejan a la sociedad desamparada y en poder de la pillería audaz. No, señor; hay que penetrarse bien de las obligaciones que nos trae cada moneda que entra en nuestro bolsillo. Si el pudiente vive cubierto de harapos, ¿me quiere usted decir cómo ha de prosperar la industria? Pues y el comercio, ¿me quiere usted decir cómo ha de prosperar? ¡Adiós riqueza de las naciones, adiós movimiento mercantil, adiós cambios, adiós belleza y comodidad de las grandes capitales, adiós red de caminos de hierro!... Y hay más. Las personas de posición constituyen lo que llamamos *clases directoras* de la sociedad. ¿Quién da la norma de cuanto acontece en el mundo? Las clases directoras. ¿Quién pone un

valladar a las revoluciones? Las clases directoras. ¿Quién
sostiene el pabellón de la moralidad, de la justicia, del
derecho público y privado? Las clases directoras. ¿Le
parece a usted que habría sociedad, y que habría paz,
y que habría orden y progreso, si los ricos dijeran: «Pues
mire usted, no me da la gana de ser clase directora, y
me meto en mi agujero, me visto con siete modas de
atraso, no gasto un maravedí, como un cesante; duermo
en un jergón lleno de pulgas, no hago más que ir metiendo mis rentas en un calcetín, y allá se las componga
la sociedad, y defiéndase como pueda del socialismo y
de las trifulcas. Y la industria, que muera, pues para
nada me hace falta; y el comercio, que lo parta un rayo;
y las vías de comunicación, que se vayan en hora mala.
¿Ferrocarriles? Si yo no viajo, ¿para qué los quiero?
¿Urbanización, higiene, ornato de las ciudades? ¿A mí
qué? ¿Policía, justicia? Como no pleiteo, como no falto
a la ley escrita, vayan con mil demonios...»

Detenido para tomar aliento, el labio palpitante, aca-
lorado el pecho, oyóse un vago rumor de aprobación, la
cual no se manifestaba con aplausos por el excesivo respeto que a todos el orador infundía.

Pausa. Transición de lo serio a lo familiar.

—...No tome a mal, señor don Francisco, esta filípica
que me permito echarle. Oígala con benevolencia, y después usted, con su buen juicio, hará lo que le acomode...
Hablamos aquí como amigos, y cada cual dice lo que siente. Pero yo soy muy claro, y con las personas a quienes
estimo de veras uso una claridad que a veces encandila.
Conozco bien la sociedad. He vivido más de cuarenta
años en contacto con todas las eminencias del país; he
aprendido algo; no me faltan ideas; sé apreciar las cosas;
la experiencia me da cierta autoridad. Usted me parece
persona muy sensata, de muy buen sentido, sólo que
demasiado metido en su concha. Es usted el caracol,
siempre con la casa a cuestas. Hay que salir, vivir en el
mundo... Me permito decirle mi parecer, porque yo pre-

dico a los hombres agudos; a los tontos no les digo nada. No me entenderían.

—Bien, bien—murmuró Torquemada, que, atontado por el terrible efecto de las amonestaciones de Donoso, no acertaba a expresar su admiración—. Ha hablado usted como Séneca; no, mejor, mucho mejor que Séneca... Es que..., diré a ustedes... Como yo me crié pobre, y con estrechez he vivido ahorrando hasta la saliva, no puedo acostumbrarme... ¿Cuál es el camino más derecho del mundo? La costumbre..., y por él voy. ¿Yo metiéndome a clase directora? ¿Yo pintándola por ahí? ¿Yo echando facha y...? No, no puede ser; no me cae, no me comprendo así, vamos.

—¡Si no es echar facha, por Dios!

—Si más afectación, y por consiguiente más *facha,* hay en aparentar pobreza siendo rico.

—Sólo se trata de dar a la verdad su natural semblante.

—Se trata de representar lo que se es.

—Otra cosa es engaño.

—Mentira, farsa.

—No basta ser rico, sino parecerlo.

—Justo.

—Cabal.

Estos comentarios, expresados rápidamente por los tres Aguilas, sin dar a don Francisco tiempo para hacerse cargo de cada uno de ellos, le envolvieron en un torbellino. Sus oídos zumbaban; las ideas penetraban en su mente como una bandada de alimañas perseguidas, y volvían a salir en tropel para revolotear por fuera. Balbuciente primero, con segura voz después, manifestóse conforme con tales ideas, asegurando que ya había pensado en ello despacio, y que se reconocía fuera de su natural centro y clase; pero ¿cómo vencer su genio corto y encogido, cómo aprender de golpe las mil cosas que una persona de posibles debe saber? Echóse instintivamente por este camino de sinceridad, después de muchos tropezones y reticencias, y antes que pensara si le sería conveniente declarar su incapacidad para la finura, ya la había declarado y confesado como un niño sorprendido en falta. ¿Qué remedio ya? Lo dicho, dicho estaba, y no se volvía atrás. Donoso le arguyó con razones poderosas; Cruz sostuvo que otros más desmañados andaban por el mundo hechos unos príncipes, y Fidela y el ciego le animaban con observaciones festivas, que si algo tenían de burla, era ésta tan discreta y sazonada que no podía ofenderle.

Charla charlando, llegó el fin de la velada, y tan gustoso se encontraba allí el hombre, que habría podido creer que su conocimiento con las Aguilas y con Donoso databa de fecha muy remota; de tal modo se le· iban metiendo en el corazón. Juntos salieron los dos amigos de la casa, y por el camino platicaron cuanto les dio la gana sobre negocios, maravillándose don Francisco de lo fuerte que estaba don José en aquellas materias y de lo bien que discurría sobre el interés del capital y demás incumbencias económicas.

Y solo ya en su madriguera, recordaba el prestamista, palabra por palabra, el réspice que le echó aquel su nuevo amigo y ya director espiritual, pues pensaba seguir lo mejor que pudiese su sapientísima doctrina. Lo que le había dicho sobre los deberes del rico y la ley de las posiciones sociales era cosa que se debía oír de rodillas, algo como el sermón de la Montaña, la nueva ley que debía transformar el mundo. El mundo en aquel caso era él, y Donoso el Mesías que· había venido a volverlo todo patas arriba, y a fundar nueva sociedad sobre las ruinas de la vieja. En sus ratos de desvelo no pensaba don Francisco más que en el sastre a que había de encargar una levita *herméticamente cerrada,* como la de Donoso; en el sombrerero que le decoraría la cabeza, y en otras cosas pertinentes a la vestimenta. ¡Oh! Sin pérdida de tiempo había que declarar la guerra a la facha innoble, al vestir sucio y ordinario. Bastantes años llevaba ya de adefesio. La sociedad fina le reclamaba como a un desertor, y allá se iba derecho, con botas de charol y todo lo demás que le correspondía.

Pero su mayor asombro era que en una sola noche de palique con aquellas dignísimas personas había aprendido más términos elegantes que en diez años de su vida anterior. Del trato con doña Lupe había sacado (en justicia debía decirlo) diferentes modos de hablar que le daban mucho juego. Por ejemplo, con ella aprendió a decir: *plantear la cuestión, en igualdad de circunstancias, hasta cierto punto y a grandes rasgos.* Pero ¿qué significaba esta miseria de lenguaje con las cosas bonitísimas que acababa de asimilarse? Ya sabía decir *ad hoc* (pronunciaba *azoc*), *partiendo del principio, admitiendo la hipótesis, en la generalidad de los casos;* y, por último, gran conquista era aquello de llamar a todas las cosas el *elemento tal,* el *elemento cual.* Creía él que no había más elementos que el agua y el fuego, y ahora salíamos con que es muy bello decir los *elementos conservadores,* el *elemento militar,* el *eclesiástico,* etc.

Al día siguiente, todas las cosas se le antojaron distintas de como ordinariamente las veía. «Pero ¿me he vuelto yo niño?», se dijo, notando en sí un gozo que le retozaba por todo el cuerpo, una como ansia de vivir, o dulce presagio de felicidades. Todas las personas de su conocimiento que aquel día vio, pareciéronle de una tosquedad intolerable. Algunas le daban asco. El café del Gallo y el de las Naranjas, adonde tuvo que ir en persecución de un infeliz deudor, pareciéronle indecorosos. Amigos encontró que no andaban a cuatro pies por especial gracia de Dios, y los había que le apestaban. «Atrás, ralea indecente», se decía, huyendo del trato de los que fueron sus iguales, y refugiándose en su casa, donde al menos tenía la compañía de sus pensamientos, que eran unos pensamientos muy guapos, de levita y sombrero de copa, graves, sonrientes, y con tufillo de agua de colonia.

Recibió a su hija con cierto despego aquel día, diciéndole: «¡Pero qué facha te traes! Hasta me parece que

hueles mal. Eres muy ordinaria, y tu marido el cursi más
grande que conozco, *uno de nuestros primeros cursis.*»

Doce

Dicho se está que antes faltaran las estrellas en la
bóveda celeste que Torquemada en la tertulia de las
señoras del Aguila, y en la confraternidad del señor de
Donoso, a quien poco a poco imitaba, cogiéndole los gestos y las palabras, la manera de ponerse el sombrero, el
tonito para saludar familiarmente, y hasta el modo de
andar. Bastaron pocos días para entablar amistad. Empezó el tacaño por hacerse el encontradizo con su modelo en Recoletos, donde vivía; le visitó luego en su casa
con pretexto de consulta sobre un préstamo a retro
que acababan de proponerle, y por mediación de Donoso
hizo después otro hipotecario en condiciones muy ven-
tajosas. De noche se veían en casa de las del Aguila, donde el tacaño había adquirido ya cierta familiaridad. No
sentía encogimiento, y viéndose tratado con benevolencia
y hasta con cariño, arrimábase al calor de aquel hogar en
que dignidad y pobreza eran una misma cosa. Y no dejaba de notar cierta diferencia en la manera de tratarle
las cuatro personas de aquella gratísima sociedad. Cruz
era quien mayores miramientos tenía con él, mostrándole en toda ocasión una afabilidad dulce y deseos de
contentarle. Donoso le miraba como amigo leal. En Fidela creía notar cierto despego y algo de intención zum-
bona, como si delicadamente y con mucha finura quisiera a veces... lo que en estilo vulgar se llama tomar
el pelo; y por fin, Rafael, sin faltar a la urbanidad,
siempre correcto y atildado, le llevaba la contraria en
muchas de las cosas que decía. Poquito a poco vio don
Francisco que se marcaba una división entre los cuatro
personajes, dos a un lado, dos al otro. Si en algunos
casos la división no existía, y todo era fraternidad y concordia, de repente la barrerita se alzaba, y el avaro tenía
que alargar un poco la cabeza para ver a Fidela y al ciego

de la parte de allá. Y ellos le miraban a él con cierto recelo, que era lo más incomprensible. ¿Por qué tal recelo, si a todos los quería, y estaba dispuesto a descolgarse con algún sacrificio de los humanamente posibles, dentro de los límites que le imponía su naturaleza?

Cruz sí que se le entraba por las puertas del alma con su afabilidad cariñosa y aquel gracejo que le había dado Dios para tratar todas las cuestiones. Poquito a poco fue creciendo la familiaridad, y era de ver con qué salero sabía la dama imponerle sus ideas, trocándose de amiga en preceptora. «Don Francisco, esa levita le cae a usted que ni pintada. Si no moviera tanto los brazos al andar, resultaría usted un perfecto diplomático»... «Don Francisco, haga por perder la costumbre de decir *mismamente* y *ojo al Cristo*. No sienta bien en sus labios esa manera de hablar»... «Don Francisco, ¿quién le ha puesto a usted la corbata? ¿El gato? Creeríase que no han andado manos en ella, sino garras»... «Don Francisco, siga mi consejo y aféitese la perilla, que mitad blanca y mitad negra, tiesa y amenazadora, parece cosa postiza. El bigote sólo, que ya le blanquea, le hará la cara más respetable. No debe usted parecer un oficial de clase de tropa retirado. A buena presencia no le ganará nadie si hace lo que le digo»... «Don Francisco, quedamos en que desde mañana no me trae acá el cuello marinero. Cuellito alto, ¿estamos? O ser o no ser persona de circunstancias, como usted dice»... «Don Francisco, usa usted demasiada agua de colonia. No tanto, amigo mío. Desde que entra usted por la puerta de la calle vienen aquí esos batidores del perfume anunciándole. Medida, medida, medida en todo...» «Don Francisco, prométame no enfadarse, y le diré... ¿Se lo digo?... Le diré que no me gusta nada su escepticismo religioso. ¡Decir que no le *entra el dogma*! Aparte la forma grosera de expresarlo, ¡*entrarle el dogma!*, la idea es abominable. Hay que creer, señor mío. Pues qué, ¿hemos venido a este mundo para no pensar más que en el miserable dinero?»

Dicho se está que con estas reprimendas dulces y fraternales se le caía la baba al hombre, y allí era el prometer sumisión a los deseos de la señora, así en lo chico como en lo grande, ya en el detalle nimio de la corbata, ya en el grave empeño de apechugar a ojos cerrados con todas y cada una de las verdades religiosas.

Fidela se permitía dirigirle iguales admoniciones, si bien en tono muy distinto, ligeramente burlón y con toques imaginativos muy graciosos.

—Don Francisco, anoche soñé que venía usted a vernos en coche, en coche propio, como debe tenerlo un hombre de *posibles*. Vea usted como los sueños no son disparates. La realidad es la que no da pie con bola, en la mayoría de los casos... Pues sí, sentimos el estrépito de las ruedas, salí al balcón, y me veo a mi don Francisco bajar del *landeau,* el lacayo en la portezuela, sombrero en mano...

—¡Ay, qué gracia!...

—Dijo usted al lacayo no sé qué..., con ese tonillo brusco que suele usar..., y subió. No acababa nunca de subir. Yo me asomé a la escalera, y le vi sube que te sube, sin llegar nunca, pues los escalones aumentaban a cientos, a miles, y aquello no concluía. Escalones, siempre escalones... Y usted sudaba la gota gorda... Ya, por último, subía encorvadito, muy encorvadito, sin poder con su cuerpo..., y yo le daba ánimos. Se me ocurrió bajar, y el caso es que bajaba, bajaba sin poder llegar hasta usted, pues la escalera se aumentaba para mí bajando como para usted subiendo...

—¡Ay, qué fatiga y qué sueños tan raros!

—Esta es así—dijo Cruz, riendo—. Siempre sueña con escaleras.

—Es verdad. Todos mis sueños son de subir y bajar. Amanezco con las piernas doloridas y el pecho fatigado. Subo por escaleras de papel, por escaleras de diamante, por escalas tan sutiles como hilos de araña. Bajo por peldaños de metal derretido, por peldaños de nieve, y por un sinfín de cosas que son mis propios pensamientos puestos unos debajo de otros... ¿Se ríen?

Sí que se reían: Torquemada principalmente, con toda su alma, sin sentirse lastimado por el ligero acento de sátira que salpimentaba la conversación de Fidela como un picante usado muy discretamente. El sentimiento que la joven del Aguila le inspiraba era muy raro. Habría deseado que fuese su hija, o que su hija Rufina se le pareciese, cosas ambas muy difíciles de pasar del deseo a la realidad. Mirábala como una niña a quien no se debía consentir ninguna iniciativa en cosas graves, y a quien convenía mimar, satisfaciendo de vez en vez sus antojos infantiles. Fidela solía decir que le encantaban las muñecas, y que hasta la época en que la adversidad le impuso deberes domésticos muy penosos se permitía jugar con ellas. Conservaba de los tiempos de su niñez opulenta algunas muñecas magníficas, y a ratos perdidos, en la soledad de la noche, las sacaba para recrearse y charlar un poco con sus mudas amigas, recordando la edad feliz. Confesábase, además, golosa. En la cocina, siempre que hacían algún postre de cocina, fruta de sartén o cosa tal, lo saboreaba antes de servirlo, y el repuesto de azúcar tenía en la cocinera un enemigo formidable. Cuando no mascaba un palito de canela, roía las cáscaras de limón; se comía los fideos crudos, los tallos tiernos de lombarda y las cáscaras de queso.

—Soy el ratón de la casa —decía con buena sombra—, y cuando teníamos jilguero, yo le ayudaba a despachar los cañamones. Me gusta extraordinariamente chupar una hojita de perejil, roer un haba o echar en la boca un puñadito de arroz crudo. Me encanta el picor de la corteza de los rabanitos, y la miel de la Alcarria me trastorna hasta el punto de que la estaría probando, probando, por ver si es buena, hasta morirme. Por barquillos soy yo capaz de no sé qué, pues me comería todos los que se hacen y se pueden hacer en el mundo; tanto, tanto me gustan. Si me dejaran, yo no comería más que barquillos, miel y... ¿a que no lo acierta don Francisco?

—¿Cacahuete?

—No.

—¿Piñones confitados?

—Tampoco.

—¿Pasas, alfajores, guirlache, almendras de Alcalá, bizcochos borrachos?

—Los bizcochos borrachos también me emborrachan a mí. Pero no es eso, no es eso. Es...

—Chufas—dijo el ciego para concluir de una vez.

—Eso es... Me muero por las chufas. Yo mandaría que se cultivara esa planta en toda España, y que se vendiera en todas las tiendas, para sustituir el garbanzo. Y la horchata debiera usarse en vez de vino. Ahí tiene usted una cosa que a mí no me gusta, el vino. ¡Qué asco! ¡Vaya con lo que inventan los hombres! Estropear las uvas, una cosa tan buena, por sacar de ellas esa bebida repugnante... A mí me da náuseas, y cuando me obligan a beberlo me pongo mala, caigo dormida y sueño los desatinos más horripilantes: que la cabeza me crece, me crece hasta ser más grande que la iglesia de San Isidro, o que la cama en que duermo es un organillo de manubrio, y yo el cilindro lleno de piquitos que volteando hace sonar las notas... No, no me den vino, si no quieren que me vuelva loca.

¡Lo que se divertían Donoso y Torquemada con estas originalidades de la simpática joven! Deseando mostrarle un puro afecto paternal, no iba nunca don Francisco a la tertulia sin llevar alguna golosina para el ratoncito de la casa. Felizmente, en la travesía del Fúcar, camino de la calle de San Blas, tenía su tienda de esteras y horchata un valenciano que le debía un pico a Torquemada, y éste no pasaba por allí ninguna tarde sin afanarle con buenos modos un cartuchito de chufas. «Es para unos niños», solía decirle. El confitero de la calle de las Huertas, deudor insolvente, le pagaba, a falta de moneda mejor, intereses de caramelos, pedacitos de guirlache, alguna yema, melindres de Yepes o mantecadas de Astorga, género sobrante de la última Navidad, y un poco rancio ya. Hacía de ello el tacaño paquetitos con papeles de colores que el mismo confitero le daba, y corriéndose alguna vez a adquirir en la tienda de ultramarinos el cuarterón de pasas, o la media librita de galletas inglesas, no había noche que entrara en la tertulia con las manos vacías. Todo ello no le suponía más que una peseta y céntimos cada vez que tenía que comprarlo, y con tan poco estipendio se las daba de hombre galante y rumboso. Rebosando dulzura, con todas las confituras del mundo metidas en su alma, presentaba el regalito a la damisela, acompañándolo de las expresiones más tiernas y mejor confitadas que podía dar de sí su tosco vocabulario. «Vamos; sorpresa tenemos. Esta no la esperaba usted... Son unas cosas de chocolate fino, que llaman *pompones,* con hoja de papel de plata fina, y más rico que mazapán.» No podía corregirse la costumbre de anunciar y ponderar lo que llevaba. Acogía Fidela la golosina con grandes extremos de agradecimiento y alegría infantil, y don Francisco se embelesaba viéndola hincar en la sabrosa pasta sus dientes, de una blancura ideal, los dientes más iguales, más preciosos y más limpios que él había visto en su condenada vida; dientes de tan superior hechura y matiz, que nunca creyó pudiese existir en la Humanidad nada semejante. Pensando en ellos, decía: «¿Tendrán dientes los ángeles? ¿Morderán? ¿Comerán?... Vaya usted a saber si tendrán dientes y muelas, ellos, que, según rezan los libros de religión, no necesitan comer. Y ¿a qué es *plantear esa cuestión?* Falta saber que *haiga* ángeles.»

Trece

La amistad entre Donoso y Torquemada se iba estrechando rápidamente, y a principios del verano, D. Francisco no ponía mano en cosa alguna de intereses sin oír el sabio dictamen de hombre tan experto. Donoso le había ensanchado las ideas respecto al préstamo. Ya no se reducía al estrecho campo de la retención de pagas a empleados civiles y militares, ni a la hipoteca de casas en Madrid. Aprendió nuevos modos de colocar el dine-

ro en mayor escala, y fue iniciado en operaciones lucra-
tivas sin ningún riesgo. Próceres arruinados le confiaron
su salvación, que era lo mismo que entregársele atados
de pies y manos; sociedades en decadencia le cedían
parte de las acciones a precio ínfimo, con tal de asegurar sus dividendos, y el Estado mismo le acogía con
benignidad. Todo el mecanismo del Banco, que para él
había sido un misterio, le fue revelado por Donoso, así
como el manejo de Bolsa, de cuyas ventajas y peligros
se hizo cargo al instante con instinto seguro. El amigo
le asesoraba con absoluta lealtad, y cuando decía: «Compre usted Cubas sin miedo», don Francisco no vacilaba.
Armonía inalterable reinaba entre ambos sujetos, siendo
de admirar que en la intervención de Donoso en los tratos torquemadescos resplandecía siempre el más puro
desinterés. Habiéndole proporcionado dos o tres negocios de gran monta, no quiso cobrarle corretaje ni cosa
que lo valiera.

Al compás de esta transformación en el orden económico, iba operándose la otra, la social, apuntada primero
tímidamente en reformas de vestir, y llevada a su mayor
desarrollo por medio de transiciones lentas, para que el
cambiazo no saltara a la vista con crudezas de sainete.
El uso del hongo atenuaba la rutilante aparición de un
terno nuevo de paño color de pasa, y los resplandores
de la chistera flamante se oscurecían y apagaban con un
gabán de cuello algo seboso, contemporáneo de la entrada de nuestras valientes tropas en Tetuán. Tenía suficiente sagacidad para huir del ridículo o para sortearlo
con hábiles combinaciones. Aun así, la metamorfosis fue
cogida al vuelo por más de un guasón de los barrios en
que residían sus principales conocimientos, y no faltaron
cuchufletas ni venenosas mordeduras. Sin hacer caso de
ellas, don Francisco iba dando de lado a sus tradiciona-
les relaciones, y ya no podía disimular el despego que
le inspiraban sus amigos del café del Gallo, y de diversas
tiendas y almacenes de la calle de Toledo, despego que
para algunos era antipatía más o menos declarada, y para

otros aversión. Alguien encontraba natural que D. Francisco quisiera *pintarla,* poseyendo, como poseía, más que muchos que en Madrid iban desempedrando las calles en carretelas no pagadas, o que vivían de la farsa y del enredo. Y no faltó quien, viéndole con pena alejarse de la sociedad en que había ganado el primer milloncito de reales, le tildara de ingrato y vanidoso... Al fin, hacía lo que todos: después de chupar a los pobres, hasta dejarlos sin sangre, levantaba el vuelo hacia las viviendas de los ricos.

Y si en los hábitos, particularmente en el vestir, la evolución se marcaba con rasgos y caracteres que podía observar todo el mundo, en el lenguaje no se diga. Ya sabía decir cada frase que temblaba el misterio, y se iba asimilando el hablar de Donoso con un gancho imitativo increíble a sus años. Verdad que a lo mejor afeaba los conceptos con groseros solecismos, o tropezaba en obstáculos de sintaxis. Pero así y todo, a quien no le conociera le daba el gran chasco, porque, advertido por su sagacidad de los peligros de hablar mucho, se concretaba a lo más preciso, y el laconismo y tal cual dicharacho pescado en la boca de Donoso le hacían pasar por hombre profundo y reflexivo. Más de cuatro, que por primera vez en aquellos días se le echaron a la cara, veían en él un sujeto de mucho conocimiento y gravedad, oyéndole estas o parecidas razones: «Tengo para mí que los precios de la cebada serán un *enizma* en los meses que siguen, por *actitud expectante* de los labradores.» O esta otra: «Señores, yo tengo para mí (el ejemplo de Donoso le hacía estar constantemente *teniendo para sí*) que ya hay bastante libertad, y bastante *naufragio* universal, y más derechos que queremos. Pero yo pregunto: ¿Esto basta? La nación, por ventura, ¿no come más que principios? ¡Oh, no!... Antes del principio, désele el cocido de una buena administración, y la sopa de un presupuesto nivelado... Ahí está el *quiquiriquí*... Ahí le duele..., ahí... Que me administren bien, que no gotee un céntimo..., que se mire por el contribuyente, y yo seré el primero en felicitarme de ello, *a fuer* de español y *a fuer* de contribuyente...» Alguien decía, oyéndole hablar: «Un poco tosco es este *tío,* pero ¡qué bien discurre!» Y ¡qué ingenioso el chiste de llamar *naufragio* al sufragio! Dicho se está que lo juicioso de sus manifestaciones y su fama de hombre de *guita* le iban ganando amigos en aquella esfera en que desplegaba sus alas. *Manifestaciones* eran para él cuanto se hablaba en el mundo, y tan en gracia le cayó el término, que no dejaba de emplearlo en todo caso, así le dieran un tiro. Manifestaciones lo dicho por Cánovas en un discurso que se comentaba; manifestaciones lo dicho por la portera de la casa de la calle de San Blas acerca de si los chicos del tercero hacían o no hacían aguas menores sobre los balcones del segundo.

Y ya que se nombra la casa de don Francisco, debe añadirse que la primera vez que entró en ella Donoso para tratar de un fuerte préstamo que solicitaban los duques de Gravelinas se asombró de lo mal que vivía su amigo, y, valido de la confianza que ya tenía con él, se permitió amonestarle en aquel tonillo paternal que tan buen resultado le daba:

—No lo creería si no lo viera, amigo don Francisco... Es que me enfado; tómelo como quiera, pero me enfado, sí, señor... Vamos a ver: ¿no le da vergüenza vivir en este tugurio? ¿No comprende que hasta su crédito pierde con tener casa tan miserable? ¡Qué dirá la gente! Que es usted Alejandro en puño, un avaro de mal pelaje, como los que se estilan en las comedias. Créame: esto le hace poco favor. Tal como es el hombre, debe ser la casa. Me carga que no se tenga de una personalidad como usted el concepto que merece.

—¡Pues yo, señor don José, me acomodo tan bien aquí!... Desde que perdí a mi querido hijo, le tomé asco a los barrios del centro. Vivo aquí muy guapamente, y tengo para mí que esta casa me ha traído buena suerte... Pero no vaya a creer, ¡cuidado!, que echo en saco roto sus manifestaciones. Se pensará, don José, se pensará...

—Piénselo, sí. ¿No le parece que en vez de andar buscando con un candil inquilino para el principal de su casa de la calle de Silva debe usted instalarse en él?

—¡En aquel principal tan grande..., veintitrés piezas sin contar el...! ¡Oh! No. ¡Qué locura! ¿Qué hago yo en aquel palaciote, yo solo, sin necesidades; yo, que sería capaz de vivir a gusto en un cajón de vigilante de Consumos, o en una garita de guardagujas?

—Siga mi consejo, señor don Francisco—añadió Donoso, cogiéndole la solapa—, y múdese al principal de la calle de Silva. Aquélla es la residencia natural del hombre que me escucha. La sociedad tiene también sus derechos, a los cuales es locura querer oponer el gusto individual. Tenemos derecho a ser puercos, sórdidos y a desayunarnos con un mendrugo de pan, cierto; pero la sociedad puede y debe imponernos un coranvobis decoroso. Hay que mirar por el conjunto.

—Pero, don José de mi alma, mi personalidad se perderá en aquel caserón, y no sabrá cómo arreglarse para abrir y cerrar tanta puerta.

—Es que usted...

Hizo punto Donoso, como sin atreverse con la *manifestación* que preparaba; pero, después de una corta perplejidad, acomodó sus caderas en el sillón no muy blando que de pedestal le servía, miró a don Francisco severamente, y accionando con el bastón, que parecía signo de autoridad, le dijo:

—Somos amigos... Tenemos fe el uno en el otro, por cierta compenetración de los caracteres...

«¡Compenetración! —repitió Torquemada para sí, apuntando la bonita palabra en su mente—. No se me olvidará.»

—...Supongo que usted creerá leal y sincero, inspirado en un interés de verdadero amigo, cuanto yo me permita manifestarle.

—Cierto, por la com..., compenetranza..., penetración...

—Pues yo sostengo, amigo don Francisco, y lo digo

sin rodeos, clarito, como se le deben decir a usted las cosas..., sostengo que usted debe casarse.

Aunque parezca lo contrario, no causó desmedido asombro en Torquemada la *manifestación* de su amigo; pero creyó del caso pintar en su rostro la sorpresa:

—¡Casarme yo, a mis años!... Pero ¿lo dice de verdad? ¡Cristo! Casarme... Ahí es nada lo del ojo... Como si fuera beberse un vaso de agua... ¿Soy algún muchacho?

—¡Bah!... ¿Qué tiene usted? ¿Cincuenta y cinco, cincuenta y siete...? ¿Qué vale eso? Está usted hecho un mocetón, y la vida sobria y activa que ha llevado le hacen valer más que toda la juventud encanijada que anda por ahí.

—Como fuerte, ya lo soy. No siento el correr de la edad... A robustez no me gana nadie, ni a... Qué sé yo... *Tengo para mí* que no carecería de facultades; digo, me parece... Pero no es eso. Digo que adónde voy yo ahora con una mujer colgada del brazo, ni qué tengo yo que pintar en el matrimonio, encontrándome, como me encuentro, muy a mis anchas en el *elemento* soltero.

—¡Ah!... Eso dicen todos... Libertad, comodidad..., el buey suelto... Pero y en la vejez, ¿quién ha de cuidarle? Y esa atmósfera de santo cariño, ¿con qué se sustituye cuando llegamos a viejos?... ¡La familia, señor don Francisco! ¿Sabe usted lo que es la familia? ¿Puede una personalidad importante vivir en esta celda solitaria y fría, que parece el cuarto de una fonda? ¡Oh! ¿No lo comprende, bendito de Dios? Cierto que usted tiene una hija; pero su hija mirará más por la familia que ella se cree que por usted. ¿De qué le valdrán sus riquezas en la espantosa soledad de un hogar sin afecciones, sin familia menuda, sin una esposa fiel y hacendosa?... Dígame: ¿de qué le sirven sus millones? Reflexione...; considere que nada puedo aconsejarle yo que no sea la misma lealtad. La posición quiere casa, y la casa quiere familia. ¡Buena andaría la sociedad si todos pensaran como usted y procedieran con ese egoísmo furibundo! No, no;

nos debemos a la sociedad, a la civilización, al Estado. Crea usted que no se puede pertenecer a las clases directoras sin tener hijos que educar, ciudadanos útiles que ofrecer a esa misma colectividad que nos lleva en sus filas, porque los hijos son la moneda con que se paga a la nación los beneficios que de ella recibimos...

—Pero venga acá, don José, venga acá—dijo Torquemada, echándose atrás el sombrero y tomando muy en serio la cosa—. Vamos a cuentas. *Partiendo del principio* de que a mí me dé ahora el naipe por contraer matrimonio, queda en pie la cuestión, la madre del cordero... ¿Con quién?

—¡Ah!... Eso no es cuenta mía. Yo planteo la cuestión; no soy casamentero. ¿Con quién? Busque usted...

—Pero, don José, venga acá. ¡A mis años...! ¿Qué mujer me va a querer a mí, con esta facha?... Digo, mi facha no es tan mala, ¡cuidado! Otras hay peores.

—Digo... si las hay peores.

—Con cincuenta y seis años que cumpliré el veintiuno de septiembre, día de San Mateo... Cierto que no faltaría quien me quisiera por mi *guano*..., digo, por mi capital; pero eso no me llena, ni puede llenar a ningún hombre de juicio.

—¡Oh! Naturalmente. Bien sé yo que si usted anunciara su blanca mano se presentarían cien mil candidatas. Pero no se trata de eso. Usted, si acepta mis indicaciones, contrarias de todo en todo al celibato, busque, indague, coja la linterna y mire por ahí. ¡Ah! ¡Ya sabrá, ya sabrá escoger lo mejorcito! A buena parte van. Mi hombre sabe ver claro, y posee una sagacidad que da quince y raya al lucero del alba. No, no temo yo que pueda resultar una mala elección. ¿Existe la persona que emparejará dignamente con don Francisco? Pues si existe, contemos con que don Francisco la encuentra, aunque se esconda cien estadios bajo tierra.

—¡Vaya, que a mis años...!—repitió el usurero con ligera inflexión de lástima de sí mismo.

—No tergiverse la cuestión ni se escape por la tangente de su edad... ¡Su edad! Si es la mejor. Como usted, en caso de volver a la cofradía, no habría de descolgar- se con una mocosa, frívola y llena la cabeza de tonte- rías, sino con una mujer sentada...

—¿Sentada?

—Y de una educación intachable...

—Pero ¡qué cosas tiene don José!... Salir ahora con la peripecia de que debo casarme... ¡Y todo por la... colectividad!—dijo Torquemada rompiendo a reír como un muchacho, ávido de bromas.

—No—replicó Donoso, levantándose despacio, como quien acaba de cumplir un alto deber social—, no hago más que señalar una solución conveniente; no hago más que decir al amigo lo que entiendo razonable y eminen- temente práctico.

Salieron juntos, y aquel día no hablaron más de caso- rio. Pero antes que concluyera la semana, don Francisco se mudó a su amplísimo principal de la calle de Silva.

Catorce

Había él oído mil veces el *casado, casa quiere;* pero nunca oyó que por el simple hecho de tener casa debie- ra un cristiano casarse. En fin, cuando Donoso lo decía, su poco de razón habría seguramente en ello. Las no- ches que siguieron a aquella memorable conversación estuvo el hombre receloso y asustado en la tertulia de las señoras del Aguila. Temía que don José saliese allí con la tecla del casorio, y, francamente, si llegaba a sa- carla, de fijo el aludido se pondría como un pimiento. De sólo pensarlo le subían vapores a la cara. ¿Por qué le daba vergüenza de oírse interrogar sobre nuevas nup- cias delante de Crucita y Fidelita? ¿Acaso le había pa- sado por las mientes ahorcarse con alguna de ellas? ¡Oh! No; eran demasiado finas para que él pretendiese tal co- sa, y aunque su pobreza las bajaba enormemente en la escala social, conservaban siempre el aquel aristocrático, barrera perfumada que no podía salvar con todo su dinero un hombre viejo, groserote y sin principios. No, nunca soñó tal alianza. Si alguien se la hubiera propuesto, el hombre habría creído que se reían en sus barbas.

Una noche, a Cruz le habló de Valentinico, y las dos hermanas mostraron tal interés en saber pormenores de la vida y muerte del prodigioso niño, que Torquemada no paró de hablar hasta muy alta la noche, contando la triste historia con sinceridad y sin estudio, en su lenguaje propio, olvidado de los terminachos que se le caían de la boca a Donoso, y que él recogía. Habló con el corazón, narrando las alegrías de padre, las amarguras de la enfermedad que le arrebató su esperanza, y con calor y naturalidad tan elocuentes se expresó el hombre, que las dos damas lloraron, sí, lloraron, y Fidela más que su hermana; como que no hacía más que sonarse y empapar el pañuelo en los ojos. Rafael también oyó con recogimiento lo que contaba don Francisco; pero no lloraba, sin duda por no ser propio de hombres, ni aun ciegos, llorar. El sí que echaba unos lagrimones del tamaño de garbanzos, como siempre que alguien refrescaba en su espíritu la fúnebre historia.

Y para que se vea cómo se enlazan los hechos humanos y cómo se va tejiendo esta trenza del vivir, aquella noche, paseándose en su cuarto delante del altarito con las velas encendidas, no podía pensar más que en las dos damas gimoteando por la memoria del pobre Valentinico, y en la circunstancia notoria de que Fidela había llorado más que Cruz, pero más. Bien lo sabía ya el chiquillo, sin que su padre se lo dijera. Acostóse don Francisco ya muy tarde, cansado de dar vueltas y de hacer garatusas delante del bargueño, cuando en medio de un letargo oyó claramente la voz del niño:

—¡Papá, papá!...

—¿Qué, hijo mío?—dijo, levantándose de un salto, pues casi siempre dormía medio vestido, envuelto en una manta.

Valentín le habló en aquel lenguaje peculiar suyo, sólo

de su padre entendido, lenguaje que era rapidísima transmisión de ojos a ojos.

—Papá, yo quiero resucitar.

—¿Qué, hijo mío?—repitió el tacaño sin entender
bien, restregándose los ojos.

—Que quiero resucitar, vamos, que me da la gana
de vivir otra vez.

—¡Resucitar..., vivir otra vez..., volver al mundo!

—Sí, sí. Ya veo lo contento que te pones. Yo también, porque lo que te digo, aquí se aburre uno.

—¡Según eso, te tendré otra vez conmigo, pedazo de
gloria!—exclamó Torquemada, sentándose, o más bien
cayéndose sobre una silla, cual si estuviera borracho perdido.

—Volveré a ese mundo.

—Resucitando, como quien dice, al modo de Jesucristo; saliéndote tan guapamente de la sepulturita perpetua, que... me costó diez mil reales.

—Hombre, no; eso no podría. Tú, ¿qué estás pensando? Salir así..., ¿cómo dices? ¿Grande y con el
cuerpo de cuando me morí?... Quítate. Así no me dejan...

—Pues así, así debe ser. ¿Quién se opone? ¿El Grandísimo Todo? Ya, ya veo la tirria que me tiene por si
digo o no digo de Él lo que me da la gana, ¡ñales! Pero
conmigo que no juegue...

—Cállate... El Señor Grandísimo es bueno y me quiere. Como que me deja hacer en todo mi santísima voluntad, y ahora me ha dicho que me salga de este elemento,
que me vaya contigo para convertirte y quitarte de la
cabeza tus herejías endemoniadas.

—¿Y vienes a este elemento?—murmuró Torquemada, hecho un ovillo, la cabeza entre las piernas.

—Al elemento de la Humanidad bonita. Pero me da
risa lo que tú piensas, padre. ¡Creer que salgo de la fosa
con mi cuerpo de antes! ¿Estamos en los tiempos de la
Biblia? No y no. Entérate bien: para ir allá tengo que
volver a nacer.

—¿Volver a nacer?

—Verbigracia, nacer chiquitín, como se nace siempre, como la otra vez que nací, que no fue la primera, digo que no fue la primera, ¡ñales!

—Entonces, hijo mío..., me vestiré... ¿Qué hora es? Iré a avisar al comadrón, don Francisco de Quevedo, calle del Ave María.

—Todavía no... ¿Qué prisa hay? Pues apenas falta tiempo para eso. Tú estás tonto, padre.

—Sí que lo estoy. No sé lo que me pasa. Ya me parece que despunta el día. Las velas alumbran poco, y no te veo bien la cara.

—Es que me borro; yo no sé qué tengo que me borro. Me voy volviendo chiquitín...

—Espérate... Y tu mamá, ¿dónde está?—al decir esto, Torquemada, tendido cuan largo era en medio de la estancia, parecía un muerto—. Se me figura que la he sentido gritar... Lo que dije: empiezan los dolores; hay que avisar.

—No avises, no. Estoy tan chiquitín, que no me encuentro. No tengo más que el alma, y abulto menos que un grano de arroz.

—Ya no veo nada. Todo tinieblas. ¿Dónde estás? —en esto se arrastraba a gatas por el cuarto—. Tu mamá no parece. La traía yo en el bolsillo, y se me ha escapado. Puede que esté dentro de la caja de fósforos... ¡Ah pícaro! La tienes tú ahí; la escondes en el bolsillo de tu chaleco.

—No, tú la tienes. Yo no la he visto. El Grandísimo Todo me dijo que era fea...

—Eso, no.

—Y vieja.

—Tampoco.

—Y que no sabía cómo se llamaba, ni le hacía falta averiguarlo.

—Yo sí lo sé; pero no te lo digo.

—Tiempo tengo de saberlo.

—*Partiendo del principio* de que sea quien tú crees...

—No se dice así, papá. Se dice: en el *mero hecho* de que sea...

—Justo: en el *mero hecho*; se me había olvidado el término... Pues si es, que sea, y si no es, que no sea... Será otra.

Púsose en cuclillas con gran dificultad, y sobándose los ojos, miraba con estupefacción el altarito, diciendo:

—¡Qué cosas me pasan!

Valentinico no replicaba.

—Pero ¿es verdad que...?—le preguntó don Francisco, que se había quedado solo—. Tengo frío. Me salí de la cama sin echarme el chaquetón, y no tendrá maldita gracia que coja una pulmonía. Lo que haría yo ahora es tomar algo; *por ejemplo,* migas o unas patatas fritas. Pero a estas horas, ¿cómo le *plante*o yo a *Rumalda la cuestión* de que me haga el almuerzo?... Juraría que mi hijo quiere nacer y que me lo ha dicho... Pero yo, triste de mí, ¿cómo lo *nazgo?*... Me volveré a la cama y dormiré un poco, si puedo. Todo ello será una suposición, un *mero hecho.* Le contaré a Donoso lo que me pasa, y resuelva él mismamente esta... *hipoteca,* digo *hipótesis,* que es como decir lo que se supone. Para que mi hijo nazca se necesita, en primer término, una madre; no, en primer término, un padre. Don José quiere que yo sea padre de familia, como quien dice, señor de muchas circunstancias. Ya le veo las cartas al señor de Donoso, que me estima, sí, me estima... Pero no puede ser. Dispense usted, amigo mío; pero no hay forma humana de que se realice ese..., ¿cómo se dice?, ¡ah, sí...!, *desideratum.* Yo le agradezco a usted mucho el *desideratum,* y estoy muy envanecido de saber que..., muy satisfecho, y, a la verdad, también tengo yo unas miajas de *desideratum*...; pero hay una barrera..., eso de las clases. Pronto se dice que no hay clases; pero, al decirlo, las dichosas clases saltan a la vista. Don José, dispénseme: pídame usted lo que quiera, la Biblia en pasta; pero no me pida eso. La idea de que me digan: «¡So! Vete de ahí, populacho, que apestas», me subleva

y me pone a morir. Y no es que yo huela mal. Bien ve
usted que me lavo y me aseo. Y hasta el aliento, que,
según me decía doña Lupe, tiraba un poco para atrás...,
se me ha corregido con la limpieza de la boca..., y desde
que me quité la perilla, que parecía un rabo de conejo,
tengo mejor ver. Dice *Rumalda* que me parezco algo a
O'Donnell cuando volvía del Africa... En fin, que por
lo físico no hay caso. Tengo para mí que, *en igualdad de
circunstancias*, sería yo el preferido; es decir, si yo fuera
más fino y de nacimiento y educación más *compatibles*...
Pero no, no soy *compatible*, no caso, no ajusto... Mi
corteza es muy dura, áspera y picona como lija... No
puede ser, no puede ser.

Pasado algún tiempo, se agitó en la cama, diciéndose
con sobresalto: «¿Apostamos a que he roncado? Sí,
ronqué... Me oí soltar un piporrazo como los de los funerales... Esto sí que es gordo... Y yo pregunto: El señor Donoso, que es hombre tan fino, ¿roncará? Y aquellas delicadísimas señoras..., por vida del Todísimo,
¿roncarán?»

Quince

A causa de la mala noche, estuvo destemplado y ojeroso
toda la mañana siguiente; y por la tarde se le vio hecho
un azacán, persiguiendo gangas de almoneda para amue-
blar con decencia, dentro de la economía, su nueva casa.
No compró cama de matrimonio porque ya la tenía, y
de palo santo, adquirida por doña Silvia en un precio
bajísimo. Y como Ruiz Donoso se tomaba la confianza
de asesorarle en aquellos arduos asuntos, aun antes que
don Francisco le pidiera su leal parecer sobre ellos, resultó que fueron comprados multitud de objetos pertinentes al uso de señoras distinguidas, algunos tan extraños,
que no sabía Torquemada para qué demonios servían.
Como adquirido en liquidaciones diferentes, por embargo, quiebra o defunción, el moblaje era de lo más hete-
rogéneo que imaginarse puede. Pero la casa iba resul-

tando elegante, de rico y señoril aspecto. Imposible que
dejase de hablarse de ella en la tertulia de las del Aguila: Cruz pedía informes, se hacía explicar y describir
todos los trastos, expresando opiniones discretísimas
sobre la necesaria armonía entre la comodidad y la elegancia.

Una de aquellas tardes (debió de ser pocos días después de la mudanza) fueron de paseo Torquemada y su
modelo, charlando de negocios. A la vuelta del Retiro
por el Observatorio, saltó la conversación a lo del pleito,
y don José, parándose en firme, expresó una opinión optimista acerca de él; mas luego venían los peros, una
cáfila de inconvenientes que quitaban todo su efecto a la
primera afirmación. Había que gastar mucho, y como
las señoras carecían de posibles, quizá..., *y sin quizá,* tendrían que abandonar su derecho por falta de medios
para demostrarlo. ¡Qué pena! ¡Una cosa tan clara! El
había agotado en obsequio de sus buenas amigas toda
su actividad, todas sus relaciones, y, por fin, su corto
peculio. Y no le pesaba, no. ¡Eran tan dignas ellas de
que todo el mundo se sacrificara por servirlas y sacarlas de su horrorosa situación! Pero ésta, ¡ay!, empeora-
ba, hasta el punto de que las señoras y su infeliz hermano tendrían pronto que pedir plaza en un asilo de
mendicidad: ya no poseían renta alguna, pues lo último
que restaba de una lámina intransferible, bocado a bocado se lo habían ido comiendo; ya no tenían nada que
vender ni que empeñar.

—Por mi parte—añadió descorazonado y casi a punto
de romper en llanto—, he hecho cuanto humanamente
podía. Los gastos del pleito absorben los tres cuartos
de mi paga, y héteme aquí imposibilitado de ir más adelante, señor don Francisco. Habrá que abandonar a los
pobres náufragos, pues ni agarrándolos por los cabellos
se los puede sacar a flote. Me voy temiendo que Dios
se ha empeñado en ahogar a esa digna familia, y que
todos nuestros esfuerzos por salvarla son inútiles. Dios

lo quiere, y como dueño absoluto de vidas y haciendas, lo hará.

—Pues no lo hará—dijo Torquemada bravamente, soltando un terno y reforzándolo con fuerte patada.

—¿Y qué podemos nosotros contra los designios...?

—¡Qué *desinios* ni qué...!—aquí una palabra que no se puede copiar—. Las señoras ganarán el pleito.

—¡Oh! Sí... Pero...' garantíceme usted que llegaremos a la sentencia. Yo confío en la rectitud del Consejo de Estado; pero de aquí a que el pleno falle hay una tiradita de tiempo y de gastos en la cual nos veremos obligados a abandonar el asunto.

—No se abandonará.

—¿Usted...?

—Yo, yo. *Héteme* aquí diciendo: adelante con los faroles y con el litigio. Pues no faltaba más.

—Eso varía... Concretemos: usted...

—Yo, sí, señor; yo, Francisco Torquemada, ordeno y mando que se pleitee. ¿Qué hace falta? ¿Un abogado de los gordos? Pues a él. ¿Qué más? ¿Levantar un monte de papel sellado? ¡Pues hala con él...! Nada de abandono. O hay corazón o no hay corazón. ¿Está claro el derecho? Pues saquémoslo por encima de la cabeza del mismísimo Cristo.

—Bueno... Me parece muy bien—dijo Donoso, agarrando a su amigo por el brazo, pues en el calor de la improvisación, a punto estuvo de que le cogiera un carruaje de los que en tropel bajaban del Retiro.

Emprendieron la caminata por el paseo de Atocha, hacia el Prado, a la hora en que los faroleros encendían el gas y en que los paseantes a pie y en coche regresaban en bandadas en busca de la sopa. Allá por el Museo vieron un hormigueo de luces en el Prado y les dio en la nariz tufo de aceite frito. Era la verbena de San Juan. Ya comenzaba el bullicio, y, por evitarlo, subieron los dos respetables amigos por la Carrera, charlando sobre lo mismo, parándose a ratos, para poder expresar con cierto reposo las graves cosas que les salían del cuerpo.

—Conformes, señor don Francisco—dijo Donoso allá frente a los leones del Congreso—. Permítame que le felicite por su delicadeza, virtud de la cual veo en usted uno de los ejemplos más raros. He dicho delicadeza, y añado abnegación, porque abnegación grande se necesita para hacer frente a tales dispendios, sin..., vamos, obtener ninguna ventaja... Si usted me lo permite, le diré que me parece mal, pero muy mal—Torquemada no chistaba—. Digo que no me parece bien, y que usted, modesto en demasía, no se aprecia en lo que vale. Le basta con la gratitud de las señoras, y, francamente, no veo paridad entre la recompensa y el servicio. Y no es que sea yo muy positivista...; es que me duele verle a usted achicarse tanto...

Como don Francisco no rezongaba, clavados sus ojos en el suelo, cual si tomara nota de las rayas de las baldosas, arrancóse el otro a mayores claridades, y allá por la esquina de Cedaceros paróse otra vez en firme, y con gallardía rasgó el velo de esta forma:

—¡Ea!, basta de jugar a la gallina ciega con nuestras intenciones, señor don Francisco. ¿Para qué hacemos misterio de lo que debe ser claro como la luz? Yo le adivino a usted los sentimientos. ¿Quiere que le describa el estado de su ánimo?

—A ver...

—Pues desde que tuve la honra de hablarle de un delicado asunto..., vamos, de la conveniencia de tomar estado, la idea ha ido labrando en usted... ¿Es o no cierto que desde entonces no cesa usted de pensar en ello noche y día...?

—Es certísimo.

—Usted piensa en ello; pero su descomunal modestia le impide tomar una resolución. Se cree indigno, ¡oh!, siendo, por el contrario, digno de las mayores felicidades. Y ahora, cuando planteamos la cuestión de sacar adelante el pleito famoso, ahora, cuando usted se dispone a prestar a esa familia un servicio impagable, su delicadeza viene a remachar el clavo, porque si antes se sentía usted

cohibido como diez, ahora lo está como doscientos mil,
y no cesa de atormentarse con este argumento, que es un
verdadero sofisma: «Yo, que me creo indigno de aspirar
a la mano, *etcétera...*, ahora que, por venir las cosas ro-
dadas, les presto este servicio, *etcétera,* menos puedo
pensar en casorio, porque creerían ellas y el mundo, *etcétera,* que vendo el favor, o que compro la mano, *etcétera...*» ¿Es esto, sí o no, lo que piensa el amigo Torquemada?

—Eso mismísimo.

—Pues me parece una tontería mayúscula, señor don
Francisco de mi alma, que usted sacrifique sentimientos
nobilísimos ante el ídolo de una delicadeza mal entendida.

Dijo esto con tanta gallardía, que a Torquemada le
faltó poco para que la emoción le hiciera derramar lágrimas.

—Es que..., diré a usted..., yo..., como soy así..., no
me ha gustado nunca ser *mayúsculo,* vamos al decir,
picar más alto de lo que debo. Cierto que soy rico;
pero...

—Pero ¿qué?

—Nada, no digo nada. Dígaselo usted todo...

—Ya sé lo que usted teme: la diferencia de clases, de
educación, los timbres nobiliarios...; todo eso es música
en los tiempos que corren. ¿Se le ha pasado por las
mientes que sería rechazado?...

—Sí, señor... Y este cura, aunque de cepa humilde,
y no muy fuerte en finuras de sociedad, porque no ha
tenido tiempo de aprenderlas, no quiere que nadie le
desprecie, ¡cuidado!

—Y la pobreza de ellas le cohibe más, y dice usted:
«No vayan a creer que porque son pobres les hago la
forzosa...»

—Justo... Parece que anda usted por dentro de mí
con un farolillo, registrando todas las incumbencias y
sofismas que me andan por los rincones del alma.

Aproximábanse a la Puerta del Sol, donde habían de

separarse, porque Donoso vivía hacia Santa Cruz y el
camino de Torquemada era la calle de Preciados. Fue
preciso abreviar la conferencia, porque a entrambos les
picaba la necesidad, y en su imaginación veían el santo
garbanzo.

—No hay para qué decir—indicó Donoso—que he
hablado por cuenta propia antes y ahora, y que jamás,
jamás, puede creerlo, hemos tocado esta cuestión las
señoras y yo... Debo recordar, además, que la pobre
doña Lupe, que en gloria esté, abrigaba este proyecto...

—Sí que lo abrigaba—replicó don Francisco, encantado de la frase *¡abrigar un proyecto!*

—Algo me dijo a mí.

—Y a mí. Como que me volvió loco el día de su defunción.

—En ella debió de ser manía, y me consta que indicó
a las señoras...

—Las cuales no me conocían entonces.

—Justo; ni yo tampoco. Ahora nos conocemos todos
y yo, amigo don Francisco, me voy a permitir...

—¿Qué cosa?

—Me voy a permitir proponer a usted que ponga el
asunto en mis manos. ¿Cree que seré buen diplomático?

—El mejor que ha echado Dios al mundo.

—¿Cree que sabré dejar a salvo la dignidad de todos
en caso de aceptación y en caso de repulsa?

—Pues ¿qué duda tiene?

—¡Ea!... No hay más que hablar por ahora. Adiós,
que es tarde.

Se despidió con un fuerte apretón de manos, y no
había andado seis pasos, cuando don Francisco, que per-
plejo quedó en la esquina de Gobernación, sintióse asaltado de una duda punzante... Quiso llamar a su amigo;
pero éste se había perdido ya entre la muchedumbre. El
tacaño se llevó las manos a la cabeza, formulando esta
pregunta: «Pero... ¿con cuál?» Porque Donoso hablaba
siempre en plural: *las señoras.* ¿Acaso pretendía casarle
con las dos? ¡Demonio, la duda era para volver loco a

cualquiera! Lanzándose intrépido en el torbellino de la
Puerta del Sol, y haciendo quiebros y pases para librarse
de los tranvías y evitar choques con los transeúntes, interrogaba mentalmente la esfinge de su destino: «Pero
¿con cuál, ¡ñales!, con cuál...?»

Dieciséis

Le faltó ánimo aquella noche para acudir a la tertulia;
porque si a don José le tentaba el demonio y *planteaba
la cuestión allí,* cara a cara, ¿debajo de qué silla o de qué
mesa se metería él? Y no se achicaba, no; después de lo
hablado con Donoso, tan hombre era él como otro cualquiera. Pues qué, ¿el dinero, la posición, no suponen
nada? ¿No se compensaba una cosa con otra, es decir,
la democracia del origen con la aristocracia de las talegas?
Pues ¿no habíamos convenido en que los santos cuartos
son también aristocracia? ¿Y acaso, acaso las señoritas
del Águila venían en línea recta de algún archipámpano
o del rey de Babilonia? Pues si venían, que vinieran. El
cuento era que a la hora presente no tenían sobre qué
caerse muertas, y su propiedad era... lo que las personas
bien habladas llaman *un mito*..., un pleito que se ganaría allá para la venida de los higos chumbos. ¡Ea, nada
de repulgos ni de hacerse el chiquitín! Bien podían las
tales darse con un canto en los pechos, que brevas como
él no caían todas las semanas. Pues ¿a qué más podían
aspirar? ¿Había de venir el hijo mayor del emperador de
la China a pedir por esposa a Crucita, ya llena de canas,
o a Fidelita, con los dientes afilados de tanta cáscara de
patata como roía? ¡Ay, ya iba él comprendiendo que valía
más de lo que pesaba! ¡Fuera modestia, fuera encogi-
mientos, que tenían por causa el no dominar la palabra
y el temor de decir un disparate que hiciera reír a la
gente! No se reirán, no, que, gracias a su aplicación, ya
había cogido sinfín de términos y los usaba con propiedad y soltura. Sabía encomiar las cosas diciendo muy a
cuento: «Excede a toda ponderación.» Sabía decir: «Si

yo fuera al Parlamento, nadie me ganaría en poner los
puntos sobre las íes.» Y aunque no supiera, ¡ñales!, su
pesquis para los negocios, su habilidad maravillosa para
sacar dinero de un canto rodado, su economía, su formalidad, su pureza de costumbres, ¿no valían nada? A ver,
que le sacaran a relucir algún vicio. El, ni bebida; él, ni
mujeres; él, ni juego; él, ni tan siquiera el inofensivo
placer del tabaco. Pues entonces..., ¿por qué le habían
de rechazar? Al contrario, verían el cielo abierto, y
creerían que el Santísimo y toda su corte se les entraba
por las puertas de la casa. Razonando de este modo, se
tranquilizó, llenándose de engreimiento y de confianza
en sí mismo. Pero luego volvía la terrible duda: «¿Con
cuál, Señor, con cuál?»

En un tris estuvo, por la mañana, que escribiera una
esquelita a don José Donoso rogándole que le sacara de
aquella enfadosa incertidumbre. Pero no lo hizo. ¿Para
qué, si pronto había de despejarse la incógnita? Al fin,
como las señoras mandaran recado a su casa preguntando
por su salud (con motivo de haber hecho rabona en la
tertulia de la noche precedente), no tuvo el hombre más
remedio que ir. Casi casi lo deseaba. ¡Qué miedo ni qué
ocho cuartos! Cada uno es cada uno. Si le rechazaban,
ellas se lo perdían. Por mucho que se les subiera a la
cabeza el humillo de la vanidad, no dejarían de comprender que de hombres como él entran pocos en libra...
¡Y a fe que estaban los tiempos para reparillos y melindres!... *Sin ir más lejos,* véase a la Monarquía transigiendo con la Democracia, y echando juntos un piscolabis
en el bodegón de la política representativa. Y este ejemplo, ¿no valía? Pues allá iba otro. La aristocracia, árbol
viejo y sin savia, no podía ya vivir si no lo *abonaba* (en
el sentido de *estercolar)* el pueblo enriquecido. ¡Y que
no había hecho flojos milagros el sudor del pueblo en
aquel tercio de siglo! ¿No andaban por Madrid arrastrados en carretelas muchos a quienes él y todo el mundo
conocieron vendiendo alubias y bacalao, o prestando a
rédito? ¿No eran ya senadores vitalicios y consejeros del

Banco muchos que allá en su niñez andaban con los codos rotos, o que pasaron hambres para juntar para unas alpargatas? Pues bien: a ese *elemento* pertenecía él, y era un nuevo ejemplo del *sudor de pueblo fecundando...* No sabía concluir la frase.

Esto pensaba al subir la escalera de la casa de sus amigas, casi casi podía decir de sus mujeres, pues no pudiendo discernir en su agitada mente cuál de las dos le tocaría, se le representaba el matrimonio dando una mano a cada una. Abrióle Cruz, que le llevó a la sala, como si quisiera hablarle a solas. «Esto de enchiquerarme en la sala—pensó Torquemada—me huele a *manifestaciones*. Ya tenemos la pelota en el tejado.»

En efecto, Cruz, que había llevado a la salita la lámpara que de ordinario alumbraba la tertulia del gabinete, le acorraló allí para *manifestarle* con fría urbanidad que el señor Donoso *les* (¡siempre en plural!) había hablado de un asunto cuya importancia ni a ellos ni al señor de Torquemada se podía ocultar. Inútil decir que las señoras se sentían honradísimas con la... indicación... No era aún más que indicación; pero luego vendría la proposición. Honradísimas, naturalmente. Agradecían con toda su alma el nobilísimo rasgo... (*rasgo* nada menos) de su noble amigo, y estimaban sus nobles sentimientos (tanta nobleza empalagaba ya) en lo mucho que valían. Mas no era fácil dar respuesta categórica hasta que no pasara algún tiempo, pues cosa tan grave debía mirarse mucho y pesarse... Así convenía a la dignidad de todos. Contestó don Francisco en frases entrecortadas y rápidas, sin decir nada en sustancia, sino que él *abrigaba la convicción de...* y que él había hecho aquellas *manifestaciones* al señor de Donoso movido de la lástima..., no, movido de un sentimiento nobilísimo (ya todos éramos nobilísimos...); que su deseo de ser grato a las señoras del Aguila *excedía a toda ponderación...*, que se tomaran todo el tiempo que quisieran para pensarlo, pues así le gustaban a él las cosas, bien pensaditas y bien mediditas...; que él era muy sentado, y *evacuaba* siempre despacito y con toda mesura los asuntos de responsabilidad.

Breve fue la conferencia. Dejóle solito un instante la
señora, y él se paseó agitadísimo por aquella sala, otra
vez atormentado por aquella duda que ya se iba volviendo del género cómico, de un cómico verdaderamente
sainetesco. Fue a dar ante el espejo, y al ver su imagen
no pudo menos de increparse con saña: «Pero, ¡hombre,
si serás burro, que todavía no sabes con cuál ha de ser...!
Pedazo de congrio, pregúntalo, pregúntalo, que es ridículo ignorarlo a estas alturas..., aunque también preguntarlo es gran mamarrachada, ¡ñales!»

La entrada del señor de Donoso puso fin a estas *manifestaciones* internas, y no tardaron los cinco personajes
en hallarse reunidos en el próximo gabinete: las señoras,
próximas a la luz; don Francisco, junto al ciego, y Donoso,
allá en la marquesina del ángulo, apartado como en señal
de veneración, para que sus palabras, teniendo que reco-
rrer un espacio relativamente largo, resonaran con mayor
solemnidad. Perdido ya el miedo, Torquemada, si le pin-
chaban, arroja en medio de la noble sociedad su pregunta explosiva: «Conque a ver, sepamos, señoras mías,
con cuál de ustedes me voy a casar yo.» Pero no hubo
nada de esto, porque ni alusiones remotísimas se hicieron al peliagudo caso, y por más atención que puso, no
pudo descubrir el avaro ninguna novedad en el rostro
de las dos damas, ni síntoma alguno de emoción. ¡Cosa
más rara! Porque lo natural era que estuviese *emocionada*
la que..., la que *fuese*. En Cruz únicamente podía observarse un poco de animación; en Fidela, quizá, quizá un
poco más de palidez. Amables como siempre las dos
señoritas, no le dijeron al pretendiente nada que él no
supiera, de lo que dedujo que no les importaba un comi-
no el casorio, o que disimulaban la procesión que les
andaba por dentro. Lo que sí pudo notar don Francisco
fue que a Rafael no hubo medio de sacarle del cuerpo
una palabra en toda la velada. ¿Cuál sería el motivo de
que estuviese el bendito joven tan tétrico y metido en sí?
¿Tendría relación aquella..., ¿cómo se decía?..., ¡ah!,

actitud..., aquella actitud con el proyectado casorio? Puede que no, porque probablemente nada le habrían dicho sus hermanas.

Cruz, siempre afable, guardando la distancia, señora neta y de calidad superior; Fidela, más corriente, tendiendo a la familiaridad festiva, con leves atrevimientos y mayor flexibilidad que su hermana en la conversación. Tales fueron aquella noche, como la anterior, como siempre; mas por lo tocante al *materialismo* de aquel proyecto que alborotaba el espíritu y los nervios de Torquemada, fueron un par de jeroglíficos a cuál más enigmáticos e indescifrables. Ya le iba cargando a don Francisco tanto repulgo, tanto fruncido de labios marcando la indiferencia, y tanto escoger y recalcar las palabras más sosas y que no tenían carne ni pescado. Deseaba que terminase la tertulia para salir de estampía y desahogarse con don José... ¡Ah, gracias a Dios que se acababa al fin! «Buenas noches... Conservarse...» En la escalera no quiso decir nada, porque las señoras, que salían de faroleras, podían oír. Pero en cuanto llegaron a la calle cuadróse el hombre, y allí fue el estallar de su cólera con la grosería que informaba su ser efectivo, anterior y superior a los postizos de su artificiosa metamorfosis.

—¿Me quiere usted decir qué comedia de puñales es ésta?

—Pero ¡don Francisco...!

—Si se han enterado, ¡me caigo en la mar!, ¿por qué tanta tiesura? ¡Vaya, que ni tan siquiera darle a entender a uno que les retoza un poco de alegría por el cuerpo...!

—Pero ¡don Francisco...!

—Y, sobre todo, y esto es lo que más me revienta..., dígame, dígamelo pronto...: ¿con cuál de las dos me caso?... El demonio me lleve si lo entiendo... ¡Puñales, y la Biblia en pasta!

—Moderación, mi querido don Francisco. Y parta del principio de que yo no intervengo si...

—Yo no parto de más principio ni de más postre, ¡cuerno!, sino del saber ahora mismo...

—¿Con cuál...?

—¡Sí, con *cuála*! Sépalo yo con cien mil gruesas de demonios y con la Biblia en pasta...

—Pues... no lo sé yo tampoco todavía. Estamos en lo más delicado de las negociaciones, y si no me confirma sus poderes plenos, aguardando con moderación y calma lo que resulte, me desentiendo y nombre usted a otro... legado pontificio—echándose por lo festivo—, o trate usted directamente con la potencia.

—¡Mecachis con la potencia! Yo creía..., vamos..., parecía natural—calmándose—que lo primero fuera saber cuál es la rama en que a uno le cuelgan... De modo que...

—Nada puedo decir aún sobre ese particular, cuya importancia soy el primero en reconocer.

—Apañado estoy... Ya debe comprender que tengo razón... *hasta cierto punto,* y que otro cualquiera, *en igualdad de circunstancias...*

Al ver que se ponía otra vez la máscara de finura, Donoso le tuvo por vencido, y le encadenó más, diciéndole:

—Repito que si mis gestiones no le acomodan, ahí va mi dimisión de ministro plenipotenciario...

—¡Oh! No, no... No la admito, no debo admitirla... ¡Cuidado! Es más, suplico a usted que la retire...

—Queda retirada—palmetazo en el hombro.

—Dispénseme si se me fue un poco la burra...

—Dispensado, y tan amigos como antes.

Separáronse en la Red de San Luis, y Torquemada se fue rezongando: aún repercutían en su interior los ecos de la tempestad, mal sofocada por la fascinación que don José Donoso ejercía sobre él.

Segunda parte

Uno

Levantábase Cruz del Aguila al amanecer de Dios, y comúnmente se despertaba un par de horas antes de dejar el lecho, quedándose en una especie de éxtasis económico, discurriendo sobre las dificultades del día y sobre la manera de vencerlas o sortearlas. Contaba una y otra vez sus escasos recursos, persiguiendo el problema insoluble de hacer de dos tres y de cuatro cinco, y a fuerza de revolver en su caldeado cerebro las fórmulas económicas, lograba dar realidad a lo inverosímil y hacer posible lo imposible. Con estos cálculos entremezclaba rezos modulados maquinalmente, y las sílabas de oraciones se refundían en sílabas de cuentas... Su mente volvíase de cara a la Virgen y se encontraba con el tendero. Por fin, la voluntad poderosa ponía término al balance previo del día, todo fatigas, cálculos y súplicas a la Divinidad, porque era forzoso descender al campo de batalla, a la lucha

con el destin·) en el terreno práctico, erizado de rocas y
cortado por nsondables abismos.

Y no sólo era general en jefe en aquella descomunal
guerra, sino el primero y el más bravo de los soldados.
Empezaba el día, y con el día el combate; y así habían
transcurrido años, sin que desmayara aquella firme voluntad. Midiendo el plazo, larguísimo ya, de su atroz
sufrimiento, se maravillaba la ilustre señora de su indomable valor, y concluía por afirmar la infinita resistencia
del alma humana para el padecer. El cuerpo sucumbe
pronto al dolor físico, el alma intrépida no se da por
vencida y aguanta el mal en presiones increíbles.

Era Cruz el jefe de la familia, con autoridad irrecusa-
ble; suya la mayor gloria de aquella campaña heroica,
cuyos laureles cosechara en otra vida de reparación y
justicia; suya también la responsabilidad de un desastre,
si la familia sucumbía, devorada por la miseria. Obede-
cíanla ciegamente sus hermanos, y la veneraban, viendo
en ella un ser superior, algo como el Moisés que los llevaba al través del desierto, entre mil horrendas privaciones y amarguras, con la esperanza de pisar al fin un
suelo fértil y hospitalario. Lo que Cruz determinaba,
fuese lo que fuese, era como artículo de fe para los dos
hermanos. Esta sumisión facilitaba el trabajo de la primogénita, que en los momentos de peligro maniobraba
libremente, sin cuidarse de la opinión inferior, pues si
ella hubiera dicho un día: «No puedo más; arrojémonos
los tres abrazaditos por la ventana», se habrían arrojado
sin vacilar.

El uso de sus facultades en empeños tan difíciles, repe-
tidos un día y otro, escuela fue del natural ingenio de
Cruz del Aguila, y éste se le fue sutilizando y afinando
en términos que todos los grandes talentos que han ilustrado a la Humanidad en el gobierno de las naciones eran
niños de teta comparados con ella. Porque aquello era
gobernar, lo demás es música; era hacer milagros, porque
milagro es vivir sin recursos; milagro mayor cubrir deco-
rosamente todas las apariencias, cuando, en realidad, bajo

aquella costra de pobreza digna se extendía la llaga de una indigencia lacerante, horrible, desesperada. Por todo lo cual, si en este mundo se dieran diplomas de heroísmo y se repartieran con justicia títulos de eminencia en el gobernar, el primer título de gran ministra y el emblema de heroína debían ser para aquella hormiga sublime.

Cuando se hundió la casa del Aguila los restos del naufragio permitieron una vida tolerable por espacio de dos años. La repentina orfandad puso a Cruz al frente de la corta familia, y como los desastres se sucedían sin interrupción, al modo de golpes de maza dados en la cabeza por una Providencia implacable, llegó a familiarizarse con la desdicha; no esperaba bienes; veía siempre delante la cáfila de males aguardando su turno para acercarse con espantosa cara. La pérdida de toda la propiedad inmueble la afectó poco: era cosa prevista. Las humillaciones, los desagradables rozamientos con parientes próximos y lejanos, también encontraron su corazón encallecido. Pero la enfermedad y ceguera de Rafael, a quien adoraba, la hizo tambalear. Aquello era más fuerte que su carácter, endurecido y templado ya como el acero. Tragaba con insensible paladar hieles sin fin. Para combatir la terrible dolencia, realizó empresas de heroína, en cuyo ser se confundieron la mujer y la leona; y cuando se hubo perdido toda esperanza no se murió de pena, y advirtió en su alma durezas de diamante que le permitían afrontar presiones superiores a cuanto imaginarse puede.

Siguió a la época de la ceguera otra en que la escasez fue tomando carácter grave. Pero no se había llegado aún a lo indecoroso; y además el leal y consecuente amigo de la familia los ayudaba a sortear el tremendo oleaje. La venta de un título, único resto de la fortuna del Aguila, y de varios objetos de reconocida superfluidad, permitióles vivir malamente; pero ello es que vivían, y aun hubo noche en que, al recogerse después de rudos trabajos, las dos hermanas estaban alegres y daban gracias a Dios por la ventura relativa que les deparaba. Esta fue la época que podríamos llamar de doña Lupe, porque

en ella hicieron conocimiento con la insigne prestamista,
que si empezó echándoles la cuerda al cuello, después,
a medida que fue conociéndolas, aflojó, compadecida de
aquella destronada realeza. De los tratos usurarios se pasó
al favor benigno, y de aquí, por natural pendiente, a una
amistad sincera, pues doña Lupe sabía distinguir. Para
que no se desmintiera el perverso sino que hacía de la
existencia de las señoras del Aguila un tejido de infor-
tunios, cuando la amistad de doña Lupe anunciaba algún
fruto de bienandanza, la pobre señora hizo la gracia de
morirse. Creeríase que lo había hecho a propósito, por
fastidiar.

Y ¡en qué mala ocasión le dio a *la de los Pavos* la humorada de marcharse al otro mundo! Cuando su enfermedad empezó a presentar síntomas graves, las Aguilas
entraban en lo que Torquemada, metido a hombre fino,
habría llamado el *período álgido* de la pobreza. Hasta
allí habían ido viviendo con mil estrecheces, careciendo
no sólo de lo superfluo en que se habían criado, sino
de lo indispensable en que se crían grandes y chicos.
Vivían mal, aunque sin ruborizarse, porque se comían lo
suyo; pero ya se planteaba el dilema terrible de morir
de inanición o de comer lo ajeno. Ya era llegado el caso
de mirar al cielo, por si caía algún maná que se hubiera
quedado en el camino desde el tiempo de los hebreos,
o de implorar la caridad pública en la forma menos bochornosa. Si se ha de decir la verdad, este período de
suprema angustia se inició un año antes; pero el leal
amigo de la casa, don José Donoso, lo contuvo, o lo
disimuló con donativos ingeniosamente disfrazados. Para
las señoras, las cantidades que de las manos de aquel
hombre sin par recibían eran producto de la enajenación
de una carga de justicia; mas no había tal carga de justicia enajenada ni cosa que lo valiera. Descubriólo al fin
Crucita, y su consternación no puede expresarse con palabras. No se dio por entendida con don José, comprend-
diendo que éste le agradecería el silencio.

Habría seguido el buen Donoso practicando la caridad de tapadillo, si humanamente tuviera medios hábiles para ello. Pero también había empezado a gemir bajo el yugo de un adverso destino. No tenía hijos, pero sí esposa, la cual era, sin género alguno de duda, la mujer más enferma de la creación. En el largo inventario de dolencias que afligen a la mísera Humanidad, ninguna se ha conocido que ella no tuviera metida en su pobre cuerpo, ni en éste había parte alguna que no fuese un caso patológico digno de que vinieran a estudiarlo todos los facultativos del mundo. Más que una enferma, era la buena señora una escuela de Medicina. Los nervios, el estómago, la cabeza, las extremidades, el corazón, el hígado, los ojos, el cuero cabelludo, todo en aquella infeliz mártir estaba como en revolución. Con tantos alifafes, por indefinido tiempo sufridos sin que se vieran señales de remedio, la señora de Donoso llegó a formarse un carácter especial de persona soberanamente enferma, orgullosa de su mala salud. De tal modo creía ejercer el monopolio del sufrimiento físico, que trinaba cuando le decían que pudiera existir alguien tan enfermo como ella. Y si se hablaba de tal persona que padecía tal dolor o molestia, ella, no queriendo ser menos que nadie, se declaraba atacada de lo mismo, pero en un grado superior. Hablar de sus dolencias, describirlas con morosa prolijidad, cual si se deleitara con su propio sufrimiento, era para ella un desahogo que fácilmente le perdonaban cuantos tenían la desdicha de oírla; y los de la familia le daban cuerda para que se despotricara, con aquel dejo vago de voluptuosidad que ponía en el relato de sus punzadas, angustias, bascas, insomnios, calambres y retortijones. Su esposo, que la quería entrañablemente y que ya llevaba cuarenta años de ver en su casa aquella recopilación de toda la Patología interna, desde los tiempos de Galeno hasta nuestros días, concluyó por asimilarse el orgullo hipocrático de su doliente mitad, y no le hacía maldita gracia que se hablase de padecimientos no conocidos de su Justa, o que a los de su Justa remotamente se pareciesen.

Dos

La primera pregunta que a don José se hacía en la tertulia de las del Aguila era ésta: «Y Justa, ¿cómo ha pasado el día?» Y en la respuesta había siempre una afirmación invariable: «Mal, muy mal», seguida de un comentario que variaba cada veinticuatro horas: «Hoy ha sido la asistolia.» Otro día era la cefalalgia, el bolo histérico, o el dolor agudísimo en el dedo gordo del pie. Gozaba Donoso pintando cada noche con recargadas tintas un sufrimiento distinto del de la noche anterior. Y si no se hablaba nunca de esperanzas o probabilidades de remedio, porque el curarse habría sido quitar a la epopeya de males toda su majestad dantesca, en cambio, siempre había algo que decir sobre la continua aplicación de remedios, los cuales se ensayaban por una especie de *diletantismo* terapéutico, y se ensayarían mientras hubiese farmacias y farmacéuticos en el mundo.

Con estas bromas y el sinfín de médicos que iban examinando, con más entusiasmo científico que piedad humanitaria, aquella enciclopedia doliente, los posibles de Donoso se mermaban que era un primor. El no hablaba de tal cosa; pero las Aguilas lo presumían, y acabaron por cerciorarse de que también su amigo padecía de ciertos ahogos. Por indiscreción de un íntimo de ambas familias enteróse Cruz de que don José había contraído una deuda, cosa en él muy anómala y que pugnaba con los hábitos de toda su vida. Y ¡que no pudiera ella acudir en su auxilio, devolviéndole con creces los beneficios de él recibidos! Con estas penas, que unos y otros devoraban en silencio, coincidieron los días de la tremenda crisis económica de que antes hablé, los crujidos espantosos que anunciaban el principio del fin, dejando entrever el rostro lívido de la miseria, no ya vergonzante y pudibunda, sino desnuda, andrajosa, descarada. Ya se notaban en algunos proveedores de la casa desconfianzas groseras, que hacían tanto daño a las señoras como si las azotaran públicamente. Ya no había esperanzas remotas de restablecer las buenas relaciones con el propietario de la casa, ni se veía solución posible al temido problema. Ya no era posible luchar, y había que sucumbir con heroísmo, llamar a las puertas de la caridad provincial o municipal, si no preferían las nobles víctimas una triple ración de fósforos en aguardiente o arrojarse los tres en cualquier abismo que el demonio les deparase.

En tan críticos días apareció la solución. ¡La solución! Sí que lo era, y cuando Donoso la propuso, refrescando memorias de doña Lupe, que la había propuesto también como una chifladura que hacía reír a las señoras, Cruz se quedó aturdida un buen espacio de tiempo, sin saber si oía la voz de la Providencia anunciando el iris de paz, o si el buen amigo se burlaba de ella.

—No, no es broma—dijo Donoso—. Repito que no es imposible. Hace tiempo que esta idea está labrando aquí. Creo que es una solución aceptable, y, si se me apura, la única solución posible. Falta, dirá usted, que el interesado manifieste... Pues aunque nada en concreto me ha dicho, creo que por él no habrá dificultad.

Hizo Cruz un gesto de repugnancia, y después un gesto de conformidad, y sucesivamente una serie de gestos y mohínes, que denotaban la turbación de su alma. Solución, sí, solución era. Si no había otra, ni podía haberla, ¿a qué se discute? No se discute el madero flotante al cual se agarra el náufrago que ya se ha bebido la mitad de la mar. Marchóse don José, y al siguiente día volvió con la historia de que sus negociaciones iban como una seda; que, por la parte masculina, bien se podía aventurar un *sí* como una casa. Faltaba el *sí* del *elemento* femenino. Cruz, que aquella mañana tenía un volcán en su cerebro, del cual eran señales las llamaradas rojizas que encendían su rostro, movió los brazos como un delirante tifoideo, y exclamó: «Aceptado, aceptado, pues no hay valor para el suicidio...»

Donoso no sabía si la señora lloraba o si se mordía las manos cuando la vio caer en una silla, taparse la cara, extender luego los brazos echando la cabeza hacia atrás.

—Calma, señora mía. Hablando en plata, diré a usted que el partido me parecería aceptable en cualesquiera circunstancias. En las presentes, tengo para mí que es un partido soberbio.

—Si no digo que no: no digo nada. Arréglelo usted como quiera... El humorismo del destino adverso es horrible, ¿verdad? ¡Gasta unas bromas Dios Omnipotente!... Crea usted que no puedo menos de ver todo eso de la inmortalidad y de la eterna justicia por el lado cómico. ¿Qué hizo Dios, al crear al hombre, más que fundar el eterno sainete?

—No hay que tomarlo así—dijo don José, buscando argumentos de peso—. Nos encontramos frente a un problema... La solución única, aceptable, desde luego, es un poquito amarga, de catadura fea... Pero hay cualidades; yo creo que raspando la tosquedad se encuentra el hombre de mérito, de verdadero mérito...

Cruz, que tenía los brazos desnudos porque había estado lavando, los cruzó, clavándose en ellos las uñas. A poco más se saca tiras de piel.

—Aceptado; he dicho que aceptado—afirmó con energía, tembloroso el labio inferior—. Ya sabe que mis resoluciones son decisivas. Lo que resuelvo, se hace.

Cuando se retiraba, don José, asaltado de una duda enojosa, tuvo que llamarla.

—Por Dios, no sea usted tan viva de genio. Hay que tratar de un extremo importantísimo. Para seguir las negociaciones y fijar con la otra parte contratante los términos precisos de la solución, necesito saber...

—¿Qué, qué más?

—Pues ahí es nada lo que ignoro. A estas alturas, ni él ni yo sabemos con cuál de ustedes...

—Es verdad... Pues... con ninguna, digo, con las dos... No, no me haga usted caso. Yo pensaré ese detalle.

—¿Lo llama detalle?...

—Tengo la cabeza en ebullición. Déjeme pensarlo despacio, y lo que yo resuelva, eso será...

Retiróse don José, y la dama siguió lavando, sin dejar

comprender a Fidela el gallo tapado que el amigo de la casa traía. Ambas se ocupaban con el ardor de siempre en las faenas domésticas, alegre la joven, taciturna la mayor. Una de las cosas a que más difícilmente se resignaba ésta era a la necesidad de ir a la compra. Pero no había más remedio, pues la portera, que tal servicio solía prestarles, se hallaba gravemente enferma, y antes morir que fiarse para ello de alguna de las vecinas entremetidas y fisgonas. Confiar los secretos económicos de la desgraciada familia a gente tan desconsiderada, incapaz de comprender toda la grandeza de aquel martirio, habría sido venderse estúpidamente. Y antes que venderse, mejor era humillarse a bajar al mercado, hacer frente a placeras insolentes y tenderos desvergonzados, procurando no darse a conocer o haciéndose la ilusión de no ser conocida. Cruz se disfrazaba, envolviéndose el cuerpo en un mantón, y la cara en luengo pañuelo, y así salía, con su escaso repuesto de moneda de cobre, que cambiaba por porciones inverosímiles de carne, legumbres, pan y algún huevo en ciertos días. Ir a la compra sin dinero o con menos dinero del necesario era para la dignísima señora suplicio que se dejaba tamañitos todos los que inventó Dante en su terrible Infierno. Tener que suplicar que se le concediese algún crédito, tener que mentir, ofreciendo pagar la semana próxima lo que seguramente no había de poder dar, era un esfuerzo de voluntad sólo inferior en un grado al que se necesita para estrellarse el cráneo contra la pared. Flaqueaba a veces; pero el recuerdo del pobrecito ciego, que no conocía más placer que saborear la comida, la estimulaba con aguijón terrible a seguir adelante en aquel *vía-crucis*. «Y ¡luego me hablan a mí de mártires —se decía, camino de la calle de Pelayo— y de las vírgenes arrojadas a las fieras y de otras a quienes desollaban vivas! Me río yo de todo eso. Que vengan aquí a sufrir, a ganar el cielo sin ostentación de que se gana, sin bombo y platillo.» Regresaba a su casa, jadeante, el rostro como un pimiento, rendida del colosal esfuerzo, que otra vez le daba idea de la infinita resistencia de la voluntad hu-

mana. Seguían a estas amarguras las de aderezar aquellos
recortes de comida, de modo que Rafael tuviese la mejor
parte, si no la totalidad, sin enterarse de que sus hermanas no lo probaban. Para que no conociese el engaño,
Fidela imitaba el picoteo del tenedor, el rumor del mas-
car y todo lo que pudiera dar la ilusión de que ambas
comían. Cruz se había hecho ya a sobriedades inverosímiles, y si Fidela mordiscaba, por travesura y depravaciones del gusto, mil porquerías, hacíalo ella por convicción, curada ya de todos los ascos posibles. El partido
que allí se sacaba de una patata resultaría increíble si se
narrara con toda puntualidad. Cruz, como el filósofo cal-
deroniano, recogía las hierbas arrojadas por la otra. Huevos, ninguna de las dos los cataba tiempo hacía, y para
que Rafael no lo comprendiera, la traviesa hermana
menor golpeaba un cascarón sobre la huevera, imitando
con admirable histrionismo el acto de comer un huevo
pasado. Para sí hacían caldos inverosímiles, guisos que
debieran pasar a la historia culinaria cual modelos de la
nada figurando ser algo. Ni aun a Donoso se le revelaban
estos milagros de la miseria noble, por temor de que el
buen señor hiciera un disparate sacrificándose por sus
amigas. Tanta delicadeza en ellas era ya excesiva; pero
se encontraban sin fuerzas para conllevar por más tiempo
actitudes tan angustiosamente difíciles, y por las noches
no podían sostener la afable rigidez de la tertulia sino con
tremendas erecciones de la voluntad.

Aquel día, que debía señalarse con piedra de algún
color, por ser la fecha en que fueron aceptadas, en principio, por Cruz, las proposiciones de Torquemada, sentíase la buena señora con más ánimos. Se presentaba una
solución, buena o mala, pero solución al fin. La salida de
aquella caverna tenebrosa era ya posible, y debían alegrarse, aun ignorando adónde irían a parar por la grieta
que en la ingrata roca se vislumbraba. Al dar de comer
a su hermano, la dama ponderó más que otras veces la
buena comidita de aquel día.

—Hoy tienes lo que tanto te gusta: lenguado al *gratin*. Y un postre riquísimo: polvorones de Sevilla.

Fidela le ataba la servilleta al cuello, Cruz le ponía delante el plato de sopa, mientras él, tentando en la mesa, buscaba la cuchara. La falta de vista habíale aguzado el oído, dándole una facultad de apreciar las más ligeras variaciones del timbre de voz en las personas que le rodeaban. De tal modo afinaba, en aquel memorable día, la ampliación del sentido, que conoció por la voz no sólo el temple de su hermana, sino hasta sus pensamientos, a nadie declarados.

En los ratos que Cruz iba a la cocina, dejándole solo con Fidela, el ciego, comiendo despacio y sin mucho apetito, platicaba con su hermana.

—¿Qué pasa?—le preguntó con cierta inquietud.

—Hijo, ¿qué ha de pasar? Nada.

—Algo pasa. Yo lo conozco, lo adivino.

—¿En qué?...

—En la voz de Cruz. No me digas que no. Hoy ocurre en casa algo extraordinario.

—Pues no sé...

—¿No estuvo don José esta mañana?

—Sí.

—¿Oíste lo que hablaron?

—No; pero supongo que no hablarían nada de particular.

—No me equivoco, no. Algo hay, y algo muy gordo, Fidela. Lo que no sé es si nos traerá felicidad o desgracia. ¿Qué crees tú?

—¿Yo?... Hijo, sea lo que fuere, más desgracias no han de caer sobre nosotros. No puede ser; la imaginación no concibe más.

—¿De modo que tú sospechas que será bueno?

—Te diré... En primer lugar, yo no creo que ocurra nada; pero si algo hubiere, por razón lógica, por ley de justicia, debe ser cosa buena.

—Cruz nada nos dice. Nos trata como a niños... ¡Caramba! Y si lo que pasa es bueno, bien podía decírnoslo.

La entrada de Cruz cortó este diálogo.

—Y vosotras, ¿qué tenéis hoy para comer?

—¿Nosotras?... ¡Ah! Una cosa muy buena. Hemos traído un pez...

—¿Cómo se llama? ¿Lo ponéis con arroz, o cocido, en salsa tártara?

—Lo pondremos a la madrileña.

—A estilo de besugo, las tres rajitas y las ruedas de limón.

—Pues yo no lo pruebo. No tengo gana—dijo Fidela—. Cómetelo tú.

—No, tú... Para ti se ha traído.

—Tú, tú..., tú te lo comes. ¡No faltaba más!...

—¡Ay, qué risa!—dijo el ciego con infantil gozo—. Será preciso echar suertes.

—Sí, sí.

—Arranca dos pajitas de la estera y tráemelas. A ver..., vengan... Ahora, no miréis. Corto una de las pajitas para que sean iguales de tamaño... Ya está... Ahora las cojo entre los dedos: no mirar, digo... ¡Ajajá! La que saque la paja grande, ésa se come el pescadito. A ver..., señoras, a sacar...

—Yo, ésta.

—Yo, ésta.

—¿Quién ha ganado?

—¡Tengo la pajita chica!—exclamó Fidela, gozosa.

—Yo, la grande.

—Cruz se lo come, Cruz—gritó el ciego con seriedad y decisión impropias de cosa tan baladí—. Y no admito evasivas. Yo mando... A callar... y a comer.

Tres

Aquélla fue la noche en que don Francisco dejó de asistir a la tertulia, lo que no causó poca extrañeza, pues era de una puntualidad que él mismo solía llamar *matemática,* empleando con deleite un término que le parecía de los más felices. ¿Qué tendría, qué no tendría?... Todo era conjeturas, temores de enfermedad. Al retirarse, Donoso prometió mandar un recado lo más temprano posible al día próximo para saber a qué atenerse.

Cuando Fidela, como de costumbre, ayudaba a Rafael a quitarse la ropa para meterse en el lecho, el ciego, en voz tan apagada que pudiera dudarse si hablaba con su hermana o consigo mismo, decía: «No cabe duda, no. Algo ocurre.»

—¿Qué estás ahí rezongando?

—Lo que te dije... Veo un suceso, un suceso extraordinario, aquí, sobre la casa, dándole sombra como una nube que casi se toca con la mano, o como un gran pájaro con las alas abiertas...

—Pero ¿en qué te fundas tú para pensar tal cosa? Caviloso eres...

—Me fundo..., no sé en qué me fundo. Cuando uno no ve, se le desarrolla un sentido nuevo, el sexto sentido, el poder de adivinación, cierta seguridad del presentimiento, que... No sé, no sé lo que es. Me mareo pensándolo... Pero jamás me equivoco.

Cualquier suceso insignificante que alterara en mínima parte la monótona regularidad de la triste existencia de aquella familia era para Rafael motivo de cavilaciones, poniendo en febril ejercicio su facultad de husmear los sucesos en el misterioso efluvio de la atmósfera. El no haber venido aquella noche Torquemada, motivo fue para pensar en un desequilibrio de los hechos que componían el inalterable cuadro vital de la tertulia, y aunque Rafael no echaba de menos a don Francisco, vio en aquel vacío creado por su ausencia algo anormal, que le confirmaba en sus sospechas o barruntos. Y enlazando aquella ausencia con fenómenos acústicos del género más sutil, como el timbre de voz de su hermana mayor, se metía en un laberinto de hipótesis, capaz de volver loco a quien no tuviera por cabeza una perfecta *máquina de probabilidades.*

—Vaya, niño—indicó su hermana, arropándole—, no pienses tonterías, y a dormir.

Entró Cruz a ver si estaba bien acostado, o si algo le faltaba.

—¿Sabes?—le dijo Fidela, que a broma tomaba siempre aquellas cosas—. Dice que algo va a suceder, rarísimo y nunca visto.

—Niño, duérmete—respondió la hermana mayor, acariciándole la barba—. Nunca sabemos lo que sucederá mañana. Lo que Dios quiera será.

—Luego... algo hay—afirmó el ciego con rápida percepción.

—No, hijo, nada.

—Con tal que sea bueno, venga lo que quiera—apuntó Fidela graciosamente.

—Bueno, sí; pensar cosas buenas. Ya es tiempo..., me parece...

—¿Luego... es bueno?—dijo vivamente Rafael, sacando la boca del embozo.

—¿Qué?

—Eso.

—¿Qué, hijo?

—Eso que va a pasar.

—Vaya, no caviles, y duérmete tranquilo... ¿Quién duda que Dios, al fin y al cabo, ha de apiadarse de nosotros? ¡Oh, pensar en que aún pueden venir más desgracias...! Nunca; no cabe en lo humano. Hemos llegado al límite. ¿Hay o no hay límite en las cosas humanas? Pues si hay límite, en él estamos... ¡Ea! A dormir todo el mundo.

¡El límite! No necesitaba Rafael oír más para pasarse parte de la noche hilando y deshilando una palabra. Límite era lo mismo que frontera, el punto o línea en que acaba un territorio y empieza otro. Si ellos tocaban ya el límite, era que su vida cambiaría por completo. ¿Cómo, por qué?... También Fidela, creyendo notar algo de excitación nerviosa en su hermana, ordinariamente tan impenetrable y reposada, creyó que aquello del límite no era un dicho insignificante, y empezó a divagar, abriendo su espíritu a las ilusiones risueñas que constantemente le rondaban para colarse dentro. La pobrecilla necesitaba poco para ponerse alegre, ávida de respirar fuera de aquella cárcel tenebrosa de la miseria. Una idea suelta, media palabra, le bastaban para entregarse al juego inocente de creer en el bien posible, de mirarlo venir, y de llamarlo con la fuerza misma del deseo.

—Acuéstate—le dijo su hermana con la dulce autoridad que gastar solía. Y cogiendo una luz se fue a registrar la casa, costumbre que había prevalecido en ella desde un fuerte susto que pasaron a poco de habitar allí. Examinaba todos los rincones, poníase a gatas para mirar debajo del sofá y de las camas, y concluía por asegurarse de que estaba bien echado el cerrojo y bien trancadas las ventanas que caían al patinillo medianero. Cuando volvió al lado de su hermana, ésta se desnudaba para acostarse, doblando cuidadosamente su ropa. «¿Se lo diré ahora?—pensó Cruz, después de aplicar el oído a la vidriera del gabinete para cerciorarse de que Rafael no rebullía—. No, no; se desvelará la pobrecilla. Mañana lo sabrá. Además, temo el oído sutil de mi hermano, que oye lo que se piensa, cuanto más lo que se dice.»

Viendo a Fidela rezar entre dientes, ya en el lecho, se acostó en la cama próxima, operación sencillísima, pues la señora no se desnudaba. Dormía con enaguas, medias y una chambra, liado en la cabeza un pañuelo al modo de venda. Una manta de algodón la preservaba del frío en los meses crudos; en verano le bastaba un abrigo viejo; de rodillas abajo. Seis meses hacía que la mayor de las Aguilas no sabía lo que eran sábanas.

Apagada la luz y masculladas dos o tres oraciones, la dama dio un chapuzón en aquella estancada laguna de su mísera vida, sintiéndose con agilidad para nadar un poco. Además, la laguna se agitaba; en su seno levantábanse olas que columpiaban y sumergían a la nadadora con gallardo movimiento.

«No, Virgen y Padre Eterno y Potencias celestiales, yo no… No es a mí a quien toca este sacrificio para salvarnos de la muerte. A mi hermana le corresponde, a ella,

más joven; a ella, que apenas ha luchado. Yo estoy rendida de esta horrible batalla con el Destino. Ya no puedo
más; me caigo, me muero. ¡Diez años de espantosa guerra, siempre en guardia, siempre en primera línea, parando golpes, atendiendo a todo, inventando triquiñuelas
para ganar una semana, un día, horas; disimulando la
tribulación para que los demás no perdieran el ánimo;
comiendo abrojos y bebiendo hiel para que los demás
pudieran vivir...! No, yo he cumplido, Señor; estoy relevada de esta obligación; me ha pasado el turno. Ahora
me toca descansar, gobernar tranquilamente a los demás.
Y ella, mi hermanita, que entre ahora en fuego, en este
desconocido combate que se prepara; ella, tropa de refresco; ella, joven y briosa, y con ilusiones todavía. Yo
no las tengo; yo no sirvo para nada, menos para el matrimonio... Y ¡con ese pobre adefesio!...»

Media vuelta, y rápida emergencia desde lo profundo
de las aguas a la superficie.

«En resumidas cuentas, no es mal hombre... Ya me
encargaré yo de pulirle, raspándole bien las escamas.
Debe de ser docilote y manso como un pececillo. ¡Ah, si
mi hermana tiene un poquito de habilidad, haremos de él
lo que nos convenga!... La solución será todo lo estrafalaria que se quiera; pero es una solución. O aceptarla,
o dejarnos morir. Cierto que resulta un poquito y un
muchito ridícula..., pero no estamos en el caso de mirar
mucho al qué dirán. ¿Qué debemos a la sociedad? Desaires y humillaciones, cuando no dentelladas horribles.
Pues no miremos a la sociedad; figurémonos que no
existe. Los mismos que nos critiquen le besarán la mano
a él, sí..., porque con esa mano firma el talonario...
Le besarán, por si algo se les pega... ¡Qué risa!»

Media vuelta, y rápida inmersión a los profundos
abismos.

«Pues si esta pobrecita Fidela, que siempre fue mimo-
silla y voluntariosa, se niega al sacrificio; si no logro
convencerla, si prefiere la muerte a la redención de la
familia por tal procedimiento, no tendré más remedio que

apechugar yo... No, no; yo la convenceré; es razonable, y comprenderá que a ella le toca apurar este cáliz, como a mí me han tocado otros... Lo que es yo, no me lo bebo... Además, ya estoy vieja. De seguro que él preferirá a la otra... ¿Pero si por artes del enemigo se vuelve a mí, o me saca, como en el juego de las pajitas...? ¡No, no; qué disparate! He cumplido cuarenta años y me siento como si hubiera vivido sesenta. ¡Yo ahora en esos trotes, teniendo que acostarme con ese gaznápiro, y soportarle, y...! ¡Ni cómo he de servir yo para eso!... Fidela, Fidela, que apenas tiene veintinueve... Porque..., ¡cielos divinos!, para que el sacrificio sea provechoso, es preciso que nazca algo... Yo criaré a mis sobrinitos, y gobernaré a todos, chicos y grandes, porque eso sí..., mi autoridad no la pierdo. Estableceré una dictadura; nadie respirará en la casa sin mi permiso, y...»

Breve sueño, y despertar repentino, con excitación y hormiguilla en todo el cuerpo.

«En cuanto a ese pobre hombre, respondo de que le afinaré. Yo le alecciono de una manera directa, y..., la verdad, no hay queja del discípulo. En su afán de encasillarse en lugar más alto del que tiene, se asimila todas las ideas que le voy echando, como se echa pan a los pececillos de un estanque. El infeliz está ávido de ideas nuevas, de modales finos y de términos elegantes. No tiene nada de tonto, y se espanta de ser ridículo. Ponte en mis manos, asnito de la casa, y yo te volveré tan galán que causes envidia... Cuando tenga más confianza, le cogeré por mi cuenta, y veremos si me luzco. Por de pronto, me valgo del amigo Donoso para advertirle ciertas conveniencias, leccioncillas que no puede una espetar sin tocarle el amor propio. Don José me servirá de intermediario para hacerle entender que las personas finas no comen cebolla cruda. Hay noches, ¡Dios mío!, en que es preciso ponerse a metro y medio del buen señor, porque...»

Balanceo en aguas medias... Desvanecimiento, letargo.

Cuatro

A la siguiente mañana, tempranito, cuando Rafael aún
no rebullía, Cruz trincó a su hermana, y metiéndose con
ella en la cocina, lugar retirado y silencioso, desde el
cual, por mucho que se alzase la voz, no podía ésta llegar
al sutil oído del ciego, sin preparativos ni atenuantes
que aquella mujer de acero no acostumbraba usar en las
ocasiones de verdadera gravedad, se lo dijo. Y muy clarito, en breves y categóricas palabras.

—¡Yo..., pero yo...!—exclamó Fidela, abriendo los
ojos todo lo que abrirlos podía.

—Tú, sí... No hay más que hablar.

—¿Yo, dices?

—¡Tú, tú! No hay otra solución. Es preciso.

Cuando Cruz, con aquel solemne y autoritario acento,
robustecido y virilizado en el continuo batallar con la
suerte, decía *es preciso,* no había más remedio que bajar
la cabeza. Allí se obedecía a estilo de disciplina militar,
o con la sumisión callada de la ordenanza jesuítica, *pe-
rinde ac cadaver.*

—¿Creías tú otra cosa?—dijo, después de una pausa,
en que observaba en el rostro de Fidela los efectos del
testarazo.

—Anoche empecé a sospecharlo, y creí..., creí que
serías tú...

—No, hija mía, tú. Conque ya lo sabes.

Dijo esto con fría tranquilidad de ama de casa, como
si le mandara mondar los guisantes o poner los garbanzos de remojo. Alzó los hombros Fidela, y pestañeando
a toda prisa, replicó:

—Bueno...

Y se fue hacia su cuarto, disparada, sin saber adónde
iba.

La primera impresión de la graciosa joven, pasado el
estupor del momento en que oyó la noticia, fue de alegría, de un respirar libre, y de un desahogo del alma
y de los pulmones, como si le quitaran de encima un

formidable peñasco, con el cual venía cargada desde inmemorial fecha. El peñasco podía ser una pesadísima joroba que en aquel instante por sí sola se le extirpaba, permitiéndole erguirse con su natural gallardía.

—«Matrimonio—se dijo—significa límite. De aquí para allá, no más miseria, no más hambre, no más agonías, ni la tristeza infinita de esta cárcel... Podré vestirme con decencia, mudarme de ropa, arreglarme, salir a la calle sin morirme de vergüenza, ver gente, tener amigas..., y, sobre todo, soltar este remo de galera, no tener que volverme loca pensando en cómo ha de durar un calabacín toda la semana... No contar los garbanzos como si fueran perlas, no cortar y medir al quilate los pedazos de pan, comerme un huevo entero..., rodear a mi pobre hermano de comodidades, llevarle a baños, ir yo también, viajar, salir, correr, ser lo que fuimos... ¡Ay, hemos sufrido tanto, que el dejar de sufrir parece un sueño! ¿Acaso estoy yo despierta?»

Se pellizcaba, y luego corría por toda la casa, emprendiendo maquinalmente las faenas habituales: coger un zorro y empezar a sacudir latigazos a las puertas, coger también la escoba, barrer...

—No hagas mucho ruido—le dijo Cruz, que pasaba del comedor a la cocina llevando loza—. Todavía me parece que duerme. Mira..., yo barreré un poco; enciende tú la lumbre, toma la cerilla... Cuidadito al encenderla, que no tenemos más que tres por junto.

Daba estas órdenes con sencillez, como si momentos antes no hubiera ejercido su autoridad en la cosa más grave que ejercerse podía. Creyérase que no había pasado nada. Pero Cruz era así, un carácter entero, que disponía lo que juzgaba conveniente, empleando la misma autoridad glacial en las cosas chicas que en las grandes. Cambió de mano la escoba. ¡Sabe Dios lo que Cruz pensaba mientras barría! Fidela, al encender la lumbre, siguió recreando su mente con la risueña perspectiva del cambio de vida. Hubo de pasar algún tiempo, en el cual prendió la astilla y se levantó la vagarosa llama, antes

que comenzara la natural reacción de aquel júbilo, o el
despertar de aquel ensueño, permitiendo ver la realidad
del tremendo caso. La llama atacaba con brío el carbón,
cuando a Fidela se le representó la imagen de Torquemada en toda su estrafalaria tosquedad. Bien observado
le tenía, y jamás pudo encontrar en él ninguna gracia de
las que adornan al sexo fuerte. Pero ¿qué remedio había
más que resignarse para poder vivir? ¿Era o no una
salvación? Pues siendo salvación para los tres, ella por
los tres se ofrecía en holocausto al monstruo, y se le
entregaba por toda la vida. Menos mal si los demás vivían alegres, aunque ella pasase la pena negra con los
amargores de aquel brebaje que se tenía que tomar.

Esta idea le quitó el apetito, y cuando su hermana
preparó, con la rapidez de costumbre, el chocolate con
agua que a las dos servía de desayuno, Fidela no quiso
probarlo.

—¿Ya vienes con tus remilgos? ¡Si está muy bueno!—le dijo Cruz, poniendo sobre la mesa de la cocina los mendrugos de pan del día anterior que ayudaban
a tragar la pócima—. ¿Qué? ¿Estás preocupada por lo
que te dije? ¡Ay, hija mía, en esta fiera lucha que venimos sosteniendo, cuando hay que hacer algo, se hace!
A ti te ha tocado esta obligación, como a mí me han
tocado otras, bien rudas por cierto, y no hay remedio.
Si los tres hemos de vivir, de ti dependen nuestras vidas. Y no resulta el sacrificio tan duro como a primera
vista parece. Cierto que no es muy galán que digamos.
Cierto que se ha enriquecido prestando dinero con espantosa usura, y lleva sobre sí el menosprecio y el odio
de tanta y tanta víctima. Pero, ¡ay, Fidela, no puede una
escoger el peñasco en que ha de tomar tierra! La tempestad nos arroja en ése. ¿Qué hemos de hacer más que
agarrarnos? Figúrate que somos pobres náufragos flotan-
do entre las olas, sobre una tabla podrida. ¡Que nos aho-
gamos, que nos traga el abismo! Y así se pasan días,
meses, años. Por fin alcanzamos a ver tierra. ¡Ay, una
isla! ¿Qué hemos de hacer más que plantarnos en ella y

dar gracias a Dios? ¿Es justo que, ahogándonos y viendo
tierra cercana, nos pongamos a discutir si la isla es bonita o fea, si hay en ella flores o cardos borriqueros, si
tiene pájaros lindos, o lagartijas y otras alimañas asque-
rosas? Es una isla, es suelo sólido, y en ella desembar-
camos. Ya procuraremos pasarlo allí lo mejor posible. Y
¡quién sabe, quién sabe si metiéndonos tierra adentro
encontraremos árboles y valles hermosos, aguas saluda-
bles y todo el bien de que estamos privadas!... Conque
no hay que afligirse. Es hombre de clase inferior y de
extracción villana. Pero su inferioridad, y las ganas que
tiene de aseñorarse, le harán más dócil, más dúctil, y
conseguiremos volverle del revés. Por más que tú digas,
yo veo en él cualidades; no es tonto, no. Rascando en
aquella corteza se encuentra rectitud, sensibilidad, juicio
claro... En fin, casados os vea yo, y déjale de mi cuenta...
—pausa—. Y ¿a qué viene ahora ese lloro? Guarda la
lagrimita para cuando venga a pelo. Esto no es una desgracia; esto, después de diez años de horrible sufrimiento, es una salvación, un inmenso bien. Reflexiona y lo
comprenderás.

—Sí, lo comprendo... No digo nada—murmuró Fidela, decidiéndose a tomar el chocolate, que más pudo, al
fin, la necesidad que el asco—. ¿Es preciso hacerlo?
Pues no se hable más. Aunque el sacrificio fuera mucho
mayor, yo lo haría. No están los tiempos para escrupuli-
zar, ni para pedir que nos sirvan platos de gusto. Lo que
dices..., ¡quién sabe si será la isla menos árida y menos
fea de lo que parece mirada desde el mar!

—Justo... ¡Quién sabe!...

—Y si una vez salvados, nos alegraremos de estar en
ella... Porque eso no se sabe. ¡Cuántas se han casado
creyendo que iban a ser muy felices, y luego resultaba
que él era un perdido y un sinvergüenza! Y ¡cuántas se
casan como quien va al matadero, y luego...!

—Justo... Luego se encuentran con ciertas virtudes
que suplen la belleza, y con un orden económico que, al
fin y al cabo, hace la vida metódica, dulce y agradable.

En este mundo pícaro no hay que esperar felicidades de relumbrón, que casi siempre son humo; basta adquirir un mediano bienestar. Las necesidades satisfechas: eso es lo principal... ¡Vivir, y con esto se dice todo!

—¡Vivir!... Eso es... Pues bien, hermana, si de mí depende, viviremos.

Gozosa de su triunfo, se levantó Cruz, y encargando a su hermana que no diese la noticia a Rafael sino después de prepararle gradualmente, se vistió de máscara para ir a la compra, la obligación que más le molestaba y que más penosa se le hacía entre todas las cargas de aquella abrumadora existencia.

Rafael llamaba. Acudió Fidela, y dándole la ropa le incitó a levantarse. Aquel día estaba la joven de buenas, y propuso a su hermano llevarle a dar un paseo.

—Noto en el timbre de tu voz una cosa muy extraña—le dijo el ciego, levantado ya, y cuando la hermana le ponía delante la jofaina para que se lavase la cara—. No me niegues que te pasa algo. Tú estás más alegre que otros días... Alegre, sí, conmovida... Tú has llorado, Fidela, no me lo niegues; hay en tu voz la humedad de lágrimas que se han secado hace un ratito. Tú has reído después o antes de llorar. Todavía te queda en la voz la vibración de la risa.

—Anda, no hagas caso... Date prisa, que es hora de peinarte, y te voy a poner hoy más guapo que un sol.

—Dame la toalla.

—Toma...

—¿Qué hay? Cuéntamelo todo...

—Pues hay... un poquitín de novedades.

—¿Ves? Anoche lo dije. Si yo adivino...

—Pues...

—¿Ha estado alguien en casa?

—Nadie, hijo.

—¿Han traído alguna carta?

—No.

—Yo soñé que traían una carta con buenas noticias.

—Las buenas noticias pueden llegar sin carta; vienen

por el aire por los medios desconocidos que suele usar la infinita sabiduría del Señor.

—¡Ay, me pones en ascuas! Dilo pronto.

—Te peinaré primero... Estate quieto... No hagas visajes...

—¡Oh, no seas cruel!... ¡Qué suplicio!

—Si no es nada, hijito... Quieto. Déjame sacar bien la raya. ¡Apenas es importante la raya!

—A propósito de raya... ¿Qué es eso del límite que dijo Cruz? No he pensado en otra cosa durante toda la noche. ¿Quiere decir que hemos llegado al límite de nuestro sufrimiento?

—Sí.

—¿Cómo?...—levantándose con febril inquietud—. Dímelo, dímelo al instante..., Fidela, no me irrites, no abuses de mi estado, de esta ceguera que me aísla del mundo y me encierra dentro de una esfera de engaños y mentiras. Ya que no puedo ver la luz, vea, al menos, la verdad, la verdad, Fidela, hermana querida.

Cinco

—Sosiégate... Te diré todo—replicó Fidela, un poquitín asustado, colgándose de sus hombros para hacerle sentar—. Tiempo hacía que no te enfadabas así.

—Es que desde ayer estoy como un arma cargada a pelo. Me tocan y me disparo... No sé qué es esto..., un presentimiento horrible, un temor... Dime: en este cambio feliz que nos espera, ¿ha tenido algo que ver don José Donoso?

—Puede que sí. No te lo aseguro.

—¿Y don Francisco Torquemada?

Pausa. Silencio grave, durante el cual el vuelo de una mosca sonaba como si el espacio fuera un gran cristal rayado por el diamante.

—¿No respondes? ¿Estás ahí?—dijo el ciego con ansiedad vivísima.

—Aquí estoy.

—Dame tu mano... A ver.

—Pues siéntate y ten juicio.

Rafael se sentó, y su hermana le besó la frente, dejándose atraer por él, que le tiraba del brazo.

—Paréceme que lloras—tentándole la cara—. Sí..., tu
cara está mojada. Fidela, ¿qué es esto? Respóndeme a
la pregunta que te hice. En ese cambio, en ese..., no sé
cómo decirlo..., ¿figura de algún modo como causa, como agente principal, ese amigo de casa, ese hombre ordinario que ahora estudia para persona decente?

—Y si figurara, ¿qué?—contestó la joven, después
de hacerse repetir tres veces la pregunta.

—No digas más. ¡Me estás matando!—exclamó el
ciego, apartándola de sí—. Vete, déjame solo... No creas
que me coge de nuevas la noticia. Hace días que me
andaba por dentro una sospecha... Era como un insecto
que me picaba las entrañas, que me las comía... ¡Sufrimiento mayor!... No quiero saber más: acerté. ¡Qué
manera de adivinar! Pero dime: ¿no trajiste a ese hombre a casa como bufón, para que nos divirtiera con sus
gansadas?

—Cállate, por Dios—dijo Fidela con terror—. Si
Cruz te oye, se enojará.

—Que me oiga. ¿Dónde está?

—Vendrá pronto.

—¡Y ella!... Dios mío, bien hiciste en cegarme para
que no viera tanta ignominia... Pero si no la veo, la
siento, la toco...

Gesticulaba en pie, y habría caído, tropezando contra
los muebles, si su hermana no se abrazara a él, llevándole casi por fuerza al sillón.

—Hijo, por Dios, no te pongas así. Si no es lo que
tú crees.

—Que sí, que sí es.

—Pero óyeme... Ten juicio, ten prudencia. Déjame
que te peine.

De una manotada arrancó Rafael el peine de manos de
Fidela y lo partió en dos pedazos.

—Vete a peinar a ese mastín, que lo necesitará más que yo. Estará lleno de miseria...

—¡Hijo, por Dios!... Te vas a poner malito.

—Es lo que deseo. Mejor me vendría morirme; y así os quedabais tan anchas, en libertad para degradaros cuanto quisierais.

—¡Degradarnos! Pero ¿tú que te figuras?

—No, si ya sé que se trata de matrimonio en regla. Os vendéis, por mediación o corretaje de la Santa Iglesia. Lo mismo da. La ignominia no es menor por eso. Sin duda creéis que nuestro nombre es un troncho de col, y se lo arrojáis al cerdo para que se lo coma...

—¡Oh, qué disparates estás diciendo!... Tú no estás bueno, Rafael. Me haces un daño horrible...

Echóse a llorar la pobre joven, y en tanto su hermano se encerraba en torvo silencio.

—Daño, no—le dijo, al fin—, no puedo hacerte daño. El daño te lo haces tú misma, y a mí me toca compadecerte con toda mi alma, y quererte más. Ven acá.

Abrazáronse con ternura, y lloraron el uno sobre el pecho de la otra, con la efusión ardiente de una despedida para la eternidad.

Inmenso cariño aunaba las almas de los tres hermanos del Aguila. Las dos hembras sentían por el ciego un amor que la compasión elevaba a idolatría. El las pagaba en igual moneda; pero queriéndolas mucho a las dos, algún matiz distinguía el afecto a Cruz del afecto a Fidela. En la hermana mayor vio siempre como una segunda madre, dulce autoridad que, aun ejerciéndola con firmeza, reforzaba el cariño. En Fidela no veía más que la hermanita querida, compañera de desgracias y hasta de juegos inocentes. En vez de autoridad, confianza, bromas, ternura, y un vivir conjuntivo, alma en alma, sintiendo cada uno por los dos. Era un caso de hermanos siameses, seres unidos por algo más que el parentesco y un lazo espiritual. A Cruz la miraba Rafael con veneración casi religiosa; para ella eran los sentimientos de filial sumisión y respeto; para Fidela, toda la ternura y delicadeza que su vida de ciego acumulaba en él, como manantial que no corre, y labrando en su propio seno, forma un pozo insondable.

Llorando sin tregua, no sabían desabrazarse. Fidela fue la primera que quiso poner fin a escena tan penosa, porque si Cruz entraba y los veía tan afligidos, tendría un disgusto. Secándose a toda prisa las lágrimas, porque creyó sentir el ruido del llavín en la puerta, dijo a su hermano:

—Disimula, hijo. Creo que ha entrado... Si nos ve llorando..., de fijo se incomodará... Creerá que te he dicho lo que no debo decirte...

Rafael no chistó. La cabeza inclinada sobre el pecho, el cabello en desorden, esparcido sobre la frente, parecía un Cristo que acaba de expirar, o más bien *Ecce homo,* por la postura de los brazos, a los que no faltaba más que la caña para que el cuadro resultase completo.

Cruz se asomó a la puerta, sin soltar aún el disfraz que usaba para ir a la compra. Los observó a los dos, pálida, muda, y se retiró al instante. No necesitaba más informaciones para comprender que Rafael lo sabía, y que el efecto de la noticia había sido desastroso. La convivencia en la desgracia, el aislamiento y la costumbre de observarse de continuo los tres, daban a cada uno de los individuos de la infeliz familia una perceptibilidad extremada y un golpe de vista certero para conocer lo que pensaban y sentían los otros dos. Ellas leían en la fisonomía de él como en el Catecismo; él las había estudiado en el metal de la voz. Ningún secreto era posible entre aquellos tres adivinos, ni segunda intención que al punto no se descubriera.

«Todo sea por Dios», se dijo Cruz, camino de la cocina, con sus miserables paquetes de víveres.

Arrojando su carga sobre la mesa, con gesto de cansancio, sentóse y puso entre sus trémulas manos la cabeza. Fidela se acercó de puntillas.

—Ya—le dijo Cruz, dando un gran suspiro—, ya veo que lo sabe, y que le ha sentado mal.

—Tan mal, que... ¡Si vieras!... ¡Una cosa horrible!...

—¿Acaso se lo dijiste de sopetón? ¿No te encargué...?

—¡Quia! Si él ya lo sabía...

—Lo adivinó. ¡Pobre ángel! La falta de vista le aguza el entendimiento. Todo lo sabe.

—No transige.

—El maldito orgullo de raza. Nosotros lo hemos perdido con este baqueteo espantoso del Destino. ¡Raza, familia, clases! ¡Qué miserable parece todo eso desde esta mazmorra en que Dios nos tiene metidas hace tantos años! Pero él conserva ese orgullo, la dignidad del nombre que se tenía por ilustre, que lo era... Es un ángel de Dios, un niño: su ceguera le conserva tal y como fue en mejores tiempos. Vive como encerrado en una redoma, en el recuerdo de un pasado bonito, que... El nombre lo indica: *pasado* quiere decir... lo que no ha de volver.

—Me temo mucho—dijo Fidela secreteando—que tu... proyecto no pueda realizarse.

—¿Por qué?—preguntó la otra con viveza, echando lumbre por los ojos.

—Porque... Rafael no resistirá la pesadumbre...

—¡Oh! No será tanto... Le convenceré, le convenceremos. No hay que dar tanta importancia a una primera impresión... El mismo reconocerá que es preciso... Digo que es preciso y que es preciso..., y se hará.

Reforzó la afirmación dejando caer su puño cerrado sobre la mesa, que gimió con estallido de maderas viejas, haciendo rebotar el pedazo de carne envuelto en un papel. Después, la dama suspiró al levantarse. Diríase que al tomar aliento con toda la fuerza de sus pulmones metía en su interior una gran cuchara para sacar la energía que, después del colosal gasto de aquellos años, aún quedaba dentro. Y quedaba mucha: era una mina inagotable.

—No hay que acobardarse—añadió, sacando del ensangrentado papel el pedazo de carne, y desenvolviendo los otros paquetes—. No pensemos ahora en eso, por-

que nos volveríamos locas: y a trabajar... Mira, corta
un pedazo de bistec. Lo demás lo pones como ayer...
Nada de cocido. Aquí tienes el tomate..., un poco de
lombarda..., los tres langostinos..., el huevo..., tres patatas... Haremos para la noche sopa de fideos... Y no
te muevas allá. Yo le peinaré, y veremos si logro tem-
plarle.

Encontróle en la misma actitud de *Ecce homo* sin caña.

—¿Qué te pasa, hijo mío?—le dijo, besándole en el
pelo y dando a su voz toda la ternura posible—. Voy
a peinarte. A ver..., no hagas mañas. ¿Te duele algo,
tienes algún pesar? Pues cuéntamelo prontito, que ya
sabes que estoy aquí para procurarte todo el bien posible... Vamos, Rafael, pareces un chiquillo; mira, hijo,
que son las tantas; no te has peinado, y tenemos mucho
que hacer.

Con una de cal y otra de arena, con palabras dulcísi-
mas, le dominaba siempre. El respeto a la hermana mayor, en quien había visto desde que empezaron los tiempos de desgracia un ser dotado de sobrenatural energía
y capacidad para el gobierno, puso en el alma de Rafael, y sobre aquellos ímpetus de rebeldía mostrados
poco antes, pesadísima losa. Dejóse peinar. La primogénita del Aguila, que siempre se crecía ante las dificultades, en vez de rehuir la cuestión la embistió de frente.

—¡Bah!... Todo eso..., por lo que te ha dicho Fidela
del pobre don Francisco y de sus pretensiones. ¡El pobre
señor es tan bueno, nos ha tomado un cariño tal!... Y
ahora sale con la tecla de querer aplicar un remedio defi-
nitivo a nuestra horrible situación, a esta agonía en que
vivimos, abandonados de todo el mundo. Y no hay que
acordarse ya del pleito, que es cosa perdida, por falta de
recursos. Se ganaría si pudiéramos hacer frente a los gastos de curia... Pero ¿quién piensa en eso?... Pues como
te decía, el buenazo de don Francisco quiere traer un
cambio radical a nuestra existencia, quiere... que vivamos.

Sintió la peinadora que bajo sus dedos se estremecía

la cabeza y la persona toda del pobre ciego. Pero éste no dijo nada, y después de sacar cuidadosamente la raya, siguió impávida, presentando con lenta ductilidad y cautela la temida cuestión.

—¡Pobre señor! Por los de Canseco he sabido ayer que todo eso que se cuenta de su avaricia es una falsa opinión propalada por sus enemigos. ¡Oh! El que hace bien los tiene, los cría al calorcillo de su propia generosidad. Me consta que a la chita callando, y aun dejándose desollar vivo por los calumniadores, don Francisco ha remediado muchas desdichas, ha enjugado muchas lágrimas. Sólo que no es de los que cacarean sus obras de caridad, y prefiere pasar por codicioso... Es más, le gusta verse menospreciado por la voz pública. Yo digo que así es más meritorio el buen hombre, y más cristiano... ¡Ah! Con nosotras se ha portado siempre como un cumplido caballero... Y lo es, lo es, a pesar de su bárbara corteza...

Nada. Rafael no decía una palabra, y esto desconcertaba a la hermana mayor, que le requería para que hablase, pues en la discusión tenía la seguridad de vencerle, disparándole las andanadas de su decir persuasivo. Pero el ciego, conociendo, sin duda, que en la controversia saldría derrotado, se amparaba en la inercia, en el mutismo, como en un reducto inexpugnable.

Seis

Le citaba (digámoslo en estilo tauromáquico); pero él no quería salir de su posición defensiva. Por fin, concluyendo de peinarle, y al dar la última mano a los finos cabellos ondeados sobre la frente, le dijo con un poquito de severidad:

—Rafael, me vas a hacer un favor, y no es una súplica, es más bien mandato. No des ocasión a que me enfade de veras contigo. Si esta noche viene don Francisco, espero que le tratarás con la urbanidad de siempre, y que no saldrás con alguna pitada... Porque si el buen

señor tiene ciertas pretensiones, que ahora no califico, a
nosotros nos corresponde agradecerlas, en ningún caso
vituperarlas, cualquiera que sea la respuesta que demos
a esas pretensiones... ¿Me entiendes?

—Sí—dijo Rafael, inmóvil.

—Confío en que no nos pondrás en ridículo, tratando
mal, en nuestra propia casa, a quien desea favorecernos
en una forma que ahora no discuto... No se trata de
eso. ¿Puedo estar tranquila?

—Una cosa es la buena crianza, a la cual no faltaré
nunca, y otra la dignidad, a la que tampoco puedo faltar.

—Bien.

—Así como te digo que nunca desmentiré mi buena
educación ante personas extrañas, sean quienes fueren,
también te digo que jamás, jamás transigiré con ese hombre, ni consentiré que entre en nuestra familia... No
tengo más que decir.

Cruz desfalleció, reconociendo en las categóricas palabras de su hermano la veta dura de la raza del Aguila,
unida al irreducible orgullo de los Torre-Auñón. Aquel
criterio dogmático sobre la dignidad de la familia, ella
se lo había enseñado a Rafael cuando era niño, cuando
ella, señorita de casa noble opulenta, vivía rodeada de
adoradores, sin que sus padres encontraran hombre alguno merecedor de su preciosa mano.

—¡Ah, hijo mío!—exclamó la dama sin disimular su
pena—. Diferencias grandes hay entre tiempos y tiempos. ¿Crees que estamos en aquellos días de prosperidad..., ya no te acuerdas..., cuando, por apartarte de
relaciones que no eran muy gratas a la familia, te man-
damos de agregado a la Legación de Alemania? ¡Pobrecito mío! Después vino la desgracia sobre nuestras pobres
cabezas, como una lluvia torrencial que todo lo arrasa...
Perdimos cuanto teníamos, el orgullo inclusive. Quedaste ciego; no has visto la transformación del mundo y de
los tiempos. De nuestra miseria actual y de la humillación en que vivimos no ves la parte dolorosa. Lo más
negro, lo que más llega al alma y la destroza más, no

lo conoces, no puedes conocerlo. Estás todavía, por el poder de la imaginación, en aquel mundo brillante y lleno de ficciones. Y no puedo consolarme ahora de haber sido tu maestra en esas intransigencias de una dignidad tan falsa como todos los oropeles que nos rodeaban. Sí, ese viento, yo, yo misma te lo metí en la cabeza, cuando te enamoraste de la chica de Albert, hija de honrados banqueros, monísima, muy bien educada, pero que nosotros creíamos que nos traía la deshonra, porque no era noble..., porque su abuelo había tenido tienda de gorras en la plaza Mayor. Y yo fui quien te quitó de la cabeza lo que llamábamos tu tontería; y en el hueco que dejaba metí mucha estopa, mucha estopa. Todavía la tienes dentro. Y ¡cuánto me pesa, cuánto, haber sido yo quien te la puso!

—Es muy distinto este caso de aquél—dijo el ciego—. Reconozco que hay tiempos de tiempos. Hoy, yo transigiría, pero dentro de ciertos límites. Humillarse un poco, pase... Pero ¡humillarse hasta la degradación vergonzosa, transigir con la villanía grosera, y todo!, ¿por qué? ¡Por lo material, por el vil interés!... ¡Oh hermana querida! Eso es venderse, y yo no me vendo. ¿De qué se trata? ¿De comer un poco mejor?

—¡De vivir—dijo briosamente, echando lumbre por los ojos, la noble dama—, de vivir! ¿Sabes tú lo que es vivir? ¿Sabes lo que es el temor de morirnos los tres mañana, de aquella muerte que ya no se estila..., porque está lleno el mundo de establecimientos benéficos..., de la muerte más horrible y más inverosímil, de hambre? Qué, ¿te ríes? Somos muy dignos, Rafael, y con tanta dignidad no creo que debamos llamar a la puerta del Hospicio y pedir por amor de Dios un plato de judías. Esa misma dignidad nos veda acercarnos a las puertas de los cuarteles, donde reparten la bazofia sobrante del rancho de los soldados, y comer de ella para tirar un día más. Tampoco nos permite nuestro dignísimo carácter salir a la calle los tres, de noche, y alargar la mano esperando una limosna, ya que nos sea imposible pedirla

con palabras... Pues bien: hijo mío, hermano mío, como
no podemos hacer eso, ni tampoco aceptar otras solucio-
nes que tú tienes por deshonrosas, ya no nos queda más
que una, la de reunirnos los tres, y, bien abrazaditos, pidiendo a Dios que nos perdone, arrojarnos por la ventana y estrellarnos contra el suelo..., o buscar otro género
de muerte, si ésta no te parece en todo conforme con
la dignidad.

Rafael, anonadado, oyó esta fraterna filípica sin chistar,
apoyados los codos en las rodillas y la cabeza en las palmas de las manos. Atraída por la entonada voz de Cruz,
Fidela curioseaba desde la puerta, pelando una patata.

Pasado un ratito, y cuando la primogénita, recogiendo
los objetos del tocador, se congratulaba mentalmente del
efecto causado por sus palabras, el ciego irguió la cabeza
con arrogancia, y se expresó así:

—Pues si nuestra miseria es tan desesperada como
dices, si ya no nos queda más solución que la muerte,
por mí... sea. Ahora mismo. Estoy pronto..., vamos.

Se levantó, buscando con las manos a su hermana, que
no se dejó coger, y desde el otro extremo de la habitación le dijo:

—Pues por mí tampoco quedará. La muerte es para
mí un descanso, un alivio, un bien inmenso. Por ti no
he dejado ya de vivir. Siempre creí que mi deber era
sacrificarme y luchar... Pero ya no más, ya no más. ¡Bendita sea la muerte, que me lleva al descanso y a la paz
de mis pobres huesos!

—¡Bendita sea, sí!—exclamó Rafael, acometido de un
vértigo insano, entusiasmo suicida que no se manifestaba entonces en él por vez primera—. Fidela, ven...
¿Dónde estás?

—Aquí—dijo Cruz. Ven, Fidela. ¿Verdad que no nos
queda ya más recurso que la muerte?

La hermana menor no decía nada.

—Fidela, ven acá... Abrázame... Y tú, Cruz, abrázame también... Llevadme; vamos, los tres juntitos, abrazaditos. ¿Verdad que no tenéis miedo? ¿Verdad que no

nos volveremos atrás, y que... resueltamente, como corresponde a quien pone la dignidad por encima de todo, nos quitaremos la vida?

—Yo no tiemblo...—afirmó Cruz, abrazándole.

—¡Ay, yo sí!—murmuró Fidela, desvaneciéndose; y al tocar con los brazos a su hermano cayó en el sillón próximo y se llevó la mano a los ojos.

—Fidela, ¿temes?

—Sí..., sí—replicó la señorita, trémula y desconcertada, pues había llegado a creer que aquello iba de veras; y por parte de Rafael bien de veras iba.

—No tiene el valor mío—dijo Cruz—, que es todavía más grande que el tuyo.

—¡Ay, yo no puedo, yo no quiero!—declaró Fidela, llorando como una chiquilla—. ¡Morir, matarse!... La muerte me aterra. Prefiero mil veces la miseria más espantosa, comer tronchos de berza... ¿Hay que pedir limosna? Mandadme a mí. Iré, antes que arrojarme por la ventana... ¡Virgen Santa, lo que dolería la cabeza al caer! No, no, no me habléis a mí de matarnos... Yo no puedo, no; yo quiero vivir.

Actitud tan sincera y espontánea terminó la escena, apagando en Rafael el entusiasmo suicida y dando a Cruz un apoyo admirable para llevar la cuestión al terreno para ella más conveniente.

—Ya ves, nuestra querida hermanita nos deja plantados en mitad del camino..., y sin ella, ¿cómo vamos a matarnos? No es cosa de dejarla solita en el mundo, entre tanta miseria y desamparo. De todo lo cual se deduce, querido hermano, chiquitín de la casa—acariciándole con gracejo—, que Dios no quiere que nos suicidemos... por ahora. Otro día será, porque en verdad no hay más remedio.

—Ah, pues conmigo no cuenten—manifestó Fidela, nuevamente aterrada, tomándolo muy en serio.

—Por ahora no se hable de eso. Conque, tontín, ¿me prometes ser razonable?

—Si ser razonable es transigir con... eso, y dar nom-

bre de hermano a... Vamos, no puedo; no esperes que
yo sea razonable..., no lo soy, no sé la manera de serlo.

—Pero, ¡hijo mío, si no hay nada todavía! ¡Si no es
más que un rumor, que no sé cómo ha llegado a tus
oídos! En fin, ya conozco tu opinión, y la tendré en
cuenta. Don José hablará contigo, y si entre todos acordamos rechazar la proposición, entre todos acordaremos
también lo que se ha de hacer para vivir... Mejor dicho, no hay que discutir más que el asilo en que hemos
de pedir plaza. Esta no quiere que muramos; tú no quieres lo otro. Pues al Hospicio con nuestros pobres
cuerpos.

—Pues al Hospicio. Yo no transigiré nunca con...
aquello.

—Bien, muy bien.

—Que venga don José. El nos dirá dónde debemos
refugiarnos.

—Mañana se ajustará la cuenta definitiva con nuestro destino... Y como aún tenemos un día—agregó la
dama con transición jovial—, hemos de aprovecharlo.
Ahora almuerzas. Tienes lo que más te gusta.

—¿Qué es?

—No te lo digo; quiero sorprenderte.

—Bueno; lo mismo me da.

—Y después que almuerces, nos vamos de paseo. Tenemos un día que ni de encargo. Llegaremos hasta la
casa de Bernardina, y te distraerás un rato.

—Bien, bien—dijo Fidela—; yo también quiero tomar el aire...

—No, hija mía; tú te quedas aquí. Otro día saldrás
tú, y yo me quedo.

—¿De modo que voy...?

—Conmigo—afirmó la dama, como diciendo: «Lo
que es hoy no te suelto»—. Tengo que hablar con Bernardina...

—¡Salir!—exclamó el ciego, respirando fuerte—. Buena falta me hace. Parece que se me apolilla el alma...

—¿Ves, tontín, como el vivir es bueno?

—¡Oh..., según y conforme!...

Siete

Si no se ha dicho antes, dícese ahora que la antigua y fiel criada de las Aguilas vivía en Cuatro Caminos, en el cerro que cae hacia Poniente, del lado del Canalillo del Norte. La casa, construida con losetones que fueron de la Villa, adobes, tierra, pedazos de carriles de tranvía y puertas viejas de cuarterones, era una magnífica choza, decorada a estilo campesino con plantas de calabaza, cuyas frondosas guías perfilaban el alero y la cumbre del tejado. Ocupaba el centro de un grandísimo muladar con cerca de piedras sueltas, material que fue de un taller de cantería, y de trecho en trecho veíanse montones de basura y paja de cuadra, donde escarbaban hasta docena y media de gallinas muy ponedoras, y un gallo muy arrogante, de plumas de oro. Al extremo oriental del cercado, mirando hacia la carretera de Tetuán, se destacaba un desmantelado edificio de un solo piso, con todas las trazas de caseta de sobrestantía; techo provisional y paramentos sin revoco; pero su destino era muy distinto. En la puerta que daba al camino veíase un palo largo, al extremo de él una como gran estrella de palitroques negros, algo como un paraguas sin tela, y debajo un letrero de chafarrinones negros sobre yeso, que decía: *Baliente, polvorista.*

Allí tenía su taller el esposo de Bernardina, Cándido Valiente, que surtía de fuegos artificiales, en las fiestas de sus santos titulares, a los barrios de Tetuán, Prosperidad, Guindalera y a los pueblos de Fuencarral y Chamartín. Bernardina había servido a las señoras del Aguila en los primeros tiempos de pobreza, hasta que se casó con Valiente; y tal fue la fidelidad y adhesión de aquella buena mujer, que sus amas siguieron tratándola después, y sostenían con ella relaciones de franca amistad. De Bernardina se valía Cruz para comisiones delicadas, sobre las cuales era prudente guardar impenetrable secreto; con Bernardina consultaba en asuntos graves, y con ella se permitía confianzas que con nadie del mundo habría osado tener. Formalidad, discreción, sentido claro de las cosas, resplandecían en la mujer aquella, que sin saber leer ni escribir, habría podido dar lecciones de arte de la vida a más de cuatro personas de clase superior.

Su matrimonio con el polvorista había sido hasta entonces infecundo: malos partos, y pare usted de contar. Vivía con la pareja el padre de él, Hipólito Valiente, vigilante de Consumos, soldado viejo, que estuvo en la campaña de Africa; el grande amigo del ciego Rafael del Aguila, que gozaba lo indecible oyéndole contar sus hazañas, las cuales en boca del propio héroe de ellas, resultaban tan fabulosas como si fuera el mismísimo Ariosto quien las cantase. Si se llevara cuenta de los moros que mandó al otro mundo en los Castillejos, en Monte Negrón, en el llano de Tetuán y en Wad-Ras, no debía quedar ya sobre la Tierra ni un solo sectario de Mahoma para muestra de la raza. Había servido Valiente en *Cazadores de Vergara,* de la división de reserva mandada por don Juan Prim. Se batió en todas las acciones que se dieron para proteger la construcción del camino desde el Campamento de Oteros hasta los Castillejos; y luego allí, en aquella gloriosa ocasión... ¡Cristo!, empezaba el hombre y no concluía. *Cazadores de Vergara* siempre los primeritos, y él, Hipólito Valiente, que era cabo segundo, haciendo cada barbaridad que cantaba el misterio. ¡Qué día, qué 1.º de enero de 1860! El batallón se hartó de gloria, quedándose en cuadro, con la mitad de la gente tendida en aquellos campos de maldición. Hasta el 14 de enero no pudo volver a entrar en fuego, y allí fue otra vez el hartarse de escabechar moros. ¡Monte Negrón! También fue de las gordas. Llega, por fin, el gloriosísimo 4 de febrero, el acabóse, el *nepusuntra* de las batallas habidas y por haber. Bien se portaron todos, y el general O'Donnell mejor que nadie, con aquel disponer las cosas tan a punto, y aquella *comprensión de cabeza,* que era la maravilla del Universo.

Estas y las subsiguientes maravillas las oía Rafael con grandísimo contento, sin que lo atenuara la sospecha de que adolecían del vicio de exageración, cuando no del de la mentira poética forjada por el entusiasmo. Desde que desembarcó en Ceuta hasta que volvió a embarcar para España, dejando al perro marroquí *sin ganas de volver por otra,* todo lo narraba Valiente con tanta intrepidez en su retórica como en su apellido, pues cuando llegaba a un punto dudoso, o del cual no había sido testigo presencial, metíase por la calle de en medio, y allí lo historiaba él a su modo, tirando siempre a lo romancesco y extraordinario. Para Rafael, en el aislamiento que le imponía su ceguera, incapaz de desempeñar en el mundo ningún papel airoso conforme a los impulsos de su corazón hidalgo y de su temple caballeresco, era un consuelo y un solaz irreemplazables oír relatar aventuras heroicas, empeños sublimes de nuestro Ejército, batallas sangrientas en que las vidas se inmolaban por el honor. ¡El honor siempre lo primero, la dignidad de España y el lustre de la bandera siempre por cima de todo interés de la materia vil! Y oyendo a Valiente referir cómo, sin haber llevado a la boca un triste pedazo de pan, se lanzaban aquellos mozos al combate, ávidos de hacer polvo a los enemigos del nombre español, se excitaba y enardecía en su adoración de todo lo noble y grande, y en su desprecio de todo lo mezquino y ruín. ¡Batirse sin haber comido! ¡Qué gloria! ¡No conocer el miedo, ni el peligro; no mirar más que el honor! ¡Qué ejemplo! ¡Dichosos los que podían ir por tales caminos! ¡Miserables y desdichados los que se pudrían en una vida ociosa, dándose gusto en las menudencias materiales!

Entrando en el corral, lo primero que preguntó Rafael, al sentir la voz de Bernardina, que a su encuentro salía, fue:

—¿Está hoy tu padre franco de servicio?

—Sí, señor... Por ahí anda, componiéndome una silla.

—Llévale con tu padre—le dijo Cruz—, que le entretendrá contándole lo de Africa; y entremos tú y yo en tu casa, que tenemos que hablar.

Apareció por detrás de un montón de basura el héroe de los héroes del Mogreb, hombre machucho ya, pequeño de cuerpo, musculoso y ágil, a pesar de su edad, no inferior a los sesenta; tipo de batallón de cazadores, cara curtida, bigote negro, cortado como un cepillo; ojos vivaces y un reír continuo que perpetuaba en él las alegrías del tiempo de servicio. En mangas de camisa, los brazos arremangados, un pantalón viejo del uniforme de Consumos, la cabeza al aire, Hipólito se adelantó a dar la mano al señorito, y le llevó a donde estaba trabajando.

—Siga, siga usted en su faena—le dijo Rafael, sentándose en una banqueta con ayuda del veterano—. Ya sé que está componiendo sillas.

—Aquí estamos enredando por matar la pícara vagancia, que es otro gusanillo como el hambre.

Sentado en el santo suelo, las patas abiertas, entre ellas la silla, Valiente iba cogiendo eneas de un montón próximo, y con ellas tejía un asiento nuevo sobre la armazón del vetusto mueble.

—A ver, Hipólito—le dijo Rafael, sin más preámbulo, que aquel romancero familiar no lo necesita—, ¿cómo es aquel pasaje que empezó usted a contarme el otro día?...

—¡Ya!... ¿Cuando en la cabecera del puente Buceta, sobre el río Gelú, defendíamos el paso de los heridos?...

—No, no era eso. Era el paso por un desfiladero... Moros y más moros en las alturas.

—¡Ah!... Ya..., al día siguiente de Wad-Ras, ¡vaya una batallita!... Pues el ejército, para ir de Tetuán a Tánger, tenía que pasar por el desfiladero de Fondac... ¡Cristo, si no es por mí..., digo, por *Cazadores de Vergara!*... Nos mandó el general que subiéramos a echar de allí a la morralla, y había que vernos, sí, señor, había

que vernos... Nos abrasaban desde arriba. Nosotros tan
ternes, sube que te sube. Al grupo que cogíamos en
medio del monte..., ¡carga a la bayoneta!..., lo barría-
mos... Salían de los matojos a la desbandada, como conejos. Una vez en lo alto, pim, pam..., aquello no acababa... Yo solo puse patas arriba más de cincuenta.

Mientras con tanta fiereza desalojaban los nuestros
al agareno de sus terribles posiciones, en la puerta de
la casa, sentadas una frente a otra con familiar llaneza,
Cruz y Bernardina platicaban sobre combates menos ruidosos, de los cuales ningún historiador grande ni chico
ha de decir jamás una palabra.

—Necesito dos gallinas—había dicho Cruz como introducción.

—Todas las que la señorita quiera. Escójalas ahora.

—No; escógelas tú bien gordas, y no me las lleves
hasta que yo te avise. Es indispensable convidarle a comer un día.

—Según eso, *aquello* marcha.

—Sí; es cosa hecha. Poco antes de salir de casa recibí
una esquela de don José, en la cual me dice que anoche
quedó todo convenido, y el hombre como unas pascuas
de contento. No puedes imaginarte lo que he sufrido y
sufro. Para llegar a esto, ¡cuánto discurrir, y qué trabajo
tan penoso el de acallar la repugnancia, para no oír más
voz que la de la razón, unida a otra voz no menos grave, la de la necesidad! Se hará; no hay más remedio.

—¿Y la señorita Fidela?...

—Se resigna... La verdad, no lo ha tomado por la
tremenda, como yo me temí. Puede que haga de tripas
corazón, o que comprenda que la familia merece este
sacrificio, que bien mirado no es de los más grandes. Sacrificios peores hay, ¿no lo crees tú?

—Sí, señorita... El hombre se va afinando. Ayer le vi
y no le conocí, con su chisterómetro acabado de planchar,
que parecía un sol, y levita inglesa... Vaya; a cualquiera
se la da... ¡Quién le vio con la camisa sucia de tres semanas, los tacones torcidos, la cara de judío de los pasos

de Semana Santa, cobrando los alquileres de la casa de corredor de frente al Depósito!

—Por Dios, cállate, no recuerdes eso. Tapa, tapa.

—Quiero decir que ya no es lo que era, y al igual de su ropa, habrán cambiado el genio y las mañas...

—¡Ah..., lo veremos luego! Esas son otras batallas que habrá que dar después.

Ambas volvieron la vista, asustadas por un ruido como de disparos que muy cerca se oía... ¡Pim, pam, pum!

—¡Ah!—exclamó Bernardina riendo—. Es mi padre, que le cuenta al señorito las palizas que dieron a los moros.

—Pues, como te decía, Fidela no me inspira cuidado: se somete a cuanto yo dispongo. Pero, ¡lo que es éste..., el pobrecito ciego!... ¡Si supieras qué disgusto nos ha dado hoy!

—¿No le hace gracia?...

—Maldita... Tan no le hace gracia, que hoy quiso matarse... No transige, no. En él tienen raíz muy honda ciertas ideas..., sentimientos de familia, orgullo de raza, la tradición noble... Yo tenía también... eso; pero me lo he ido dejando en las zarzas del camino. A fuerza de caer y arrastrarme, la vulgaridad me ha ido conquistando. Mi hermano sigue en su antigua conformación de persona de alcurnia, enamorado de la dignidad y de otra porción de cosas que no se comen ni han dado de comer a nadie en días aciagos.

—El señorito Rafael, ¿qué ha de hacer más que lo que las señoras quieran?

—No sé, no sé... Me temo que ha de estallar alguna tempestad en casa. Rafael conserva en su alma el tesón de la familia, como los objetos preciosos que están en los museos. Pero, suceda lo que quiera, lucharemos, y como esto debe hacerse, porque es la única solución, se hará, yo te aseguro que se hará.

Los temblores del labio inferior indicaban la resolución inquebrantable, que convertiría en realidad aquel propósito, desafiando todos los peligros.

—Pues hemos de prepararnos para el hecho con hechos, ¿entiendes?... Quiero decir que tengo que ir tomando medidas... Verás. El señor de Donoso me ha escrito hoy, asegurándome que ha cerrado el trato, y que el hombre tiene prisa.

—Es natural.

—Y quiere llevarlo a pasos de carga. Mejor: estos tragos, de una vez y por sorpresa. Cuando la gente se percate, ya está hecho. Excuso decirte que necesitamos prepararnos. Así me lo dice don José, que, comprendiendo las dificultades que en nuestra situación tristísima hallaríamos para esa preparación, me ofrece los recursos necesarios... Claro, en el caso presente, acepto el favor... ¡Qué hombre, qué previsión, qué bondad!... Acepto, sí, por la seguridad de poder reintegrar pronto el anticipo. ¿Te vas enterando?

—Sí, señora. Habrá que...

—Sí... Veo que me entiendes. Tenemos que ir sacando...

—Ya sabe que me tiene a su disposición.

—Desde mañana te vas por casa todos los días. No sacaremos todo de golpe por no llamar la atención. Urgen los cubiertos de plata.

—Están en...

—En lo que estuvieren: lo mismo da.

—Calle de Espoz y Mina. Diez meses, si no recuerdo mal.

—Luego, la ropa de cama..., los relojes...

—Todo, todo... ¡Y yo que pensé que se perdía...! Como que los réditos subirán...

—Déjalos que suban—dijo Cruz vivamente, queriendo evitar un cálculo enojoso y denigrante—. ¡Ah! Ahora que recuerdo: mañana te daré los diez duros que te debo.

—No corre prisa. Déjelos. Si Cándido se entera, me los quitará para pólvora. Guárdemelos.

—No, no... Quiero saborear el placer, que ya iba siendo desconocido para mí, de no deber nada a nadie —dijo Cruz, iluminado el rostro por una ráfaga de dicha

inefable—. Si me parece mentira. A veces me digo:
¿sueño yo? ¿Será verdad que pronto respiraré libre de
esta opresión angustiosa? ¿Se acabó este vivir muriendo? El suceso que está al caer, ¿nos traerá bienandanza,
o nuevas desgracias y tristezas nuevas, en sustitución de
las que se lleva?

Ocho

Quedóse la señora un rato suspensa, el pensamiento
lanzado en persecución del misterioso porvenir, la mirada perdida en el horizonte, que ya empezaba a teñirse
de púrpura con el descenso del sol entre nubes. El labio
inferior marcó, con casi imperceptible vibración, el en-
cabritarse de la voluntad. Si era preciso seguir luchando,
a luchar sin tregua; las condiciones de la pelea y la disposición del campo serían sin duda alguna muy distintas.

—Ya es tarde. Debemos marcharnos.

—¿Va la señorita en coche?

—Bien podría hoy volver en simón, y mis pobres piernas lo agradecerían; pero no me atrevo. Tanto lujo pondría en cuidado a Rafael. Iremos en el coche de San
Francisco...—llamando—. Rafael, hijo mío, que es tarde...—yendo hacia él risueña—. ¿Qué? ¿Habéis tomado
ya toditas las trincheras? De fijo no quedará un moro
para contarlo.

—Estábamos—dijo el héroe de Berbería, levantándose—en los mismísimos Castillejos, cuando don Juan
Prim...

—Allí murió nuestro primo Gaspar de la Torre-Auñón, capitán de Artillería—indicó Rafael, volviendo el
rostro hacia donde sonaba la voz de su hermana—. Es
la gloria más reciente de la familia. ¡Dichoso él!... Conque..., ¿nos vamos ya?

—Sí, hijo mío.

—Pues... paso redoblado... ¡Marchen!

En aquel momento salió de su taller el pirotécnico,

todo tiznado, las manos negras de andar con pólvora, y saludó cortésmente. Mientras Rafael le hablaba del negocio de cohetes, y él maldecía la crisis industrial que afectaba a toda la fabricación de fuegos, haciendo hincapié en la poca protección que daban los ayuntamientos y corporaciones a industrias tan brillantes y a diversión tan instructiva para el pueblo, Bernardina, tomándoles la delantera, acompañaba a su ama hasta el boquete de entrada.

—¿Llevo mañana las gallinas?

—No; todavía no. Me llevarás, de las carnicerías de Tetuán, una buena lengua para poner en escarlata...

—Bien.

—Y un buen solomillo.

—¿Quiere chorizo superior..., de Salamanca?

—Ya hablaremos de eso.

El polvorista, que se lavó las manos en un santiamén, salió a darles convoy hasta más abajo del Depósito de Aguas. Desde allí a su casa, solitos y agarrados del brazo, tardaron los dos hermanos media hora, que a ella le pareció larga por la prisa que de llegar tenía, y a él por la razón contraria, corta.

Ni Donoso ni Torquemada faltaron aquella noche, siendo muy de notar en éste la turbación, el no saber qué decir ni qué cara poner. Ni media palabra pronunció sobre el grave proyecto, pues don José había encargado a su amigo un silencio prudente sobre aquel arduo punto. Tiempo había de explicarse. Mostróse Rafael seco y glacial en todo el tiempo de la tertulia; pero sin permitirse ninguna inconveniencia. Fidela evitaba el mirar cara a cara a don Francisco, que no le quitaba ojo, congratulándose en su fuero interno de aquel casto rubor de la interesante joven, a quien ya tenía por suya. Hacia la mitad de la velada, el novio fue perdiendo su cortedad; se soltaba, decía cuchufletas, echándoselas de hombre locuaz y que sabe perfilar las frases. Advirtieron todos en él un recrudecimiento de palabras finas, aprendidas en los días últimos, y lanzadas ya en

el torbellino del discurso con la seguridad que sólo da
una larga práctica. Sus amaneramientos de lenguaje saltaban a la vista: si había que manifestar algo del objeto
o fin de una cosa, decía *el objetivo,* y en corto tiempo
infinidad de *objetivos* salieron a relucir, a veces con dudosa propiedad, verbigracia: «No sé para qué riegan tanto las calles, pues si el *objetivo* es que no haya polvo, *lo
que procede* es barrer primero... Pero nadie como nuestro *Municipio* (jamás decía ya el *Ayuntamiento*) para *ter-
giversar* las operaciones.» También reveló un tenaz empeño de que se supusiera que sabía decir *por ende, ipso
facto, los términos del dilema, bajo la base.* Esto principalmente le cautivaba, y todo lo consideraba *bajo tales*
o *cuales.* Notaron asimismo las damas que iba adquiriendo soltura; como que al despedirse lo hizo con cierta gallardía, y Cruz no pudo menos de congratularse de
tales progresos. Algo dijo a Fidela en el momento de
salir que no desagradó a ésta: era una galantería que sin
duda le había enseñado Donoso. En la cara de éste se
veía retozar el gozo, sin duda por la satisfacción de
aquella conquista por él dichosamente realizada. Había
cogido a la fiera con lazo, y de la fiera hacía, con sutil
arte de mundo, un hombre, un caballero, quién sabe si
un personaje.

Cuando Cruz y Fidela se quedaron solas, después de
acostado Rafael, picotearon sobre lo mismo, y la hermana mayor dijo, entre otras cosillas:

—¿Verdad que es cada día menos ganso? Esta noche
me ha parecido otro hombre.

—También a mí.

—El roce, la conciencia de su nueva posición. ¡Ah!
El hecho de alternar con nosotras obliga, y él no es tonto y procura instruirse. Verás como al fin...

—Pero ¡ay!—observó Fidela con profunda tristeza—.
Rafael no transige. ¡Si vieras lo que me ha dicho ahora
cuando se acostaba...!

—No quiero saberlo. Déjame a mí, que yo le apla-
caré los humos... Acuéstate, y no pensemos en dificul-

tades, porque se vencerán todas, todas. Lo digo yo, y basta.

Muy inquieto estuvo Rafael toda la noche; tanto, que oyéndole rezongar, levantóse Cruz, y descalza se aproximó a su lecho. El fingía dormir sintiéndola acercarse, y la dama, después de un largo acecho, se retiró intranquila. Al siguiente día, mientras Fidela le peinaba, el ciego, nervioso, mascullaba palabras, y a cada instante quería ponerse en pie.

—Por Dios, estate quietecito: ya te he clavado dos veces el peine en las orejas.

—Dime, Fideli: ¿qué significan estas entradas y salidas de Bernardina? Llegó esta mañana temprano, cuando yo no me había levantado aún; salió, volvió a entrar, y así sucesivamente. Ahora entra por quinta vez. Parece que lleva y trae no sé qué... ¿Qué recados son éstos? ¿Qué ocurre?

—Hijo, no sé. Bernardina trajo una lengua.

—¿Una lengua?

—Sí, para ponerla en escarlata... Y a propósito, hoy comerás un bistec de solomillo riquísimo.

—Sin duda, la abundancia reina en la casa—dijo Rafael con sarcasmo—. Pues ¿no sosteníais ayer que la situación es tal, la escasez tan horrible, que no nos queda más remedio que entrar en un asilo? ¿Cómo me compaginas el pedir limosna con la lengua escarlata?

—Toma: nos la regala Bernardina.

—¿Y el solomillo?

—¡No sé! Pero ¿a ti qué te importa?

—Pues ¿no ha de importarme? Quiero saber de dónde vienen esos lujos que se han metido tan de rondón en esta casa de la miseria vergonzante. O no sabéis lo que es dignidad, o tendréis que declarar que os ha caído la lotería. No, no vengáis con componendas: ésos son los *términos del dilema,* como diría la bestia, que anoche se traía una de *dilemas* y de *bases* y de *objetivos* que daba risa... Por cierto que no tendréis queja de mí. He respetado a vuestro mamarracho, y no he querido des-

mandarme en su presencia. Si lo hiciera, me pondría a su
nivel. No; mi buena educación jamás medirá armas con
su grosería villana.

—Por Dios, Rafael—dijo Fidela, sofocadísima.

—No, si no puedo hablar de otra manera tratándose
de ese hombre... Cuando se marcha, el olor de cuadra
que deja tras sí parece que lo mantiene en mi presencia. Antes de llegar, cuando sube la escalera, ya le anuncia el olor de cebolla.

—Eso sí que no es verdad. ¡Bah!... No digas desatinos.

—Si yo reconozco que vuestro jabalí procura echar
pelo fino y va aprendiendo a ser menos animal, y adquiere cierto parecido con las personas. Ya no escupe
en el pañuelo, ya no dice *por mor* ni *mesmamente;* ya no
se rasca la pantorrilla; que yo, sin verlo, sentía un asco..., y el ruido de sus uñas me ponía nervioso, como si
sobre mi carne las sintiera. Reconozco que hay progresos. Buen provecho para ti y para Cruz. Yo no le acepto ni en basto ni en fino, y la puerta que se abra para
darle entrada en casa se abrirá para darme a mí salida...
¡Qué quieres, soy así! No puedo volverme otro. No he
olvidado a mi madre: la tengo aquí..., y ella te habla
conmigo... No he olvidado a mi padre: le siento en mí,
y esto que digo lo dice él...

Fidela no pudo contener su emoción, y se echó a llorar, sin que con esto se aplacara el ciego, que, más excitado con los gemidos de su hermana, siguió atosigán-
dola en esta forma:

—Podréis Cruz y tú hacer lo que queráis. Yo me se-
paro de vosotras. Mucho os he querido y os quiero; me
será imposible vivir lejos de ti, Fidela, de ti, que eres el
único encanto de esta vida mía, rodeada de tinieblas; de
ti, que eres para mí la luz, o algo parecido a la luz que
he perdido. Me moriré de pena, de soledad; pero jamás
autorizaré con mi presencia esta degradación en que vais
a caer.

—Cállate, por Dios... No se hará nada... Le diremos

que se vaya al infierno con sus millones. Para vivir, yo me pondré de costurera, mi hermana entrará a servir en casa de algún señor sacerdote o persona grave... ¿Qué importa? Hay que vivir, hermanito... Nos rebajaremos. ¿También eso te enoja?

—Eso, no; lo que me subleva es que queráis introducir en mi familia a esa asquerosa sanguijuela del pobre. Esto envilece, no el trabajo honrado. ¡Si yo tuviera ojos, si yo sirviera para algo...! Pero el no servir para nada, el ser una carga y un estorbo no me priva de la dignidad, y otra vez y otra, y ciento y mil, te digo que no cedo, que no consiento, que no me da la gana de entregarte a la bestia infame, y que si persistís, yo me voy a pedir limosna por los caminos...

—¡Jesús, no digas eso!—exclamó espantada la joven, corriendo a abrazarle.

Afortunadamente, Cruz ya no estaba en casa. Cuando entró, ya la crisis había pasado, y Rafael, quieto y silencioso en el sitio de costumbre, aguardaba su almuerzo.

—¡Si supieras qué cosita tan buena te he traído!—le dijo Cruz, todavía con la mantilla puesta—. ¿A qué no aciertas?

El almuerzo, preparado por Bernardina, estaba ya listo y se lo sirvieron afectando una alegría que en ambas era la más dolorosa mueca que es posible imaginar. Comió Rafael con mediano apetito el sabroso y tierno bistec; pero cuando le presentaron la golosina, traída por la misma Cruz de casa de Lhardy, un pedazo de cabeza de jabalí trufada, la rechazó con sequedad, diciendo gravemente:

—No puedo comerlo. Me huele a cebolla.

—¿A cebolla? Tú estás loco... ¡Tanto como te gusta!

—Me gusta, sí...; pero apesta... No lo quiero.

Las dos hermanas se miraron consternadas. Por la noche repitióse la escena. Había traído también Cruz de casa de Lhardy unas salchichas muy sabrosas, que a Rafael le gustaban extraordinariamente. Resistióse a probarlas.

—Pero, hijo…

—Apestan a cebolla.

—Vamos, no desvaríes.

—Es que me persigue el maldito olor de la cebolla… Vosotras mismas lo tenéis en las manos. Se os ha pegado de algo que lleváis en el portamonedas y que ha venido a casa no sé cómo.

—No quiero contestarte… Supones cosas indignas, Rafael, que no merecen ser tomadas en serio. No tienes derecho a ultrajar a tus pobres hermanas, que darían su vida mil veces por ti.

—Por el decoro de la familia os pido, no las vidas, sino algo que vale mucho menos.

—El decoro de la familia está a salvo…—replicó la mayor de las Aguilas con arranque viril—. ¿Acaso eres tú el único depositario de nuestro honor, de nuestra dignidad?

—Voy creyendo que sí.

—Haces mal en creerlo—añadió la dama con vibración grande del labio inferior—. Ya te pones pesadito, y un poco impertinente. Se te toleran tus genialidades; pero llega un punto, hijo, en que se necesita, para tolerarlas, mayor paciencia y mayor calma de las que yo tengo; y cuenta que las tengo en grado sumo… Basta ya, y demos por terminada esta cuestión. Yo lo quiero así, yo lo mando… Lo mando, ¿oyes?

Calló el desdichado, y poco después las dos damas se vestían a toda prisa en su alcoba para recibir a los amigos Torquemada y Donoso. Como Fidela lloriquease, revuelto aún su espíritu por la anterior borrasca, Cruz la reprendió con aspereza:

—Basta de blanduras. Esto es ya demasiado tonto. Si nos achicamos, acabará por imponernos su locura. No, no; hay que mostrarle energía y oponer a sus escrúpulos de señorito mimado una resolución inquebrantable… Animo, o se nos viene a tierra el andamiaje levantado con tanta dificultad.

Nueve

Fue preciso llevar a don José Donoso como parlamentario. Fiadas en la autoridad del amigo de la casa, las dos hermanas le encerraron con Rafael y aguardaron ansiosas el resultado de la conferencia, no menos grave para ellas que si se tratara de celebrar paces entre guerreras naciones enemigas. Estupendo fue el discurso de don José, y no quedó argumento de agudo filo que no emplease con destreza de tirador diplomático... ¡Ah, no estaban los tiempos para mirar mucho la desigualdad de los orígenes! Casos mil de tolerancia en punto a orígenes mil de citar... El, *Pepe* Donoso, era hijo de humildes labradores de Tierra de Campos, y había casado con Justina, de la familia ilustre de los Pipaones de Treviño, y sobrina carnal del conde de Villaociosa. Y en la propia estirpe de los Aguilas, ejemplos elocuentísimos podrían citarse. Su tía (de Rafael), su tía doña Bárbara de la Torre-Auñón, había casado con Sánchez Regúlez, cuyo padre dicen que fue fabricante de albardas en Sevilla. Y en último caso, ¡Señor!, él debía someterse ciegamente a cuanto dispusiera su hermana Cruz, aquella mujer sin par que luchaba heroicamente por salvarlos a los tres de la miseria... Tocó el hábil negociador varios registros, atacándole ya por la ternura, ya por el miedo, y tan pronto empleaba el blando mimo como la amenaza rigurosa. Mas al fin, afónico de tanto perorar, y exhausto el entendimiento del horroroso consumo de ideas, hubo de retirarse del palenque sin conseguir nada. A su especiosa dialéctica contestaba el ciego con las afirmaciones o negativas rotundas que le sugería su indomable terquedad, y cada cual se quedó con sus opiniones, el uno sin ganar un palmo de terreno, ni perderlo el otro, firme y dueño absoluto en el campo en que bravamente se batía. Terminó Rafael su vigorosa jornada defensiva, asentando con fuertes palmetazos sobre el brazo del sillón y sobre su propio muslo que jamás, jamás, jamás transigiría con aquel sabandijo infame que querían introducir estúpidamente en su honrada familia, y no se recató de emplear tintas muy negras en la breve pintura que del sujeto discutido hizo, sacando a relucir la ignominia de sus riquezas, amasadas con la sangre del pobre...

—¡Pero, hijo, si vamos a buscarle el pelo al huevo...! Tú estás en Babia... Te cojo del suelo y te vuelvo a poner en las pajitas del nido de que acabas de caerte... Sí, porque meterse a indagar de dónde viene la riqueza..., es tontería mayúscula. Ven acá... ¿No andan por ahí muchos que son senadores vitalicios y hasta marqueses, con cada escudo que mete miedo? Y ¿quién se acuerda de que unos se redondearon vendiendo negros, otros absorbiendo con el chupón de la usura las fortunas desleídas? Tú no vives en la realidad. Si recobraras la vista, verías que el mundo ha marchado, y que te quedaste atrás, con las ideas de tu tiempo amojamadas en la mollera. Te figuras la sociedad conforme al criterio de tu infancia o de tu adolescencia, informadas en el puro quijotismo, y no es eso, Señor, no es eso. Abre tus ojos; digo, los ojos no puedes abrirlos; abre de par en par tu espíritu a la tolerancia, a las transacciones que nos impone la realidad y sin las cuales no podríamos existir.. Se vive de las ideas generales, no de las propias exclusivamente, y los que pretenden vivir de las propias exclusivamente suelen dar con ellas y con sus cuerpos en un manicomio. He dicho.

Desconcertado y sin ganas de proseguir batiéndose con enemigo tan bien guarnecido entre cuatro piedras, otras tantas ideas duras e inconmovibles, abandonó Donoso el campo, con las manos en la cabeza, como vulgarmente se dice. Era para él derrota ignominiosa el no haber triunfado de aquel mezquino ser, a quien en otras circunstancias y por otros motivos habría reducido con una palabra. Pero disimuló ante las dos hermanas el descalabro de su amor propio, tranquilizándolas con vagas expresiones... Adelante con los faroles, que si el joven no cedía por el momento, el tiempo y la lógica de los hechos le harían ceder... Y en último caso, Señor, ¿qué podría el testarudo aristócrata contra la firme voluntad de sus dos hermanas, que veían claro el campo entero de la vida y los caminos abiertos y por abrir? Nada, nada; valor y adelante; no era cosa de subordinar el bien de todos, *el bien colectivo,* a la genialidad mimosa del que no era en la casa más que un niño adorable. Finalmente: como a niño había que tratarle en aquellas graves circunstancias.

Cruz no tenía sosiego. Mientras, presurosas, arreglaban el comedor, poniendo en su sitio los diversos objetos rescatados y traídos por Bernardina de las casas de préstamos, acordaron suprimir, o por lo menos aplazar, el convite a don Francisco, pues bien podía suceder que surgiera en mitad del festín algún desagradable incidente. Y aquel mismo día, si no mienten las crónicas, recibió Fidela del bárbaro una carta que ambas hermanas leyeron y comentaron, encontrando en ella mejor gramática y estilo de lo que en buena lógica debía esperarse.

—No—dijo Cruz—, si de tonto no tiene nada.

—Puede que se la haya redactado algún amigo de más práctica que él en cosas de escritura.

—No; suya es: lo juraría. Esos *dilemas,* y esos *objetivos,* y esos *aspectos* de las cosas, lo mismo que las *bases,* bajo las cuales quiere fundar tu felicidad, obra son de su caletre. Pero no está mal la epístola. Pues anoche, hasta ingenioso estuvo el pobre. ¡Y cómo se va soltando, y qué rasgos de buen sentido y observación justa! Te aseguro que hay hombres infinitamente peores, y partidos que sólo ganan a éste en las mentirosas apariencias.

La casa iba perdiendo de hora en hora su ambiente de miseria. Aparecieron colchas y cortinajes, que, arrugados, volvían de su larga prisión; ropas de uso, que ya resultaban anticuadas, por aquello de que cambian más pronto las modas que la fortuna; dejáronse ver los cubiertos de plata, por largo tiempo en lastimosa emigración, y vajillas y cristalería, que incólumes volvían del largo cautiverio.

De todo se enteraba Rafael, conociendo la vuelta de la

loza por el sonido, y la de la ropa por el tufo de alcanfor
que al ser desdoblada despedía. Triste y caviloso presen-
ciaba, si así puede decirse, la restauración de la casa,
aquella vuelta a las prosperidades de antaño, o a un
bienestar que habría sido para él motivo de júbilo, si las
causas del repentino cambio fueran otras. Pero lo que le
llenaba el alma de amargura era no advertir en su hermana Fidela aquel abatimiento y consternación que él
creía lógicos ante el horrendo sacrificio. ¡Incomprensible
fenómeno! Fidela no parecía disgustada, ni siquiera inquieta, como si no se hubiese hecho cargo aún de la
gravedad del suceso, antes temido que anunciado. Sin
duda, los seis años de miseria habíanla retrotraído a la
infancia, dejándola incapaz de comprender ninguna cosa
seria y de responsabilidad. Y de este modo se explicaba
Rafael su conducta, porque la sentía más que nunca tocada de ligereza infantil. En sus breves ratos de ocio, la
señorita jugaba con las muñecas, haciendo tomar a su
hermano participación en tan frívolo ejercicio, y las vestía
y desnudaba, figurando llevarlas a visita, al baño, de
paseo y a dormir; comía con ellas mil fruslerías extravagantes, en verdad más propias de mujeres de trapo
que de personas vivas. Y cuando no jugaba, su conducta
era de una extremada volubilidad; no hacía más que agi-
tarse y correr de un lado para otro, echándose a reír por
fútiles motivos, o excitándose a la risa sin motivo alguno.
Esto indignaba al ciego, que, adorándola siempre, ha-
bríala querido más reflexiva ante las responsabilidades de
la existencia, ante aquel atroz compromiso de casarse con
un hombre a quien no amaba ni amar podía.

La señorita del Aguila, en efecto, veía en su proyectado enlace tan sólo una obligación más sobre las muchas que ya sobre ella pesaban, algo como el barrer los
suelos, mondar las patatas y planchar las camisolas de su
hermano. Y atenuaba lo triste de esta visión oscura del
matrimonio, figurándose también el vivir sin ahogos, el
poner un límite a las horrendas privaciones y a la vergüenza en que la familia se consumía.

Diez

Así lo comprendió Rafael con seguro instinto, y de ello le habló ingenuamente una tarde que se encontraron solos.

—Hermana querida, me estás matando con esa sonrisa inocente, de persona sin seso, que llevas al degolladero. Tú no sabes lo que haces, ni adónde vas, ni la prueba terrible que te espera.

—Cruz, que sabe más que nosotros, me ha mandado que no me aflija. Creo que debemos obedecer ciegamente a nuestra hermana mayor, que es para nosotros padre y madre a un tiempo. Cuanto ella dispone, bien dispuesto está.

—¡Cuanto ella dispone! ¿Infalibilidad tenemos? ¿De modo que tú accedes...? Ya no hay esperanza. Te pierdo. Ya no tengo hermana... Pues pensar que yo he de vivir junto a ti, casada con ese hombre, es la mayor locura imaginable. Lo que más quiero en el mundo eres tú. En ti veo a nuestra madre, de quien ya no te acuerdas...

—Sí que me acuerdo.

—¡Ah! Cruz y tú, que conserváis la vista, habéis perdido la memoria. En mí sí que vive fresco el recuerdo de nuestra casa...

—En mí, también... ¡Ah, nuestra casa!... Paréceme que la estoy viendo. Alfombras riquísimas, criados muchos. El tocador de mamá podría yo describírtelo sin que se me olvidase ninguna de las chucherías elegantes que en él veíamos... Diariamente comían en casa veinte personas; los jueves, muchas más... ¡Ah! Lo recuerdo todo muy bien, aunque poco alcancé de aquella vida, que en su esplendidez era un poquito triste... No hacía dos meses que me habían traído de Francia cuando estalló el volcán, la quiebra espantosa. Se juntan en mi memoria las visiones risueñas y la impresión de las ruinas... No creas que la desgracia me cogió de sorpresa. Sin saber por qué, yo la presentía. Aquella vida de disipación nunca fue de mi gusto. Bien recuerdo que a Cruz la llamaban los periódicos *el astro esplendoroso de los salones del Aguila,* y a mí no sé qué mote extravagante me pusieron..., algo así como satélite o qué sé yo... Sandeces que me han dejado un cierto amargor en el alma... La muerte de mamá la recuerdo como si hubiera pasado ayer. Fue del dolor que le produjo el desastre de nuestra casa. A papá le quitó de la mano don José Donoso el revólver con que quería matarse... Murió de tristeza cuatro meses después... Pero qué, ¿lloras? ¿Te lastiman estos recuerdos?

—Sí... Papá no tenía la firmeza estoica que necesitaba para afrontar la adversidad. Era hombre, además, capaz de doblegarse a ciertas cosas con tal de no verse privado de las comodidades en que había nacido. Mamá, no; mamá no era así. Si mamá hubiera alcanzado nuestros tiempos de miseria, los habría sobrellevado con valor y entereza cristiana, sin transigir con nada humillante ni deshonroso, porque a sus muchas virtudes unía el sentimiento de la dignidad del nombre y de la raza. Entre tantas desdichas, siento yo algo en mí que me consuela y me da esperanza, y es que el espíritu de mi madre se me ha transmitido; lo siento en mí. De ella es este culto idolátrico del honor y de los buenos principios. Fíjate bien, Fidela: en la familia de nuestra madre no hay ningún hecho que no sea altísimamente decoroso. Es una familia que honra a la patria española y a la Humanidad. Desde, nuestro bisabuelo, muerto en el combate naval del cabo San Vicente, hasta el primo Feliciano de la Torre-Auñón, que pereció con gloria en los Castillejos, no verás más que páginas de virtud y de cumplimiento estricto del deber. En los Torre-Auñón jamás hubo nadie que se dedicara a estos oscuros negocios de comprar y vender cosas..., mercaderías, valores, no sé qué. Todos fueron señores hidalgos que vivían del fruto de las tierras patrimoniales, o soldados pundonorosos que morían por la patria y el rey, o sacerdotes respetabilísimos. Hasta los pobres de esa raza fueron siempre modelo de hidalguía... Déjame, déjame que me aparte de este mundo y me vuelva al mío, al otro, al pasado... Como no veo, me es muy fácil escoger el mundo más de mi gusto.

—Me entristeces, hermano. Digas lo que quieras, no puedes escoger un mundo, sino vivir donde te puso Dios.

—Dios me pone en éste, en el mío, en el de mi santa madre.

—No se puede volver atrás.

—Yo vuelvo a donde me acomoda...—levantándose airado—. No quiero nada de vosotras, que me deshonráis.

—Cállate, por Dios. Ya te da otra vez la locura.

—Te he perdido. Ya no existes. Veo lo bastante para verte en los brazos del jabalí—gritó Rafael con turbación frenética, moviendo descompasadamente los brazos—. Le aborrezco; a ti no puedo aborrecerte; pero tampoco puedo perdonarte lo que haces, lo que has hecho, lo que harás...

—Querido, hijito mío—dijo Fidela abrazándole, para que no se golpeara contra la pared—. No seas loco... Escucha... Quiéreme como te quiero yo.

—Pues arrepiéntete...

—No puedo. He dado mi palabra.

—¡Maldita sea tu palabra y el instante en que la diste! Vete; ya no quiero más que a Dios, el único que no engaña, el único que no avergüenza... ¡Ay, deseo morirme!...

Luchando con él, pudo Fidela llevarle al sillón, donde quedó inerte, anegado en lágrimas. Anochecía. Ambos callaban, y profunda oscuridad envolvió al fin la triste escena silenciosa.

Desde aquel día determinaron las hermanas que Rafael no asistiese a la tertulia, porque si él estaba violentísimo en presencia de Donoso y Torquemada, no era menor la violencia de ellas, temerosas de un disgusto; como que ya en las últimas noches había dirigido el ciego a su futuro cuñado dardos agudísimos, no bien revestidos de las flores de la cortesía. La separación de campos fue, pues, inevitable. Por indicación del mismo Rafael, poníanle de noche en un cuartito próximo a la puerta, el cual era la pieza más ventilada y fresca de la casa. Naturalmente, se determinó que el ciego no estuviese sin compañía durante las horas de velada, y antes que tenerle solo y aburrido, las dos damas habrían disuelto la tertulia, cerrando la puerta a las dos únicas personas que a ella concurrían. Propuso Rafael que subiera a darle palique un amigo por quien tenía verdadera debilidad, el chico mayor de Melchor el prendero, habitantes en la planta baja de la casa. Era Melchorito de lo más despabilado que podría encontrarse a su edad, no superior a dieciocho años; tan corto de estatura como largo de entendimiento; vivaracho, cariñoso y con toda la paciencia y gracia del mundo para entretener al ciego durante largas horas sin aburrirle ni aburrirse. Estudiaba pintura en la Academia de San Fernando, y no se contentaba con llegar a ser menos que un Rosales o un Fortuny. Al dedillo conocía el Museo del Prado; como que había copiado multitud de Vírgenes de Murillo, que, bien o mal vendidas, le daban para botas y un terno de verano; y como estudio de las sumas perfecciones del arte, *se había metido* con Velázquez, copiando la cabeza del Esopo y el pescuezo de la Hilandera. La descripción del Museo y el recuento de todas las maravillas que atesora servíanle para tener embelesado a Rafael, que, recordando lo que años atrás había visto, lo veía nuevamente con ajenos ojos. Y de todo aquel Olimpo de la pintura, el ciego prefería los retratos, donde se admiraba tanto la Naturaleza como el arte, porque en ellos revivían las personas efectivas, no imaginadas, de antaño. Por ver y examinar retratos, revolvía todas las salas del Museo con su inteligente lazarillo, el cual le prestaba sus ojos, como pueden prestarse unos lentes, y uno y otro se embelesaban ante aquellas nobles figuras, personalidades vivas eternizadas en el arte por Velázquez, Rafael, Antonio Moro, Goya o Van Dyck. Algunas noches, por variar de entretenimiento, Melchorito, que era punto fijo en el paraíso del teatro Real y poseía una feliz memoria musical, daba conciertos vocales e instrumentales, cantándole a Rafael trozos de ópera, arias, dúos y piezas de conjunto, no sin agregar a su salmodia todo el colorido orquestal que obtener podía con las modulaciones de boca más extrañas. El ciego ponía de su parte algún bajete o ritornello fácil, por no ser su retentiva filarmónica tan grande como refinado su gusto, y gozaba lo indecible, llegando a creer que se hallaba en su butaca del teatro, como antes llegaba a figurarse que paseaba por las galerías del Museo.

Lo que agradecían las dos damas la complacencia del *chiquillo de abajo* y lo que admiraban su habilidad, no hay para qué decirlo, pues Rafael era dichoso con tal compañía y no la cambiara por la de todos los sabios del mundo. Cruz solía asomar sonriente a la puerta del cuarto para ver la cara radiante de su hermano, mientras el otro, colorado como un pavo, dirigía la orquesta, dando la entrada a los trombones o atacando el sobreagudo de los violines. Volvía la dama a la tertulia diciendo:

—Están ahora en el cuarto acto de *Los Hugonotes*.

Y poco después:

—Ya, ya concluye... Se marcha la reina, porque oigo la *Marcha Real*.

Enterado don Francisco por Donoso de la irreducible oposición de Rafael, no le daba importancia; tan ensoberbecido estaba el pobre hombre de su próximo enlace, y con la conciencia de su exaltación a un estado social superior.

—¿Conque ese mequetrefe—decía—no quiere aceptarme por hermano político? *Cúmpleme* declarar que me importa un rábano su oposición y que tengo cuajo para pasármele a él con todo su orgullo por las narices. Agradezca a Dios que es ciego y no ve; que si tuviera ojos, ya le enseñaría yo a mirar derecho y ver quién es quién. Sus pergaminos de *puñales* me sirven a mí para limpiarme el moco...; que si yo quiero, ¡cuidado!, pergaminos tendré mejores que los suyos y con más requilorios de nobleza de *ñales*, que me hagan descender de la Biblia pastelera y de la estrella de los Reyes Magos.

Pasaron días; arreciaba el calor, y como Torquemada quería llegar lo más pronto posible al *nuevo orden de cosas,* fijóse la fecha de la boda para el 4 de agosto. La familia se trasladaría a la calle de Silva, para lo cual se completó el moblaje con un comedor de nogal, elegantísimo, escogido por Donoso, y todo habría marchado sobre carriles si no inquietara a las señoras y al propio don Francisco la actitud de Rafael, petrificado en su intransigencia. No había que pensar en llevarle a la casa matrimonial, a menos que el tiempo suavizase tanto rigor. Si Donoso y Fidela confiaban en la acción del tiempo y en la imposición de los hechos consumados, Cruz no tenía tal confianza. Discutían sin cesar los tres el difícil problema, no hallándole solución adecuada, hasta que, por fin, don José propuso una especie de *modus vivendi,* que no pareció mal a sus amigas; esto es, que si Rafael se obstinaba en no vivir bajo el mismo techo que el usurero, él le llevaría a su casa, donde le tendría como a hijo, pudiendo sus hermanas verle siempre que quisieran. Triste pareció la solución, pero admitida fue por ser la menos mala.

Una noche de julio, Rafael y su amigo platicaban de pintura moderna. Díjole Melchorito que tenía una crítica muy calada y chispeante de los cuadros de la última Exposición; mostró el ciego deseos de que su amigo se la leyera; corrió el otro en busca del folleto; quedóse solo el joven del Aguila.

No notaron las hermanas la salida del *chiquillo de abajo,* pues como aquella noche no había música, el silencio no les llamó la atención. Con todo, al cabo de un rato el silencio fue demasiado profundo para no ser advertido. Corrió Cruz al cuartito. Rafael no estaba. Gritó. Acudieron los demás; buscáronle por toda la casa, y el ciego sin aparecer. La idea de que se hubiese arrojado por la ventana al patio o por algún balcón a la calle los alarmó un momento. Pero no; no podía ser. Todos los huecos cerrados. Donoso fue el primero que descubrió que la puerta de la escalera estaba abierta. Pensaron que Rafael y su amigo habían bajado a la tienda. Pero en aquel instante subía Melchorito, el cual se maravilló de lo que ocurría.

Bajaron las dos hermanas más muertas que vivas, y tras ellas los dos amigos de la casa. En la plazuela un guardia les dijo que el señorito ciego había atravesado solo por el jardinillo, dirigiéndose a la calle de las Infantas o a la del Clavel. Preguntaron a cuantas personas vieron, pero nadie daba razón.

Consternadas, resolvieron ir en su busca. Pero ¿adónde?... No había que perder tiempo. Fidela, con Donoso, iría por un lado. Cruz, con Torquemada, por otro... ¿Habría tomado el fugitivo la dirección de Cuatro Caminos? Esta era la opinión más admisible. Pero bien podría haberse dirigido a otra parte. Melchorito y su padre recorrieron presurosos las calles próximas. Nada; no aparecía.

—¡A casa de Bernardina!—dijo Cruz, que conservaba la serenidad en medio de tanta desolación y aturdimiento. Y al punto, como general en jefe indiscutible, empezó a dictar órdenes—: Usted, don Francisco, no nos sirve para nada en este caso. Retírese; le informaremos de lo que ocurra. Tú, Fidela, súbete a casa. Yo me arreglaré sola. Don José y yo, por un lado; Melchor, padre e hijo, por otro, le buscaremos, y por fuerza le hemos de encontrar... ¡Qué locura de chico! Pero conmigo no juega... Si él es terco, yo más. El a perderse y yo a encontrarle, veremos quién gana..., ¡veremos!

Once

En cuanto se vio solo Rafael determinó poner en ejecución el plan que hacía dos semanas embargaba su mente, y para el cual se había preparado con premeditaciones de criminal callado y reflexivo. Desde que ideó la evasión, todas las noches llevaba furtivamente al cuarto su bastón y su sombrero, y se metía en el bolsillo un pedazo de pan, que afanaba con mil precauciones en la comida. Aguardando una ocasión favorable, pasaron no-

ches y noches, hasta que, al fin, la salida de Melchorito
en busca del folleto de crítica le vino que ni de encargo,
porque, para mayor facilidad, el pintor y músico, siempre
que por breve tiempo bajaba, solía dejar abierta la puerta, a fin de no molestar a las señoras cuando volvía.

No bien calculó que había transcurrido el tiempo necesario para no encontrar a Melchor en la escalera, deslizóse con pie de gato, y tanteando las paredes, se escurrió
fuera sin que sus hermanas le sintiesen. Bajó todo lo
aprisa que podía y tuvo la suerte de que nadie en el
portal le viera salir. Conociendo perfectamente las calles,
sin ayuda de lazarillo andaba por ellas con la sola precaución de dar palos en el suelo para prevenir a los transeúntes del paso de un hombre sin vista. Atravesó el
jardín, y ganando la calle de las Infantas, que le pareció
la vía más apropiada para la fuga, pegado a la fila de
casas de los impares, avanzó resueltamente. Para prevenirse contra la persecución, que inevitable sería en cuanto
notaran su ausencia, creyó prudente meterse por las calles
transversales, tomando un camino de zigzag. «Por aquí
no es creíble que vengan a buscarme—decía—; irán por
las calles de San Marcos y Hortaleza, creyendo que voy
hacia Cuatro Caminos. Y mientras ellas se vuelven locas
buscándome por allá, yo me escurro bonitamente por
estos barrios, y luego me bajaré a Recoletos y la Castellana.»

¡Oh, qué sensación tan placentera la de la libertad!...
Dulce era ciertamente la tiranía de sus hermanas siempre
que la ejercieran solas. Con la salvaje y grotesca alimaña
que introducido hacían en la casa, ésta resultaba calabozo,
y a la más suave de las esclavitudes era preferible la más
desamparada y triste de las libertades.

Avanzaba resueltamente, castigando la acera con su
palo, no sin recibir algún que otro golpe, por la impaciencia que le espoleaba y la falta de costumbre, pues era
la primera vez que andaba solo por las calles y plazuelas.
El paso de una acera a otra colmaba la dificultad de su
tránsito. Atento al ruido de coches, en cuanto dejaba

de sentirlo lanzábase al arroyo, sin solicitar el auxilio de los transeúntes. A esto no habría recurrido sino en un caso extremo, porque consideraba humillante apoyarse en personas extrañas, mientras tuviera manos con que palpar y bastón con que abrirse paso a través de las tinieblas.

Al llegar a Recoletos saboreó la frescura del ambiente que de los árboles surgía, y su gozo aumentó con la grata idea de independencia en aquellas anchuras, pudiendo tomar la dirección más de su gusto sin que nadie le marcase el camino ni le mandara detenerse. Tras corta vacilación, dirigióse a la Castellana por el andén de la derecha, para lo cual tuvo que orientarse cuidadosamente, buscando con cautela de náutico la derrota más segura para atravesar la plaza de Colón. Su oído sutil le anunciaba los coches lejanos, y sabía aprovecharse del momento propicio para pasar sin tropiezo. Avanzó por el andén, respirando con delicia el aire tibio, impregnado de emanaciones vegetales, con ligero olor de tierra humedecida por el riego. Y más que nada le embelesaba la dulcísima libertad, aquel andar *de por sí,* sin agarrarse al brazo de otra persona; la certidumbre de no parar hasta que su voluntad lo determinase, y de estarse así toda la noche, bañando su alma y su cuerpo en la intemperie, sin sentir sobre su cabeza otro techo que el santo cielo, en el cual, con los ojos del alma veía sinfín de estrellas que le contemplaban con cariño y le alentaban en su placentera vagancia. Antes que vivir con Torquemada, resignaríase el pobre ciego a todos los inconvenientes de la vida vagabunda, sin más amigo que la soledad, un banco por lecho y el firmamento por techumbre. Antes que aceptar a la bestia zafia y villana, aceptaría el sustentarse de limosna. ¡La limosna! Ni la idea ni la palabra le asustaban ya. La pobreza a ningún ser envilecía; solicitar la caridad pública, no teniendo otro recurso, era tan noble como ejercerla. El mendigo de buena fe, el infeliz que pedía para no morirse de hambre, era el hijo predilecto de Jesucristo, pobre en este mundo, rico de inmortales riquezas en el otro... Pensando en esto, concluyó por *sentar el principio,* como diría la bestia, de que, para su honrada profesión de ciego mendicante, le vendría bien un perro. ¡Ay, cómo le gustaban los perros! Daría en aquel momento un dedo de la mano por tener un fiel amigo a quien acariciar y que le acompañase calladito y vigilante. Consideró luego que para solicitar eficazmente la limosna le convendría tocar algo; es decir, poseer alguna habilidad musical. Recordó con pena que el único instrumento que manejaba era el acordeón; pero sin pasar de las cuatro notas de *la donna e móbile,* y aun este pasajillo no sabía concluirlo... En fin, que para desgarrar los oídos del transeúnte valía más no tocar nada.

Sentóse en un banco, dejando pasar el tiempo en dulce meditación, durante la cual sus hermanas se le representaron en término muy remoto, alejándose más cada vez y borrándose en el espacio. O se habían muerto Cruz y Fidela, o se habían ido a vivir a otro mundo que no se podía ver desde éste. Y en tanto, no había formado plan ninguno para pasar la noche. Tan sólo pensó vagamente que cuando le rindiera el sueño iría a pedir hospitalidad al polvorista. Pero no, no...; mejor era dormir al raso, sin solicitar favores de nadie ni perder, por la gratitud, aquella santa independencia que le hacía dueño del mundo, de la tierra y del cielo.

De pronto le asaltó una idea que le hizo estremecer. Husmeaba el aire como un sabueso que busca el rastro de personas o lugares. «Sí, sí, no me queda duda—se dijo—. Sin proponérmelo, sin pensar en ello, he venido a sentarme frente a mi casa, frente al hotel que fue de mis padres... Paréceme que no me equivoco. El trecho recorrido desde la plaza de Colón es la distancia exacta. Conservo el sentido de la distancia, y, además, no sé qué instinto o más bien doble vista me dice que estoy aquí, frente al palacio donde vivimos en los tiempos de felicidad, breves si los comparo con nuestra insoportable miseria.» Trémulo de emoción, quiso cerciorarse por el tacto, y avanzó, traspasando con cautela el seto, hasta llegar a una verja, que hubo de reconocer cuidadosamente. Se le anudó la voz en la garganta al adquirir la certidumbre que buscaba. «Estos, son éstos—se dijo—los hierros de la verja... La estoy viendo, pintada de verde oscuro, con las lanzas doradas... La conozco como conocería mis propias manos. ¡Oh tiempos! ¡Oh lenguaje mudo de las cosas queridas!... No sé qué siento, la resurrección dentro de mí de un pasado hermoso y triste, ahora más triste por ser pasado... Dios mío, ¿me has traído a este lugar para confortarme o para hundirme más en el abismo negro de mi miseria?»

Limpiándose las lágrimas, volvió al banco, y, humillada la frente sobre las manos, suscitó en su mente con vigor de ciego la visión del pasado. «Ahora viven aquí—se dijo, exhalando un gran suspiro—los marqueses de Mejorada del Campo. Se me figura que poco han cambiado el hotel y el jardín. ¡Qué hermosos eran antes!» Sintió que se abría la verja para dar paso a un coche.

«De seguro van ahora al teatro Real. Mi mamá iba siempre a esta hora, tardecito, y llegaba al acto tercero. Jamás oía los dos primeros actos de las óperas. Estábamos abonados a la platea número siete. Paréceme que veo la platea, y a mi mamá, y a Cruz, y a las primas de Rebolledo, y que estoy yo en la butaca número dos de la fila octava. Sí, yo soy, yo, yo, aquel que allí veo, con mi buena figura de hace ocho años..., y ahora vengo al palco de mi madre, y la riño por no haber ido antes... No sé por qué me suben a la boca, al recordarlo, dejos de aburrimiento. ¿Era yo feliz entonces? Voy creyendo que no.»

Pausa. «Desde donde estoy vería yo, si no fuera ciego, la ventana del cuarto de mi madre... Paréceme que entro en él. ¡Qué se haría de aquellos tapices de Gobelinos, de aquella rica cerámica *viejo Viena* y *viejo Sajonia!* Todo se lo tragó el huracán. Arruinados, pero con honra. Mi madre no transigía con ninguna clase de ignominia. Por eso murió. Ojalá me hubiera muerto yo también, para no asistir a la degradación de mis pobres hermanas. ¿Por qué no se murieron ellas entonces? Dios quiso, sin duda, someterlas a todas las pruebas, y en la última, en

la más terrible, no han sabido sobreponerse a la flaqueza
humana, y han sucumbido. Se rinden ahora, después de
haber luchado tanto; y aquí tenemos al diablo vencedor,
con permiso de la Divina Majestad, que es quien a mí
me inspira esta resolución de no rendirme, prefiriendo al
envilecimiento la soledad, la vagancia, la mendicidad...
Mi madre está conmigo. Mi padre también..., aunque no
sé, no sé si en el caso presente, hallándose vivo, se habría
dejado tentar de... Mucha influencia tenía sobre él Donoso, el amigo leal antes, y ahora el corruptor de la familia. Contaminóse mi padre del mal de la época, de la
fiebre de los negocios, y no contento con su cuantioso
patrimonio, aspiró a ganar colosales riquezas, como otros
muchos... Comprometido en empresas peligrosas, su fortuna tan pronto crecía como mermaba. Ejemplos que
nunca debió seguir le perdieron. Su hermano y mi tío
había reunido un capitalazo comprando bienes nacionales.
La maldición recayó sobre los que profanaban la propiedad de la Iglesia, y en la maldición fue arrastrado mi
padre... A mamá, bien lo recuerdo, le eran horriblemente antipáticos los negocios, aquel fundar y deshacer sociedades de crédito como castillos de naipes, aquel vértigo
de la Bolsa, y entre mi padre y ella el desacuerdo saltaba
a la vista. Los Torre-Auñón aborrecieron siempre el
compra y vende y los agios oscuros. Al fin, los hechos
dieron razón a mi madre, tan inteligente como piadosa;
sabía que la ambición de riquezas, aspirando a poseerlas
fabulosas, es la mayor ofensa que se puede hacer a Dios,
que nos ha dado lo que necesitamos y un poquito más.
Tarde conoció mi padre su error, y la conciencia de él le
costó la vida. La muerte los igualó a todos, dejándonos
a los vivos el convencimiento de que sólo es verdad la
pobreza, el no tener nada... Desde aquí no veo más que
humo, vanidad y el polvo miserable en que han venido
a parar tantas grandezas; mi madre, en el Cielo, mi padre,
en el Purgatorio; mis hermanas, en el mundo, desmintien-
do con su conducta lo que fuimos; yo echándome solo

y desamparado en brazos de Dios para que haga de mí lo que más convenga.»

Doce

Pausa. «¡Qué hermoso era el jardín de mi casa!... Y lo será todavía, aunque oí que le han quitado una tercera parte para construir casas de vecindad. ¡Qué hermoso era el jardín y qué horas tan gratas he pasado en él!... Paréceme que entro en el hotel subo por la escalera de mármol. Allí, las soberbias armaduras que poseía mi padre, adquiridas de la casa de San Quintín, parientes de los Torre-Auñón. En el despacho de mi padre están Donoso, don Manuel Paz, el general Carrasco, que delira por los negocios, y envainando para siempre su espada, se dedica a hilvanar ferrocarriles; el ex ministro García de Paredes; Torres, el agente de Bolsa, y otros puntos... Allí no se habla más que de combinaciones financieras que no entiendo... Me aburro, se ríen de mí; me llaman *don Galaor*... Insultan en mí a la diplomacia, que el general llama, remedando a Bismarck, *vida de trufas y condecoraciones*... Me largo de allí. Paréceme que veo el despacho con su chimenea monumental, y en ella, un bronce magnífico, reproducción del Colleone de Venecia. En los *stores,* bordados los escudos de Torre-Auñón y del Aguila. La alfombra, de lo más rico de Santa Bárbara, es profanada por los salivazos del agente de Bolsa, que al entrar y al salir parece que se trae y se lleva en la cartera toda la riqueza fiduciaria del mundo... Y todo eso es ahora polvo, miseria; y los gusanos le ajustan a mi padre la cuenta de sus negocios... Torres, el agente, se pegó un tiro en Montecarlo tres años después, y el general anda por ahí miserable, paseando su hemiplejía del brazo de un criado. Sólo viven él y Donoso, petrificado en su suficiencia administrativa, que a mí me carga tanto, aunque me guardo muy bien de decírselo a mis hermanas, porque me comerían vivo.»

Pausa. «¡Oh, qué linda era Cruz, qué elegante y qué

orgullosa, con legítimo y bien medido orgullo! La llamábamos *Croisette,* por la estúpida costumbre de decirlo todo en francés. Fidela, al venir de Francia, nos encantaba con su volubilidad. ¡Qué ser tan delicado, y qué temperamento tan vaporoso! Diríase que no estaba hecha de nuestra carne miserable, sino de sustancias sutiles, como los ángeles, que nunca han puesto los pies en el suelo. Ella los ponía por gracia especial de Dios, y podía creerse que al tocarla se nos desbarataba entre las manos, trocándose en vapor impalpable. Y ahora..., ¡Santo Dios!, ahora..., allá la miro metida en fango hasta el cuello. He querido sacarla... No se deja. Le gusta la materia. Buen provecho le haga... Cuando yo me fui a la Embajada de Alemania, que entonces era todavía Legación, salí de casa con el presentimiento de que no había de volver a ver a mi madre. Esta se empeñó en que no me llevara a *Toby,* el perro danés que me regaló el primo Trastamara. ¡Pobre animal! Nunca me olvidaré de la cara que puso al verme partir. Murió de enfermedad desconocida, dos días antes que mi madre... Y ahora que me acuerdo: ¿adónde habrá ido a parar el bueno de Ramón, aquel criado fiel que tan bien entendía mis gustos y caprichos? Cruz me dijo que puso un comercio de vinos en su pueblo, y que, fabricando valdepeñas, ha hecho un capital... El tenía sus ahorros. Era hombre muy económico, aunque no sisaba como aquel bribón de Lucas, el mozo de comedor, que hoy tiene un restaurante de ferrocarril. Con los cigarros que le robaba a mi padre compró una casa en Valladolid, y con lo que sisaba en el champaña sacó para establecer una fábrica de cerveza.»

Pausa. «¿Qué hora será?... Pero ¿qué me importa a mí la hora, si soy libre y el tiempo no tiene para mí ningún valor? Mi hotel no duerme aún. Siento rumores en la portería. Los criados arman tertulia con el portero, esperando la vuelta de la señora... Ya, ya me parece que siento el coche. Es la hora de salir del Real, la una menos cuarto, si no ha sido ópera larga. Wagner y su escuela no nos sueltan hasta la una y tres cuartos... Ya está ahí...

Abren la verja... Entra el coche. ¡Si me parece que estoy en mis tiempos de señorito! El mismo coche, los mismos caballos, la noche igual, con las mismas estrellas en el cielo... para quien pueda verlas... Ya cierran. El hotel se entrega al sueño como sus habitantes... Yo siempre principio a sentir...»

Más que sueño, lo que empezaba a sentir era hambre, y echando mano al zoquete de pan que llevaba en el bolsillo, dio principio a su frugal cena, que le supo más rica que cuantos manjares delicados solía llevarle Cruz de casa de Lhardy.

«¡Qué apuradas andarán mis hermanas buscándome! —dijo, comiendo despacito—. Fastidiarse. Os habéis acostumbrado a que yo fuese un cero, siempre un cero. Convenido: soy cero, pero os dejo solas, para que valgáis menos. Y yo me encastillo en mi dignidad de cero ofendido, y sin valer nada, absolutamente nada para los demás, me declaro libre y quiero buscar mi valor en mí mismo. Sí, señoras del Aguila y de la Torre-Auñón: arreglad ahora vuestro bodorrio como gustéis, sin cuidaros del pobre ciego. ¡Ah, vosotras tenéis vista; yo, no! Mi desdicha se compensa con la inmensa ventaja de no poder ver a la bestia. Vosotras la veis, la tenéis siempre delante, y no podéis libraros de su grotesca facha, que viene a ser vuestro castigo... ¡Qué rico está este pan!... ¡Gracias a Dios que he perdido al comer aquella sensación mortificante del olor de cebolla!»

Sintió sueño, y se estiraba en el banco, buscando la postura menos incómoda, haciendo almohada del brazo derecho, cuando se le acercó un pobre que arrastraba un pie como si fuera bota a medio poner, y alargaba en vez de mano, para pedir limosna, un muñón desnudo y rojo. La voz bronca del mendigo hizo estremecer a Rafael, que se incorporó, diciéndole:

—Perdone, hermano. Yo soy pobre también, y si no he pedido todavía es por la falta de costumbre. Pero mañana, mañana pediré.

—¿Es usted, por casualidad, ciego?—dijo el otro, desesperanzado de obtener limosna.

—Para servir a usted.

—Estimando.

—Si hubiera venido usted un poquito antes, habríale dado parte del pan que acabo de comerme. Pero lo que es dinero no puedo darle. No llevo sobre mí moneda alguna, ni perro grande ni chico... Soy más pobre que nadie. He venido, ¡ay!, muy a menos. Y usted, ¿qué es?

—¿Cómo que qué soy?

—Quiero decir si es usted también ciego.

—No, gracias a Dios. No soy más que cojo; pero de los dos cabos, y manco de la derecha... La perdí dando un barreno.

—Por la voz, me parece que es usted viejo.

—Y usted muy parlanchín. ¡Porras! Como todos los ciegos, que echan el alma y los hígados por la pastelera lengua.

—Dispense usted que no le conteste en ese lenguaje ordinario. Soy persona decente.

—Sí, ya se ve... ¡Persona decente! Yo también lo fui. Mi padre tenía catorce pares.

—¿De qué?

—De mulas.

—¡Ah!... Creí que de bemoles... ¿Conque mulas? Pues eso no es nada en comparación de lo que tuvo el mío. Ese palacio que está frente a nosotros, si hablara, no me dejaría mentir.

—¡Porras *maúras*! ¿A que va a decir que es suyo el palacio?

—Digo que lo fue; la verdad...

—Mecachis, y que se lo limpiaron los usureros. Como a mí. como a mi padre, que era mayorazgo, y por tomar dinero a rédito para meterse en negocios nos dejó más pobres que las ratas.

—¡Los malditos negocios, el compra y vende!... Y henos aquí a los hijos pagando las culpas de la ambición de los padres. Ahora pedimos limosna, y de seguro los que nos empobrecieron pasan a nuestro lado sin darnos una triste limosna. Pero Dios no nos desampara, ¿verdad? Donde menos se piensa salta una persona caritativa. Hay almas caritativas. Dígame usted que las hay, pues yo, la verdad, no quisiera morirme de hambre por esas calles.

—¿No tiene familia?

—Mis hermanas, hombre de Dios. Pero no quiero nada con ellas.

—Ya, ¡contra!, le han desamparado, ¡porras verdes! Como a mí, lo mismo que a mí.

—¿Sus hermanas?

—No... ¡*Pior, pior!*—dijo el otro con una voz bronca y arrastrada que parecía extraer con gran trabajo de lo más hondo de su cuerpo—. ¡Son mis hijas las que me pusieron en la calle!

—¡Ja, ja, ja! ¡Sus hijas!—exclamó Rafael, acometido de violentísimas ganas de reír—. Y dígame: ¿son señoras?

—¿Señoras?—dijo el otro con todo el sarcasmo que cabe en la voz humana—. Señoras del pingajo y damas del tutilimundi. Son...

—¿Qué?

—Púas coronadas... ¡Agur!

Y se fue, arrastrando la pata, echando demonios por su boca, entre gruñidos bestiales, babeándose como un perro con moquillo.

«Pobre señor...—murmuró Rafael, volviendo a tomar la postura de catre—. Sus hijas, por lo que dijo, son... ¡Qué abismos nos revela el fondo de la miseria cuando bajamos a él! Si yo me durmiera, ahogaría en mi cerebro ideas que me mortifican. Probaremos. Más duro es esto que mi cama; pero no me importa. Conviene acostumbrarse al sufrimiento... Y ¡vaya usted a saber ahora con qué me desayunaré mañana! Lo que Dios me tenga reservado, café o chocolate o mendrugo de pan: El lo sabe, en alguna parte estará... ¿No se desayunan los pájaros? Pues algo ha de haber también para mí.»

Quedóse aletargado y tuvo un sueño breve con imáge-

nes intensísimas. En corto tiempo soñó que se hallaba en
el vestíbulo del hotel cercano, tendido en un banco de
madera. Vio entrar a su padre con gabán de pieles, accidente de invierno que no le chocaba a pesar de hallarse
en pleno verano. Su padre se maravilló de verle en tal
sitio, y le dijo que saliese a comprar diez céntimos de
avellanas. ¡Cuánto disparate! Aun soñando, discurría que
todo aquello no tenía sentido. Después salió el perro danés aullando, con una pata rota y el hocico lleno de sangre. En el momento de abalanzarse en socorro del pobre
animal, despertó. En un tris estuvo que se cayera del
banco de piedra.

Le dolían los huesos; el frío empezaba a molestarle, y
su estómago no parecía conforme con pasar toda la noche
al raso sin más sustento que un pedazo de pan. Para
sobreponerse al clamor de la naturaleza desfallecida, salió
de estampía por el paseo adelante, tropezando con los
árboles y besando el santo suelo en dos o tres tumbos
que dio al perder el equilibrio. Pero supo sacar fuerzas
de flaqueza y sostener el cuerpo con los bríos del ánimo.

«Vamos, Rafael, no seas niño; a la primera contrariedad, ya estás aturdido y sin saber qué camino tomar.
Pronto ha de amanecer y, o mucho me engaño, o Dios,
que vela por mí, ha de depararme un alma caritativa. No
siento pasos... Debe de ser la madrugada. ¡Qué soledad!
¿Cómo podría enterarme de que ha salido el sol, o de
que va a salir? ¡Ah! Siento cantar un gallo, anunciando
el día. Será ilusión tal vez, pero me parece que es el gallo
de Bernardina el que canta. Y otra vez, y otra... No, son
muchos gallos, todos los gallos de estos contornos que
dicen a su manera: 'Basta ya de noche...' Lo que no
siento aún es el gracioso piar de los pajarillos. No, no
amanece todavía. Más adelante, en otro banco, podré
dormir otro poquito, y cuando los pájaros me avisen,
dejaré las ociosas plumas, digo, la ociosa berroqueña...
Adelante y valor. De seguro que ninguna de estas avecillas que ahora duermen inocentes en el ramaje que se
extiende sobre mi cabeza se preocupa ni poco ni mucho

de lo que ha de comer cuando despierte. El desayuno, en
alguna parte está. Las almas caritativas duermen también
ahora, y dormirá la mañanita; pero de fijo no faltará
alguna que madrugue.»

Hacia el fin de la Castellana volvió a darse su ración
de banco; mas no pudo pegar los ojos, ni siquiera sosegar
sus cansados huesos. Dos perros vagabundos se llegaron
a él, y le olieron y le hocicaron. Quiso Rafael detenerlos
con voz cariñosa; pero los dos animales, que debían de
estar dotados de gran penetración y agudeza, entendieron
que de allí muy poco o nada sacarían. Después de infringir ambos sosegadamente, en el banco del ciego, las orde-
nanzas de policía urbana, se fueron en busca de aventura
más provechosa.

Levantóse Rafael al rayar la aurora, cuya claridad saludaron las avecillas, y restregándose las manos para pro-
veerse de un poco de calor que supliera bien que mal la
falta de alimento, echó a andar y desentumeció sus piernas. El valor no le abandonaba; pero iba comprendiendo
que la iniciación en el oficio de mendigo tiene sus contras,
y que el aprendizaje había de ser para él durísimo. ¡Qué
bien le habría venido en aquella hora un poco de café!
Pero las almas caritativas no parecieron con la provisión
del precioso líquido. Pasos de hombres y brutos oyó en
dirección al centro de Madrid: eran trajinantes, mercade-
res de hortalizas y huevos que llevaban frutas a la plaza.
Sintió el ruido de cántaros de leche que chocan con el
movimiento de la caballería que los conduce. ¡De buena
gana se habría él tomado un vaso de leche! Pero ¿a quién,
¡Santo Dios!, se lo había de pedir? Gentes de pueblo pasaron al lado suyo sin hacerle caso. De fijo que si él se
lanzara a pordiosero, alguien le daría. «Pero el mérito
grande de las almas caritativas—pensó—será que me so-
corran sin que yo pase por la vergüenza de pedirlo.» Por
desgracia suya, en aquel tímido ensayo de mendicidad
las almas compasivas se abstenían de socorrer a un nece-
sitado que no empezaba por marear al transeúnte con en-
fadosos reclamos de limosna. Largo trecho anduvo des-

orientado, sin saber adónde iba, y, al fin, el cansancio y el
hambre determinaron en su espíritu el propósito de
pedir albergue a Bernardina; pero al hacer esta concesión
a la dura necesidad quería engañarse y dar satisfacciones
a su entereza, diciéndose: «No, si no haré más que tomar
un bocadillo y seguir luego. A la calle otra vez, al camino.»

No le fue tan fácil encontrar el rumbo. Pero si sentía
cortedad para implorar limosna, no la sentía para pedir
informes topográficos. «¿Voy bien por aquí a Cuatro
Caminos?» Esta pregunta, sinnúmero de veces repetida y
contestada, fue la brújula que le señaló la derrota por
campos, carreteras y solares baldíos, hasta que dio con
sus cansados huesos en el corralón de los Valiente.

Trece

Vióle Bernardina antes que traspasara el hueco del portalón, y salió a recibirle con demostraciones de vivo contento, mirándole como un aparecido, como un resucitado.

—Dame café—le dijo el ciego con trémula voz—.
Siento nada más que un poquito de debilidad.

Llevóle adentro la fiel criada, y con rara discreción se
abstuvo de decirle que la señorita Cruz había estado tres
veces durante la noche buscándole, muerta de ansiedad.
Mucha prisa corría comunicar el hallazgo a las angustiadas
señoras; pero no urgía menos dar al fugitivo el desayuno
que con tanta premura pedían la palidez de su rostro y
el temblor de sus manos. Con toda la presteza del mundo preparó Bernardina el café, y cuando el ciego, ávida-
mente, lo tomaba, dio instrucciones a Cándido para que
le retuviese allí, mientras ella iba a dar parte a las señoras, que, sin duda, le creían muerto. Lo peor del caso
era que Hipólito Valiente, el héroe de África, estaba
aquel día de servicio.

—Ya que no tenemos aquí al viejo, que sabe embo-
barle con historias de batallas—dijo Bernardina a su marido—, entretenle tú como puedas. Cuéntale lo que se

te ocurra; inventa mentiras muy gordas. No seas bruto...
En fin, lo que importa es que no se nos escabulla. Como
quiera salir, le sujetas, aunque para ello tengas que amarrarle por una pata.

Rafael no mostró después del desayuno deseos de nuevas correrías. Estaba tan decaído de espíritu y tan alelado
de cerebro, que sin esfuerzo alguno le pudo llevar Cándido al taller de polvorista donde trabajaba. Hízole sentar
en un madero, y siguió el hombre en su faena de amasar
pólvora y meterla en los cilindros de cartón que forman
el cohete. Su charla continua, a ratos chispeante y ruidosa como las piezas de fuego que fabricaba, no sacó a
Rafael de su sombría taciturnidad. Allí se estuvo con
quietud expectante de esfinge, los codos en las rodillas,
los puños convertidos en sostén de quijadas, que parecían
adheridas a ellos por capricho de Naturaleza. Y oyendo
aquel runrún de la palabra de Valiente, que era un elo-
gio tan enfático como erudito del arte pirotécnico; y sin
enterarse de nada, pues la voz del polvorista entraba en
su oído, pero no en su entendimiento, se iba engolfando
en meditaciones hondísimas, de las cuales le sacó súbitamente la entrada de su hermana Cruz y de don José Donoso. Oyó la voz de la dama en el corralón:

—Pero ¿dónde está?

Y cuando la sintió cerca no hizo movimiento alguno
para recibirla.

Cruz, cuyo superior talento se manifestaba señalada-
mente en las ocasiones críticas, comprendió al punto que
sería inconveniente mostrar un rigor excesivo con el
prófugo. Le abrazó y besó con cariño, y don José Donoso
le dio palmetazos de amistad en los hombros, diciéndole:

—Bien, bien, Rafaelito. Ya decía yo que no te habías
de perder..., que ello ha sido un bromazo... Tus pobres
hermanas muertas de ansiedad... Pero yo las tranquilizaba, seguro de que aparecerías.

—¿Sabes que son tus bromas pesaditas?—dijo Cruz,
sentándose a su lado—. ¡Vaya, que tenernos toda la
noche en aquella angustia! Pero, en fin, la alegría de en-

contrarte compensa nuestro afán, y de todo corazón te perdono la calaverada... Ya sé que Bernardina te ha dado el desayuno. Pero tendrás sueño, pobrecillo. ¿Dormirías un rato en tu camita?

—No necesito cama—declaró Rafael con sequedad—. Ya sé lo que son lechos duros, y me acomodo perfectamente en ellos.

Habían resuelto Donoso y Cruz no contrariarle, afectando ceder a cuanto manifestara, sin perjuicio de reducirle luego con maña.

—Bueno, bueno—manifestó Cruz—; para que veas que quiero todo lo que tú quieras, no contradigo esas nuevas opiniones tuyas sobre la dureza de las camas. ¿Es tu gusto? Corriente. ¿Para qué estoy yo en el mundo más que para complacerte en todo?

—Justo—dijo don José, revistiendo su oficiosidad de formas afectuosas—. Para eso estamos todos. Y ahora, lo primero que tenemos que preguntar al fugitivo es si quiere volver a casa en coche o a pie.

—¡Yo... a casa!—exclamó Rafael con viveza, como si oído hubiera la proposición más absurda del mundo.

Silencio en el grupo. Donoso y Cruz se miraron, y en el mirar sólo se dijeron: «No hay que insistir. Sería peor.»

—Pero ¿en dónde estarás como en tu casa, hijo mío? —dijo la hermana mayor—. Considera que no podemos separarnos de ti, yo al menos. Si se te antoja vagabundear por los caminos, yo también.

—Tú, no... Déjame... Yo me entiendo solo.

—Nada, nada—expuso Donoso—. Si Rafael, por razones, o caprichos, o genialidades que no discuto ahora, no, señor, no las discuto; si Rafael, repito, no quiere volver a su casa, yo le ofrezco la mía.

—Gracias, muchas gracias, señor don José—replicó, desconcertado, el ciego—. Agradezco su hospitalidad; pero no la acepto... Huésped molestísimo sería...

—¡Oh, no!

—Y créame a mí... En ninguna parte estaré tan bien como aquí.

—¡Aquí!

Volvieron a mirarse Donoso y Cruz, y a un tiempo expresaron los ojos de ambos la misma idea. En efecto, aquel deseo de permanecer en casa de Bernardina era una solución que por el momento ponía fin a la dificultad surgida; solución provisional que daba espacio y tiempo para pensar descansadamente en la definitiva.

—¡Vaya, qué cosas tienes!—dijo Cruz, disimulando su contento—. Pero, ¡hijo, aquí!... En fin, para que veas cuánto te queremos, transijo. Yo sé transigir; tú, no, y a todos nos haces desgraciados.

—Transigiendo se llega a todas partes—declaró don José, dando mucha importancia a su sentencia.

—Bernardina tiene un cuarto que se te puede arreglar. Te traeremos tu cama. Fidela y yo turnaremos para acompañarte... ¡Ea! Ya ves cómo no soy terca, y me doblego, y... Conviene, en esta vida erizada de dificultades, no encastillarnos en nuestras propias ideas y tener siempre en cuenta las de los demás, pues eso de creer que el mundo se ha hecho para nosotros solos es gran locura... Yo, ¡qué quieres!, he comprendido que no debo contrariarte en ese anhelo tuyo de vivir separado de nosotras... Descuida, hijo, que todo se arreglará... No te apures. Vivirás aquí, y vivirás como un príncipe.

—No es preciso que me traigan mi cama—indicó Rafael, entrando ya en familiar y cariñoso coloquio con su hermana mayor—. ¿No tendrá Bernardina un catre de tijera? Pues me basta.

—Quita, quita... Ahora sales con querer pintarla de ermitaño. ¿A qué vienen esas penitencias?

—Si nada cuesta traer la camita...—apuntó don José.

—Como quieran—manifestó el ciego, que parecía dichoso—. Aquí me pasaré los días dando vueltas por el corralón, conversando con el gallo y las gallinas; y a ratos vendré a que Cándido me enseñe el arte de polvorista...; no vayan a creer ustedes que es cualquier cosa ese arte.

Aprenderé, y aunque no haga nada con las manos, bien
puedo sugerirle ideas mil para combinar efectos de luz,
y armar los ramilletes, y los castillos, y todas esas hermosas fábricas de chispas, que tanto divierten al respetable
público.

—Bueno, bueno, bueno—clamaron a una Donoso y
Cruz, satisfechos de verle en tan venturosa disposición
de ánimo.

Brevemente conferenciaron la dama y el fiel amigo de
la casa, sin que Rafael se enterase. Ello debió de ser algo
referente a la traída de la cama y otros objetos de uso
doméstico. Despidióse Donoso abrazando al joven ciego,
y éste volvió a caer en su murria, presumiendo que su
hermana, al hallarse sola con él, le hablaría del asunto que
causaba las horribles desazones de todos.

—Vámonos a la casa—dijo Cruz, cogiendo del brazo
a su hermano—. Tengo miedo de estar aquí, señor Valiente... No es desprecio de su taller, es... que no sé
cómo hay quien tenga tranquilidad en medio de estas
enormes cantidades de pólvora. Supóngase usted que por
artes del enemigo cae una chispa...

—No, señorita, no es posible...

—Cállese usted. Sólo de pensarlo parece que me siento
convertida en pavesas. Vamos, vámonos de aquí. Antes,
si te parece, daremos un paseíto por el corralón. Está
un día precioso. Ven, iremos por la sombra.

Lo que el señorito del Águila recelaba era cierto. La
primogénita tenía que tratar con él algo muy importante,
reciente inspiración, sin duda, y último arbitrio ideado
por su grande ingenio. ¿Qué sería?

«¿Qué será?», pensó el ciego temblando, pues todo su
tesón no bastaba para hacer frente a la terrible dialéctica
de su hermana.

Principió ésta por encarecer las horrendas amarguras
que ella y Fidela habían pasado en los últimos días, por
causa de la oposición de su querido hermano al proyecto
de matrimonio con don Francisco.

—Renunciad a eso—dijo prontamente Rafael—y se acabaron las amarguras.

—Tal fue nuestra idea..., renunciar, decirle al buen don Francisco que se fuera con la música a otra parte, y que nos dejase en paz. Preferimos la miseria con tranquilidad a la angustiosa vida que ha de traernos el desacuerdo con nuestro hermano querido. Yo dije a Fidela: «Ya ves que Rafael no cede. Cedamos nosotras, antes que hacernos responsables de su desesperación. ¡Quién sabe! Cieguecito, puede que vea más que nosotras. ¿Su resistencia será aviso del cielo, anunciándonos que Torquemada, con el *materialismo,* como él dice, del buen vivir, nos va a traer una infelicidad mayor que la presente?»

—Y ¿qué dijo Fidela?

—Nada: que ella no tiene voluntad; que si yo quería romper, por ella no quedara.

—Y tú, ¿qué hiciste?

—Pues nada, por el pronto. Consulté con don José. Esto fue la semana pasada. A ti nada te dije, porque como estás tan puntilloso no quise excitarte inútilmente. Parecióme mejor no hablar contigo de este asunto hasta que no se resolviera en una o en otra forma.

—Y Donoso, ¿qué opinó?

—¿Donoso?... ¡Ah!

Catorce

—¡Cuando yo te digo que Donoso es un ángel bajado del cielo! ¡Qué hombre, qué santo!—prosiguió la dama, sentándose con Rafael en un madero que en el mejor sitio del corralón había—. Verás: la opinión de nuestro fiel amigo fue que debíamos sacrificar el enlace con Torquemada por conservar la paz en la familia... Así lo acordamos. Pero ya habían tramado entre él y don Francisco algo que éste llevó prontamente de la idea a la práctica, y cuando don José acudió a proponerle la suspensión definitiva de las negociaciones matrimoniales ya era tarde.

—¿Pues qué ocurría?

—Torquemada había hecho algo que nos cogía a todos como en una trampa. Imposible escaparnos ya, imposible salir de su poder. Estamos cogidos, hermanito; nada podemos ya contra él.

—Pero ¿qué ha hecho ese infame?—gritó Rafael fuera de sí, levantándose y esgrimiendo el bastón.

—Sosiégate—replicó la dama, obligándole a sentarse—. ¡Lo que ha hecho! Pero qué, ¿crees que es malo? Al contrario, hijo mío: por bueno, por excesivamente bueno, el acto suyo es..., no sé cómo decírtelo, es como una soga que nos echa al cuello, incapacitándonos ya para tener voluntad que no sea la voluntad suya.

—Pero ¿qué es? Sépalo yo—dijo el ciego con febril impaciencia—. Juzgaré por mí mismo ese acto, y si resulta como dices... No, tú estás alucinada, y quieres alucinarme a mí. No me fío de tus entusiasmos. ¿Qué ha hecho ese majagranzas que pudiera inducirme a no despreciarle como le desprecio?

—Verás... Ten calma. Tan bien sabes tú como yo que nuestras fincas del Salto y la Alberquilla, en la sierra de Córdoba, fueron embargadas judicialmente. No pudo rematarlas el sindicato de acreedores porque estaban afectadas a una fianza que al Estado tuvo que dar papá. El dichoso Estado, mientras no se aclarase su derecho a constituirse en dueño de ellas (y ése es uno de los pleitos que sostenemos), no podía privarnos de nuestra propiedad, pero sí del usufructo... Embargadas las fincas, el juez las dio en administración a...

—A Pepe Romero—apuntó el ciego vivamente, quitándole la palabra de la boca—, el marido de nuestra prima Pilar...

—Que reside en ellas, dándose vida de princesa. ¡Ah, qué mujer! Sin duda por haber recibido de papá tantos beneficios, ella y el rufián de su marido nos odian. ¿Qué les hemos hecho?

—Les hemos hecho ricos. ¿Te parece poco?

—Y no han sido para auxiliarnos en nuestra miseria. La crueldad, el cinismo, la ingratitud de esa gente, son lo que más ha contribuido. a quitarme la fe en todas las cosas, lo que me induce a creer que la Humanidad es un inmenso rebaño de fieras. ¡Ay! En esta vida de sufrimientos inauditos, pienso que Dios me permite odiar. El rencor, que en casos comunes es un pecado, en el caso mío no lo es, no puede serlo... La venganza, ruin sentimiento en circunstancias normales, ahora... me resulta casi una virtud... Esa mujer que lleva nuestro nombre y nos ha ultrajado en nuestra desgracia, ese Romerillo indecente que se ha enriquecido con negocios sucios, más propios de chalanes que de caballeros, viven sobre nuestra propiedad, disfrutan de ella. Han intrigado en Madrid para que el Consejo sentenciase en contra de la testamentaría del Aguila, porque su anhelo es que sean subastadas las fincas...

—Para rematarlas y quedarse con ellas.

—¡Ah!... Pero les ha salido mal la cuenta a ese par de traficantes, de raza de gitanos, sin duda... Créelo, porque yo te lo digo... Pilar es peor que él, es uno de esos monstruos que causan espanto y hacen creer que la hembra de Satanás anda por estos mundos...

—Pero vamos al caso. ¿Qué...?

—Verás. Ahora puedo decir que ha llegado la hora de la justicia. No puedes figurarte la alegría que me llena el alma. Dios me permite ser rencorosa, y, lo que es peor, vengativa. ¡Qué placer, qué inefable dicha, hermano mío! ¡Pisotear a esa canalla..., echarlos de nuestra casa y de nuestras tierras, sin consideración alguna, como a perros, como a villanos salteadores!... ¡Ay, Rafael, tú no entiendes estas pequeñeces; eres demasiado angelical para comprenderlas! La venganza sañuda es un sentimiento que rara vez encuentras hoy fuera de las clases bajas de la sociedad... Pues en mí rebulle, ¡y de qué modo! Verdad que también es un sentimiento feudal, y en nosotros, de sangre noble, revive ese sentimiento, que viene a ser la justicia, la justicia brutal, como en aquellos tiempos podía ser, como en los nuestros también debe serlo, por insuficiencia de las leyes.

Púsose en pie la noble dama, y en verdad que era una figura hermosa y trágica. Hirió el suelo con su pie dos o tres veces, aplastando en figuración a sus enemigos, ¡y por Dios que si hubieran estado allí no les dejara hueso sano!

—Ya, ya entiendo—dijo Rafael, asustado—. No necesito más explicaciones. Esperas rescatar el Salto y la Alberquilla. Donoso y Torquemada han convenido hacerlo así, para que puedas confundir a los Romero... Ya, ya lo veo todo bien claro: el don Francisco rescatará las fincas poniendo en manos de la Hacienda una cantidad igual a la fianza... Pues, por lo que recuerdo, tiene que ir aprontando millón y medio de reales..., si es que, en efecto, se propone...

—No se propone hacerlo—dijo Cruz radiante—. Lo ha hecho ya.

—¡Ya!

La estupefacción paralizó a Rafael por breve rato, privándole del uso de la palabra.

—Ahora tú me dirás si después de esto es digno y decente en nosotros plantarnos delante de ese señor y decirle: «Pues... de aquello, no hay nada.»

Pausa que duró... sabe Dios cuánto.

—Pero ¿en qué forma se ha hecho la liberación de las fincas?—preguntó, al fin, el ciego—. Falta ese detalle... Si quedan a su nombre, no veo...

—No; las fincas son nuestras... El depósito está hecho a nuestro nombre. Ahora dime si es posible que...

Después de accionar un rato en silencio, Rafael se levantó súbitamente, dio algunos pasos agitando el bastón y dijo:

—Eso no es verdad.

—¡Que yo te engaño!

—Repito que eso no puede ser como tú lo cuentas.

—¡Que yo miento!

—No, no digo que mientas. Pero sabes, como nadie, desfigurar las cosas, dorarlas cuando son muy feas, confitarlas cuando son amargas.

—He dicho la verdad. Créela o no. Y ahora te pregunto :«¿Podemos poner en la calle a ese hombre? ¿Tu dignidad, tus ideas sobre el honor de la familia me aconsejan que le despida?...»

—No sé, no sé—murmuró el ciego, girando sobre sí y haciendo molinete con los dos brazos por encima de la cabeza—. Yo me vuelvo loco... Vete; déjame. Haced lo que queráis...

—¿Reconoces que no podemos retirar nuestra palabra, ni renunciar al casamiento?

—Lo reconozco, siempre que sea verdad lo que me has dicho... Pero no lo es; no puede serlo. El corazón me dice que me engañas..., con buena intención, sin duda. ¡Ah! Tienes tú mucho talento..., más que yo, más que toda la familia... Hay que sucumbir ante ti y dejarte hacer lo que quieras.

—¿Vendrás a casa?—dijo Cruz, balbuciente, porque el gozo triunfal que inundaba su alma le entorpecía la voz.

—Eso, no... Déjame aquí. Vete tú. Estoy bien en este corral de gallinas, donde me podré pasear, sin que nadie me lleve del brazo, a todas las horas del día.

Cruz no quiso insistir por el momento. Había obtenido la victoria con su admirable táctica. No le argüía la conciencia por haber mentido, pues Rafael era una criatura, y había que adormecerle, como a los niños llorones, con historias bonitas. El cuento infantil empleado hábilmente por la dama no era verdad sino a medias, porque al pactar Donoso y Torquemada el rescate de las fincas de Córdoba establecieron que esto debía verificarse después del casamiento. Pero Cruz, en su afán de llegar pronto al *objetivo,* como diría el novio, no sintió escrúpulos de conciencia por alterar la fecha del suceso feliz, tratándose de emplearlo como argumento con que vencer la tenacidad de su hermano. ¡Decir que Torquemada había hecho ya lo que, según formal convenio, haría después! ¿Qué importaba esta leve alteración del orden de los acontecimientos, si con ello conseguía eliminar el horrible estorbo que impedía la salvación de la familia?

Volvió Donoso con la noticia de haber dictado las disposiciones convenientes para el traslado de la cama y demás ajuar de la alcoba del ciego. Después que charlaron los tres un rato de cosas extrañas al grave asunto que a todos los inquietaba, Cruz espió un momento en que Rafael se enredó en discusiones con Valiente sobre la pirotecnia, y llevando a su amigo detrás del más grande montón de basura y paja que en el corralón había, le echó esta rociada:

—Deme la enhorabuena, señor don José. Lo he convencido. El no querrá volver a casa; pero su oposición no es, no puede ser ya tan furiosa como era. ¿Que qué le he dicho? ¡Ah, figúrese usted si en este atroz conflicto pondré yo en prensa mi pobre entendimiento para sacar ideas! Creo que Dios me ilumina. Ha sido una inspiración que tuve en el momento de entrar aquí. Ya le contaré a usted cuando estemos más despacio... Y ahora, lo que importa es activar... eso todo lo posible, no vaya a surgir alguna complicación.

—No lo quiera Dios. Crea usted que a impaciencia no le gana nadie. Hace un rato me lo decía: por él, mañana mismo.

—Tanto como mañana, no; pero nos pasamos de gazmoños alejando tanto la fecha. De aquí al cuatro de agosto pueden ocurrir muchas cosas, y...

—Pues acerquemos la fecha.

—Sí, acerquémosla. Lo que ha de ser, que sea pronto.

—La semana que entra...

—¡Oh! No tanto.

—Pues la otra.

—Eso me parece muy tarde... Tiene usted razón: la semana próxima. ¿Qué es hoy?

—Viernes.

—Pues el sábado de la semana entrante.

—Corriendo. Dígaselo usted..., propóngaselo como cosa suya.

—Pues no se pondrá poco contento. Ya le digo a usted: por él..., mañana. Y volviendo a nuestro joven disidente, ¿cree usted que no nos dará ningún disgusto?

—Espero que no. Su deseo de instalarse aquí nos viene ahora que ni de molde. Bernardina nos inspira confianza absoluta: le cuidará como nosotras mismas. Vendremos Fidela y yo, alternando, a hacerle compañía, y, además, yo me encargo de mandar acá al bueno de Melchorito algunas tardes para que le cante óperas...

—Muy bien... Pero..., y aquí entra lo grave. ¿Sabe que sus hermanas se mudan a la calle de Silva?

—No lo sabe. Pero lo sabrá. ¿Qué? ¿Teme usted que no quiera entrar en aquella casa?

—¡Me lo temo, como hay Dios!

—Entrará... Respondo de que entrará—afirmó la dama; y le temblaba horrorosamente el labio inferior, cual si quisiera desprenderse de su noble faz.

Quince

Con lento paso de fecha deseada, llegó por fin aquel día, sábado por más señas, y víspera o antevíspera (que esto no lo determinan bien las historias) de la festividad de Santiago, patrón de la Españas. Celebróse la boda en San José, sin ostentación, tempranito, como ceremonia de tapadillo a la que no se quería dar publicidad. Asistieron tan sólo Rufinita Torquemada y su marido, Donoso, y dos señores más, amigos de las Aguilas que se despidieron al salir de la iglesia. Don Francisco iba de levita *herméticamente cerrada,* guantes tan ajustados que sus dedos parecían morcillas, y sudó el hombre la gota gorda para quitárselos. Como era la época de más fuerte calor, todos, la novia inclusive, no hacían más que pasarse el pañuelo por la cara. La del novio parecía untada de aceite, según relucía, y para mayor desdicha, exhalaba con su aliento emanaciones de cebolla, porque a medianoche se había comido de una sentada una fuente de salpicón, su plato predilecto. A Cruz le dio el vaho en

la nariz en cuanto se encaró con su cuñado, y tuvo que
echar frenos a su ira para poder contenerla, mayormente
al ver cuán mal se avenía el olor cebollesco con las palabras finas que a cada instante, y vinieran o no a cuento, desembuchaba el ensoberbecido prestamista. Fidela
parecía un cadáver, porque..., creyérase que el demonio
había tenido parte en ello..., la noche antes tomó un
refresco de agraz para mitigar el calor que la abrasaba,
y agraz fue que se le agriaron todos los líquidos del
cuerpo, y tan inoportunamente se descompuso, que en
un tris estuvo que la boda no pudiera celebrarse. Allá le
administró Cruz no sé qué droga atemperante, en dosis
de caballo, gracias a lo cual no hubo necesidad de aplazamiento; pero estaba la pobre señorita hecha una mártir, un color se le iba y otro se le venía, sudando por
todos sus poros, y sin poder respirar fácilmente. Gracias
que la ceremonia fue breve, que si no, patatús seguro.
Llegó un momento en que la iglesia, con todos sus altares, empezó a dar vueltas alrededor de la interesante
joven, y si el esposo no la agarra, cae redonda al suelo.

Cruz no tenía el sosiego hasta no ver concluido el ritual, para poder trasladarse a la casa, con objeto de quitar
el corsé a Fidela y procurarle descanso. En dos coches
se dirigieron todos al nuevo domicilio, y, por el camino,
Torquemada le daba aire a su esposa con el abanico de
ésta, diciéndole de vez en vez:

—Eso no es nada, la *estupefacción,* la emoción, el calor... ¡Vaya que está haciendo un verano!... Dentro de
dos horas no habrá quien atraviese la calle de Alcalá por
la acera de acá, que es la del *solecismo.* A la sombra,
menos mal.

En la casa, la primera impresión de Cruz fue atroz-
mente desagradable. ¡Qué desorden, qué falta de gusto!
Las cosas buenas colocadas sin ningún criterio, y entre
ellas mil porquerías con las cuales debía hacerse un auto
de fe. Salió a recibirlos Romualda, la tarasca, sirvienta de
don Francisco, con una falda llena de lamparones, arrastrando las chancletas, las greñas sin peinar, facha asque-

rosa de criada de mesón. En la servidumbre, como en todo, vio la noble dama reflejada la tacañería del amo de la casa. El criado apestaba a tagarnina, de la cual llevaba una colilla tras de la oreja, y hablaba con el acento más soez y tabernario. ¡Dios mío, qué cocina, en la cual una pincha vieja y con los ojos pitañosos ayudaba a Romualda!... No, no, aquello no podía ser. Ya se arreglaría de otra manera. Felizmente, el almuerzo de aquel día clásico se había encargado a una fonda, por indicación de Donoso, que en todo ponía su admirable sentido y previsión.

Fidela no se mejoró con el aflojar del corsé y de todas las demás ligaduras de su cuerpo. Intentó almorzar; pero tuvo que levantarse de la mesa, acometida de violentos vómitos, que le sacaron del cuerpo cuanto tenía. Hubo que acostarla, y el almuerzo se dividió en dos tiempos, ninguno de los cuales fue alegre, por aquella maldita contrariedad de la desazón de la desposada. Gracias que había *facultativo* en la casa. Torquemada llamaba de este modo a su yerno, Quevedito.

—Tú, ¿qué haces que no me la curas al instante? Reniego de tu facultad y de la Biblia en pasta.

Iba y venía del comedor a la alcoba, y viceversa, regañando con todo el mundo, confundiendo nombres y personas, llamando Cruz a Romualda, y diciendo a su cuñada:

—Vete con mil demonios.

Quevedito ordenó que dejaran reposar a la enferma, en la cual parecía iniciarse una regular fiebre; Cruz prescribió también el reposo, el silencio y la oscuridad, no pudiendo abstenerse de echar los tiempos a Torquemada por el ruido que hacía, entrando y saliendo en la alcoba sin necesidad. Botas más chillonas no las había visto Cruz en su vida, y de tal modo chillaban y gemían aquellas endiabladas suelas, que la señora no pudo menos de hacer sobre esto una discreta indicación al amo de la casa. Al poco rato apareció el hombre con unas zapatillas de orillo, viejas, agujereadas y sin forma.

Continuaron almorzando, y don Francisco y Donoso
hicieron honor a los platos servidos por el fondista. Y
el novio creyó que no cumplía como bueno en día tan
solemne si no empinaba ferozmente el codo; porque, lo
que él decía: ¡Haberse corrido a un desusado gasto de
champaña, para después hacer el pobrete melindroso!
Bebiéralo o no, tenía que pagarlo. Pues a consumirlo,
para que al menos se igualara el haber del estómago con
el debe del bolsillo. Por esta razón puramente económica y de partida doble, más que por vicio de embriaguez,
bebió copiosamente el tacaño, cuya sobriedad no se desmentía sino en casos rarísimos.

Terminado el almuerzo, quiso don Francisco enterar
a Cruz de mil particulares de la casa, y mostrarle todo,
pues ya había tratado Donoso con él de la necesidad de
poner a su ilustre cuñada al frente del gobierno doméstico. Estaba el hombre, con tanta bebida y la alegría
que por todo el cuerpo le retozaba, muy descompuesto,
el rostro como untado de craso bermellón, los ojos lla-
meantes, los pelos erizados, y echando de la boca un
vaho de vinazo que tiraba para atrás. A Cruz se le revolvía el estómago; pero hizo de tripas corazón. Llevóla
don Francisco de sala en sala, diciendo mil despropósitos,
elogiando desmedidamente los muebles y alfombras, con
referencias numéricas de lo que le habían costado; gesticulaba, reía estúpidamente, se sentaba de golpe en los
sillones para probar la blandura de los muelles; escupía,
pisoteando luego su saliva con la usada pantufla de orillo; corría y descorría las cortinas con infantil travesura;
daba golpes sobre las camas, agregando a todas estas
extravagancias los comentarios más indelicados:

—En su vida ha visto usted cosa tan rica... ¿Y esto?
¿No se le cae la baba de gusto?

De uno de los armarios roperos sacó varias prendas
de vestir, muy ajadas, oliendo a alcanfor, y las iba echando sobre una cama para que Cruz las viese.

—Mire usted qué falda de raso. La compró mi Silvia
por un pedazo de pan. Es riquísima. Toque, toque... No

se la puso más que un Jueves Santo y el día que fuimos
padrinos de la boda del cerro de la Paloma. Pues, para
que vea usted lo que la estimo, señora doña Cruz, se la
regalo generosamente... Usted se la arreglará, y saldrá
con ella por los Madriles hecha una real moza... Todos
estos trajes fueron de mi difunta. Hay dos de seda, algo
antiguos, eso sí, como que fueron antes de una dama
de Palacio...; cuatro de merino y de lanilla..., todo cosa
rica, comprado en almonedas por quiebra. Fidela llama-
rá a una modista de poco pelo para que se los arregle y
los ponga de moda; que ya tocan a economizar, ¡ñales!,
porque aunque es uno rico, eso no quiere decir, ¡cuidado!, que se tire el santísimo dinero... Economía, mucha
economía, mi señora doña Cruz, y bien puede ser maestra en el ahorro la que ha vivido tanto tiempo lampan-
do..., quiero decir..., como el perro del tío Alegría, que
tenía que arrimarse a la pared para poder ladrar.

Cruz hizo que asentía, pero en su interior bramaba
de coraje, diciéndose: «¡Ya te arreglaré, grandísimo tacaño!»

Enseñando el aposento destinado a la noble dama,
decía el prestamista:

—Aquí estará usted muy ancha. Le parecerá mentira,
¿eh?... Acostumbrada a los cuchitriles de aquella casa.
Y si no es por mí, ¡cuidado!, allí se pudren usted y su
hermana. Digan que las ha venido Dios a ver... Pero
ya que me privo de la renta de este señor piso principal,
viviendo en él, hay que economizar en el plato pastelero, y en lo tocante a ropa, aquí no quiero lujos, ¿sabe?...
Porque ya me parece que he gastado bastante dinero en
los trajes de boda. Ya no más, ya no más, ¡ñales! Yo
fijaré un tanto, y a él hay que ajustarse. Nivelación siempre; éste es el *objetivo*, o el *ojete*, para decirlo más
pronto.

Prorrumpía en bárbaras risas, después de disparatar
así, casi olvidado de los términos elegantes que aprendido había, tocaba las castañuelas con los dedos o se tiraba de los pelos, añadiendo alguna nueva patochada, o

mofándose inconscientemente del lenguaje fino; porque
yo *abrigo la convicción* de que no debemos *desabrigar*
el bolsillo, ¡cuidado!, y *parto del principio* de que *haiga*
principio sólo los jueves y domingos; porque si, como
dice el amigo Donoso, las leyes administrativas han venido a *llenar un vacío*, yo he venido a llenar el vacío de
los estómagos de ustedes..., digo..., no haga caso de
este materialismo..., es una broma.

Difícilmente podía Cruz disimular su asco. Donoso,
que había estado de sobremesa platicando con Rufinita,
fue en seguimiento de la pareja que inspeccionaba la casa,
uniéndose a ella en el instante en que Torquemada enseñaba a Cruz el famoso altarito con el retrato de Valentín convertido en imagen religiosa, entre velas de cera.
Don Francisco se encaró con la imagen, diciéndole:

—Ya ves, hombre, como todo se ha hecho guapamente. Aquí tienes a tu tía. No es vieja, no, ni hagas caso
del materialismo del cabello blanco. Es guapa de veras,
y noble por los cuatro costados... Como que desciende
de la muela del juicio de algún rey de bastos...

—Basta—le dijo Donoso, queriendo llevárselo—. ¿Por
qué no descansa usted un ratito?

—Déjeme..., ¡por la Biblia! ¡No sea pesado ni cóco-
ra! Tengo que decirle a mi niño que ya estamos todos
acá. Tu mamá está mala... ¡Pues no es flojo contratiempo!... Pero descuida, hijo de mis entrañas, que yo te
naceré pronto... Más guapín eres tú que ellas. Tu madre saldrá a ti..., digo no, tú a tu madre... No, no; yo
quiero que seas el mismo. Si no, me descaso.

Entró Quevedito anunciando que Fidela tenía una fiebre intensa y que nada podía pronosticar hasta la mañana siguiente. Acudieron todos allá, y después de ponerla entre sábanas, le aplicaron botellas de agua caliente a los pies, y prepararon no sé qué bebida para aplacar
su sed. Don Francisco no hacía más que estorbar, metiéndose en todo, disponiendo las cosas más absurdas
y diciendo a cada momento:

—¿Y para esto, ¡Cristo, re-Cristo!, me he casado yo?

Donoso se lo llevó al despacho, obligándole a echarse hasta que se le pasaran los efectos del alcoholismo; pero no hubo medio de retenerle en el sofá más que algunos minutos, y allá fue otra vez a dar matraca a su hermana política, que examinaba la habitación en que quería instalar a Rafael.

—Mira, Crucita—le dijo, arrancándose a tutearla con grotesca confianza—, si no quiere venir el caballerete andante de tu hermano, que no venga. Yo no le suplico que venga; ni haré nada por traerle, ¡cuidado!, que mi *suposición* no es menos que la suya. Yo soy noble: mi abuelo castraba cerdos, que es, digan lo que quieran, una profesión muy bien vista en los... *pueblos cultos*. Mi tataratío, el inquisidor, tostaba herejes y tenía un bodegón para vender chuletas de carne de persona. Mi abuela, una tal doña Coscojilla, echaba las cartas y adivinaba los secretos. La nombraron bruja universal... Conque ya ves.

Ya era imposible resistirle más. Donoso le cogió por un brazo, y llevándole al cuarto más próximo, le tendió a la fuerza. Poco después, los ronquidos del descendiente del inquisidor atronaban la casa.

—¡Demonio de hombre!—decía Cruz a don José, sentados ambos junto al lecho de Fidela, que en profundo letargo febril yacía—. Insoportable está hoy.

—Como no tiene costumbre de beber, le ha hecho daño el champaña. Lo mismo me pasó a mí el día de mi boda. Y ahora usted, amiga mía, procediendo hábilmente, con la táctica que sabe usar, hará de él lo que quiera...

—¡Dios mío, qué casa! Tengo que volverlo todo del revés... Y dígame, don José: ¿no le ha indicado usted ya que es indispensable poner coche?

—Se lo he dicho... A su tiempo vendrá esa reforma, para la cual está todavía un poco rebelde. Todo se andará. No olvide usted que hay que ir por grados.

—Sí, sí. Lo más urgente es adecentar este caserón, en el cual hay mucho bueno que hoy no luce entre tanto desarreglo y suciedad. Estos criados que nos ha traído de la calle de San Blas no pueden seguir aquí. Y en cuanto a sus planes de economía... Económica soy; la desgracia me ha enseñado a vivir con poco, con nada. Pero no se han de ver en la casa del rico escaseces indecorosas. Por el decoro del mismo don Francisco pienso declarar la guerra a esa tacañería que tiene pegada al alma como una roña, como una lepra, de la cual personas como nosotras no podemos contaminarnos.

Rebulló Fidela, y todos se informaron con vivo interés de su estado. Sentía quebranto de huesos, cefalalgia, incomodidad vivísima en la garganta. Quevedito diagnosticó una angina catarral sin importancia: cuestión de unos días de cama, abrigo, dieta, sudoríficos y una ligera medicación antifebrífuga. Tranquilizóse Cruz; pero no teniéndolas todas consigo, determinó no separarse de su hermana; y despachó a Donoso a Cuatro Caminos para que viese a Rafael y le informase de aquel inesperado accidente.

—¡Si de esta desazón—dijo Cruz, que todo lo aprovechaba para sus altos fines—resultará un bien! ¡Si conseguimos atraer a Rafael con el señuelo de la enfermedad de su querida hermana!... Don José de mi alma, cuando usted le hable de esto, exagere un poquito...

—Y un muchito, si por tal medio conseguimos ver a toda la familia reunida.

Allá corrió como exhalación don José, después de echar un vistazo a su amigo, que continuaba roncando desaforadamente!

Dieciséis

Tristísimo fue aquel día para el pobre ciego, porque desde muy temprano le atormentó la idea de que su hermana se *estaba casando,* y como fijamente no sabía la hora, a todas las del día y en los instantes todos *estaba viéndola casarse,* y quedar por siempre prisionera en los brazos del aborrecido monstruo que en mal hora llevó el oficioso don José a la casa del Aguila. Hizo el polvorista imposibles por distraerle; propuso llevarle de paseo por todo el Canalillo hasta la Moncloa; pero Rafael se negó a salir del corralón. Por fin metiéronse los dos en el taller, donde Valiente tenía que ultimar un trabajillo pirotécnico para el día de San Agustín, y allí se pasaron tontamente la mañana, decidor el uno, triste y sin consuelo el otro. A Cándido le dio aquel día por enaltecer el arte del polvorista, elevándolo a la categoría de arte noble, con ideales hermosos, y su correspondiente trascendencia. Quejábase de la poca protección que da el Gobierno a la pirotecnia, pues no hay en toda España ni una mala escuela en que se enseñe la fabricación de fuegos artificiales. El se preciaba de ser maestro en aquel arte, y con un poquitín de auxilio oficial haría maravillas. Sostenía que los fuegos de pólvora pueden y deben ser una rama de la Instrucción Pública. Que le subvencionasen, y él se arrancaría, en cualquier festividad de las gordas, con una función que fuera el asombro del mundo. Vamos, que se comprometía a presentar toda la historia de España en fuegos artificiales. La forma de los castilletes, ruedas, canastillas, fuentes de luz, morteros, lluvias de estrellas, torbellinos, combinando con esto los colores de las luces, le permitiría expresar todos los episodios de la historia patria, desde la venida de los godos hasta la ida de los franceses en la guerra de la Independencia...

—Créalo usted, señorito Rafael—añadió para concluir—: con la pólvora se puede decir todo lo que se quiera, y para llegar a donde no llega la pólvora tenemos multitud de sales, compuestos y fulminantes, que son lo mismito que hablar en verso...

—Oye, Cándido—dijo Rafael bruscamente, y manifestando un interés vivísimo, que contrastaba con su anterior desdén por las maravillas pirotécnicas—. ¿Tienes tú dinamita?

—No, señor; pero tengo el fulminante de protóxido de mercurio, que sirve para preparar los garbanzos tronantes y las arañas de luz.

—¿Y explota?

—Horrorosamente, señorito.

—Cándido, por lo que más quieras, hazme un petardo que al estallar se lleve por delante..., ¡qué sé yo!, medio mundo... No te asustes de verme así. La impotencia en que vivo me inspira locuras como la que acabo de decirte... Y no creas..., te lo repito, sabiendo que es una locura: yo quiero matar, Cándido—excitadísimo, levantándose—, quiero matar, porque sólo matando puedo realizar la justicia. Y yo te pregunto: ¿De qué modo puede matar un ciego? Ni con arma blanca, ni con arma de fuego. Un ciego no sabe dónde hiere, y creyendo herir al culpable, fácil es que haga pedazos al inocente... Pero, lo que yo digo, discurriendo, discurriendo, un ciego puede encontrar medios hábiles de hacer justicia. Cándido, Cándido, ten compasión de mí, y dame lo que te pido.

Aterrado le miró Valiente, las manos en la masa, en la negra pólvora, y si antes había sospechado que el señorito no tenía la cabeza buena, ya no dudaba de que su locura era de las de remate. Mas de pronto, una violenta crisis se efectuó en el espíritu del desgraciado joven, y con rápida transición pasó de la ira epiléptica a la honda ternura. Rompió a llorar como un niño, fue a dar contra la pared negra y telarañosa, y apoyó en ella los brazos, escondiendo entre ellos la cabeza. Valiente, confuso y sin saber qué decir, se limpiaba las manos de pólvora, restregándolas una contra contra otra, y pensaba en sus explosivos, y en la necesidad de ponerlos en lugar completamente seguro.

—No me juzgues mal—le dijo Rafael, tras breve rato, limpiándose las lágrimas—. Es que me dan estos arrechuchos..., ira..., furor..., ansia de destrucción; y como no puedo..., como no veo... Pero no hagas caso, no sé lo que digo... ¡Ea! Ya me pasó... Ya no mato a nadie. Me resigno a esta oscuridad impotente y tristísima, a ser un muñeco sin iniciativa, sin voluntad, sintiendo el honor y no pudiendo expresarlo... Guárdate tus bombas, y tus fulminantes, y tus explosivos. Yo no quiero, yo no puedo usarlos.

Sentóse otra vez, y con lúgubre acento, que algo tenía de entonación profética, acabó de expresar su pensamiento en esta forma:

—...Cándido, tú, que eres joven y tienes ojos, has de ver cosas estupendas en esta sociedad envilecida por los negocios y el positivismo. Hoy por hoy, lo que sucede, por ser muy extraño, permite vaticinar lo que sucederá. ¿Qué pasa hoy? Que la plebe indigente, envidiosa de los ricos, los amenaza, los aterra y quiere destruirlos con bombas y diabólicos aparatos de muerte. Tras esto vendrá otra cosa, que podrás ver cuando se disipe el humo de estas luchas. En los tiempos que vienen, los aristócratas arruinados, desposeídos de su propiedad por los usureros y traficantes de la clase media, se sentirán impulsados a la venganza..., querrán destruir esa raza egoísta, esos burgueses groseros y viciosos, que después de absorber los bienes de la Iglesia, se han hecho dueños del Estado, monopolizan el poder, la riqueza, y quieren para sus arcas todo el dinero de pobres y ricos, y para sus tálamos las mujeres de la aristocracia... Tú lo has de ver, Cándido; nosotros los señoritos, los que, siendo como yo, tengan ojos y vean dónde hieren, arrojaremos máquinas explosivas contra toda esa turba de mercachifles soeces, irreligiosos, comidos de vicios, hartos de goces infames. Tú lo has de ver, tú lo has de ver.

En esto entró Donoso, pero la perorata estaba concluida, y el ciego recibió a su amigo con expresiones joviales. En cuatro palabras le enteró don José de la situación, notificándole las bodas y la enfermedad de Fidela, que inopinadamente había venido a turbar las alegrías nupciales, sumiendo... A pesar de su práctica oratoria, no supo Donoso concluir la frase, y pronunció el *sumiendo* tres o cuatro veces. La idea de exagerar la dolencia, faltando a la verdad, como reiteradamente le había recomendado Cruz, le cohibía.

—Sumiendo...—repitió Rafael—. ¿A quién y en qué?

—En la desesperación..., no tanto: en la tristeza...
Figúrate: ¡en día de boda, enferma gravemente!..., o al
menos de mucho cuidado. A saber si será pulmonía in-
sidiosa, escarlatina, viruelas...

—¿Tiene fiebre?

—Altísima, y aún no se atreve el médico a diagnos-
ticar, hasta no ver la marcha...

—Yo diagnosticaré—dijo el ciego con altanería, y sin
mostrar pena por su querida hermana

—¿Tú?

—Yo. Sí, señor. Mi hermana se muere. Ahí tiene usted el pronóstico y el diagnóstico, y el tratamiento, y
el término fatal... Se muere.

—¡Oh, no es para tanto!...

—Que se muere, digo. Lo sé, lo adivino: no puedo
equivocarme.

—¡Rafael, por Dios!...

—Don José, por la Virgen... ¡Ah, he aquí la solución,
la única racional y lógica! Dios no podía menos de disponerlo así en su infinita sabiduría.

Iba y venía como un demente, presa de agitación insana. No se consolaba don José de haberle dado la noticia, y procuró atenuarla por todos los medios que su
hábil retórica le sugería

—No, es inútil que usted trate de desmentir avisos,
inspiraciones que vienen de muy alto. ¿Cómo llegan a
mí, cómo se me comunica este decreto misterioso de la
voluntad divina? Eso yo lo sé. Yo me entiendo. Mi hermana se muere; no lo duden ustedes. ¡Si lo estoy viendo,
si tenía que ser así! Lo que debe ser, es.

—No siempre, hijo mío.

—Ahora, sí.

Lograron calmarle, sacándole a pasear por el corralón. Don José le propuso llevarle al lado de la enferma;
pero se resistió, encerrándose en una gravedad taciturna. Después de encargar a Bernardina y los Valientes
que redoblaran su vigilancia y no perdieran de vista al
desdichado joven, volvió Donoso con pies de Mercurio

a la calle de Silva, para comunicar a Cruz lo que en Cuatro Caminos ocurría; y tanta era la bondad del excelente señor, que no se cansaba de andar como un azacán desde el centro hasta el extremo norte de Madrid, con tal de ser útil a los últimos descendientes de las respetabilísimas familias del Aguila y de la Torre-Auñón.

Habría querido Cruz duplicarse para atender juntamente a Fidela y al ciego, y si no quería abandonar a la una, anhelaba ardientemente ver al otro, y aplacar con razones y cariños su desvarío. Por fin, a eso de las diez de la noche, hallándose la señora de Torquemada casi sin fiebre, tranquila y descansada ya de su padecer, la hermana mayor se determinó a salir, llevando consigo al *paño de lágrimas de la familia,* y un simón de los mejores los transportó a Cuatro Caminos. Rafael dormía profundamente. Viole su hermana en el lecho; enteróse por Bernardina de que ninguna novedad ocurría, y vuelta a Madrid y al caserón desordenado y caótico de la calle de Silva.

Al día siguiente, por la tarde, hallándose el ciego en el corralón, sentado en una piedra, a la sombra de un ingente montón de basura, sin más compañía que la del gallo, que frente a él altaneramente le miraba, y de varias gallinas, que, sin hacerle caso, escarbaban el suelo, recibió la visita del indispensable Donoso, el cual se acercó a saludarle, muy bien penetrado de las instrucciones que le diera la intrépida Cruz.

—¿Qué hay?—preguntó el ciego.

—Nada—dijo secamente don José, midiendo las palabras, pues la dama le había recomendado que éstas fueran pocas y precisas—. Que tu hermana Fidela quiere verte.

—Pero... ¿cómo está?

Algo iba a decir *el paño de lágrimas,* en quien el hábito de la facundia podía más que las exigencias de la discreción. Pero se contuvo, y encomendándose a su noble amiga, tan sólo dijo:

—No me preguntes nada; no sé nada. Sólo sé que tu hermana quiere verte.

Después de una larga pausa, durante la cual permaneció con la cabeza a la menor distancia posible de las rodillas, se levantó Rafael y dijo resueltamente:

—Vamos allá.

Por más señas, hallábase aquel día don Francisco Torquemada en felicísima disposición de ánimo, despejada la cabeza, claros los sentidos y expeditas todas las facultades, pues al salir del tenebroso sopor en que le sumergió durante la tarde y noche la travesurilla alcohólica del almuerzo de boda, maldito si se acordó de lo que había dicho y hecho en aquellas horas de turbación insana, y así no tenía por qué avergonzarse de nada. No hizo Cruz la menor alusión a cosas tan desagradables, y él se desvivía por mostrarse galán y obsequioso con ella, accediendo a cuantas observaciones le hizo referentes al régimen y gobierno de la casa. La ilustre dama, con habilidad suma, no tocaba aún con su blanda mano reformadora más que la superficie, reservándose el fondo para más adelante. Naturalmente, coincidió con esta situación del ánimo torquemadesco un recrudecimiento de palabras finas, toda la adquisición de los últimos días empleada vertiginosamente, cual si temiera que los términos y frases que no tenían un uso inmediato se le habían de escapar de la memoria. Entre otras cosillas, dijo que sólo defendía a Romualda *bajo el aspecto de la fidelidad;* pero no *bajo ningún otro aspecto. El nuevo orden de cosas* merecía su *beneplácito.* Y no temiera su cuñada que él, fingiendo acceder, se opusiera luego con *maquiavelismos* impropios de su carácter. Eso sí: convenía que él se enterase de lo que ella dispusiera, para que no resultaran órdenes contradictorias, porque a él, ¡cuidado!, no le gustaba *barrenar las leyes,* ni barrenar nada, vamos... Cierto que la casa no tenía aspecto de casa de señores; faltaban en ella no pocos elementos; pero su hermana política, *dechado* de inteligencia y de buen gusto, etc., había venido a *llenar un vacío...* Todo *proyecto que ella abrigase* se lo debía manifestar a él, y se discutiría *ampliamente,* aunque él, *previamente,* lo aceptaba... *en principio.*

En esto llamaron. Era Donoso con Rafael. Cruz recibió a éste en sus brazos, haciéndole muchas caricias. El ciego no dijo nada, y se dejó llevar hacia adentro, de sala en sala. Al oír la voz de Fidela, que alegremente charlaba con Rufinita, el señorito del Águila se estremeció.

—Ya está mejor... Va saliendo, hijo, va saliendo adelante—le dijo la primogénita—. ¡Qué susto nos ha dado!

Y Quevedito, con sinceridad y buena fe, se adelantó a dar su opinión en esta forma:

—Si no ha sido nada. Un enfriamiento... poca cosa. Está bien, perfectamente bien. Por pura precaución no la he mandado levantarse.

En la puerta de la alcoba matrimonial, Torquemada, frotándose las manos una contra otra con aire de satisfacción, calzado ya con elegantes zapatillas que acababan de traerle de la tienda, dio al ciego la bienvenida, para lo cual le vino de perilla la última frase bonita que había aprendido:

—¡Ah!—exclamó—, *el bello ideal...* ¡Al fin, Rafael!... Toda la familia reunida..., *¡el bello ideal!...*

Uno

Cuenta el licenciado Juan de Madrid, cronista tan diligente como malicioso de los *Dichos y hechos de don
Francisco Torquemada,* que no menos de seis meses
tardó Cruz del Aguila en restablecer en su casa el esplendor de otros días, y en rodearse de sociedad honesta
y grata, demostrando en esto, como en todas las cosas,
su consumada discreción, para que no se dijera, ¡cuidado!, que pasaba con famélica prontitud de la miseria
lacerante al buen comer y al visiteo alegre. Disiente de
esta opinión otro cronista no menos grave, el *Arcipreste
Florián,* autor de la *Selva de comilonas y laberinto de
tertulias,* que fija en el día de Reyes la primera comida
de etiqueta que dieron las ilustres damas en su domicilio de la calle de Silva. Pero bien pudiera ser esto error
de fecha, disculpable en quien a tan distintos comedores

tenía que asistir por ley de su oficio, en el espacio de
sol a sol. Y vemos corroborada la primera opinión en
los eruditísimos *Avisos del arte culinario,* del Maestro
López de Buenafuente, el cual, tratando de un novísimo
estilo de poner las perdices, sostiene que por primera
vez se sacó a manteles este guisado en una cena que
dieron los nobles señores de Torquemada, a los diez días
del mes de febrero del año tal de la reparación cristiana.
No menos escrupuloso en las referencias históricas se
muestra el *Cachidiablo* que firma las *Premáticas* del buen
vestir, quien relatando unas suntuosas fiestas en la casa
y jardines de los señores marqueses de Real Armada, el
día de Nuestra Señora de las Candelas, afirma que Fidela Torquemada lucía elegante atavío de color de orejo-
nes a medio pasar, con encajes de Bruselas. Por esta y
otras noticias, tomadas en las mejores fuentes de información, se puede asegurar que hasta los seis meses largos de la boda no empezaron las Aguilas a remontar su
vuelo fuera del estrecho espacio a que su mísera suerte
por tanto tiempo las había reducido.

Ni se necesita compulsar prolijamente los tratadistas
más autorizados de cosas de salones para adquirir la certidumbre de que las señoras del Aguila permanecieron
algún tiempo en la oscuridad, como avergonzadas, después de su cambio de fortuna. *Mieles* no las cita hasta
muy entrado marzo, y el *Pajecillo* las nombra por primera vez enumerando las mesas de petitorio en Jueves Santo, en una de las más *aristocráticas iglesias* de
esta corte. Para encontrar noticias claras de épocas más
próximas al casamiento, hay que recurrir al ya citado
Juan de Madrid, uno de los más activos y al propio tiempo más guasones historiógrafos de la vida elegante, hombre tan incansable en el comer como en el describir
opulentas mesas y saraos espléndidos. Llevaba el tal un
centón en que apuntando iba todas las frases y modos
de hablar que oía a don Francisco Torquemada (con
quien trabó amistad por Donoso y el marqués de Taramundi), y señalaba con gran escrúpulo de fechas los pro-

gresos del transformado usurero en el arte de la conversación. Por los papeles del licenciado sabemos que desde noviembre decía don Francisco a cada momento: *Así se escribe la historia, Velis nolis, La ola revolucionaria* y *Seamos justos.* Estas formas retóricas, absolutamente corrientes, las afeaba un mes después con nuevas adquisiciones de frases y términos no depurados, como *reasumiendo, ínsulas, en el actual momento histórico* y el *maquiavelismo,* aplicado a cosas que nada tenía de maquiavélicas. Hacia fin de año se daba lustre el hombre corrigiendo con lima segura desatinos usados anteriormente, pues observaba y aprendía con pasmosa asimilación todo lo bueno que le entraba por los oídos, adquiriendo conceptos muy peregrinos, como: *No tengo inconveniente en declarar...., Me atengo a la lógica de los hechos.* Y si bien es cierto que la falta de principios, como observa juiciosamente el licenciado, le hacía meter la pata cuando mejor iba discurriendo, también lo es que su aplicación y el cuidado que ponía al apropiarse las formas locutorias le llevaron en poco tiempo a realizar verdaderas maravillas gramaticales, y a no hacer mal papel en tertulia de personas finas, algunas superiores a él por el conocimiento y la educación, pero que no le superaban en garbo para sostener cualquier manoseado tema de controversia, *al alcance,* como él decía, *de las inteligencias más vulgares.*

Es punto incontrovertible que dejó pasar Cruz todo septiembre y parte de octubre sin proponer a su hermano político reforma alguna en la disposición arquitectónica de la casa; pero llegó un día en que con toda la suavidad del mundo, sabiendo que ponía las primeras paralelas para un asedio formidable, lanzó la idea de derribar dos tabiques con objeto de ampliar la sala, haciéndola salón, y el comedor, *comedorón...* Esta palabra empleó don Francisco, amenizándola con burlas y cuchufletas; mas no se acobardó la dama, hubo de contestar a su cuñado en esta forma:

—No digo yo que seamos príncipes ni sostengo que

nuestra casa sea el *regio alcázar,* como usted dice. Pero la
modestia no quita a la comodidad, señor don Francisco.
Paso porque el comedor sea hoy por hoy de capacidad
suficiente. Pero, ¿me garantiza usted que lo será mañana?

—Si la familia aumentara, como *tenemos derecho a
esperar,* no digo que no. Venga más comedor, y yo seré
el primero en agrandarlo cuando sea menester. Pero la
sala...

—La sala es simplemente absurda. Anoche, cuando
se juntaron los de Taramundi con los de Real Armada,
y sus amigos de usted el bolsista y el cambiante de moneda, estábamos allí como sardinas en banasta. Inquieta
y sofocadísima, yo aguardaba el momento en que alguno tuviera que sentarse sobre las rodillas de otro. A usted le parecerá que esta estrechez es decorosa para un
hombre a cuya casa vienen personas de la mejor sociedad.
Por mí, ¿qué me importa? No deseo más que vivir en
un rincón, sin más trato que el de dos o tres amigas íntimas... Pero usted, un hombre como usted, llamado a...

Dos

—¿Llamado a qué?—preguntó Torquemada, mante-
niendo ante su boca, sin catarlo, el bizcocho mojado
en chocolate, con lo cual dicho se está que en aquel momento se desayunaba—. ¿Llamado a qué?—volvió a decir, viendo que Cruz, sonriente, esquivaba la respuesta.

—No digo nada, ni perderé el tiempo en demostrar
lo que está bien a la vista, la insuficiencia de esta habitación—manifestó la dama, que, al dar vueltas alrededor
de la ovalada mesa, afectaba no hallar fácil paso entre el
aparador y la silla ocupada por don Francisco—. Usted,
como dueño de la casa, hará lo que guste. El día en que
tengamos un convidado, que bien podríamos tenerlo
para corresponder a las finezas que otros gastan con
nosotros, quien dice un convidado, dice dos o cuatro...,
pues ese día tendré yo que comer en la cocina... No, no

reírse. Ya sale usted con su tema de siempre: que exagero, que yo...

—Es usted la *exageración personificada*—replicó el avaro, engulléndose otro bizcocho—. Y como ·yo *blasono* de ser el justo medio *personificado,* pongo todas las cosas en su lugar, y rebato sus argumentos por lo que toca al actual momento histórico. Mañana no digo...

—Lo que se ha de hacer mañana de prisa y corriendo, debe hacerse hoy, despacio—dijo la dama, apoyando las manos en la mesa, al punto que el don Francisco acababa de desayunarse. Ya sabía ella por dónde iba a salir en la réplica, y le esperó tranquila, con semblante de risueña confianza.

—Mire usted, Crucita... Desde que me casé vengo *realizando...,* sí ésa es la palabra, realizando *una · serie de transacciones*. Usted me propuso reformas que se daban de cachetes con mis costumbres de toda la vida, por ejemplo... Pero ¿a qué poner ejemplos ni verbigracias? Ello es que mi cuñada proponía y yo trinaba. Al fin he transigido porque, como dice muy bien nuestro amigo Donoso, vivir es transigir. He aceptado un poquito de lo que se me proponía, y usted cedía un *ápice,* o dos *ápices,* de sus pretensiones... El justo medio, *vulgo* prudencia. No dirán las señoras del Aguila que no he procurado hacerles el gusto, desmintiéndome, como quien dice. Por tener contenta a mi querida esposa y a usted, me privo de venir a comer en mangas de camisa, lo que era muy de mi gusto en días de calor. Se empeñaron después en traerme una cocinera de doce duros. ¡Qué barbaridad! ¡Ni que fuéramos arzobispos! Pues transigí con admitir la que tenemos, ocho durazos, que si es verdad nos hace primores, bien pagada estaría con cien reales. Para que mi señora y la hermana de mi señora no se alboroten, he dejado de comer salpicón a última hora de la noche, antes de acostarme, porque, lo reconozco, no está bien que vaya delante de mí el olor de cebolla, abriéndome camino como un batidor. Y *reasumiendo*: he transigido también con el lacayito

ese para recados y limpiarme la ropa, aunque, a decir
verdad, días hay en que para evitarle reprimendas al
pobre chico, no sólo me limpio yo mi ropa, sino también la suya. Pero, en fin, pase el chaval de los botones,
que, si no me equivoco, no presta servicios en consonan-
cia con lo que consume. Yo lo observo todo, señora mía;
suelo darme una vuelta por la cocina cuando está comiendo la servidumbre, *vulgo* criados, y he visto que ese
ángel de Dios se traga la ración de siete; amén del mal
tercio que hace a la familia levantando de cascos a las
criadas de casa y a las de toda la vecindad. En fin, ustedes lo quieren, sea. *Adopto esta actitud* para que no
digan que soy la *intransigencia personificada,* y para
cargarme de razón ahora, negándome, como me niego,
al derribo de tabiques, *etcétera...,* que eso de estropear
la finca va contra la lógica, contra el sentido común y
contra la conveniencia de *propios y extraños.*

Contestóle Cruz con gracejo, afectando sumisión a la
primera autoridad de la familia, y se dirigió a la alcoba
de su hermana, que no dejaba el lecho hasta más tarde.
Ambas charlaron alegremente de la misma materia, conviniendo en que aquello, y aún más, se conseguiría de
don Francisco, esperando la ocasión favorable, como
habían podido observar en el tiempo que llevaban de
convivencia. Torquemada, después de darse un buen
atracón de *La Correspondencia* de la mañana, se fue al
lado de su esposa, periódico en mano, pisando con suavidad para evitar el ruido y ladeándose la gorra de seda
negra para rascarse el cráneo. No tardó Cruz en acudir
a despertar al ciego y llevarle el desayuno, y quedó el
matrimonio solo, acostada ella, él paseándose en la alcoba.

—Y ¿qué tal —le preguntó don Francisco con cariño no afectado—. ¿Te sientes hoy más fuerte?

—Me parece que sí.

—Probarás a dar un paseíto a pie... Yo, si te empe-
ñas en darlo en coche, no me opongo, ¡cuidado! Pero
más te conviene salir de *infantería,* con tu hermana.

—A patita saldremos...—replicó la esposa—. Iremos a casa de las de Taramundi, y para la vuelta, ellas nos traerán en su berlina. De este modo te ahorras tú ese gasto.

Torquemada no chistó. Siempre que se entablaban discusiones sobre reformas que desnivelaran el bien estudiado presupuesto de don Francisco, Fidela se ponía de parte de él, bien porque anhelara cumplir fielmente la ley de armonía matrimonial, bien porque con femenil instinto, y casi sin saber lo que hacía, cultivara la fuerza en el campo de su propia debilidad, cediendo para triunfar, y retirándose para vencer. Esto es lo más probable, y casi por seguro lo da el historiador, añadiendo que no había sombra de malicia premeditada en aquella estrategia, obra pura de la naturaleza femenina y de la situación en que la joven del Aguila se encontraba. A los tres meses de matrimonio no se había disipado en ella la impresión de los primeros días, esto es, que su nuevo estado era una liberación, un feliz término de la opresora miseria y humillante oscuridad de aquellos años maldecidos. Casada, podía vestirse con decencia y asearse conforme a su educación, comer cuantas golosinas se le antojaran, salir de paseo, ver alguna función de teatro, tener amigas y disfrutar aquellos bienes de la vida que menos afectan al orden espiritual. Porque lo primero, después de tan larga pobreza y ahogos, era respirar, nutrirse, restablecer las funciones animales y vegetativas. El contento del cambio de medio, favorable para la vida orgánica y un poco para la social, no le permitía ver los vacíos que aquel matrimonio pudiera determinar en su alma, vacíos que incipientes existían ya, como las cavernas pulmonares del tuberculoso, que apenas hacen padecer cuando empiezan a formarse. Debe añadirse que Fidela, con el largo padecer en los mejores años de su vida, todo lo que había ganado en sutilezas de imaginación habíalo perdido en delicadeza y sensibilidad, y no se hallaba en disposición de apreciar exactamente la barbarie y prosaísmo de su cónyuge. Su linfatismo le per-

mitía soportar lo que para otro temperamento habría sido
insoportable, y su epidermis, en apariencia finísima, no
era *por dentro* completamente sensible a la ruda costra
del que, por compañero de vida, casa y lecho, le había
dado la sociedad de acuerdo con la Santa Iglesia. Cierto
que a ratos creía enterarse vagamente de aquellos vacíos
o cavernas que dentro se le criaban; pero no hacía caso,
o movida de un instinto reparador (y va de instintos)
defendíase de aquella molestia premonitoria, ¿con qué
creeréis?, con el mimo. Haciéndose más mimosa de lo
que realmente era, fomentando en sí hábitos y remilgos
infantiles, en lo cual no hacía más que aceptar los procedimientos de su hermana y de su marido, se curaba
en salud de todo aquel mal probable y posible de los
vacíos. Era, pues, de casada, más golosa y caprichuda
que de soltera; hacía muecas de niño llorón; enredaba,
variando de sitio las cosas fáciles de transportar; entretenía las horas con afectaciones de pereza que agranda-
ban su ingénita debilidad; afectaba también un cierto
desdén de todo lo práctico y horror a los trajines duros
de la casa; extremaba el aseo hasta lo increíble, eterni-
zándose en su tocador; ansiaba los perfumes, que eran
una nueva golosina, no menos apetecida que los bom-
bones con agridulce; gustaba de que su marido la tratase con extremados cariños, y ella le llamaba a él *su
borriquito,* pasándole la mano por el lomo como a un
perrazo doméstico, y diciéndole:

—Tor, *Tor*..., aquí..., fuera..., ven..., la pata...,
¡dame la pata!

Y don Francisco, por llevarle el genio, le daba la mano, que para aquellos casos (para otros muchos) era pata,
recibiendo el hombre muchísimo gusto de tan caprichoso
estilo de afecto matrimonial. Aquella mañana no ocurrió
nada de esto; charlaron un rato, encareciendo ambos las
delicias del pasear a pie, y por fin Fidela le dijo:

—Por mí no necesitas poner coche. No faltaba más.
¡Ese gasto por evitarme un poquito de cansancio!... No,
no, no lo pienses. Ahora, por ti, ya es otra cosa. No está

bien que vayas a la Bolsa en clase de peatón. Desmereces, cree que desmereces entre los hombres de negocios. Y no lo digo yo, lo dice mi hermana, que sabe más que tú...; lo dice también Donoso. No me gusta que piensen de tí cosas malas, ni que te llamen cominero. Yo me paso muy bien sin ese lujo; tú no puedes pasarte, porque, en realidad, no es lujo, sino necesidad. Hay cosas que son como el pan...

Don Francisco no pudo contestarle porque le avisaron que le esperaba en su despacho el agente de Bolsa, y allá se fue presuroso, revolviendo en su caletre estas o parecidas ideas: «¡El condenado cochecito! Al fin habrá que *echarlo... velis nolis.* No es idea, no, de esa pasta-flora de mi mujer, que jamás discurre nada tocante al aumento de gastos. La otra, la dominanta, es la que quiere andar sobre ruedas. Ni qué falta me hace a mí ese armatoste, que..., ahora que me acuerdo..., se lla-ma también *vehículo.* ¡Ah, si yo pudiera gastarlo sin que esa déspota de Cruz lo catara!... Pero no, ¡ñales!, tiene que ser para todos, y mi mujer la primera, sobre cojines muy blandos para que no se me estropee, *máxime* si hay sucesión... Porque, aunque nada han dicho, yo, *atento a la lógica del fenómeno,* me digo: sucesión tenemos.»

Tres

¡Qué cosas hace Dios! En todo tenía una suerte loca aquel indino de Torquemada, y no ponía mano en nin-gún negocio que no le saliese como una seda, con lim-pias y seguras ganancias, como si se hubiese pasado la vida sembrando beneficios y quisiera la divina Provi-dencia recompensarle con largueza. ¿Por qué le favore-cía la fortuna, habiendo sido tan viles sus medios de enriquecerse? ¿Y qué Providencia es ésta que así entien-de *la lógica del fenómeno,* como por cosa muy distinta decía el avaro? Cualquiera desentraña la relación miste-riosa de la vida moral con la financiera o de los nego-cios, y esto de que las corrientes vayan a fecundar los

suelos áridos en que no crece ni puede crecer la flor del
bien. De aquí que la muchedumbre honrada y pobre
crea que el dinero es loco; de aquí que la santa religión,
confundida ante la monstruosa iniquidad con que se distribuye y encasilla el metal acuñado, y no sabiendo cómo
consolarnos, nos consuela con el desprecio de las riquezas, que es para muchos consuelo de tontos. En fin, sépase que la previsora amistad del buen Donoso había rodeado a don Francisco de personas honradísimas que le
ayudaran en el aumento de sus caudales. El agente de
Bolsa, de quien era comitente para la compra y venta
de títulos, reunía a su pasmosa diligencia la probidad
más acrisolada. Otros correveidiles que le proporciona-
ban descuentos de pagarés, pignoraciones de valores y
negocios mil, sobre cuya limpieza nadie se habría atre-
vido a poner la mano en el fuego, eran de lo mejorcito
de la clase. Verdad que ellos, con su buen olfato mercantil, comprendieron desde el primer día que a Torquemada no se le engañaba fácilmente, y en esto tal vez
se afirmaba el cimiento de su moralidad; al paso que don
Francisco, hombre de grandísima perspicacia para aquellos tratos, les calaba los pensamientos antes que los re-
velara la palabra. De este conocimiento recíproco, de esta
compenetración de las voluntades, resultaba el acuerdo
perfecto entre compinches y el pingüe fruto de las operaciones. Y aquí nos encontramos con un hecho que
viene a dar explicación a las monstruosas dádivas de la
suerte loca, y al contrasentido de que se enriquezcan
los pillos. No hay que hablar tanto de la ciega fortuna
ni creer la pamplina de que ésta va y viene con los ojos
vendados... ¡Invención del simbolismo cursi! No es
eso, no. Ni se debe admitir que la Providencia prote-
giera a Torquemada para hacer rabiar a tanto honrado
sentimental y pobretón. Era..., las cosas claras; era que
don Francisco poseía un talento de primer orden para
los negocios, aptitud incubada en treinta años de aprendizaje usurario a la menuda, y desarrollada después en
más amplio terreno en esfera vastísima. La educación

de aquel talento había sido dura, en medio de privaciones y luchas horrendas con la Humanidad precaria, de donde sacó el conocimiento profundísimo de las personas bajo el aspecto exclusivo de tener o no tener la paciencia, la apreciación clara del tanto por ciento, la limadura tenaz y el cálculo exquisito de la oportunidad. Estas cualidades, aplicadas luego a operaciones de mucha cuenta, se sutilizaron y adquirieron desarrollo formidable, como observaron Donoso y los demás amigos pudientes que se fueron agregando a la tertulia.

Reconocíanle todos por un hombre sin cultura, ordinario y a veces brutalmente egoísta; pero al propio tiempo veían en él un magistral golpe de vista para los negocios, un tino segurísimo que le daba incontestable autoridad, de suerte que teniéndose todos por gente de más valía en la vida general, en aquella rama especialísima del *toma* y *daca* bajaban la cabeza ante el bárbaro, y le oían como a un padre de la iglesia... crematística. Ruiz Ochoa, los sobrinos de Arnaiz y otros que por Donoso se fueron introduciendo en la casa de la calle de Silva, platicaban con el prestamista aparentando superioridad, pero realmente espiaban sus pensamientos para apropiárselos. Eran ellos los pastores y Torquemada el cerdo que, olfateando la tierra, descubría las escondidas trufas, y allí donde le veían hocicar, negocio seguro.

Pues, como digo, fue don Francisco a su despacho, donde estuvo como un cuarto de hora dando instrucciones al agente de Bolsa, y volvió luego a engolfarse en los periódicos de la mañana, lectura que le interesaba en aquella época, ofreciéndole verdaderas revelaciones en el orden intelectual y abriendo horizontes inmensos ante su vista, hasta entonces fija en objetos situados no más allá de sus narices. Leía con mediano interés todo lo de política, viendo en ella, como es común en hombres aferrados a los negocios, no más que una comedia inútil, sin más objeto que proporcionar medro y satisfacciones de vanidad a unos cuantos centenares de personas; leía con profunda atención los telegramas porque todas aque-

llas cosas que en el extranjero pasaban parecíanle de
más fuste que las de por acá, y porque los nombres de
Gladstone, Goschen, Salisbury, Crispi, Caprivi, Bismarck,
le sonaban a grande, revelando una raza de personajes
de más circunstancias que los nuestros; se detenía con
delectación en el relato de sucesos del día, crímenes,
palos, escenas de amor y venganza, fugas de presos, es-
calos, entierros y funerales de personas de viso, estafas,
descarrilamientos, inundaciones, etc. Así se enteraba de
todo, y de paso aprendía *cláusulas* nuevas y elegantes
para irlas soltando en la conversación.

Por lo que pasaba como gato sobre ascuas era por
los artículos pertinentes a cosa de literatura y arte, porque allí sí que le estorbaba lo negro; es decir, que no
entendía palotada ni le entraba en la cabeza la razón
de que tales monsergas se escribieran. Pero como veía
que todo el mundo, en la conversación corriente, daba
efectiva importancia a tales asuntos, él no decía jamás
cosa alguna en descrédito de tales artes liberales. Eso sí,
a discreto no le ganaba nadie en *el nuevo orden de cosas,*
y tenía el don inapreciable del silencio siempre que se
tratara de algún asunto en que se sentía lego. Tan sólo
daba su asentimiento con monosílabos, dejando adivinar
una inteligencia reconcentrada, que no quiere prodigarse.
Para él, hasta entonces, *artistas* eran los barberos, albañiles, cajistas de imprenta y maestros de obra prima;
y cuando vio que entre gente culta sólo eran verdaderos artistas los músicos y danzantes, y algo también los
que hacen versos y pintan monigotes, hizo mental propósito de enterarse detenidamente de todo aquel *fregado,*
para poder decir algo que le permitiera pasar por hombre
de luces. Porque su amor propio se fortalecía de hora
en hora, y le sublevaba la idea de que le tuvieran por
un ganso; de donde resultó que últimamente dio en
aplicarse a la lectura de los artículos de crítica que traían
los periódicos, procurando sacar jugo de ellos, y sin duda
habría pescado algo si no tropezara a cada instante con
multitud de términos cuyo sentido se le indigestaba.

—¡Ñales!—decía en cierta ocasión—, ¿qué querrá decir esto de *clásico*? ¡Vaya unos términos que se traen estos señores! Porque yo he oído decir el *clásico* puchero, la *clásica* mantilla; pero no se me alcanza que lo clásico, hablando de versos o de comedias, tenga nada que ver con los garbanzos ni con los encajes de Almagro. Es que estos tíos que nos sueltan aquí tales *infundios* sobre el más o el menos de las cosas de literatura, hablan siempre en figurado, y el demonio que los entienda... Pues y esto del *romanticismo, ¿*qué será? ¿Con qué se come esto? También quisiera yo que me explicaran la *emoción estética,* aunque me figuro que es como darle a uno un soponcio. ¿Y qué significa *realismo,* que aquí no es cosa del rey, ni Cristo que lo fundó?

Por nada de este mundo se aventuraba a exponer sus dudas ante la autoridad de su esposa o cuñada, pues temía que se le rieran en sus barbas, como una vez que le tentó el demonio, hallándose en una gran confusión, y fue y les dijo:

—¿Qué significa *secreciones?*

¡Dios, qué risas, qué chacota y qué sofoco le hicieron pasar con sus *ínsulas* de personas ilustradas!

Interrumpió la lectura para ir al cuarto de su mujer, resuelto a ponerla en planta, pues Quevedito recomendaba que se combatiese en ella la pereza, favorecedora de su linfatismo; y cuando iba por el pasillo oyó voces un poco alteradas que de la estancia próxima al salón venían. Era aquélla la habitación que ocupaba el ciego; y como a éste, comúnmente, no se le oía en la casa una palabra más alta que otra, siendo tal su laconismo que parecía haber perdido, con el de la vista, el uso de la palabra, alarmóse un tanto don Francisco y aplicó su oído a la puerta. Mayor que su alarma fue su asombro al sentir al ciego riendo con gran efusión, y ello debía de ser por motivo impertinente, pues su hermana le reprendía con severidad, elevando el tono de su indignación tanto como él el de sus risotadas. No pudo el tacaño comprender de qué demonios provenía júbilo tan estrepitoso,

porque el tal Rafaelito, desde la boda, no se reía ni por
muestra, y su cara era un puro responso, siempre mirando para su interior y oyéndose de orejas adentro. Torquemada se retiró de la puerta, diciendo para sí: «Con
buen humor amanece hoy el caballero de la Chancla y
gran duque de la Birria... Más vale así. Téngale Dios
contento y habrá paz.»

Cuatro

Es el caso que aquella mañana, al entrar Cruz en el
cuarto de su hermano con el desayuno, no sólo le encontró despierto, sino sentado en el lecho, pronto a
vestirse solo, como hombre a quien llaman fuera de casa
negocios urgentes.

—Dame, dame pronto mi ropa—dijo a su hermana—.
¿Te parece que es hora esta de empezar el día cuando lo
menos hace seis horas que ha salido el sol?

—¿Tú qué sabes cuándo sale y cuándo entra el sol?

—¿Pues no he de saberlo? Oigo cantar los gallos...
Y que no faltan gallos en esta vecindad. Yo mido el
tiempo por esos relojes de la Naturaleza, más seguros que
los que hacen los hombres, y que siempre van atrasados. Y para asegurarme más, pongo atención a los carros
de la mañana, a los pregones de verduleras y ropaveje-
ros, al afilador, al alcarreño de la miel, y, por oírlo todo,
oigo cuando echan el periódico por debajo de la puerta.

—¿De modo que no has dormido la mañana?—preguntóle su hermana con tierna solicitud, acariciándole—.
Eso no me gusta, Rafael. Ya van muchos días así...
¿Para qué espoleas tu imaginación en las horas que debes dedicar al descanso? Tiempo tienes, de día, de hacer
tus cálculos y entretenerte con los acertijos que a ti mismo te propones.

—Cada uno vive a la hora que puede—replicó el ciego, volviendo a echarse en la cama, pero sin intenciones
de recobrar el sueño perdido—. Yo vivo conmigo a solas, en el silencio de la mañana oscura, mejor que con

vosotras en el ruido de la tarde, entre visitas que me aburren y algún relincho del búfalo salvaje que anda por ahí.

—Ea, ya empiezas—indicó la dama, amostazándose—. A desayunarse pronto. La debilidad te desvanece un poquito la cabeza y te la desmoraliza, insubordinando los malos pensamientos y reprimiendo los buenos. ¿Qué tal la figura? Tómate tu chocolatito y verás cómo te vuelves humano, indulgente y razonable..., y desaparece de tu cabeza la cólera vil, la injusticia y el odio a personas que no te han hecho ningún daño.

—Bueno, hija, bueno—dijo el ciego, incorporándose de nuevo y empezando a reír—. Venga ese chocolate que, según tú, restablecerá en mi cabeza la disciplina militar, digo, intelectual. Es gracioso.

—¿Por qué te ríes?

—Toma, porque estoy contento.

—¿Contento tú?

—¿Ahora salimos con eso? ¡Pues, hija!... Cuatro meses hace que me estáis sermoneando por mi tristeza, porque no hablo, porque no me entran ganas de reír, porque no me divierto con las mil farsas que inventáis para distraerme. Vamos, que me tenéis loco... «Rafael, ríete; Rafael, ponte de buen humor.» Y ahora que la alegría me retoza en el alma y me sale por ojos y boca, me riñes. ¿En qué quedamos?

—Yo no te riño. Me sorprendo de esa alegría desenfrenada, que no es natural, Rafael; vamos, que no es verdadera alegría.

—Yo te juro que sí; que en este momento me siento feliz, que me gustaría verte reír conmigo.

—Pues dime la causa de esa alegría. ¿Es alguna idea original, algo que has pensado?... ¿O te ríes mecánicamente nada más?

—¡Mecánicamente! No, hija de mi alma. La alegría no es una cosa a la cual se da cuerda, como a los relojes. La alegría nace en el alma y se nos manifiesta por esta vibración de los músculos del rostro, por esta..., no sé

cómo decirlo... Vaya, me tomaré el chocolate para que
no te enfades...

—Pero contén la risa un momentito y no me tengas
aquí con la bandeja en una mano y la rebanada de pan
en otra...

—Sí; reconozco que es conveniente alimentarse; más
que conveniente, necesario. ¿Ves? Ya no me río... ¿Ves?
Ya como. De veras que tengo apetito... Pues..., querida hermana, la alegría es una bendición de Dios. Cuando
nace de nosotros mismos, es que algún ángel se aposenta
en nuestro interior. Generalmente, después de una noche
de insomnio, nos levantamos con un humor del diablo.
¿Por qué me pasa a mí lo contrario no habiendo pegado
los ojos?... Tú no entiendes esto ni lo entenderás si yo
no te lo explico. Estoy alegre porque... Antes debo decirte que paso mis madrugadas calculando las probabilidades del porvenir, entretenimiento muy divertido...
¿Ves? Ya he concluido el chocolate. Ahora venga el vaso
de leche... Riquísima... Bueno, pues para calcular el
porvenir, cojo yo las figuras humanas, cojo los hechos
pasados, los coloco en el tablero, los hago avanzar conforme a las leyes de la lógica...

—Hijo mío, ¿quieres hacerme el favor de no ma-
rearte con esas simplezas?—dijo la dama, asustada de
aquel desbarajuste cerebral—. Veo que no se te debe
dejar solo ni aun de noche. Es preciso que te acompañe
siempre una persona, que en las horas de insomnio te
hable, te entretenga, te cuente cuentos...

—Tonta, más que tonta. Si nadie me entretiene como
yo mismo, y no hay, no puede haber cuentos más salados
que los que yo me cuento a mí propio. ¿Quieres oír uno?
Verás. En un reino muy distante, éranse dos pobres hormigas, hermanas... Vivían en un agujerito...

—Cállate; me incomodan tus cuentos... Será preciso
que yo te acompañe de noche, aunque no duerma.

—Me ayudarías a calcular el porvenir, y cuando lle-
gáramos al descubrimiento de verdades tan graciosas como las que yo he descubierto esta noche, nos reiríamos

juntos. No, no te enfades porque me ría. Me sale de
muy adentro este gozo para que pueda contenerlo. Cuando uno ríe fuerte, se saltan las lágrimas, y como yo nunca lloro, tengo en mí una cantidad de llanto que ya lo
quisieran más de cuatro para un día de duelo... Deja,
deja que me ría mucho, porque, si no, reviento.

—Basta, Rafael—dijo la dama, creyendo que debía
mostrar severidad—. Pareces un niño. ¿Acaso te burlas
de mí?

—Debiera burlarme, pero no me burlo. Te quiero, te
respeto, porque eres mi hermana y te interesas por mí;
y aunque has hecho cosas que no son de mi agrado, reconozco que no eres mala, y te compadezco...; sí, no te
rías tú ahora...; te compadezco porque sé que Dios te
ha de castigar, que has de padecer horriblemente.

—¿Yo? ¡Dios mío!—exclamó la noble dama con súbito espanto.

—Porque la lógica es lógica, y lo que tú has hecho
tendrá su merecido, no en la otra vida, sino en ésta,
pues no siendo bastante mala para irte al infierno, aquí,
aquí has de purgar tus culpas.

—¡Ay! Tú no estás bueno. ¡Pobrecito mío!... ¡Yo
culpas, yo castigada por Dios!... Ya vuelves a tu tema.
La mártir, la esclava del deber, la que ha luchado como
leona para defenderos de la miseria, castigada..., ¿por
qué?, por una buena obra. ¿Ha dicho Dios que es malo
hacer el bien y librar de la muerte a las criaturas?...
¡Bah!... Ya no te ríes... ¡Qué serio te has puesto!... Es
que una razón mía basta para hacerte recobrar la tuya.

—Me he puesto serio porque pienso ahora una cosa
muy triste. Pero dejémosla... Volviendo a lo que hablábamos antes y al motivo de mi risa, tengo que advertirte
que ya no me oirás vituperar a tu ilustre cuñado, no
digo mío, porque mío no lo es. No pronunciaré contra
él palabra ninguna ofensiva, porque como su pan, comemos su pan, y sería indigno que le insultáramos después que nos mantiene el pico. Los infames somos nosotros, yo más que tú, porque me las echaba de inflexi-

ble y de mantenedor caballeresco de la dignidad; pero
al fin, ¡qué oprobio!, disculpándome con mi ceguera, he
concluido por aceptar del marido de mi hermana la hospitalidad y esta bazofia que me dais, y la llamo bazofia
con perdón de la cocinera, porque sólo moralmente, ¿entiendes?, moralmente, es la comida de esta casa como la
sopa boba que en un caldero, del tamaño de hoy y mañana, se da a los pobres mendigos a la puerta de los con-
ventos... Conque ya ves... No le vitupero, y cuando me
reía, no me reía de él ni de sus gansadas, que tú vas
corrigiendo para que no te ponga en ridículo..., porque
ese hombre acabará por hablar como las personas; de tal
modo se aplica y atiende a tus enseñanzas; digo que no
me río de él, ni tampoco de ti, sino de mí, de mí mismo...
Y ahora me entra la risa otra vez: sujétame... Bueno,
pues me río a mis anchas, y riéndome te aseguro que he
calado el porvenir..., y veo claro como la luz del alma,
única que a mí me alumbra; veo que transigiendo, transigiendo y abandonándome a los hechos, sacerdote de la
santa inercia, acabaré por contormarme con la opulencia
infamante de esta vida, por hacer mangas y capirotes de
la dignidad... Si esto no es cómico, altamente cómico, es
que la gracia ha huido de nuestro planeta. ¡Yo conforme
con esta deshonra, yo viéndoos en tanta vileza y creyén-
dola no sólo irremediable, sino hasta natural y necesaria! ¡Yo vencido al fin de la costumbre y hecho a la
envenenada atmósfera que respiráis vosotras! Confiésa-
me, querida hermana, que esto es para morirse de risa,
y si conmigo no te alegras ahora, será porque tu alma
es insensible al humorismo, entendido en su verdadera
acepción, no en la que le dio tu cuñadito el otro día,
cuando se quejaba del mucho *humorismo de la chimenea*.

Llegaron a su punto culminante las risotadas en esta
parte de la escena, y en tal momento fue cuando Torquemada oyó desde fuera el alboroto.

Cinco

—No se te puede tolerar que hables de esa manera —dijo la hermana mayor, disimulando la zozobra que aquel descompuesto reír iba levantando en su alma—. Nunca he visto en ti ese humor de chacota, ni esas payasadas de mal gusto, Rafael. No te conozco.

—De algún modo se había de revelar en mí la metamorfosis de toda la familia. Tú te has transformado por lo serio, yo por lo festivo. Al fin seremos todos grotescos, más grotescos que él, pues tú conseguirás retocarle y darle barniz... Pues sí, me levantaré; dame mi ropa... Digo que la sociedad concluirá por ver en él un hombre de cierto mérito, un tipo de esos que llaman *serios,* y en nosotros, unos pobres cursis, que por hambre hacen el mamarracho.

—No sé cómo te oigo... Debiera darte azotes como a un niño mañoso... Toma, vístete; lávate con agua fría para que se te despeje la cabeza.

—A eso voy—replicó el ciego, ya en pie y disponiéndose a refrescar su cráneo en la jofaina—. Y puesto que no tiene ya remedio, hay que aceptar los hechos consumados, y meternos hasta el cuello en la inmundicia que tú..., vamos, que la fatalidad nos ha traído a casa. Ya ves que no me río, aunque ganas no me faltan... Te hablaré seriamente, contra lo que pide lo jocoso del asunto... Y de esto dan fe las inflexiones de sátira que se notan...; ¿no las has notado?...; que se notan, digo, en el acento de todas las personas que han vuelto a entablar amistad con nosotros, después del paréntesis de desgracia.

—Yo no he notado eso—afirmó Cruz resueltamente—; y no hay tal sátira más que en tu descarriada imaginación.

—Es que a ti te deslumbran los destellos de esta opulencia de similor, y no ves la verdad de la opinión social. Yo, ciego, la veo mejor que tú. En fin, déjame

que me fregotee un poco la cara y la cabeza, y te diré
una cosa que ha de pasmarte.

—Lo mejor sería que te callaras, Rafael, y no me
enloquecieras juzgando de un modo tan absurdo los hechos más naturales de la vida... Toma la toalla. Sécate
bien... Ahora te sientas, y te peinaré.

—Pues quería decirte... Se me ha despejado la cabeza; pero es el caso que ahora me retoza otra vez la risa,
y necesito contenerme para no estallar... Quería decirte
que cuando se pierde la vergüenza, como la hemos perdido nosotros...

—¡Rafael, por amor de Dios!...

—Digo que lo mejor es perderla toda de una vez,
arrancarse del alma ese estorbo y afrontar a cara descubierta el hecho infamante... Cuando más, debe usarse en
la cara el colorete de las buenas formas, una vez perdido
el santo rubor que distingue las personas dignas de las
que no lo son...—conteniendo la risa—. Tú, autora de
todo esto, debes ir ya hasta el fin. No te detengas a
medio éxito. Fuera escrúpulos, fuera delicadezas que ya
resultarían afectadas. ¿No has conseguido aún que el
amo os dé coche para salir publicando por calles y
paseos la venta que habéis hecho de...? ¡Oh! No me
tires del pelo. Me haces daño.

—Es que me pones nerviosa. ¡Pobre ser delicado y
enfermo, a quien no se puede aplicar el correctivo de
una azotaina!

—Decía que la venta... Bueno: retiro la palabra.
¡Ay!... Ello es que harás muy bien en sonsacarle el gasto del coche. El otro, mascando las palabras finas con
las ordinarias, tascará el freno que tú le pones con tu
talento y tu autoridad. A cambio de la representación
social con que alimentas su orgullo de pavo...; no
digo de pavo real, sino de pavo común, de ese que por
Navidad se engorda con nueces enteras..., a cambio de
la representación social, él te dará cuanto le pidas, renegando, eso sí, porque tiene la avaricia metida en los
huesos y en el alma; pero cederá como tú sepas trastear-

lo, y ¡vaya si sabes! Y conseguirás el abono en el Real
y en la Comedia, y las reuniones y comidas en determinados días de la semana. Hartaos de riqueza, de lujo, de
vanidad, de toda esa bazofia que ha venido a sustituir
el regalo fino de los sentimientos puros y nobles. ¡Que
os pague en lo que valéis, que no descanse en sus arcas
una sola peseta de las que continuamente trae a ellas el
negocio, sucio como alma de condenado! Apenas entre
la santa peseta, escamoteadla vosotras para gastarla en
trapos, comistrajos, diversiones públicas y privadas, objetos artísticos, muebles de lujo. Duro con él, a ver si
revienta y os quedáis dueñas de todo, que ésa sería vuestra jugada.

—Rafael, ya no más—dijo la dama, vibrando de cólera—. He oído tus disparates con mi santa paciencia;
pero ésta se agota ya. Tú la crees inagotable; por eso
abusas... Pero no lo es, no lo es. Ya no puedo acompañarte más. Pinto acabará de vestirte...—llamando—.
Pinto..., chiquillo... ¿Qué haces?

Acudió al instante el lacayito, cargado de ropa, que
el sastre acababa de traer.

—Estaba recogiendo el traje nuevo del señorito Rafael. El sastre dice que quiere vérselo puesto.

—Pues que pase—a Rafael—. Ya tienes entretenimiento para un rato. Volveré a verte vestido, y como
alguna prenda no te esté bien, se le devuelve para que
la reforme—al sastre—. Pase usted, Balboa... Hay que
probar todo. Ya sabe usted que este caballero es muy
escrupuloso y exigente para la ropa. Conserva el sentido
del buen corte y del ajuste, como si pudiera apreciarlos
por la vista—a Pinto—. Anda, ¿qué haces? Quítale el
pantalón.

—Sí, señor Vasco Núñez de Balboa—dijo Rafael, tocado otra vez de su jocosidad nerviosa—. Me basta ponerme una prenda para conocer por el tacto, por el
roce de la tela, hasta las menores imperfecciones de la
hechura. Conque... a mí no me traiga usted chapucerías
fiándose de mi ceguera. Venga el pantalón... Y, a propó-

sito, amigo Balboa: mi hermana y yo hablábamos ahora...
¿Se ha ido mi hermana?

—Aquí estoy, hombre... Ese pantalón me parece que
va muy bien.

—No está mal. Pues decía que necesito más trapo,
señor Balboa. Otro terno de entretiempo, un gabán como
el que lleva Morentín, ¿sabe usted?, y tres o cuatro pantalones de verano, ligeros. ¿Qué dice mi señora hermana?

—¿Yo? Nada.

—Me pareció que protestabas de esta pasión mía de
la ropa buena y abundante... Pues te digo que algo me
ha de tocar a mí del cambio de fortuna... Y te digo más:
quiero un frac... ¿Que para qué lo necesito? Yo me entiendo. Necesito un frac.

—¡Jesús!

—Ya lo sabe usted, Vasco Núñez... ¿Se ha ido mi
hermana?

—Aquí estoy..., y está conmigo toda mi paciencia.

—Me alegro mucho. La mía se ha evaporado, llevan-
dose otra cosa que no quiero nombrar. Y en el hueco
que dejó se ha metido un ardiente apetito de los bienes
materiales... No tengo la culpa de ello ni soy yo quien
ha traído a casa esta desmoralización mansa. Maestro,
el frac prontito... Y tú, hermana querida... Pero ¿se
ha ido...?

—Ahora, sí... Se fue la señora—indicó tímidamente el
sastre—, y me parece que un poquitín incomodada con
usted.

Y era verdad que salió del cuarto la dama no sólo por
librarse de aquel suplicio, sino porque suponía con algún
fundamento que su presencia era lo que excitaba más al
desdichado joven. Allá le dejó con Pinto y el sastre todo
el tiempo que duraron las probaturas y el quita y pon
de ropa. A la hora de almorzar, volvió don Francisco
de la calle y sorprendió a su cuñada con los ojos encendidos, suspirona y triste.

—¿Qué hay, qué ocurre?—le preguntó, alarmadísimo.

—Esto nos faltaba... Le aseguro a usted, amigo mío, que Dios quiere someterme a pruebas demasiado duras... Rafael está enfermo, muy enfermo.

—Pues si esta mañana se reía como un descosido.

—Precisamente..., ése es el síntoma.

—¡Reírse..., síntoma de enfermedad! Vaya, que cada día descubre uno cosas raras en este *nuevo régimen* a que ustedes me han traído. Siempre he visto que el enfermo lloraba, bien porque le dolía algo, bien por falta de respiración, o por no poder romper por alguna parte... Pero que los enfermos se desternillen de risa es lo único que me quedaba que ver.

—Lo mejor—indicó Fidela, ocupando su asiento en la mesa y mirando con sereno y apacible rostro a su marido—será llamar a un médico especialista en enfermedades nerviosas... Y cuanto más pronto, mejor...

—¡Especialista!—exclamó Torquemada, perdiendo repentinamente el apetito—. Es decir, un medicazo de mucha fanfarria, que después de dejar a tu hermano peor que estaba, ponga unos *emolumentos* que nos partan por el eje.

—No podemos consentir que tome cuerpo esa neurosis —dijo Cruz, ocupando su sitio.

—¿Esa qué...? ¡Ah! Ya, neurosis *paparruchosis*... Mire usted, Cruz, lo que no haga mi yerno, no lo hará ningún facultativo de esos que se dan importancia desvalijando al género humano, después de llenar de cadáveres nuestros *clásicos* cementerios.

—No te pongas cargante, querido Tor—arguyó Fidela con dulzura—. Hay que llamar a un especialista, dos especialistas, aunque sean tres.

—Con uno basta—manifestó Cruz.

—No, mejor será traer acá un rebaño de doctores —agregó don Francisco, recobrando el apetito—. Y luego que acaben de recetar, nos iremos todos a los asilos de El Pardo.

—Es usted la misma exageración, señor mío—díjole Cruz festivamente.

—Y usted el maquiavelismo en persona, o personificado... Y, entre paréntesis, señoras mías, esa cocinera de ocho duros será la octava maravilla; pero a mí no me la da. Estos riñones me saben a quemado.

—Si están riquísimos.

—Mejor los ponía Romualda, a quien despidieron ustedes porque se peinaba en la cocina... En fin, me resigno a este orden de cosas, y transigiremos...

—Transacción—dijo Fidela, pasando la mano por el hombro de su marido—. En vez de llamar los tres especialistas...

—¿Tres nada menos? Di más bien las tres plagas de Faraón, y la langosta médico-farmacéutica.

—Pues en vez de llamar al especialista, llevamos a Rafael a París para que le vea Charcot.

Seis.

—¿Y quién es ese peine? —preguntó Torquemada cuando hubo tragado el pedazo de carne que, al oír *Charcot,* se le atravesó sin querer pasar ni para arriba ni para abajo.

—No es peine. Es el primer sabio de Europa en enfermedades cerebrales.

—Pues yo—afirmó el tacaño, dando un golpe en la mesa con el mango del tenedor—, yo, yo le digo al primer sabio de Europa que se vaya a freír espárragos..., y que si quiere enfermos ricos, que vaya a recetarle a la gran puerquísima de su madre.

—¡Hombre, qué cosas dices...!—manifestó Fidela con dulce severidad y blando mimo—. Francisco, por Dios... Mira, tontín, con el viaje a París matamos dos pájaros de un tiro.

—No, si yo no quiero matar pájaros de un tiro, ni de dos.

—Llevamos a Rafael a que le vea Charcot.

—Si no hiciera más que verle... Pues con mandarle el retrato...

—Digo que curaremos a Rafael, y de paso verás tú París, que no lo has visto.

—Ni falta que hace.

—¿Que no? ¿Te parece que no es demasiado tener que decir, cuando se habla de grandes poblaciones: «Pues, señores, yo no he visto más que Madrid... y Villafranca del Bierzo?»... No te hagas el zafio, que no lo eres. ¡París! Si tú lo vieras se ensancharía el círculo de tus ideas.

—*El círculo de mis ideas*—dijo Torquemada, recogiendo con avidez la frase, que le pareció bonita y quedó encasillada en su archivo de locuciones—no es ninguna manga estrecha para que nadie me la ensanche. Cada uno en su círculo, y Dios en el de todos.

—Y una vez en París—añadió la esposa, con ganas de trastear dulcemente a su marido—, no nos volveríamos sin dar una vueltecita por Bélgica, o por el Rin.

—Sí, para vueltecitas estamos...

—Si es baratísimo... Y también nos llegaríamos a Suiza.

—Sí, y a las Ventas de Alcorcón.

—O haríamos la excursión del Palatinado bávaro, de Baden y la Selva Negra.

—Sí, y la de la selva blanca; y luego nos llegaremos al Polo Norte y a la Patagonia, y volveríamos a casa por la Osa Mayor. Y al llegar aquí yo tendría que pedir un jornal en las obras del Ayuntamiento para mantener a la familia, o una plaza de Orden Público...

Las dos damas celebraron con francas risas esta ocurrencia, y Cruz puso fin a la contienda del modo más razonable:

—Esto del viaje es una broma de Fidela, para asustarle a usted, don Francisco. No necesitamos acudir a Charcot. ¡Buenos están los tiempos para gastos de viaje y consultas con eminencias europeas! Lo que Rafael necesita principalmente es distracción, tomar mucho el aire, pasear lejos del infernal bullicio de estas calles...

—Vamos, hablando en plata, señora mía, eso es otro memorial para el coche. Al fin, tendré que apencar con el *vehículo*.

—Pero si no hemos dicho nada de vehículo—observó Fidela entre veras y bromas.

—¡Pasear lejos!... Sí, se va a curar Rafael con el zarandeo de la berlina... Bueno..., a correrla, y no paréis hasta Móstoles.

—El coche—dijo Cruz con el tono de autoridad que no admitía réplica las pocas veces que lo empleaba, mayormente si iba acompañado de la vibración del labio—debe ponerle usted, y lo pondrá, yo se lo aseguro, no por nosotras ni por nuestro hermano, que bien enseñados estamos a andar a pie, sino por usted, señor don Francisco Torquemada. Es indecoroso que ande hecho un azacán por esas calles un hombre de su crédito y de su respetabilidad.

—¡Ah!... ¡Ah!... Amiga mía—exclamó don Francisco en voz muy alta y en tono que tanto tenía de festivo como de airado—. No me engatusa usted a mí con ese jabón que quiere darme. *Seamos justos*: yo soy un hombre humilde, no una *entidad,* como usted dice. Fuera *entidades* y biblias... Con esa mónita, lo que hace usted es *dar pábulo* a los gastos. Yo no *doy pábulo* más que a la economía, y por eso tengo un pedazo de pan. Pero con la actitud que ustedes toman, pronto tendremos que pedirlo prestado, y no te quiero decir... ¡Deudas en mi casa!... ¡Oh! Nunca... Si viene la bancarrota, *vulgo* miseria, usted, Crucita de mi alma, tiene la culpa... ¡Conque coche! Pues habrá coche, no para mí, que sé ganar la santísima rosca andando en el de San Francisco, mi patrono, sino para ustedes, a fin de que se den todo el pisto compatible con su nueva *entidad*...

—Pero yo no he pedido...

—¿Cómo no? ¡Si parece que le hizo la boca un fraile! ¡Si no hay día que no me traiga una socaliña! Tirar tabi-

ques, derribarme media finca para hacer salones... Que
si la modista, que si el sastre, que si el tapicero, que si
el almacenista, que si la Biblia en pasta... Pues ahora,
con eso de que el hermanito tiene ganas de reír, voy yo
a tener que llorar, y lloraremos todos. Ya estoy viendo
una *serie no interrumpida* de antojos, y *por ende* de
nuevos gastos. Que es preciso distraerle; y como le gusta
tanto la música, tendremos que traer aquí la orquesta del
Teatro Real, y al zángano aquel que con una varita les
señala el golpe de lo que han de tocar—risas—. Que hay
que traer un facultativo. Pues que venga todo San Carlos, y lluevan honorarios... Que hay que convidar a
Juan, Pedro y Diego, los amigotes que vienen a darle tertulia, poetas los unos, danzantes los otros. Pues allá te
van doce o catorce cubiertos, y la mar de platos extraordinarios para que saquen el vientre de mal año esos...
pará...
    Se le atravesó la palabra, que, como de adquisición
reciente, no podía ser pronunciada sin cierta precaución
y estudio.
    —*Parásitos*—le dijo Fidela—. Sí que lo son algunos.
Pero no hay más remedio que convidarlos alguna vez,
para que no vayan por ahí hablando de si en esta casa
hay o no hay tacañería.
    —Nuestras relaciones—afirmó Cruz—no dicen eso.
Son personas distinguidísimas.
    —No pongo en duda su *distinguiduría*—asentó Tor-
quemada—; pero *profeso el principio* de que cada *quisque* debe comer en su casa. ¿Voy yo a comer a casa
de nadie?
    —Hay que confesar, señor maridito—le dijo Fidela,
pasándole la mano por el lomo—, que hoy estás graciosísimo. Si yo no quiero que gastes; si no nos hace falta
coche, ni lujo, ni bambolla... Guarda, guarda tus aho-
rritos, bribón... ¿Sabes lo que dijo anoche Ruiz Ochoa?
Que en un mes habías ganado treinta y tres mil duros.
    —¡Qué barbaridad!—exclamó el usurero, levantán-
dose impaciente después de probar el café—. Lo diría

en broma. Y con esas cuchufletas *da pábulo*..., sí,
pábulo, a vuestras ideas exageradas sobre lo que yo tengo.
En fin, me voy por no incomodarme. *Reasumiendo*: es
preciso economizar. La economía es la religión del pobre.
Guardaremos *el óbolo;* que nadie sabe lo que vendrá
el día de mañana, y cosas podrán venir que exijan este y
el otro y todos los óbolos del mundo.

Metióse gruñendo en su despacho, cogió sombrero y
bastón, que era, por más señas, con puño de asta de
ciervo bruñida por el uso, y se marchó a la calle, a
evacuar sus negocios. Hasta más allá de la Puerta del Sol
le fueron burbujeando en el magín las ideas de la viva
disputa con su esposa y cuñada, y seguía disparando
contra ellas una dialéctica irresistible:

—Porque no me sacarán ustedes, con todo su *maquiavelismo,* del sistema de gastar sólo una parte mínima,
considerablemente mínima, de lo que se gana. ¡Ya!...
Como ustedes no tienen que discurrir para traerlo a
casa, no saben lo que cuesta... Sólo me correría más de
lo acordado en caso de sucesión... Eso sí, la sucesión
merece cualquier dispendio *considerable.* Por eso me
decía Valentínico anoche, cuando me quedé dormido en
mi cuarto, caldeada la cabeza de tanto afilar el reverendo
guarismo... Me decía, dice: «Papá, no sueltes un cuarto
hasta que no sepas si nazco o no nazco... Esas bribonas
de Aguilas me están engañando..., que hoy, que mañana, y así no puedo estar... Un pie en la eternidad y
otro pie en la vida esa..., vamos, que esto cansa..., duele
todo el cuerpo, o toda el alma; que si el alma no tiene
huesos, tiene coyunturas..., y sin tener carne ni tendo-
nes, tiene cosquillas, y sin tener sangre, tiene fiebre, y sin
tener piel, tiene gana de rascarse.»

Siete

Casi todo el día lo pasaron las dos hermanas procurando normalizar el destemplado meollo de Rafael, para
lo cual corregían la palabra descompuesta con la palabra

juiciosa, y la incongruente risa con la seriedad razonable y amena. Fidela pudo más que Cruz, por disponer de más paciencia y dulzura, y tener sobre su hermano cierto poder sugestivo, cuyo origen ignoraba, conociendo muy bien sus efectos. A la caída de la tarde, hallándose las dos cansadas de la lucha, aunque satisfechas del buen resultado, pues Rafael hablaba ya con más sentido, les llegó un refuerzo que ambas agradecieron mucho, y gozosas salieron a saludarle:

—Hola, Morentín, gracias a Dios...

—Pero ¡qué caro se vende usted!

—Adelante. No sé las veces que éste ha preguntado hoy por usted.

Erase un galancete como de treinta y tres años, guapo, de hermosura un tanto empalagosa, barba rubia, ojos rasgados, cabellera espesa anunciando ya precoz calvicie, regular estatura, y vestir atildado y correctísimo. Después de saludar a las dos damas con el desembarazo de un trato frecuente, fue a sentarse junto al ciego, y dándole un palmetazo en la rodilla, le dijo:

—Hola, perdido, ¿qué tal?

—Hoy comerá usted con nosotros... No, si no se admiten excusas. No venga usted ya con sus trapacerías de siempre.

—Me esperan en casa de la tía Clarita.

—Pues la tía Clarita que se fastidie. ¡Qué egoísmo el suyo! No, no le soltamos a usted. Proteste todo lo que quiera, y vaya haciendo acopio de resignación.

—Mandaremos un recado a Clarita—indicó Fidela, conciliando las opiniones—; se le dirá que le hemos secuestrado.

—Bueno. Y añadan en el recadito que ustedes toman sobre sí la responsabilidad de mi falta. Y si hay chillería...

—Nosotras contestaremos con otra chillería mayor.

—Convenido.

Pepe Serrano Morentín había sido, en otros tiempos, el inseparable amigo de Rafael y su compañero de estudios desde la Universidad; y si en la época terrible,

aquella amistad pareció extinguida, y apenas, de higos
a brevas, se veían los dos muchachos y refrescaban con
cariñosa efusión los recuerdos estudiantiles, fue porque
las Aguilas esquivaban toda visita, ocultándose en su
triste y solitario albergue, como si creyeran rendir tributo
a la dignidad de su miseria. El cambio material de existencia abrió las puertas del escondrijo; y de cuantas amistades lentamente se restablecieran entonces por mediación de Donoso, de Ruiz Ochoa o de Taramundi, ninguna era tan grata al pobre ciego como la de su caro
Morentín, que sabía llevarle el genio mejor que nadie,
y despertar en él simpatía muy honda en medio de la
indiferencia o desdén que hacia todo el género humano
sentía.

Conocedoras Fidela y Cruz de esta preferencia, o más
bien absoluto imperio de Morentín en la voluntad del
pobre ciego, vieron aquel día en su visita una providen-
cial aparición. Y como sabían que Rafael gustaba de pla-
ticar holgadamente con su amigo, referirle sus tristezas,
provocarle a discusiones en que el humorismo se enredaba con la psicología más sutil, corriéndose a veces a
terreno un tanto escabroso, determinaron, después de
los cumplidos de rúbrica, dejarlos solos, que así descansa-
ban ellas de la guardia, y el ciego estaría más a gusto.

—Querido Pepe—le dijo Rafael, haciéndole sentar a
su lado—, no sabes con cuánta oportunidad vienes. Deseo consultarte una cosa..., una idea, que ayer apuntó en
mí, y hoy, en el momento que entraste, cuando oí tu voz,
¡ay!, me hirió la mente, así como si entrara de golpe,
dándose de cabezadas con todas las demás ideas que
hay en el cerebro, y espantándolas y dispersándolas...,
no te lo puedo explicar.

—Comprendido.

—¿A ti te acomete alguna idea en esta forma y con
esta insolencia?...

—Ya lo creo.

—No; en ti entran con el capuchón de la hipocresía.
No sabes que están dentro hasta que se descubren la cara

y alzan la voz. Morentín, hoy voy a hablarte de un asunto muy delicado.

—¿Muy delicado?

Al decir esto, el amigo de la casa sintió un súbito golpetazo hacia la región cardíaca, como de aviso, como de alarma, como de lo que en lenguaje truhanesco se designa con el feo vocablo de *escama*. Conviene ahora más que nunca dar alguna noticia de este Morentín y registrarle y filiarle con la mayor exactitud posible.

Era el soltero, plebeyo por parte de padre, aristócrata por la materna, socialmente mestizo, como casi toda la generación que corre; bien educado, bien avenido con el estado presente de la sociedad, que su proporcionada riqueza le hacía ver como el mejor de los mundos posibles; satisfecho de haber nacido guapo y de poseer algunas cualidades de las que generalmente no excitan envidia; sin bastante inteligencia para sentir las atracciones dolorosas de un ideal, sin bastante rudeza de espíritu para desconocer los placeres intelectuales; privado de las grandes satisfacciones del orgullo triunfante, pero también de las tristezas del ambicioso que no llega nunca; hombre que no poseía en alto grado ni virtudes ni vicios, pues no era un santo, ni tampoco un perdido, y se conceptuaba dichoso viviendo cómodamente de sus rentas, representando un distrito rural de los más dóciles, disfrutando de preciosa libertad y de un buen caballo inglés para pasearse. Bienquisto de todo el mundo, pero sin despertar en nadie un cariño muy vivo, veíase libre de toda pasión ardiente, pues ni siquiera la pasión política sintió nunca, y aunque afiliado al partido canovista, reconocía que lo mismo lo estaría en el sagastino, si a él le hubiera llevado el acaso; ni conocía tampoco la pasión viva por ningún arte, ni por el *sport,* pues aunque cabalgaba dos o tres horas cada día, jamás le inflamó el entusiasmo hípico, ni el delirio del juego, ni el de las mujeres, fuera de un cierto grado que no llega al drama ni traspasa los límites de un discreto desvarío, elegante y urbano. Era hombre, en fin, muy de su época, o de sus días, informado espiri-

tualmente de una vulgaridad sobredorada, con docena
y media de ideas corrientes, de esas que parecen venir de
la fábrica, en paquetitos clasificados, sujetos con un elás-
tico

Fama de juicioso gozaba Morentín, como que no desen-
tonó jamás en lo que podríamos llamar la social orquesta,
ni contrajo deudas, ni dio escándalos, salvo algún duelo
de los de ritual, con arañazo, acta y almuerzo; ni sintió
nunca alegrías hondas, ni decaimientos aplanantes, tomando de todas las cosas lo que fácilmente podía extraer
de ellas para su particular provecho, sin arriesgar la tranquilidad de su existencia. Respetaba la fe religiosa sin
tenerla, y no poseyendo a fondo ninguna rama del saber,
sobre todas sabía dar una opinión aceptable, siempre
dentro del criterio circunstancial o de moda. Y en cuanto
a moral, si Morentín defendía en público y en privado
las buenas costumbres, no por eso se hallaba libre de la
relajación mansa que apenas sienten los mismos que en
ella viven.

Era uno de esos casos, no muy raros por cierto, del
contento del vivir, pues poseía moderada riqueza, pasaba
justamente por ilustrado, y su trato era muy agradable
a las señoras. Colmaba su ambición el ser diputado, simplemente por lucir la investidura, sin pretensiones de carrera política ni de fama oratoria. Si se ofrecía hablar
como individuo de cualquier Comisión, hablaba, y bien,
sin arrebatar, pero cumpliendo discretamente. Bastábanle
a su orgullo los oropeles del cargo. Por último, su ambición en el terreno afectivo se cifraba en que le quisiera
una mujer casada; si esta mujer era dama, miel sobre ho-
juelas. Pero sus aspiraciones se detenían en la línea del
escándalo, pues esto sí que no le hacía maldita gracia,
y todo iba bien, y él muy a gusto en el machito, hasta que
apuntaba el drama. Dramas, ni por pienso; los aborrecía
en la vida real lo mismo que en el teatro, y cuando desde
su butaca veía que lloraban, o que blandían puñales, ya
estaba el hombre nervioso, con ganas de salir y pedirle
al revendedor que le devolviera el dinero. Pues para que

nada le faltase, hasta aquella vanidad de adúltero templado y sin catástrofe se le había satisfecho al pícaro, y nada tenía que ambicionar ya ni que pedir a Dios... o a quien se pidan estas cosas.

Ocho

—Sí, de un asunto delicadísimo... y muy grave—repitió el ciego—. Ante todo, ¿mis hermanas no andan por aquí?

—No, hombre; estamos solos.

—Asómate a la puerta, a ver si en el pasillo...

—No hay nadie. Puedes hablar todo lo que quieras.

—Desde anoche pienso en ello... ¡Cuánto deseaba que vinieras!... Y esta mañana, la rabia que sentía, el miedo y la tristeza, se me manifestaron en una risa estúpida, que alarmó a mi hermana. No estaba loco, no, ni lo estaré nunca. Es que me reía, como deben de reírse los condenados por burlones de mala ley. Su suplicio ha de consistir en que los diablos les hagan cosquillas con cepillos de alambres al rojo.

—¡Eh..., qué tontería! ¿Ya empiezas?

—Bueno, bueno; no te enfades... Quiero preguntarte una cosa. Pero mira, Pepe: has de prometerme ser conmigo de una sinceridad y una lealtad a prueba de vergüenzas. Me has de prometer contestarme a lo que te pregunte, como contestarías a tu confesor, si es que lo tienes, o a Dios mismo, si Dios quisiera explorar tu conciencia, fingiendo que la desconoce.

—Patético estás. Habla de una vez que en verdad me pones el alma en un hilo. ¿Qué es ello?

—Apuesto a que te lo figuras.

—¿Yo? Ni remotamente.

—¿Y me prometes también no enfadarte, aunque te diga... cosas demasiado fuertes, de esas que si espantan oídas por ti, más deben espantar pronunciadas por esta boca mía?

—Vamos..., que hoy estás de buen temple—replicó

Morentín, disimulando su desasosiego—. Porque al fin, ya lo estoy viendo, vas a salir con alguna humorada...

—Ya lo verás. La cuestión es tan grave, que no me lanzo a formularla sin una miajita de preámbulo, allá va: José Serrano Morentín, representante del país, propietario, paseante en corte y *sportman,* dime: en el momento presente, ¿cómo está la sociedad en punto a moralidad y buenas costumbres?

Rompió a reír el buen amigo, seguro ya de que Rafael, como otras veces, después de anunciar aparatosamente una cuestión peliaguda, salía con cualquier cuchufleta.

—No te rías, no. Ya te irás convenciendo de que esto no es broma. Te pregunto si en el tiempo en que yo he vivido apartado del mundo, dentro de este calabozo de mi ceguera, adonde apenas llegan destellos de la vida social, han variado las costumbres privadas y las ideas de hombres y mujeres sobre el honor, la fidelidad conyugal, etcétera. Me figuro que no hay variación. ¿Acierto? Sí. Porque en mi tiempo, que también es el tuyo, allá cuando tú y yo andábamos por el mundo, divirtiéndonos todo lo que podíamos, las ideas sobre puntos graves de moral eran bastante anárquicas. Ya recordarás que tú y yo, y nuestros amigos, no pecábamos de escrupulosos, ni de rigoristas, y que el matrimonio no nos imponía ningún respeto. Es esto verdad, ¿sí o no?

—Es verdad—replicó Morentín, que había vuelto a escamarse—. Pero ¿a qué viene eso? El mundo siempre es el mismo. Antes que nosotros hubo jóvenes de dudosa virtud, y en nuestro tiempo no nos cuidamos de mejorar las costumbres. La juventud es juventud, y la moral sigue siendo la moral, a pesar de las transgresiones que se cometen con la intención o con el hecho.

—A eso voy. Pero nuestros tiempos creo que excedían en depravaciones a los anteriores y a los que vinieron después. Yo recuerdo que creíamos como artículo de fe, pues el pecado tiene también dogmas impuestos por la frivolidad y el vicio..., creíamos que era nuestra obligación hacer el amor a toda mujer casada que por delante nos caía...; creíamos usar de un derecho inherente a nuestra juventud rozagante, y que el matrimonio que perturbábamos..., casi casi debía agradecérnoslo... No te rías, Pepe; mira que esto es muy serio, pero muy serio.

—Como que va parando en sermón. Querido Rafael, yo te aseguro que si estuviéramos en aquel momento histórico, como diría quien yo me sé, tu santa palabra obraría prodigios sobre las conciencias de tanto perdulario. Pero, chico, el mundo ha variado mucho, y ahora tenemos tanta moralidad, que las picardías conyugales han venido a ser un mito.

—No es verdad eso. Ahora, como antes, los hombres, sobre todo si están entre la juventud y la madurez, profesan los principios más contrarios a la buena organización de la familia. Hoy, por ejemplo, ha de correr muy válido entre los perdidos como tú el principio..., lo llamo principio para expresar mejor la fuerza que tiene..., el principio de que la mujer unida por vínculo indisoluble a un hombre viejo, feo, antipático, grosero, avaro y brutal, está autorizada para consolarse de su desgracia... con un amante.

—Hombre, ni antes ni ahora se ha creído eso.

—Autorizada, sí, por esa moral de circunstancias que profesáis los hombres de mundo, ley que os permite dar bulas para deshonrar, para robar y cometer mil infamias. No me lo niegues. Hay indulgencias, revestidas de lástima piadosa, para la mujer que se halla en la situación que he dicho, quizá sacrificada a intereses de familia...

—Pero ¿a qué viene todo eso, Rafael?—dijo Morentín, ya receloso y sobresaltado, deseando cortar a todo trance una cuestión que le iba resultando muy desagradable—. Hablemos de cosas más amenas, más oportunas, no traídas por los cabellos, ni...

—¡Oh! Ninguna más oportuna que ésta—gritó Rafael, que si hasta entonces había hablado con serenidad, ya comenzaba a encalabrinarse, inquieto de manos y pies, balbuciente de palabra, como que iba llegando al punto que quemaba—. No necesito buscar ejemplos, ni teorizar tontamente, porque la triste realidad me da la razón. Voy a tratar de un hecho, Pepe, y ahora necesito de toda tu sinceridad y de todo tu valor.

—Hombre, ¿quieres irte a donde fue el padre Padilla? —dijo Morentín sulfurado, como queriendo ahogar la cuestión—. He venido aquí a pasar un rato agradable contigo, no a discurrir sobre abstracciones quiméricas.

—Qué..., ¿te vas?—levantándose.

—No, estoy aquí—deteniéndole.

—Un momento más, un momento, y luego te dejo en paz. Me sentaré otra vez. Hazme el favor de ver si andan por ahí mis hermanas.

—Que no... Pero podrían venir...

—Pues antes que vengan, te digo que una lógica inflexible, la lógica de la vida real, que hace derivar un hecho de otro hecho, como el hijo se deriva de la madre, y el fruto de la flor, y ésta del árbol, y el árbol de la simiente...; esa lógica, digo, contra la cual nada puede nuestra imaginación, me ha revelado que mi infeliz hermana... ¡Triste cosa es descubrir estas realidades vergonzosas dentro de nuestra propia familia; pero es más triste desconocerlas estúpidamente!... Soy ciego de vista, pero no de entendimiento. Con los ojos de la lógica veo más que nadie, y les añado el lente de la experiencia para ver más... Pues he visto, ¿cómo lo diré?, he visto que a mi pobre hermana la coge de medio a medio aquel principio, llamémoslo así, y que alentada por la indulgencia social se permite...

—¡Calla! ¡Esto no se puede tolerar!—exclamó Morentín furioso, o hablando como si lo estuviera—. ¡Injurias infamemente a tu hermana!... Pero ¿has perdido el juicio?

—No lo he perdido. Aquí lo tengo, y bien seguro... Dime la verdad..., confiésalo... Ten grandeza de alma.

—¿Qué he de confesarte yo, desdichado, ni qué sé yo de tus locuras?... Déjame, déjame. No puedo estar contigo, ni acompañarte, ni oírte.

—Ven acá, ven acá...—dijo el ciego, asiéndole el

brazo, y apretando con tan nerviosa fuerza, que sus dedos parecían tenazas.

—Basta de tonterías, Rafael... ¿Qué delirio es éste? —forcejeando—. Te digo que me sueltes.

—No te suelto, no—apretando más— Ven acá... Pues me levanto yo también, y me llevarás pegado a ti como tu remordimiento... ¡Farsante, libertino, oye, quiero decírtelo en tu cara, pues no tienes tú valor para confesarlo!...

—¡Majadero, lunático!... ¿Yo...? ¿Qué dices?

—Que mi hermana... No lo repito; no...

—Un amante..., ¡qué sandez!

—Sí, sí, y ese amante eres tú. No me lo niegues. Si te conozco. Si sé tus mañas, tu relajación, tu hipocresía. Amores ilícitos, siempre que no se llegue al escándalo...

—Rafael, no me irrites... No quiero ser severo contigo. Merecías...

—Confiésalo, ten grandeza de alma.

—No puedo confesarte lo que es invención de tu mente enferma... Vamos, Rafael, suéltame...

—Pues confiésamelo.

Enlazados brazo con brazo, jadeantes y enardecidos los dos, Rafael queriendo atenazar a su amigo con nerviosa fuerza, el otro defendiéndose sin gran vigor por no provocar una escena ruidosa, por fin pudo más Morentín, obligando al ciego a caer rendido en el sillón, y sujetándole para que no braceara.

—Eres un malvado... y no tienes el valor de tu crimen—dijo Rafael con voz ahogada, sin poder respirar—. Confiesa, por Dios...

—Yo te juro, te juro, Rafael—replicó el otro, suavizando la voz cuanto podía—, que has pensado y dicho una tremenda impostura...

—Es verdad, por lo menos en la intención...

—Ni en la intención ni en nada... Cálmate. Me parece que vienen tus hermanas.

—¡Dios mío! ¡Lo veo tan claro, tan claro...!

Por grande que fue la cautela de Morentín, no pudo

impedir que algún eco de la reyerta llegase al oído vigilante de Cruz, la cual acudió presurosa, y al entrar hubo
de comprender, por la palidez de los rostros y el habla
balbuciente que entre los dos cariñosos amigos había
surgido alguna desavenencia, y el motivo era sin duda de
verdadera gravedad, pues uno y otro, cuando disputaban,
de filosofía, o de música, o de cría de caballos, no perdían
su serenidad ni el acento de broma apresurada y de buen
tono.

—Nada, no es nada—dijo Morentín, respondiendo al
asombro y a las preguntas de la dama—. Es que éste
tiene unas cosas...

—¡Es más terco este Pepito!...—murmuró Rafael en
tono de niño mimoso—. ¡No querer confesarme...!

—¿Qué?

—Por Dios, Cruz, no haga usted caso—replicó el
amigo, recobrándose en un momento y componiendo voz,
modales y rostro—. Si es una tontería... Pero ¿usted
creyó que nos habíamos incomodado?

Miraba Cruz a uno y otro, sin poder adivinar con todo
su talento el carácter de la disputa.

—Como si lo viera. Tanto furor por la música de
Wagner, o por las novelas de Zola.

—No era eso.

—¿Pues qué? Necesito saberlo—a Rafael, pasándole
la mano por la cabeza y sentándole el pelo—. Si tú no
me lo dices, me lo dirá Pepe.

—No, lo que es éste no ha de decírtelo...

—Figúrese usted, Cruz, que me ha llamado hipócrita, libertino y qué sé yo qué. Pero no le guardo rencor.
Me enfadé un poquito por..., vamos, por nada. No se
hable más del asunto.

—Yo sostengo todo lo que dije—afirmó Rafael.

—Y yo te juro, y vuelvo a jurarte una y cien veces,
que no soy culpable.

—¿De qué?

—Del delito de lesa nación—repuso desahogadamente
Morentín, armando la mentira con gentil travesura—.

Se empeña éste en que yo soy cómplice..., fíjese usted,
Cruz, cómplice nada menos de los que han dado la razón
al Quirinal contra el Vaticano en la cuestión de competencia entre las dos Embajadas. Que traigan el *Diario
de las Sesiones*... ¡Ah! Que vaya Pinto a buscarlo a casa.
Allí se verá que he suscrito el voto particular. El jefe
dejó libre la cuestión, y yo, naturalmente...

—Podías haber empezado por ahí—contestó el ciego,
aceptando la fórmula de engaño.

—Siempre he pensado lo mismo. *Vaticano for ever.*

No muy satisfecha de la explicación, y el ánimo agobiado de recelos y aprensiones, retiróse la dama, y fue tras
ella Morentín, confirmando lo dicho. Pero ni aun con esto
se tranquilizó, y no cesaba de presagiar nuevas compli-
caciones y desastres.

Nueve

Al anochecer, encendidas las luces, Serrano Morentín
buscaba junto a Fidela, en el gabinete de ésta, la compensación de la horrorosa tarde que su amigo le había dado.
Bien se merecía, después de aquel martirio, el goce de un
ratito de conversación con la señora de Torquemada,
afable con él como con todo el mundo, mujer que poseía,
entre otros encantos, el de un cierto mimo infantil o
candoroso abandono de la voluntad, que armonizaba
muy bien con su delicada figura, con su rostro de porcelana descolorida y transparente.

—¿Qué me ha mandado usted aquí?—dijo, desenvolviendo un paquete de libros que había recibido por la
mañana.

—Pues véalo usted. Es lo único que hay por ahora.
Novelas francesas y españolas. Lee usted muy aprisa, y
para tenerla bien surtida será preciso triplicar la produc-
ción del género en España y en Francia.

En efecto, su ingénita afición a las golosinas tomaba en
el orden espiritual la forma de gusto de las novelas. Después de casada, sin tener ninguna ocupación en el hogar

doméstico, pues su hermana y esposo la querían absolutamente holgazana, se redobló su antigua querencia de la lectura narrativa. Leía todo, lo bueno y lo malo, sin hacer distinciones muy radicales, devorando lo mismo las obras de enredo que las analíticas, pasionales o de caracteres. Leía velozmente, a veces interpretando con fugaz mirada páginas y más páginas, sin que dejara de recoger toda la sustancia de lo que contenían. Comúnmente se enteraba del desenlace antes de llegar al fin, y si éste no le ofrecía en su tramitación alguna novedad, no terminaba el libro. Lo más extraño de su ardiente afición era que dividía en dos campos absolutamente distintos la vida real y la novela; es decir, que las novelas, aun las de estructura naturalista, constituían un mundo figurado, convencional, obra de los forjadores de cosas supuestas, mentirosas y fantásticas, sin que por eso dejaran de ser bonitas alguna vez, y de parecerse remotamente a la verdad. Entre las novelas que más tiraban a lo verdadero y la verdad de la vida, veía siempre Fidela un abismo. Hablando de esto un día con Morentín, el cual, por su cultura, en cierto modo profesional, oficiaba de oráculo allí donde no había quien le superase, sostuvo la dama una tesis que el oráculo celebró como idea crítica de primer orden.

—Así como en pintura—había dicho ella—no debe haber más que retratos, y todo lo que no sea retratos es pintura secundaria, en literatura no debe haber más que memorias, es decir, relaciones de lo que le ha pasado al que escribe. De mí sé decir que cuando veo un buen retrato de mano de maestro me quedo extática, y cuando leo memorias, aunque sean tan pesadas y tan llenas de fatuidad como las *de ultratumba,* no sé dejar el libro de las manos.

—Muy bien. Pero dígame usted, Fidela. En música, ¿qué encuentra usted que pueda ser equivalente a los retratos y a las memorias?

—En música..., ¿qué sé yo? No haga usted caso de mí, que soy una ignorante... Pues, en música..., la de los pájaros.

Aquella tarde, mejor será decir aquella noche, después que se enteró de los títulos de las novelas, y cuando Morentín le encarecía, siguiendo la moda a la sazón dominante, la obra última de un autor ruso, Fidela cortó bruscamente la perorata del joven ilustrado, interrogándole de este modo:

—Dígame, Morentín..., ¿qué le parece a usted nuestro pobre Rafael?

Pienso, amiga mía, que sus nervios no son un modelo de subordinación, que mientras viva en esta casa, viendo, digo mal, sintiendo junto a sí personas que...

—Basta... Es mucha manía la de mi hermano. Mi marido le trata con las mayores deferencias. No merece, no, esa antipatía, que ya toca en aborrecimiento.

—No toca, excede al mayor aborrecimiento: digamos las cosas claras.

—Pero usted, hombre de Dios, usted, que es su amigo y tiene sobre él un cierto ascendiente, debe inculcarle...

—Si le inculco todo lo inculcable, y le sermoneo, y le regaño..., y como si nada... Su marido de usted es un hombre bueno... en el fondo. ¿No es eso? Pues yo se lo digo en todos los tonos. ¡Vamos, que si don Francisco oyera los panegíricos que yo le hago, y tuviera que pagármelos en alguna forma...! No, lo que es en moneda no pretendería yo que me los pagase...

—Ni usted lo necesita. Es usted más rico que nosotros.

—¿Más rico yo?... Aunque usted me lo jure, yo no he de creerlo... Mi riqueza consiste en la conformidad con lo que tengo, en la falta de ambición, en las poquitas ideas que he podido juntar, leyendo algo y viviendo algo...; en fin, que, espiritualmente, mis capitales no son de despreciar, amiga mía.

—¿Acaso los he despreciado yo?

—Usted, sí. ¿No me decía el sábado que vivo apegado a las cosas materiales...?

—No dije eso. Tiene usted mala memoria.

—Pero lo que usted dice, aunque lo diga en broma, ¿se puede olvidar?

—No tergiversemos las cuestiones, ¡ea! Dije que usted desconoce la escuela del sufrimiento, y que cuando no se ha seguido esa carrera, amigo mío, que es dura, penosísima, y en ella se ganan los grados con sangre y lágrimas, no se adquiere la ciencia del espíritu.

—Justo; y añadió usted que yo, mimado de la fortuna, y sin conocer el dolor más que de oídas, soy un magnífico animal...

—¡Jesús!

—No, no se vuelva usted atrás...

—Sí, dije animal; pero en el sentido de...

—No hay sentido que valga. Usted dijo que soy un animal...

—Quise decir...—riendo—. Pero ¡qué hombre este! Animal es lo que no tiene alma.

—Precisamente es lo contrario... A..., ni...mal, con ánima, con alma.

—¿Eso quiere decir? Pues, ¡ay!, me vuelvo atrás, me retracto, retiro la palabra. Pero ¡qué desatinos digo, Morentín! Usted no me hace caso, ¿verdad?

—Si no me pico; si, por el contrario, me agrada que usted me llene de injurias... Y volviendo a la orden del día, ¿de dónde saca usted que yo no conozco el dolor?

—No me he referido al de muelas.

—El dolor moral, del alma...

—¿Usted?... ¡Infeliz, y cómo desvanece la ignorancia! ¿Qué sabe usted lo que es eso? ¿Qué calamidades ha sufrido usted, qué pérdida de seres queridos, qué humillaciones, qué vergüenzas? ¿Qué sacrificios ha hecho, ni qué cálices amargos ha tenido que echarse al coleto?

—Todo es relativo, amiga mía. Cierto que si me comparo con usted, no hay caso. Por eso es usted una criatura excelsa, superior, y yo un triste principiante. Bien sé que todavía, por lo poquito que voy aprendiendo en esa escuela, no soy, como la persona que me escucha, digno de admiración, de veneración...

—Sí, sí, écheme usted bastante incienso, que bien me lo merezco.

—Quien ha pasado por pruebas tan horrorosas; quien ha sabido acrisolar su voluntad en el martirio primero, en el sacrificio después, bien merece reinar en el corazón de todos los que aman lo bueno.

—Más, más humo. Me gusta la lisonja, mejor dicho, el homenaje razonado y justo.

—Y tan justo como es en el caso presente.

—Y otra cosa le voy a decir a usted, porque yo soy muy clara y digo todo lo que pienso. ¿No le parece a usted que la modestia es una grandísima tontería?

—¡La modestia!...—desconcertado—. ¿Por qué lo dice usted?

—Porque yo arrojo esa careta estúpida de la modestia para poder decir...; vamos, ¿lo digo?..., para poder afirmar que soy una mujer de muchísimo mérito... ¡Ay, cómo se reirá usted de mí, Morentín!... No me haga usted caso.

—¡Reírme!... Usted, como ser superior, está, en efecto, relevada de tener modestia, esa gala de las medianías, que viene a ser como un uniforme de colegio... Sí, sea usted inmodesta y proclame su extraordinario mérito, que aquí estamos los fieles para decir a todo *amén,* como lo digo yo, y para salir por esos mundos declarando a voz en grito que debemos adorarla a usted por su perfección espiritual, por su maestría en el sufrimiento y por su belleza incomparable.

—Mire usted—dijo Fidela, echándose a reír con gracejo—, no me ofendo porque me llamen hermosa. Más claro, ninguna se ofende, pero otras disimulan su gozo con dengues y monerías, que impone esa pícara modestia. Yo, no; sé que soy bonita... ¡Ah!..., no me haga usted caso. Bien dice mi hermana que soy una chicuela... Pues sí, soy bonita, no un prodigio de hermosura, eso no...

—Eso sí. Hermosa sobre todo encarecimiento, de un tipo tan distinguido, y tan aristocrático...

—¿Verdad que sí?

—Como que no lo hay semejante ni aun parecido en Madrid.

—¿Verdad que no?... Pero ¡qué cosas digo! No me haga usted caso.

—Por todas esas prendas del alma y del cuerpo, y por otras muchas que usted no manifiesta, con exquisito pudor de la voluntad, merece usted, Fidela, ser la persona más feliz del mundo. ¿Para quién es la felicidad, si no es para usted?

—¿Y quién le dice al señor Morentín que no ha de ser para mí? ¿Cree que no me la he ganado bien?

—La tiene usted merecida, y ganada... en principio; pero aún no la posee.

—¿Y quién se lo ha dicho a usted?

—Me lo digo yo, que lo sé.

—Usted no sabe nada... ¡Bah! Perdida ya la vergüenza, le voy a decir otra cosa, Morentín.

—¿Qué?

—Que yo tengo mucho talento.

—Noticia fresca.

—Más talento que usted, pero mucho más.

—Infinitamente más. ¡Vaya por Dios!... Como que es usted capaz, con tantas perfecciones, de volver loco a todo el género humano, y a mí para entrenarse.

—Pues siguiendo usted cuerdo un poco tiempo más, podrá reconocer que no sabe en qué consiste la felicidad.

—Enséñemelo usted, pues por maestra la proclamo. Bien sé yo en qué puede consistir la felicidad para mí. ¿Se lo digo?

—No, porque podría usted decir algo contrario a lo que constituye la felicidad para mí.

—¿Usted qué sabe, si no lo he dicho todavía? Y, sobre todo, ¿a usted qué le importa que mis ideas sobre la felicidad sean un disparate? Figúrese usted que...

Cortó bruscamente la cláusula el ruido de un pisar lento y pesadote, de calzado chillón sobre las alfombras. Y he aquí que entra Torquemada en el gabinete, diciendo:

—Hola, Morentinito... Bien, ¿y en casa?... Me alegro de verle.

Diez

—No tanto como yo de verle a usted. Ya le echábamos de menos, y yo le decía a su esposa que los negocios le han entretenido a usted hoy fuera de casa más que de costumbre.

—En seguida comemos... Y tú, ¿qué tal? Has hecho bien en no salir a paseo. Un día infernal. Me he constipado. Antes, andaba todo el día de ceca en meca aguantando fríos y calores *considerables,* y no me acatarraba nunca. Ahora, en esta vida de estufas y gabanes, con el chanclo y el paraguas, siempre está uno con el moco colgando... Pues estuve en casa de usted, Morentín. Tenía que ver a don Juan.

—Creo que papá vendrá esta noche.

—Me alegro. Tenemos que *evacuar* un asuntillo... No hay más remedio que buscar con candil los buenos negocios porque las necesidades crecen como la espuma, y en esta vida... *¡de marqueses!* cada satisfacción cuesta un ojo de la cara...

—Pues a ganar mucho dinero, Tor, pero mucho—dijo Fidela con alegre semblante—. Me declaro apasionada del vil metal, y lo defiendo contra los sentimentales, como este Morentín, que está por lo espiritual y etéreo... ¡Los intereses materiales..., qué asco!... Pues yo me paso al campo del sórdido positivismo, sí, señor, y me vuelvo muy judía, muy tacaña, muy apegada al ochavo y más al centén, y sobre todo al billete de mil pesetas, que es mi delicia.

—¡Graciosísima!—decía Morentín, contemplando la cara extática de don Francisco.

—Conque ya lo sabes, Tor—prosiguió la dama—. Tráeme a casa mucha platita, orito en abundancia y resmas de billetes, no para gastarlos en vanidades, sino para guardar... ¡Qué gusto! Morentín, no se ría usted; digo lo que siento. Anoche soñé que jugaba con mis muñecas, y que les ponía una casa de cambio... Entraban las muñecas a cambiar billetes, y la muñeca que dice *papá* y *mamá* cambiaba, descontando el veintisiete por ciento en la plata y el ochenta y dos en el oro.

—Así, así—exclamó Torquemada, partiéndose de risa—. Eso es limar para adentro, a lo platero, *considerablemente,* y barrer para casa.

Durante la comida, a la que concurrió también Donoso, estuvo don Francisco de buen temple, decidor y festivo.

—Como Donoso y Morentín son de confianza—dijo al segundo o tercer plato—, puedo *manifestar* que este principio, o lo que sea..., Cruz, ¿cómo se llama esto?

—*Relevé* de cordero a la... romana.

—Pues por ser a la romana, yo se lo mandaría al nuncio, y a esa cocinera de mil demonios la pondría yo en la calle. Si esto no es más que huesos.

—Tonto, se chupan—dijo Fidela—, y están riquísimos.

—El chupar digo yo que no es *meramente* para principio, ¡ea!... En fin, tengamos paciencia... Pues, señor, como iba diciendo...

—A ver, a ver: cuéntanos el sablazo que te han dado hoy.

—¿Hoy también sablazo?—dijo Donoso—. Ya se sabe: es el mal de la época. Vivimos en plena mendicidad.

—El sablazo es la forma incipiente del colectivismo —opinó Morentín—. Estamos ahora en la época del martirio, de las catacumbas. Vendrá luego el reconocimiento del derecho a pedir, de la obligación de dar; la ley protegerá el pordioseo, y triunfará el principio del *todo para todos.*

—Ese principio ya está *sobre el tapete*—dijo Torquemada—, y a este paso pronto no habrá otra manera de vivir que el sablazo bendito. Yo me pinto solo para pararlos; como que casi nunca me cogen; pero el de hoy, por tratarse de un chico huérfano, hijo de una señora muy respetable, que pagaba sus deudas con una puntualidad..., vamos, que era la puntualidad personificada..., pues por ser el chico muy modosito y muy aplicadito,

me dejé caer, y le di tres duros. Me había pedido, ¿para
qué creerán ustedes? Para publicar un tomo de poesías.

—¡Poeta!

—De estos que hacen versos.

—Pero ¡hombre!—observó Fidela—, ¡tres duros para
imprimir un libro!... La verdad, no te has ·corrido
mucho.

—Pues muy agradecido debió de quedar ese ángel de
Dios, porque me ha escrito una carta dándome las gracias, y en ella, después de echarme mucho incienso, me
llama..., vamos, usa un término que no entiendo.

—A ver, ¿qué es?

—Perdonen ustedes mi ignorancia. Ya saben que no
he tenido principios, y aquí, para *inter nos*, confieso mi
desconocimiento de muchos vocablos, que jamás se usa-
ron en los barrios y entre las gentes que yo trataba antes.
Díganme ustedes qué significa lo que me ha llamado el
boquirrubio ese, queriendo, sin duda, echarme una flor...
Pues me ha dicho que soy su... Mecenas—risas—. Sá-
quenme, pues, de esta duda que ha venido atormentán-
dome toda la tarde. ¿Qué demonios quiere decir eso, y
por qué soy yo Mecenas de nadie?...

—Hijo de mi alma—dijo Fidela, gozosa, poniéndole
la mano en el hombro—. Mecenas quiere decir protector
de las letras.

—¡Atiza! ¡Y yo, sin saberlo, he protegido las letras!
Como no sean las de cambio. Bien decía yo, debe de
ser cosa de soltar cuartos... Jamás oí tal término, ni Cristo que lo fundó. Me...cenas. Es decir, convidarlos a cenar a esos badulaques de poetas... Pues, señor, bien...
¿Y qué va uno ganando con ser Mecenas?

—La gloria.

—Como quien dice, el beneplácito...

—¿Qué beneplácito ni qué niño muerto? La gloria,
hombre.

—Pues el beneplácito, el qué dirán, si lo que se dice
es en alabanza mía... *Cúmpleme* declarar con toda sinceridad, *a fuer* de hombre verídico, que no quiero la gloria

de ensalzar poetas. No es que yo los desprecie, ¡cuidado!
Pero hay aquí dentro de mí más compatibilidad con la
prosa que con el verso... Los hombres que a mí me
gustan, mejorando lo presente, son los hombres científicos, como nuestro amigo Zárate.

Y al nombrarle, levantóse en la mesa un tumulto de
alabanzas. «¡Zárate, oh, sí!...; ¡qué chico de tanto mérito!» «¡Qué saber para tan corta edad!»

—No tan corta, amiga mía. Es de nuestro tiempo. Rafael y yo le tuvimos de compañero en el Noviciado. Después él entró en la Facultad de Ciencias, y nosotros en
la de Derecho.

—¡Sabe, vaya si sabe! ¡Oh!—exclamó Torquemada,
demostrando una admiración que no solía conceder sino
a muy contadas personas.

Cruz, que se había levantado de la mesa poco antes,
para dar una vuelta a su hermano, volvió diciendo:

—Pues ahí tienen ustedes al prodigio de Zárate... Ha
entrado ahora, y está conversando con Rafael.

Celebraron todos la aparición del sabio, particularmente don Francisco, que le mandó recado con Pinto para
que fuese a tomar una taza de café o una copita; pero
Cruz dispuso que el café se le mandase al cuarto del
ciego, a fin de no privar a éste de aquel ratito de distracción. Ofrecióse Morentín a *relevar la guardia,* para
que Zárate pudiera pasar al comedor, y allá se fue. En
un momento que juntos estuvieron los tres amigos, Morentín dijo al sabio:

—Chico, que vayas, que vayas a tomar café. Tu amigo
te llama.

—¿Quién?

—Torquemada, hombre. Quiere que le expliques lo
que significa *Mecenas.* Yo creí morirme de risa.

—Pues acaba de contarme Zárate—dijo Rafael, ya
completamente repuesto del arrechucho de la tarde—
que ayer se le encontró en la calle y... Que te lo cuente él.

—Pues me paró, nos saludamos y después de pregun-

tarme no sé qué de la atmósfera y de responderle yo lo
que me pareció, se descuelga con esta consulta: «Dígame, Zárate, usted, que todo lo sabe: ¿Cuando nacen los
hijos, mejor dicho, cuando los hijos están para nacer, o
verbigracia, cuando...?»

Pinto abrió la puerta, diciendo con mucha prisa:

—Que vaya usted, señor de Zárate.

—Voy.

—Anda, anda; luego lo contarás.

Y cuando se quedó solo con Morentín, prosiguió Rafael el cuento:

—Ello es la extravagancia más donosa de nuestro
jabalí, que, cegado por la vanidad y desvanecido por su
barbarie, que se desarrolla en la opulencia como un cardo
borriquero en terreno cargado de basura, pretende que
la Naturaleza sea tan imbécil como él. Escucha y asegú-
rate primero de que nadie nos oye. El divide a los seres
humanos en dos grandes castas o familias: poetas y científicos —estrepitosa risa de Morentín—. Y quería que
Zárate le diese su opinión sobre una idea que él tiene.
Verás qué idea, y cáete de espaldas, hombre.

—Cállate, cállate: de tanto reírme, me va a dar la
gastralgia. He comido muy... A ver, sigue: esto es
divino...

—Verás qué idea. Pretende que puede y debe haber
ciertas..., no recuerdo el término que usó..., reglas, procedimientos, algo así..., para que los hijos que tenga
un hombre *salgan* científicos y en ningún caso poetas.

—Cállate... —gritaba Morentín en las convulsiones de
una risa desenfrenada—. Que me da, que me da la gastralgia.

—Pero ¿están locos aquí? —dijo Cruz, asomando a
la puerta del cuarto su rostro, en que se pintaba un
vivo sobresalto.

Desde que la insana hilaridad del ciego, a primera
hora de aquel día, llenó su alma de recelo y turbación,
no podía oír risas sin estremecerse. ¡Cosa más rara! Y
por la noche, el que reía era Morentín, contagiado, sin

duda, del pobre amigo enfermo, que entonces, al parecer, disfrutaba de una alegría dulce y sedante.

Once

Zárate... Pero ¿quién es este Zárate?

Reconozcamos que en nuestra época de uniformidades y de nivelación física y moral se han desgastado los tipos genéricos y que van desapareciendo, en el lento ocaso del mundo antiguo, aquellos caracteres que representaban porciones grandísimas de la familia humana, clases, grupos, categorías morales. Los que han nacido antes de los últimos veinte años recuerdan perfectamente que antes existían, por ejemplo, el genuino tipo militar, y todo campeón curtido en las guerras civiles se acusaba por su marcial facha, aunque de paisano se vistiese. Otros muchos tipos había, *clavados,* como vulgarmente se dice, consagrados por especialísimas conformaciones del rostro humano y de los modales y del vestir. El avaro, pongo por caso, ofrecía rasgos y fisonomía como de casta, y no se le confundía con ninguna otra especie de hombres, y lo mismo puede decirse del *Don Juan,* ya fuese de los que pican alto, ya de los que se dedican a doncellas de servir y amas de cría. Y el beato tenía su cara y andares y ropa a las de ningún otro parecidas, y caracterización igual se observaba en los encargados de chupar sangre humana, prestamistas, vampiros, etc. Todo eso pasó, y apenas quedan ya tipos de clase, como no sean los toreros. En el escenario del mundo se va acabando el amaneramiento, lo que no deja de ser un bien para el arte, y ahora nadie sabe quién es nadie, como no lo estudie bien, familia por familia y persona por persona.

Esta tendencia a la uniformidad, que se relaciona en cierto modo con lo mucho que la Humanidad se va despabilando, con los progresos de la industria y hasta con la baja de los aranceles, que ha generalizado y abaratado la buena ropa, nos ha traído una gran confusión en materia de tipos. Vemos diariamente personalidades que por el aire arrogantísimo y la cara bigotuda pertenecen al género militar, ¿y qué son? Pues jueces de primera instancia, o maestros de piano u oficiales de Hacienda. Hombres hallamos bien vestidos, y hasta elegantes, de trato amenísimo y un cierto ángel, que dan un chasco al lucero del alba, porque uno los cree paseantes en corte, y son usureros empedernidos. Es frecuente ver un mocetón como un castillo, con aire de domador de potros, y resulta farmacéutico o catedrático de Derecho canónico. Uno que tiene todas las trazas de andar comiéndose los santos y llevando cirios en las procesiones, es pintor de marinas o concejal del Ayuntamiento.

Pero en nada se nota la transformación como en el tipo del pedante, antaño de los más característicos, aun después de que Moratín pintara toda la clase en su don Hermógenes. Así como el poeta ha perdido su tradicional estampa, pues ya no hay melenas, ni pálidos rostros, ni actitudes lánguidas, y poetas se dan con todo el empaque de un apreciable almacenista al por mayor, el pedante se ha perdido en las mudanzas de trastos desde la casa vieja de las Musas a este nuevo domicilio en que estamos y que aún no sabemos si es Olimpo o qué demonios es. ¿Dónde está, a estas fechas, el graciosísimo jorobado de la *Derrota de los pedantes*? En el limbo de la historia estética. Lo que más desorienta hoy es que los pedantes de hogaño no son graciosos como aquéllos, y faltando el signo de la gracia no hay manera de conocerlos a primera vista. Ni existe ya el puro pedante literario, con su hojarasca de griego y latín y su viciosa garrulería. El moderno pedante es seco, difuso, desabrido, tormentoso, incapaz de divertir a nadie. Suele abarcar lo literario y lo político, la fisiología y la química, lo musical y lo sociológico, por esta hermandad que ahora priva entre todas las artes y ciencias y por la novísima compenetración y enlace de los conocimientos humanos. Dicho se está que el moderno pedante afecta en su exterioridad o catadura formas muy variadas, y los hay que

parecen revendedores de billetes, o *sportmen,* o personas
graves de la clase de patronos de cofradía.

Pues bien: sépase quién es Zárate. Un hombre de la
edad que suelen tener muchos, treinta y dos años, bien
parecido, bien vestido, servicial como nadie, entremetido
como pocos, de rostro alegre y mirada insinuante, con
recursos de sigisbeo para las damas y de consultor fácil
para los caballeros de pocas luces; periodista por temporadas, opositor a diferentes cátedras, esperando pasar
del Cuerpo de Archiveros a la Facultad de Letras; con
toda la facha de un hijo de familia distinguida, a quien
sus padres dan veinte duros al mes para el bolsillo, pa-
gándole la ropa; concurrente en clase de *tifus* a los tea-
tros; sabedor a medias de dos o tres lenguas, fácil de palabra, flexible de pensamiento y, en suma, el pedante más
aflictivo, tarabillesco y ciclónico que Dios ha echado al
mundo.

De cuantas personas iban a la casa, la más grata a
don Francisco era Zárate, porque éste había sabido cap-
tarse la benevolencia del tacaño, adulándole a incensario suelto las más de las veces, oyéndole pacientemente
en todo caso y prestándose a satisfacer cuantas dudas
se le ofrecían al buen señor, de cualquier orden que
fuesen. Para un hombre en estado de metamorfosis, que,
encontrándose a los cincuenta años largos en un mundo
desconocido, se veía obligado a instruirse de prisa y corriendo, a fin de poder encajar en su nueva esfera, el
tal Zárate no tenía precio, por ser una enciclopedia viva,
que ilustraba con prontitud por cualquier página que se
le abriese. Lo de menos era el vocabulario que a fuerza
de atención y estudio iba adquiriendo el hombre; ya poseía un capital de locuciones muy saneadito. Pero le faltaba esa multitud de conocimientos elementales que posee
toda persona que anda por el mundo con levita y sombrero, algo de historia, una idea no más para no confundir a Ataúlfo con Fernando VII; algo de física, por lo
menos lo bastante para poder decir *la gravedad de los*

cuerpos cuando se cae una silla, o *la evaporación de los líquidos* cuando se seca el suelo.

Era, pues, Zárate, para el bueno de don Francisco, una mina de conocimientos fáciles, circunstanciales y baratos, porque así no tenía que comprar ni siquiera un manual de conocimientos útiles ni tomarse el trabajo de leerlo. Pero no se entregaba fácilmente en manos del sabio, que por tal le tenía; siempre que consultaba sus dudas sobre puntos oscuros de historia o de meteorología, se guardaba muy bien de dejar en descubierto su crasa ignorancia, y ¿qué hacía el pícaro? Pues pincharle discretamente para que el otro hablase, sacando de su magín enciclopédico a sus labios locuaces la miel de la ciencia, y entonces el ávido ignorante se la comía, sin dar su brazo a torcer.

Correspondiente a este juego astuto de su amigo, el pillo de Zárate, que en medio de la hojarasca de su gárrulo saber tenía algunos granos de agudeza, le trataba con extremada consideración, asintiendo a cuantas gansadas decía, afectando tenerle por un portento en el discurrir, aunque limpio de ciertas erudiciones, que adquiriría cuando se le antojase. Quedáronse aquella noche solos de sobremesa, porque Donoso se fue al gabinete de Fidela, donde ya estaban la mamá de Morentín y el marqués de Taramundi, y Zárate no tardó en echarle al bruto de Torquemada todo el humo de su adulación, con lo cual previamente le adormecía para ganarle luego la voluntad.

—Ya se habrá enterado usted de eso del *home rule* —le dijo.

Soltó don Francisco dos o tres gruñidos para salir del paso, pues no caía en lo que aquello era, y fue preciso que Zárate se despotricara después y nombrase a Irlanda y los irlandeses para que el otro se encontrara en terreno firme.

—¿Cree usted—prosiguió el pedante—que Gladstone se saldrá al fin con la suya? La cuestión es grave, gravísima, como que en aquel país la tradición tiene una fuerza increíble.

—Inmensísima.

—¿Y usted cree posible...? Usted, permítame que se lo diga..., yo digo todo lo que siento..., posee el juicio más claro que conozco y un golpe de vista certero en todo asunto en que se ponen en juego grandes intereses... Ya sabe usted que Gladstone...

Teniendo aquel clavo ardiente a que agarrarse, pues por la mañana había aprendido en *El Imparcial* cosas muy chuscas, don Francisco le quitó la palabra de la boca a su consultor, y relumbrando de erudición, la cabeza echada atrás, el tono enfático y presumido, se dejó decir:

—Ese Gladstone..., ¡qué hombre! Todas las mañanas, después del chocolate, coge un hacha, corta un arbolito de su jardín y lo parte para leña. Verdaderamente, un hombre que hace leña es *una entidad* de mucho empuje.

—¿Y no cree usted que hallará grandes dificultades en la Cámara de los Lores?

—¡Oh! Sí, señor. ¿Qué duda tiene? *Los lores, vulgo los doce pares,* entiendo yo que son allá lo que aquí es el Senado, y el Senado, *velis nolis,* siempre tira para atrás... Y a propósito: he leído que Irlanda es país de excelentes patatas, que constituyen, *por decirlo así,* la principal alimentación de las clases irlandesas, *vulgo* populares. Y esa bebida que llaman *whisky* tengo entendido que la sacan del maíz, del cual grano hacen gran consumo para la crianza de los de la vista baja, y también para la alimentación de criaturas y personas mayores.

Doce

De aquí tomó pie la viviente enciclopedia para lanzarse a una disertación fastidiosísima sobre la introducción en Europa del cultivo de la patata, lo que Torquemada oyó con verdadero embeleso; y como el sabio, en su divagar sin freno, saltara a Luis XVI, se encontraron ambos de patitas en la Revolución francesa, cosa muy del gusto de don Francisco, que deseaba dominar materia tan traída y llevada en toda conversación fina. Hablaron largo y tendido, y aún hubo un poquito de controversia, pues Torquemada, sin *querer entrar en el fondo de la cuestión* (frase adquirida en aquellos días), abominó de los revolucionarios y de la guillotina. Algo hubo de transigir el otro, movido de la adulación, diciendo con criterio *modernista:*

—Por cierto que, como usted sabe muy bien, se va marchitando la leyenda de la Revolución francesa, y al desvanecerse el idealismo que rodeaba a muchos personajes de aquel tiempo, vemos descarnada la ruindad de los caracteres.

—Pues claro, hombre, claro. Lo que yo digo...

—Los estudios de Tocqueville...

—Pues ¿qué duda tiene?... Y bien se ve ahora que muchos de aquellos hombres, adorados después por las multitudes inconscientes, eran unos pillos de marca mayor.

—Don Francisco, yo le recomiendo a usted que lea la obra de Taine...

—Si la he leído... No, miento; ésa; no; ha sido otra. Tengo muy mala memoria para *el materialismo* de cosas de lectura... Y mi cabeza, *velis nolis,* se ha de aplicar a estudios de otra sustancia, ¿eh?

—Naturalmente.

—Pues yo digo siempre que tras de la acción viene necesariamente la reacción... Si no, ahí tiene usted a Bonaparte, *vulgo* Napoleón, el que nos trajo a Pepe Botellas..., el vencedor de Europa como quien dice, hombre que empezó su carrera de simple artillerito y después...

Cosas de gran novedad para don Francisco dijo Zárate a propósito de Napoleón, y el bárbaro las oía como la palabra divina, aventurando al fin una idea, que expuso a la consideración de su oyente con toda solemnidad, poniéndole ante los ojos una perfecta rosquilla, formada con los dedos índice y pulgar de la mano derecha.

—Creo y sostengo..., es una *tesis* mía, señor de Zárate; creo y sostengo que esos hombres extraordinarios, grandes, *considerablemente* grandes en la fuerza y en el crimen, son locos...

Quedóse tan satisfecho, y el otro, que estaba al corriente de lo moderno, espigando todo el saber en periódicos y revistas, sin profundizar nada, desembuchó las opiniones de Lombroso, Garáfolo, etc., que Torquemada aprobó plenamente, haciéndolas suyas. Zárate fue a parar después al contrasentido que suele existir entre la moral y el genio, y citó el caso del canciller Bacon *(Béicon)*, a quien puso en las nubes como inteligencia y arrastró por el suelo como conciencia.

—Y yo supongo—añadió—que usted habrá leído el *Novum organum*.

—Me parece que sí... Allá en mis tiempos de muchacho—replicó Torquemada, pensando que aquellos *órganos* debían ser por el estilo de los de Móstoles.

—Dígolo porque usted, en lo intelectual, ¡cuidado!, es un discípulo aventajadísimo del canciller...; en lo moral, no, ¡cuidado!...

—¡Ah! Le diré a usted... Mi maestro fue un tío cura, que metía las ideas en la mollera a caponazo limpio, y yo tengo para mí que mi tío había leído a ese otro sujeto y se lo sabía de memoria.

El tiempo transcurría dulcemente en esta sabrosa charla, sin que ni uno ni otro hablador se cansase; y sabe Dios hasta qué hora hubiera durado la conferencia si no distrajesen a don Francisco asuntos más graves que debía tratar sin pérdida de tiempo con otras personas al efecto citadas en su casa. Eran éstas don Juan Gualberto Serrano, padre de Morentín, y el marqués de Taramundi, que, con Donoso y Torquemada, formaron cónclave en el despacho.

Al quedarse solo, Zárate cayó como la langosta sobre otros grupos que en la casa había, siendo de notar que

si algunas personas, teniéndole por oráculo, le soportaban y hasta con gusto le oían, otras huían de él como
de la peste. Cruz no le tragaba, procurando siempre
poner entre su persona y la sabiduría torrencial de aquel
bendito la mayor distancia posible. Fidela y la mamá
de Morentín tuvieron que aguantar el chubasco, que empezó con el fonógrafo de Edison, pasando por las afinidades electivas de Goethe, la teoría de los colores del
mismo, las óperas de Bizet, los cuadros de Velázquez y
Goya, el decadentismo, la sismometría, la psiquiatría y la
encíclica del Papa. Fidela hablaba de todo con donosura,
haciendo gracioso alarde de su ignorancia, así como de
sus atrevidísimas opiniones personales. En cambio, la
señora de Serrano (de la familia de los Pipaones, injerta
con la rama segunda de los Trujillos) andaba tan corta
de vocabulario, que no sabía decir más que *enteramente*.
Era en ella una muletilla para expresar la admiración,
la aquiescencia, el hastío y hasta el deseo de tomar una
taza de té.

A Rafael consiguió su hermana Cruz traerle al gabinete, y allí el ánimo del pobre ciego pareció que entraba
en caja después de los desórdenes neuróticos de aquel
día. Entretenido y hasta gozoso pasó la velada, sin que
asomara en él síntoma alguno de sus raras manías, lo
que tranquilizó grandemente al amigo Morentín, pues la
matraca de aquella tarde habíale llenado de zozobra.

Cerca ya de las once, Fidela, fatigada, mostró deseos
de retirarse. Como eran todos de confianza, con perfecta
unanimidad, según frase de Zárate, declararon abolida
toda etiqueta que ocasionase molestias a los dueños de
la casa.

—Enteramente—dijo con profunda convicción la
mamá de Morentín.

Y éste, dadas las buenas noches a Fidela, que se fue
a su alcoba cayéndose de sueño, propuso una partida de
bezique a la marquesa de Taramundi. Eran las doce y media y no había terminado la conferencia que los padres
graves sostenían en el despacho. ¿Qué tratarían? Nada

supieron los tertulios, ni en verdad les importaba averiguarlo, aunque sospechaban fuese cosa de negocios en grande escala. Al salir del despacho, los conferenciantes hablaron de volver a reunirse en casa de Taramundi al siguiente día, y tocaron todos a retirada. Morentín y Zárate se marcharon, como de costumbre, al Suizo, y por el camino dijéronse algo que no debe quedar en secreto.

—Ya te he visto, ya te he visto—indicó Zárate—haciendo el Lovelace. Lo que es ésta, no se te escapa, Pepito.

—Quítate... ¡Me ha dado Rafael un sofoco!... Figúrate...—refiérele la escena en breves palabras—. Yo había tenido, en casos como éste, algún vigilante de mucho ojo; pero un Argos ciego no me había salido nunca. ¡Y que ve largo el muy tuno!... Pero con Argos y sin él, yo seguiré en mis trece, mientras no me vea en peligro de escándalo... No por nada..., por mamá, que es tan amiga...

—Enteramente—replicó Zárate, en cuyo cerebro había quedado el sonsonete de aquel socorrido adverbio.

—Dime: ¿qué piensas tú de los caracteres complejos?

—¿Lo dices por Fidela? No la tengo yo por más compleja que otras. Todos los caracteres son complejos o *polimorfos*. Sólo en los idiotas se ve el *monomorfismo*, o sea, *caracteres de una pieza,* como suelen usarse en el arte dramático, casi siempre convencional. Te recomiendo que leas los artículos que he dado a la *Revista Enciclopédica.*

—¿Cómo se titulan?

—*De la dinamometría de las pasiones.*

—Te doy mi palabra de no leerlos. Lecturas tan sabias no son para mí.

—Abordo el problema electrobiológico.

—¡Y pensar que vivimos, y vivimos perfectamente, ignorando todas esas papas!

—Por ignorante, andas tan a ciegas en el asunto que podríamos llamar *psicofidelesco.*

—¿Qué quieres decir?

—Ven acá, ganso—parándose ambos en mitad de la acera, con los cuellos de los gabanes levantados y las manos en los bolsillos—. ¿Has leído a Braid?

—¿Y quién es Braid?

—El autor de la *Neurypnología*. Si no te enteras de nada. Pues te aseguro que veo en Fidela un caso de *auto-sugestionismo*. ¿Te ríes? Vamos, apuesto a que tampoco has leído a Liebault.

—Tampoco, hombre, tampoco.

—De modo que no tienes idea de los *fenómenos de inhibición,* ni de lo que llamamos *dinamogenia*.

—¿Y qué tiene que ver esa monserga con...?

—Tiene que ver que Fidela... ¿No advertiste cómo se dormía esta noche? Pues se hallaba en *estado de hipo-taxia,* que algunos llaman *encanto* y otros *éxtasis*.

—Sólo he visto que tenía sueño la pobre...

—¿Y no se te ocurre, pedazo de bruto, que tú, sin saberlo, ejerces sobre ella la influencia *psíquico-mesmé-rica*?

—Mira, Zárate—quemado—, vete al cuerno con tus terminachos, que tú mismo no entiendes. Ojalá reventaras de un atracón de ciencia mal digerida.

—¡Acéfalo!

—¡Pedantón!

—¡Romancista!

La última nota de la disputa la dio la puerta vidriera del café, cerrándose tras ellos con rechinante estrépito...

Trece

La única persona que en la casa tenía noticia de lo que trataban aquellos días con gravedad y misterio los Torquemada, Serrano y Taramundi, era Cruz, porque su amigo Donoso, que con ella no tenía secretos, la puso al tanto de los planes que debían aumentar fabulosamente, en tiempo breve, los ya crecidos capitales del hombre cuyos destinos se habían enlazado con el destino de las señoras del Aguila. Y estas noticias, tan oportunamente

adquiridas por la dama, diéronle extraordinaria fortaleza
de ánimo para seguir abriendo brecha en la tacañería de
don Francisco y recabar de él la realización de sus proyectos de reforma, atenta siempre al engrandecimiento
de toda la familia, y en particular del jefe de ella.

Robustecida su natural bravura con aquellas ideas, y
con otra, no sugerida, ciertamente, por Donoso, embistió a Torquemada, cogiéndole una mañana en su despacho, cuando más metido estaba en el laberinto de guarismos que en diferentes papelotes ante sí tenía.

—¿Qué bueno por aquí, Crucita?—dijo el tacaño en
tono de alarma.

—Pues vengo a decir a usted que ya no podemos seguir viviendo en esta estrechez—replicó ella, derecha al
bulto, queriendo amedrentarle por la rapidez y energía
del ataque—. Necesito esta habitación, que es una de
las mejores de la casa.

—¡El despacho!... Pero, señor... ¡Cristo! ¿Me voy a
trabajar a la cocina?

—No, señor. No se irá usted a la cocina. En el segundo piso tiene usted desalquilado el cuarto de la derecha.

—Que renta dieciséis mil reales.

—Pero en lo sucesivo no le rentará a usted nada, porque lo va usted a destinar a las oficinas...

Ante embestida tan arrogante, don Francisco se quedó aturdido, balbuciente, como torero que sufre un re-
volcón y no acierta a levantarse del suelo.

—Pero, hija mía..., ¿y qué oficinas son ésas?... ¿Esto
es acaso el Ministerio de Estado o, como dicen en Francia, de los Negocios Extranjeros?

—Pero es el de los grandes negocios de usted, señor
mío. ¡Ah! Estoy bien enterada, y me alegro, me alegro
mucho de verle por ese camino. Ganará usted dinerales.
Yo me comprometo a empleárselos bien, y a presentarle
a usted ante el mundo con la dignidad que le corresponde... No, no hay que poner esa cara de paleto candoroso, que le sirve para fingirse ignorante de lo que sabe
muy bien...—sentándose familiarmente—. Si no hay mis-

terios conmigo. Sé que se quedan ustedes con la contrata de tabaco Virginia y Kentucky, y también con la de Boliche. Me parece muy bien... Es usted un hombre, un gran hombre, y no se lo digo por adularle, ni porque me agradezca el interés que me he tomado por usted, sacándole de la vida mezquina y cominera, para traerle a esta vida grande, apropiada a su inmenso talento mercantil—Torquemada la oye estupefacto—. En fin, que usted necesita una oficina de mucha capacidad. Vamos a ver: ¿dónde colocará los dos escribientes y el tenedor de libros que piensa traer? ¿En mi cuarto?... ¿En el que tenemos para la ropa?

—Pero...

—No hay pero ni manzanas. Empiece por instalar en el segundo su oficina, con su despacho particular, pues no tiene gracia que reciba usted delante de los dependientes a las personas que vienen a hablarle de algún asunto reservado. El tenedor de libros estará solo. ¿Y la caja, señor mío? La caja, ¿no necesita otra habitación? ¿Y el teléfono, y el archivo, y los copiadores, y el cuarto del ordenanza?... ¿Ve usted cómo necesita espacio? Operar en grande y vivir en chico no puede ser. ¿Es decoroso que tenga usted sus dependientes en los pasillos, muertos de frío, como ese banquero de cuyo nombre no me acuerdo ahora?... ¡Ah! Si yo no existiera, a cada momento se pondría el señor de Torquemada en ridículo. Pero no lo consiento, no, señor. Usted es mi hechura —con gracejo—, mi obra maestra, y a veces tengo que tratarle como a un chiquillo, y darle azotes, y enseñarle los buenos modos, y no permitirle mañas...

Volado estaba don Francisco; pero Cruz se le imponía por su arrogancia, por su brutal lógica, y el tacaño no acertaba a defenderse de su autoridad, que tantas veces había reconocido.

—Pero... *admitiendo la tesis* de que nos quedemos con los tabacos... No hay más sino que yo *acaricio esa idea* hace tiempo, y bien podría ser que cuajara. Bueno; pues *partiendo del principio* de que convenga ensanchar el despacho, ¿no sería mejor agregarme la habitación próxima?

—No, señor. Usted se va arriba con sus trastos de fabricar millones—dijo la dama en tono autoritario, que casi casi rayaba en insolencia—, porque esta pieza y la próxima las pienso yo unir, derribando el tabique.

—¿Para qué, re-Cristo?

—Para hacer un billar.

Tan tremenda impresión hizo en el bárbaro el osado y dispendioso proyecto de su hermana política, que en un tris estuvo que el hombre no pudiera contenerse y le diese una bofetada. Breve rato le tuvo congestionado y mudo la indignación. Buscó un término que fuese duro y al mismo tiempo cortés, y no encontrándolo, se rascaba la cabeza y se daba palmetazos en la rodilla.

—Vamos—gruñó al fin, levantándose—, no me queda duda de que usted se ha vuelto loca..., loca de remate, *por decirlo así*. ¡Un billar, para que cuatro zánganos me conviertan la casa en café! Bien conoce usted que no sé ningún juego...; no sé *meramente* más que trabajar.

—Pero sus amigos de usted, que también trabajan, juegan al billar, pasatiempo grato, honestísimo y muy higiénico.

Don Francisco, que en aquellos días, espigando en todas las esferas de ilustración, se encariñaba con la higiene y hablaba de ella sin ton ni son, soltó la risa.

—¡Higiénico el billar! ¡Vaya una tontería!... ¿Y qué tiene que ver el billar con los miasmas?

—Tenga o no que ver, el billar se pondrá; porque es indispensable en la casa de un hombre como usted, llamado a ser *potencia financiera* de primer orden, de un hombre que ha de ver su casa invadida por banqueros, senadores, ministros...

—Cállese usted, cállese usted... Ni qué falta me hacen a mí esas *potencias*... Si soy un pobre buscavidas... Ea, *seamos justos,* Crucita, y no perdamos de vista el verdadero *objetivo*. Cierto que debo ponerme en buen pie, y ya lo he hecho; pero nada de lujo, nada de ostentación, nada de bambolla. Mire usted que nos vamos a quedar por puertas. Pues digo, ¿y también quiere ensancharme la sala y el comedor?

—También.

—Pues negado, re-Cristo, negado, y *aquí termina la presente historia*. No quito un ladrillo, aunque usted se me ponga en jarras. Ea, me atufé. Soy el amo de mi casa, y aquí no manda nadie más que... un servidor de usted...No hay derribo, *vulgo* ensanche. Recojamos velas y habrá paz. Yo reconozco en usted un talento *sui generis;* pero no me doy a partido..., y mantengo *enhiesta* la bandera de la economía. Punto final.

—Si creerá que me convence con ese desplante de autoridad—dijo la dama imperturbable, envalentonándose gradualmente—. Si lo que ahora niega lo ha de conceder; es más, lo está deseando.

—¿Yo? Apañada está usted.

—¿No me ha dicho que transige según las circunstancias?

—Sí; pero no transigiré con quedarme sin camisa. Lo más, lo más... Vamos, yo digo que cuando tengamos aumento de familia consentiré en modificar el domicilio, no *al tenor* que usted pide, sino a otro *tenor* más conforme con mis cortos posibles. Y hemos acabado.

—Si ahora empezamos, mi señor don Francisco—replicó Cruz, riendo—, porque si para que yo pueda coger *la piqueta demoledora* es preciso que haya esperanzas de sucesión, hoy mismo mando venir los albañiles.

—¡Conque ya...!—exclamó Torquemada, abriendo mucho los ojos.

—Ya.

—¿Me lo dice oficialmente?

—Oficialmente.

—Bueno. Pues la realización de ese *desiderátum,* que yo veía segura, porque la lógica es lógica, y un hecho trae otro hecho, no es bastante motivo para que yo autorice a nadie a coger la piqueta.

—Pero yo no olvido que tengo la responsabilidad del

decoro de usted—manifestó la dama resueltamente—, y
he de ser más papista que el Papa, y mirar por la dignidad de la casa, señor mío. Suceda lo que quiera, yo
he de conseguir que don Francisco Torquemada tenga
ante la sociedad la representación que le corresponde. Y
para decirlo de una vez, por indicación mía le ha metido
a usted Donoso en la contrata de tabacos; y por mí, sépalo, sépalo usted, exclusivamente por mí, por esta genialidad mía de estar en todo, será senador el señor de
Torquemada, ¡senador!, y figurará en la esfera propia de
su gran talento y de su saneado capital.

Ni aun con esta rociada se ablandó el hombre, que continuó protestando y gruñendo. Pero su hermana política
tenía sobre él, sin duda por la fineza del ingenio o la
costumbre de gobernar, un poder sugestivo que al bárbaro tacaño le domaba la voluntad, sin someter su inteligencia. No se daba él por vencido; pero al querer rechazar de hecho las determinaciones de su cuñada sentíase
interiormente ligado por una coacción inexplicable. Aquella mujer de mirada penetrante, labio temblón y palabra
elegantísima, ante la cual no había réplica posible, se había constituido con singular audacia en dictador de toda
la familia; era el genio del mando, la autoridad *per se,*
y frente a ella sucumbía la superioridad de la fuerza
bruta contra los fueros augustos del entendimiento.

Cruz mandaba y mandaría siempre, cualquiera que
fuese el rebaño que le tocase apacentar; mandaba porque desde el nacer le dio el Cielo energías poderosas, y
porque luchando con el destino en largos años de miseria, aquellas energías se habían templado y vigorizado
hasta ser colosales, irresistibles. Era el gobierno, la diplomacia, la administración, el dogma, la fuerza armada
y la fuerza moral, y contra esta suma de autoridades o
principios nada podían los infelices que caían bajo su
férula.

Retiróse, al cabo, la señora, del despacho de don Francisco con aire dictatorial, y el otro se quedó allí ejer-
ciendo, con grave detrimento de las alfombras, el dere-

cho del pataleo, y desahogando su coraje con erupción de terminachos.

—¡Maldita por jamás amén sea tu alma de ñales!... Re-Cristo, a este paso, pronto me dejarán en cueros vivos. ¡Biblia, para qué me habré yo dejado traer a este *elemento,* y por qué no rompería yo el ronzal cuando vi que tiraban para traerme!... Y no dirán, ¡cuidado!, que yo me porto mal, ni que las dejo pasar hambres... Eso no, ¡cuidado!... Hambres, nunca. Economías, siempre... Pero esta señora, más soberbia que Napoleón, ¿por qué no me dejará que yo gobierne mi casa como me dé la gana y según mi lógica pastelera? ¡Maldita, y cómo impera, y cómo me mete en un puño, y me deja sin voluntad, *meramente* embrujado!... Yo no sé qué tiene esa figurona, que me corta el resuello; deseo respirar por la defensa de mi interés, y no puedo, y hace de mí un chiquillo... ¡Y ahora quiere engatusarme con la peripecia de que habrá sucesión! ¡Qué gracia! ¡Pues si eso lo contaba yo como seguro, con cien mil pares de ñales! ¡Si es el hijo mío, que vuelve, por voluntad mía, y decreto del santo Altísimo, del *Bajísimo* o de quien sea!... Despótica, mandona, *gran visira* y capitana generala de toda la gobernación del mundo, el mejor día recobro yo el sentido, me desembrujo, y cojo una estaca...—tirándose de los pelos—. Pero ¡qué estaca he de coger yo, triste de mí, si le tengo miedo, y cuando veo que le tiembla el labio ya estoy metiéndome debajo de la mesa! La estaca que yo coja será la vara de San José, porque soy un bendito y no sirvo más que para combinar el guarismo y sacar dinero de debajo de las piedras... Ese talento no me lo quita nadie... Pero ella me gana en el mando, y en inventar razones que le dejan a uno sin sentido... Como despejo de hembra, yo no he visto otro caso, ni creo que lo haya bajo el sol... Pero ¿con quién me he casado yo, con Fidela o con Cruz, o con las dos a un tiempo?... Porque si la una es propiamente mi mujer..., con respeto..., la otra es mi tirana..., y de la tiranía y del mujerío,

todo junto, se compone esta endiablada máquina del matrimonio... En fin, adelante con la procesión, y vivamos
para ganar el santísimo ochavo, que yo lo guardaré donde
no puedan olerlo mis ilustres, mis respetables, mis aristocráticas... consortes.

Segunda parte

Uno

Cumplióse estrictamente lo ideado y dispuesto por la que era inteligencia y voluntad incontrastables en el gobierno interior de la casa de Torquemada, sin que estorbarlo pudieran ni los refunfuños del tacaño, impotente para luchar contra la fiera resolución de su cuñada, ni los alardes de resistencia pasiva con que quiso detener, ya que no impedir, la instalación del escritorio y oficinas en el piso segundo, privándose de una bonita renta de inquilinato. Pero Cruz todo lo arrollaba cuando decía «allá voy», y en cuatro días, haciendo de sobrestante, y de aparejadora, y de arquitecto, quedó terminada la reforma, que el mismo don Francisco, gruñendo y protestando en la intimidad de la familia, disputaba por buena delante de personas extrañas.

—Es idea mía—solía decir, enseñando a los amigos el amplio escritorio—. Siempre me ha gustado trabajar

321

con despejo y que mis dependientes estén cómodos. La
higiene ha sido siempre uno de mis *objetivos*. Vean ustedes qué hermoso despacho el mío... Esta otra habitación,
para recibir a los que quieran hablarme reservadamente.
A la otra parte..., vengan por aquí..., el cuarto del tenedor de libros y del copiador... Los dos escribientes, más
allá. Luego, el teléfono...; yo siempre he sido partidario
de los adelantos, y antes que nos trajeran esta invención
tan chusca, ya pensaba yo que debía de haber algo para
dar y recibir recados a grandes distancias... Vean ahora
el departamento de la caja. ¡Qué independencia..., qué
desahogo para las operaciones!... Yo *profeso la teoría* de
que, por lo mismo que está todo tan malo, y los negocios
no son ya lo que eran, hay que trabajar de firme, y abrir
nuevas fuentes, y abarcar mucho..., lo que no puede hacerse sino estableciéndose conforme a las exigencias mo-
dernas. A eso *tiendo* yo siempre; y como sé lo que re-
claman las tales exigencias, determino ensancharme por
arriba y por abajo, porque la sociedad nos pide comodidades para nosotros y para ella. Debemos sacrificarnos
por nuestros amigos, y aunque yo no he cogido en mi
vida un taco, he resuelto poner en mi casa una mesa
de billar..., cosa bonita. La mesa es elegantísima y me
ha costado un ojo de la cara. Como yo soy quien todo lo
dispone en casa, desde lo más *considerable* hasta lo más
mínimo, llevo unos días de trajín que ya ya...

La entrada de Crucita le cortó la palabra, quitándole
aquel desparpajo con que se expresaba lejos de su autoritaria y despótica persona. Pero la dama, que con exquisito tacto sabía ocultar en público su prepotencia, al
quitarle la palabra de la boca al dueño de la casa, la tomó
en esta discreta forma:

—Conque ya ven ustedes la contradanza en que nos
ha metido nuestro don Francisco. Billar y salones abajo,
las oficinas aquí. ¡Qué trastorno, qué laberinto! Pero al
fin, ya está hecho, y tan brevemente como es posible. No
crean; ha sido idea suya, y él ha dirigido las obras. Bien
ven ustedes que es hombre de iniciativa y que gusta de

sobresalir y distinguirse noblemente. Lo que él dice: «No se puede operar en grande y vivir en chico.» Es mucho don Francisco este. Dios le dé salud para que sus proyectos sean realidades... Nosotras le ayudamos, queremos ayudarle... Pero, ¡ay!, valemos tan poco... Acostumbradas a la estrechez, quisiéramos vivir y morirnos en un rincón. A la fuerza nos lleva él a la esfera altísima de sus vastas ideas... No, no diga usted que no, amigo mío. Bien saben todos que es usted la *modestia personificada*... Se hace el chiquito... Pero no le valen, no, sus trapacerías de hombre extraordinario, cuyo orgullo se cifra en que le tomen por un cualquiera... ¿Es verdad o no lo que digo? Los entendimientos superiores tienen por gala la suma humildad.

Dicho se está que estas palabras fueron acogidas por un coro de asentimiento, al que siguió otro coro de alabanzas del grande hombre y de sus múltiples aptitudes. Pero él, riendo de dientes afuera, y poniendo la cara de paleto asombrado que para tales casos tenía, en su interior colmaba de maldiciones a su tirana, echándole encima, con el peso de su cólera, el de las cuentas que tenía que pagar a carpinteros, albañiles, mueblistas y demás *sanguijuelas del rico*, con más la pérdida de la renta del segundo. Y cuando los amigos hubieron visto toda la reforma, repitiendo abajo, ante Fidela y Cruz, los encarecimientos que habían hecho arriba, el usurero se desahogó a solas en su cuarto, con cuatro patadas y otros tantos ternos a media voz:

—¡Cómo me domina la muy fantasmona!... Y ello es que tiene una labia que enamora y le vuelve a uno loco... Pues con ese jarabe de pico me está sacando los tuétanos, y no me deja hacer mi santísimo gusto, que es economizar... ¡Qué desgracia me ha caído encima! ¡Ganar tanto *guano* y no poder emplearlo todito en los nuevos negocios, hasta ver un montón tan grande, tan grande de...! Pero con esta casa, y estas señoras mías, mis arcas son un cesto. Por un lado entra, por mil partes sale... Todo por la suposición, por este hipo de que soy *potencia*... ¡Dale con la manía de la *potencia!* Pues ¿y la tabarra que me dieron anoche ella y el amigo Donoso con que, *velis nolis,* me han de sacar senador? ¡Senador yo, yo, Francisco Torquemada, y por contera, Gran Cruz de la reverendísima no sé qué...! Vamos, vale más que me ría, y que, defendiendo la bolsa, les deje hacer todo lo que quieran, *inclusive* encumbrarme como a un monigote para pregonar ante el mundo su vanidad...

Llamado por Fidela, tuvo que arrancarse a sus meditaciones. Enseñáronle muestras de telas para *portieres,* de hules y alfombras. Pero él no quiso escoger nada, delegando en las dos señoras su criterio suntuario, y no diciendo más sino que se prefiriese lo más arregladito. Salió al fin de estampía con don Juan Gualberto Serrano para ir al Ministerio. ¡El Ministerio! ¡Qué bien recibido era allí y con cuánto gusto iba! Y no porque le halagara el servilismo de los porteros, que al verle entrar con Donoso se tiraban a las mamparas, como si quisieran abrirlas con la cabeza; ni la afabilidad lisonjera de los empleados subalternos, que ansiaban ocasión de servirle, atraídos por el olor de hombre adinerado que echaba de su persona. No era él vanidoso, ni se pagaba de fútiles exterioridades. En aquella colmena administrativa le encantaba principalmente la reina de las abejas, *vulgo* ministro, hombre que por ser muy a la pata la llana, practicón, mediano retórico, y muy seguro en el manejo del guarismo, concordaba en ideas y carácter con nuestro tacaño, pues también era él tacaño de la Hacienda pública, recaudador a raja tabla y verdugo del contribuyente, en quien veía siempre al enemigo que hay que perseguir y reventar a todo trance. No había hecho el tal su carrera política exclusivamente con la palabra; era más bien hombre de acción, en el bien entendido de que sean acción las formalidades burocráticas. Donoso y él se trataban con familiaridad como antiguos colegas, y don Juan Gualberto Serrano le tuteaba, señal de viejo compañerismo, que databa de los primeros estudios. Supo Torquemada vencer, a la tercera o cuarta encerrona con sus compinches y el ministro, la cortedad que sintió los primeros días, y bien pronto se encontraba en el despacho de su excelencia como en su propia casa. Ponía singular cuidado en todo lo que decía, por no soltar algún barbarismo gramatical, y no tardó en observar que, gracias a su tino y discreción, ninguno de los allí presentes, incluso el ministro, hablaba mejor que él. Esto en la conversación general, que cuando de negocios se trataba, a todos se los llevaba de calle, presentando las cuestiones con claridad y precisión, a guarismo seco, con una lógica que no tenía escape, ni podía ser por nadie controvertida. Para conseguir esto, el tacaño hablaba lo menos posible, esquivando dar su parecer en todo asunto que no fuese de *su cometido*; pero si la conversación entraba en el terreno de la tacañería, ya fuese del orden menudo, ya del grande o financiero, se explayaba el hombre, y allí era el oírle todos con la boca abierta.

De todo lo cual resultaba que el ministro veía en él singulares condiciones para el manejo de intereses, y siendo hombre poco dado a la adulación, le colmaba de cumplidos y lisonjas, con la particularidad de que solía emplear los mismos términos que usaba Cruz cuando hacer quería mangas y capirotes del presupuesto de la casa. Creyérase que la dama y el ministro se habían puesto de acuerdo para bailarle el agua, con la diferencia de que ella lo hacía con el avieso fin de gastar sus *rendimientos* en vanidades y perendengues, mientras que el otro le proporcionaría todo el aumento de ganancias compatible con los intereses del Estado.

Para decirlo pronto y claro, sépase que el ministro, cuyo nombre no hace al caso, era honradísimo, y que sus defectos (que como hombre alguna tacha había de tener) no eran la codicia ni el afán de medro personal. Nadie pudo acusarle nunca de explotar su posición para enriquecerse. A su lado no se hicieron chanchullos con su consentimiento: los que medraban más de lo justo, allá se las arreglaban como podían en esfera inferior a la del despacho y tertulia del consejero de su majestad. Y en

cuanto a Donoso, bien sabemos que era de intachable in-
tegridad, formulista, eso sí, y sectario rabioso de la orto-
doxia administrativa, hasta el punto de que su honradez
y escrupulosidad habían hecho no pocas víctimas. El no
se lucraba ; pero por salvar los dineros del Fisco habría
pegado fuego a media España. No podía decirse lo mismo
de don Juan Gualberto, varón de conciencia tan elástica
que de él se contaban cosas muy chuscas, algunas de las
cuales hay que poner en cuarentena, porque su propia
enormidad las hace inverosímiles. Jamás miró por el Estado, a quien tenía por un grandísimo *hijo de tal;* miraba
siempre por el particular, bien fuese en el concepto esencia del yo, bien bajo la forma altruista y humanitaria,
como amparar a un amigo, defender a una sociedad, empresa o entidad cualquiera. Ello es que en los cinco años
famosos de la Unión Liberal se enriqueció bastante, y
luego, la pícara revolución y la guerra carlista acabaron
de cubrirle el riñón por completo. A creer lo que la maledicencia decía verbalmente y en letras de molde, Serrano
se había tragado pinares enteros, muchísimas leguas de
pinos, todo de una sentada, con fabuloso estómago. Y
para quitar el empacho se había entretenido (por aquello
de «cuando el diablo no tiene que hacer»...) en calzar
a los soldados con zapatos de suela de cartón, o en darles
de comer alubias picadas y bacalao podrido; travesuras
que lo más, lo más, motivaban un poco de ruido en algunos periódicos; y como daba la pícara casualidad de que
éstos no gozaban del mejor crédito, por haber dicho infinidad de mentiras a propósito de aquella campaña, nadie
pensó en llevar el asunto a formal información de la Justicia, ni ésta le imponía ningún miedo a don Juan Gualberto, que era primo hermano de directores generales,
cuñado de jueces, sobrino de magistrados, pariente más o
menos próximo de infinidad de generales, senadores, consejeros y archipámpanos.

Pues bien: en las reuniones de que se viene tratando,
el único que hablaba de moralidad era Serrano. Mientras
los otros no se acordaban para nada de tal palabreja, don

Juan Gualberto no la soltaba de sus labios, y solía decir:

—Porque nosotros, entiéndase bien, representamos y queremos representar un gran principio, un principio nuevo. Venimos a cumplir una misión, y a llenar un vacío, la misión y el vacío de *introducir* la moralidad en las contratas de tabacos. *Tirios y troyanos* saben que hasta hoy... (aquí una pintura terrorífica de las tales contratas *en el pasado momento histórico*). Pues bien, desde ahora, si nuestros planes merecen la aprobación del Gobierno de su majestad, teniendo en cuenta la seriedad y la respetabilidad de las personas que ponen su inteligencia y su capital al servicio de la patria, ese servicio, esa renta, se afirmarán sobre bases..., sobre bases...

Aquí se embarulló el orador, y tuvo don Francisco que acabarle la frase en esta forma:

—*Bajo* la base del negocio limpio y a cara descubierta, como quien dice, pues nosotros *tendemos* a beneficiarnos todo lo que podamos, dentro de la ley, ¡cuidado!, beneficiando al Gobierno más que lo han hecho *tirios y troyanos,* llámense Juan, Pedro y Diego; *sin maquiavelismos* por nuestra parte, sin consentir tampoco *maquiavelismos* del Gobierno, tirando de aquí, aflojando de allá, con el *objetivo* de ir *orillando* las dificultades y *evacuando* nuestro negocio, dentro del más estricto interés y de la más estricta moralidad..., todo muy *estricto,* por decirlo así..., porque yo sostengo la tesis de que el *punto de vista* de la moralidad no es incompatible con el *punto de vista del negocio.*

Dos

Por haberse metido en aquel amplio terreno del negocio grande, *coram populo,* de manos a boca con el mismísimo Estado, no abandonó don Francisco los negocios oscuros, más bien subterráneos, que traía el hombre desde los tiempos de aprendizaje, cuando, confabulado con doña Lupe, se dedicaba al préstamo personal con réditos que hubieran llevado a sus gavetas todo el numerario del

mundo si alguien con estricta puntualidad se los pagara.
En su nueva vida dio de mano a varios chanchullos del
género sucio y chalanesco, porque no era cosa de andar
en tales tratos cuando se veía caballero y persona de circunstancias; pero otros los mantuvo religiosamente, porque no había de tirar por la ventana el hermoso *líquido*
que arrojaban. Sólo que hacía reserva de ellos, ocultán-
dolos como se oculta un defecto vergonzoso, o una defor-
midad repugnante, y ni con el mismo Donoso se clareaba
en este particular, seguro de que su buen amigo había de
ponerle mala cara cuando supiese... lo que va a saber el
lector en este momento: don Francisco Torquemada era
dueño de seis casas de préstamos, las más céntricas y
acreditadas de Madrid; dícese *acreditadas,* porque servían
con prontitud y cierta largueza, bajo el canon de real por
duro mensual, o sea, el sesenta por ciento al año. En
cuatro de ellas era dueño absoluto, corriendo la gerencia
a cargo de un dependiente con participación en las ganancias, y en dos, socio capitalista, cobrando el cincuenta
por ciento. Una con otra, se embolsaba el hombre sin más
trabajo que examinar un sobado y mal escrito libro de
cuentas por cada casa la bicoca de mil duros mensuales.

Para examinar estos puercos apuntes y enterarse de la
marcha del *empeño,* encerrábase en su despacho un par
de mañanas cada mes con los sujetos que regentaban los
establecimientos; y para disimular el misterio inventaba
mil historias, que por algún tiempo mantuvieron el engaño en todas las personas de la familia, hasta que al fin
Cruz, con su agudeza y finísimo olfato, estudiando el cariz
de aquellos *puntos,* atando cabos, sorprendiendo alguno
que otro concepto, y adivinando lo demás, descubrió todo
el intríngulis. El tacaño, que también era listo para ciertas
cosas, y olfateaba como un sabueso, comprendió al instante que su cuñadita le había desbaratado el tapujo, y
se puso en guardia muerto de miedo, esperando la embestida que había de venir, en nombre de la moral, del
decoro y de otras zarandajas por el estilo.

En efecto, escogida la ocasión favorable, le acometió

una mañana, en su despacho del segundo, sin testigo.
Siempre que la veía entrar, don Francisco temblaba, porque en todas sus visitas traía Cruz alguna historia para
mortificarle y sacarle las entrañas. Y la pícara era como
un fantasma que se le aparecía cuando más descuidado y
contento estaba; surgía como por escotillón para ponér-
sele delante, trastornándole con su grave sonrisa, dejándole sin ideas, sin criterio, sin habla; tal era la fuerza
subyugadora de su semblante y de sus ideas.

Aquella mañana entró con pie de gato; no la vio hasta
que la tuvo delante de la mesa. Segura de la fascinación
que ejercía, la tirana no usaba preámbulos; íbase derecha
al asunto, siempre con corteses y relamidas expresiones,
afectando familiaridad y cariño unas veces, otras quitándose resueltamente la máscara y enseñando la faz despótica, cuya trágica belleza poníale a don Francisco los pelos
de punta.

—Ya sabe a qué vengo... No, no se haga el paleto...
Usted es muy listo, muy perspicaz, y no puede ignorar
que sé... lo que sé. Si se lo conozco en la cara. La conciencia se le sale por todos los poros.

—Maldito si sé qué quiere usted decirme, Crucita.

—Sí lo sabe... ¡Bah, a mí con ésas! Si conmigo no
valen tapujos. No asustarse. ¿Cree que voy a reñirle?
No, señor; yo me hago cargo de las cosas, comprendo
que no se puede romper de golpe con las rutinas, ni
cambiar de hábitos en poco tiempo... En fin, hablemos
claro: esa clase de negocios no corresponde a la posición
que ahora ocupa usted. No discuto si en otros tiempos
fueron o no de ley... Respeto la historia, señor mío, y los
procederes viles para ganar dinero cuando de otra manera
no era fácil ganarlo. Admito que lo que fue, debió ser
como era; pero hoy, señor don Francisco, hoy, que no
necesita usted descender, fíjese bien, *descender,* a tan
vil terreno, ¿por qué no traspasa esos... establecimientos, dejándolos en las manos puercas que para andar en
ellas han nacido?... Las de usted son bien limpias hoy,
y usted mismo lo comprende así. La prueba de que se

cree degradado con esa industria es el tapadillo en que
quiere envolverla. Desde que usted se casó viene haciendo
esta comedia para que no nos enteremos. Pues de nada
le han valido sus disimulos y aquí me tiene usted entera-
dita de todo, sin que nadie me haya dicho una palabra.

No se atrevió el bárbaro a defenderse con la negativa
rotunda, y dando un puñetazo sobre la mesa, confesó de
plano.

—Y ¿qué?... ¿Tiene algo de particular este *arbitrio*?
¿Voy a tirar mis intereses por la ventana? ¡Dice usted
que traspase! Pero ¿cómo?... ¿A desprecio? Eso nunca.
Cuando se ha ganado lo que se ha ganado con el sudor del
rostro no se traspasa con pérdida... Ea, señora, bastante
hemos hablado.

—No se sulfure, pues no hay para qué. Esto no lo
sabe nadie, Fidela no lo sospecha, y puede usted estar
tranquilo, que yo no he de decírselo. Si se enterara, la
pobrecita tendría un gran disgusto. Tampoco lo sabe
Donoso.

—Pues que lo sepa, ¡ñales!, que lo sepa.

—Puede que algún malicioso le haya llevado el cuento;
pero él no lo habrá creído. Tiene de su amigo concepto
tan alto, que no da oídos a ninguna especie denigrante
de las que corren acerca de usted, puestas en circulación
por los envidiosos de su prosperidad. Nadie más que yo
tiene noticia de esas miserias de su pasado, y si usted in-
siste en sostenerlas, yo le guardaré el secreto, hasta le
ayudaré a guardarlo, para evitarme y evitar a la familia la
vergüenza que a todos nos toca...

—Bueno, bueno—dijo Torquemada impaciente, febril,
con ganas de coger el pesado tintero y estampárselo en la
cabeza a su tirana—. Ya estamos enterados. Soy dueño de
mis arbitrios y hago con ellos lo que me da la gana.

—Me parece justo, y no seré yo quien a ello se oponga.
¿Cómo he de oponerme, si yo miro por sus intereses más
que usted mismo? Bueno..., pues aunque no haga usted
caso de mí cuando le propongo limpiarse de esa lepra del
préstamo usurario y vil, continuaré proporcionándole, con

ayuda del amigo Donoso, los negocios limpios como el sol, los que dan tanta honra como provecho. Yo pago mal por bien. No me importa que usted relinche cuando le quiero llevar por el camino bueno; que quieras que no, por el camino derecho ha de ir usted. ¡Si al fin ha de convencerse de que soy su oráculo! Y no tendrá más remedio que seguir mis inspiraciones…, y concluirá por no respirar sin permiso mío…

Dijo esto último con tan buena sombra, que el bárbaro no pudo menos de echarse a reír, aunque la ira le relampagueaba todavía en los ojos. La dama dio bruscamente otro sesgo a la conversación, saliendo por donde menos pensaba el tacaño.

—Y a propósito—le dijo—: aunque estoy muy incomodada con usted, porque estima sus antiguos manejos de prestamista en más que el decoro de su posición actual, voy a darle una buena noticia. No se la merece usted; pero yo soy tan buena, tan compasiva, que me vengaré de sus mordiscos con un abrazo, un abrazo moral, y si se quiere, con un beso, un beso moral, ¡cuidado!

—¿A ver, a ver?…

—Pues sepa el señor don Francisco que he encontrado un comprador para los terrenos que posee allá por las Ventas del Espíritu Santo.

—¡Pero si ya tenía comprador, criatura! Vaya unas novedades que me trae doña Crucita.

—¡Simple, si sabré yo lo que digo! El comprador a que usted se refiere es Cristóbal Medina, que ofrece real y cuartillo por pie.

—Cierto; y yo me resisto a dárselo, reservándome hasta encontrar quien me ofrezca dos reales.

—Bonito negocio. Usted compró ese terreno, es decir, se lo adjudicó por una deuda, a razón de doscientas y tantas pesetas la fanega.

—Justo.

—Y la semana pasada, Cristóbal Medina le ofreció a real y medio el pie, y yo…, yo, en el *presente momento histórico,* le ofrezco a usted dos reales…

—¡Usted!

—No, hombre, no sea usted *materialista*. Yo ¿qué he de ofrecer...? ¿Voy yo a levantar barrios?

—¡Ah! ¿Su amigo de usted, ese Torres...? Ya, emprendedor, hormiguilla como él solo... Me gusta, me gusta ese sujeto.

—Pues anoche le vi en casa de Taramundi. Hablamos; díjome que no tiene inconveniente en tomar todo el terreno a dos reales pie, pagando ahora la tercera parte al contado, asegurando por medio de escritura el pago de los otros dos tercios en las fechas que se acuerden, a medida que edifique, y... En fin, me ha escrito esta carta, en la cual consigna su proposición, y añade que si usted accede, por su parte queda cerrado el trato.

—Venga, venga la carta—dijo Torquemada, inquieto y ansioso, cogiendo de manos de Cruz el papel que ésta, con coquetería de mujer negociante, le mostraba.

Y rápidamente pasó la vista por las cuatro carillas del pliego, enterándose *en un breve momento histórico* de los puntos principales que contenía. «Pago al contado de la tercera parte... Construcción de un palacio entre jardines que se llamaría *Villa Torquemada,* el cual, a tasación de arquitecto, se adjudicaría en pago del otro tercio... Hipoteca del mismo terreno para responder del tercer plazo, etcétera...»

—Y por el corretaje de ese negocio, ¿no merezco nada? —dijo Cruz con gracejo.

—El negocio, sin ser considerable, no es malo, no, *en tesis general*... Lo examinaré despacio, haré mis cuentas...

—¿No merezco siquiera que el nombre de Torquemada, unido hoy al nombre y casa del Aguila, sea borrado del infame cartel que dice: *Casa de préstamos?*

—Pero ¿qué tiene que ver...? ¡Bah! Usted ve mosquitos en el horizonte... Tan honrado es ese negocio como otro cualquiera, como el que hace el reverendísimo Banco de España. La diferencia consiste en que en los ventanales magníficos del Banco no se ven capas colgadas. ¡Vaya una importancia que da usted a las apariencias! Son su *bello ideal*. Yo no miro a las apariencias, sino a la sustancia...

—Pues le diré a Torres que renuncie al negocio de los terrenos, porque es usted un judío y le hará cualquier enjuague. Si yo, cuando me pongo a ser mala, lo soy de veras. Usted no sabe la que le ha caído encima conmigo. O marchamos por la *senda constitucional,* esto es, del decoro, o tendremos siete disgustos cada día.

—¡Crucita de todos los demonios, y de la Biblia en pasta, y de la Biblia en verso, y de los santísimos ñales del archipiélago..., digo del archipámpano de Sevilla! No le diga usted a Torres sino que se vea conmigo esta misma tarde, porque su proposición me ha entrado por el ojo derecho y quiero que tratemos y nos entendamos...

—Bueno, señor..., cálmese..., siéntese. No rompa la mesa a puñetazos, que tendrá que comprar otra, y le sale peor cuenta.

—Es que usted no me deja vivir... a mi modo... *Reasumiendo*: a eso de las casas de préstamos yo le echaré tierra...

—Por mucha tierra que usted le eche, siempre olerá mal el negocio. A traspasar se ha dicho.

—Calma..., *seamos justos.* Hay que esperar una buena ocasión... Transigiremos. Vaya; déjeme seguir algún tiempo con esa..., con esa *viña*, y accedo a que tomen ustedes el abono que, por mor..., quiero decir, por razón de su luto, dejan los Medinas en la ópera del Príncipe Alfonso.

—Pero si el abono lo hemos tomado ya.

—¿Sin mi permiso?

—Sin su permiso... No se tire usted de los pelos, que se va a quedar calvo. Pues no faltaba más sino que usted negara tal cosa siendo del gusto de Fidela. La pobre necesita expansión, oír buena música, ver a sus amigas.

—Maldita sea la ópera y el perro que la inventó... Crucita, no me sofoque más... Mire que me voy del seguro, y... Ya no puedo más... Me llevan ustedes a la bancarrota. De nada me vale trabajar como un negro, porque cuarto ganado, cuarto que ustedes me gastan en pitos y en flautas. Para meter en cintura a mis señoras del Aguila, debiera yo hacerles una trastada del *tenor* siguiente: darles el abono, sí, pero quitándoselo del plato y de la vestimenta.

—Eso no puede ser, pues no vamos a ir al teatro con los estómagos vacíos, ni vestidas de mamarrachos...

—Nada, nada, que me arruinan. Porque el abono a la ópera trae mil y mil goteras..., *vulgo* arrumacos, guantes, qué sé yo. Bueno, hijas, bueno; empeñaré mi gabán el mejor día. A eso vamos.

—El día que sea preciso—dijo Cruz festivamente—, coseré para afuera.

—No, no lo diga en broma. A este paso la vida es un soplo... Y lo que es yo no me comprometo a la manutención de la familia.

—Yo la mantendré. Sé cómo se vive sin tener de qué vivir.

—Pues podía vivir ahora como entonces.

—Las circunstancias han variado, y ahora somos ricos.

—Tenemos un mediano pasar; *seamos justos;* un buen pasar.

—Pues a eso me atengo, y procuro que lo pasemos bien.

—Déjeme, por Dios. Sus... manifestaciones me vuelven loco.

—Lo dicho, lo dicho... Prepárese para otra...—dijo la primogénita del Aguila, risueña y altiva, levantándose para retirarse.

—¡Para otra!... ¡Por San Caralampio bendito, abogado contra las suegras! Porque usted es una suegra, *por decirlo así,* la peor y más insufrible que hay en familia humana.

—Y la que le tengo preparada es la más gorda, señor yerno.

—La Virgen Santísima me acompañe... ¿Qué es?

—Todavía no es tiempo. Está la víctima muy quebrantada del arrechucho de hoy. Y eso que le traje el magnífico negocio de los terrenos. ¡Y no me lo agradece el pícaro!

—Sí lo agradezco... Pero, a ver, dígame qué nueva dentellada me prepara.

—No, porque se asustará... Otro día. Hoy me doy por satisfecha con lo del abono y con la esperanza de quitar esa ignominia de las casas de empeño. En su día continuaremos, señor don Francisco Torquemada, presunto senador del Reino y Gran Cruz de Carlos Tercero.

Y cuando la vio salir, el tacaño la maldijo entre dientes, al propio tiempo que reconocía con brutal sinceridad su absoluto dominio.

Tres

No por móviles de vanidad insustancial apetecía Cruz del Aguila las grandezas de la vida aristocrática, sino por estímulos de ambición noble, pues quería rodear de prestigio y honor al hombre oscuro que sacado había de la miseria a las ilustres damas. Para sí misma, en realidad nada ambicionaba; pero la familia debía recobrar su rango, y si era posible, aspirar a posición más alta que la de otros tiempos, a fin de confundir a los envidiosos que comentaban con groseras burlas aquella resurrección social. Procedía Cruz en esto con orgullo de raza, como quien mira por la dignidad de los suyos y también con un sentimiento de alta venganza contra parientes aborrecidos, que después de haberles negado auxilio en la época de penuria, trataban de arrojar sobre ella y su hermana todo el ridículo del mundo por la boda con el prestamista. Enalteciendo a éste y haciéndole de hombre persona, y de persona personaje, y de personaje eminencia, iban ganando la partida, y los dardos de maledicencia se volvían contra los mismos que los lanzaban.

Cuando se hizo público el casorio, naturalmente, hubo los comentarios de rigor entre los que habían sido amigos de las Aguilas y entre su parentela, residente en Madrid y provincias. No faltó quien, pasada la primera impresión,

comentara el caso con benevolencia; no faltó quien lo
tomara en cómico, buscándole el lado sainetesco, y los
más implacables fueron la dichosa prima, Pilar de la
Torre Auñón, y su marido, Pepe Romero, con quienes
de muy antiguo venían en relaciones agrias Fidela y Cruz,
por piques de familia, que tomaron carácter de odio legen-
dario cuando el tal Romero se encargó de la administración judicial de las dos fincas cordobesas, «El Salto» y
«La Alberquilla». Pues digo, al saber que Torquemada
rescataba las fincas, poniéndolas en las condiciones más
favorables para el caso probable de que el Tribunal Con-
tencioso las devolviese a sus dueños, los Romeros cogían
el cielo con las manos, y allí fue el vomitar cuchufletas de
mal gusto sobre las desgraciadas señoras. Debe añadirse
que el marido de Pilar de la Torre Auñón tenía dos hermanos, casado el uno con la sobrina del marqués de Cicero y el otro con una hermana de la marquesa de San
Salomó. Eran parientes, además, del conde de Monte Cármenes, de Severiano Rodríguez y de don Carlos de Cisneros, Pepe Romero y Pilar de la Torre vivían en Córdoba, pero pasaban en Madrid, en compañía de los otros
Romeros, los meses de otoño y a veces parte del invierno.
Ya se comprende que de la casa en que toda esta casta
de Romeros se juntaba salían los dardos envenenados
contra las pobres Aguilas y contra el ganso que las había
librado de la miseria.

Como Madrid, aunque medianamente populoso, es
pequeño para la circulación de las especies infamantes,
todo se sabía; y no faltaban amigas oficiosas que le llevasen a Cruz, una por una, cuantas maledicencias se forjaban
en las tertulias romeriles. Y en éstas no faltó quien conociese de vista o de oídas a Torquemada el *Peor,* célebre
en ciertas zonas malsanas y sombrías de la sociedad. Villalonga y Severiano Rodríguez, que tenían de él noticias
por su desgraciado amigo Federico Viera, pintáronle como
un usurero de sainete, como un ser grotesco y lúgubre,
que bebía sangre y olía mal. Quién decía que la altanera
y egoísta Cruz había sacrificado a su pobre hermana,

vendiéndola por un plato de sopas de ajo; quién que las dos señoras, asociadas con aquel siniestro tipo, pensaban establecer una casa de préstamos en la calle de la Montera. Lo más singular fue que cuando Torquemada, ya en los meses de febrero y marzo, pisó las tablas del *mundo grande,* y le vieron y le trataron muchos que le habían despellejado de lo lindo, no le encontraban ni tan grotesco ni tan horrible como la leyenda le pintó, y esta opinión daba lugar a grandes polémicas sobre la autenticidad del tipo. «No, no puede ser aquel Torquemada de los barrios del Sur—decían algunos—. Es otro, o hay que creer en las reencarnaciones.»

A medida que don Francisco se iba haciendo hueco en la sociedad, las murmuraciones perdían su acritud o se acallaban mansamente, porque el tacaño ganaba poco a poco partidarios y aun admiradores. Pero siempre subsistía un foco de chismes de mala ley: el círculo íntimo de los Romeros, que no perdonaban ni perdonarían jamás, toda vez que la orgullosa Cruz los tiraba a degüello siempre que los cogía en buena disposición.

Véase por qué la altiva señora trataba por todos los medios de ennoblecer al que era su hechura y su obra maestra, al rústico urbanizado, al salvaje convertido en persona, al vampiro de los pobres hecho financiero de tomo y lomo, tan decentón y aparatoso como otro cualquiera de los que chupan la sangre incolora del Estado y la azul de los ricos.

¡Y qué cosas decían de él y de ellas los Romeros, aun después que don Francisco se hubo conquistado el aprecio superficial de mucha gente, que no ve más que lo externo! Que todo el dinero que tenía era producto de la rapiña más infame y de la usura cruel... Que había llenado de suicidas los cementerios de Madrid... Que cuantos se tiraban por el Viaducto pronunciaban su execrable nombre en el momento de dar la voltereta... Que Cruz del Águila se dedicaba también al préstamo sobre ropas en buen uso, y que tenía toda la casa llena de capas... Que el hombre que no había renunciado a sus hábitos de miseria, y que a las dos pobres Aguilas las mantenía con lentejas y sangre frita... Que todas las alhajas que Fidela lucía eran empeñadas... Que Cruz le hacía las levitas a don Francisco aprovechando ropas de muertos, que volvía del revés... Que en casi todos los puestos del Rastro tenía Cruz participación y comerciaba en calzado viejo y muebles desvencijados... Que Fidela, cuya inocencia rayaba en la imbecilidad, desconocía los antecedentes de aquel gaznápiro que por marido le habían dado... Que simple y todo como era, se permitía el lujo de tres o cuatro amantes, a ciencia y paciencia de su hermana, los cuales eran Morentín, Donoso (con sus sesenta años), Manolo Infante y un tal Argüelles Mora, grotesco tipo de caballero de Felipe IV y tenedor de libros en el escritorio de Torquemada. Zárate y el lacayito Pinto se entendían con la hermana mayor... Que ésta le cortaba las uñas a don Francisco, le lavaba la cara, le arreglaba el cuello de la camisa antes de echarle a la calle, para que sacase un buen ver, y le enseñaba la manera de saludar, instruyéndole en todo lo que había de decir, según los casos... Que a la chita callando, entre Cruz y el usurero habían desvalijado a varias familias nobles un poco apuradas, prestándoles dinero a doscientos cuarenta por ciento... Que Cruz recogía las colillas de los que fumaban en su casa para mandarlas al Rastro en un costal muy grande, así como juntaba también los mendrugos de pan para venderlos a unos que hacían chocolate de dos reales y medio... Que Fidela vestía muñecas por encargo de las tiendas de juguetes, y que al pobre Rafael no le daban de alimento más que puches, y un plato de menestra por las noches... Que el ciego había puesto debajo de la cama del matrimonio un cartucho de dinamita o de pólvora, el cual fue descubierto con la mecha ya encendida... Que la primogénita del Aguila, entre otros negocios sucios, tenía parte en un corral de basuras de Cuatro Caminos y *llevaba* la mitad en los cerdos y gallinas... Que Torquemada compraba abonarés de Cuba a tres y medio por ciento de su valor, y que era el socio capitalista de una compañía de estafadores, disfrazada con la razón social de Redención de Quintos y Sustitutos para Ultramar.

Todo esto iba llegando a los oídos de Cruz, que si se indignaba al principio, pasando malísimos ratos y derramando algunas lágrimas, por fin llegó a tomarlo con calma filosófica; y cuando don Francisco salió a la esfera del mundo con su levita inglesa, sus modales algo sueltos, su habla corriente y su personalidad rodeada de ciertos respetos, codeándose al fin con ministros y señorones, concluyó la dama por tomar a risa los desahogos de sus parientes. Pero mientras mayor desprecio le inspiraba maldad tan estúpida, más gana sentía de hacerlos polvo y de pasearles por los hocicos la opulencia verídica de las resucitadas Aguilas y el prestigio claro del *opulento capitalista,* que así le nombraba ya la lisonja. Ellos a morder y ella siempre a levantarse, mejor dicho, a levantar el figurón que les daba sombra, hasta erigir con él inmensa torre, desde la cual pudieran las Aguilas mirar a los Romeros como miserables gusanillos arrastrando sus babas por el suelo.

Cuatro

Aproximábase el verano, y no hubo más remedio que pensar en trasladarse a algún sitio fresco, por lo menos durante la canícula. Nueva batalla dada por Cruz, en la cual halló al enemigo más resistente y envalentonado que de costumbre.

—El verano—decía don Francisco—es la estación por *excelencia* en Madrid. Yo lo he pasado aquí toda mi vida, y me ha *pintado* perfectamente. Nunca se encuentra uno más a gusto que en julio y agosto, libre de catarros, comiendo bien, durmiendo mejor...

—De usted nada digo—objetó la dama—, porque entre los muchos dones con que le agració la divina Providencia tiene también el de una salud a prueba de temperaturas extremadas. Tampoco lo digo por mí, que a todo me avengo. Pero Fidela no puede pasar aquí los meses de verano, y es usted un bárbaro si lo consiente.

—También a mi pobre Silvia, que de Dios goce, la molestaba el *calórico,* sobre todo cuando se hallaba en meses mayores, y aquí nos aguantábamos. Con el botijo siempre fresco, los balcones cerrados durante el día y un corto paseíto a las diez de la noche, lo pasábamos tan ricamente... No hay que pensar en veraneo, señora. Con todo transijo menos con esa *inveterada* pamplina de los baños de mar o de río, que son el *gravamen* de tantas familias. En Madrid todo el mundo, que en Madrid tengo yo que estarme hecho un caballero, para organizar esta tracamundana del tabaco, que, entre paréntesis, me parece no es negocio tan claro como al principio me lo pintaron sus amigos de usted. Y no se hable más del asunto. Ahora sí que no cedo. Conque..., tilín..., se levanta la sesión.

Resuelta a que el viaje se realizara, Cruz no insistió aquel día; pero al siguiente, bien aleccionada Fidela, el baluarte de la avaricia de don Francisco fue atacado con fuerzas tan descomunales, que al fin no tuvo más remedio que rendirse.

—Muy a disgusto—dijo el tacaño, mordiéndose los pelos del bigote, y echándoselas de víctima—cedo, porque Fidela esté contenta. Pero tengamos juicio. No saldremos más que veinte o treinta días, ¡cuidado! Y todo ello, señora mía, ha de hacerse con el menor dispendio posible. No estamos para echarlas de príncipes. Viajaremos en segunda...

—Pero ¡don Francisco!...

—En segunda, con billete de ida y vuelta.

—Eso no puede ser. Vaya, tendré que coger el bastón de mando... ¡En segunda! No se puede tolerar que así olvide usted el decoro de su nombre. Déjeme a mí todo lo concerniente al viaje. No iremos a San Sebastián, ni a Biarritz, lugares de ostentación y farsa; nos instalaremos modestamente en una casita de Hernani... Ya la tengo apalabrada.

—¡Ah! ¿Usted, por sí y ante sí, había dispuesto...?

—Por mí y ante mí. Y todo eso, y aún mucho más que callo ahora, tiene usted que agradecerme. Conque chitón...

—Es que...

—Digo que no se hable más del asunto, y que yo me encargo de todo... Ya... Por usted iríamos en la perrera. Bonita manera de corresponder a la opinión, que ve en usted...

—¿Qué ve, qué puede ver en mí, ¡ñales en polvo!, más que un desgraciado, un mártir de las ideas altanerísimas de usted, un hombre que está aquí prisionero, con grillos y esposas, y que no puede vivir en su elemento, o sea el ahorro..., la *mera* economía del ochavo, que se gana con el santo sudor?

—¡Hipócrita..., comediante! Si no gasta ni el décimo de lo que gana—contestó la autócrata con brío—. Si ha de gastar más, muchísimo más. Váyase preparando, pues he de ser implacable.

—Máteme usted de una vez..., pues soy tan bobo que no sé resistirla, y me dejo desnudar y dar azotes y desollar vivo.

—Si ahora empezamos. Y le participo que sus hijos saldrán a mí, quiero decir, que saldrán a su madre. Serán Aguilas, y tendrán todo mi ser, y mis pensamientos...

—¡Mi hijo ser Aguila!...—exclamó Torquemada, fuera de sí—. ¡Mi hijo pensar como usted..., mi hijo desvalijándome!... ¡Oh! Señora, déjeme en paz, y no pronuncie tales herejías, porque no sé..., soy capaz de... Que me deje le digo... Esto es demasiado... Me ciego, se me sube la sangre a la cabeza.

—¡Qué tonto!... Pues ¿qué más puede desear?—dijo la dama, mirándole risueña y maleante desde la puerta—. Aguila será... Aguila neto. Lo hemos de ver..., lo hemos de ver.

Por todo pasaba don Francisco menos porque se creyera que su hijo presunto había de ser otro que el mismo Valentín, reencarnado y vuelto al mundo en su prístina

forma y carácter, tan juicioso, tan modosito, con todo el
talento del mundo para las matemáticas. Y tan a pechos
lo tomaba el muy simple, que si Cruz hubiera insistido
en aquella broma, de fijo se habría desvanecido el sorti-
legio que subordinaba una voluntad a otra, y recobrada
la libertad, el tacaño habría puesto su mano vengativa
en la tirana que le atormentaba. Volvíase tarumba con
semejante idea. ¡Su hijo, su Valentín, ser Aguila en vez
de Torquemadita fino que andaba por los ámbitos de la
Gloria esperando su nueva salida al mundo de los vivos!
No, hasta ahí podían llegar las bromas. Pasóse toda
aquella tarde sumergido en tristes meditaciones sobre
aquel caso, y por la noche, después de trabajar a solas
en su despacho del segundo, se metió en el gabinete reservado del mismo piso, donde conservaba el bargueño
de marras y sobre él la imagen fotográfica del chico,
aunque ya despojado totalmente de las apariencias de al-
tarucho. Paseándose de un ángulo a otro de la estancia,
dio el usurero todas las vueltas y contorsiones imagina-
bles a la idea en mal hora expresada por su hermana política.

—¡Vaya, que decir que tú serás Aguila! ¿Has visto
qué insolencia?

Miró al retrato fijamente, y el retrato callaba, es decir,
su carita compungida no expresaba más que una preocupación muda y discreta. Desde que se acentuó el engrandecimiento social y financiero de su papá, Valentinico
hablaba poco, y, por lo común, no respondía más que sí
y no a las preguntas de don Francisco. Verdad que éste
no pasaba las noches en aquella estancia luchando con
el insomnio rebelde o con la fiebre numérica.

—¿No oyes lo que te digo? Que serás Aguila. ¿Verdad que no? —creyendo ver en el retrato una ligera indicación negativa—. Claro; lo que yo decía. Es un desatino
lo que piensa esa buena señora.

Volvió a su despacho y estuvo haciendo cuentas más
de media hora, recalentándose el cerebro. De pronto, los
números que ante sí tenía empezaron a voltear con espan-

toso vórtice que los hacía ilegibles, y de en medio de aquel polvo que giraba como a impulso de un huracán saltó Valentinico dando zapatetas, y encarándose con el autor de sus días (todo esto en el centro del papel), le dijo: «Papá, yo quiero *dir* en ferrocarril...»

Luchó el buen señor un instante con aquella juguetona imagen, y la desvaneció al fin pasándose la mano por los ojos y echando hacia atrás su pesada cabeza. El ordenanza se le acercó para decirle que las señoras, sentadas ya a la mesa, le aguardaban para comer. Gruñó Torquemada al oír afirmar al sirviente que ya le había llamado tres veces, y al fin desperezóse, y con paso y actitudes de embriaguez bajó al principal por la escalera de servicio que al objeto se había construido. Por el camino iba diciendo: «Que quiere correrla en ferrocarril... ¡Bah! Gaterías de su madre... Todavía no ha nacido y ya me le están echando a perder.»

Cinco

Todo mayo y parte de junio dedicólos don Francisco con alma y vida a la Sociedad formada para la explotación del negocio de la contrata, y con ayuda de Donoso, emulando los dos en actividad e inteligencia, armaron toda la maquinaria administrativa, la cual, si respondía en los hechos a su perfecto organismo, había de marchar como una seda. A Torquemada correspondía la alta gerencia del negocio, como principal capitalista. Donoso se encargaba de las relaciones de la Sociedad con el Estado y de toda la gestión oficinesca. Taramundi corría con las compras del artículo en Puerto Rico, y Serrano en los Estados Unidos, donde tenía un primo establecido, con casa de comisión, en Brooklyn.

Convinieron en que todo funcionaría ordenadamente antes de partir para el veraneo, pues en diciembre debía hacerse la primera entrega de Boliche y en febrero la de Virginia. El suministro de ambas *hojas* les fue adjudicado, por formal contrata, en mayo, no sin protesta de otros tales que hicieron o creían haber hecho a la Hacienda proposición más ventajosa; pero como eran gentes desacreditadas y de antecedentes deplorables en aquel *fregado,* a nadie sorprendió que el ministro los postergara, agarrándose a no sé qué triquiñuelas de la ley. Puestas de acuerdo en todo las cuatro principales fichas de aquel juego, pues aunque había otros partícipes no tocaban pito en la gestión, por ser de poca monta el capital impuesto, ya no había más que trabajar como fieras a fin de que el negocio saliese redondo y limpio. En los días que precedieron a la expedición veraniega, Torquemada y don Juan Gualberto Serrano se entendieron a solas en algunos puntos referentes a las compras de rama en los Estados Unidos, y ello quedó entre los dos sin dar conocimiento a Donoso ni a Taramundi. Era que don Francisco, con su instintivo conocimiento de la Humanidad, *bajo el aspecto del toma y daca,* vio desde el primer instante en qué consistía el resorte maestro de aquel arbitrio, comprendiendo que de proceder de esta o de la otra manera dependía que el *líquido* que fuese simplemente bueno o que resultase tal que podrían meter el brazo hasta más arriba del codo. Apenas hubo el tacaño propulsado la voluntad de don Juan Gualberto, éste respondió con cuatro palabras, que querían decir: «Aquí está el hombre que se necesita.» Y con estas impresiones, Serrano se fue a Londres, donde debía avistarse con su primo, y Torquemada partió para Hernani con la familia. La de Taramundi se instaló en San Sebastián. Donoso no salía de Madrid, porque su señora, en quien se había complicado enormemente la caterva de males, no podía moverse, ni había para qué, pues en ninguna parte había de encontrar alivio.

¡Ay, Dios mío, qué aburrimiento el de Torquemada en las provincias, y qué destemplado humor gastaba, siempre disputando con *ellas* por quítame allá esas pajas, renegando de todo, encontrando malas las aguas, desabridos los alimentos, cargantes las personas, horrible el cielo, dañino el aire! Su centro era Madrid: fuera de aquel

Madrid en que había vivido los mejores años de su vida
y ganado tanto dinero, no se encontraba el hombre.
Echaba de menos su Puerta del Sol, sus calles del Carmen,
de Tudescos y callejón del Perro; su agua de Lozoya,
su clima variable, días de fuego y noches de hielo. La
nostalgia le consumía, y el verse imposibilitado de correr
tras el fugaz ochavo, de dar órdenes a éste y al otro
agente. Aborrecía el descanso; su naturaleza exigía la preocupación continua del negocio y los infinitos trajines
que trae consigo la misma ansiedad azarosa, la rabia de
perder, la tristeza de ganar poco, el delirio de la ganancia
pingüe. Contaba los días que iban pasando de aquel suplicio que le habían traído sus malditas consortes; abominaba de la sociedad ociosa que le rodeaba, tanto vago
insustancial, tanta gente que no piensa más que en arrui-
narse. Para él, el colmo del despilfarro era dar dinero a
fondistas y posaderos o a los gandules que agarran en el
baño a las señoras para que no se ahoguen. San Sebastián
le causaba horror: todo era un saqueo continuo y mil
tramoyas para desvalijar a los madrileños que iban a gastar en dos meses las rentas de un año. Tres días le tuvieron allí Fidela y Cruz, y poco le faltó para caer enfermo
de tristeza y repugnancia.

En Hernani se paseaba solo, armando en su magín
todo el tinglado de números que constituía el negocio ta-
baquil y otros en embrión, como el del arreglo de la
arruinada casa de Gravelinas con sus acreedores. Fidela,
que conocía lo mal que pintaba a su esposo la *villeggia-
tura,* quiso abreviar ésta; pero se opuso Cruz, porque
a Rafael le probaba muy bien el clima del Norte, y desde
que vivía en Hernani no se habían repetido los trastornos
cerebrales de marras. Dividíase la familia en dos parejas:
Cruz paseaba con el ciego, Fidela con su esposo, y procuraba distraerle haciéndole fijar la atención en las bellezas
del campo y del paisaje. No era insensible el bárbaro a la
bondad ni a los mimos de su esposa, y algunos ratos pasaba placenteros charlando con ella a lo largo de praderas
y bosques. Pero en aquel divagar indolente, Torquemada,

como el desterrado que sólo piensa en la patria, no hablaba de cosa alguna sin que salieran a relucir Madrid
y los malditos negocios. Alegrábase Fidela de verle en
tal terreno, y con infantil travesura repetía:

—Sí, Tor, tienes que ganar muchísimo dinero, pero
muchísimo, y yo te lo guardaré.

Tanto machacó en esta idea, que don Francisco hubo
de espontanearse con su mujer cual nunca lo había hecho,
declarándole cuanto sentía y pensaba y las causas de sus
goces como de sus pesadumbres. Empezó por manifestarse satisfecho del trato de la suerte, porque sus ganancias crecían como la espuma. Pero ¿de qué le valía
esto, si la familia se había puesto en un pie de boato que
imposibilitaba el ahorro? Cada lunes y cada martes se
traía Cruz alguna nueva tarantaina para derrochar el dinero. ¿A qué detallar *aquella serie no interrumpida* de
locuras, si ya Fidela las conocía? El no servía para vivir
entre magnificencias, aunque al fin a ellas por la fuerza
de las circunstancias se amoldaba. Su *bello ideal* era emplear de nuevo sus considerables ganancias, reservando
sólo una parte mínima para el gasto diario. Ver entrar el
dinero a carretadas y verle salir a espuertas le taladraba
el corazón y le llenaba la cabeza de pensamientos som-
bríos y pesimistas. Entre él y Cruz se había entablado una
lucha a muerte; reconocíase muy inferior a ella por los
recursos de la inteligencia y por la palabra; pero se creía,
en aquel caso, cargado de razón. Lo peor de todo era que
Crucita le dominaba y sabía imponerle su criterio económico, metiéndole en un puño cada vez que *ponía sobre
el tapete* la cuestión de un nuevo dispendio. El se retorcía de rabia, como el demonio que pintan a los pies de
San Miguel, y la muy indina le aplastaba la cabeza y hacía
su santísima voluntad con el dinero de él.

En suma, que se tenía por muy desgraciado, y con
aquella amargura hasta para alegrarse de ser padre *en su
día* le faltaban ánimos. Mostróse Fidela reservada en la
contestación, asegurando que por su parte no le importaba
vivir en la mayor modestia y oscuridad; pero puesto que

Cruz disponía las cosas de otro modo, sus razones tendría para ello.

—Sabe más que nosotros, querido Tor, y lo mejor es dejarla hacer lo que quiera. Para tus mismos negocios te conviene respirar una atmósfera de esplendidez. Con franqueza, Tor: ¿habrías ganado lo que has ganado viviendo como un miserable en la calle de San Blas? ¡Si cada duro que te gasta mi hermana es para traerte luego veinte! Y, sobre todo, esa que llamas tirana sabe más que Merlín, y a su despotismo debemos, primero, haber salido con vida de aquella pobreza ignominiosa; después, el hallarnos en plena abundancia y tú hecho un hombre de peso. No seas tontín, cierra los ojos y sométete a cuanto te diga y proponga mi hermana.

En todo esto y en algo más que dijo se revelaba el respeto casi supersticioso a la autoridad de Cruz y la imposibilidad de rebelarse contra cualquiera cosa grande o pequeña que dispusiera el autócrata de la familia. Suspiró Torquemada oyéndola, y pensaba con hondo desaliento que su mujer no le ayudaría en ningún caso a sacudir el yugo. Una ligera indicación de esto bastó para que Fidela expresara la negativa con infantil temor. ¡Oponerse ella a los juicios y a las determinaciones de su hermana! Antes saldría el sol por Occidente.

—No, no, Tor; quien manda, manda. Vuelvo a decirte que todo eso que te contraría es lo que te conviene y nos conviene a todos.

De queja en queja, el usurero fue a parar a otra idea que también le atormentaba. Antes de expresarla vaciló un rato, temeroso de que su mujer la acogiera con risas. Pero al fin se lanzó a la espontaneidad más delicada:

—Mira, Fidela, cada uno tiene su aquel y su *ideasingracia,* como dice el amigo Zárate, y yo te aseguro que no quiero que mi hijo salga Aguila. Bien sé que Cruz beberá los vientos porque el niño sea como vosotras, como ella, gastadorcillo, pinturero y con muchos humos de aristócrata pródigo. Pero más quiero que no nazca si ha de nacer así. Por supuesto, yo tengo para mí que os engañáis las dos si esperáis que el nuevo Valentín saque uñas y pico de vuestra raza, pues me da el corazón que será Torquemada de lo fino, es decir, el auténtico Valentín de antes en cuerpo y alma, con el propio despejo y la pinta mismísima de la otra vez.

Seis

Quedóse Fidela estupefacta, sin poder apoyar ni combatir semejante idea, y tan sólo dijo:

—Será lo que Dios disponga. ¿Qué sabemos nosotros de los designios de Dios?

—Sí que lo sabemos—replicó Torquemada, sulfurándose—. Tiene que haber justicia, tiene que haber lógica, porque si no, no habría Ser Supremo, ni Cristo que lo fundó. El hijo mío vuelve. ¡Ah! No conociste tú aquel prodigio; que si lo hubieras conocido, desearías lo mismo que deseo yo, y lo tendrías por cierto, dado que deben pasar las cosas conforme a una ley de equidad. Verás, verás qué disposición para las matemáticas. Como que él es las puras matemáticas, y todos los problemas los sabe mejor que el maestro. Si he de hablarte con franqueza, sin ocultarte nada de lo que pienso, te diré que no puedo menos de compaginar ciertos fenómenos de tu estado con la ciencia de mi hijo Valentín. ¿No nos contaste que hace dos noches tuviste unos sueños muy raros, viendo que se te ponían delante cifras de ocho y diez guarismos, y que luego ibas por un bosque y te encontraste catorce *nueves,* que te salieron al encuentro y te acorralaron sin dejarte pasar adelante?

—Sí, sí, es verdad que soñé eso.

—Pues ahí lo tienes—dijo Torquemada, con los ojos fulgurando de alegría—. Es él, es él, que te tiene el alma y las venas todas llenas de los santísimos números. Y dime: ¿no sientes tú ahora algo como si te subieran de la caja del cuerpo a la cabeza, *vulgo* región cerebral, unas enormísimas cantidades, cuatrillones o cosa así? ¿No sientes un endiablado pataleo de multiplicaciones y divisiones, y aquello de la raíz cuadrada y la raíz cúbica?

—Algo de eso siento, sí, de una manera vaga—replicó Fidela, dejándose sugestionar—. Pero de eso de las raíces no siento nada. Números, sí, que se me suben a la cabeza.

—¿Ves, ves? ¿No te lo decía yo? Si no me podía equivocar. ¿Y no te pasa también que todo lo que calculas te sale exacto? Como que tienes dentro de ti el espíritu puro de las matemáticas y la ciencia de las ciencias.

—¡Tanto como eso...!—repuso Fidela, dudando—. Yo no calculo nada, porque no sirvo para el cálculo.

—Pues ponte ahora a combinar cantidades; ponte y verás.

Don Francisco se frotaba las manos, añadiendo por vía de síntesis:

—Quedamos en que no es Aguila, en que será quien es, y no puede ser otro.

Algo más pensaban decir marido y mujer sobre el extraño caso; pero los distrajo de su coloquio un coche cargado de gente que por la carretera de San Sebastián venía, en dirección al pueblo, y oyeron alegres voces que con estruendo los saludaron. Hallábanse sentados en una pradera junto al camino, al pie de un corpulento castaño, y cuando el charabán pasó delante de ellos reconocieron entre la turbamulta que venía en la delantera y en los asientos laterales algunas caras amigas.

—¡Oh! Morentín—dijo don Francisco.

Y Fidela:

—¡Ah! Infante, Malibrán.

Y se encaminaron al pueblo, del cual distaba medio kilómetro, tardando bastante en llegar porque la señora, en aquellos meses, no se distinguía por la rapidez de sus movimientos.

En la casa encontraron a los amigos que de San Sebastián habían ido de asalto: Morentín con su mamá, Manolo Infante, Jacinto Villalonga, Cornelio Malibrán, dos chicos y una chica de Pez, Manuel Peña y su mujer, Irene, y alguno más que no consta en autos.

—¿Y a toda esta caterva tenemos que darle de comer?
—preguntó, angustiado, don Francisco.

—Hijo, sí; no hay más remedio. Pero se reparten.
Verás cómo algunos se van a casa de Severiano Rodríguez o del general Morla.

—Siempre nos tocarán los más alborotadores en el
hablar y los menos moderados en el comer. Y no viene
Zárate, que es, de toda esta taifa, el único que me gusta,
por ser muchacho tan científico.

Con las visitas, pasaron las señoras muy entretenidas
la tarde, y don Francisco pudo hablar de negocios con
Morentín, que le dio noticias de su diligente papá, ya dispuesto a salir de Londres en dirección a España. Animóse
Rafael con la charla de sus amigos, oyendo con especial
gusto a Infante y a Villalonga, que contaban mil diverti-
das historias de la sociedad de Biarritz y San Sebastián.
Hablóse también de política, y al anochecer se fueron
con la misma algazara que habían traído para acá.

Si la tarde fue placentera para el pobre ciego, por la
noche notóle su hermana muy inquieto, con cierta rever-
sión a las antiguas manías que ya parecían olvidadas.
Hablaba de carretilla, reía desaforadamente, y a cada
momento nombraba a Morentín para ridiculizarle y poner
en solfa sus palabras.

—Pero ¿no es el amigo que más quieres?... ¿Por qué
te ha entrado ahora esa absurda antipatía?—le dijo su
hermana Cruz, a solas, dándole de cenar.

—Fue mi amigo. Ya no lo es, ni puede serlo. Y no
creas; me temía yo que recalase por aquí. Era de absoluta
lógica que viniese, traído por sus malos pensamientos.

Y en lo que siguió diciendo demostraba, más que antipatía, un odio insano tan violento en la forma, que Cruz
sintió renovados sus temores de otros días, y se dispuso
a pasar una mala noche, en compañía del infeliz joven.
En efecto, no bien se retiraron su hermana y don Francisco, fuese al cuarto de Rafael, que era un gabinete bajo
con ventana al jardín, rodeada de madreselvas; y hallándole muy despabilado, sin ganas de dormir, le propuso

quedarse ambos de tertulia hasta que los rindiese el sueño. La noche, como de agosto, era calurosa. Mejor que dando vueltas en la cama, la pasarían tomando el fresco, respirando el aire embalsamado del jardín, y oyendo cantar las ranas, que en una charca próxima entonaban su gárrulo himno a la tibia noche.

Aceptó gozoso Rafael lo propuesto por su hermana. Sentada ésta junto al alféizar, procediendo con rapidez y autoridad, para no darle tiempo a pensar sus respuestas, le acometió con bravura desde el primer momento:

—Vamos a ver, Rafael: vas a decirme ahora mismo, clarito, pero muy clarito, y sin rodeos ni atenuaciones, por qué se ha trocado en aborrecimiento el cariño que tenías a tu amigo Morentín. ¿Qué te ha hecho?

—A mí, nada.

—¿Qué te ha dicho?

—Nada.

—No admito subterfugios. Has de hablarme claro y pronto. Hace tiempo, desde mucho antes de salir de Madrid, empecé a notar que te ponías muy nervioso siempre que hablabas de él... Vamos a ver, dímelo todo, Rafael. Por Dios te lo pido.

—Morentín es un egoísta.

—¿Y nada más que por eso le odias?

—Y un miserable.

—¿Qué te ha dicho?... Algo habéis hablado. No me lo niegues.

—No necesito que Pepe me muestre la fealdad de su alma, porque se la veo con los ojos de la mía..., y con la luz de mis pensamientos..., ¡pero tan claro!...

—Ea, ya empiezas a desvariar. Vamos, alguno de tus amigos que te han visitado hoy, Manolito Infante, Peñita, quizá Malibrán, que es muy malo y tiene la peor lengua del mundo, te ha dicho alguna brutalidad del pobre Morentín.

—No; nadie me ha dicho nada.

—Haz memoria, Rafael. Malibrán, Malibrán ha sido.

Pero, hijo, ¿para qué haces caso de ese fatuo, complexión de víbora, lengua venenosa?

—Te juro por la memoria de nuestra madre—dijo Rafael con solemne acento—que Malibrán no me ha dicho absolutamente nada de..., vamos, del asunto penoso que es la causa de mi aborrecimiento a Morentín... Pero ahora comprendo... Hermana querida, tú has venido a interrogarme a mí esta noche, y ahora soy yo quien interroga... Respóndeme pronto, clarito: Malibrán, en alguna parte, ¿ha dicho algo... de eso?

—¿De qué?

—De eso. No te hagas de nuevas. La idea que a mí me atormenta te atormenta también a ti... Ya lo veo todo muy claro con la luz de mi razón. Lo que yo adiviné sólo con los recursos de mi lógica, el mundo lo dice ya, quizá lo pregona con escándalo, y ese escándalo ha llegado a tus oídos. Dímelo, dímelo. Malibrán, o algún otro deslenguado, ha dicho algo en casa de los Romeros, en casa de San Salomó, de Orozco tal vez...

—Pero ¿qué?—preguntó Cruz acongojada, queriendo ocultar sus ideas a la perspicacia del ciego.

Este no veía su palidez mortal; pero notaba en su voz un timbre opaco, que para él era dato tan preciso como la blancura del semblante, y la voz de Cruz delataba sobresalto, ira, vergüenza.

—Pues bien—añadió Rafael tras breve pausa—, lo diré yo sin rodeos. A tus oídos llegan voces de escándalo. Quienquiera que sea lo propala en las casas de los enemigos, también quizá en las de los amigos. Yo, sin oírlo, lo sé, como sin verlo lo he visto. ¿A qué hacer misterio de ello? Lo que dicen es que mi hermana Fidela tiene un amante, y que éste es Morentín.

—Cállate—gritó Cruz con arranque de ira, poniéndole la mano en la boca con tanta fuerza, que parecía que le abofeteaba.

—Digo la verdad... El escándalo ha llegado a tus oídos. No me lo niegues.

—Pues bien, no lo niego. Malibrán es quien se ha

permitido afrentarnos con esta calumnia infame. ¡Y hoy le hemos tenido aquí! Gracias que se fue a comer a casa de Cicero, que si le veo en mi mesa, no sé..., creo que yo misma... En Biarritz lo dijo, y en Cambo y en Fuenterrabía. Lo sé por persona que no puede engañarme y que me ha puesto sobre aviso. Triste cosa es la deshonra motivada; pero deshonra que surge por generación espontánea y corre y se propaga sin que exista ni el más insignificante hecho que la justifique, es cosa que subleva.

—Es que..., te lo diré si no te enfadas..., yo no creo que esa deshonra sea tan inmotivada como tú la presentas...

—¡Pero tú...!—indignada—. ¡Crees... también tú!

Furiosa le cogió del brazo, sacudiéndole con brío, única manera de contestar a la infame reticencia.

Siete

—Ten calma, y déjame expresar todo lo que discurro —agregó Rafael, tomando resuello, pues le faltaba el aliento, tanto como a su hermana—. En conciencia te digo que el caso es perfectamente lógico. Déjame hablar. El caso es un producto de la vida social, de la corrupción de las costumbres, del trastorno de la idea moral. Cuando nuestra hermana se casó, dije yo: «Esto tiene que ser...», y ha sido tal como lo pensé. Desde este antro oscuro de mi ceguera lo veo todo, porque pensar es ver, y nada se escapa a mi segura lógica, nada, nada. Esa deshonra era un hecho forzoso. En casa teníamos todos los elementos para que surgiera. Naturalmente..., ha surgido, sin que nadie pueda evitarlo... Ya, ya sé lo que vas a decirme.

—No lo sabes, no lo sabes—replicó la dama con acento firme y altanero—. Lo que tengo que decirte es que nuestra hermana es más pura que el sol. En ningún caso dudaría de su perfecta, de su absoluta honradez; menos puedo dudar de ella, viviendo, como vivo, siem-

pre al lado suyo. Ninguno de sus actos, ni aun sus pensamientos más recónditos, me son desconocidos. Sé lo
que piensa y siente, como sé lo que siento y pienso yo
misma. Y nada, absolutamente nada, existe que pueda
servir de fundamento a tan vil especie.

—Te concedo que en el terreno de los hechos no hay
motivo para...

—Ni en ningún otro terreno.

—En el de la intención, en el de la voluntad.

—Ni en ése ni en ningún otro existe la menor sombra de mancha. Fidela es la pureza misma; quiere y estima a su marido, que en su tosquedad es muy bueno para ella y para toda la familia. Que no vuelva yo a oírte
semejante disparate, Rafael, o no respondo de tratarte
con la blandura que acostumbro usar contigo.

—Bueno, bueno: no te incomodes. Admito que tengas razón en lo que a mi hermana se refiere. Y ¿me respondes tú de las intenciones de Morentín?

—De eso, ¿cómo he de responder yo? Siempre me ha
parecido decente y delicado.

—Pues yo que le conozco, porque ambos hemos sido
compañeros de aventuras en tiempos que no han de
volver, y que ahora, en el archivo de mis recuerdos, son
una gran enseñanza; yo te aseguro que la corrupción
mansa, la que no se siente, la que devora sin ruido y a
veces sin el escándalo más ligero, anida en su alma. Sin
que Morentín me haya dicho nada, sé que pretende des-
honrarnos, que cree segura la victoria más temprano o
más tarde. Si no se jacta de haber triunfado ya, tampoco negará honradamente, cuando le feliciten por una
conquista que algunos darán por hecha, todos, todos, por
probable. ¡Ay! Horroriza el considerar que aunque mi
hermana fuese una santa y Morentín un modelo de virtudes, el mundo, atento a la composición de este matrimonio y a la vida ostentosa que lleváis, tendrá siempre
por hecho inconcluso lo que Malibrán ha dicho. Y no
puedes ya evitar que corra y se propague el rumor infa-

mante. Ni conseguirás rectificar lo que tú crees error...,
y lo será por el momento.

—Por el momento, no; por siempre. ¡También tú...!
No parece sino que tomas partido por los difamadores.
Esto es intolerable, Rafael. Se trata de una calumnia,
¿sí o no? Pues si es calumnia, si la inocencia de nuestra
hermana resplandece como el sol, y antes que dudar de
ella dudaría yo de que existe un Dios justiciero y misericordioso; si ella es honrada, digo, y los que la calum-
nian dignos de las penas del infierno, la verdad ha de
brillar tarde o temprano, y el mundo ha de reconocerla
y acatarla.

—No la reconocerá. El mundo procede con una lógica que él mismo se ha creado para juzgar cosas y personas. Te concedo que es una lógica construida con artificios; pero es..., y quítale de la cabeza a la opinión su
infame idea. No puedes, no puedes. Para evitar esto
habría convenido seguir viviendo en la oscuridad modesta, después de esa malhadada boda. Pero en el torbellino
de la sociedad, en medio de este boato, cultivando las
relaciones antiguas y buscando otras nuevas, no hay
medio de sustraerse a la atmósfera total, querida hermana. La atmósfera total nos envuelve: en ella flotan los
placeres, las satisfacciones de la vanidad; flota también
el veneno, el microscópico *bacillus* que nos mata, en
medio de tantas alegrías. Mujer joven y guapa, sensible,
rodeada de lisonjas, sin ocupaciones domésticas; marido
viejo y ridículo, brutalmente egoísta y en absoluto des-
provisto de todo atractivo personal..., ya se sabe...,
saca la consecuencia. Si no es, tiene que ser. El mundo
lo sanciona antes que suceda, y lo autoriza, y hasta parece que lo decreta, como si hubiera, en esa constitu-
ción oculta de las conciencias del día, un artículo que
expresamente lo mandara. Esto lo he visto yo hace
tiempo; éste fue uno de los inconvenientes más graves
que vi en la boda de mi hermana. Ahora, sufrir y callar.

—No, yo no sufro ni callo—replicó Cruz, sobrepo-
niéndose a la turbación que aquel asunto le causaba—.

Yo desprecio la calumnia. Dios quiera que a los oídos de
Fidela no llegue jamás; pero si llegara, la despreciará
como yo, y como tú... Te prohibo hablar de esto; es
más, te prohibo pensar...

—¡Pensar! ¡Prohibirme pensar! Eso sí que no puede
ser. No pienso en otra cosa. Es lo único en que puedo
ocuparme, y si no fuera por el trabajar de la mente,
¿con qué mataría yo, pobre ciego, el fastidio de la oscuridad? Te prometo revelarte todo lo que vaya descu-
briendo.

—No, no descubrirás, no podrás descubrir nada—dijo
la dama, nerviosa y con ganas de reñir—. Y cuanto dis-
curras será obra exclusivamente tuya, de tu pobrecita
mente aburrida, holgazana, traviesa. Te lo prohibo, Rafael; sí, te prohibo pensar en eso.

Sonreía el ciego sin articular sílaba, y su hermana
suspiraba, masticando las frases dichas anteriormente, y
otras que intentó decir, quedándose con la primera palabra en la boca. Así transcurrió un mediano rato, y ya
iban a romper los dos con nuevos argumentos, cuando
oyeron ruido en las habitaciones altas, donde el matrimonio dormía, y a poco sintieron el paso grave de don
Francisco bajando la escalera. Salió Cruz a su encuentro, temerosa de que ocurriese alguna novedad, pero él
la tranquilizó diciéndole:

—No es nada. Fidela duerme como una bendita; pero
yo, con *la calor* y un infame mosquito que me ha estado
dando murga toda la noche, no he podido pegar los
ojos, hasta que al fin, cansado del ardor de las sábanas,
me bajo a tomar el fresco en el jardín.

—La noche está pesada y bochornosa, cosa muy rara
en este país—observó Cruz—. Mañana habrá tormenta
y refrescará el tiempo.

—¡Vaya una noche!—murmuró el tacaño—. ¡Y para
esto abandona uno aquel Madrid tan cómodo...!

Salió al jardín en mangas de camisa, con un chaquetón sobre los hombros, la gorra de seda en la coronilla.
Desde la ventana en que los dos hermanos se hallaban

silenciosos respirando el aire tibio, aromatizado por las
madreselvas, veían pasar el sombrajo negro de don Francisco, que se paseaba lentamente, y oían su tosecilla y
el rechinar del menudo guijo bajo su planta procerosa.

La noche era toda calma, tibieza y solemne poesía.
El aire, inmóvil y como embriagado con la fragancia
campesina, dormitaba entre las hojas de los árboles,
moviéndolas apenas con su tenue respiración. El cielo
profundo, sin luna y sin nubes, se alumbraba con el ful-
gor plateado de las estrellas. En la oscura frondosidad
de la tierra, arboledas, prados, huertas y jardines, los
grillos rasgaban el apacible silencio con el chirrido metálico de sus alas, y el sapo dejaba oír, con ritmo melancólico, el son aflautado que parece marcar la decadencia
del grave péndulo de la eternidad. Ninguna otra voz,
fuera de éstas, sonaba en cielo y tierra.

Largo tiempo estuvieron Cruz y Rafael contemplando
las sombras del jardín, y la figura de don Francisco,
que iba y venía, también con mesurado ritmo, de un
extremo a otro, pasando y repasando como ánima de
pecador insepulto que viene a pedir que le entierren.
Movida de un estado particularísimo de su ánimo, y por
efecto también quizá de la serenidad poética de la noche, Cruz sintió pena intensísima ante aquel hombre,
abrumado por la nostalgia. Consideró que si por él había
salido de espantosa miseria la noble familia del Aguila,
ésta debía corresponderle dándole la felicidad que merecía. Y en vez de procurarlo así, la directora del cotarro
le contrariaba llevándole a grandezas sociales que re-
pugnaban a sus hábitos y a su carácter. ¿No era más humano y generoso dejarle cultivar su tacañería y que en
ella gozara, como el reptil en la humedad fangosa? Porque, a mayor abundamiento, el pobre hombre, sacado
de su natural esfera, sufría los mordiscos de la calumnia, y si dejaba de ser ridículo en una forma, lo era en
otra. ¿No tenía ella la culpa de todo, por meterse a en-
cumbradora de gente baja, y por querer hacer de un
zafio un caballero y un prohombre? Ese remusguillo

de su conciencia y la compasión vivísima que hacia su
hermano político sintió en aquella hora solemne de la
noche de verano, moviéronla a dirigirle palabras afectuosas. Echando su cuerpo fuera de la ventana, le dijo:

—¿No teme usted, don Francisco, que el sereno le
haga daño? No hay que fiarse mucho de los calores de
esta tierra.

—Estoy bien—replicó el tacaño, aproximándose a la
ventana.

—Me parece que ha salido usted con poco abrigo.
Por Dios, no nos coja usted un reúma o un catarro
fuerte.

—Pierda cuidado. Tendría que ver que por huir de
aquel calorcito de Madrid, tan agradable, y, por más
que digan, higiénico, viniese uno a enfermar en los
calores húmedos de esta tierra, tan sumamente acuática.

—Vale más que entre usted aquí, y nos acompañare-
mos los tres hasta que tengamos sueño.

Rafael se aproximó también a la ventana. En aquel
instante, como si los sentimientos de Cruz se le comu-
nicaran por misterio magnético, sintió asimismo lástima
del hombre que odiaba.

—Entre, don Francisco—le dijo, pensando que la
ilustre familia hambrienta había engañado a su favore-
cedor, utilizándole para redimirse, y que después de
sacarle de su elemento para hacerle infeliz le cubría de
una ridiculez más grave que la que él había echado
sobre ella. Entráronle deseos de reconciliarse con el bárbaro, guardando siempre la distancia y de devolverle en
forma de amistad compasiva la protección material que
de él recibía.

Como ambos hermanos insistieron en llevarle a su
lado, no pudo ser insensible el tacaño a estas demostraciones de afecto, y entró, echando pestes contra el clima
del país vasco, contra los alimentos y, sobre todo, contra
las pícaras aguas, que eran, sin género de duda, las peores del mundo.

—Usted está aquí fuera de su centro—díjole Rafael,

que por primera vez en su vida le hablaba con afabilidad—. No puede usted vivir alejado de sus queridos negocios.

Oyendo esto, Cruz tuvo una inspiración, y al instante saltó de la voluntad a la palabra.

—Don Francisco, ¿quiere que nos vayamos mañana?

Tanta sorpresa causó al aburrido negociante la proposición, que no creyó que su cuñada le hablaba formalmente.

—Usted me busca el genio, Crucita.

—Y, la verdad—indicó Rafael—, para lo que hacemos aquí... Fresco no hay; en cambio, abundan los mosquitos, y otra casta de alimañas peores, los amigos importunos y mortificantes.

—Eso es hablar como la Biblia.

—Propongo que salgamos mañana—dijo la hermana mayor con resolución—. Ea, si don Francisco quiere...

—¡Que si quiero!... Re-Cristo, ¿pues acaso estoy por mi gusto en esta tierra maldecida..., o por contentamiento de ustedes y obediencia al fuero de la puerquísima moda?

—Mañana, sí—replicó el ciego, batiendo palmas.

—Pero ¿lo dicen de verdad, o es ganas de marear más?

—De verdad, de verdad.

Y convencido de que no era broma, púsose el tacaño tan gozoso, que sus ojos relumbraban como las estrellas del cielo.

—¡Conque mañana! No podía usted determinar, Crucita de mi alma, cosa más de mi agrado. Ya estaba yo aquí como *el alma de Garibaldi*, suspenso y aburrido, mirando al cielo y a la tierra, y acordándome de mis cosas de Madrid, como se acordaría de la gloria divina el que, después de gozarla, se ve enchiquerado en los profundos abismos del infierno... ¿Conque mañana, Rafaelito? ¡Qué gusto! Dispénsenme: soy como un chiquillo a quien dan punto para las vacaciones. Mis vacaciones son el santo trabajo. No me divierte esta vida boba

del campo, ni le encuentro chiste a la mar salada de
San Sebastián, ni estas pamemas del baño y el paseíto
se han hecho para mí. El verde para quien lo coma; y
el campo *natural* es meramente una tontería. Yo digo
que no debe haber campiñas, sino todo ciudades, todo
calles y gente... El mar sea para las ballenas. ¡Mi Madrid de mi alma!... ¿Conque es de veras que mañana?
Para otro año viene la familia sola, si quiere fresco caro.
Yo a mi calor barato me atengo. Digan lo que quieran,
pasado el quince de agosto se templa Madrid, *máxime*
de noche, y da gusto salir a tomar la fresca por aquellos
altos de Chamberí. Pues digo, ahora que empiezan los
melones y el riquísimo albillo... ¡Cristo!, por no hacer
ruido y dejar a Fidela que duerma, no me pongo a hacer
el equipaje ahora mismo. ¿A qué hora pasa el tren de
San Sebastián? A las diez. Pues en cuanto amanezca
pedimos el coche y salimos pitando... No hay que volverse atrás, Crucita. Usted es la que manda; pero no
nos engañe con dedadas de miel, *vulgo* promesas, que
bien me merezco la realidad de esta vuelta a Madrid,
por la paciencia con que he venido a estas tierras chir-
les, sin más *objetivo* que zarandear a la familia, y darnos
tono, ¡con cien mil Biblias!, tono... Siempre el dichoso
buen tono, que a mí me parece un tono muy mal en-
tonado.

Ocho

Partieron, pues, aquella mañana, con asombro y extrañeza de toda la colonia, en la cual no faltó algún des-
ocupado caviloso que se diese a buscar la razón de aquel
súbito regreso, que más bien parecía fuga, y *descubriera*
nada menos que una grave discordia matrimonial. Ello
es que iban todos contentos a Madrid, y Torquemada
como unas pascuas. ¡Con qué alegría vio el semblante
risueño de su cara villa, sus calles asoleadas, y sus paseos
polvorosos, pues aún no había llovido gota! Y ¡qué hermosura de calor picante! Que no le dijeran a él que había

lugares en el mundo más higiénicos. Para miasmas, Hernani, que, por ser cargante en todo, hasta tenía nombre de música. ¡Cuándo se ha visto, Señor, que los pueblos se llamen como las óperas!

Entró de lleno en la onda de sus negocios, como pato sediento que vuelve a la charca; pero hallándose aún ausente muchas personas del elemento oficial y del *elemento particular,* no encontró la ocupación plena que hubiera deseado. Con todo, su contento era grande; y para completarlo, Cruz no le mortificaba con nuevos planes de engrandecimiento. Otra novedad dichosa era que Rafael se había suavizado en su trato con el tacaño, y hasta parecía desear tenerle por amigo. Antes del viaje, apenas cambiaban más palabras que las generales de la ley, el saludo por las mañanas, y por la noche cuatro frases insustanciales acerca del tiempo. Al regreso de Hernani solían acompañarse algunos ratos, y el ciego le mostraba consideración, algo parecida al afecto; le oía con calma, y hasta le pedía su parecer sobre asuntos corrientes de política, o sobre cualquier suceso del día. Pero lo más particular de todo esto era que la buena de Cruz, que había bebido los vientos por las paces de los dos cuñados, y de continuo los incitaba a la concordia, en cuanto los oía charlando sosegadamente parecía sobresaltada y no se apartaba de ellos, cual si temiera que alguno de los dos se fuese del seguro. Debe advertirse que por aquellos días (septiembre y octubre) la opinión de Cruz sobre el estado cerebral de su desdichado hermano era más pesimista que nunca, a pesar de que el pobrecito no desentonaba ya, ni reía sin motivo, ni se irritaba.

—Si ahora le tenemos tranquilo y no nos da ninguna guerra le decía Fidela—, ¿por qué temes...?

—La calma bochornosa suele anunciar grandes tempestades. Prefiero verle nerviosillo y un poco charlatán a que se nos encierre en ese *spleen* sombrío, con apariencias sospechosas de buen juicio en lo poco que habla. En fin, Dios dirá.

En todo septiembre tuvo don Francisco el gusto de no ver a muchas personas de las que ordinariamente iban a la casa, y que rodaban todavía por playas y balnearios, algunas en París; y aumentó su gusto la única excepción de aquella desbandada, Zárate, que por la escasez que suele acompañar a la sabiduría no veraneaba más que quince o veinte días en El Escorial o Colmenar Viejo. Buenos ratos pasó el tacaño con su amigo y consultor *científico*, casi solos todas las noches, platicando sobre temas sabrosísimos, como la cuestión de Oriente, los abonos químicos, la redondez de la tierra, el papado en sus relaciones con el reino de Italia, las pesquerías del banco de Terranova... En aquella temporada de fecundos progresos aprendió don Francisco dicciones muy chuscas, como la *tela de Penélope*, enterándose del porqué tal cosa se decía; *la espada de Damocles* y *las kalendas griegas*. Además, leyó por entero el *Quijote*, que a trozos conocía desde su mocedad, y se apropió infinidad de ejemplos y dichos, como *las monteras de Sancho, peor es meneallo, la razón de la sinrazón* y otros que el indino aplicaba muy bien, con castellana socarronería, en la conversación.

Charla que te charla, hablaron de Rafael, haciendo notar Zárate que sus apariencias de sosiego mental no inspiraban confianza a la hermana mayor, a lo que contestó don Francisco que su cuñado no regía bien del cerebro, y que más tarde o más temprano había de salir con alguna gran *peripecia*.

—Pues yo tengo sobre esto una opinión—dijo Zárate—, que me aventuro a consultar con usted a condición de absoluta reserva. Es una opinión mía; quizá me equivoque; pero no renuncio a ella mientras los hechos no me demuestren lo contrario. Yo creo... que *nuestro joven* no está loco, sino que lo finge, como lo fingía Hamlet, para despacharse a su gusto en el proceso de un drama de familia.

—¡Drama de familia! Aquí no hay drama ni comedia de familia, amigo Zárate—replicó don Francisco—. No hay más sino que el caballero aristócrata y un servi-

dor de usted hemos estado de puntas. Pero ya parece
que se da a partido, y yo me dejo querer... Naturalmente, más vale que haya paz en casa. Esta es la razón de
la sinrazón, y no digo nada de las inconveniencias y
tonterías de mi hermano político. *Peor es meneallo...*
Por lo demás, creo también que en algunos períodos su
locura ha sido figurada, como la de ese señor que usted
cita tan oportunamente.

Y se quedó con la duda de quién sería aquel *Jamle;*
pero no quiso preguntarlo, prefiriendo dar a entender
que lo sabía. Pero el nombre y lo de fingirse loco, se
le antojaba que el tal debía de ser poeta.

—Celebro que estemos conformes en este punto, señor don Francisco—dijo Zárate—. Hallo entre nuestro
Rafael y el infortunado príncipe de Dinamarca muchos
puntos de contacto. Ayer, sin ir más lejos, hablaba solo
el pobre ciego, y dijo cosas que me recordaron el célebre monólogo *to be or not to be.*

—Efectivamente, algo dijo de aquello. Yo lo noté, y
no se me escaparon los *puntos de contacto.* Porque yo
observo y callo.

—Eso, eso justamente es lo que procede, observarle.

—El pobrecillo tira mucho a poeta, ¿verdad?

—Verdad.

—Y diciendo poesía, se dice poco juicio, el meollo
revuelto.

—Exactamente.

—Y a propósito, amigo Zárate: me sorprende que
a los poetas se les den tantas denominaciones. Les dicen
vates, les dicen también *bardos.* Crea usted que me he
desternillado de risa leyendo un artículo que le *dedican*
a ese chiquillo a quien yo protejo, y el condenado crítico le llama *bardo* acá, *bardo* allá, y le echa unos incien-
sos que apestan. A los versos que ese chico compone los
llamaría yo *bardales,* porque aquello no hay cristiano
que lo entienda, y se pierde uno entre tanta hojarasca.
Todo se lo dice al revés. En fin, *peor es meneallo.*

Mucho celebró el pedante la ocurrencia, y pasaron a

otro asunto, que debía de ser algo de socialismo y colectivismo, porque al día siguiente salió Torquemada por esas calles hecho un erudito en aquellas materias. Hallaba *puntos de contacto* entre ciertas doctrinas y el principio evangélico, y envolvía sus disparates en frases cogidas al vuelo y empleadas con dudosa oportunidad.

Don Juan Gualberto Serrano, que regresó a fines de septiembre, trájole muy buenas noticias de Londres. Las compras de *rama* se harían por personas idóneas para el caso, muy prácticas en aquel comercio, y que sabrían ajustarse a los precios indicados, aunque tuvieran que apencar con las barreduras de los almacenes. Por este lado no había que pensar más que en atracarse de dinero. Propúsole además otro negocio, basado en operaciones de banqueros ingleses sobre fondos de nuestro país, y lo mismo fue anunciarlo, que Torquemada lo calificó de grandísimo disparate. En principio, la combinación era buena, y pensando en ella el tacaño por espacio de dos o tres días, encontró un nuevo desarrollo práctico del pensamiento, que propuso a su amigo, y éste lo tuvo por tan excelente, que le abrazó entusiasmado.

—Es usted un genio, amigo mío. Ha visto el negocio bajo su único aspecto positivo. El plan que yo traía era un caos, y de aquel caos ha sacado usted un mundo, un verdadero mundo. Hoy mismo escribo a los inventores de esta combinación, Proctor y Ruffer, y les diré *cómo ve usted* la cosa. De seguro les parecerá de perlas, y al instante nos pondremos a trabajar. Es cosa de liquidar medio millón de reales cada año.

—No digo que no. Escriba usted a esos señores. Ya sabe usted *mi línea de conducta*. En las condiciones que propongo, entro, vaya si entro.

Largo rato hablaron de este embrollado asunto, quedando de acuerdo en todo y por todo, y cuando ya se despedía, Serrano, pues almorzaba aquel día con el presidente del Consejo (como casi todos los de la semana), le dijo con semblante gozoso:

—Aquello me parece que es cosa hecha.

—Y ¿qué es *aquello*?

—Pero ¿no sabe usted...? ¿No le ha dicho Cruz...?

—Nada me ha dicho—replicó don Francisco, receloso, sospechando que *aquello* era un nuevo tiento que la gobernadora pensaba dar a su bolsillo.

—¡Ah! Pues téngalo por hecho.

—Pero ¿qué...? ¡Biblias coronadas!

—¿Es de veras que no tiene noticia?

—Lo que tengo es el alma en un hilo, ¡ñales! ¿Apostamos a que ahora viene la bomba que me tiene anunciada?... Vamos, que ya estoy echando setenta llaves a la caja.

—No, no tendrá usted que gastar sino muy poco dinero... Un almuercito a los compromisarios..., una docena de telegramas...

—Pero qué, ¿con cien mil pares de copones?

—Que le sacamos a usted senador.

—¡A mí! Pero cómo, ¿vitalicio o...?

—Electivo. Lo otro vendrá después. Primero se pensó en Teruel, donde hay dos vacantes; luego en León. Vamos, representará usted a su tierra, el Bierzo...

—Menuda plaga va a caer sobre mí. Dios me guarezca de pretendientes berzanos, y de pedigüeños de toda la tierra leonesa.

—Pero ¿no le agrada...?

—No... ¿Para qué quiero yo la senaduría? Nada me da.

—Hombre..., sí... Esos cargos siempre dan. Por lo menos, nada se pierde, y se puede ganar algo...

—¿Y aun *algos*?

—Sí, señor, y aun *muchísimos algos*.

—Pues acepto la ínsula. Iremos al Senado, *vulgo Cámara Alta*, y si me pinchan, diré cuatro verdades al país. Mi *desiderátum* es la reducción considerable de gastos. Economías arriba y abajo; economías en todas las esferas sociales. Que se acabe esa *tela de Penélope* de nuestra administración, y que se nivele ese presupuesto, sobre el cual está suspendida, como *una espada de Damo-*

cles, la bancarrota. Yo me comprometía a arreglar la Hacienda en dos semanas; pero para ello exigiría un plan radicalísimo de economías. Esta será la *condición sine qua non,* la única, la principal de todas las *condiciones sine qua nones.*

Nueve

No se le cocía el pan a don Francisco hasta no explicarse con su cuñada sobre aquel asunto, y a la mañana siguiente, mientras se desayunaba, la interrogó con timidez.

—Nada quería decir a usted hasta no tener el pastel cocido—contestóle Cruz sonriendo—. Por cierto que no estoy contenta ni mucho menos de nuestra gestión, y pienso que no servimos para el caso. Monte Cármenes y Severiano Rodríguez nos habían prometido que sería para usted una de las vacantes de senador vitalicio, y a vueltas de muchos cabildeos y conferencias salen con que el presidente tiene compromisos y qué sé yo qué. A un hombre como usted no se le puede regatear la senaduría vitalicia, ni se le contenta poniéndole en la mano la porquería de un acta, ¡un acta!, que está hoy al alcance de cualquier catedratiquillo o del primer intrigante que salte por ahí. Y el ministro de Hacienda no está menos indignado que yo. Tuvo una trapatiesta con el presidente... ¡Pues no se habla poco...!

—No lo sabía—dijo Torquemada estupefacto—. Han rifado por mi senaduría vitalicia. ¡Vaya una simpleza! Ni qué falta me hace a mí ser senador, y sentarme en aquellos bancos. Unicamente por tener el gusto de decir cuatro verdades, pero verdades, ¿eh? *Por lo demás,* yo no lo ambiciono, *ni de cerca ni de lejos. Mi línea de conducta* es trabajar en mi negocio, sin echar facha... Y si quieren darle ese turrón a otro, que se lo den, y buen provecho le haga.

—Yo pensé no aceptarla; pero lo tomarían a desaire,

y no conviene... Seremos, digo, será usted senador electivo, y representará a su país natal.

—Villafranca del Bierzo.

—La provincia de León.

—Ya estoy viendo la nube de parientes con hambre
atrasada que van a caer sobre mí como la langosta... Usted se encargará de recibirlos, y de irlos despachando con
un buen jabón; que para estos casos viene muy bien su
pico de oro.

—Pues sí, yo me encargo de *ese ramo.* ¿Qué no haré
yo para tenerle a usted contento y rodeado de satisfacciones?

—¡Ay, Crucita de mi alma!—dijo Torquemada, palideciendo—. Ya estoy viendo venir la puñalada.

—¿Por qué lo dice?

—Porque cuando usted me halaga y me sonríe, es
que viene contra mí navaja en mano, pidiendo la bolsa
o la vida.

—¡Ay, no lo crea usted! Estoy muy benigna de algún
tiempo acá. No me conozco. Ya ve que le dejo acumular
tranquilamente sus fabulosas ganancias.

—Cierto es que desde que volvimos de aquel condenado Hernani no ha salido usted con ninguna tecla de
nuevos encumbramientos, y *por ende,* de nuevos gastos.
Pero yo tiemblo, porque tras de la calma vienen truenos
y rayos, y como usted me amenazó hace tiempo con
una muy gorda...

—¡Ah! Es que ésa, el trueno gordo, está pendiente de
discusión aquí—apuntándose a la frente con su dedo índice—. Es cosa muy grave y no acabo de decidirme.

—Dios nos asista, y la Virgen nos acompañe, con
todas las biblias pasteleras en pasta y por empastar. Y
¿qué idea del demonio es esa que usted *acaricia*?

—A su tiempo lo sabrá—replicó la señora, retirándose por el foro del comedor, y sonriendo graciosamente desde la puerta.

Y era verdad que la gobernadora, si no había renunciado a su magno proyecto, teníalo en la cartera de lo

dudoso y circunstancial. Para decirlo todo claro, desde
el viaje a Hernani se habían quebrantado sus firmes
propósitos de engrandecimiento. La atroz calumnia de
que se tiene noticia, y que, lejos de desvanecerse en Madrid, corría y se hinchaba, ganando pérfidamente la opinión, fue lo que determinó en su espíritu un salto atrás
y algo como remordimiento de haber sacado a la familia
de la oscuridad después del matrimonio con el tacaño.
¿No habrían sido más felices ellas, más feliz él, sin género de duda, en una medianía sosegada, con el pan de
cada día bien seguro, entre cuatro paredes? Esta idea la
atormentó algunos días, y aun semanas y meses, y casi
estuvo a punto de deshacer todo lo hecho. Y proponer
a su esclavo que se fueran todos a vivir a un pueblo,
donde no se viera más frac que el del alcalde el día de
la Santa Patrona, donde no hubiera jóvenes elegantes y
depravados, viejas envidiosas y parlanchinas, políticos en
quienes la vida parlamentaria corrompe todas las formas
de la vida, damas que gustan de que se hable de faltas
ajenas para cohonestar mejor las propias ni tantas formas
y estilos, en fin, de relajación moral.

Vaciló algún tiempo, pasándose las noches en cavilaciones penosas; y al fin su espíritu hubo de decidirse
por seguir adelante en el camino trazado. La violencia del
impulso adquirido imposibilitaba la detención súbita,
equivalente a un choque de graves consecuencias. Lo
menos malo era ya continuar hacia arriba, siempre en
busca de las mayores alturas, con majestuoso vuelo de
águilas, despreciando las miserias de abajo, y esperando
perderlas de vista por causa de la distancia. Su mente se
excitaba con estas ideas, y le hervían en ella ambiciones
desmedidas, cuya realización, además de engrandecer a
los suyos, servíale para hacer polvo a los indignos Romeros y a toda la ruin caterva de envidiosos.

Fidela, en tanto, desconocía en absoluto estas internas
luchas de su hermana y el hecho desagradable que las mo-
tivó. Había llegado a ser, por su interesante situación física, un objeto precioso, de extraordinaria delicadeza y

fragilidad, que todos resguardaban hasta del aire. Faltaba poco para que la pusieran bajo un fanal. Su apetito de las golosinas llegó a tomar las formas de capricho más extravagantes. Se le antojaban guisantes en confitura para postre; a veces apetecía las cosas más ordinarias, como castañas pilongas y aceitunas de zapatero; cenaba comúnmente pájaros fritos, que le habían de servir con gorros colorados hechos de rabanitos; se hartaba de berros aliñados con manteca de vaca. Pedía barquillos a todas horas del día, piñones tostados para después del chocolate, y a las once, gelatinas y algún bartolillo de añadidura.

Transcurrían los meses sin que se enterara de los rumores infames que algunos amigos, o enemigos, habían hecho correr acerca de ella, suponiéndola infiel; y tan ignorante se hallaba de las calumnias, como inocente del feo pecado que le imputaron, atenuándolo con disculpas no menos odiosas que el pecado mismo. Su pureza y la limpidez de su alma eran verdaderamente angelicales, pues ni se le ocurría que tales absurdos pudieran decirse, ni soñó jamás con el peligro de opinión que tan de cerca la rondaba. Creyérase que no había en ella más prurito que vivir bien en el orden vegetativo, a cien mil leguas de todos los problemas psicológicos. Juzgándola con la ligereza propia de un sabio superficial, de estos que engullen revistas y periódicos, pero que no observan la vida ni ven la medula de las cosas, el tonto de Zárate decía:

—Es una estúpida, un ser enteramente atrofiado en todo lo que no sea la vida orgánica. Desconoce el *elemento* afectivo. Las pasiones son letra muerta para esta hermosa pava real o gatita de Angora.

Y Morentín desmentía tan cerrada opinión prometiéndoselas muy felices para después que *aquello* pasase. Pero Zárate, que era de los pocos que desmentían las voces calumniosas, quitábale al otro las esperanzas, asegurando que la maternidad despertaría en ella instintos contrarios a toda distracción, haciéndola estúpidamente honrada e incapaz de ningún sentimiento extraño al cuidado de la cría. Disputaban sin tregua los dos amigos sobre aquel tema, y acababan por reñir, echándose en cara recíprocamente, el uno, su fatuidad; el otro, su pedantería.

Cuidaba don Francisco a su mujer como a las niñas de sus ojos, viendo en ella un vaso de materia fragilísima, dentro del cual se elaboraban todas las combinaciones matemáticas que habían de transformar el mundo. Era la encarnación de un Dios, de un Altísimo nuevo, el Mesías de la ciencia de los números, que había de traernos el dogma cerrado de la cantidad, para renovar con él estas sociedades medio podridas ya con la hojarasca que de tantos siglos de poesía se ha ido desprendiendo. No lo expresaba él así; pero tales eran, *mutatis mutandis,* sus pensamientos. Y a los cuidados dengosos del tacaño correspondía Fidela con un cariño frío, dulzón y desleído, sin intensidad, única forma de afecto que en ella cabía, y a la cual daba estilos muy singulares, a veces como el que se usa para querer a los animales domésticos, a veces semejantes al afecto filial.

Sus amores de familia se condensaron siempre en Rafael. Pues en aquellos días no hacía gran caso de su hermano, ni se afanaba por si comía bien o mal, o si estaba de buen humor. Verdad que los cuidados de su hermana la relevaban de toda preocupación respecto al ciego, y éste, después de la boda, no pasaba tantas horas en dulce intimidad con la señora de Torquemada. Habíase iniciado entre uno y otro cierto despego, que sólo se manifestaba en imperceptibles accidentes de la acción y la palabra, tan sólo notados por la agudísima, por la adivinadora Cruz.

Una tarde, al volver Torquemada de sus correrías de negociante, encontró a Fidela sola en el gabinete, llorando. Cruz había salido a compras, y Rufinita, que pasaba allí algunas tardes acompañando a su madrastra (compañía que, dicho sea de paso, era muy del agrado de ésta), no había ido aquel día, lo que contrarió mucho al tacaño.

—¿Qué tienes, qué te pasa? ¿Por qué estás sola? Y esa Rufina de mis pecados, ¿en qué piensa que no viene a darte palique? ¡Para lo que ella tiene que hacer en su casa!... A ver, ¿por qué lloras? ¿Es porque no han querido darme la vitalicia? *(Denegación de Fidela.)* Bien decía yo que por eso no era. Al fin y a la postre, lo mismo da por lo electivo, aunque, la verdad, esto de la senaduría no *viene a llenarme ningún vacío...* Fidela, dime por qué lloras, o me enfado de veras, y te digo cosas malas, *biblias* y *Cristos,* y todo el palabreo que uso cuando me da la corajina.

—Pues lloro... porque me da la gana—replicó Fidela, echándose a reír.

—¡Bah! Ya te ríes, *de lo cual se desprende* que no es nada.

—Algo hay; cosas de familia...

—Pero ¿qué, por vida de la...?

—Rafael...—murmuró Fidela, volviendo a llorar.

—Rafaelito, ¿qué?

—Que mi hermano no me quiere ya,

—Acabáramos. Y ¿qué te importa? Digo, ¿en qué lo has conocido? ¿Ya vuelve el *punto* ese con sus necedades?

—Esta tarde me ha dicho unas cosas que..., que me ofenden, que no están bien en su boca.

—¿Qué te ha dicho?

—Cosas... Nos pusimos a hablar de la función de anoche... Dijo cosas muy chuscas; reía y declamaba. Luego me habló de ti... No, no creas que habló mal. Al contrario; te elogiaba... Que eres un gran carácter, y que yo no te merezco.

—¿Eso dijo?... Pues sí que me mereces.

—Que eres digno de lástima.

—¡Hola, hola! Lo dirá por los saqueos de tu hermana y por lo esquilmado que me tiene.

—No es por eso.

—Pues ¿por qué, ñales?

—Si dices indecencias, me callo.

—No, no las digo, ¡ñales, re-ñales! Tu hermanito me está cargando otra vez; repito que me está cargando, y

al fin será preciso que evitemos *todo punto de contacto*
entre él y yo.

Diez

—Pues de repente se puso a decirme cosas—añadió
Fidela—con entonación trágica, frases muy parecidas a
las que le decía Hamlet a su madre cuando descubre...

—¿Qué?... ¿Y quién es ese *Jamle*? ¡Cristo! ¿Quién
es ese *punto* que ya me va cargando a mí tanto, pues
Zárate me lo saca también a relucir a cada triquitraque?
¡*Jamle*; dale con *Jamle*!

—Era un príncipe de Dinamarca.

—Sí; que andaba averiguando aquello de *ser o no
ser*. ¡Valiente bobería! Ya lo sé... ¿Y qué tiene que ver
ese mequetrefe con nosotros?

—Nada. Pero mi hermano no está bien de la cabeza
y me ha dicho lo que Hamlet a su madre...

—Que también debía de ser una buena ficha.

—No era de lo mejor... Verás: esto pasa en una de
las más hermosas tragedias de Shakespeare.

—¿De quién?... ¡Ah! El que escribió *El sí de las
niñas*.

—No, hombre... ¡Qué bruto eres!

—Ya; el autor de..., de la... En fin, sea quien fuere,
poco me importa, y en sabiendo que ese *Jamle* es todo
invención de poetas, no me interesa nada. Que lo parta
un rayo. Pasemos a otra cosa, niña. No hagas caso de tu
hermano, y lo que él te diga óyelo como si oyeras llover...
¿Y tu hermana?

—Ha ido a compras.

—¡Ay Dios mío, qué dolor siento aquí!

—¿Dónde?

—En el santo bolsillo. ¡A compras! Adiós mi *líquido*.
Tu hermana y yo vamos a acabar mal. ¿Qué proyectos
abrigará; qué nuevos *gravámenes* me esperan?... Estoy
temblando, porque hace tiempo, desde antes del verano,

me tiene anunciado el trueno gordo, y yo me devano los sesos pensando qué será, qué no será.

Fidela se sonreía picarescamente.

—Tú lo sabes, bribona, tú lo sabes y no quieres decírmelo, por miedo a tu hermana, que te tiene metida en un puño, como me tiene metido a mí y a todo el globo terráqueo.

—Puede que lo sepa... Pero es un secreto, y no me corresponde decírtelo. Ella te lo dirá.

—Pero ¿cuándo?... Esperando ese cataclismo de mis intereses, no hay para mí *momento histórico* que no sea de angustia. Yo no vivo, yo no respiro. Pero ¿qué? ¿Es cosa de dejarme en cueros vivos?

—Hombre, no tanto.

—¿Se trata de *gravamen* y de que yo no pueda economizar?... ¡Demonio, así no se puede vivir! Esta vida es un purgatorio para mí, y aquí estoy penando por todos los pecados de mi vida..., que no son muchos. ¡Biblia!, no son más que los pecados naturales y consanguíneos de un hombre que ha barrido para su casa todo lo que ha podido. Y ahora mi cuñadita barre para afuera.

—No exageres, Tor...

—¿Me cuentas o no me cuentas lo que es?

—No puedo. Cruz se enfadaría conmigo si le quitase el gusto de la sorpresa que quiere darte.

—Déjame a mí de sorpresas... Las cosas que vengan por su paso natural.

—Además, si te lo digo, invado un terreno que no es el mío, y atribuciones que...

—Música, música... Te mando que me lo digas, o habrá un *jollín* en casa.

—No seas bárbaro... Ven acá; siéntate a mi lado. No manotees, ni te pongas ordinario, Tor. Mira que así no te quiero. Ven acá..., dame la pata—tomándole una mano—. Aquí quietecito y hablando a lo caballero, sin decir gansadas ni porquerías. Así, así.

—Pues sácame de dudas.

—¿Me prometes guardar el secreto y hacerte el sorprendido cuando mi hermana te...?

—Prometido.

—Pues verás. Una tía nuestra, que ya murió la pobrecita...

—Dios la tenga en su santa gloria. Adelante.

—Mi tía, doña Loreto de la Torre Auñón...

—Muy señora mía.

—Marquesa de San Eloy...; digo que marquesa de San Eloy.

—Ya me entero, sí.

—Falleció de repente la pobre señora, dejando escasa fortuna. A mamá le correspondía el título; pero sobrevino en aquel tiempo nuestra desgracia, y de lo menos que nos ocupamos fue del marquesado de San Eloy, pues lo primero que había que hacer era pagar los derechos que por transmisión de títulos del Reino...

—Demonio, ¡ñales!, ya, ya sé... ¡Cristo! Y lo que quiere ahora tu hermana...

—Es sacar ese título, para lo cual hay que instruir un expediente y pagar lo que se llama medias anatas...

—¡Medias verdes, y medias coloradas, y el pindongo calcetín de la Biblia en verso!... ¡Y que yo pague!... No, mil y mil veces y pico digo que no. Esta no la paso. Me rebelo, me insurrecciono.

—Calma, Tor... Pero, hijo mío, si no hay más remedio que sacar el título, antes que lo saquen los Romeros, que también lo pretenden. ¡Marqueses de San Eloy esos tunantes! Antes la muerte, Tor de mi vida. Haz de tripas corazón y apechuga con ese gasto...

—A ver..., pronto...; sepamos—dijo Torquemada sin aliento, limpiándose el sudor del rostro—. ¿Cuánto puede costar eso?

—¡Ah! No lo sé. Depende del tiempo transcurrido, de la importancia del título, que es antiquísimo, pues data de mil quinientos veintidós, del reinado del emperador Carlos Quinto.

—¡Valiente peine! El tiene la culpa de que yo pase estos tragos... Costará... ¿quinientos reales?

—Hombre, no; ¡un título de marqués por quinientos reales!

—¿Costará dos mil?

—Más, muchísimo más. Al marqués de Fonfría le cobró el Estado por su título, según nos dijo anoche Ramoncita..., me parece que dieciocho mil duros.

—¡Brrr...!—vociferó Torquemada, lanzándose a un frenético paseo de fiera por la habitación—. Pues desde ahora te digo que allá se podrá estar el título hasta las *calendas griegas* por la tarde si esperan que yo lo saque... El hígado me van a sacar ustedes a mí. ¡Dieciocho mil duros! ¡Y por un rótulo, por una vanidad, por un engañabobos! Mira lo que le valió a tu tía, la vieja esa doña Loreto, el ser marquesa. Se murió sin un real... No, no. Francisco Torquemada ha llegado ya al límite, al pastelero límite de la paciencia, y de la condescendencia, y de la prudencia. No más Purgatorio, no más penar por faltas que no he cometido; no más tirar por la ventana el santísimo rendimiento de mi trabajo. Dile a tu hermana que se limpie, que si quiere ser marquesa, que le encargue la ejecutoria a un memorialista de portal, que todo viene a ser lo mismo, pues ¿qué es el Estado más que un gran memorialista con casa abierta?

—Pero si mi hermana no es la que ha de ser marquesa. La marquesa seré yo, y, por consiguiente, tú marqués.

—¡Yo, yo marqués!—exclamó el tacaño con explosión de risa—. ¡Mira tú que yo marqués!

—¿Y por qué no? ¿No lo son otros?...

—¿Otros? ¿Y esos otros tuvieron por abuelo a uno que vivía de la noble industria de hacer a los señores cerdos una operación que les ponía la voz atiplada? ¡Ja, ja, me muero de risa!

—Eso no importa. En seguidita, cualquiera de esos que manejan el *Becerro* te hace un árbol genealógico por el cual desciendes en línea recta del rey don Mauregato.

—O del rey don Maureperro. ¡Ja, ja!... Pero dime con
franqueza..., fuera bromas—parándose ante ella, en jarras—. ¿Tienes tú el capricho de ser marquesa? ¿Te
gustaría la coronita? *En una palabra:* ¿es para ti cuestión
de *ser o no ser,* como dijo el otro?

—No lo creas; no tengo esa vanidad.

—¿De modo que te da lo mismo ser marquesa o *Juana Particular?*

—Lo mismo.

—Pues si tú no *acaricias esa idea* de ponerte corona,
ni yo tampoco, ¿a qué ese gasto estúpido de...? ¿Cómo
se llama eso?

—*Lanzas y medias anatas.*

—Jamás oí tal terminacho.

—Y que te ha de subir un pico, porque ahora resulta,
según le dijo a Cruz la persona encargada de gestionar
el asunto en el Ministerio de Estado, el marqués de Sal-
deoro, ¿sabes?, que la tía Loreto usó el título sin pagar
los derechos, y éstos se hallan pendientes desde el tiempo de Carlos Cuarto.

—¡Atiza! Vamos, yo me vuelvo loco...—exclamó don
Francisco, dándose palmetazos en el cráneo—. ¡Y quieren que yo... saque...! Como no saque yo las uñas...
En una palabra, ¡no, no y mil veces no! Me rebelo...
Lanzas y medias anatas...—con desvarío—. Digo que
no... Lanzas... San Eloy... Carlos Cuarto. No y no...
Estoy bufando, ¿no lo ves?... Medias anatas..., digo
que no... Medias coloradas...—alzando la voz—. Fidela, yo no puedo vivir así. Cuando tu hermana me ataque con esta socaliña, voy y..., *en una palabra,* me sui-
cido.

—Tor, no lo tomes así. Si eso es para ti una bicoca.

—¡Bicoca!... ¡Oh! ¡Qué mujeres éstas! ¡Cómo me
atormentan, cómo me fríen la sangre!... Medias anatas...,
lanzas...—repitiéndolo como para fijarlo en la memoria—. San Eloy... Carlos Cuarto... Oye, Fidela, si quieres que yo te quiera, tenemos que rebelarnos contra ese
basilisco de tu hermana. Si tú te pones a mi lado, me

planto...; pero es preciso que estés a mi lado, en mi partido. Yo solo no puedo; sé que ha de faltarme valor... Lo tengo cuando estoy solo; pero en cuanto ella se me pone delante con el labio temblón, me descompongo todo... Lanzas..., medias... Carlos Cuarto..., las anatas de la Biblia en verso... Fidela, nos rebelamos, ¿sí o no?

Algo alarmada de la excitación que notaba en su esposo, Fidela acudió a él, y acariciándole le trajo al sofá.

—Pero, Tor, ¿por qué te da tan fuerte?

—Digo que nos rebelamos, porque ya ves, ni a ti ni a mí nos hace maldita falta el marquesado ese de las medias de San Eloy..., anatas...; digo que pues a nosotros nos importa un rábano todo eso, que compre ella el marquesado y puede empingorotarse con él todo lo que quiera.

—Tontín, el marquesado es para que tú lo luzcas. Eres riquísimo; lo serás más aún. Rico, senador, persona de alto concepto en la sociedad, te vendrá el título como anillo al dedo...

—Si no costara dinero, no te digo que no.

—Hijo, las cosas cuestan según valen. Ponte en lo justo... Y hay otra razón que mi hermana ha tenido en cuenta. Si a ti no te deslumbra el brillo de una corona, ¿no te gustaría verla en la cabecita de tu hijo?

De tal modo se desconcertó al oír esto el fiero prestamista, que por un buen rato estuvo sin poder articular palabra. Y viendo la esposa el buen efecto que causaba su razonamiento, lo reforzó todo lo que pudo, dentro de la escasez de sus medios retóricos.

—Bueno; concedo que no le caerá mal a mi hijo la corona de marqués. ¡Un chico de tanto mérito! Pero, la verdad, yo nunca he visto que sean marqueses los matemáticos, y si lo son, deben inventarse para ellos títulos que tengan algún *punto de contacto* con la ciencia; verbigracia: no estaría mal que nuestro Valentín se titulara marqués de la *Cuadratura del Círculo,* o cosa así. Pero esto no suena, ¿verdad? Tienes razón. No te rías... Estoy como trastornado con la idea de ese gasto tan bestial

que se llevará de calle los líquidos de medio año... Anatas, medias..., Carlos..., lanzas..., lanceros... La cabeza
me da vueltas... Nada; sublevación... Si no fuera por ti,
me escaparía de la casa, antes que Crucita se me pusiera
delante con esa matraca... Cierto que por la gloria de
mi hijo haré yo cualquier cosa... Pues oye lo que se me
ocurre... Transacción. Convence a tu hermana de que
aplace el asunto del marquesado hasta que el hijo nazca;
no, no, hasta que le tengamos crecidito.

—No puede ser, Tor de mi vida—replicó Fidela con
dulzura—, porque los Romeros gestionan también la
concesión del título, y sería una vergüenza para nosotros que nos lo birlaran. Debemos anticiparnos a sus
intrigas.

—Pues que me anticipen a mí la muerte, ¡Cristo!,
que con tanto jicarazo me parece que no está lejos. Fidela, tu hermana me abrirá la sepultura en el *momento histórico* menos pensado. Todo se remediaría poniéndote tú
de mi parte y ayudándome en la defensa de mi *interés;*
porque al paso que vamos, créeme a mí, seremos muy
pronto los marqueses de la *Perra Chica*...

No pudo decir más, porque entró su hija Rufina, y lo
mismo fue verla que descargar sobre ella su cólera, re-
prendiéndola por su tardanza. Aquí que no peco. La
pobre muchacha pagaba los vidrios rotos, y el que todo
era cobardía y turbación ante la formidable autoridad
de Cruz, ante un ser débil y ligado a él por ley de obediencia se desfogaba en groseros furores. Por suerte de
la señora de Quevedo, entró de la calle la tirana, y bastó
el rumor de sus pasos en la antesala para que se produjese un silencio absoluto en el gabinete. Retiróse al despacho alto don Francisco, rezongando en voz muy queda,
y hasta la hora de comer no cesó de barajar su cerebro
las ideas que le atormentaban. Medias lanzas..., anatas...,
San Carlos..., San Eloy, Valentín..., marqueses científicos..., ruina..., muerte..., rebelión..., medias anatas.

Once

Ni la Paz y Caridad le salvaba ya, porque la gobernadora, en sus altos designios, había resuelto añadir al escudo de los Torquemadas los sapos y culebras del marquesado de San Eloy, y antes cayeran las estrellas del cielo que dejar de cumplirse aquella resolución. Precisamente, en el *momento histórico* de la referida conversación entre don Francisco y Fidela se hallaban ya el dibujante heráldico y el investigador de genealogías con las manos en la masa, esto es, fabricándole un escudo al tacaño, lo que en verdad no era para ellos difícil, por ser el apellido Torquemada de noble sonsonete, de composición castiza y muy propio para buscarle orígenes tan antiguos como los de Jerusalén. Cruz no se paraba en barras, y antes de hablar con su cuñado lo dispuso todo para la pronta ejecución de la arrogante idea, apretándole a ello el ansia de cogerles la delantera a los indecentes Romeros. Encargó en Gracia y Justicia que se activase el expediente, dispuso que con la mayor brevedad posible se compusiesen todos los árboles genealógicos y todas las ejecutorias que fueran menester, y no faltaba más que imponer al bárbaro el *gravamen* con firme voluntad, como la cosa más conveniente para la familia y para él mismo.

Más reacio que nunca le encontró Cruz aquella vez, porque la cuantía del expolio le requemaba la sangre, dándole ánimos para la defensa. Tuvo que llevar la dama el refuerzo de Donoso, que le encareció las ventajas de hacerse marqués y lo reproductivo de aquel gasto, pues su representación social se acrecía con la corona, *traduciéndose* tarde o temprano en beneficios *contantes*. No le convenció más que a medias, y el hombre gemía, como si le estuvieran sacando todas las muelas a la vez con los aparatos más primitivos. De resultas del sofoco estuvo enfermo cinco días, cosa rara en su vigorosa naturaleza; se desmejoró de carnes y le salieron muchas canas. Cruz se desvivía por agradarle y devolver a su alterado

espíritu la serenidad; disimulaba su tiranía, figuraba atender a sus menores deseos para satisfacerlos y lo hacía,
efectivamente, en cosas menudas de la vida. Pero ni por
ésas: entregóse el hombre pataleando, apencó con las
medias anatas, rendido de luchar y sin aliento para oponer al despotismo una insurrección en toda regla.

Distrajéronle un poco de sus murrias la presentación
en el Senado y los conocimientos que allí hizo. El presidente del Consejo, a quien hubo de dar las gracias antes
de la aprobación del acta, le dijo con muy buena sombra
que ya deseaba verle por allí; y que las personas como
él (como el señor de Torquemada) eran las que representaban dignamente al país, lo que el tacaño creyó muy
puesto en razón. Veíase tratado con miramientos y cortesías, que le halagaban, ¿para qué negarlo?, y lo mismo
el presidente que todos los señores *de la mesa* le traían
en palmitas. Al volver a casa, después de su primer vuelo
en espacios nuevos para él, Cruz le observaba el rostro,
queriendo descubrir los efectos de aquel ambiente de vanidades, y notaba ciertos efluvios de satisfacción que eran
de muy buen augurio. Interrogábale acerca de sus impresiones; se hacía narrar la sesión y sus incidentes, y
veía con gusto que el hombre en todo se fijaba y no
perdía ripio. Que de esto se congratuló la dama, no hay
para qué decirlo. Brillaba en sus ojos la alegría materna,
o más bien el orgullo de un tenaz maestro que reconoce
adelantos en el más rebelde de sus discípulos.

Para que se vea la suerte loca de Torquemada y la
razón que tenía Cruz para empujarle, *velis nolis,* por aquella senda, bastará decir que a poco de tomar asiento en el
Senado, aprobada sin dificultad su acta, limpia como el
oro, votóse el proyecto de ferrocarril secundario de *Villafranca del Bierzo a las minas de Berrocal,* empantanado
desde la anterior legislatura, proyecto por cuya realización bebían los vientos los berzanos, creyéndolo fuente
de riqueza inagotable. ¿Y qué sucedió? Que los de allá
atribuyeron el rápido triunfo a influencias del nuevo senador (a quien se suponía gran poder), y no fue alboroto

el que armaron aclamando al *preclaro hijo del Bierzo*.
Algo había hecho don Francisco en pro del proyecto:
acercarse a la Comisión, hablar al ministro en unión de
otro leonés ilustre; pero no se creía por esto autor del
milagro ni mucho menos, ni ocultaba su asombro de
verse objeto de tales ovaciones. Porque no hay idea de
los telegramas rimbombantes que le pusieron de allá ni
de los panegíricos que en su honor entonaron el alcalde
en el Ayuntamiento, el boticario en su tertulia, el cacique
en mitad de la calle y hasta el cura en el púlpito sagrado.
Y trajo una carta *El Imparcial* en que narraba el efecto
causado por la noticia en aquella sensata población, des-
cribiendo cómo había perdido el sentido todo el sensatí-
simo vecindario; cómo habían sacado en procesión por
las calles, entre ramas de laurel, un mal retrato de don
Francisco que se proporcionaron no se sabe dónde; cómo
dispararon cohetes, que atronaban los aires, expresando
la gratitud con sus restallidos, y cómo, en fin, le acla-
maron con roncas voces, llamándole *padre de los pobres,
la primera gloria del Bierzo* y *el salvador de la patria
leonesa*.

Enterarse Cruz de estas cosas y volverse loca de alegría, fue todo uno.

—¿Lo ve usted, señor mío? Si no fuera por mí, ¿tendría usted esas satisfacciones? ¡Qué hombre! Apenas da
los primeros pasos, ya le salen los éxitos de debajo de
las piedras.

Oyendo estas lisonjas y todo el coro de plácemes que
entonaron sus tertulios, don Francisco con media boca
se reía y con otra media lloraba, fluctuando entre el remusguillo del amor propio satisfecho y el temor de que
todas aquellas misas vendrían a parar en nuevos *gravámenes*.

Aunque en pequeña escala todavía, no tardaron en
cumplirse los vaticinios del suspicaz tacaño, porque al
siguiente día se descolgaron cuatro murgas atronando la
escalera, y tuvo que echarlas el portero a escobazos, re-
partiéndoles propina a razón de un duro por orquesta,

según acuerdo de Cruz, y a los pocos días, ¡ay!, apareció
la nube... Como empezara por poco, al principio parecía
cosa de juego; pero iba engrosando, engrosando, y pronto causaba terror verla. Llegaron primero dos matrimo-
nios, de paño pardo y refajos verdes, pidiendo el uno
que le libraran de quintas al hijo, el otro que le devolvie-
ran la cartería que por intrigas del Gobierno le habían
quitado. Llovieron también gentes de Astorga con gre-
güescos, trayendo mantecadas y pidiendo *la Biblia en
pasta,* un destinito, condonación de las contribuciones,
permiso para carbonear, despacho de un expediente, algunos limosna en crudo, otros aderezada con mil graciosos artificios. Siguieron otros que, aunque aldeanos en
esencia, traían presencia de señores, pretendiendo mil
chinchorrerías: éste, que se destituyera al Ayuntamiento
de tal parte; aquél, una plaza en las oficinas de Hacienda de la provincia; el de más allá, que se variara el trazado de la carretera.

   Tras una sección de pedigüeños venía otra y otra, con
encomiendas muy extrañas. Cayó asimismo sobre la casa
un buen golpe de leoneses residentes en Madrid, mara-
gatos y paveros y demonios coronados, que pedían protección contra la justicia o gollerías atroces, dando a sus
postulados los giros más originales. Baste el ejemplo de
un individuo que mandó a don Francisco un proyectillo,
muy bien dibujado por cierto, del *monumento que se
elevaría en Villafranca del Bierzo para perpetuar la gloria del hijo preclaro,* etc. Y otros enviaban versos, odas
de sablazo y pentacrósticos mendicantes, o le proponían
comprar un viejo cuadro de Ánimas que parecía una pe-
pitoria. Torquemada se los sacudía con cierto desgarro,
echando el muerto a su cuñada, quien con cristiana mansedumbre aguantaba el chaparrón y los obsequiaba y los
sonreía, dándoles una dedada de miel para que se fueran
pronto. Los del pueblo traían de don Francisco idea tan
alta, que palidecían al verle, y se quedaban lelos, como
en presencia de un emperador o del Papa. Todos se las
prometían muy felices de la visita y venían como a tiro

hecho, porque allá se dijo que cosa por don Francisco solicitada era cosa hecha en todas las esferas de la gobernación del reino. Como que la misma reina no tomaba determinación alguna sin consultarle, y cada lunes y cada martes le sentaba a comer en su mesa. Pues de la riqueza de Torquemada traían una idea tan hiperbólica, que algunos se maravillaron de no ver las carretadas de dinero entrar por el pórtalón de la casa. Entre los de paño pardo y refajo verde vinieron dos o tres que habían conocido a don Francisco cuando era un chaval que andaba descalzo por los lodazales de Paradaseca; y no faltó una tarasca que echándole los brazos al pescuezo le saludara con expresiones semejantes a las de la paleta del sainete *La presumida burlada:* «¡So burro, hijo mío!»

Doce

Ya se iba cargando el hombre de aquel aluvión, y cuando se encaraba con algún paisano se le atiesaban los pelos del bigote, tomando su cara un aspecto de ferocidad que suspendía el ánimo de los visitantes. Por fin, le dijo a Cruz que cerrara la puerta a semejantes posmas o que tan sólo diese entrada, después de un detenido reconocimiento, a los que traían algo, ya fuese chorizos o chocolate..., o aunque fueran castañas y bellotas, que a él le gustaban mucho.

En tanto, iba acomodándose a la vida parlamentaria, y elegido para esta y la otra Comisión, se aventuraba a *ilustrar a sus compañeros* con alguna idea muy del caso, siempre que se tratara, ¡cuidado!, de cuestiones de Hacienda. La verdad, estaría muy contento si desde que se sentó en los rojos escaños no hubieran llovido sobre él los sablazos en una u otra forma. Esto le sacaba de quicio. Es mucho cuento. ¡Señor!, que no se pueda figurar conforme al propio mérito sin dar sangrías a cada rato al flaco bolsillo. Ya era la suscripcioncita para imprimir el discurso de cualquiera de aquellos *puntos,* ya otra colecta para erigir un monumento a Juan, Pedro y

Diego de la antigüedad, cuando no lo hacían por un personaje moderno, de estos que se hacen célebres charlando por los codos o revolviendo a Roma con Santiago. ¡Y a cada instante, *víctimas* por acá y por allá; socorros para inundados, náufragos y viudas y huérfanas del sursuncorda. Era un gotear frecuente, que al cabo del mes representaba un terrible pasivo. Vaya, que a tal precio no quería las satisfacciones de padre o abuelo de la patria. ¡Cómo se cobraba la muy bribona de los honores que a sus hijos ilustres confería! Tan cargado estaba ya de ser *hijo ilustre*, que una noche, al regresar a su casa de malísimo humor, porque el marqués de Cicero le había afanado cuarenta duros para la restauración de una catedral de ñales, díjole a Cruz que ya no aguantaba más y que el mejor día tiraba el acta en medio del redondel, *vulgo hemiciclo*, y otro que tallara. Para colmar su desesperación, aquella misma noche hubo de participarle la tirana su propósito de dar una comida de dieciocho cubiertos, a la que seguirían otras semanalmente, con objeto de convidar a diferentes personas de alta categoría. Inútiles fueron todas las protestas del empedernido tacaño. No había más remedio que banquetear, y se banquetearía. El decoro del nuevo prócer así lo reclamaba, y en vez de ponerse como un león, debía agradecerlo y alegrarse de tener a su lado personas que tan religiosamente cuidaban de su dignidad.

Pues, Señor, por aquel camino pronto llegaría *la de vámonos*. ¡Comidas de catorce cubiertos y de dieciocho y veinte! Ya desde octubre venía en aumento la cifra del presupuesto de bucólica. Era un diario abrumador, que causaba espanto a don Francisco, acostumbrado a la sordidez de los doce o trece reales de gasto en tiempos de doña Silvia. Pues con el *nuevo régimen* de convites crecería la suma hasta llegar a una cifra capaz de quitar el sueño a los siete durmientes y aun a los siete sabios de Grecia, que dormían el sueño eterno. El mejor día le daba al hombre un ataque cerebral del berrinche que cogía; las murrias le iban devorando y las satisfacciones de hombre público y de gran financiero se le amargaban con aquel desagüe sin término de sus líquidos. ¡Cuánto mejor reunirlo todo para emplearlo en nuevos arbitrios, viviendo con un modestísimo pasar, sin comilonas, que siempre perjudicaban a la salud, y vestido con sencilla decencia por un sastre habilidoso, de esos que vuelven la ropa del revés! Esto era lo lógico y lo procedente y lo que *se caía de su peso*. ¿A qué tanto lujo? ¿De dónde sacaba Cruz que para negociar en grande era preciso convidar a comer a tanto gandul? ¿Y a qué iban allí los diplomáticos chapurreando el español y hablando sin cesar de carreras de caballos, de la ópera y otras majaderías? ¿Qué beneficio líquido le aportaba aquella gente, y los hermanos del ministro, y el general Morla, y otros tantos que no hacían más que murmurar del Gobierno y encontrarlo todo muy malo? Verdad que él también lo encontraba todo pésimo, pues política que no fuese de economías a raja tabla, *caiga el que caiga,* era una política de muñecas, y así lo manifestaba delante de catorce o veinte comensales, que concluían por darle la razón.

Hacia fin del año el negocio de la hoja iba como una seda, pues el pariente de Serrano que hacía las compras en los Estados Unidos era hombre que lo entendía, ciñéndose a las instrucciones dadas por el gerente. Total, que las primeras remesas fueron admitidas sin dificultad en los depositos, y cuando alguna promovía dudas o resistencias, por aquello de que el tabaco parecía propiamente basura barrida de las calles de Madrid, daban orden de que se admitiese gracias a las gestiones de don Juan Gualberto, que para estas cosas era un águila. Donoso no intervenía en nada referente a las entregas. La ganancia, según los cálculos de Torquemada, sería fenomenal en el primer año. No tardó Serrano en proponerle otro negocio: tomar en firme todas las acciones del ferrocarril de Villafranca a Minas de Berrocal, con lo cual se mataban de un tiro muchos pájaros, pues los berzanos verían en ello un nuevo triunfo de su ídolo, y éste y sus compinches harían una buena jugada *largando* las acciones des-

pués de hacerlas subir, por las artes que a tales combinaciones se aplican, hasta las nubes. Con esto y el arreglo
con la casa de Gravelinas, a la cual se asignó una pensión
por la vida del duque actual y diez años más, quedándose
Torquemada y compañeros negociantes con todos los
bienes raíces (que se venderían poco a poco, recibiendo
en pago las obligaciones emitidas por la casa ducal), la
fortuna del tacaño iba creciendo como la espuma, en
progresión descomunal, amén de sus innumerables negocios de otra índole, compra y venta de títulos con tal
tino realizadas, que jamás se equivocó en los cálculos de
alza y baja, y sus órdenes en Bolsa eran la clave de casi
todas las jugadas de importancia que allí se hacían.

Y entre tantas dichas se aproximaba el gran aconteci-
miento, que esperaba el tacaño con ansia, creyendo ver
en él la compensación de sus martirios por los despilfarros
ociosos con que Cruz quería dorarle las rejas de su jaula.
Muy pronto ya las alegrías de padre endulzarían las
amarguras del usurero, burlado constantemente en sus
tentativas de acumular riquezas. Deseaba el hombre, además, salir de aquella cruel duda: ¿Su hijo sería Torquemada, *como tenía derecho a esperar,* si el Supremo Hacedor se portaba como un caballero? «*Me inclino a creer*
que sí—decía para su capote, con verdadero derroche de
lenguaje fino—. Aunque bien pudiera ser que la entre-
metida Naturaleza *tergiversase la cuestión* y la criatura
me saliese con instintos de Aguila, en cuyo caso yo le
diría al señor Dios que me devolviese el dinero..., quiero
decir, el dinero no..., el, la... No hay expresión para esta
idea. Pronto hemos de salir del *dilema.* Y bien podría
resultar hembra, y ser como yo, arrimada a la economía.
Allá lo veremos. *Me inclino a creer* que será varón, *y
por ende,* otro Valentín, *en una palabra,* el mismo Valentín *bajo su propio aspecto.* Pero ellas no lo creen así,
sin duda, y de aquí la expectación que *reina en todos,*
como cuando se aguarda la extracción de la Lotería.»

Ya Fidela no salía de casa ni podía moverse. Se contaban los días, anhelando y temiendo el que había de traer

el gran suceso. Hubo equivocaciones en el cálculo. Se esperaba para la primera quincena de diciembre, y nada. Pasó el 20: confusión y temores. Por fin, el 24 se anunció, desde el amanecer, la solución del tremendo enigma con horribles molestias e inquietudes de la señora. No conceptuándose Quevedito bastante autorizado para traer al mundo al heredero de Torquemada, se había llamado con tiempo a una de las eminencias de la obstetricia; pero debió de presentarse el caso un poco difícil, porque la eminencia propuso el auxilio de otra eminencia. Reunidos ambos doctores, declararon que el parto era de mucho compromiso, y pidieron la colaboración de una tercera eminencia.

Mordíase el bigote y refregábase las manos una con otra el amo de la casa, ya poseído de pánico, ya de risueñas esperanzas, y no hacía más que ir y venir de un lado para otro, y subir y bajar del escritorio al gabinete, sin acertar a disponer, en tan crítico día, cosa alguna referente a sus vastos negocios. Los amigos más íntimos fueron a enterarse y hacerle compañía, y para todos tuvo palabras ásperas. No le había hecho maldita gracia la irrupción de médicos, y cogiendo a solas a Quevedito, que oficiaba como ayudante, le dijo:

—Esto de traerme acá tantos doctores no es más que una oficiosidad de Cruz, que siempre *tiende* a hacerlo todo en grande, aunque no sea menester. Si la gravedad del caso lo exigiese, yo no repararía en gastos. Pero verás cómo no necesitamos de tanta gente... Tú te bastarías y te sobrarías para sacarla de su cuidado... Pero, hijo, quien manda, manda. *Es refractaria* a la modestia y a la moderación, y con ella no valen las buenas teorías..., lanzas y medias anatas... No sé lo que digo... Concluirá por arruinarme con tanta bambolla... San Eloy... ¿Y tú qué crees? ¿Saldremos en bien de este mal paso?... San Eloy... Yo confío que esta noche tendremos a Valentín en casa... Y si me salgo con la mía, se dará la coincidencia de que sea en la misma noche..., medias anatas..., en que vino al mundo nuestro Redentor, *vulgo* Jesucristo, o

en otros términos el Mesías prometido... Vete, vete a la
alcoba, no te separes de su lado... Yo estoy como loco...
¡Vaya, que traer acá esos tres *puntos* de médicos, que
pondrán cada cuenta...! En fin, sea lo que Dios quiera.
No vivo hasta no ver...

Trece

Al anochecer se presentó el caso como de los más
apurados y difíciles. Celebraron las tres eminencias solemne consulta, y en un tris estuvo que fuese avisada una
cuarta celebridad. Por fin, se acordó esperar, y Torquemada, que no cabía ya en su pellejo de puro afanado,
rindióse al temor del peligro y se manifestó conforme
con que se trajera más *personal facultativo,* si era menester. Calmóse la parturienta a prima noche, sin que des-
apareciese la gravedad; presentáronse síntomas favorables, y aún se aventuraron los comadrones a reanimar
con risueñas esperanzas a la atribulada familia. La cara
de don Francisco era de color de cera; creeríase que el
bigote no estaba en su sitio, o que se le había torcido
la boca. A ratos le sudaba la frente gotas gordísimas, y a
cada instante se echaba mano a la cintura para levantar
el pantalón, que se le caía. Entraron algunas personas, en
expectativa del suceso, y se metieron en la sala, dispuestas
a dar rienda suelta a las demostraciones de júbilo o de
duelo, según el giro que tomase la función. Huía de la
sala el tacaño, horrorizado de tener que hacer cumplidos,
y en una de las vueltas que daba por la casa fue a parar
al cuarto de Rafael, a quien halló tranquilamente sentado
en un sillón, hablando con Morentín de cosas literarias.

—¡Ah, Morentín!—dijo don Francisco, saludándole
fríamente—. No sabía que estaba usted aquí.

—Decíamos que no hay motivo de alarma. Pronto se
le podrá dar a usted la enhorabuena. Y yo se la daré dos
veces: primero, por lo que usted espera...

—¿Y segundo?

—Por el marquesado de San Eloy... Yo quería reservarme, para dar juntas las dos enhorabuenas...

—Ni falta que me hace—replicó don Francisco con aspereza—. San Eloy..., medias anatas... Cosas de la hermana de éste, que siempre está inventando pamplinas para sacarnos del *statu quo,* y meterme a mí, tan humilde, en las altas esferas... ¡Mire usted que yo marqués! ¿Y a santo de qué viene ese título?

—Ninguno más ilustre que el de San Eloy—dijo Rafael, algo picado—. Data del tiempo del emperador Carlos Quinto, y han llevado esa corona personas de gran valía, como don Beltrán de la Torre Auñón, gran maestre de Santiago y capitán general de las galeras de su majestad.

—¡Y ahora me quieren meter a mí en las galeras! San Eloy..., ¡oh, qué marqueses somos!... De mucho nos valdría si no tuviéramos con qué poner un puchero, como *ciertos y determinados* títulos que viven de trampas... Mi *bello ideal* no es la nobleza; tengo yo una manera *sui generis* de ver las cosas. Rafael, no te enfades si me despotrico contra la aristocracia tronada y contra la que no tiene más *desideratum* que humillar a los infelices plebeyos. Yo soy un pobre que ha logrado asegurarse la *clásica* rosca y nada más. Es cosa triste que lo ganado tan a pulso se emplee en marquesados. Ni qué tengo yo que ver con ese hijo de tal que mandó en las galeras del rey... No lo tomes a mal, Rafaelito. Ya sabes que no es por ofender a tus antepasados..., muy señores míos... Sin duda fueron unos *puntos* muy decentes. Pero es que yo doy ahora mismo el marquesado por lo que cuesta y un diez por ciento de prima, si hay quien lo quiera... Ea, Morentín, vendo la corona. ¿La quiere usted?

Reíanse los dos amigos: Rafael, de dientes afuera; el otro, con toda su alma, porque cuantas muestras de su barbarie daba don Francisco le colmaban de júbilo.

—Pero todo ello—dijo después Torquemada—no tiene importancia *en parangón* del grave conflicto en que estamos.... Salga en bien Fidela, y apechugo con todo, incluso con las medias anatas.

—Yo preveo los acontecimientos—afirmó Rafael con serena convicción—y le profetizo a usted que Fidela saldrá perfectamente de su cuidado.

—Dios te oiga... Yo creo lo mismo.

—No le vendrá a usted la desgracia por este lado ni el día de hoy, sino por otro lado y en días que aún están lejanos.

—¡Bah!... Ya estás oficiando de profeta—dijo Morentín, queriendo desvirtuar con sus risas la seriedad que el ciego daba a sus palabras.

—Por de pronto—añadió Torquemada—, cúmplase la profecía de hoy; yo me congratulo de que Rafael acierte. ¡Pero cuánto tarda, Virgen de la Santísima Paloma! ¡Y para esto traiga usted tres facultativos de cartel!... ¿Qué hacen esos caballeros que no...? Porque yo soy el primero en *rendir parias* a la ciencia... Pero que veamos sus resultados prácticos... ¿Pues qué, todo ha de ser teoría, señor Morentín?

—Lo mismo digo yo.

—Mucha teoría, mucho término griego, y éste manda una cosa, el otro lo contrario; y los trata nientos son como *el tejido de Penélope,* que hoy te hago y mañana te deshago. Si el enfermo se muere, no por eso se dejan de pagar las cuentas de los *señores galenos...,* ¡quiá!... Y *yo profeso la teoría* de que esas cuentas debieran pagarlas los gusanos. ¿No es usted de mi opinión? Justo; los gusanos, que son los que van ganando... Aquí estamos *en actitud expectante,* diciendo «qué será, qué no será», y esos señores médicos tan tranquilos... Y *les soy a ustedes franco*: me pongo tan nervioso, que... vean... me tiemblan las manos y hasta se me traba la lengua... Mi yerno Quevedo se bastaba y se sobraba; tal es mi humilde *punto de vista.*

Salió del cuarto sin oír lo que Rafael y Morentín expresaron sobre sus respectivos puntos de vista, y en el pasillo se encontró con Pinto, a quien atizó varios pescozones, sin que el agresor ni la víctima se hicieran cargo claramente del motivo de ellos. Siempre que don Francisco se ponía muy destemplado y nervioso desfogaba los efluvios de su insensata cólera sobre los cachetes y el cráneo inocente del lacayo, que era un bendito, y llevaba con paciencia los duelos con pan. El buen trato de las señoras, y el comer todo lo que le pedía el cuerpo, le indemnizaban de las brutalidades del amo, el cual, cuando estaba de buenas, solía entenderse con él para ciertas funciones de espionaje; verbigracia:

—Pinto, ven acá. ¿Está la señorita Cruz en el gabinete? ¿Quién ha entrado, el señor Donoso o el señor marqués de Taramundi?... Chiquillo, avísame arriba cuando salga Donoso sin que se entere nadie, ¿sabes?... Oye, Pinto: la señorita Cruz te preguntará si estoy arriba, y tú le dices que tengo gente.

Aquel día fue tal la dureza de sus nudillos, que el muchacho se echó a llorar.

—No llores, hijo—díjole el tacaño ablandándose súbitamente—. Ha sido sin querer, por la pícara costumbre. Estoy de mal temple... ¿Qué hay? ¿Ha salido de la alcoba alguno de esos tres doctores de pateta?... No llores te digo. Si la señora sale en bien, cuenta con una muda de ropa... Vete a ver quién está en la sala. Paréceme que ha entrado la mamá de Morentín, *enteramente*... Y el señor de Zárate, ¿ha venido?... ¿No? Pues lo siento... Entérate con cuidado, con discreción, de dónde está la señorita Cruz, si en la alcoba, o en la sala, o en su cuarto, y corre a decírmelo. Te espero aquí... Entras haciéndote el tonto, creyendo que te han llamado... Esto no es vivir. Tú también deseas que salgamos bien, y que sea varón, ¿verdad?

Limpiándose las lágrimas, respondió que sí el bueno de Pinto, y se fue a desempeñar las comisiones que le encargó su amo. El cual continuó vagando por los pasillos, a ratos despacio, fija la vista en el suelo, como si buscase una moneda que se le había perdido; a ratos de prisa, vuelta la cara hacia el techo, cual si esperara

ver caer de él lluvia de oro. Cuando llamaban a la puerta
se escondía en el aposento que le cogía más a mano, reca-
tándose de las visitas, que le azoraban o le ponían furioso.

Pero una persona entró que le fue muy grata, y a ella
se abalanzó con júbilo, dejándose abrazar y recibiendo
varios estrujones.

—Tenía ganas de verte, amigo Zárate. Estoy, estamos
angustiadísimos.

—Pero qué—dijo el sabio, fingiendo consternación—,
¿todavía no se le puede dar a usted la enhorabuena?

—Todavía no. Y he mandado venir tres facultativos de
punta, eminencias los tres, y alguno de ellos lo primero
del globo terráqueo en clase de comadrones.

—¡Oh! Pues no habrá nada que temer. Esperemos
tranquilos el resultado de la ciencia.

—¿Lo cree usted?—dijo Torquemada, ya exánime,
apoyándose, como un borracho a quien falta el suelo, en
las paredes del pasillo.

—Confío en la ciencia. Pero ¿acaso el lance se presenta
dificultoso? Será que la familia se asusta sin motivo.
¿Está la paciente en el primer período? Y el vástago, ¿se
presenta por el vértice o por la pelvis?

—¿Qué dice usted?

—¿Y no han pensado en traer un aparato muy usado
en Alemania, la *sella obstetricalis?*

—Cállese usted, hombre... *¿A qué obedecen* esos aparatos? Dios quiera que todo sea por lo natural, como en
las mujeres pobres, que se despachan sin ayuda de facultativos.

—Pero rara vez, señor don Francisco, se verifica una
buena parturición sin auxilio de mujeres prácticas, vulgo
comadronas, que en Grecia se llamaban *omfalotomis,*
fíjese usted, y en Roma, *obstetrices.*

No había concluido de soltar estos terminachos, cuando sintieron tumulto en el interior de la casa, pasos
precipitados, voces. Algo estupendo sucedía; mas no era
fácil colegir de pronto si era bueno o malo. Don Francisco
se quedó como un difunto, sin atreverse a indagar por sí

mismo. Zárate dio algunos pasos hacia la sala; pero aún no había llegado a ella, cuando oyeron claramente decir:

—Ya, ya...

Catorce

—¿Qué es? Por las barbas del Santísimo Cristo—gritó Torquemada, escupiendo las palabras.

—Ya, ya—repetían los criados corriendo; sus alegres semblantes divulgaban la buena noticia.

Y en la puerta del gabinete, adonde corrió con exhalación, encontróse don Francisco oprimido entre unos brazos de hierro. Eran los de Cruz, que en su alegría loca le besó en ambos carrillos, diciendo:

—Varón, varón.

—¡Si no podía equivocarme!—exclamó el tacaño, sintiendo más apretado el nudo que en su garganta tenía—. Varón... Quiero verle... Medias anatas... ¡Oh! La ciencia... Biblias... Valentín, Fidela... Bien por las tres eminencias.

Cruz no le dejó penetrar en la alcoba. Había que aguardar un momentito.

—Y ¿qué tal?... Robusto como un toro...—añadió el venturoso padre, que sin saber cómo fue arrastrado a la sala, y allí le abrazaron multitud de personas, soltándole y recibiéndole como una pelota, y llenándole la cara de babas—. Gracias, señores..., agradezco sus *manifestaciones*... San Eloy..., la ciencia..., tres primeras espadas de la Medicina. Gracias mil..., estimando... No me ha cogido de nuevas... Ya sabía yo que había de ser... del sexo masculino, *vulgo* macho... Dispensadme, no sé lo que digo... Ea, Pinto, quiero convidar a todo el mundo. Vete a la taberna, y que traigan unas copas de cariñena... ¡Qué disparate!... No sé lo que digo... La sacra Biblia empastada y champán... Señores, mil y mil gracias por su *actitud* de simpatía y... beneplácito. Estoy muy contento... Seré *mecenas* de todo el mundo... Que traigan peleón, digo jerez... Bien sabía yo el resultado de la

peripecia... Lo calculé. Yo todo lo calculo... Querido
Zárate, venga otro abrazo. ¡La ciencia!... *Lo...or* a la
ciencia. Pero lo dicho: no se necesitaban tantos doctores.
Ha sido un parto *meramente* natural y espontáneo, *por
decirlo así.* Somos felices... Sí, señores, felices... *enteramente;* tiene usted razón, *enteramente...*

Entró a felicitar a su esposa. Después de hacerle muchos cariños y de echar un vistazo al crío cuando le estaban lavando, volvió a salir, radiante.

—Es el mismo, el propio Valentín—dijo a Rufinita,
volviendo a abrazarla—. ¡Cuánto me quiere Dios! ¡El me
lo quitó; El me lo vuelve a dar! Designios que no saben
más de cuatro; pero yo sí... Ahora, lo que nos vendría
muy bien es que se largara toda esta gente.

—Pero si vienen más. Se llenará toda la casa.

Y otra vez en la sala, oyó, entre el coro de felicitaciones, comentarios de la extraordinaria coincidencia de
que el hijo de Torquemada naciese en la fecha del Nacimiento del Hijo de Dios.

—Ahí verán ustedes... Los designios, los altos designios...

—Feliz Nochebuena, señor don Francisco, el hombre
grande, el hombre de la suerte, el niño mimado del Altísimo...

No se olvidó, con tanto incienso, de ir a recibir la
felicitación de Rafael, el cual hubo de recibirle con fría
cordialidad, congratulándose de que su hermana hubiera
dado a luz felizmente; mas no hizo mención del nuevo
ser, que había venido a perpetuar la dinastía. Esto le
supo mal a don Francisco, que con altanero ademán y
sonora voz le dijo:

—Varón, Rafael, varón, para que tu casa y todita tu
nobleza de antaño, más vieja que las barbas del Padre
Eterno, tenga representación en los siglos venideros y
futuros. Supongo que te alegrarás.

El ciego afirmó con la cabeza, sin pronunciar una palabra. Morentín había pasado a la sala, confundiéndose con
los del coro de alabanzas y felicitaciones. Creyó muy del

caso la gobernadora improvisar una cena para todos los
presentes, con el doble motivo de celebrar el Nacimiento
del Hijo de Dios y el del sucesor de la casa y estados del
Aguila-Torquemada. Como la turbación y trajín de aquel
día no habían permitido pensar en comidas extraordinarias, a las diez andaba de coronilla toda la servidumbre,
aprestando la cena, que por la ocasión, la fecha y el lugar
en que se celebraba debía ser opípara.

No le pareció bien a Torquemada *llenar el buche* a
toda la turbamulta, y en su pobre opinión se cumplía in-
vitando a los más íntimos, como Donoso, Morentín (padre
e hijo) y Zárate. Pero Cruz, a quien dio conocimiento con
cierta timidez de su criterio restrictivo en materia de in-
vitaciones, le contestó secamente que ya sabía ella lo que
reclamaban las circunstancias. *Reasumiendo*: que celebraron allí la Nochebuena, en improvisado banquete,
comiendo y bebiendo *como fieras,* según dicho de Torquemada, unas cuarenta y cinco personas *largas,* es decir,
unas cincuenta personas, en *cifra redonda.* Tuvo el buen
acuerdo el amo de la casa de no beber champaña sino en
dosis homeopáticas, y gracias a esta precaución se portó
como un caballero, no dejando salir de sus autorizados
labios ninguna inconveniencia y hablando con todos el
lenguaje fino y grave que a su carácter y posición social
correspondía. Menudearon los brindis en prosa y verso,
de madrugada ya, y Zárate concluyó por tratar de *tú* a
don Francisco, profetizándole que sería el dueño de toda
la tierra, y que bajo su imperio se resolvería el problema
de la aerostación, y se cortarían todos los istmos *para
mayor fraternidad entre los mares,* y se unirían todos
los continentes por medio de puentes giratorios... Brin-
daron otros por el marquesado de San Eloy, que muy
pronto adquiriría mayor lustre con la grandeza de España
de primera clase, y no faltó quien pidiese a los señores
de Torquemada, con el debido respeto, que diesen un
gran baile el día de Reyes, para celebrar el fausto suceso.

Cuando se fueron los comensales, don Francisco no se
podía tener de cansancio, la cabeza como un farol y los

espíritus algo caídos. El sol de su alegría se nublaba con
la consideración del enorme gasto de aquella cena, y de
los que vendrían a *renglón seguido,* pues la tirana había
invitado, para toda la semana siguiente hasta Año Nuevo,
a los allí presentes aquella noche, distribuyéndolos en
tandas de a doce čada día. «A este paso—pensó Torquemada—, esto será un Lhardy, y yo el calzonazos *por excelencia.*» Acostóse ya cerca del día con la mitad del alma
gozosa, la otra mitad agitada por zozobras terribles.
¿Sería broma aquello del *gran baile,* o lo dirían en serio?
Cruz, al oírlo, se había reído; pero sin protestar, como
habría protestado él, si se atreviera. Esto y los doce invitados diarios le quitaron el sueño, porque la otra mitad
del alma, la risueña y retozona, también se mostraba rebelde al descanso. Levantóse sin haber dormido, y lo primero que se echó a la cara fue un par de tarascas, en
quienes al punto reconoció los caracteres zoológicos del
ama de cría.

—¡Hola!—dijo, dirigiéndose a ellas—, ¿Qué tal estamos de leche?

Cruz las había hecho venir previamente de la Montaña, dando el encargo a un médico amigo suyo. Eran dos
soberbios animales de lactancia, escogidos entre lo mejor,
morenas, de pelo negro y abundante, las ubres muy pronunciadas, y los andares resueltos. Mientras el tacaño
visitaba a su esposa y al crío, Cruz estuvo tratando con
aquel par de reses y con los montaraces aldeanos que las
acompañaban.

—¿Cuál ha escogido usted?—preguntóle después don
Francisco, que de todo quería enterarse.

—¿Cómo cuál? Usted está en Babia, señor mío. Las
dos. Una *fija,* y otra de suplente por si la primera se indis-
pone.

—¡Dos amas, dos!—exclamó el bárbaro con los pelos
todos de su cabeza y bigotes erizados como los de un cepillo—. Si un ama, una sola, es el azote de Dios sobre
una casa, dos..., ayúdeme usted a sentir, dos... son lo
mismo que si se abriera la tierra y nos tragara.

—De poco se asusta usted... Y ¿así mira por la crianza de ese bendito pimpollo que Dios le ha dado?

—Pero ¿para qué necesita mi pimpollo dos amas, Cristo, re-Cristo? ¡Cuatro pechos, Señor de mi vida, cuatro pechos...! ¡Y yo que no tuve ninguno de madre, pues me criaron con una cabra!

—¡Por eso siempre tira usted al monte!

—Pero vamos a ver, Crucita. *Seamos justos*... ¿Quién ha visto usted que tenga dos amas?

—¿Que quién he visto...? Los reyes, el rey...

—Y ¿acaso somos nosotros *testas coronadas, por decirlo así*? ¿Soy yo *por casualidad* rey, emperador, ni aun de comedia, con corona de cartón?

—No es usted rey; pero su representación, su nombre, exigen propósitos y actos de realeza... No, no me río. Sé lo que digo. Entramos en un período nuevo. Ya tiene usted sucesión, ya tiene usted heredero, príncipe de Asturias...

—Dale con que soy...

Y no pudo decir más, porque la ira le encendía la sangre, congestionándole. Sentado en el comedor, se entretuvo en morderse las uñas, mientras le traían el chocolate. Viéndole de tan mal temple, Cruz se compadeció de él, y quiso explicarle la razón de aquel nuevo período de grandezas en que entraba la familia. Pero don Francisco no escuchaba más razones que las de su avaricia. Nunca sintió en su alma tan fuerte prurito de rebeldía, ni tanta cortedad para llevarla del pensamiento a la práctica. Porque la fascinación que Cruz ejercía sobre él era mayor y más irresistible después del nacimiento de Valentín. Ya se comprende que éste le servía a la tirana de la casa para solidificar su imperio y hacerlo invulnerable contra toda clase de insurrecciones. El pobre tacaño gemía, paseando de la taza al estómago su chocolate, y como Cruz le incitara a manifestar su pensamiento, quiso el hombre hablar, y las palabras se negaban a salir de sus labios. Intentó traer a ellos los términos groseramente expresivos que usar solía en su vida libre; tan sólo acudían a su boca

conceptos y vocablos finos, el lenguaje de aquella esclavitud opulenta en que se consumía, constreñido por un
carácter que encadenaba todas las fierezas del suyo.

—No digo nada, señora—murmuró—. Pero así no podemos seguir... Usted verá... Yo soy la *economía por
excelencia,* y usted el *despilfarro personificado*... Tres
médicos, dos amas..., gran baile..., convites diarios...,
medias anatas... Total, que *pululan* los gastos.

—Los que *pululan* son los mezquinos pensamientos
de usted. ¿Qué supone todo eso para sus enormes ingre-
sos? ¿Cree que yo aumentaría el gasto si viera que sus
ganancias mermaban lo más mínimo?... ¿Tan mal le ha
ido bajo mi dirección y gobierno? Pues aún han de venir
días gloriosos, amigo mío... Pero ¿qué tiene usted?...
¿Qué le pasa?

El tacaño lloraba, sin duda porque se le atragantó la
última sopa de chocolate.

Tercera parte

Uno

Entró el año nuevo con buena sombra. Diríase que los Santos Reyes le habían traído al tacaño cuantos bienes del orden material puede imaginar la fantasía del más ambicioso. Llovía el dinero sobre su cabeza; apenas tenía manos para cogerlo; por añadidura, hasta se sacó, a medias con Taramundi, el premio gordo de la Lotería de fin de diciembre, y ningún negocio de los emprendidos por él solo o en comandita dejaba de fructificar con lozanos rendimientos. Nunca fue la suerte más loca, ni reparó menos en el desorden con que reparte sus dádivas. Atribuíanlo algunos a diabólicas artes, y otros a designios de Dios, precursores de alguna catástrofe; y si eran muchos los que le envidiaban, no faltaba quien le mirase con supersticioso temor, como un ser en cuya naturaleza alentaba infernal espíritu. Infinidad de personas quisieron confiarle sus intereses con la esperanza de verlos aumentados en corto tiempo; pero él no consentía en manejar fondos de nadie, con excepción de tres o cuatro familias de mucha intimidad.

Pero si en la esfera de los negocios motivos tenía para reventar de satisfacción, en la propiamente doméstica no pasaba lo mismo, y el hombre, desde la entrada de año, se veía devorado por intensas melancolías. Los gastos de la casa eran ya como de príncipes: aumento de servidumbre de ambos sexos; libreas; otro coche, uno exclusivamente destinado a la señora y al ama con el niño; comidas de doce y catorce cubiertos; reforma de moblaje; plantas vivas de gran coste para decorado de las habitaciones; abono en la Comedia, además del del Real; enormísimo lujo de trajes para el ama, que salía hecha una emperatriz a estilo pasiego, con más corales sobre el corpacho que pelos tenía en la cabeza. De Valentinico no se diga: a los pocos días de nacido ya tenía en su *debe* más gasto de ropa que su papá en los cincuenta y pico años que contaba. Encajes riquísimos, sedas, holandas y franelas de lo más fino componían su ajuar, no menos lujoso que el de un rey. Y a estas superfluidades, el usurero no podía oponerse, porque sus últimas energías estaban agotadas, y delante de Cruz no se atrevía ni a respirar: a tal grado llegaba, en el *nuevo orden de cosas,* el predominio de la tirana.

El día de la Epifanía hubo gran comida, y por la noche recepción solemne, a que asistieron por centenares las personas de viso. Ya no se cabía en la casa, y fue preciso convertir el billar en salón, decorándolo con tapices, cuyo valor habría bastado para mantener a dos docenas de familias por algunos años. Verdad que tuvo don Francisco la satisfacción de ver en su casa ministros de la Corona, senadores y diputados, mucha gente titulada, generales y hasta hombres científicos, sin que faltaran *bardos* y algún chico de la Prensa, por lo cual decía para su sayo el marqués de San Eloy: «Si buena ínsula me dais, buenos azotes me cuesta.» El licenciado Juan de Madrid describía con pluma de ave del paraíso el espléndido sarao, concluyendo por pedir con relamidas expresiones que se repitiera. A propósito de él, hicieron los Romeros un chiste, que corrió por toda la sociedad, haciendo reír a cuantos le oían. Dijeron que el amo de la casa no pudo asistir porque... *había ido a esperar a los reyes.*

Transcurrieron los meses de invierno sin más novedad que algunas indisposiciones de Valentinico, propias de la edad. Verdaderamente la criaturita no parecía de cepa saludable, y algunos íntimos no ocultaban su opinión poco favorable a la robustez del heredero de la corona. Pero se guardaban muy bien de manifestarla desde que ocurrió un desagradable incidente entre don Francisco y su yerno Quevedito. Hallábase éste una mañana hablando con Cruz de si la leche del ama era o no superior, de la complexión raquítica del niño, y desembuchando con sinceridad médica todo lo que pensaba, se dejó decir:

—El chico es un fenómeno. ¿Ha reparado usted el tamaño de la cabeza, y aquellas orejas que le cuelgan como las de una liebre? Pues no han adquirido las piernas su conformación natural, y si vive, que yo lo dudo, será patizambo. Me equivocaré mucho, si no tenemos un marquesito de San Eloy perfectamente idiota.

—¿De modo que usted cree...?

—Creo y afirmo que el fenómeno...

Don Francisco, que en aquellos tiempos había adquirido la costumbre de escuchar tras de las puertas y cortinas, espiando las ideas de su cuñada para prevenirse contra ellas, sorprendió aquel breve diálogo al amparo de un *portier,* y al oír repetida la palabra *fenómeno,* no tuvo calma para contenerse; entró, de un salto, abalanzóse al pescuezo del joven facultativo, y apretándoselo con la sana intención de estrangularle, gritaba:

—¿Conque mi hijo es fenómeno?... ¡Ladrón, matasanos! El fenómeno eres tú, que tienes el alma patizamba y comida de envidia... ¡Idiota mi hijo!... Te ahogo para que no vuelvas a decirlo.

Con gran trabajo pudo Cruz quitársele de entre las manos y calmar su furia.

—No digo más que la verdad—murmuró Quevedito, rojo como un pimiento, arreglándose el cuello de la camisa, que destrozaron las uñas de su suegro—. La verdad científica por encima de todo. Por respeto a esta señora no le trato a usted como merece. Adiós.

—Vete de mi casa y no vuelvas más a ella. ¡Decir que es fenómeno!... La cabeza grande, sí..., toda llena de talento macho... El idiota y el orejudo eres tú, y tu mujer otra idiota. ¿Apostamos a que la desheredo?

—Cálmese, amigo don Francisco—le dijo Cruz, colgándose del brazo, porque quería correr tras su yerno y echarle otra vez la zarpa.

—¡Oh! Sí, señora..., tiene usted razón...—replicó, dejándose caer sin aliento en una silla—. Le he tratado muy a lo bruto. Pero ¡mire usted que decir...!

—No decía más sino que el niño está encanijadito... Lo de fenómeno es una broma...

—¿Broma?...Pues que vuelva y me diga que es broma, y le perdonaré.

—Ya se ha ido.

—Fíjese usted en que Rufina no ve con buenos ojos al hijo varón. Naturalmente, antes de casarme yo, pensaba la niña que todo iba a ser para ella cuando yo cerrara la pestaña, y no crea usted, se puso de uñas conmigo *a raíz* de mi casamiento. ¡Ah, es de lo más egoísta esa mocosa! Yo no sé a quién sale. ¿Le parece a usted que le prohíba el venir acá?

—¡Oh, no! ¡Pobrecilla!

No le costó poco trabajo a la tirana quitarle de la cabeza estas ideas. Al principio, por no contrariarle abiertamente en todas las cosas, no insistió mucho; pero pasados unos días no dejó de la mano el asunto hasta conseguir que a los expulsados, hija y yerno, se les abriesen de nuevo las puertas de la casa. Volvió, en efecto, Rufina; mas Quevedito cortó relaciones con su suegro, y por no dar su brazo a torcer en la cuestión facultativa, seguía sosteniendo que el chico era un caso teratológico.

Los negocios, que en aquellos meses consumían a

Torquemada lo mejor de su tiempo, no le impidieron dedicar algunos ratos, por la noche, a la obra magna de su progresiva ilustración. En su despacho solía leer alguna obra buena, la *Historia de España,* por ejemplo, que a su juicio era el indispensable cimiento del saber, y consagraba algunos ratos a la compulsión de diccionarios y enciclopedias, en las cuales veía satisfechas sus dudas sin tener que recurrir a Zárate, que le mareaba con su vertiginosa ciencia. Con esto, y con redoblar su atención cuando oía hablar a personas eruditas, se fue afinando con estilo y lenguaje hasta el punto de que, en aquella tercera fase de su evolución social, no era fácil reconocer en él al hombre de la fase primera o embrionaria. Hablaba con mediana corrección, huyendo de los conceptos afectados o que trascendiesen a sabiduría pegadiza, y de fijo que si su enseñanza no hubiera empezado tan tarde, habría llegado a ser un rival de Donoso en la expresión fina y adecuada. ¡Lástima que la evolución no le hubiese cogido a los treinta años! Aun así, no había perdido el tiempo. Haciendo su propia crítica, y dejando a un lado la modestia, que en los monólogos no viene al caso, se decía: «Hablo muchísimo mejor que el marqués de Taramundi, que a cada momento suelta una simpleza.»

Al propio tiempo, su facha parecía otra. Personas había, de las que le conocieron en la calle de San Blas y en casa de doña Lupe, que no le creían el mismo. La costumbre de la buena ropa, el trato constante con gente de buena educación, habíanle dado un barniz, con el cual las apariencias desvirtuaban la realidad. Sólo en los arrebatos de ira asomaba la oreja, y entonces, eso sí, era el *tío* de marras, tan villanesco en las palabras como en las acciones. Pero con exquisito esmero evitaba toda ocasión de encolerizarse, para no perder el coran-vobis ante personas a quienes, por propia conveniencia, quería considerar. Sus éxitos en el mundo eran extraordinarios, casi casi milagrosos. Muchos que en la primera fase de la evolución se burlaban de él, respetábanle ya, teniéndole por hombre de excepcional cacumen para los negocios, en lo

cual no iban descaminados, y de tal modo fascinaba a
ciertas personas el brillo del oro, que casi por hombre extraordinario le tenían, y conceptos que en otra boca habrían sido gansadas, en la suya eran lindezas y donaires.

El marquesado, si al principio se le despegaba un poco,
como al Santo Cristo un par de pistolas, luego se le iba
incrustando, por decirlo así, en la persona, en los modales, hasta en la ropa, y la costumbre hizo lo demás. Lo
que aún faltaba para la completa adaptación del título
a su catadura plebeya hízolo el criterio comparativo del
público, pues éste fácilmente se explicaba que tal cabeza
ciñese corona, toda vez que otras, tan villanas por dentro
y por fuera, se la encasquetaban, por herencia o real mer-
ced, no más airosamente que el antiguo prestamista.

Dos

Sin necesidad de que nos lo cuente el licenciado Juan
de Madrid, ni otro ningún cronista de salones, sabemos
que a los tres o cuatro meses de su alumbramiento
estaba la señora de Torquemada hermosísima, como si
una rápida crisis fisiológica hubiera dado a su marchita
belleza nueva y pujante savia, haciéndola florecer con
todo el esplendor y la frescura de mayo. Mejoró de
color, cambiando la transparencia opalina en tono
caliente de fruta velluda que empieza a madurar;
sus ojos adquirieron brillo, viveza su mirada, prontitud sus movimientos, y en el orden moral, si menos
visible, no era menos afectiva la transmutación, trocándose lentamente en gravedad el mimo, y en juicio sereno
la imaginatividad traviesa. Vivía consagrada al heredero
de San Eloy, que si en los primeros días no era para su
madre más que una viva muñeca, a quien había que
lavar, vestir y zarandear, andando los meses vino a ser lo
que ordena la Naturaleza, el dueño de todos sus afectos
y el objeto sagrado en que se emplean las funciones
más serias y hermosas de la mujer. De cómo desempeñaba
Fidela su misión de madre, no se puede tener idea sin

haberlo visto. Ninguna existió jamás que la superase en cuidado y solicitud, ni que con mayor sentido se penetrara de su responsabilidad. De los cariños extremados, que al principio producían en ella tensión convulsa, pasó por gradación suave al cariño verdaderamente protector, garantía de vida para los seres débiles que amenazados de mil peligros entran en ella. De su afición a las golosinas le curó el miedo de enfermar y morirse antes de ver crecido a su hijo, y se fue acostumbrando a los alimentos sanos y a poner método en las comidas. Novelas, no volvió a leerlas, ni tiempo tenía para ello, pues no había hora del día en que no encadenase su atención alguna faena importante, ya el aseo del chico y del ama, ya la ropa de ambos; y luego venía el dormirle, y el vigilar el sueño, y ver si mamaba o no, y si todas sus funcioncitas se hacían con regularidad.

A ninguna parte iba, y rarísima vez se la vio en el palco de la Comedia durante una hora o poco más, pues no tenía calma para estarse allí tontamente oyendo lo que nada le interesaba, y asaltada de mil ideas terroríficas, por ejemplo: que el ama, al acostarle, no le había puesto bien tapadito, o que se pasaba la hora de la teta, porque la muy gansa se había quedado dormida. Estaba en ascuas, impaciente porque llegase Tor para llevarla a casa. De nadie se fiaba, ni de las criadas más adictas y cuidadosas, ni de su hermana misma. Su tertulia servíale tan sólo para hacer mil consultas sobre temas de maternidad con esta y la otra señora; todo lo demás érale indiferente. Y no se crea que la monotonía de su conversación resultaba antipática, pues sabía poner en cuanto hablaba su originalidad ingénita y su gracejo. Era, en suma, encanto y admiración de cuantos íntimamente trataban a la familia. Sobre este particular, dijo un día Donoso a su amigo Torquemada:

—En todo, absolutamente en todo, es usted el hombre de la suerte. ¿Qué virtudes extraordinarias son la causa que así le proteja y le mime Dios Omnipotente? Tiene usted una mujer que si se buscara con candil otra igual por toda la tierra, no se la había de encontrar.

¡Vaya una mujer! Todo el dinero que usted posee no vale lo que el último cabello de su cabeza...

—Buena es, sí, buenísima—replicó el tacaño—, y por ese lado no hay queja.

—Ni por otro alguno. Pues estaría bueno que usted se quejara, cuando parece que el dinero no sabe ir a ninguna parte más que a su bolsillo... Y a propósito, amigo mío: dícese que toman ustedes en firme todas las acciones del ferrocarril leonés.

—Así lo hemos acordado.

—Por eso he visto locos de entusiasmo a dos o tres individuos de la colonia leonesa; y hablan de darle a usted un banquete y qué sé yo qué.

—¿Banquetearme porque voy a mi negocio?... En fin, si ellos lo pagan...

—Naturalmente.

Morentín continuaba siendo el visitante pegajoso en la casa de San Eloy, y, con el pretexto de acompañar a su amigo Rafael, se pasaba allí las horas muertas tarde y noche. Pero es el caso que el ciego abominaba de él secretamente, y se ponía nerviosísimo cuando le sentía la voz. Cruz, por su parte, no gustaba de tal asiduidad. Mas ninguno de los dos encontró manera de echarle ni aun de conseguir, por cualquier discreto artificio, que redujera sus visitas a lo estrictamente indicado por las prácticas sociales. Entró una tarde, por familiar costumbre, en el gabinete de Fidela y en el cuarto de Valentinico, próximo a la alcoba matrimonial, y allá se estuvo embelesado, viendo a la marquesa de San Eloy en todo el lleno de sus funciones maternales, abrumándola de adulaciones hiperbólicas con las formas más extravagantes de la galantería, después de haber ensayado con deplorable éxito las más comunes.

—Porque usted, Fidela, es uno de esos ejemplos raros en la Historia, en la Historia sagrada y profana; no hay que reírse..., sé lo que digo. El hombre que a usted la posee debe de tener las mejores aldabas en el tribunal divino, porque si no, ¿cómo le han dado el número, la criatura selecta, el *non plus ultra*?

—Vamos, que no pico tan alto como usted cree. En cierta ocasión me dejé decir que yo valía mucho. ¡Cuánto me he reído de aquella jactancia! Pues ahora me parece que no valgo nada y que no tengo ningún talento. No crea usted que lo digo por modestia. La modestia sigue pareciéndome una tontería. Ahora que tengo delante de mí algo muy grato, de muchísima responsabilidad, entiendo que no puedo llegar a lo que deseo.

—No me diga usted que no es modesta. Harto conoce cada cual lo que vale... Pero hay una cosa de que, sin duda por la abstracción en que la tienen los trabajos maternales, no se ha enterado usted todavía.

—¿Qué?

—Que ahora está usted hermosísima. Vamos, en un grado de hermosura desesperante. Créame usted: cuando se la contempla, se padece vértigo..., y estoy por decir que oftalmía. Es como mirar al sol.

—Pues póngase usted vidrios ahumados—dijo Fidela, echándose a reír y mostrando las dos carreras de perlas de su incomparable dentadura—. Pero para qué, ¿si tiene usted ahumado el entendimiento?

—Gracias.

—No..., ahora me da por la sinceridad. Y haciendo gala de inmodestia, diré a usted que si nada valgo en..., ¿cómo se dice?..., en el concepto general, lo que es como belleza... ¿Verdad que estoy guapísima? No crea usted que me voy a ruborizar por oírlo decir. Si estoy cansada de saberlo.

—Su sinceridad es un nuevo atractivo en que no había reparado hasta ahora.

—Es que usted en nada repara. No se fija más que en sí mismo, y como se mira tan de cerca no puede verse.

—Tan no me he mirado nunca, que no sé cómo soy.

—Eso lo creo, porque si usted lo supiera no sería como es. Le hago ese favor.

—Pues bien: ¿cómo soy?

—¡Ah! Yo no he de decirlo.

—Ya que usted tan sincera es en la crítica de sí propia, séalo juzgando a los demás.

—No me gusta echar incienso, y como usted es de los que todavía cultivan la modestia, si yo le colmo de elogios podría creer que le adulo.

—No creeré tal cosa, sino que me hace justicia.

—No, no, de fijo que si yo le digo lo que pienso, se ruborizará usted como los jóvenes tímidos y no volverá más a mi casa, por temor a que mis alabanzas le sonrojen.

—Yo le juro a usted que no dejaré de volver, aunque usted me compare con los ángeles del cielo.

—Pues con ellos pensaba compararle... Mire usted cómo va acertando.

—¿Por la pureza?

—Y por la inocencia. Desde el tiempo en que era usted estudiante y galanteaba a las patronas de las casas de huéspedes donde vivían los compañeros con quienes repasaba la lección no ha adelantado usted un solo paso en el arte del mundo ni en el conocimiento de las personas con quienes trata. Ya ve usted si se halla en estado de inocencia y si merece elogios. Ha conseguido aprender muchas cosas, no todas de gran provecho, la verdad; pero el tacto fino para conocer el grado y la clase de afecto a que debe aspirar en sus relaciones de amistad no lo tiene todavía Pepito Morentín. Es usted muy niño, y si no se da prisa a aprender esto creo que mi Valentín le va a tomar a usted la delantera.

Desconcertado, el Tenorio sin drama afectaba no comprender y se defendía con exclamaciones festivas; pero por dentro le atormentaban las retorceduras de su amor propio vapuleado por la altiva dama. Hablaba ésta en pie, con su chiquillo en brazos, marcando el paso de niñera y dándole golpecitos en la espalda.

—Gasta usted unas ironías que me anonadan—dijo al fin Morentín, que ya no podía contraer su rostro para fingir la hilaridad, y bruscamente se puso serio.

—¿Ironía yo...? ¡Bah! No me haga usted caso. No

hay más sino que le miro a usted como a un chiquillo, y no ciertamente de los mejor educados. La juventud del día, y llamo juventud a los hombres de treinta a cuarenta años, necesita una disciplina de colegio muy dura para poder andar suelta en sociedad. No conoce la verdadera finura ni la delicadeza, y es..., ¿lo digo?, una generación de majaderos muy bien vestidos y que saben algo de francés. No recuerdo quién decía la otra noche aquí que ya no hay señoras.

—La marquesa de San Salomó.

—Justo. Puede que tenga razón. Es dudoso, por lo menos. Lo indudable es que ya no hay caballeros, como no sea algún viejo de la generación pasada.

—¿Lo cree usted así? ¡Oh, qué daría yo por pertenecer a la generación pasada, aunque tuviera mi cabeza llena de canas y viviera plagado de reuma! Si así fuera, ¿sería usted más benévola conmigo?

—¿Soy acaso malévola? Esto no es malevolencia, Morentín, es vejez. No se ría. Yo soy vieja, más vieja de lo que se cree usted, si no por los años, por lo que me ha enseñado el sufrimiento.

De improviso cambió de tono Fidela, dejando al otro cortado y con la palabra en la boca. Besuqueando locamente al nene, rompió en estos chillidos:

—Pero ¿ha visto usted, Morentín, una cara más preciosa que la de este mico de Dios, rey de los pillos y alguacil de los ángeles? ¿Conoce usted belleza igual, ni monada igual, ni desvergüenza como la suya? Esto vale más que el mundo entero. ¿Ve usted ese pelito que se me ha quedado entre los labios, besándole? Pues vale este pelito más que usted en cuerpo y alma, vale más, como unos diez mil millones de veces..., elevadas a la raíz cúbica... Yo también soy matemática... Y vale más que toda la Humanidad pasada, presente y futura... Conque..., abur. Dile adiós, hombre—cogiéndole la manecita y haciéndole saludar—. Dile: adiós, adiós, tonto...

Se fue al otro cuarto, y Morentín a la calle, amargado y aburrido. Su amor propio era en aquel momento como

un vistoso y florido arbusto que un pie salvaje hubiera
pisoteado bárbaramente.

Tres

Ya venía de atrás aquel desaliento del gallardo joven,
que, mal acostumbrado a fáciles triunfos, se figuraba que
Dios había hecho el mundo para recreo de los donjuanes
de cartulina Bristol, y que las pasiones humanas eran un
juego o *sport* destinado al solaz de los jóvenes que, además del título de doctores en Derecho, poseían un acta
de representante del país, renta para bien vivir, caballo,
buena ropa, etc. Sus esperanzas, que al principio estuvieron muy verdes, nutridas tan sólo de la vanidad de él,
y sin que ella en ninguna forma las alentara, habíanse
marchitado antes del coloquio que acaba de referirse.
Siempre que tenía ocasión de hablar a solas con su amiga,
se arrancaba el hombre, no sin cautela; mas ella le paraba
al instante, refregándole el rostro con irónicas e intencio-
nadas réplicas, no más suaves que ortigas. Lo que más
desconcertaba al buen Morentín era *el compromiso* en
que, ante la opinión pública, le ponía la resistencia de la
señora de Torquemada, pues siendo como un artículo de
fe que ella le había elegido para desquitarse de las tristezas de su matrimonio con un *hombre imposible,* ¿con
qué cara le decía él ahora a la pública opinión: «Señores,
ni conmigo ni con nadie se desquita, porque no hay tal
adulterio ni cosa que lo valga, ni en el hecho ni en la
intención. Desistan ustedes de esa idea calumniosa, si no
quieren que se les tenga por imbéciles como malvados»...?

Y seguramente añadiría: «Yo hago cuanto puedo. Pero
no hay caso. Por mí, bien saben cuantos me conocen que
no quedaría. Pero, una de dos: o no le gusto, lo cual
extraordinariamente me mortifica, o se encastilla en la virtud. Me inclino a creer esto último, como menos vejatorio
para mí, y no tendría inconveniente en afirmar que, no
gustándole yo, es cosa probada que otro ninguno le
gustará, aunque se lo traigan del cielo. Nada, señores,

que por esta vez me ha fallado la puntería. Creo, como
Zárate, que tiene atrofiado el lóbulo cerebral de las pasiones. ¡Ah, las pasiones! Lo que pierde a las criaturas;
pero también lo que las ennoblece y ensalza. Mujer sin
pasiones puede ser una hermosa muñeca, o una gallina
utilísima, si es madre... Confieso que ninguna batalla me
pareció más fácil ganar hace un año, cuando Fidela reapa-
reció ante el mundo casada con ese pavo de corral. Esta
es la primera vez que, creyendo abrazar una mujer, me
estrello contra una estatua... Paciencia, y a otra. ¡Cuando
uno piensa que ha despreciado proporciones bonitísimas
por seguir este rastro engañoso! Renuncio, pues, y me
consuelo con que si el dios de las batallas... amorosas no
me ha dado esta vez la victoria, será por apartarme de
un gran peligro. En la casa de San Eloy siento la incuba-
ción del drama, y del drama huye el hijo de mi madre
como del cólera. Esto declara y mantiene Serrano Morentín, *adúltero profesional*.»

Debe añadirse que si el unigénito de don Juan Gualberto era incapaz de virtud en grado superior, era también
inepto para el mal, realizado categóricamente. Por tener
algo de todo, también tenía su poquito de conciencia,
y después de poner a las heridas de su amor propio la
venda de aquel optimismo reparador, dio en pensar cuán
inicuos eran los errores de la opinión acerca de Fidela.
Pero cualquiera destruía la dura concreción formada con
los malos pensamientos y la falsa lógica del público. Como
ciertas conglomeraciones calcáreas, la calumniosa especie
endurecía con el tiempo, y al fin no había cristiano que
la rompiera con todos los martillos de la verdad. Hallábase él dispuesto a salir por ahí diciendo a todo el que
quisiera oírle: «Señores, que no es cierto..., que hay
virtud, virtud verdadera, no de farsa.» ¡Pero nadie lo
había de creer! Bueno está el tiempo para dar crédito a
voces que tratan de reivindicar las reputaciones, no de
destruirlas. Aquel poquito de conciencia de que el gallardo caballero disponía para los casos muy apurados
de moral le argüía su culpabilidad, porque cuando las

voces empezaron, la seguridad del triunfo fue parte a que
no las desmintiera con la energía y la indignación que la
justicia demandaba. Dejó correr la especie, siendo falsa,
porque creía como en el Evangelio que los hechos la
harían verdadera. Equivocáronse los hechos; luego éstos
eran los que tenían la culpa, él no. Como quiera que fuese,
Morentín, saliendo aquel día de la casa de San Eloy con
los espíritus enormemente abatidos, pensó que, *en conciencia,* y procediendo con hidalga caballerosidad (de la
cual tenía también su poquitín), debía hacer un supremo
esfuerzo para ahogar aquella opinión y arrancarla de
cuajo.

No hacía diez minutos que Morentín había salido del
gabinete de Fidela, cuando entró Rafael, conducido por
Pinto.

—Ya sé que se ha ido ese danzante. Esperaba que saliera para entrar yo—dijo a su hermana, que volvió al
gabinete con el chico en brazos.

—Sí, ya partió para la Palestina el bravo Malek-Adel.
Siéntate. Es lástima que no puedas ver esta preciosidad.
Hoy está tan contento, que no hace más que reír y tirarme
de las orejas. ¿Por qué está hoy tan guasoncito el trasto
de Dios?

—Déjame que le coja la cara. Acércate.

Fidela acercó el nene a su hermano, que le besó y aca-
rició en las mejillas. Valentinico hizo pucheros.

—¿Qué es eso, ángel? No se llora.

—Se asusta de verme.

—¡Quiá! De nada se asusta este sinvergüenza. Ahora
te está mirando fijo, fijo, con los ojos muy espantados,
como diciendo: «¡Qué serio está hoy mi tío!...» ¿Verdad
que tú quieres mucho al tiito, rey, sumo pontífice, gatito
de la Virgen? Dice que sí, que te quiere muchísimo, y te
estima y es tu *seguro servidor, que besa tu mano,* Valentín Torquemada y del Aguila.

Viendo que Rafael callaba melancólico, creyó que refi-
riéndole las gracias que con inaudita precocidad hacía ya
el pequeñuelo se animaría un poco.

—No sabes lo tunante que es. Desde que ve una mujer se le tira a los brazos. Este va a ser aficionadillo al bello sexo, sí, señor, y muy enamorado. Mujer que vea, la querrá para sí. Y desde ahora...—dándole suaves golpes en semejante parte—le iré yo enseñando a que no se entusiasme tanto con las señoras. ¿Verdad, rico mío, que a ti te gustan mucho las niñas guapas?... A los hombres no los puede ver. El único con quien hace buenas migas es su padre. Cuando le sienta sobre sus rodillas para hacerle el caballito, suelta unas risas... Y ¿sabes lo que hace el muy tuno? Le quita el reloj. Es una afición loca a robar relojes... También ha sacado la maña de meterle mano al bolsillo de su padre, y... No creas, empieza a sacar duros y pesetas y a tirarlos al suelo, riéndose de verlos rodar...

—Simbolismo—dijo Rafael, saliendo de su taciturnidad—. ¡Angel de Dios! Si persiste en esa maña, dentro de veinte años, ayúdame a sentir.

Siempre que acompañaba a su hermana, en el gabinete o en el cuarto del chiquitín, las sensaciones y aun los sentimientos del pobre ciego sufrían alteraciones bruscas, pasando del contento expansivo al desmayo hondísimo y aplanante. Era un variar continuo, como los movimientos de la veleta un día de turbión. Horas tenía Rafael en las cuales gozaba extraordinariamente oyendo a su hermana en los trajines de la maternidad, horas en que aquel mismo cuadro de doméstica dicha (para él, más bien sonata) le llenaba el corazón de serpientes. Razones de esto: que antes del nacimiento de Valentinico era Rafael el niño de la familia, y en la época de miseria, un niño mimado hasta la exageración. Claro que sus hermanas le querían siempre; pero la nueva vida les distraía en mil cosas y en los afanes que ocasiona una casa grande. Le atendían, le cuidaban; pero sin que fuera él, como en otros tiempos, la persona principal, el centro, el eje de toda la vida. Vino al mundo con repique gordo de campanas el heredero de San Eloy, y aunque las dos hermanas tenían siempre para Rafael cariño y atenciones, nunca

eran éstas como las que al chiquitín consagraban; cosa
muy natural, pues si débiles los dos, Rafael estaba formado y no había que pensar ni en librarle de su incura-
ble mal ni en darle mayor robustez, mientras que Valentín era un principio de hombre, una esperanza, que
había que proteger contra los mil peligros que a la infancia rodean. ¡Eterna subordinación de los amores del pasado ante los amores y los intereses del presente y el porvenir!

Así lo pensaba Rafael en sus murrias, llenas de amargura negra: «Soy el pasado, un pasado que gravita sobre
ellas, que nada les da, que nada les ofrece; y el niño es
el presente, risueño, y un porvenir... que interesa como
incógnita.»

Su imaginación siempre en ejercicio le representaba los
hechos usuales informados por su idea. Creía notar que
su hermana Cruz, al ocuparse de él, lo hacía más por
obligación que por cariño; que algunos días le servían la
comida de prisa y corriendo, mientras que se entretenían
horas y más horas dándole papillas al mocoso. Figurá-
basele también que su ropa no se cuidaba con tanto esmero. A lo mejor, le faltaban botones o aparecían desco-
sidos que le molestaban. Y, en cambio, las dos señoras y
el ama consagraban días enteros a los trapitos del crío.
Sobre esto, claro está, guardaba un silencio absoluto, y
antes muriera que proferir una queja. Su hermana Cruz
había notado en él una tristeza fúnebre, un laconismo
sombrío y un suspirar de ese que saca la mitad del alma
en un aliento. Pero no le interrogaba, por temor a que
saliese con alguna tecla de las de marras. «Peor es meneallo», se decía hablando como Cervantes y como don
Francisco.

Cuatro

Sobre el asunto de Morentín sí hablaron con amplitud,
y discutiendo el artificio más propio para evitar la constancia de sus visitas, convinieron en valerse de Zárate.

Rafael habría deseado que se le echara sin miramiento alguno; pero a esto no se avino Cruz, por no disgustar a la señora de Serrano Morentín, una de las amigas más adictas y leales. Lo mejor era que Zárate le soltase esta *indirecta*: «Mira, Pepe, sea por lo que fuese, Rafael te ha tomado antipatía, y se excita siempre que te siente a su lado. Conviene que dejes de ir una temporadita por allá. Las señoras no quieren decírtelo, porque no lo tomes a mal. Pero yo, amigo tuyo, amigo de ellas, te aconsejo..., etcétera.» Acordado este plan, a Cruz le faltó tiempo para pedir al pedante su amistosa mediación, y el pedante despachó tan bien su cometido, que el otro no aparecía por la casa sino contadas veces, y siempre de noche, a la tertulia grande. Los comentarios que hicieron el sabio y el galán cuando aquél le transmitió los deseos de las señoras no constan en autos; pero es fácil colegir que uno y otro daban versión muy distinta de la oficial a los móviles de aquella cortés despedida.

Y a Rafael se le quitó un peso de encima con la seguridad de que su antiguo amigo no le visitaría con tanta frecuencia. Mas no disminuyeron por ello sus tristezas, que Cruz, a fuerza de cavilar, se explicaba porque el convencimiento de su error, en lo que de Fidela tan malignamente supuso, le inquietaba la conciencia. En efecto, Rafael parecía disuadido de los pensamientos maliciosos que le sugirió su insana lógica de ciego pesimista y reconcentrado. Una noche se lo confesó a Cruz, añadiendo que si rectificaba su infame juicio por lo tocante a Fidela, lo mantenía por Morentín, pecador de intención; como que cifraba su orgullo en ser adúltero sin drama, y corruptor de las familias con discreto escándalo.

—Y para que veas cómo mi lógica no me engaña siempre—añadió—, te diré que, lejos de cesar ahora la difamación de mi hermana, aumenta y toma cuerpo, porque el mundo no recoge, no puede recoger, la piedra que tira.

—Bueno—replicó la primogénita, queriendo cortar—. No te ocupes de eso y desprecia la maledicencia.

—Ya la desprecio; pero siempre existe.

—Basta ya.

—Basta, sí.

Al quedarse solo, inclinando la cabeza sobre el pecho, se sumergió en cavilaciones oscuras, cavernosas: «¿Soy yo el equivocado? No, porque pensé este desate de la opinión contra la honra de mi casa, y acerté. Si mi hermana se ha mantenido en sus deberes, realizando el mayor prodigio de los tiempos, esto sólo quiere decir que la raza es de elección..., sí, señor..., savia superior, incorrupta en medio de esta sentina...»

Levantóse bruscamente, y como si aún creyera que allí permanecía su hermana Cruz, dijo con mucho énfasis:

—Pero vi yo el peligro, ¿sí o no?

No tardó en caer en la silla. Su tristeza se resolvía en un vivo desprecio de sí mismo; su amor propio, mucho más potente que el de Morentín, y de mejor fuste, no se curaba con tanta facilidad de las caídas, y él se sentía caído de lo más alto de su orgullo a lo más profundo de su conciencia.

«Sí, sí—pensaba, los codos en las rodillas, las manos agarrando la cabeza como si se la quisiera arrancar—, quiero engañarme con lisonjas, con elogios de mí mismo; mas por encima de este humo sale mi razón diciéndome que soy el más redomado tonto que ha echado Dios al mundo. ¡Equivocado en todo! Creí firmemente que mi hermana sería infeliz, y es dichosa. Su alegría echa por tierra todas estas lógicas, que como quincalla mohosa almaceno en mi pobre cerebro desvencijado. Creí firmemente que el matrimonio absurdo, antinatural, del ángel y la bestia no tendría sucesión, y ha salido este muñeco híbrido, este monstruo..., porque lo es, tiene que serlo, como dice Quevedito... ¡Vaya una representación de la estirpe del Aguila! ¡Vaya un marqués de San Eloy! Esto da asco. Si no viene pronto el cataclismo social, será porque Dios quiere que la sociedad se pudra lentamente y se pulverice toda en basura para mayor fertilidad de la flora que vendrá después—dando un gran suspiro—. La verdad es que no sé qué sentir. Estoy obligado a querer al pobre niño, y a ratos me parece que le quiero, sí. ¿Qué culpa tiene él de haber venido a destruir todas mis lógicas? Y si es híbrido y monstruoso y crecerá marcado de cretinismo y de caquexia, al menos ha servido para encender en su madre el fuego del cariño maternal, que la purificara... Esto es un consuelo... El colmo de mis equivocaciones sería que el chico creciera listo y fuerte... No me faltaba más que eso para creer que el deforme y cacoquimio soy yo; y en este caso...»

Un golpecito en la puerta cortó su divagación. Era Fidela con el nene en brazos.

—Aquí hay una visita—dijo—, un caballero que pregunta si está visible el señor don Rafaelillo... ¿Se puede pasar? Adelante, hijo. Dile que vienes muy enfadado, pero muy enfadado, porque no ha ido a verte hoy.

—Ahora mismo pensaba ir—replicó el ciego, animándose—. Vamos. Dame la mano.

Condújole Fidela a su cuarto, donde entablaron una larga conversación, que acaloraba ella con su vivaz ingenio y él enfriaba con su tristeza mortecina. Contendían en el terreno de la palabra, él arrojando plomo; su hermana, azogue. El diálogo tan pronto se arrastraba lánguido como corría presuroso, informando ideas diferentes. Más de una vez quiso Fidela poner el chiquillo en brazos de su hermano; pero Rafael se opuso, temeroso, según dijo, de que se le cayera. Cuando Valentinico apenas contaba un mes, gustaba su tío de hacer el niñero: le cogía en brazos, le zarandeaba, decíale mil extravagancias, y no le soltaba hasta que el nene, frotándose los ojos con sus puños cerrados, o rompiendo en chillidos, pedía pasar a otras manos. Mas transcurrido algún tiempo, Rafael empezó a sentir hacia su sobrinito una brutal aversión, que con ningún razonamiento podía dominar. El sentimiento de su impotencia para vencer aquel insano impulso era tan afectivo y claro en su alma como el del espanto que le causaba. Por suerte, duraba poco; pero en su brevedad inapreciable era lo bastante intenso para ocasionarle un padecer horrible, agravado por la lucha que había de sostener contra sí mismo. Fue tan vivo una tarde el instintivo aborrecimiento a la criatura, que por apartarla de sí con prontitud para evitar un acto de barbarie, a punto estuvo de dejarla caer al suelo.

—Maximina, por Dios, venga usted...—gritó, levantándose—. Coja usted el niño. Pronto; me voy... Pesa mucho..., me cansa..., me ahogo...

Y soltando la cría en manos del ama, salió trémulo y jadeante, palpando las paredes y tropezando en los muebles. Imposible apreciar la duración de aquel salvaje arrechucho; pero no hay duda de que era brevísima, y en cuanto pasaba sentía ganas ardientes de llorar, se metía en su cuarto y se arrojaba en el sillón, buscando la soledad. En ella no podía hacer otra cosa que analizar minuciosamente aquel fenómeno extraño, indagar su origen y determinar las formas en que se manifestaba. Y mejor lo conocía por la observación retrospectiva de su alma, que en el momento de sufrir el ataque, relámpago de confusión y azoramiento, en que el tremendo impulso destructor se confundía con el pánico de la conciencia, aterrada del crimen.

«La causa de esto—se decía con sinceridad de filósofo solitario—no puede ser otra que un terrible acceso de envidia... Sí, esto es; me ha nacido en el alma como un tumor. ¡Envidia del pequeñuelo, porque mis hermanas le quieren más que a mí! Puedo decirlo claro, en las soledades íntimas de la conciencia. Naturalmente, el niño es la esperanza de la casa, las grandezas posibles del mañana, y yo soy un pasado caduco, inútil, muerto... Pero ¿cómo ha nacido en mi alma sentimiento tan vil... y tan nuevo en mí, Señor, porque jamás sentí envidia de nadie? Y ¿en qué consiste que la envidia *se me quita* de repente y vuelvo a querer al chiquillo?... No, no, no se me quita, no. Cuando me pasa el arrechucho siempre me queda una cierta hostilidad contra el muñeco ese, y si es verdad que me inspira lástima, también lo es que deseo que se muera. Analicemos bien. ¿Alguna vez he deseado que viva?—pausa—. Qué sé yo. Pocas habrán sido, y mis

recuerdos de este y el otro momento me dicen que por
lo común pienso que ese desdichado engendro estaría
mejor en la gloria, o en el Limbo..., sí, señor, en el
Limbo. Y otro síntoma que veo en mí es el absoluto convencimiento de que Dios ha hecho muy mal en mandarle
acá, como no haya venido para castigo del bárbaro y para
amargar los últimos años de su vida. Sea lo que quiera,
el tal Valentinico..., me lo diré claro, como debo decirme
las cosas a mí mismo, en el confesonario de la conciencia,
que es como ponerse de rodillas ante Dios y descubrirle
toda nuestra alma..., el tal Valentinico me carga... Reconozco que allá nos vamos él y yo en candor infantil. Yo
discurro, él no; pero ambos somos igualmente niños.
Si yo, siendo como soy, estuviese ahora mamando y tuviera mi nodriza correspondiente, no sería más hombre
que él, aunque pegado a la teta resolviera en mi cabeza
todas las filosofías del mundo—pausa—. ¿Por qué me
causa profunda irritación el ver que mis hermanas no
viven más que para él, y se preocupan de la ropita, de la
teta, de si duerme o no, como si de ello dependiera la
suerte de toda la Humanidad? ¿Por qué, cuando oigo que
le miman, y le cantan, y le saltan en brazos, rabio interiormente porque no me hagan a mí lo mismo? Esto es
infantil, Señor; pero es como me lo digo, y no puedo
remediarlo. Me confieso toda la verdad, sin omitir nada,
y al hacerlo así siento alivio, el único alivio posible...
—pausa larguísima, abstracción—. Porque yo no sé lo
que me pasa ni cómo empieza el endiablado ataque. Es-
talla de súbito como un explosivo. Me invade todo el sistema nervioso en menos tiempo del que empleo en decirlo.
Si el ataque me coge con mi sobrino en brazos, necesito
echarme con la voluntad cinturones de bronce para no
dejarme caer sobre el pobre niño y ahogarle bajo mi
cuerpo. O bien me da la idea de lanzarle contra la pared
con la fuerza terrible que en mí se desarrolla. Una tarde
llegué a ponerle mi mano en el cuello; lo abarqué fácilmente, porque no está gordo que digamos el príncipe
de Asturias; apreté un poquitín, nada más que un poqui-

tín. Le salvaron los gemidos que dio y aquella ilusión que tuve..., alucinación de oírle decir: 'Tío, no me...' Fue un segundo espantoso. Mi conciencia venció... por nada, por la milésima parte del grueso de un pelo, que era la distancia que me separaba del crimen. Me temo que otra vez mi voluntad no llegue al punto crítico, y venza el impulso y resulte que, cuando me entero del acto de barbarie, ya está consumado y no lo puedo remediar. Yo lo siento, lo sentiré mucho; me moriré de vergüenza, de terror... Y cuando nos encontremos él y yo en el Limbo, víctima y verdugo, nos reiremos de nuestras discordias de por acá... ¡Cuánta miseria, cuánta pequeñez, qué estúpido combatir por quién es más! Valentín—le diré—, ¿te acuerdas de cuando te maté porque no me hacía gracia que fueras más que yo? ¿Verdad que tú, allá en los albores de tu voluntad, querías anonadarme a mí y me tirabas de los pelos con intención de hacerme daño? No me lo niegues. Tú eras muy malo: la sangre villana de tu padre no podía desmentirse. Si hubieras vivido, habrías sido el vengador de los Aguilas deshonrados y habrías dado tortura a tu madre, que hizo mal, muy mal, en ser madre tuya. Reconócelo: mi hermana no debió casarse con el bruto de tu papá, ni yo debí ser tu tío. Y admitido que el casamiento tenía que efectuarse, no debiste nacer tú, no, señor. Fuiste un absurdo, un error de la Naturaleza...—pausa—. Y también te digo que la noche que naciste tuve yo unos celos terribles, y cuando tu padre se acercó a mí para decirme que te había dado la gana de nacer, poco me faltó para llenarle de injurias... Conque ya ves... Y ahora estamos iguales tú y yo. Ninguno de los dos es más que el otro, y ambos nos pasamos la eternidad en esta forma impalpable, divagando por espacios grises sin término, sin más distracción que describir curvas ni más juguete que nosotros mismos, rasgando en medio del caos las masas de luz espesa...»

Cinco

Su hermana Cruz solía sacarle de estos éxtasis dolorosos con el golpe seco de su razonamiento positivo. Poniendo en su lenguaje una de cariño y otra de severidad,
le calmaba. Una tarde, hallándose Rafael con Zárate en
el gabinete, fue bruscamente atacado de su arrechucho.
Había puesto el ama en sus brazos a Valentín dormido,
para ir en busca de unas piezas de ropa al aposento con-
tiguo, y lo mismo fue sentir el peso del tierno infante,
que se le descompuso la fisonomía, temblaron sus labios
como atacado de mortal frío, encendióse su rostro, se le
contrajeron los brazos...

—Zárate, demonio de Zárate, ¿dónde estás?... Por
amor de Dios...—clamaba con voz ronca—. Toma el
niño, cógele, hombre, cógele pronto..., que si no le estrello contra el suelo... ¿Qué haces? No puedo más...
Zárate, cógele... ¡Dios mío!

Acudió al instante el sabio, cogió casi en el aire al niño;
despertóse éste dando berridos, y cuando apareció la
madre presurosa vio a su hermano que caía en el sofá
con epilépticas convulsiones. Pero rápidamente se rehizo,
y con nerviosa hilaridad, procurando estirar los músculos
y serenar su alterado rostro, decía:

—No es nada..., nada... Esto que me da..., una
tontería... Parece que me crecen las fuerzas..., que soy
un Hércules, o que me vuelvo de trapo y no sé tenerme...,
no sé... ¡Cosa más rara! Ya pasó, ya estoy bien... Quiero
estar solo... Que me lleven, que me saquen de aquí...
Y el niño..., ¿le ha pasado algo? ¡Pobrecito..., estas
criaturas son tan débiles! De ciento, los noventa y ocho
perecen...

Acudió también la hermana mayor, que con ayuda del
pedante le llevó a su cuarto, donde un rato después hablaba tranquilamente con su amigo, recordando episodios
de la época estudiantil. Ya cerca de la noche pidió que se
le llevara otra vez al gabinete de Fidela, y allí se entabló
conversación amena, porque entró Cruz diciendo:

—Parece cosa acordada que a tu marido le obsequiarán con un banquete monumental los leoneses, por su iniciativa en lo del ferrocarril.

Y Zárate, que era de los que mangoneaban en aquel asunto, confirmó la noticia, agregando que ya se habían inscrito unos ochenta, y que la Junta organizadora había tomado el acuerdo de no limitar la fiesta al *elemento leonés,* sino que podía inscribirse y asistir todo el que quisiera, pues así se daba a la manifestación carácter nacional, público y solemne homenaje al hombre extraordinario que ponía sus capitales y su inteligencia al servicio de los intereses públicos.

Cuando esto decía, y antes que Fidela y Cruz añadieran ningún comentario, entraron Torquemada y Donoso.

—Conque, Tor, ¿te van a dar un *comebú* muy grande?—le dijo su esposa—. Me alegro; que estas solemnidades no han de ser sólo para los literatos y poetas.

—No sé a qué vienen esas comilonas... Pero se empeñan en ello, y ¿qué he de hacer yo? *Mi línea de conducta* será comer y callar.

—Eso no—dijo Cruz—. Pues flojito discurso tendrá usted que pronunciar.

—¡Yo...!

—Tú, sí. Querido Tor, la salsa de esos banquetes está en los brindis.

—Brindarán ellos. Pero yo..., ¡hablar yo ante tanta gente ilustrada!

—No lo es usted menos—observó Cruz—. Y bien podrá decirles cosas muy saladas, si quiere; cosas de sentido práctico y de verdadera elocuencia, a estilo inglés.

—En ningún estilo abro yo la boca delante de tanto prohombre y de tanta eminencia.

—No habrá más remedio, querido don Francisco—indicó Donoso—, que decir cuatro palabras. Por más que se acuerde *que no haya brindis,* alguien ha de hablar, al menos para exponer el objeto de la solemnidad; y, naturalmente, usted tiene que dar las gracias..., una mani-

festación sencilla, sin pretensiones de elocuencia, frases
salidas del corazón...

El chiquillo soltó la risa, y todos, Torquemada el primero, considerando que se reía del discurso de su papá,
corearon su infantil alegría.

—Mico de Dios, ríete, sí, del discursito que va a pronunciar Tor. ¿Verdad que tú sabes hablar mejor que
él?... Déjate, que ya iremos los dos a silbarle.

—No tiene usted más remedio—dijo Zárate, dejándose ir a la adulación—que decirnos su pensamiento sobre
ciertas y determinadas materias *que agitan la opinión*.
Es más, lo esperamos ansiosos, y privarnos de oír su
palabra sería defraudar las esperanzas de todos los que
allí hemos de reunirnos.

—Pues *yo parto del principio* de que al buen callar
llaman Sancho. Despotriquen ellos todo lo que quieran,
y si veo que viene mucho incienso, les diré lacónicamente que yo no me pago de lisonjas, que soy muy práctico
y que me dejen en paz, ea.

—Usted prepárese—le dijo Cruz, que en aquella ocasión, como en todas, era maestra, sin alardear de ello—.
Penétrese bien del motivo por que le dan el banquete.
Fíjese en este punto y en el otro; haga su composición
de lugar; escoja las frases que le parezcan más oportunas, elija las palabras, y pongo mi cabeza a que hace
usted un discurso que llame la atención y deje tamañitos a los demás oradores que salgan por allí.

—Dudo mucho, Crucita—afirmó Torquemada, sentándose en el sofá junto al ciego—, que de esta boca,
que es muy torpe *de suyo,* salgan buenas oratorias, como
las que oímos en las *Cámaras.* Pero, en caso de que no
tenga más remedio que romper, yo haré por dejar bien
puesto el pabellón de la familia.

—También a mí—dijo el ciego, que hasta entonces
había permanecido silencioso—me da el corazón, como
a mi hermana Cruz, que va usted a revelársenos orador
de primer orden. Ya puesto a crecer, señor mío, crecerá
usted en todas las esferas. Y si habla esa noche mediana-

mente, el vulgo que le oiga saldrá diciendo que allá se
va usted con Demóstenes, y así lo creerá, y así se forma
la opinión. Cuanto haga y diga el señor marqués de San
Eloy será hoy tomado por lindezas, porque está en la
atmósfera del éxito. ¡Ah! Si usted siguiera mis indicaciones, yo me levantaría, después que hubieran hablado todos, y les diría: «Señores...»

Quiso interrumpirle Cruz, temiendo alguna salida impertinente; pero él no hizo caso, y alentado por el propio don Francisco, que le incitaba a exponer con entera
ingenuidad su pensamiento, prosiguió así:

—«Señores, valgo más, infinitamente más que vosotros, aunque muchos de los que me escuchan se decoren
con títulos académicos y con etiquetas oficiales que a mí
me faltan. Puesto que vosotros arrojáis a un lado la dignidad, yo arrojo la modestia, y os digo que me tengo
bien merecido el culto de adulación que me tributáis a
mí, reluciente becerro de oro. Vuestra idolatría me re-
volvería el estómago si no lo tuviera bien fortalecido
contra todos los ascos posibles. ¿Qué celebráis en mí?
¿Las virtudes, el talento? No; las riquezas, que son, en
esta edad triste, la suprema virtud y la sabiduría por excelencia. Celebráis mi dinero, porque yo he sabido ganarlo y vosotros no. Vivís llenos de trampas, unos en la
mendicidad de la vida política y burocrática, otros en la
religión del sablazo. Me envidiáis, veis en mí un ser superior. Pues bien: lo soy, y vosotros unos peleles que no
servís para nada, muñecos de barro cincelado con cierta
gracia; yo soy de estilo de Alcorcón; pero no de barro,
sino de oro puro. Peso más que todos vosotros juntos, y
si queréis probarlo, tomadme el tiento, arrimad el hombro a mi peana y llevadme en procesión, que no está de
más que paseéis por las calles a vuestro ídolo. Y mientras vosotros me aclamáis con delirio, yo mugiré, repito
que soy becerro, y después de felicitarme de vuestro
servilismo, viéndoos agrupados debajo de mí, me abriré
de las cuatro patas y os agraciaré con una evacuación
copiosa, en el bien entendido de que mi estiércol es efec-

tivo metálico. Yo *depongo* monedas de cinco duros y aun billetes de Banco, cuando con esfuerzos de mi vientre quiero obsequiar a mis admiradores. Y vosotros os atropelláis para cogerlo; vosotros recogéis este maná precioso; vosotros...»

Tan excitado se puso, gesticulando y alzando la voz, que Cruz hubo de cortarle el discurso, suplicándole que callara. Los que oían, tan pronto lo tomaban a broma, tan pronto se ponían serios, como queriendo apuntar la censura, y Donoso, principalmente, todo corrección y formulismo, se alegró mucho de que la primogénita tapase la boca a su hermano. En cambio, Torquemada celebró la perorata, y dando al orador palmetazos en la rodilla, le decía:

—Bien, muy bien, Rafaelillo. *La síntesis* del discurso me parece excelentísima, y por mi gusto yo *pronunciaría* eso, si encontrara un vocabulario de mucha trastienda para poder soltar tales perrerías con lenguaje de doble fondo, de ese que dice lo q ıe no dice. Pero verás como el pobre becerro no pronuncia más que un *mu* como una casa.

La aprobación de su cuñado le excitó más, y hubiera seguido en aquella locuacidad delirante si Cruz no llevara con gran esfuerzo la conversación a otro asunto. Zárate hizo el gasto, charlando de mil cosas que trajo por los cabellos, y Rafael metía baza en todas, expresando opiniones graciosísimas, ya sobre las nuevas teorías de la degeneración, ya sobre la quiebra de Panamá, los anarquistas o los diamantes del *sha* de Persia. A la hora de comer, trataron Rafael y Cruz del deseo que éste había manifestado diferentes veces de trasladarse al piso segundo, porque su habitación del principal era muy calurosa y estrecha, y en el segundo había dos hermosas piezas interiores, que no se utilizaban, y en las cuales el ciego podía vivir con más independencia. No había querido la hermana mayor consentir la traslación, porque abajo le tenía más cerca para vigilarle y cuidar de su persona; pero tanto insistió Rafael, que al fin, previa consulta con don Francisco, fue autorizada la mudanza, disponiéndose que Pinto durmiese en la habitación próxima para estar al cuidado del señorito. Contentísimo parecía éste de su cambio de aposento, porque arriba disponía de dos piezas muy capaces, en las cuales podía pasearse con holgura; no le molestaría el ruido de la calle y estaba más lejos del bullicio de la casa, que en noches de recepción o de gran comida era insoportable. Bromeando con Torquemada, le dijo:

—Me voy con usted. ¡Qué apostasía! ¡Instalarme tan cerquita del becerro de oro!... Vueltas del mundo. Yo, que fui el mayor enemigo del becerro, ahora le pido hospitalidad en su sacristía...

Seis

A principios de mayo celebróse el banquete en honor del grande hombre, y por Dios que no hay necesidad de investigar los pormenores de la fiesta, porque la Prensa de Madrid contiene en los números de aquellos días descripciones minuciosas de cuanto allí pasó. El local era de los más desahogados de Madrid, capaz para que comieran, en tres o cuatro mesas larguísimas, doscientas personas; pero como los inscritos pasaban de trescientos, por bien que quiso el fondista colocarlos, ello es que estaban como sardinas en banasta; y si funcionaban medianamente con un brazo, el otro tenían que metérselo en el bolsillo. A las siete ya hervía el salón, y los de la Junta organizadora, entre los cuales dicho se está que Zárate era uno de los más diligentes, se multiplicaban para colocar a todos y procurar que en la designación de puestos *presidiese* un criterio jerárquico. Sentáronse acá y allá personajes de nombradía política, militares de alta graduación, ingenieros, algún catedrático, banqueros y hombres adinerados, periodistas pobres de bolsillo, si ricos de ingenio; algún que otro poeta, y entre col y col, personas varias no mentadas aún por la fama, propietarios y rentistas de cuenta, y, en fin, gente distinguidísima, títulos del reino, etc... Predominaba, como observó muy bien Donoso, el *elemento serio* de la sociedad.

Mientras se iban acomodando los comensales, picante confusión y bullicio reinaban en el local. Estos, sentados ya y con la servilleta prendida, charlaban y reían; aquéllos dejaban un sitio para ponerse en otro, cerca del grupo de amigos más de su gusto. El adorno del salón era el que para estas solemnidades se usa comúnmente: cenefas de hojarasca verde, tarjetones con escudos de las provincias, deteriorados del uso que tienen en las verbenas; banderas nacionales tendidas en forma de ropa de baño puesta a secar. Todo ello es de la guardarropía patriótica del Ayuntamiento, que galantemente lo facilita, contribuyendo así al esplendor de la fiesta. Algunos tarjetones se añadieron, por iniciativa de Zárate, con los nombres de las cabezas de partido en la provincia de León, y en el centro de la anchurosa cuadra, hacia la cabecera de las mesas, veíase una laminota de la hermosa catedral con el lema, en cintas pintarrajeadas, de *pulchra leonina.*

Concuerdan los diferentes cronistas de aquel estupendo festín en la afirmación de que pasaban cinco minutos de las siete y media cuando entró don Francisco acompañado de su corte: Donoso, Morentín, Taramundi y algún otro que no se menciona. En lo que no hay conformidad es en las indicaciones de la cara que llevaba el tacaño, pues mientras un periódico habla de su palidez y emoción, otro sostiene que entró risueño y con los colores algo subidos. Aunque no conste en las relaciones del acto, bien puede afirmarse que al tomar asiento don Francisco en la cabecera sentáronse todos y empezó el servicio de la sopa. Daba gusto ver aquellas mesas y aquellas filas de señores de frac, calvos unos, peludos los otros, casi todos de una gravedad chinesca. Escaseaba el *elemento joven;* mas no el bullicio y alegría, pues entre trescientas personas, aunque éstas sean, por su edad y circunstancias, del género serio, nunca faltan graciosos que saben dar amenidad a los actos más fastidiosos de la vida.

Achantaditos en un extremo de la mesa lateral, a la mayor distancia posible de la cabecera, hallábase Serrano Morentín, Zárate y el licenciado Juan de Madrid, éste con la intención mas mala del mundo, pues preparábase a tomar nota de todas las gansadas y solecismos que forzosamente habría de decir, en su discurso de gracias, el grotesco tacaño, objeto de tan disparatado homenaje. Morentín anticipaba, con profético don, algunas ideas que don Francisco había de emitir, y hasta las palabras que emplear debía; Zárate aseguró conocer lo principal del discurso, induciéndolo de las preguntas que su amigo le hiciera en los días anteriores, y los tres, y otros que al grupo se agregaron, se relamían de gusto, esperando el divertidísimo sainete que a la hora de los brindis se les preparaba. Por supuesto mientras más desatinos dijese el bárbaro, con más fuerza le aplaudirían ellos, para empujarle por el camino de la necedad, y reírse más, y pasar un rato tan delicioso como en función de teatro por horas.

Pero no en todos los grupos predominaba este sentimiento de burlona hostilidad. Hacia el centro de una de las mesas, Cristóbal Medina, Sánchez Botín y compinches expresaban su curiosidad por lo que diría o dejaría de decir San Eloy en su contestación a los brindis.

—Es hombre tosco—afirmaba uno—, hombre de trabajo, y como tal, de palabra difícil. ¡Pero qué inteligencia, señores! ¡Qué sentido práctico, qué serenidad de juicio, qué puntería para dar en el blanco de todos los asuntos!

Y en otra parte:

—Veremos por dónde sale este don Francisco. Hablará poco. Es *un tío muy largo,* que esconde su pensamiento, como todas las inteligencias superiores.

En tanto, el marqués tacaño experimentaba emociones diversas, conforme se iba cumpliendo aquel programa de viandas que iban y viandas que venían. Comía poco, y no elogió ningún plato. Todos le sabían igual; eran,

ante su burdo criterio de gastrónomo de patatas y salpicón, las porquerías de siempre, lo mismo de su casa, guisado con menos arte, todo como de batallón. Al principio no se preocupó poco ni mucho de la soflama que
tenía que pronunciar. Su vecino, un señor viejo, leonés,
propietario rico, senador y algo beato, le entretuvo charlando de cosas y personas del Bierzo, y apartó su pensamiento del empeño literario en que le pondrían los brillantes oradores allí reunidos. Pero al tercer plato empezó el hombre a pensar en ello y a refrescar las ideas
que para el caso había traído de su casa, y que no estaban ya menos marchitas que los ramilletes de la mesa.
Tan pronto se le escapaban como le volvían al pensamiento, trayendo otras ideas nuevecitas que parecían nacer en el caldeado ambiente del inmenso comedor: «¡Re-
Cristo!—pensó, dándose ánimos—; que no me falten
las palabritas que tengo bien estudiadas; que no me equivoque en el término, diciendo peras por manzanas, y saldremos bien. De las ideas responde Francisco Torquemada, y lo que debo pedir a Dios, es que no se me
atraviese el vocablo.»

Aunque su propósito era no beber gota, para conservar su cabeza en absoluto despejo, alguna vez hubo de
quebrantar su propósito, y cuando le sirvieron el asado,
gallina o pavipollo, más duro que la pata de un santo,
con ensalada sin cebolla, desabrida y lacia, sintió que le
subían vapores a la cabeza y que la vista se le turbaba.
¡Cosa más rara! Vio a doña Lupe, sentada hacia el pro-
medio de una de las mesas centrales, y vestida de hombre propiamente, con la pechera de la camisa como un
pliego de papel satinado, corbata blanca, frac, florecilla
en el ojal... Apartó de la extraña figura sus ojos, y al
poco rato volvió a mirar. Doña Lupe se había ido; bus-
cóla, examinando una por una todas las caras, y al fin
la encontró de nuevo en uno de los mozos que iban pasando las fuentes de comida, el cual, con servil amabilidad, sonreía exactamente lo mismo que ella. No había
duda de que era la propia señora *de los Pavos,* con su bo-

quita plegada y sus ojos vivarachos. Sin duda, al llamamiento patriótico de los leoneses había salido del sepulcro, dejándose en él, por causa de la precipitación, algunas partes de su persona; verbigracia: el moño, la teta
de algodón y todo el cuerpo de la cintura abajo. Visto de
cerca el camarero, resultaba tan exacto el parecido, que
Torquemada sintió algo de miedo. «¡Ay de mí!—pensó—. Con estas cosas se me trastorna la cabeza, y no es
mal lío el que armaré. Anda, anda: ya se me ha olvidado
todito lo que escribí anoche. ¡Y cuidado si estaba bien!...
Me he lucido: ni una jota recuerdo.»

Afanado buscó a Donoso entre los que a una banda
y otra tenía en fila de honor, como los apóstoles en el
cuadro de la *Cena,* y notó vacío el puesto de su amigo,
que en aquel momento hubiérale sido de gran ayuda,
pues sólo con que él le alentara recobraría la serenidad,
y con la serenidad la memoria.

—¿Qué ha sido de don José?—preguntó con viva inquietud.

Pronto fue informado de que había tenido que abandonar la mesa, porque le avisaron que su esposa se hallaba en peligro de muerte. Contrariedad no floja era ésta
para el tacaño, pues sólo con mirar a Donoso las ideas se
le refrescaban, y acudían a su mente las palabras finas
y el habla elegante, acompasada y ceremoniosa.

Pues, señor, no había más remedio que salir del paso
como se pudiera. Procuraría reconcentrar todas las energías del caletre, sin dejar de atender a la charla de los
dos *apóstoles* que a su lado tenía. No tardaron en apuntar en su mente algunos conceptos de lo que había escrito la noche anterior; pero las ideas aparecieron en dos
o tres formas, porque escribió primero algo que no hubo
de parecerle bien, y lo rompió, y vuelta a escribir, y a
romper... Vamos, que aquello era un ciempiés. Por suerte suya, recordaba perfectamente diversas formulillas retóricas oídas en el Senado, y que se pegaban a su magín
como líquenes a la roca... Luego, algo había que dejar a
la inspiración del momento, sí, señor...

Sirvieron una como torta que don Francisco no supo si era cosa de hielo o de fuego, porque por un lado quemaba y por otro ponía los dientes como si mascaran nieve... No se dio cuenta del curso del tiempo, y de pronto vio que entre él y el comensal de la derecha se introducía el brazo del mozo con una botella, y que le echaba champaña en la copa chata. En el mismo instante sintió tiroteo de taponazos y una algazara, un murmullo sordo y penetrante... Levantóse uno de aquellos *puntos,* y por espacio de medio minuto no se oyó más que el chicheo de los que mandan callar. Prodújose al fin un silencio relativo, y... ahí va el discursito en nombre de la Junta organizadora, explicando el objeto de aquel homenaje.

Siete

En rigor de verdad, el primer orador (un señor director, cuyo nombre no hace al caso), retinto, de libras, habló malditamente, aunque otra cosa dijeran, rindiendo culto a la cortesía, los periódicos de la mañana. ¡Cuánta vulgaridad! Que le dispensaran si *hacía uso* de la palabra, *asumiendo la representación* de la Junta organizadora, él, tan humilde; él, tan poca cosa; él, sin duda, el último...; pero por lo mismo que era el último, hablaba el primero, para dar las gracias al ilustre hombre que se había dignado aceptar, etc. Enumeró las batallas que hubieron de librarse contra la modestia del grande hombre, lucha horrible, en la cual la modestia se defendió bravamente, y hubo que traer casi a rastras al señor marqués de San Eloy, hombre de trabajo, hombre de aislamiento y soledad, hombre de silencio fecundo, hombre que huía del brillo social y de los trompetazos de la fama. Pero no le valía. Forzoso era, para bien de la misma sociedad, sacarle a tirones de su retiro, traerle a donde pudiera recibir los plácemes que merecía..., «rodearle de nuestros cariños, de nuestros homenajes, de nuestros..., de nuestros *loores, señores,* para que sepa lo que vale, para que la

sociedad pueda expresarle su inmensa gratitud por los
beneficios que de su inteligencia poderosa ha recibido...
He dicho.» (*Grandes aplausos; el orador se sienta muy
sofocado, limpiándose el sudor del rostro. Don Francisco
le abraza con el brazo izquierdo nada más.*)

No se había calmado el barullo producido por el primer discurso, cuando allá, en el opuesto extremo del salón, surgió un señor alto y seco, que debía de tener fama
de orador brillante, porque le precedió un murmullo de
expectación, y todo el grave concurso se relamía de satisfacción por las sublimes cosas que pronto se oirían.
En efecto, el demonio del hombre era una máquina eléctrica. Hablaba con la boca, con los brazos, que parecían
aspas de molino; con las trémulas manos, que casi tocaban el techo; con los crispados dedos, con todo el semblante congestionado, echando fuego; con los ojos, que se
le salían del casco; con los lentes, tan pronto caídos, tan
pronto puestos sobre el caballete de la nariz por la misma mano que quería horadar el techo. Tal era el desbor-
damiento de su oratoria enfática y calidoscópica, que si
aquello dura más de quince minutos, todos salen de allí
con el mal de San Vito. ¡Qué acumular idea sobre idea,
qué vértigo de figuras, corriendo como vagonetas des-
carriladas, que al chocar montan unas sobre otras; qué
tono furiosamente altísono, desde el primer momento,
tanto, que no había gradación posible, y su oratoria era
una sucesión delirante de finales de efecto! Como el tal
ingeniero (no sé si por Madrid o por Lieja), iniciador de
obras públicas tan grandiosas como impracticables, se
despotricaba con un lío espantoso de retóricas del orden
industrial y constructivo, y todo era carbón para allí, cal-
deras al rojo cereza por allá, las espirales de humo *que
escribían sobre el azul del cielo el poema* de la fabricación, el zumbido de los volantes, el chasquido de las
manivelas; y tras esto, las dínamos, las calorías, la fuerza
de cohesión, el principio vital, las afinidades químicas,
para venir a parar al arco iris, a las gotas de rocío que
descomponen el rayo solar, y qué sé yo, Dios de mi vida,

todo lo que salió de aquella boca. Y a todas éstas, nada
había dicho aún de don Francisco, ni se veía la relación
que el festejado pudiera tener con toda aquella monserga de gotas de rocío, dínamos y manivelas.

Sin abandonar el estilo vertiginoso y las gesticulacio-
nes epilépticas, hizo la gradación gallardamente. Presentó
a la Humanidad dándose de cachetes con la ciencia, como
quien dice. La ciencia bebía los vientos por redimir a la
Humanidad, y ésta emperrada en no dejarse redimir.
Naturalmente, nada se conseguiría hasta que aparecieran
los *hombres de acción*. Sin ellos, era impotente la señora
ciencia. Por fin, ¡hosanna!, aparecido había el hombre de
acción. ¿Y quién dirán ustedes que era el hombre de acción? Pues don Francisco Torquemada. (*Grandes aplausos como salutación al nombre.*) Después de un breve
panegírico del ilustre leonés, el orador se sentó, entre
un diluvio de aclamaciones de entusiasmo. Desplomóse
sin aliento en la silla, como un obrero que se cae del an-
damio, con todos los huesos rotos, y hay que llevarle
al hospital.

Siguió un paréntesis de bulla, risas y tiroteo ingenioso.

—Que hable don Fulano, que hable el señor Tal.

La concurrencia se hallaba en ese placentero estado
psicológico del cual se deriva toda la amenidad y gracia
de esta clase de festines. A cada quisque tocaba un poquitín de la vis cómica que se derramaba por todo el ámbi-
to del grandísimo comedor. Después de pinchar a éste
y al otro, levantóse, no sin hacerse mucho de rogar, un
señor pequeño y calvo. Había llegado el momento de la
aparición del gracioso, pues en la solemnidad banquetil,
para que el conjunto resulte completo, ha de haber una
sección recreativa, un orador que trate por lo festivo las
mismas cuestiones que los demás han tratado por lo grave. El indicado para *llenar este vacío* era un antiguo periodista, magistrado por poco tiempo, después diputado
cunero, y en algunas épocas de su vida contratista de
tablazón para envase de tabacos. Tal fama de gracioso

tenía, que antes que hablara, ya se desternillaban de risa
los oyentes.

—Señores—empezó—, nosotros hemos venido aquí
con fines muy malos, con intenciones aviesas, y yo, porque así me lo dicta mi conciencia, pido al señor gobernador, aquí presente, que nos lleve a todos a la cárcel.
(Risas.) Hemos traído engañado al excelentísimo señor
marqués de San Eloy. El vino a honrarnos con su compañía en esta mesa pobre..., y ahora resulta que le damos un *menú* (que algunos llaman *minuta*) de discursos,
un verdadero *indigestivo* para que le haga daño la comida.

El preámbulo fue muy divertido, y luego entró en materia, diciendo:

—Ninguno de los aquí presentes sabe quién es el marqués de San Eloy, y yo, que lo sé, os lo voy a decir. El
marqués de San Eloy es un pobrecito, y los ricos, los
poderosos, somos los que le festejamos. *(Risas.)* Es un
pobrecito que pasaba por la calle, y le hemos invitado a
que entrara aquí, y entra y participa de nuestro festín...,
No, no reírse; pobrecito dije, y os lo voy a demostrar.
No es rico el que, poseyendo riquezas, las consagra a
labrar el bien de la Humanidad. Es tan sólo un depositario, un administrador, no de lo suyo, sino de lo nuestro,
porque lo destina a mejorar nuestra condición moral y
material. *(Aplausos, aunque el argumento a nadie con-
vencía.)*

Prosiguió ensartando disparates y jugando con la pa-
radoja, hasta que terminó ofreciendo cómicamente su protección al *administrador de la Humanidad,* don Francisco
Torquemada. Imposible mencionar todo lo que después
se dijo en varios tonos; hubo discursos buenos y breves,
otros largos, difusos y sin ninguna sustancia. Un señor
habló en nombre de la provincia de Palencia, limítrofe
de la de León, asegurando que no hacían falta tantos
ferrocarriles, aunque él no los combatía, ¡cuidado!, y que
los capitales deben emplearse en canales de riego. Otro
habló en nombre del Ejército, al que pertenecía, y el de

más allá, en nombre de la Marina mercante. Alguien dijo
también cosas muy entonadas en nombre de la clase aristocrática y en nombre del Colegio de Notarios, y el
gobernador expresó su sentimiento porque el señor de
Torquemada no fuese hijo de Madrid, idea contra la cual
protestaron airados los leoneses; pero el gobernador re-
machó la idea, asegurando que León y Madrid vivían en
perfecta fraternidad. Saltó uno de Astorga, llamando a
Madrid su segunda patria, patria primera de sus hijos, y
al fin concluyó por echarse a llorar; y otro, que había
venido de Villafranca del Bierzo, aseguró ser sobrino del
cura que bautizó a don Francisco, lo cual fue el detalle
tierno de la solemnidad. Gracias a un oportunísimo *quite*
se pudo evitar que unos ñales de poetas leyeran los versos que ya tenían medio desenvainados con la intención
más alevosa del mundo. Por la calidad de las personas allí
reunidas, y el objeto *serio* de la solemnidad, no *estaba
en carácter* la lectura de composiciones poéticas. Y al fin,
se aproximaba el momento culminante. El héroe de la
fiesta, mudo y pálido, revolvía ya en su mente las primeras frases del discurso. En los breves instantes que le
faltaban hizo acopio de su valor y fijó bien en su mente
ciertas reglas que se había propuesto seguir; a saber: no
citar autores en concreto sin absoluta seguridad en la cita,
expresar vagamente y con frases equívocas todo aquello
de que no tuviese un gran dominio, quedarse siempre entre dos aguas sin decir blanco ni negro, como hombre
que más peca de reservado que de comunicativo, y pasar,
como sobre ascuas, sobre todo punto delicado de los que
no pueden tomarse en boca profana sin peligro de soltar
una barbaridad. Hecha esta preparación mental, y encomendándose a su ausente ídolo literario, el señor de Donoso, a quien creía llevar en esencia dentro de sí mismo,
como una segunda alma, levantóse y aguardó tranquilo a
que se produjese el silencio augusto que necesitaba para
empezar. Gracias a los diligentes taquígrafos que el narrador de esta historia llevó al banquete, por su cuenta
y riesgo, han salido en letras de molde los más brillantes

párrafos de aquella notable oración, como verá el que siga leyendo.

Ocho

—«Señores: No voy a pronunciar un discurso. Aunque quisiera, y vosotros..., digo que aunque vosotros gustarais de oírmelo, yo no podría, por causa de mi pobreza... *(Murmullos)*, de mi pobreza de medios oratorios. Soy un individuo rudo, *eminentemente* trabajador, y de la clase de pueblo, artesano *por excelencia* del negocio honrado... *(Bien, bien.)* No esperéis en mí discursos más o menos floreados, porque no he tenido tiempo de aprender la ciencia oratoria. Pero, señores y amigos, no puedo faltar a lo que exigen de mí vuestra cortesía y mi gratitud [1] y he de manifestar cuatro mal pergeñadas... manifestaciones, que si pobres de estilo y toscas de literatura, serán la expresión *sincera* de un corazón agradecido, de un corazón noble, de un corazón que late... [2], ahora y siempre, al compás de todo sentimiento hidalgo y generoso. *(Muy bien.)*

»Repito que no esperéis de mí bonitos discursos ni elocuentísimos períodos. Mis flores son los números; mis retóricas, el cálculo; mi elocuencia..., la acción. *(Aplausos.)* La acción, señores. ¿Y qué es la acción? Todos lo sabéis, y no necesito decíroslo. La acción es la vida, la acción es... lo que se hace, señores, y lo que se hace... dice más que lo que se dice. *Hase dicho... (Pausa)*, hase dicho que la palabra es plata y el silencio es oro. Pues yo añado que la acción es toda perlas orientales y brillantes magníficos. *(Aprobación calurosa.)*

»*Cábeme la satisfacción* de contestar a los señores que me han precedido en el uso de la palabra y al hacerlo... *(Pausa), cúmpleme declarar* que en manera alguna hubiera aceptado este inmerecido homenaje que me tribu-

[1] Frase aprendida de Donoso dos días antes.
[2] Procura recordar un final de párrafo que oyó en el Senado, y al fin lo enjareta como Dios le da a entender.

táis, absolutamente, si no me obligaran a ello consideraciones de este y el otro linaje, sin que *de cerca ni de lejos*
me hayan traído aquí móviles de vanidad... [1], hasta el
punto de que... mi ánimo..., vamos, que mi absoluto fin
era prevalecer en la *línea de conducta* que he observado
siempre, y afirmarme en la tesis de que debemos rehuir
cuanto *tienda* al enaltecimiento personal..., que ¡harta
representación tienen *en el actual momento histórico* las
personalidades, señores!... [2], y es tiempo ya de que
se glorifiquen los hechos, no las personas; los principios,
no las entidades..., que yo reconozco su mérito, señores, yo lo reconozco; pero ya es tiempo de que por encima del individuo personal estén los hechos, la acción, el
gran principio de obrar *(alzando la voz)* cada cual en su
propio elemento, y en *el círculo* de sus propias operaciones. *(Muy bien, bravo.)*

»¿Quién es el que tiene el honor de dirigiros su modesta palabra en este momento? Pues no es más que un
pobre obrero, un hombre que todo se lo debe a su misma iniciativa, a su laboriosidad, a su honradez, a su constancia. Nací, como quien dice, en la mayor indigencia,
y con el sudor de mi rostro he amasado mi pan, y he
vivido, *orillando* un día y otro las dificultades, cumpliendo siempre mis obligaciones y *evacuando* mis negocios
con la más estrictísima moralidad. Yo no he hecho ningún arco de iglesia; yo no he tenido arte ni parte con el
demonio, como *errada y torpemente* [3] creen algunos
(risas); yo no tengo el don del milagro. Si he llegado a
donde estoy, lo debo a que he tenido dos virtudes, y de
ello me alabo con vuestro beneplácito; dos virtudes.
¿Cuáles son? *Helas aquí:* el trabajo, la conciencia. He
trabajado en una *serie no interrumpida* de, de..., de
tareas *económico-financieras,* y he practicado el bien,

---

[1] El orador, que se animaba ya, creyéndose en terreno firme
y dominando toda la fraseología del Senado, se embarulla y no
acierta a terminar la oración.
[2] Encontrando al fin la salida de aquel laberinto.
[3] Adverbios que pescó en el Senado el día anterior.

haciendo todos los favores posibles a mis semejantes, y *labrando* la felicidad de cuantas personas me encontraba al alcance de mi acción. *(Bien, muy bien.)* Ese ha sido mi *desideratum,* y la idea que *he abrigado* siempre: hacer todo el bien que podía a mis semejantes. Porque el negocio, *vulgo* actividad, fijaos bien, señores, no está reñido con la caridad ni con la Humanidad más o menos doliente. Son dos elementos que se completan, dos *objetivos* que vienen a concurrir en un solo *objetivo; objetivo,* señores, del cual tenemos una imagen en nuestras conciencias, pero que reside en el Altísimo [1]. *(Grandes, ruidosos y entusiásticos aplausos.)*

»Pero si declaro que siempre fue mi *línea de conducta* hacer el bien a todos, sin distinción de clases, a todos, *tirios y troyanos,* también os digo que, como trabajador, *por excelencia,* nunca, nunca he *dado pábulo* a la ociosidad ni he protegido a gente viciosa, porque eso, ¡cuidado!, ya no sería caridad ni humanidad, sino falta de sentido práctico; eso sería *dar el mayor de los pábulos* a la vagancia. De mí se podrá decir todo lo que se quiera; pero no se dirá nunca que he sido el Mecenas de la holgazanería. *(Delirantes aplausos.)*

»He partido siempre del principio de que cada cual es dueño de su propio destino; y será feliz el que sepa labrarse su felicidad y desgraciado el que no sepa labrársela [2]. No hay que dejarse de la suerte... ¡Oh la suerte: pamplinas, tontería, *dilemas, antinomias, maquiavelismos!* No hay más desgracias que las que uno se *acarrea* con sus yerros. Todo el que quiere poseer los *intereses* materiales no tiene más que buscarlos. Busca y encontrarás, que dijo el otro. Sólo que hay que sudar, moverse, aguzar la entendedera, *en una palabra,* trabajar, *ora* sea en este, *ora* en el otro oficio. Pero lo que es dándose la gran vida en paseos y jaranas, charlando en los

---

[1] Frase tergiversada de otra que leyó el día anterior en un periódico.

[2] El orador, animado por los aplausos, habla con una serenidad y un desparpajo que ya quisieran muchos.

casinos o enredando con las buenas mozas *(risas)*, no se gana el pan de cada día..., y el pan está allí, allí, vedlo, allí [1]. Pero es menester que vayáis a cogerlo; porque él, el pan, no puede venir a buscarnos a nosotros. No tiene pies, se está muy quietecito esperando que vaya a cogerlo el hombre, a quien el Altísimo ha dado pies para correr tras el pan, inteligencia para saber dónde está, ojos para verlo y manos para agarrarlo... *(Bravos y palmadas frenéticas.)*

»De suerte, que si os pasáis el tiempo en diversiones, no tendréis pan, y cuando el hambre os haga salir de coronilla en busca de él, ya otros más listos lo habrán cogido..., los que supieron madrugar, los que supieron emplear todas las horas del día en el *clásico* trabajo, los que supiero*n* *evacuar* todas sus diligencias en tiempo oportuno, *n*o dejando nada para mañana; los que se plantearon la cuestión *de comer o no comer,* como el otro, que vosotros conocéis mejor que yo, y no necesito nombrarle; como el otro, digo, planteó la cuestión de *ser o no ser. (Admiración, estrepitosos aplausos.)* [2]

»Seamos prácticos, señores. Yo lo soy, y me alabo de ello, dejando a un lado la careta de la modestia, que ya con tanto quita y pon se va cayendo a pedazos de nuestros rostros. *(Ruidosos aplausos y voces de 'sí, sí'.)* Seamos prácticos, digo; *serlo* vosotros, y yo, que soy perro viejo, os recomiendo que lo seáis. *Ser* prácticos si no queréis que vuestra vida *revista los caracteres* de una *tela de Penélope.* Si hoy tejéis el bienestar con *elementos* superiores a vuestros medios, o *séase* posibles, mañana el *déficit* os obligará a destejerlo..., y siempre tendréis suspendida sobre vuestras cabezas *la espada de Aristóte-*

---

[1] Sintiéndose inspirado y lanzándose sin miedo a la improvisación.

[2] En todos los grupos se comenta favorablemente el discurso, en algunos con calor y entusiasmo. Oyense aquí y allí alabanzas ardientes: «¡Qué tío más largo! El será rudo, pero ¡qué juicio tan sagaz, qué sentido práctico!»

les... (Rumores.) Quiero decir... [1]. He dicho Aristóteles, porque... *(Se ríe, y ríen todos esperando un chiste)* tengo verdadera manía por este filósofo, que es el más práctico de todos. *(Sí, sí.)* Es mi hombre; le llevo en el pensamiento a todas horas del día. Y como *tengo para mí* que el tal Damocles, el de la espada, era un hijo de tal... o nadie sabe quién es... ¿Alguno de los que me escuchan sabe quién era ese Damocles? *(Risas. Voces de 'No, no..., no lo sabemos'.)* Pues yo estoy a matar con esas maneras de hablar, y he decidido que la famosa espada sea de Aristóteles..., vamos, que le armo caballero, porque es el hombre de mi devoción, es mi ídolo, señores, el hombre más grandioso de la antigua Grecia y del siglo de oro de todos los tiempos. *(Bravo, muy bien.)* [2]

»Perdonadme la digresión, y volvamos a la tesis. Atendamos más a la acción que a la palabra; obremos, obremos mucho y hablemos poco. Trabajar siempre, de *consuno* con nuestras necesidades y con el *valioso concurso* de todos los elementos que *concurran* a nuestro lado. Y hechas estas manifestaciones, que creo me imponía mi presencia en este augusto recinto... *(enmendándose)* y lo llamo augusto porque en él se reúnen tantas eminencias científicas, políticas y particulares... *(bien, bravo)*; hechas estas declaraciones, paso a concretar la cuestión. ¿A qué obedece esta comida? ¿Qué peculiar objetivo lleváis al festejarme a mí, tan humilde? Pues habéis visto en mí un hombre activo de *suyo,* dispuesto a patrocinar los grandes adelantos del siglo, a llevarlos al *estadio* de la práctica. Yo pongo mi corta inteligencia y mis ahorros al servicio de la patria; yo no miro a mi interés, sino al interés general, al interés público de la Humanidad, que bien necesitada está la pobrecita de que se interesen por ella. *Heme* lanzado a emprender obras muy impor-

[1] El orador conoce al instante su error, pero lo enmienda en seguida, muy terne.

[2] Comentarios de entusiasmo en la concurrencia. «Pero ¡qué tuno es! Sabe más que Lepe... ¡Qué gramática parda!»

tantísimas, sin ambición alguna de lucro privado, podéis creérmelo, y a favorecer a mi patria natal llevando la locomotora *con su penacho de humo* a través de los campos. Si yo no idolatrara la ciencia y la industria como las idolatro, si no fuera mi *bello ideal* el progreso, yo no patrocinaría la locomotora; patrocinaría el carromato y no vería más *lazo de unión* entre los pueblos que el *ordinario de Astorga* o *el ordinario de Ponferrada*. Pero, no, señores; yo soy hijo de mi siglo, del siglo eminentemente práctico, y patrocino el ordinario, mejor dicho, la ordinaria del mundo entero: la locomotora. (*Frenéticos aplausos.*)

»Adelante con la ciencia, adelante con la industria [1]. El mundo se transforma con los adelantos, y hoy nos maravillamos de ver la claridad preciosísima de la luz eléctrica donde antes lucían velones de aceite, velas de sebo, bujías esteáricas y el petróleo refinado [2]. De donde saco la consecuencia de que lo moderno acaba con las antiguallas. ¡Cuán gran verdad es, señores, que *esto matará aquello...*, como dijo, y dijo muy bien..., quien todos sabéis! (*Aplausos prolongados.*)

»Yo, señores, no me canso de repetíroslo, soy un hombre muy humildísimo, muy llano, de cortas facultades (*voces de «No, no»*), de pocas luces (*No, no*), de escasa instrucción; pero a formalidad no me gana nadie. ¿Queréis que *os defina mi actitud* moral y religiosa? Pues sabed que mis dogmas son el trabajo, la honradez (*murmullos de aprobación*), el amor al prójimo y las buenas costumbres. De estos principios parto yo siempre, y por eso he podido llegar a labrarme una posición independiente. Y no creáis que doy de lado, *por decirlo así*,

[1] En el grupo de los críticos, a veces se ríen con descaro, a veces disimulan su hilaridad, aplaudiendo estrepitosamente, en solfa. *Morentín*: «Pues tiene un no sé qué de elocuente este animal. Rebuzna oratoriamente.»

[2] El orador, sin dejar de hablar, dice para sí: «Voy muy bien. Paréceme que me estoy luciendo. ¡Qué siento que no me oiga Donoso!»

al dogma sagrado de nuestros mayores. No; yo sé dar
al César lo que es del César y al Altísimo... también lo
suyo. Porque a buen católico no me gana nadie, bien lo
sabe Dios, ni en lo de defender las *veneradas creencias.*
Adoro a mi familia, en cuyo... *foco,* en cuyo seno encuentro la felicidad, y os aseguro que de mi casa al cielo
no hay más que un paso... *(Con ternura.)* Yo no debía
hablar de estas cosas, que son del *elemento privado...*
(Voces: 'Sí, sí, que siga'.) Pero mi familia, o *séase* el
círculo del hogar doméstico, es lo primero en mi corazón, y pienso en ella siempre, y no puedo apartar del pensamiento aquellos pedazos de... No, no sigo; permitidme
que no siga... *(Gran emoción en el auditorio.)*

»De política nada os digo. *(Voces: 'Sí, sí.')* No, no
señores. No he llegado a saber todavía qué partidos tenemos, ni para qué nos sirven. *(Risas.)* Yo no he de *ser
Poder,* ni he de repartir credenciales..., no, no... Veo
que *pululan* los empleados, y que no hay nadie que se
decida a *castigar* el presupuesto. Claro, no *castigan* porque a los mismos castigadores les duele. *(Risas.)* Yo me
lavo las manos: *blasono* de obedecer al que manda y de
no *barrenar las leyes.* Respeto a *tirios y troyanos,* y no
regateo *el óbolo* de la contribución[1]. *A fuer* de hombre práctico, no hago la oposición sistemática, ni me meto
en *maquiavelismos* de ningún género. Soy *refractario* a
la intriga, y no acaricio más idea que el bien de mi patria,
tráigalo Juan, Pedro o Diego. *(Muy bien.)*

»Concluyo, señores..., porque ya estaréis fatigados de
oírme. *(No, no.)* Y yo también fatigado de hablar, pues
no tengo costumbre, ni sé expresarme con todo el brillo
peculiar, ni..., ni con la prosa correcta... que... En fin,
señores, concluyo con las manifestaciones de mi gratitud
por vuestras manifestaciones..., por este *holocausto*[2],

[1] En el grupo de los críticos. *Morentín*: «Pero ¿han visto
ustedes un ganso más delicioso?» *Juan de Madrid*: «Lo que veo
es que es un guasón de primera.» *Zárate*: «Como que nos está
tomando el pelo a todos los que estamos aquí.»
[2] Sofocadas risas en el grupo de los críticos.

por este homenaje magnánimo y verídico. Lo digo y lo repito: yo no merezco esto; yo soy indigno de obsequios tan... sublimes, y que no tienen *punto de contacto* con mis cortos merecimientos. No me atribuyáis a mí *rasgos* que no me pertenecen. La verdad ante todo. En la cuestión del ferrocarril no he hecho más que obedecer al impulso de un ilustre y particular amigo mío, aquí presente, y a quien no nombro por no ofender su *considerable* modestia. (*Todos miran al señor marqués de Taramundi, que baja los ojos y se sonroja ligeramente.*) Este amigo es el que ha movido toda la tramoya de la vía férrea, y a él se debe [1] *la coronación* del éxito, porque aunque no ha figurado para nada, *detrás de la cortina* ha manejado todo muy lindamente, de modo que bien puedo deciros que ha sido... [2], pasmaos, señores, el *Deus ex machina* del ferrocarril de Villafranca al Berrocal. (*Ruidosísimos aplausos. Los leoneses se rompen las manos.*)

»Pues... [3] ya no me resta más que deciros sino que mi gratitud será eterna, y en ningún modo efímera, no, y que todos los presentes, sin distinción de *tirios* ni de *troyanos (risas)*, me tienen incondicionalmente a su disposición. No es por alabarme; pero sé distinguir, y nadie me gana en servir a mis amigos y ayudarlos en... lo que necesiten, quiero decir, que en *cualesquiera* cosa en que necesiten de mi modesto concurso, pueden mandarme, en la seguridad de que tendrán en mí un seguro servidor, un amigo del alma y... un compañero, dispuesto a prestarles... todo el concurso *desinteresado*, todo el favor, todo el apoyo moral y material, toda la confianza del mundo..., siempre con el alma, siempre con el corazón... Les ofrezco, pues, con fina voluntad, mi hacienda, mi persona y todo cuanto soy y cuanto valgo. He dicho.»

[1] Prepárase el orador a soltar la frase bonita aprendida días antes, y en cuyo efecto confía, si acierta a decirla sin error de pronunciación.

[2] Parándose para recordar bien la frase antes de soltarla.

[3] La cara del orador irradia júbilo, por lo correcta que le salió la frase.

*(Aplausos frenéticos, delirantes aclamaciones, gritos, tu-
multo. Todo el mundo, en pie, palmoteando sin cesar, con
estrépito formidable. La ovación no tiene término.)*

Nueve

Los más próximos se precipitaron a abrazar al orador
triunfante, y aquello fue el delirio. ¡Qué estrujones, qué
vaivenes, qué sofocación! Por poco hacen pedazos al pobre señor, que con cara reluciente, como si se la hubieran
untado de grasa, los ojos chispos, la sonrisa convulsiva,
no sabía ya qué contestar a tan estrepitosas demostraciones. Y luego fueron llegando en confuso tropel los
comensales, disputándose el paso, y todos le achuchaban,
algunos con fraternal efusión y cierta ternura, efecto del
ruido, de los aplausos, de esa sugestión emocional que
se produce en las muchedumbres. Don Juan Gualberto
Serrano, entrecortada la voz, rojo como un pavo, y sudando la gota gorda, no le dijo más que:

—Colosal, amigo mío, colosal.

Y otro le aseguró no haber oído nunca un discurso
que más le gustase.

—Y ¡cómo se ve al hombre práctico, al hombre de
acción!—dijo un tercero.

—Tenemos aquí al apóstol del Sentido común. Así,
así se piensa y se habla. Mi enhorabuena más entusiás-
tica, señor don Francisco.

—Sublime... Venga un abrazo. ¡Qué cosas tan buenas, ¡oh!, nos ha dicho usted!...

—Y también ha sabido hablar al corazón. ¡Qué hombre!... Vaya, que de ésta le hacemos a usted ministro...

—¿Yo? Quítese allá—replicó el tacaño, que ya se
iba cargando de tanto estrujón—. He dicho cuatro frases
de cortesía, y nada más.

—Cuatro frases, ¿eh? Diga usted cuatro mil ideas
magníficas, estupendas... Venga otro abrazo. Francamente, ha sido un asombro.

De los últimos llegó Morentín y le abrazó con fingido cariño y sonrisa de hombre de mundo, diciéndole:

—Pero ¡muy bien! ¡Qué orador nos ha salido esta noche! No lo tome usted a broma; orador y de los grandes...

—Quite usted..., por Dios.

—Orador, sí, señor—añadió Villalonga, con la seriedad que sabía poner en su rostro en tales casos—. Ha dicho usted cosas muy buenas y muy bien parladas. Mi enhorabuena.

Y luego fue Zárate, que le abrazó llorando, pero llorando de verdad, porque además de pedante, era un consumado histrión, y le dijo:

—¡Ay, qué noche, qué emociones!... Mi enhorabuena en nombre de la ciencia..., sí..., de la ciencia, que usted ha sabido enaltecer como nadie... ¡Qué síntesis tan ingeniosa! *La ordinaria* del mundo entero! Bien, amigo mío. No lo puedo remediar: se me saltan las lágrimas.

Y al despedirse de todos, más abrazos, más apretones de manos y nuevos golpes de incensario. Asombrado de aquel bárbaro éxito, don Francisco llegó a dudar de que fuese verdad. ¡Si se burlarían de él! Pero no, no se burlaban, porque, en efecto, había hablado *con sentido*; él lo conocía y se lo declaraba a sí mismo, *eliminando* la modestia. No se consolaría nunca de que no le hubiera oído el gran Donoso.

Acompañáronle hasta su casa los más íntimos, y allá otra ovación. Noticias exactas habían llegado del exitazo, y lo mismo fue entrar en la sala que todas aquellas señoras se tiraron a abrazarle. Cruz y Fidela, que antes de la llegada de don Francisco, al enterarse de la gravedad de su amiga la señora de Donoso, habían pasado malísimo rato, desde que vieron entrar al héroe de la noche saltaron bruscamente de la pena al júbilo, y no pensaron más que en añadir sus voces al coro de plácemes.

—A mí no me sorprende tu triunfo, querido Tor—le dijo su esposa—. Bien sabía yo que hablarías muy bien.

Tú mismo no has caído aún en la cuenta de que tienes mucho talento.

—Yo, la verdad, esperaba un éxito—dijo Cruz—, pero no creí que fuera tanto. No sé a qué más puede usted aspirar ya. Todo lo tiene: el mundo entero parece que se postra a sus pies... Vamos, ¿qué pide usted ahora?

—¿Yo? Nada. Que a usted no se le ocurra ensanchar más el círculo..., señora mía. Bastante círculo tenemos ya. Ya no más.

—¿Que no?—dijo la gobernadora, riendo—. Ya verá usted. Si ahora empezamos... Prepárese.

—Pero todavía...—murmuró Torquemada, temblando como la hoja en el árbol.

—Mañana hablaremos.

Estas fatídicas palabras amargaron la satisfacción del flamante orador, que pasó mala noche, no sólo por la excitación nerviosa en que le pusiera su *apoteosis,* sino por las reticencias amenazadoras de su implacable tirana.

Al día siguiente trató en vano de recibir los plácemes de Rafael. Una ligera indisposición le retenía en su aposento del segundo piso, y no se dejaba ver más que de su hermana Cruz. Los periódicos de la mañana colmaron la vanidad oratoria del grande hombre, poniéndole en las nubes, y enalteciendo, conforme a la opinión del momento, su sentido práctico y su energía de carácter. Todo el día menudearon las visitas de personajes *propios y extraños,* algún diplomático, directores de Hacienda y Gobernación, generales, diputados y senadores, y dos ministros, todos con la misma cantinela: que el orador había dicho cosas *de mucha miga* y que había logrado *poner los puntos sobre las íes.* No faltaba ya sino que fuesen también el rey, y el Papa, y hasta el propio emperador de Alemania. La Iglesia no careció de representación en aquel jubileo, pues llegaron también, para incensar al tacaño, el reverendísimo provincial de los Dominicos, padre Respaldiza, y el señor obispo de Antioquía, los cuales agotaron el vocabulario de la lisonja.

—Bienaventurados—dijo con unción evangélica su ilustrísima—los ricos que saben emplear cristianamente sus caudales en provecho de las clases menesterosas.

Cuando se fue la última visita respiró el grande hombre, gozándose en la soledad de su casa y familia. Pero muy poco le duró el contento, porque le abordaron Fidela y Cruz en actitud hostil. Fidela callaba, asintiendo con la expresión a cuanto su hermana con fácil y altanera voz decía. Desde las primeras palabras, don Francisco se puso lívido, se mordía el bigote, comiéndose más de la mitad de las cerdas entrecanas que lo componían, y se clavaba los dedos en los brazos o en las rodillas, presa de terrible inquietud nerviosa. ¿Qué nueva dentellada daba la gobernadora a sus considerables *líquidos,* que más bien eran sólidos? Pues era de lo más atroz que imaginarse puede, y el tacaño se quedó como si sintiera que la casa se venía abajo y le sepultaba entre sus ruinas.

En el arreglo de la deuda de Gravelinas, el palacio ducal, tasado en diez millones de reales, era una de las primeras fincas que saldrían a subasta. Decíase que con dificultad se hallaría comprador, como no le metiese el diente Montpensier o algún otro individuo de la familia real, y se gestionaba para que lo adquiriese el Gobierno con destino a las oficinas de la Presidencia. Finca tan hermosa y señoril no podía ser más que del Estado o de algún príncipe. ¡Vaya con las ideas de aquel demonio en forma femenina, la primogénita del Aguila, y oráculo del hombre práctico y sesudo por excelencia! Júzguese de sus audaces proyectos por la respuesta que le dio don Francisco, casi sin aliento, tragando una saliva más amarga que la hiel.

—Pero ¿ustedes se han vuelto locas, o se han propuesto mandarme a mí a un manicomio? ¡Que me adjudique el palacio de Gravelinas, esa mansión de príncipes coronados..., vamos, que lo compre...! Como no lo compre el nuncio...

Rompió en una carcajada insolente, que hizo creer a la dama gobernadora que por aquella vez encontraría en su súbdito resistencias difíciles de vencer. Sintióse fuerte el tacaño en los primeros momentos, al desgarrar el hierro sus carnes, y sus resoplidos y puñetazos sobre la mesa habrían infundido pavor en ánimo menos esforzado que el de Cruz.

—Y tú, ¿qué dices?—preguntó don Francisco a su esposa.

—¿Yo?... Pues nada. Pero ¡si en el negocio con la casa del duque, comprendido el palacio y las fincas rústicas, has ganado el oro y el moro! Adjudícate el palacio, Tor, y no te hagas el pobrecito. Vamos, ¿a que te ajusto la cuenta y te pruebo que comprándolo tú viene a salirte por unos seis millones nada más?

—Quita, quita. ¿Qué sabes tú?

—Y en último caso, ¿qué son para ti seis ni diez millones?

Miróla don Francisco con indignación, balbuciendo expresiones que más bien parecían ladridos; pero pasado aquel desahogo brutal de su avaricia, el hombre se desplomó, sintiendo, ante las dos damas, una cobardía de alimaña indefensa, cogida en trampa imposible de romper. Cruz vio ganada la batalla, y por consideración al vencido, le argumentó cariñosamente, ponderándole las ventajas materiales que de aquella compra reportaría.

—Nada, nada; concluiremos en la miseria...—dijo el avaro con amargo humorismo—. Desde el campanario de San Bernardino, cuarenta siglos nos contemplan. Bien, bien; palacitos a mí. ¡Ay, mi casuca de la calle de San Blas, quién te volviera a ver! Que avisen a la funeraria; que me traigan el féretro; yo me muero hoy. Este golpe no lo resisto; ¡que me muero...! Ya lo dije yo en mi discurso: *esto matará a aquello*... Y yo pregunto a ustedes, señoras de palacio y corona, ¿con qué vamos a llenar aquellos inmensos salones, que parecen el hipódromo, y aquellas galerías más largas que la Cuaresma?... Porque todo ha de corresponder...

—Pues... muy sencillo—respondió Cruz tranquilamente—. Ya sabe usted que ha muerto don Carlos de Cisneros la semana pasada.

—Sí, señora..., ¿y qué?

—Que sale a subasta su galería.

—Una galería, ¿y para qué quieró yo galerías?

—Los cuadros, hombre. Los tiene de primer orden, dignos de figurar en reales museos.

—¡Y los he de comprar yo!... ¡Yo!—murmuró don Francisco, que de tanto golpe tenía el cerebro acorchado y estaba enteramente lelo.

—Usted.

—¡Ay, sí, Tor!—dijo Fidela—, me gustan mucho los cuadros buenos. Y que Cisneros los tenía magníficos, de los maestros italianos, flamencos y españoles. Pero ¡qué tonto, si eso siempre es dinero!

—Siempre dinero—repitió el tacaño, que se había quedado como idiota.

—Claro: el día en que a usted no le acomoden los cuadros, los vende al Louvre, o a la National Gallery, que pagarán a peso de oro los de Andrés del Sarto, Giorgione, Guirlandaio y los de Rembrandt, Durero y Van Dyck...

—¿Y qué más?

—Para que todo sea completo, adjudíquese usted también la armería del duque, de un valor histórico inapreciable; y, según he oído, la tasación es bajísima.

—El *Bajísimo* ha entrado en mi casa, y ustedes son sus ayudantes. ¡Conque también armaduras! Y ¿qué voy yo a pintar con tanto hierro viejo?

—Tor, no te burles—dijo Fidela, acariciándole—. Es un gusto poseer esas preseas históricas y exponerlas en nuestra casa a la admiración de las personas de gusto. Tendremos un soberbio museo y tú gozarás de fama de hombre ilustrado, de verdadero príncipe de las artes y de las letras; serás una especie de Médicis...

—¿Un qué...? Lo que yo compraría de buen grado ahora mismo es una cuerda para ahorcarme. Me lo puedes creer: no me mato por mi hijo. Necesito vivir para librarle de la miseria a que le lleváis vosotras y de la desgracia que le *acarreáis*.

—Tonto, cállate. Pues mira: yo que tú, me quedaría también con el archivo de Gravelinas; se lo disputaría al Gobierno, que quiere comprarlo. ¡Vaya un archivo!

—Como que estará lleno de ratas.

—Manuscritos preciosísimos, comedias inéditas de Lope, cartas autógrafas de Antonio Pérez, de Santa Teresa, del duque de Alba y del Gran Capitán. ¡Oh, qué hermosura! Y luego, códices árabes y hebreos, libros rarísimos...

—¿Y también eso lo compro?... ¡Ay, qué delicia! ¿Qué más? ¿Compro también el puente de Segovia, y los toros de Guisando? ¿Conque manuscritos, quiere decirse, muchas Biblias? Y todo para que vengan a casa cuatro zánganos de poetas a tomar apuntes y a decirme que soy muy ilustrado. ¡Ay Dios mío, cómo me duele el corazón! Ustedes no quieren creerlo, y yo estoy muy malo. El mejor día reviento en una de éstas y se quedan ustedes viudas de mí, viudas del hombre que ha sacrificado su natural ahorrativo por tenerlas contentas. Pero ya no puedo más, ya no más. Lloraría como un chiquillo si con estos resquemores no se me hubiera secado el *foco* de las lágrimas.

Levantóse al decir esto, y estirándose como si quisiera desperezarse, lanzó un gran bramido, al cual siguió una interjección fea, y tan pesadamente cayeron después sus brazos sobre las caderas, que de la levita le salió polvo. Todavía hubo de rebelarse en los últimos pataleos de su voluntad vencida y moribunda, y encarándose con Cruz, le dijo:

—Esto ya es una picardía... ¡Saquearme así, *dilapidar* mi dinero estúpidamente! Quiero consultar esta socaliña con Rafael, sí, con ése, que parecía el más loco de la familia y ahora es el más cuerdo. Se ha pasado a mi partido, y ahora me defiende. Que venga Rafaelito...; quiero que se entere de esta horrible cogida... El cuerno, ¡ay de mí!, me ha penetrado hasta el corazón... ¿Dónde está Rafaelito?... El dirá...

—No quiere salir de su cuarto—dijo Cruz, serena, victoriosa ya—. Vámonos a comer.

—A comer, Tor—repitió Fidela, colgándosele del brazo—. Tontín, no te pongas feróstico. Si eres un bendito y nos quieres mucho, como nosotras a ti...

—¡Brrr...!

Diez

Grave, gravísima la señora de Donoso. Las noticias que aquella mañana (la del *tantos* de abril, que había de ser día memorable) llegaron a la casa de los marqueses de San Eloy daban por perdida toda esperanza. Por la tarde se le llevó el Viático y los médicos aseguraban que no pasaría la noche sin que tuvieran término los inveterados martirios de la buena señora. La ciencia perdía en ella un documento clínico de indudable importancia, por cuya razón habría deseado la Facultad que no se extinguiera su vida, tan dolorosa para ella, para la ciencia, tan fecunda en experimentales enseñanzas.

De prisa y sin gana comieron Fidela y Cruz para ir a casa de Donoso. Se convino en que don Francisco se quedaría custodiando al pequeñuelo. La madre no iba tranquila si el papá no le prometía montar la guardia con exquisita vigilancia. También le encargó Cruz que cuidase de Rafael, que aquellos días parecía indispuesto, si bien sus desórdenes mentales ofrecían más bien franca sedación y mejoría efectiva. Mucho agradeció el tacaño que se le ordenara quedarse, porque se hallaba muy abatido y melancólico, sin ganas de salir y menos de ver morir a nadie. Anhelaba estar solo, meditar en su desgraciada suerte y revolver bien su propio espíritu en busca de algún consuelo para la tribulación amarguísima de la compra del palacio y de tanto lienzo viejo y armadura roñosa.

Fuéronse las dos damas, después de recomendarle que avisara al momento si alguna novedad ocurría, y haciendo bajar algunos papelotes, se puso a trabajar en el gabinete.

El chiquitín dormía, custodiado de cerca por el ama. Todo era silencio y dulce quietud en la casa. En la cocina charlaban los criados. En el segundo, Argüelles Mora, el tenedor de libros, a quien Torquemada había encargado un trabajo urgente, escribía solo. El ordenanza dormitaba en el banco del recibimiento, y de vez en vez oíase el traqueteo de los pasos de Pinto, que bajaba o subía por la escalera de servicio.

Al cuarto de hora de estar don Francisco haciendo garrapatos en la mesilla del gabinete vio entrar a Rafael, conducido por Pinto.

—Pues usted no sube a verme—díjole el ciego—, bajo yo.

—No subí porque tu hermana me indicó que estabas malito y no querías ver a nadie. *Por lo demás,* yo tenía ganas de verte y de echar un párrafo contigo.

—Yo también. Ya sé que tuvo usted anteanoche el gran éxito. Me lo han contado muy detalladamente.

—Bien estuvo. Como todos eran amigos, me aplaudieron a rabiar. Pero no me atontece el sahumerio, y sé que soy un pobre *artista* de la *cuenta* y *razón,* que no ha tenido tiempo de ilustrarse. ¡Quién me había de decir a mí, dos años ha, que yo iba a largar discursos delante de tanta gente culta y *facultativa*! Créelo; mientras hablaba, *para entre mí,* me reía del atrevimiento mío y de la tontería de ellos.

—Estará usted satisfecho—dijo Rafael serenamente, acariciándose la barba—. Ha llegado usted en poco tiempo a la cumbre. No hay muchos que puedan decir otro tanto.

—Es verdad. ¡Dichosa cumbre!—murmuró don Francisco en un suspiro, rumiando los sufrimientos que acompañaban a su ascensión a las alturas.

—Es usted el hombre feliz.

—Eso no. Di que soy el más desgraciado de los individuos y acertarás. No es feliz quien está privado de hacer su gusto y de vivir conforme a su natural. La *opinión pública* me cree dichoso, me envidia y no sabe que soy un mártir, sí, Rafaelito, un verdadero mártir *del Gólgota,* quiero decir, de la *cruz* de mi casa, o, en otros términos, un atormentado, como los que pintan en las láminas de la Inquisición o del infierno. *Heme aquí* atado de pies y manos, obligado a dar cumplimiento a cuantas ideas *acaricia* tu hermana, que se ha propuesto hacer de mí un duque de Osuna, un Salamanca o el emperador de la China. Yo rabio, pataleo y no sé resistirme, porque o tu hermana sabe más que todos los padres y que todos los abuelos de la Iglesia, o es la *papisa Juana* en figura de señora.

—Mi hermana ha sacado de usted un partido inmenso—replicó el ciego—. Es artista de veras, maestro incomparable, y aún ha de hacer con usted maravillas. Alfarero como ella no hay en el mundo: coge un pedazo de barro, lo amasa...

—Y saca... Vamos, que aunque ella quiera sacarme jarrón de la China, siempre saldré puchero de Alcorcón.

—¡Oh, no..., ya no es usted puchero, señor mío!

—Se me figura que sí. Porque verás...

Estimulado por la paz silenciosa de su albergue, y más aún por algo que bullía en su alma, sintió el tacaño, en aquel *momento histórico,* un grande anhelo de espontanearse, de revelar todo su interior. Lo raro del caso fue que Rafael sentía lo mismo, y bajó decidido a desembuchar ante el que fue enemigo irreconciliable los secretos más íntimos de su conciencia. De suerte que la implacable rivalidad había venido a parar a un ardiente prurito de confesión y a comunicarse el uno al otro sus respectivos agravios. Contóle, pues, Torquemada el conflicto en que se veía de tener que *hacerse* con un palacio y *la mar* de pinturas antiguas, *diseminando* el dinero y privándose del gusto inefable de amontonar sus ganancias para poder reunir un capital fabuloso, que era su *desideratum,* su *bello ideal* y su *dogma,* etc. Se condolió de su situación, pintó sus martirios y el desconsuelo que se le ponía en la caja del pecho cada vez que aprobaba un gasto considerable, y el otro trató de consolarle con la idea de que el tal gasto sería fabulosamente reproductivo. Pero Torquemada no se convenció y seguía echando suspiros tempestuosos.

—Pues yo—dijo Rafael, muellemente reclinado en el sillón, la cara vuelta hacia el techo y los brazos extendidos—, yo le aseguro a usted que soy más desgraciado, mucho más, sin otro consuelo que ver muy próxima la terminación de mis martirios.

Observábale don Francisco atentamente, maravillándose de su perfecta semejanza con un Santo Cristo, y aguardó tranquilo la explicación de aquellos sufrimientos, que superaban a los suyos.

—Usted padece, señor mío—prosiguió el ciego—, porque no puede hacer lo que le gusta, lo que le inspira su natural, reunir y guardar dinero; como que es usted avaro...

—Sí lo soy...—afirmó Torquemada con verdadero delirio de sinceridad—. Ea, lo soy, ¿y qué? Me da la gana de serlo.

—Muy bien. Es un gusto como otro cualquiera y que debe ser respetado.

—Y usted, ¿por qué padece, vamos a ver? Como no sea por la imposibilidad de recobrar la vista, no entiendo...

—Ya estoy hecho a la oscuridad... No va por ahí. Mi padecer es puramente moral, como el de usted, pero mucho más intenso y grave. Padezco porque me siento de más en el mundo y en mi familia, porque me he equivocado en todo...

—Pues si el equivocarse es motivo de padecer—replicó vivamente el tacaño—, nadie más infeliz que un servidor, porque *este cura,* cuando se casó, creía que tus hermanas eran unas hormiguitas capaces de guardar la Biblia, y ahora resulta...

—Mis equivocaciones, señor marqués de San Eloy —afirmó el ciego sin abandonar su actitud, emitiendo las palabras con tétrica solemnidad—, son mucho más graves, porque afectan a lo más delicado de la conciencia. Fíjese bien en lo que voy a decirle, y comprenderá la magnitud de mis errores. Me opuse al matrimonio de mi hermana con usted por razones diversas...

—Sí, porque ella es de sangre azul y yo de sangre... verde cardenillo.

—Por razones diversas, digo. Llevé muy a mal la boda; creí a mi familia deshonrada, a mis hermanas envilecidas.

—Sí, porque yo daba un poquito de cara con el olor de cebolla y porque prestaba dinero a interés.

—Y creí firmemente que mis hermanas rodaban hacia un abismo donde hallarían la vergüenza, el fastidio, la desesperación.

—Pues no parece que les ha pintado mal... el abismo de ñales.

—Creí que mi hermana Fidela, casándose por sugestiones de mi hermana Cruz, renegaría de usted desde la primera semana de matrimonio, que usted le inspiraría asco, aversión...

—Pues me parece que..., ¡digo!

—Creí que una y otra serían desdichadas y que abominarían del monstruo que intentaban amansar.

—¡Hombre, tanto como monstruo!...

—Creí que usted, a pesar de los talentos educativos de la *papisa Juana,* no encajaría nunca en la sociedad a que ella quería llevarle, y que cada paso que el advenedizo diera en dicha sociedad sería para ponerle más en ridículo y avergonzar a mis hermanas.

—Me parece que no desafino...

—Creí que mi hermana Fidela no podría sustraerse a ciertos estímulos de su imaginación, ni condenarse a la insensibilidad en los mejores años de la vida, y aplicándole yo la lógica vigente en el mundo para los casos de matrimonio entre mujer joven y bonita y viejo antipático, creí, como se cree en Dios, que mi hermana incurriría en un delito muy común en nuestra sociedad.

—Hombre, hombre...

—Lo creí, sí, señor; me confieso de mi ruin pensa-

miento, que no era más que la proyección en mi espíritu
del pensamiento social.

—Ya, se le metió a usted en la cabeza que mi mujer
me la pegaría... Pues mire usted, jamás pensé yo tal
cosa, porque mi mujer me dijo una noche..., en confianza
de ella para mí: «Tor, el día que te aborrezca me tiraré
del balcón a la calle; pero faltarte, nunca. En mi familia
es desconocido el adulterio y lo será siempre.»

—Cierto que ella pensaría eso; mas no se debe a tal
idea su salvación. Sigo: yo creí que usted no tendría hijos,
porque me pareció que la Naturaleza no querría sancionar
una unión absurda ni dar vida a un ser híbrido...

—Eh, hazme el favor de no poner motes a Valentín.

—Pues bien, señor mío, ninguna de estas creencias ha
dejado de ser en mí un tremendo error. Empiezo por
usted, que me ha dado el gran petardo, porque no sólo
le admite la sociedad, sino que se adapta usted admirable-
mente a ella. Crecen como la espuma sus riquezas, y la
sociedad, que nada agradece tanto como el que le lleven
dinero, no ve en usted el hombre ordinario que asalta
las alturas, sino un ser superior, dotado de gran inteligencia. Y le hacen senador, y le admiten en todas partes,
y se disputan su amistad, y le aplauden y glorifican, sin
distinguir si lo que dice es tonto o discreto, y le mima
la aristocracia, y le aclama la clase media, y le sostiene el
Estado, y le bendice la Iglesia, y cada paso que usted
da en el mundo es un éxito, y usted mismo llega a creer
que es finura su rudeza y su ignorancia ilustración...

—Eso no, no, Rafaelito.

—Pues si usted no lo cree, lo creen los demás, y váyase
lo uno por lo otro. Se le tiene a usted por un hombre
extraordinario... Déjeme seguir; yo bien sé que...

—No, Rafaelito; ténganme por lo que me tuvieren, yo
digo y declaro que soy un bruto..., claro un bruto *sui
generis*. A ganar dinero, eso sí, ¡cuidado!, nadie me echa
el pie adelante.

—Pues ya tiene usted una gran cualidad, si es cualidad
el ganar dinero a montones.

—*Seamos justos*: en negocios..., no es por alabarme...,
doy yo quince y raya a todos los que andan por ahí. Son
unos papanatas, y yo me los paso por... Pero fuera de
negocios, Rafaelito, *convengamos* en que soy un animal.

—¡Oh! No tanto: usted sabe asimilarse las formas sociales; se va identificando con la nueva posición. Sea como
quiera, a usted le tienen por un prodigio y le adulan
desatinadamente. Lo prueba su discurso de la otra noche
y el exitazo... Hábleme usted con entera ingenuidad, con
la mano en el corazón, como se hablaría con un confesor
literario: ¿Qué opinión tiene usted de su discurso y de
todas aquellas ovaciones del banquete?

Once

Levantóse Torquemada, y llegándose pausadamente al
ciego, le puso la mano en el hombro, y con voz grave,
como quien revela un delicadísimo secreto, le dijo:

—Rafaelito de mi alma, vas a oír la verdad, lo mismísimo que siento y pienso. Mi discurso no fue más que una
serie no interrumpida de vaciedades, cuatro frases que
recogí de los periódicos, alguna que otra expresioncilla
que se me pegó en el Senado y otras tantas migajas del
buen decir de nuestro amigo Donoso. Con todo ello hice
una ensalada... Vamos, si aquello no tenía pies ni cabeza..., y lo fui soltando conforme se me iba ocurriendo.
¡Vaya con el efecto que causaba! Yo tengo para mí que
aplaudían al hombre de dinero, no al *hablista*.

—Crea usted, don Francisco, que el entusiasmo de toda
aquella gente era un entusiasmo verdadero. La razón es
bien clara: crea usted que...

—Déjamelo decir a mí. Creo que todos los que me
oían, salvo *un núcleo* de dos o tres, eran más tontos
que yo.

—Justo; más tontos, sin exceptuar ningún núcleo. Y
añadiré: la mayor parte de los discursos que oye usted en
el Senado son tan vacíos y tan mal hilvanados como el
de usted; de todo lo cual se deduce que la sociedad pro-

cede lógicamente ensalzándole, pues por una cosa o por
otrá, quizá por esa maravillosa aptitud para traer a su
casa el dinero de las ajenas, tiene usted un valor propio
muy grande. No hay que darle vueltas, señor mío; y
vengo a parar a lo mismo: que yo he padecido una crasa
equivocación, que el tonto de remate soy yo.

Al llegar a este punto empezó a perder aquella serenidad triste con que hablaba, y ponía en su voz más vehemencia, mayor viveza en sus ademanes.

—Desde el día de la boda—prosiguió—, desde muchos
días antes, se trabó entre mi hermana Cruz y yo una
batalla formidable; yo defendía la dignidad de la familia,
el lustre de nuestro nombre, la tradición, el ideal; ella
defendía la existencia positiva, el comer después de tantas
hambres, lo tangible, lo material, lo transitorio. Hemos
venido luchando como leones, cada cual en su terreno,
yo siempre contra usted y su villanía grotesca; ella siempre a favor de usted, elevándole, depurándole, haciéndole
hombre y personaje y restaurando nuestra casa; yo, siempre pesimista; ella, optimista furibunda. Al fin, he sido
derrotado en toda la línea, porque cuanto ella pensó se
ha realizado con creces, y de cuanto yo pensé y sostuve
no queda más que polvo. Me declaro vencido, me entrego,
y como la derrota me duele, yo me voy, señor don Francisco, yo no puedo estar aquí.

Hizo ademán de levantarse, pero Torquemada volvió
hacia él, sujetándole en el asiento.

—¿Adónde tiene usted que ir? Quieto ahí.

—Decía que me iba a mi cuarto... Me quedaré otro ratito, pues no he concluido de expresarle mi pensamiento.
Mi hermana Cruz ha ganado. Era usted... quien era, y
gracias a ella es usted... quien es. ¡Y se queja de mi
hermana, y la moteja y ridiculiza! Si debiera usted ponerla en un altar y adorarla.

—Te diré: yo reconozco... Pondríala yo en el sagrario
bendito si me dejara capitalizar mis ganancias.

—¡Oh! Para que sea más asombrosa la obra de mi
hermana, hasta le corrige a usted su avaricia, que es su

defecto capital. No tiene Cruz más *objetivo,* como usted dice, que rodearle de prestigio y autoridad. Y ¡cómo se ha salido con la suya! ¡Ese sí que es talento práctico y genio gobernante! Por supuesto, hay algo en mis ideas que queda fuera de la equivocación, y es la idea fundamental: sostengo que en usted no puede haber nunca nobleza, y que sus éxitos y su valía ante el mundo son efectos de pura visualidad, como las decoraciones de teatro. Sólo es efectivo el dinero que usted sabe ganar. Pero siendo su encumbramiento de pura farsa, es un hecho que me confunde, porque lo tuve por imposible; reconozco la victoria de mi hermana, y me declaro el mayor de los mentecatos...—levantándose bruscamente—. Debo retirarme..., abur.

Otra vez le detuvo don Francisco, obligándole a sentarse.

—Tiene usted razón—añadió Rafael con desaliento, cruzando las manos—; aún me falta la más gorda, la confesión de mi error capital... Sí, porque mi hermana Fidela, de quien pensé que le aborrecería a usted, sale ahora por lo sublime y es un modelo de esposas y de madres, de lo que yo me felicito... Diré, poniendo toda la conciencia en mis labios, que no lo esperaba; tenía yo mi lógica, que ahora me resulta un verdadero organillo al cual se le rompe el fuelle. Quiero tocar, y en vez de música salen resoplidos... Sí, señor, y puesto a confesar, confieso también que el chiquitín, que ha venido al mundo contraviniendo mis ideas y burlándose de mí, me es odioso..., sí, señor. Desde que esa criatura híbrida nació, mis hermanas no hacen caso de mí. Antes era yo el chiquitín; ahora soy un triste objeto que estorba en todas partes. Conociéndolo, he querido trasladarme al segundo, donde estorbo menos. Iré ascendiendo hasta llegar a la buhardilla, residencia natural de los trastos viejos... Pero esto no sucederá, porque antes he de morirme. Esta lógica sí que no me la quita nadie. Y a propósito, señor don Francisco Torquemada, ¿Me hará usted un favor, el primero que le he pedido en mi vida, y el último también?

—¿Qué?—preguntó el marqués de San Eloy, alarmado del tono patético que iba tomando su hermano político.

—Que trasladen mi cuerpo al panteón de los Torre-Auñón, en Córdoba. Es un gasto que para usted significa poco. ¡Ah! Otra cosa: ya me olvidaba de que es indispensable restaurar el panteón. Se ha caído la pared del Oeste.

—¿Costará mucho la restauración?—preguntó don Francisco con toda la seriedad del mundo, disimulando mal su desagrado por aquel imprevisto dispendio.

—Para dejarlo bien—respondió el ciego en la forma glacial propia de un sobrestante—, calculo que unos dos mil duros.

—Mucho es—afirmó el tacaño marqués, dando un suspiro—. Rebaja un poquito: no, rebaja un cuarenta por ciento lo menos. Ya ves el *llevarte* a Córdoba ya es un pico... Y como somos marqueses, y tú de la *clásica* nobleza, el funeral de primera no hay quien te lo quite.

—No es usted generoso, no es usted noble ni caballero, regateándome los honores póstumos que creo merecer. Esta petición que acabo de hacerle hícela por vía de prueba. Ahora sí que no me equivoco: jamás será usted lo que pretende mi hermana. El prestamista de la calle de San Blas sacará la oreja por encima del manto de armiño. Aún no se ha perdido toda la lógica, señor marqués consorte de San Eloy. Lo del panteón y lo de llevarme a Córdoba es broma. Echeme usted a un muladar: lo mismo me da.

—Ea, poco a poco. Yo no he dicho que... Pero, hijo, ¿tú estás en Babia, o te has propuesto tomarme el pelo, *por decirlo así*? Si no has de morirte ni ése es el camino... En el caso de una peripecia, ¡cuidado!, yo no habría de reparar...

—A un muladar, digo.

—Hombre, no. ¡Qué pensarían de mí! Esta noche, tan pronto te da por lo *poético* como por lo gracioso... Pero qué, ¿te vas al fin?

—Ahora sí que es de veras—dijo el ciego, levantándose—. Me vuelvo a mi cuarto, donde tengo que hacer.

¡Ah! Se me olvidaba. Rectifico lo del odio al chiquitín. No es sino en momentos breves como el rayo. Después me quedo tan tranquilo, y le quiero, crea usted que le quiero. ¡Pobre niño!

—Durmiendo está como un ángel.

—Crecerá en el palacio de Gravelinas, y cuando vea en aquellos salones las armaduras del Gran Capitán, de don Luis de Requeséns, Pedro de Navarro y Hugo de Moncada, creerá que tales santos están en su iglesia propia. Ignorará que la casa de Gravelinas ha venido a ser un Rastro decente, donde se amontonan, hacinados por la basura, los despojos de la nobleza hereditaria. ¡Triste fin de una raza! Crea usted—añadió con tétrica amargura—que es preferible la muerte al desconsuelo de ver lo más bello que en el mundo existe en manos de los Torquemadas.

A responderle iba don Francisco; pero él no quiso oírle, y salió tentando las paredes.

Doce

Llevóle Pinto pausadamente a su cuarto del segundo, y en el principal quedó el tacaño lleno de confusión por los extravagantes conceptos que a su dichoso cuñadito acababa de oír; de la confusión hubo de pasar a la inquietud, y recelando que estuviese enfermo, subió, y con discreto golpe de nudillos llamó a la cerrada puerta.

—Rafaelito—le dijo—, ¿piensas acostarte? *Me inclino a creer* que no estás muy en caja esta noche. ¿Quieres que avise a tus hermanas?

—No, no hay para qué. Me siento muy bien. Mil gracias por su solicitud. Pase usted. Me acostaré, sí, señor; pero esta noche no me desnudo. Me da por dormir vestido.

—Hace calor.

—Frío tengo yo.

—Y Pinto, ¿dónde está?

—Le he mandado que me traiga un poco de agua con azúcar.

Hallábase ya el ciego en mangas de camisa y se sentó cruzando una pierna sobre otra.

—¿Necesitas algo más? ¿A qué esperas para acostarte?

—A que venga Pinto a quitarme las botas.

—Te las quitaré yo, si quieres.

—*Nunca fuera caballero... de reyes tan bien servido* —dijo Rafael, alargando un pie.

—No es así—observó don Francisco con alarde de erudición, sacando la primera bota—. *De damas* se dice, no de reyes.

—Pero como el que ahora me sirve no es dama, sino rey, he dicho *de reyes... Velay,* como dicen ustedes, los próceres de nuevo cuño.

—¿Rey? ¡Ja, ja!... También me da tu hermana este tratamiento tan augusto... Guasón está el tiempo.

—Y tiene razón. La monarquía es una fórmula vana; la aristocracia, una sombra. En su lugar reina y gobierna la dinastía de los Torquemadas, *vulgo* prestamistas enriquecidos. Es el imperio de los capitalistas, el patriciado de estos Médicis de papel mascado... No sé quién dijo que la nobleza esquilmada busca el estiércol plebeyo para fecundarse y poder vivir un poquito más. ¿Quién lo dijo?... A ver..., usted, que es tan erudito...

—No sé... Lo que sé es que *esto matará aquello.*

—Como dice Séneca, ¿verdad?

—Hombre, Séneca, no... No *tergiverses*...—observó el marqués, sacando la segunda bota.

—Pues yo añado que la ola de estiércol ha subido tanto que ya la Humanidad huele mal. Sí, señor, y es un gusto huir de ella... Sí, señor, estos reyes modernísimos me cargan, sí, señor, sí. Cuando veo que ellos son los dueños de todo, que el Estado se arroja en sus brazos, que el pueblo los adula, que la aristocracia les pide dinero y que hasta la Iglesia se postra ante su insolente barbarie,

me dan ganas de echar a correr y no parar hasta el planeta
Júpiter.

—Y uno de estos reyes de pateta soy yo..., ¡ja, ja!...
—dijo don Francisco festivamente—. Pues bueno, como
soberano, aunque de sangre y cepa de plebe arrastrada,
ordeno y mando que no digas más tonterías y que te
acuestes y a dormir como un bendito.

—Obedezco—replicó Rafael, echándose vestido sobre
la cama—. Participo a usted, después de darle las gracias por haberse prestado, ¡todo un señor marqués!, a ser
esta noche mi ayuda de cámara, que de hoy en adelante
seré la misma sumisión y *la obediencia personificada,* y
no daré el menor disgusto ni a usted, mi cuñado ilustre,
ni a mis buenas hermanas.

Dijo esto sonriendo, los brazos rodeando la cabeza, en
actitud semejante a la de la maja yacente de Goya.

—Me parece bien. Y ahora... a dormir.

—Sí, señor; el sueño me rinde, un sueño reparador,
que me parece no ha de ser corto. Crea usted, señor marqués amigo, que mi cansancio pide un largo sueño.

—Pues te dejo. Ea, buenas noches.

—Adiós—dijo el ciego con entonación tan extraña,
que don Francisco, ya junto a la puerta, hubo de detenerse y mirar hacia la cama, en la cual el descendiente
de los Aguilas era, salvo la ropa, una perfecta imagen de
Cristo en el sepulcro, como lo sacan en la procesión del
Viernes Santo.

—¿Se te ofrece algo, Rafaelito?

—No..., digo sí..., ahora que me acuerdo...—incorporándose—. Se me olvidó darle un besito a Valentín.

—¡Qué tontería! ¿Y por eso te levantas? Yo se lo
daré por ti. Adiós. Duérmete.

Salió el tacaño, y en vez de bajar metióse en la oficina
donde trabajaba el tenedor de libros. Como sintiera al
poco rato los pasos de Pinto, le llamó. Díjole el criadito
que don Rafael se hallaba aún en vela, y que después de
tomar parte del agua con azúcar le había mandado por
una taza de té.

—Pues tráesela pronto—le ordenó el amo—y no te muevas del cuarto hasta que veas que está bien dormido.

Transcurrió un lapso de tiempo que el tacaño no pudo apreciar. Hallábanse él y Argüelles Mora revisando una larga cuenta, cuando sintieron un ruido seco y grave, que lo mismo podía ser lejano que próximo. Segundos después, alaridos de la portera en el patio, gritos y carreras de los criados en toda la casa... Medio minuto más y ven entrar a Pinto desencajado, sin aliento.

—Señor, señor...

—¿Qué, con mil Biblias?

—¡Por la ventana..., patio..., señorito... Pum!

Bajaron todos... Estrellado, muerto.

Uno

Las primeras claridades de un amanecer lento y pita-
ñoso, como de enero, colándose por claraboyas y traga-
luces en el interior del que fue palacio de Gravelinas, iba
despertando todas las cosas del sueño de la oscuridad,
sacándolas, como quien dice, de la nada negra a la vida
pictórica... En la armería, la luz matinal puso el primer
toque de color en el plumaje de yelmos y morriones;
modeló después con trazo firme los petos y espaldares, los
brazales y coseletes, hasta encajar por entero las gallar-
dísimas figuras, en quien no es difícil ver catadura de
seres vivos, porque la costra de bruñido hierro cuerpo
es de persona monstruosa y terrorífica, y dentro de aquel
vacío, ¡quién sabe si se esconde un alma!... Todo podría
ser. Los de a caballo, embrazando la adarga, en actitud de
torneo más que de guerra, tomaríanse por inmensos juguetes, que fueron solaz de la Historia cuando era niña...

465

En alguno de los guerreros de a pie, cuando ya la luz del día determinaba por entero sus formas, podía observarse que los maniquíes vestidos del pesado traje de acero se aburrían soberanamente, hartos ya de la inmovilidad que desencajaba sus músculos de cartón, y del plumero que les limpiaba la cara un sábado y otro, en miles de semanas. Las manos podridas, con algún dedo de menos, y los demás tiesos, no habrían podido sostener la lanza o el mandoble si no se los ataran con un tosco bramante. En lo alto de aquel lindo museo, las banderas blancas con la cruz de San Andrés colgaban mustias, polvorosas, deshilachadas, recordando los tiempos felices en que ondeaban al aire en las bizarras galeras del Tirreno y del Adriático.

Del riquísimo archivo se posesionó la claridad matutina en un abrir de ojos o de ventanas. En la cavidad espaciosa, de elevado techo, fría como un panteón y solitaria como templo de la sabiduría, rara vez entraba persona viviente, fuera del criado encargado de la limpieza y de algún erudito escudriñador de rarezas bibliográficas. La estantería, de alambradas puertas, cubría toda la pared hasta la escocia, y por los huequecillos de la red metálica confusamente se distinguían lomos de pergamino, cantos de ceñidos legajos amarillentos y formas diversas de papelería. Al entrar la vigilante luz retirábase cauteloso a su domicilio el ratón más trasnochador de aquellas soledades: contento y ahíto ya el muy tuno, seguido de toda la familia, pues entre padres, hijos, sobrinos y nietos se habían cenado en amor y compaña una de las más interesantes cartas del Gran Capitán al Rey Católico y parte de un curiosísimo *Inventario de alhajas y cuadros,* pertenecientes al virrey de Nápoles, don Pedro Téllez Girón, *el Grande de Osuna.* Estos y otros escandalosos festines ocurrían por haberse muerto de cólico miserere el gato que allí campaba y no haberse cuidado los señores de proveer la plaza, nombrando nuevo gato o gobernador de aquellos oscuros reinos.

Los rasgados ventanales del archivo y armería daban

a un patio, medianero entre aquéllos y el cuerpo principal del palacio, el cual, por dormir en él mucha y diversa gente, tardó algo más en ser invadido por los resplandores del día. Pero al fin, la grande y suntuosa mansión revivió toda entera, y la quietud se trocó casi de súbito en movimiento, el silencio nocturno en mil rebullicios que de una y otra parte salían. El patio aquel comunicaba por un luengo pasadizo, que más bien parecía túnel, con el departamento de las cocheras y cuadras, que el último duque de Gravelinas, concienzudo *sportman,* había construido de nueva planta, con todos los refinamientos y perfiles del gusto inglés en estas graves materias. Por allí se iniciaron los primeros ruidos y despérezos del diario trajín, patadas de hombres y animales, el golpe de la pezuña suave y el chapoteo duro de los zuecos sobre los adoquines encharcados, voces, ternos y cantorios.

En el primer patio aparecieron multitud de criados por diferentes puertas; mujeres que encendían braseros, chicos mocosos con bufanda al cuello y mendrugo en boca, que salían a dar el primer brinco del día sobre el empedrado o sobre la hierba. Un hombre con cara episcopal, gorra de seda, pantuflas de orillo, chaleco de Bayona y un gabán viejo sobre los hombros llamaba a los rezagados, daba prisa a los perezosos, achuchones a los pequeñuelos y a todos el ejemplo de su actividad y diligencia. Minutos después de su aparición se le veía en una ventana baja afeitándose con tanta presteza como esmero. Su rozagante cara resplandecía como un sol cuando volvió a salir, después de bien lavado, para seguir dando órdenes con voz autoritaria y acento francés. Una mujer de lengua muy suelta y puro sonsonete andaluz disputaba con él, ridiculizando sus prisas; pero al fin no tuvo más remedio de apencar, y allí sacó a tirones de las sábanas a un chicarrón muy guapo, y, llevándole de una oreja, le hizo zambullir la jeta en agua fría, le lavó y enjugó muy bien. Después de peinarle con maternal esmero, le puso el plastrón lustroso y duro y un corbatín blanco que le mantenía rígida la cabeza como el puño de un bastón.

Otro asomó con pipa en la boca, la mano izquierda
metida en una bota de lacayo, cual si fuera un guante, y
en la diestra un cepillo. Sin respeto al franchute, ni a la
andaluza, ni a los demás, empezó a vociferar colérico, gritando en medio del pasillo:

—¡Cuajo..., por vida del cuajo y del recuajo, esto es
una ladronera!... ¡Quisiera ver al cochino que me ha
birlado mi betún!... ¡Le quitan a uno su betún, y la sangre, y el cuajo de las ternillas!

Nadie le hacía caso. Y en medio del patio, otro, con
zuecos y mandil, chillaba furioso:

—¿Quién ha cogido una de las esponjas de la cuadra?
¡Dios, que ésta es la de todos los días, y aquí no hay
gobierno, ni *ministración,* ni orden público!

—Toma tu esponja, mala sangre—gritó una voz·mujeril
desde una de las ventanas altas—, para que puedas lavar-
te la tiña.

Se la tiró desde arriba, y le dio en mitad de la cara
con tanta fuerza que si fuera piedra le habría deshecho
las narices. Risas y chacota; y el maldito francés dando
prisa con paternales insinuaciones. Ya se había endilgado,
sobre la gruesa elástica, la camisola de pechera almido-
nada y brillante, disponiéndose a completar su atavío, no
sin dirigir a pinches y marmitones advertencias muy del
caso para desayunarse todos pronto y bien.

Los pasillos de aquel departamento convergían, por la
parte opuesta al patio, en una gran cuadra o sala de tránsito, que de un lado daba paso a las cocinas, de otro a la
estancia del planchado y arreglo de ropa. En el fondo,
una ancha puerta, cubierta de pesado cortinón de fieltro,
comunicaba con las extensas logias y cámaras de la morada ducal. En aquel espacioso recinto, que la servidumbre solía llamar *el cuartón,* una mujer encendía hornillas y
anafes, otra braseros, y un criado, con mandil hasta los
pies, ponía en ordenada línea varios pares de botas, que
luego iba limpiando por riguroso turno.

—Pronto, pronto, las del señor—díjole otro que presuroso entraba por la puerta del fondo—. Estas, tontín,

las gruesas... Ya se ha levantado, y allá le tienes dando zancajos por el cuarto, y rezándole al demonio Padrenuestros y Biblias.

—¡Anda! Que espere—replicó el que limpiaba—. Se las pondré como el oro. No podrá él hacer lo mismo con la sarna que tiene en su alma.

—A callar—díjole un tercero, añadiendo a la palabra un amistoso puntapié.

—¿Qué comes?—preguntó el embetunador, viendo que mascullaba.

—Pan y unas *miserias* de lengua trufada.

De la próxima cocina venía fuerte aroma de café. Allá acudieron uno tras otro, y el de las botas, con la mano izquierda metida en una, alargó la derecha para coger, del plato que presentaba un marmitón, tajadas de fiambres exquisitos. El francés se apipaba de lo lindo, y todos le imitaron, mascullando a dos carrillos, a medio vestir unos, otros en mangas de camisa y con las greñas sin peinar.

—Prisa, prisita, *amigos míos,* que a las nueve hemos de ir todos a la misa. Ya oísteis anoche. Vestida toda la servidumbre.

El portero se había enfundado ya en su librea, que hasta los pies le cubría, y se refregaba las manos pidiendo café bien caliente. El ayuda de cámara recomendaba que no se dejase para lo último el chocolate del señor marqués.

—Al *tío Tor*—dijo una voz bronca, que debía de ser de alguno de la cuadra—no le gusta más que el de a tres reales, hecho con polvo de ladrillo y bellotas...

—¡Silencio!

—Es hombre, como quien dice, de principios bastos, y por él comería como un pobre. Come a lo rico porque no digan.

—¡A callar! ¿Quién quiere café?

—Yo y nosotros... Oye tú, *Bizconde,* saca la botella de aguardiente.

—La señora ha dicho que no *haiga mañanas.*

—Sácala te digo.

Un marmitón de blanco gorrete, bizco por más señas, repartió copitas de aguardiente, dándose prisa en el escanciar, como los otros en el beber, para que no los sorprendiera el *jefe,* que a tal hora solía presentarse en la cocina, y era hombre de mal genio, enemigo declarado, como la señora, de las *mañanas.* El francés recomendaba la sobriedad, «para no echar vaho»; pero él se empinó hasta tres copas, diciendo al concluir:

—Yo no doy olor: me lo quito con una pastilla de menta.

En esto, el estridor repentino y vibrante de un timbre les hizo saltar a todos como poseídos de pánico.

—¡La señora!... ¡La señora!

Corrieron, unos a concluir de vestirse, otros a proseguir en los menesteres que entre manos traían. Una, que debía de ser doncella principal, se puso de un brinco en la puerta que al interior del palacio conducía, y desde allí gritó con voz de alarma:

—¡Despachaos, gandules, y a vestirse pronto!... El que falte ya se las verás con la señora.

Un segundo repiqueteo del sonoro timbre la llevó como el viento por galerías, salas y corredores sin fin.

Dos

—Es la misa que se celebra el once de cada mes, porque en día once parece que se tiró por el balcón un hermano de las señoras, que *sufría* de la vista—dijo el francés a su compañero y conciudadano el *jefe,* que acababa de entrar, y con él dos ayudantes, portadores de varios canastos bien repletos, con la compra del día.

Indiferente a todo lo que no fuera su cometido en la casa, sacudió la ceniza de su pipa y la guardó, disponiéndose a cambiar las ropas de caballero por el blanco uniforme de capitán general de las cocinas. Se vestía en el cuarto del otro francés, y allí tenía sus pipas, las raciones de tabaco de hebra y un buen repuesto de fiambres y licores para su uso particular.

Mientras el jefe de comedor cepillaba su frac, el de cocina revisaba en su *carnet,* retocando cifras, la cuenta de plaza.

—Ya, ya—murmuró—. Día once. Por eso tenemos diez cubiertos al almuerzo... ¿Conque misa? Eso no va conmigo. Soy hugonote... Ahora recuerdo: delante de mí venía ese clérigo... Yo andaba de prisa, y le pasé en la esquina. Debe de haber entrado por la puerta grande.

—¡Eh, Ruperto!...—gritó el otro, saliendo al pasillo—. Ya tienes ahí al padre Gamborena, que viene a echar la misa, y tú no has encendido la estufa de la sacristía.

—Sí, señor, ya está. San Pedro, como le dice el señor marqués por chunga, no ha llegado todavía.

—Corre..., entérate... A ver si está corriente todo el servicio del altar..., paños..., vino.

—Eso es cosa de Joselito... Yo ¿qué tengo que ver con la ropa de cura ni con las vinajeras?

—Hay que multiplicarse—dijo el francés oficiosamente, poniéndose el frac y estirándose los cuellos—. ¡Si uno no mete su nariz en todo sale cada ciempiés!...

Tiró hacia las estancias palatinas, que por aquella parte empiezan en una extensa galería en escuadra, con luces a un patio. En las paredes, estampas antiguas de talla dulce, con marcos de caoba, y mapas de batallas en perspectiva caballera: el suelo, de pita roja y amarilla, como un resabio de las barras de Aragón; los cristales velados por elegantísimos transparentes con escudos de Gravelinas, Trastamara y Grimaldi de Sicilia. Al término de esta galería una gallardísima escalera conduce a las habitaciones propiamente vivideras de la suntuosa morada. En la planta baja todo es salones, la rotonda, el gran comedor, el invernadero y la capilla, restaurada por las señoras del Aguila con exquisito gusto. Hacia ella iba el bueno del francés cuando vio que por la gran crujía que arranca del vestíbulo y entrada principal del palacio ve-

nía despacito, sombrero en mano, un clérigo de mediana
estatura, calvo y de color sanguíneo. Hízole gran reveren-
cia el fámulo; contestóle el sacerdote con un movimiento
de cabeza y se metió en la sacristía, en cuya puerta le
esperaba un lacayo de librea galoneada. Con éste cambió
breves palabras el francés, intranquilo hasta no cerciorarse de que nada faltaba en la capilla; disparó después
algunas chirigotas a la doncella, que subía cargada de
ropa; fue luego a echar un vistazo al comedor chico y
desde él sintió que un coche entraba en el portal. Oyóse
el pataleo de los caballos sobre el entarugado, después el
golpe de la portezuela.

—Es la de Orozco—dijo el francés a su segundo, que
ya tenía lista la mesa para los invitados que quisieran
desayunarse después de la misa—. Dama de historia, ¿eh?
Ella y la señora marquesa son uña y carne.

En efecto, desde la puerta del comedor chico vio entrar
a una esbelta dama, vestida de riguroso luto, que con la
franqueza de una amistad íntima se dirigió, sin ser anunciada, a las habitaciones altas. Otras dos y un caballero
entraron luego, pasando a un salón de la planta baja. De
minuto en minuto aumentaba el rebullicio de la numerosa
servidumbre, y daba gusto ver las pintorescas casacas, los
blancos plastrones, los fraques elegantes de toda aquella
chusma. A las nueve bajó Cruz del Aguila, dando el
brazo a su amiga Augusta, y por la escalera se lamentaban
de que Fidela, retenida en cama por un pertinaz ataque
de influenza, no pudiera asistir a la misa. Pasaron al salón,
y del salón, juntas con las otras damas, a la capilla, ocupando sitios de preferencia en el presbiterio. Lo demás
lo llenó la servidumbre, hombres, mujeres y niños. Pasó
revista la señora con su impertinencia a ver si faltaba alguno. No faltaban más que el jefe de la cocina y el de la
familia, excelentísimo señor marqués de San Eloy.

El cual, en el momento de empezar la misa, salió de
su habitación tan destemplado y con los humores tan
revueltos, que daba miedo verle. Calzado con gruesas
botas relucientes, la gorra de seda negra encasquetada

hasta las orejas, bata oscura de mucho abrigo, echóse al pasillo dando tumbos y patadas, tosiendo ruidosamente y masticando entre salivazos palabras de ira. Por una escalera interior bajó al patio de las cuadras, y no encontrando allí a ninguno de los *funcionarios de aquella sección,* descargó toda la rociada sobre un pobre anciano que disfrutaba un mezquino jornal temporero, y que a la sazón barría las basuras y cargaba de ellas una carretilla.

—Pero ¿qué es esto, ñales? ¡El mejor día les pongo a todos en la calle, como me llamo Francisco! ¡Gandules, arrapiezos, dilapadores de lo ajeno, canallas, sanguijuelas del Estado!... ¡Y ni tan siquiera avisasteis al veterinario para que vea la pata hinchada del *Bobo—Boby,* alazán de silla—y el muermo de *Marly!*—bayo, normando, de tiro—. Que se me mueran, ¡cuerno!, y el coste de ellos os lo sacaré de las costillas. ¿Conque misa? Vaya con las cosas que inventa ésa para distraerme a toda la dependencia y apartar al personal de sus obligaciones. ¡Ñales, reñales!...

Metióse luego por el cuartón, que era como el punto de cita de toda la servidumbre, y no viendo a nadie, siguió hacia el interior de la ducal morada, renegando y tosiendo y carraspeando; dio dos o tres vueltas por la galería de las estampas y de los mapas de guerras y combates; por último, en la mitad de un terno que se le quedó atravesado entre los dientes, con parte de la grosería fuera, parte de ella dentro, pegada a la lengua espumarajosa, hallóse junto a la capilla, y oyó un sonoro tilín dos veces, tres.

—Ea, ya están alzando—dijo en un gruñido—. Yo no entro. ¿Ni a santo de qué había de entrar, malditas Biblias?

Volvióse a su cuarto, donde acabó de vestirse, poniéndose levita, gabán y sombrero de copa, y, empuñando en una mano los gruesos guantes de lana, en otra el bastón de puño de asta, que conservaba de sus tiempos de guerra, bajó de nuevo, a punto que terminaba el oficio divino y los criados desfilaban presurosos, cada cual a su

departamento. Las damas, dos caballeros graves, Taramundi, Donoso y el señorito de San Salomó, que había
ya ayudado la misa, subieron a ver a Fidela. Escabullóse
don Francisco para evitar saludos, pues aquella mañana
no le daba el naipe por las finuras. Cuando vio despejado
el terreno metióse de rondón en la sacristía, donde se
hallaba solo el oficiante, ya despojado de la casulla y alba
y atento a un tazón de café riquísimo con escolta de tosta-
ditas de pan y manteca, que encima de la cajonera le
había puesto, en bandeja de plata, un lacayín muy mono.

—Pues llegué tarde a la misa—díjole don Francisco
bruscamente, sin más saludo ni preliminar de cortesía—
porque no me avisaron a tiempo. ¡Ya ve usted qué casa
esta! Total, que no quise entrar por no interrumpir...
Y, créame usted..., yo no estoy bueno, no, señor; no
estoy bueno... Debiera quedarme en la cama.

—Y ¿quién le obliga a levantarse tan temprano?—dijo
el clérigo, sin mirarle, tomando el primer sorbo de café—.
¡Pobrecito, se levanta para ir en busca de un triste jornal
y traer un par de panecillos y media libra de carne al
palacio de Gravelinas!

—No es eso, ña..., no es eso... Me levanto porque no
duermo. Me lo puede creer, no he pegado los ojos en
toda la noche, señor San Pedro.

—¿De veras?— ¿Por qué?—preguntóle el clérigo,
con media rebanada entre los dientes y la otra en la
mano—. Y, entre paréntesis: ¿por qué me llama usted
a mí San Pedro?

—¿No se lo dije?... Ya, ya le contaré. Es una historia de mis buenos tiempos. Llamo buenos tiempos
aquellos en que tenía menos conquibus que ahora, en
que sudaba hiel y vinagre para ganarlo; los tiempos en
que perdí a mi único hijo, único no; quiero decir...,
pues..., en que no conocía estas grandezas fantasiosas de
ahora ni había tenido que lamentar tanta y tanta vicisitud... Terrible fue la vicisitud de morírseme el chico;
pero con ella y todo vivía más tranquilo, más en mi elemento. Allí penaba también; pero tenía ratos de estar

conmigo en mí, vamos, que descansaba en un oasis...,
un oasis..., oasis.

Encantado de la palabra, la repitió tres veces.

—Y dígame ahora, ¿por qué no durmió anoche?
¿Acaso...?

—Sí, sí; no pude dormir por lo que me dijo usted al
retirarme a mi cuarto, como cifra y recopilación de aquel
gran palique que echamos a solas. ¡Velay!

Tres

—¡Bueno, bueno, bonísimo!—exclamó el sacerdote
echándose a reír y mojando, mojando, para comer después
y beber con buen apetito.

¡Qué hombre aquél! Cuerpo más bien pequeño que
grande, duro y fuerte, vestido de sotana muy limpia;
cara curtida, toda cruzada de finísimas y paralelas arrugas,
en series que arrancaban de los ojos hacia la frente y de
la boca hacia la barba y carrillos; la tez tostada y sanguí-
nea, como de hombre de mar, de esos que amamantó la
tempestad, y que han llegado a la vejez en medio de las
inclemencias del cielo y del agua, compartiendo su existencia entre la fe, emanada de lo alto, y la pesca, extraída
de lo profundo. Lo característico de tal figura era la calva
lustrosa, que empezaba al distenderse las arrugas de la
frente y terminaba cerca de la nuca, convexidad espaciosa y reluciente, como calabaza de peregrino, bruñida
por el tiempo y el roce. Un cerquillo de cabellos grises
muy rizaditos la limitaba en herradura, rematando encima
de las orejas.

Y ahora que me acuerdo: otra cosa era en él tan característica como la calva. ¿Qué? Los ojos negros, de una
dulzura angelical, ojos de doncella andaluza o de niño
bonito, y un mirar que traía destellos de regiones celestiales, incomprendidas, antes adivinadas que vistas. Para
completar tan simpática fisonomía hay que añadir algo.
¿Qué? Un ligero cariz de raza o parentesco mogólico en
las facciones: los párpados inferiores abultados y muy a

flor de cara, las cejas un poco desviadas, la boca, barba
y carrillos como queriendo aparecer en un mismo plano,
un no sé qué de malicia japonesa en la sonrisa o de socarronería de cara chinesca, sacada de las tazas de té. Y el
buen Gamborena era de acá, alavés fronterizo de Navarra;
pero había pasado gran parte de su vida en el Extremo
Oriente, combatiendo por Cristo contra Buda, y enojado
éste de la persecución religiosa, estuvo mirándole a la
cara años y más años, hasta dejar proyectados en ella algunos rasgos típicos de la suya. ¿Será verdad que las personas se parecen a lo que están viendo siempre?... Era
tan sólo un vago aire de familia, un nada, que tan pronto
se acentuaba como se desvanecía, según la intención con
que mirase o la mónita con que sonriese. Fuera de esto,
toda la cabeza parecía de talla pintada, como imagen antiquísima que la devoción conserva limpia y reluciente.

—¡Ah!—exclamó el beato Gamborena, arqueando las
cejas, con lo cual las dos series de arruguitas curvas se
extendieron hasta la mitad del cráneo—. Alguna vez
había de oír mi señor marqués de San Eloy la verdad
esencial, la que no se tuerce ni se vicia con la cortesía
mundana.

Don Francisco, elevando al techo sus miradas y dando
un gran suspiro, exclamó a su vez:

—¡Ah!...

Miráronse los dos un rato, y el clérigo acabó su desayuno.

—Toda la noche—dijo al fin el tacaño—me la he pasado revolviéndome en la cama como si las sábanas fueran un zarzal, y pensando en ello, en lo mismo, en lo que
usted me... manifestó. Y no veía la hora de que llegase el
día para levantarme y correr en busca de usted y pedirle
que me lo explique, que me lo explique mejor...

—Pues ahora mismo, señor don Francisco de mi alma.

—No, no; ahora, no—replicó el marqués con recelo,
mirando a la puerta—. Es cosa de que nos lo parlemos
usted y yo solitos, ¡cuidado!, y ahora...

—Sí, sí, nos interrumpirán quizá...

—Y además yo tengo que salir...

—A correr tras de los negocios. ¡Pobre jornalero del millón! Ande, ande usted, y déjese en esas calles la salud, que es lo que le faltaba.

—Puede usted creerme—dijo Torquemada con desaliento—que no la tengo buena ni medio buena. Yo era un roble, de veta maciza y dura. Siento que me vuelvo caña, que me zarandea el viento y que la humedad empieza a pudrirme de abajo arriba. ¿Qué es esto? ¿La edad? No es tanta que digamos. ¿Los disgustos, la pena que me da el no ser yo propiamente quien manda en mi casa y el verme en esta jaula de oro con una domadora que a cada triquitraque me enseña la varita de hierro candente? ¿Es el pesar de ver que mi hijo va para idiota? ¡Vaya usted a saber! No lo sé. No será una sola concausa, sino el resumen de toditas las concausas lo que acarrea esta situación. Cúmpleme declarar que yo tengo la culpa, por mi debilidad; pero de nada me vale reconocerlo *a posteriori,* porque *tarde piache,* y de no haber sabido evitarlo *a priori,* no hay más que entregarse y sucumbir *velis nolis,* maldiciendo uno su destino y dándose a los demonios.

—Calma, calma, señor marqués—dijo el eclesiástico con severidad paternal, un tanto festiva—; que eso de darse a los demonios ni lo admito ni lo consiento. ¡Tal regalo a los demonios! ¿Y para qué estoy yo aquí, sino para arrancar su presa a esos caballeros infernales, si por acaso llegaran a cogerla entre sus uñas? ¡Cuidadito! Refrénese usted, y por ahora, puesto que tiene prisa, y a mí me llaman mis obligaciones, no digo más. Quédese para otra noche que estemos solitos.

Torquemada se restregó los ojos con ambos puños como para estimular la visión debilitada por el insomnio. Miró después como un cegato, viendo puntos y círculos de variados colores, y, al fin, recobrada la claridad de su vista, y despejado el cerebro, alargó la mano al sacerdote, diciéndole con tono y además campechanos:

—Ea, con Dios. Conservarse.

Salió, y pidiendo la berlina no tardó el hombre en echarse a la calle, huyendo de la esclavitud de su hogar dorado. Y que no era ilusión suya, no. Realmente, al traspasar la herrada puerta del palacio de Gravelinas y sentir en su rostro el ambiente libre de la vía pública, respiraba mejor, se le refrescaba la cabeza, sentía más agudo y claro el ingenio mercantil y menos penosa la opresión de la boca del estómago, síntoma tenaz de su mala salud. Por lo cual decía con toda su alma, empleando con impropiedad la palabreja recientemente adquirida: «La calle es mi oasis.»

Acabadito de salir el tacaño de la sacristía entró Cruz. Creeríase que estaba acechando la salida del otro para colarse ella.

—Ya va, ya va; ya le tiene usted navegando por esas calles, ¡pobre pescador de ochavos!—dijo festivamente, como si continuara un diálogo del día anterior—. ¡Qué hombre!... ¡Qué ansiedad por aumentar sus riquezas!

—Hay que dejarle—replicó el sacerdote con tristeza—. Si le quita usted la caña de pescar dinero, se morirá rabiando, ¿y quién responde de su alma? Que pesque..., que pesque, hasta que Dios quiera ponerle en el anzuelo algo que le mueva al aborrecimiento del oficio.

—La verdad, como usted, tan ducho en catequizar salvajes, no eche el lazo a éste y nos le traiga bien sujeto, ¿quién podrá domarle?... Y ante todo, padrito, ¿estaba el café a su gusto?

—Delicioso, hija mía.

—Por de contado, almorzará usted con nosotros.

—Hija mía, no puedo. Dispénsame por hoy.

Y echó mano al sombrero, que no podía llamarse de teja por tener abiertas las alas.

—Pues si no almuerza, no le dejo marcharse tan pronto. ¡Estaría bueno! Ea, a sentarse otro ratito. Aquí mando yo.

—Obedezco. ¿Tienes algo que decirme?

—Sí, señor. Lo de siempre: que en usted confío para

aplacar a esa fiera y hacer más tolerable esta vida de continuas desazones.

—¡Ay, hija de mi alma!—exclamó Gamborena, anticipando al discurso, como argumento más persuasivo, la dulzura de su mirar incomparable—. He pasado la vida evangelizando salvajes, difundiendo el cristianismo entre gentes criadas en la idolatría y la barbarie. He vivido unas veces en medio de razas cuyo carácter dominante es la astucia, la mentira y la traición; otras, en medio de tribus sanguinarias y feroces. Pues bien: allá, con paciencia y valor que sólo da la fe, he sabido vencer. Aquí, en plena civilización, desconfío de mis facultades, ¡mira tú si es raro! Y es que aquí encuentro algo que resulta peor, mucho peor que la barbarie y la idolatría, hija de la ignorancia: encuentro los corazones profundamente dañados, las inteligencias desviadas de la verdad por mil errores que tenéis metidos en lo profundo del alma y que no podéis echar fuera. Vuestros desvíos os dan, en cierto modo, carácter y aspecto de salvajes. Pero salvajismo por salvajismo, yo prefiero el del otro hemisferio. Encuentro más fácil crear hombres que corregir a los que, por demasiado hechos, ya no se sabe lo que son.

Dijo esto el buen curita, sentado junto a la cajonera, puesto el codo en el filo del mueble y la cabeza en el puño de la mano derecha, expresando con cierto aire de indolencia fina su escaso aliento para aquellas luchas con los cafres de la civilización. Embelesada le oía la dama, clavando sus ojos en los ojos del evangelista, y, si así puede decirse, bebiéndole las miradas o asimilándose por ellas el pensamiento antes que la boca lo formulara.

—Pues usted lo dice, así será—manifestó la señora, sintiendo oprimido el pecho—. Comprendo que la domesticación de este buen señor es obra difícil. Yo no puedo intentarla; mi hermana tampoco; ni piensa en ella, ni le importa nada que su marido sea un bárbaro que nos pone en ridículo a cada instante. Usted, que se nos ha venido acá tan oportunamente, como bajado del Cielo, es el único que podrá...

—¡Sí quiero hacerlo! Las empresas difíciles son las que a mí me tientan, y me seducen, y me arrastran. ¿Cosas fáciles? Quítate allá. ¡Tengo yo un temperamento militar y guerrero!... Sí, mujer; ¿qué te crees tú?... Oyeme.

Excitada su imaginación y enardecido su amor propio, se levantó para expresar con más desahogo lo que tenía que decir.

—Mi carácter, mi temperamento, mi ser todo son como de encargo para la lucha, para el trabajo, para las dificultades que parecen insuperables. Mis compañeros de Congregación dicen..., vas a reírte..., que cuando Su Divina Majestad dispuso que yo viniese a este mundo, en el momento de lanzarme a la vida estuvo dudando si destinarme a la milicia o a la Iglesia..., porque desde el nacer traemos impresa en el alma nuestra aptitud culminante... Esta vacilación del Supremo Autor de todas las cosas dicen que quedó estampada en mi ser, bastando para ello el breve momento que estuve en los soberanos dedos. Pero al fin decidióse nuestro Padre por la Iglesia. En un divino tris estuvo que yo fuese un gran guerrero, debelador de ciudades, conquistador de pueblos y naciones. Salí para misionero, que en cierto modo es oficio semejante al de la guerra, y heme aquí que he ganado para mi Dios, con la bandera de la Fe, porciones de tierra y de humanidad tan grandes como España.

Cuatro

—Aunque la dificultad de este empeño en que la buena de Croissette quiere meterme ahora, me arredra un poquitín—prosiguió, después de dejar, en una pausa, tiempo a la admiración efusiva de la dama—, yo no me acobardo, empuño mi gloriosa bandera y me voy derecho hacia tu salvaje.

—Y le vencerá..., segura estoy de ello.

—Le amansaré, por lo menos; de eso respondo. Anoche le tiré algunos flechazos y el hombre me ha demostrado hoy que le llegaron a lo vivo.

—¡Oh! Le tiene a usted en mucho; le mira como a un ser superior, un ángel o un apóstol, y todas las fierezas y arrogancias que gasta con nosotras, delante de usted se truecan en blanduras.

—Temor o respeto, ello es que se impresiona con las verdades que me oye. Y no le digo más que la verdad, la verdad monda y lironda, con toda la dureza intransigente que me impone mi misión evangélica. Yo no transijo; desprecio las componendas elásticas en cuanto se refiere a la moral católica. Ataco el mal con brío, desplegando contra él todos los rigores de la doctrina. El señor Torquemada me ha de oír muy buenas cosas, y temblará y mirará para dentro de sí, echando también alguna miradita hacia la zona de allá, para él toda misterios, hacia la eternidad, en donde chicos y grandes hemos de parar. Déjale, déjale de mi cuenta.

Dio varias vueltas por la estancia, y en una de ellas, sin hacer caso de las exclamaciones admirativas de su noble interlocutora, se paró ante ella, y le impuso silencio con un movimiento pausado de ambas manos extendidas, movimiento que lo mismo podría ser de predicador que de director de orquesta; todo ello para decirle:

—Pausa, pausa..., y no te entusiasmes tan pronto, hija mía, que a ti también, a ti también ha de tocarte alguna china, pues no es suya toda la culpa, no lo es, que también la tenéis vosotras, tú más que tu hermana...

—No me creo exenta de culpa—dijo Cruz con humildad—, ni en este ni en otros casos de la vida.

—Tu despotismo, que despotismo es, aunque de los más ilustrados; tu afán de gobernar autocráticamente, contrariándole en sus gustos, en sus hábitos y hasta en sus malas mañas, imponiéndole grandezas que repugna, y dispendios que le fríen la sangre, han puesto al salvaje en un grado tal de ferocidad que nos ha de costar trabajillo desbravarle.

—Cierto que soy un poquitín despótica. Pero bien sabe ese bruto que sin mi gobierno no habría llegado a las alturas en que ahora está, y en las cuales, créame usted, se

encuentra muy a gusto cuando no le tocan a su avaricia.
¿Por quién es senador, por quién es marqués y hombre
de pro, considerado de grandes y chicos? Pero quizá me
diga usted que éstas son vanidades, y que yo las he fo-
mentado sin provecho alguno para las almas. Si esto me
dice, me callaré. Reconozco mi error, y abdico, sí, señor,
abdico el gobierno de estos reinos, y me retiraré... a la
vida privada.

—Calma, que para todo se necesita criterio y oportunidad, y principalmente para las abdicaciones. Sigue en tu
gobierno hasta ver... Cualquier perturbación en el orden
establecido sería muy nociva. Yo pondré mis paralelas,
atento sólo al problema moral. En lo demás no me meto,
y cuanto de cerca o de lejos se relacione con los bienes
de este mundo es para mí como si no existiera... Por de
pronto, lo único que ordeno es que seas dulce y cariñosa
con tu hermano, pues hermano tuyo lo ha hecho la Iglesia; que no seas...

No pudiendo reprimir Cruz su natural imperante y dis-
cutidor, interrumpió al clérigo en esta forma:

—Pero ¡si es él, él quien hace escarnio de la fraternidad! Ya van cuatro meses que no nos hablamos, y si
algo le digo, suelta un mugido y me vuelve la espalda.
Hoy por hoy es más grosero cuando habla que cuando
calla. Y ha de saber usted que, fuera de casa, no me
nombra nunca sin hablar horrores de mí.

—Horrores..., dicharachos—dijo Gamborena un tanto distraído ya del asunto y agarrando su sombrero con
una decisión que indicaba propósito de salir—. Hay
una clase de maledicencia que no es más que hábito de
palabrería insustancial. Cosa mala, pero no pésima;
efervescencia del conceptismo grosero, que a veces no
lleva más intención que la de hacer gracia. En muchos
casos, este vicio maldito no tiene su raíz en el corazón.
Yo estudiaré a nuestro salvaje *bajo ese aspecto,* como
él dice, y le enseñaré el uso del bozal, prenda utilísima,
a la que no todos se acostumbran...; pero vencida su
molestia..., ¡ah!, concluye por traer grandes beneficios,

no sólo a la lengua, sino al alma... Adiós, hija mía... No, no me detengo más. Tengo que hacer... Que no, que no almuerzo, ea. Si puedo, vendré esta tarde a daros un poco de tertulia. Si no, hasta mañana. Adiós.

Inútiles fueron las carantoñas de la dama ilustre para retenerle. Quedóse ésta un instante en la sacristía, cual si los pensamientos que el venerable Gamborena expresara en la anterior conversación la tuvieran allí sujeta, gravitando sobre ella con melancólica pesadumbre. Desde la muerte lastimosa de Rafael, la tristeza era como huésped pegajoso en la familia del Aguila; la instalación de ésta en el palacio de Gravelinas, tan lleno de mundanas y artísticas bellezas, fue como una entrada en el reino sombrío del aburrimiento y la discordia. Felizmente, Dios misericordioso deparó a la gobernadora de aquel cotarro el consuelo de un amigo incomparable, que a la amenidad del trato reunía la maestría apostólica para todo lo concerniente a las cosas espirituales, un ángel, un alma pura, una conciencia inflexible y un entendimiento luminoso para el cual no tenían secretos la vida humana ni el organismo social. Como a enviado del Cielo le recibió la primogénita del Aguila cuando le vio entrar en su palacio, dos meses antes de lo descrito, procedente de no sé qué islas de la Polinesia, de Fidji, o del quinto infierno..., léase del quinto cielo. Se agarró a él como a tabla de salvación, pretendiendo aposentarle en la casa, y no siendo esto posible, atrájole con mil reclamos delicadísimos para tenerle allí a horas de almuerzo y comida, para pedirle consejo en todo y recrearse en su hermosa doctrina y embelesarse, en fin, con el relato de sus maravillosas proezas evangélicas.

El primer dato que del padre Luis de Gamborena se encuentra al indagar su historia se remonta al año 53, época en la cual su edad no pasaba de los veinticinco y era familiar del obispo de Córdoba. De su juventud nada se sabe, y sólo consta que era alavés, de familia hidalga y pudiente. Tomáronle de capellán los señores del Aguila, que le trajeron a Madrid, donde vivió con ellos dos

años. Pero Dios le llamaba a mayores empresas que la
oscura capellanía de un casa aristocrática, y sintiendo en
su alma la avidez de los trabajos heroicos, la santa ambición de propagar la fe cristiana, cambiando el regalo
por las privaciones, la quietud por el peligro, la salud y
la vida misma por la inmortalidad gloriosa, decidió, después de maduro examen, partir a París y afiliarse en cualquiera de las legiones de misioneros con que nuestra pre-
cavida civilización trata de amansar las bárbaras hordas
africanas y asiáticas, antes de desenvainar la espada contra ellas.

No tardó el entusiasta joven en ver cumplidos sus
deseos, y afiliado en una Congregación cuyo nombre no
hace al caso, le mandaron para hacer boca a Zanzíbar, y
de allí al vicariato de Tanganica, donde comenzó su campaña con una excursión al Alto Congo, distinguiéndose
por su resistencia física y su infatigable ardor de soldado
de Cristo. Quince años estuvo en el Africa tropical, trabajando con bravura mística, si así puede decirse; hecho
un león de Dios, tomando a juego las inclemencias del
clima y las ferocidades humanas; intrépido, incansable,
el primero en la batalla, gran catequista, gran geógrafo,
explorador de tierras dilatadas, de selvas laberínticas, de
lagos pestilentes, de abruptas soledades rocosas, desbra-
vando todo lo que encontraba por delante para meter
la cruz a empellones, a puñados, como pudiera, en la na-·
turaleza y en las almas de aquellas bárbaras regiones.

Cinco

Enviáronle después a Europa formando parte de
una comisión, entre religiosa y mercantil, que vino a gestionar un importantísimo arreglo colonial con el rey de
los belgas, y tan sabiamente desempeñó su cometido diplomático el buen padrito, que allá y acá se hacían lenguas de la generalidad de sus talentos. «El comercio—decían—le deberá tanto como la fe.» La Congregación dispuso utilizar de nuevo aptitudes tan fuera de lo común,

y le destinó a las misiones de la Polinesia. Nueva Zelanda, el país de los maorís, Nueva Guinea, las islas Fidji, el archipiélago del estrecho de Torres, teatro fueron de su labor heroica durante veinte años, que si parecen muchos para la vida de un trabajador, pocos son ciertamente para la fundación, que resulta casi milagrosa, de cientos de cristiandades, establecimientos de propaganda y de beneficencia en las innumerables islas, islotes y arrecifes espolvoreados por aquel inmenso mar, como si una mano infantil se complaciese en arrojar a diestro y siniestro los cascotes de un continente roto.

Cumplidos los sesenta años, Gamborena fue llamado a Europa. Querían que descansase; temían comprometer una vida tan útil, exponiéndola a los rigores de aquel bregar continuo con hombres, fieras y tempestades, y le enviaron a España con la misión sedentaria y pacífica de organizar aquí sobre bases prácticas la recaudación de la Propaganda. Instalóse en la casa hospedería de Irlandeses, de la cual es histórica hijuela la Congregación a que pertenecía, y a las pocas semanas de residir en la villa y corte topó con las señoras del Aguila, reanudando con la noble familia su antigua y afectuosa amistad. A Cruz habíala conocido chiquitina; tenía seis años cuando él era capellán de la casa. Fidela, mucho más joven que su hermana, no había nacido aún en aquellas décadas; pero a entrambas las reconoció por antiguas amigas y aun por hijas espirituales, permitiéndose tutearlas desde la primera entrevista. Pronto le pusieron ellas al tanto de las graves vicisitudes de la familia durante la ausencia de él en remotos países: la ruina, la muerte de los padres, los días de bochornosa miseria, el enlace con Torquemada, la vuelta a la prosperidad, la liberación de parte de los bienes del Aguila, la muerte de Rafaelito, la creciente riqueza, la adquisición del palacio de Gravelinas, etc., con lo cual quedó el hombre tan bien enterado como si no faltara de Madrid en todo aquel tiempo de increíbles desdichas y venturosas mudanzas.

Inútil sería decir que ambas hermanas le tenían por

un oráculo, y que saboreaban con deleite la miel sustanciosa de sus consejos y doctrina. Principalmente Cruz, privada de todo afecto por la dirección especialísima que había tomado su destino en la carrera vital, sentía hacia el buen misionero una adoración entrañable, toda pureza, toda idealidad, como expansión de un alma prisionera y martirizada, que entrevé la dicha y la libertad en las cosas ultraterrenas. Por su gusto habríale tenido todo el día en casa, cuidándole como a un niño, prodigándole todos los afectos que vacantes había dejado el pobre Rafaelito. Cuando, a instancias de las dos señoras, Gamborena se lanzaba a referir los maravillosos episodios de las misiones en Africa y Oceanía, epopeya cristiana digna de un Ercilla, ya que no de un Homero que la cantase, quedábanse las dos embelesadas. Fidela, como los niños que oyen cuentos mágicos; Cruz, en éxtasis, anegada su alma en una beatitud mística y en la admiración de las grandezas del Cristianismo.

Y él ponía, de su copioso ingenio, los mejores recursos para fascinarlas y hacerles sentir hondamente todo el interés del relato, porque si sabía sintetizar con rasgos admirables, también puntualizaba los sucesos con detalles preciosos, que suspendían y cautivaban a los oyentes. A poco más, creerían ellas que estaban viendo lo que el misionero les contaba; tal fuerza descriptiva ponía en su palabra. Sufrían con él en los pasajes patéticos, con él gozaban en sus triunfos de la Naturaleza y de la barbarie. Los naufragios, en que estuvo su vida en inminente riesgo, salvándose por milagro del furor de las aguas embravecidas; unas veces en las corrientes impetuosas de ríos como mares, otras en las hurañas costas, navegando en vapores viejos que se estrellaban contra los arrecifes o se incendiaban en medio de las soledades del océano; las caminatas por inexploradas tierras ecuatoriales, bajo la acción de un sol abrasador, por asperezas y trochas inaccesibles, temiendo el encuentro de fieras o reptiles ponzoñosos; la instalación en medio de la tribu, y la pintura de sus bárbaras costumbres, de sus espantables rostros, de sus primitivos ropajes; los trabajos de evangelización, en los cuales empleábanse la diplomacia, la dulzura, el tacto fino, o el rigor defensivo, según los casos, ayudando al comercio incipiente o haciéndose ayudar de él; las dificultades para apropiarse los distintos dialectos de aquellas comarcas, algunos como aullidos de cuadrúpedos, otros como cháchara de cotorras; los peligros que a cada paso surgen, los horrores de las guerras entre distintas tribus y las matanzas y feroces represalias, con la secuela infame de la esclavitud; las peripecias mil de la lenta conquista, el júbilo de encontrar un alma bien dispuesta para el Cristianismo en medio de la rudeza de aquellas razas, la docilidad de algunos después de convertidos, las traiciones de otros y su falsa sumisión; todo, en fin, resultaba en tal boca y con tan pintoresca palabra la más deleitable historia que pudiera imaginarse.

¡Y qué bien sabía el narrador combinar lo patético con lo festivo para dar variedad al relato, que a veces duraba horas y horas! Mal podían las damas contener la risa oyéndole contar sus apuros al caer en una horda de caníbales, y las tretas ingeniosas de que él y otros padres se valieran para burlar la feroz gula de aquellos brutos, que nada menos querían que ensartarlos en un asador para servirles como rosbif humano en horribles festines.

Y como fin de fiesta, para que la ardiente curiosidad de las dos damas quedase en todos los órdenes satisfecha, el misionero cedía la palabra al geógrafo insigne, al eminente naturalista, que estudiaba y conocía sobre el terreno, en realidad palpable, las hermosuras del planeta y cuantas maravillas puso Dios en él. Nada más entretenido que oírle describir los caudalosos ríos, las selvas perfumadas, los árboles arrogantes no tocados del hacha del hombre, libres, sanos, extendiendo su follaje por lomas y llanadas más grandes que una nación de acá; y después la muchedumbre de pájaros que en aquella espesa inmensidad habitaban, avecillas de varios colores, de formas infinitas, parleras, vivarachas, vestidas con las más galanas plumas que la fantasía puede soñar; y explicar luego sus

costumbres, las guerras entre las distintas familias orni-
tológicas, queriendo todas vivir y disputándose el esquil-
mo de las ingentes zonas arboladas. Pues ¿y los monos y
sus aterradoras cuadrillas, sus gestos graciosos y su travesura casi humana para perseguir a las alimañas volá-
tiles y rastreras? Esto era el cuento de nunca acabar.
Nada tocante a la fauna érale desconocido; todo lo había
visto y estudiado, lo mismo el voraz cocodrilo, habitante
en las charcas verdosas o en pestilentes cañaverales, que
la caterva indocumentable de insectos preciosísimos que
agotan la paciencia del sabio y del coleccionista.

Para que nada quedase, la flora espléndida, explicada
y descrita con más sentido religioso que científico, haciendo ver la infinita variedad de las hechuras de Dios,
colmaba la admiración y el arrobamiento de las dos señoras, que a los pocos días de aquellas sabrosas conferencias creían haber visto las cinco partes del mundo y
aun un poquito más. Cruz, más que su hermana, se asi-
milaba todas las manifestaciones espirituales de aquel ser
tan hermoso, las agasajaba en su alma para conservarlas
bien y fundirlas al fin en sus propios sentimientos, creán-
dose de este modo una vida nueva. Su adoración ardiente
y pura del divino amigo, del consejero, del maestro, era
la única flor de una existencia que había llegado a ser
árida y triste; flor única, sí, pero de tanta hermosura,
de fragancia tan fina como la de las más bellas que crecen
en la zona tropical.

Seis

En su opulencia, la familia de Torquemada, o de San
Eloy, para hablar con propiedad de mundana etiqueta,
vivía apartada del bullicio de fiestas y saraos, desmin-
tiendo fuera de casa su alta posición, si bien dentro nada
existía por donde se la pudiese acusar de mezquindad o
sordidez. Desde la desastrada muerte de Rafaelito, no
supieron las dos hermanas del Aguila lo que es un teatro, ni tuvieron relaciones muy ostensibles con lo que

ordinariamente se llama gran mundo. Sus tertulias, de noche, concretábanse a media docena de personas de gran confianza. Sus comidas, que por la calidad debían clasificarse entre lo mejor, eran por el número de comensales modestísimas: rara vez se sentaban a la mesa, fuera de la familia, más de dos personas. Fiestas, bailes o reuniones con música, comistrajo o refresco, jamás se veían en aquellos lugares, tan espléndidos como solitarios, lo que servía de gran satisfacción al señor marqués, que con ello se consolaba de sus muchas desazones y berrinches.

Y pocas casas había o hay en Madrid mejor dispuestas para la ostentación de las superficialidades aristocráticas. El palacio de Gravelinas es el antiguo caserón de Trastamara, construido sólidamente y con dudoso gusto en el siglo XVII, restaurado a fines del XVIII (cuando la unión de las Casas de San Quintín y Ceriñola), con arreglo a planos traídos de Roma; vuelto a restaurar en los últimos años de Isabel II por el patrón parisiense y acrecentado con magníficos anexos para servidumbre, archivo, armería y todo lo demás que completa una gran residencia señoril. Claro es que la ampliación de la casa, después de decretado el acabamiento de los mayorazgos, fue una gran locura, y bien caro la pagó el último duque de Gravelinas, que era, por sus dispendios, un desamortizador práctico. Al fin y a la postre, hubo de sucumbir el buen caballero a la ley del siglo, por la cual la riqueza inmueble de las familias históricas va pasando a una segunda aristocracia, cuyos pergaminos se pierden en la oscuridad de una tienda o en los repliegues de la industria usuraria. Gravelinas acaba sus días en Biarritz, viviendo de una pensioncita que le pasa el sindicato de acreedores, con la cual puede permitirse algunos desahoguillos y aun calaveradas, que le recuerden su antiguo esplendor.

En la parroquia de San Marcos, y entre las calles de San Bernardo y San Bernardino, ocupa el palacio de Gravelinas, hoy de San Eloy, un área muy extensa. Alguien ha dicho que lo único malo de esta mansión de príncipes

es la calle en que se eleva su severa fachada. Esta, por
lo vulgar, viene a ser como un disimulo hipócrita de las
extraordinarias bellezas y refinamientos del interior. Pá-
sase para llegar al ancho portalón por feísimas prende-
rías, tabernas y bodegones indecentes y por talleres de
machacar hierro, vestigios de la antigua industria chispe-
ra. En las calles lateral y trasera, las dependencias de
Gravelinas, abarcando una extensísima manzana, quitan
a la vía pública toda variedad y le dan carácter de triste
población. Lo único que allí falta son jardines, y muy
de menos echaban este esparcimiento sus actuales posee-
doras, no don Francisco, que detestaba con toda su alma
todo lo perteneciente al reino vegetal, y en cualquier
tiempo habría cambiado el mejor de los árboles por una
cómoda o una mesa de noche.

La instalación de la galería de Cisneros en las salas
del palacio dio a éste una importancia suntuaria y artística que antes no tenía, pues los Gravelinas sólo pose-
yeron retratos de época, ni muchos ni superiores, y en su
tiempo el edificio sólo ostentaba algunos frescos de Ba-
yéu, un buen techo, copia de Tiépolo, y varias pinturas
decorativas de Maella. Lo de Cisneros entró allí como
en su casa propia. Pobláronse las anchurosas estancias
de pinturas de primer orden, de tablas y lienzos de gran
mérito, algunos célebres en el mundo del mercantilismo
artístico. Había puesto Cruz en la colocación de tales
joyas todo el cuidado posible, asesorándose de personas
peritas para dar a cada objeto la importancia debida y
la luz conveniente, de lo que resultó un museo que bien
podría rivalizar con las afamadas galerías romanas Doria
Pamphili y Borghese. Por fin, después de ver todo aquello, y advirtiendo el jaleo de visitantes extranjeros y españoles que solicitaban permiso para admirar tantas maravillas, acabó el gran tacaño de Torquemada por celebrar el *haberse quedado con el palacio,* pues si como ar-
quitectura su valor no era grande, como terreno valía
un Potosí, y valdría más el día de mañana. En cuanto a
las colecciones de Cisneros y a la armería, no tardó en

consolarse de su adquisición, porque, según el dictamen de los *inteligentes, críticos* o lo que fueran, todo aquel *género, lencería pintada, tablazón con colores,* era de un valor real y efectivo, y bien podría ser que en tiempo no lejano pudiera venderlo por el triple de su coste.

Tres o cuatro piezas había en la colección, ¡María Santísima!, ante las cuales se quedaban con la boca abierta los citados críticos, y aun vino de Londres un *punto,* comisionado por la National Gallery, para comprar una de ellas, ofreciendo la friolerita de quinientas libras. Esto parecía fábula. Tratábase del Masaccio, que en un tiempo se creyó dudoso, y al fin fue declarado auténtico por una junta de rabadanes, vulgo anticuarios, que vinieron de Francia e Italia. ¡El Masaccio! Y ¿qué era, ñales? Pues un cuadrito que a primera vista parecía representar el interior de una botella de tinta, todo negro, destacándose apenas sobre aquella oscuridad el torso de una figura y la pierna de otra. Era el *Bautismo de nuestro Redentor;* a éste, según frase del entonces legítimo dueño de tal preciosidad, no le conocería ni la madre que le parió. Pero esto le importaba poco y ya podían llover sobre su casa todos los Masaccios del mundo, que él los pondría sobre su cabeza, mirando el negocio, que no al arte. También se conceptuaban como de gran valor un París Bordone, un Sebastián del Piombo, un Memling, un Beato Angélico y un Zurbarán, que con todo lo demás y los vasos, estatuas y tapices, formaban para don Francisco una especie de *Américas* de subido valor. Veía los cuadros como acciones u obligaciones de poderosas y bien administradas sociedades, de fácil y ventajosa cotización en todos los mercados del orbe. No se detuvo jamás a contemplar las obras de arte ni a escudriñar su hermosura, reconociendo con campechana modestia que no *entendía de monigotes;* tan sólo se extasiaba, con detenimiento que parecía de artista, delante del inventario que un hábil restaurador, o *rata de museos,* para su gobierno le formaba, agregando a la descripción y al examen crítico e histórico de cada lienzo o tabla su valor probable,

previa consulta de los catálogos de extranjeros marchan-
tes, que por millones traficaban en *monigotes* antiguos y
modernos.

¡Casa inmensa, interesantísima, noble, sagrada por el
arte, venerable por su abolengo! El narrador no puede
describirla, porque es el primero que se pierde en el laberinto de sus estancias y galerías, enriquecidas con cuantos
primores inventaron antaño y hogaño el arte, el lujo y la
vanidad. Las cuatro quintas partes de ella no tenían más
habitantes que los del reino de la fantasía, vestidos unos
con ropajes de variada forma y color, desnudos los otros,
mostrando su hermosa fábrica muscular, por la cual parecían hombres y mujeres de una raza que no es la nuestra. Hoy no tenemos más que cara, gracias a las horrorosas vestiduras con que ocultamos nuestras desmedra-
das anatomías. Conservábase todo aquel mundo ideal de
un modo perfecto, poniendo en ello sus cinco sentidos
la primogénita del Aguila, que dirigía personalmente los
trabajos de limpieza, asistida de un ejército de servidores muy para el caso, como gente avezada a trajinar en
pinacotecas, palacios y otras *Américas* europeas.

Dígase, para concluir, que la dama gobernadora, al
reunir en apretado amasijo los estados de Gravelinas
con los del Aguila y los de Torquemada, no habría creído
realizar cumplidamente su plan de reivindicación si no
le pusiera por remate la servidumbre que a tan grandio-
sa casa correspondía. Palacio como aquél, familia tan al-
curniada por el lado de los pergaminos y por el del dinero, no podían existir sin la interminable caterva de servidores de ambos sexos. Organizó, pues, la señora el
personal dejándose llevar de sus instintos de grandeza,
dentro del orden más estricto. La sección de cuadras y
cocheras, así como la de cocinas y comedor, fueron mon-
tadas sin omitir nada de lo que corresponde a una familia de príncipes. Y en diferentes servicios, la turbamulta
de doncellas, lacayos y lacayitos, criados de escalera abajo
y de escalera arriba, porteros, planchadoras, etc., componían, con las de las secciones antedichas, un ejército que

habría bastado a defender una plaza fuerte en caso de apuro.

Tal superabundancia de criados era lo que principalmente le encendía la sangre al don Francisco, y si transigía con la compra de cuadros viejos y de armaduras roñosas, por el buen resultado que podrían traerle en día no lejano, no se avenía con la presencia de tanto gandul, polilla y destrucción de la casa, pues con lo que se comían diariamente, había para mantener a medio mundo. Ved aquí la principal causa de lo torcido que andaba el hombre en aquellos días; pero se tragaba sus hieles, y si él sufría mucho, no había quien le sufriera. A solas, o con el bueno de Donoso, se desahogaba, protestando de la *plétora de servicio* y de que su casa era un *fiel trasunto* de las oficinas del Estado, llenas de pasmarotes, que no van allí más que a holgazanear. Bien comprendía él que no era cosa de vivir a lo pobre, como en casa de huéspedes de a tres pesetas, eso no. Pero nada de exageraciones, porque *de lo sublime a lo ridículo no hay más que un paso.* Y también es evidente que los Estados en que crece viciosa la planta de la empleomanía corren al abismo. Si él gobernara la casa, seguiría un sistema *diametralmente opuesto* al de Cruz. Pocos criados, pero *idóneos,* y mucha vigilancia para que todo el mundo anduviera derecho y se gastara lo consignado y nada más. Lo que decía en la *Cámara* a cuantos quisieran oírle lo decía también a su familia: «Quitemos *ruedas inútiles* a la máquina administrativa para que marche bien... Pero esta mi cuñada, a quien parta un rayo, ¿qué hace?, convertir mi *domicilio* en un *centro ministerial* y volverme la cabeza del revés, pues día hay en que creo que ellos son los amos y yo el *último paria* de toda esa patulea.»

Siete

Pocos amigos frecuentaban diariamente el palacio de Gravelinas. No hay para qué decir que Donoso era de los más fieles, y su amistad tan bien apreciada como antes, si bien, justo es declararlo, en el orden del cariño y admiración había sido desbancado por el insigne misionero de Indias. Damas, no consta que visitaran asiduamente a la familia más que la de Taramundi, la de Morentín, las de Gibraleón y la de Orozco, ésta con mayor intimidad que las anteriores. La antigua amistad de colegio entre Augusta y Fidela se había estrechado tanto en los últimos tiempos, que casi todo el día lo pasaban juntas, y cuando la marquesa de San Eloy se vio retenida en casa por distintos padecimientos y alifafes, su amiga no se separaba de ella, y la entretenía con sus graciosas pláticas.

Sin necesidad de refrescar ahora memorias viejas, sabrán cuantos esto lean que la hija de Cisneros y esposa de Tomás Orozco, después de cierta tragedia lamentable, permaneció algunos años en oscuridad y apartamiento. Cuando la vemos reaparecer en la casa de San Eloy, el desvío social de Augusta no era ya tan absoluto. Había envejecido, si cuadra este término a un adelanto demasiado visible en la madurez vital, sin detrimento de la gracia y belleza. Jaspeaban su negro cabello prematuras canas, que no se cuidaba de disimular por arte de pinturas y afeites. La gallardía de su cuerpo era la misma de los tiempos felices, conservándose en un medio encantador, ni delgada ni gruesa, y extraordinariamente ágil y flexible. Y en lo restante de la filiación únicamente puede apuntarse que sus hermosos ojos eran quizá más grandes o, al menos, lo parecían, y su boca... lo mismo. Fama tenía de tan grande como hechicera, con una dentadura de cuya perfección no podrán dar cabal idea los marfiles, nácares y perlas que la retórica, desde los albores de la poesía, viene gastando en el decorado interior de bocas bonitas. Con tener dos años menos que su amiga y poquísimas, casi invisibles, canas que peinar, Fidela representaba más edad que ella. Desmejorada y enflaquecida, su opalina tez era más transparente, y el caballete de la nariz se le había afilado tanto, que seguramente con él podría cortarse algo no muy duro. En sus mejillas veíanse granulaciones rosadas, y sus labios finísimos e incoloros dejaban ver al sonreírse parte demasiado extensa de las rojas encías. Era, por aquellos días, un tipo de distinción que podríamos llamar austríaca, porque recordaba a las hermanas de Carlos V y a otras princesas ilustres que viven en efigie por esos museos de Dios, aristocráticamente narigudas. Resabio elegantísimo de la pintura gótica, tenía cierto parentesco de familia con los tipos de mujer de una de las mejores tablas de su soberbia colección, un *Descendimiento,* de Quintín Massys.

Bueno. El día siguiente al de la misa, primer eslabón cronológico de la cadena de este relato, entró Augusta poco antes de la hora del almuerzo. En una de las salas bajas encontróse a Cruz haciendo los honores de la casa a un sujeto de campanillas, académico y gran inteligente, que examinaba las pinturas. En la rotonda había instalado su caballete un pintor de fama, a quien se permitió copiar el París Bordone, y más allá un tercer entusiasta del arte reproducía al blanco y negro un cartón de Tiépolo. Día de gran mareo fue aquél para la primogénita, porque su dignidad señoril le imponía la obligación de atender y agasajar a los admiradores de su museo, cuidando de que nada les faltase. En cuanto al académico, era hombre de un entusiasmo fácilmente inflamable, y cuando se extasiaba en la contemplación de los pormenores de una pintura había que soltarle una bomba para que volviese en sí. Ya llevaba Cruz dos horas de arrobamiento artístico, con paseos mentales por los museos de Italia y volteretas por el ciclo prerrafaelista y empezaba a cansarse. Aún le faltaban dos tercios de la colección por examinar. Para mayor desdicha, *tenía* otro sabio en el archivo, un bibliófilo de más paciencia que Job, que había ido a compulsar los *papeles de Sicilia* para poner en claro un grave punto histórico. No había más remedio que atenderle también, y ver si el archivo le facilitaba sin restricción alguna todo el material papiráceo que guardaban aquellos rancios depósitos.

Después de invitar al académico a almorzar, Cruz delegó un momento sus funciones en Augusta, y mientras ésta las desempeñaba interinamente con gran acierto, pues al dedillo conocía las colecciones que habían sido de su padre, don Carlos de Cisneros, fue la otra a *dar una vuelta* al sabio del archivo, a quien encontró buceando en un mar de papeles. Convidóle también a participar del almuerzo, y al volver a los salones donde había quedado su amiga pudo cuchichear un instante con ésta, mientras el académico y el pintor se agarraban en artística disputa sobre si era Mantegna o no era Mantegna una tablita en que ambos pusieron los ojos y el alma toda.

—Mira, tú, si Fidela almuerza en su cuarto, yo la acompañaré. La sociedad de tanto sabio no es de mi gusto.

—Yo pensaba que bajase hoy Fidela, pero si tú quieres, arriba se os servirá a las dos. Yo voy perdiendo. Estaré sola entre los convidados y mi salvaje don Francisco; necesitaré Dios y ayuda para atender las gansadas de mi cuñadito. Es atroz, y desde que estamos reñidos suele arrojar la máscara de la finura, y dejando al descubierto su grosería me pone a veces en gran compromiso.

—Arréglate como puedas, que yo me voy arriba. Adiós. Que te diviertas.

Subió tan campante, alegre y ágil como una chiquilla, y en la primera estancia del piso alto se encontró a Valentinico arrastrándose a cuatro patas sobre la alfombra. La niñera, que era una mocetona serrana, guapa y limpia, le sostenía con andadores de bridas, tirando de él cuando se esparrancaba demasiado, y guiándole si seguía una dirección inconveniente. Berreaba el chico, movía sus cuatro remos con animal deleite, echando babas de su boca y queriendo abrazarse al suelo y hocicar en él.

—Bruto—le dijo Augusta con desabrimiento—, ponte en dos pies.

—Si no quiere, señorita—indicó tímidamente la ni-

ñera—. Hoy está incapaz. En cuanto le *aúpo* se encala-
brina y no hay quien lo aguante.

Valentín clavó en Augusta sus ojuelos, sin abandonar
la posición de tortuga.

—¿No te da vergüenza de andar a cuatro patas como
los animales?—le dijo la de Orozco, inclinándose para
cogerle en brazos.

¡María Santísima! Al solo intento de levantarle del
suelo en que se arrastraba púsose el nene fuera de sí,
dando patadas con pies y manos, que por un instante las
manos más bien patas parecían, y atronó con sus chillidos
la estancia, echando hacia atrás la cabeza y apretando los
dientes.

—¡Quédate, quédate ahí, en el santo suelo—le dijo
Augusta—, hecho un sapo! ¡Vaya, que estás bonito! Sí,
llora, llora, grandísimo mamarracho, para que te pongas
más feo de lo que eres...

El demonio del chico la insultó con su lengua mono-
silábica, salvaje, primitiva, de una sencillez feroz, pues
no se oía más que pa... ca... ta... pa...

—Eso es, dime cosas. El demonio que te entienda.
Nunca hablarás como las personas. Parece mentira que
seas hijo de tu padre, que es todo inteligencia y dulzura.
¡Ay, qué lástima!

Entre la dama y la niñera se cruzaron miradas de tristeza y compasión.

—Ayer—dijo la moza—estuvo el niño muy bueno. Se
dejó besar de su mamá y de su tiita, y no tiró los platos
de la comida. Pero hoy le tenemos de remate. Cuanto
coge en la mano lo hace pedazos, y no quiere más que
andar a lo animalito, imitando al perro y al gato.

—Me parece que éste no tendrá nunca otros maestros.
¡Qué dolor! ¡Pobre Fidela!... Sí, hijo, sí haz el cerdito.
Poco a poco te vas ilustrando. Gru, gru..., aprende,
aprende ese lenguaje fino.

Tiró la niñera del ronzal, porque el indino iba ya en
persecución de un vaso japonés, colocado en la tabla
más baja de una rinconera, y seguramente lo habría he-

cho añicos. Su infantil barbarie hacía de continuo estragos terribles en la vajilla de la casa y en las preciosidades que por todas partes se veían allí. Mudábanle con frecuencia y siempre estaba sucio, de arrastrar su panza por el suelo; su cabezota era toda chichones, que la afeaban más que el grandor desmedido y las descomunales orejas; las babas le caían en hilo sobre el pecho, y sus manos, lo único que tenía bonito, estaban siempre negras, cual si no conociera más entretenimiento que jugar con carbón.

Ocho

El heredero de los estados de San Eloy, del Aguila y Gravelinas reunidos, había sido, en el primer año de su existencia, engaño de los padres y falsa ilusión de toda la familia. Creyeron que iba a ser bonito, que lo era ya, y además salado, inteligente. Pero estas esperanzas empezaron a desvanecerse después de la primera grave enfermedad de la criatura, y los augurios de Quevedito, cumpliéndose con aterradora puntualidad, llenaron a todos de zozobra y desconsuelo. El crecimiento de la cabeza se inició antes de los dos años, y poco después la longitud de las orejas y la torcedura de las piernas con la repugnancia a mantenerse derecho sobre ellas. Los ojos quedáronsele diminutos en aquella crisis de la vida, y además fríos, parados, sin ninguna viveza ni donaire gracioso. El pelo era lacio y de color enfermizo, como barbas de maíz. Creyeron que rizándoselo con papillotes se disimularía tanta fealdad; pero el demonio del nene, en sus rabietas convulsivas, se arrancaba los papeles y con ellos mechones de cabello, por lo que se decidió pelarle al rape.

Sus costumbres eran de lo más raro que imaginarse puede. Si un instante le dejaban solo, se metía debajo de las camas y se agazapaba en un rincón con la cara pegada al suelo. No sentía entusiasmo por los juguetes, y cuando se los daban, los rompía a bocados. Difícil-

mente se dejaba acariciar de nadie, y sólo con su mamá
era menos esquivo. Si alguien le cogía en brazos, echaba
la cabeza para atrás, y con violentísimas manotadas y
pataleos expresaba el afán de que le soltaran. Su última
defensa era la mordida, y a la pobre niñera le tenía las
manos acribilladas. Fácil había sido destetarle, y comía
mucho, prefiriendo las sustancias caldosas, crasas, o las
muy cargadas de dulce. Gustaba del vino. Ansiaba jugar
con animales; pero hubo que privarle de este deleite porque los martirizaba horrorosamente, ya fuese conejito,
paloma o perro. Punto menos que imposible era hacerle
tomar medicinas en sus enfermedades, y nunca se dormía sino con la mano metida en el seno de la niñera.
Por temporadas, lograba su mamá corregirle de la maldita maña de andar a cuatro pies. En dos andaba, tamba-
leándose, siempre que le permitieran el uso de un lati-
guito, bastón o vara, con que pegaba a todo el mundo
despiadadamente. Había que tener mucho cuidado y no
perderle de vista, porque apaleaba los *bibelots* y figuritas
de *biscuit* del tocador de su mamá. La casa estaba llena
de cuerpos despedazados y de cascotes de porcelana preciosa.

Y no era éste el solo estrago de su andadura en dos
pies, porque también daba en la flor de robar cuantos
objetos, fueran o no de valor, se hallaran al alcance de
su mano, y los escondía en sitios oscuros, debajo de las
camas, o en el seno de algún olvidado *tibor* de la antesala. Los criados que hacían la limpieza descubrían, cuando menos se pensaba, grandes depósitos de cosas hetero-
géneas: botones, pedazos de lacre, llaves de reloj, puntas
de cigarro, tarjetas, sortijas de valor, corchetes, monedas,
guantes, horquillas y pedazos de moldura arrancados a
las doradas sillas. A cuatro pies, triscaba el pelo de las
alfombras, como el corderillo que mordisca la hierba menuda, y hocicaba en todos los rincones. Estas eran sus
alegrías. Cansadas las señoras de los accesos de furia que
le acometían cuando se le contrariaba, dejábanle campar
libremente en tan fiera condición. Ni aun pensar en ello

querían. ¡Pobrecitas! ¡Qué razones habría tenido Dios para darles, como emblema del porvenir, aquella triste y desconsoladora alimaña!

—Hola, querida, ¿qué tal?—dijo Augusta entrando en el cuarto de Fidela y corriendo a besarla—. Allí me he encontrado a tu hijito hecho un puerco espín. ¡El pobre!... ¡Qué pena da verle tan bruto!

Y como notara en el rostro de su amiga que la nube de tristeza se condensaba, acudió prontamente a despejarle las ideas con palabras consoladoras:

—Pero, tonta, ¿quién te dice que tu hijo no pueda cambiar el mejor día? Es más: yo creo que luego se despertará en él la inteligencia, quizá una inteligencia superior... Hay casos, muchísimos casos.

Fidela expresaba con movimientos de cabeza su arraigado pesimismo en aquella materia.

—Pues haces mal, muy mal en desconfiar así. Créelo, porque yo te lo digo. La precocidad en las criaturas es un bien engañoso, una ilusión que el tiempo desvanece. Fíjate en la realidad. Esos chicos que al año y medio hablan y picotean, que a los dos años discurren y te dicen cosas muy sabias, luego dan el cambiazo y se vuelven tontos. De lo contrario he visto yo muchos ejemplos. Niños que parecían fenómenos resultaron después hombres de extraordinario talento. La Naturaleza tiene sus caprichos..., llamémoslos así por no saber qué nombres darles...; no gusta de que le descubran sus secretos, y da las grandes sorpresas... Espérate; ahora que recuerdo... Sí, yo he leído de un grande hombre que en los primeros años era como tu Valentín, una fierecilla. ¿Quién es? ¡Ah! Ya me acuerdo: Víctor Hugo nada menos.

—¡Víctor Hugo! Tú estás loca.

—Que lo he leído, vamos. Y tú lo habrás leído también, sólo que se te ha olvidado... Era como el tuyo, y los padres ponían el grito en el cielo... Luego vino el desarrollo, la crisis, el segundo nacimiento, como si dijéramos, y aquella cabezota resultó llena con todo el genio de la poesía.

Con razones tan expresivas e ingeniosas insistió en ello Augusta, que la otra acabó por creerlo y consolarse. Debe decirse que la de Orozco se hallaba dotada de un gran poder sugestivo sobre Fidela, el cual tenía su raíz en el intensísimo cariño que ésta le había tomado en los últimos tiempos; idolatría más bien, una espiritual sumisión, semejante en cierto modo a la que Cruz sentía por el santo Gamborena. ¿Verdad que es cosa rara esta similitud de los efectos, siendo tan distintas las causas o las personas? Augusta, que no era una santa, ni mucho menos, ejercía sobre Fidela un absoluto dominio espiritual, la fascinaba, para decirlo en los términos más comprensibles, era su oráculo para todo lo relativo al pensar, su resorte maestro en lo referente al sentir, el consuelo de su soledad, el reparo de su tristeza.

Obligada a triste encierro por su endeble salud, Fidela habría retenido a su lado a la amiga del alma mañana, tarde y noche. Fiel y consecuente la otra, no dejaba de consagrarle todo su tiempo disponible. Si algún día tardaba, la marquesita se sentía peor de sus dolencias y en ninguna cosa hallaba consuelo ni distracción. Recados y cartitas eran el único alivio de la ausencia de la persona grata, y cuando Augusta entraba, después de haber *hecho novillos* una mañana o un día enteros, veíase resucitar a Fidela, como si en alma y cuerpo saltase de las tinieblas a la luz. Esto pasó aquella mañana, y el gusto de verla le centuplicó la credulidad, disponiéndola para admitir como voz del Cielo todo aquello de la monstruosa infancia de Víctor Hugo y otros peregrinos ejemplos que la compasiva embaucadora sacaba de su cabeza. Luego empezaron las preguntitas:

—¿Qué has hecho desde ayer tarde? ¿Por tu casa ocurre algo? ¿Qué se dice por el mundo? ¿Quién se ha muerto? ¿Hay algo más del escándalo de las Guzmanas? (Eloísa y María Juana).

Porque Augusta le daba cuenta de las ocurrencias sociales y de las hablillas y enredos que corrían por Madrid. Fidela no leía periódicos, su amiguita sí, y siempre iba pertrechada de acontecimientos. Su conversación era amenísima, graciosa, salpimentada de paradojas y originalidades. Y no faltaba en aquellos coloquios la murmuración sabrosa y cortante, para lo cual la de Orozco poseía más que medianas aptitudes, y las cultivaba en ocasiones con implacable saña, cual si tuviera que vindicar con la lengua ofensas de otras lenguas más dañinas que la suya. Falta saber, para el total estudio de la intensa amistad que a las dos damas unía, si Augusta había referido a su amiga la verdad de su tragedia, desconocida del público y tratada en las referencias mundanas con criterios tan diversos, por indicios vagos y según las intenciones de cada cual. Es casi seguro que la dama trágica y la dama cómica (de alta comedia) hablaron de aquel misterioso asunto, y que Augusta no ocultó a su amiga la verdad o parte de verdad que ella sabía; mas no consta que así lo hiciera, porque cuando las hallamos juntas no hablaban de tal cosa, y sólo por algún concepto indeciso se podía colegir que la marquesa de San Eloy no ignoraba el punto negro, ¡y tan negro!, de la vida de su idolatrada compañera.

—Pues, mira tú—le dijo, volviendo al mismo tema después de una divagación breve—, me has convencido. Me conformo con que mi hijo sea tan cerril, y, como tú, tengo esperanzas de una transformación que me lo convierta en un genio...; no, tanto, no, en un ser inteligente y bueno.

—Yo no me conformaría con eso; mis esperanzas no se limitan a tan poco.

—Porque tú eres muy paradójica, muy extremada. Yo, no: me contento con un poquito, con lo razonable, ¿sabes? Me gusta la medianía en todo. Ya te lo he dicho: me carga que mi marido sea tan rico. No quiera Dios que seamos pobres, eso no; pero tanta riqueza me pone triste. La medianía es lo mejor, medianía hasta en el talento. Oye, tú, ¿no sería mejor que nosotras fuéramos un poquito más tontas?

—¡Ay, qué gracia!

—Quiero decir que nosotras, por tener demasiado talento, no hemos sido ni somos tan felices como debiéramos. Porque tú tienes mucho talento natural, Augusta; yo también lo tengo, y como esto no es bueno, no te rías, como el mucho talento no sirve más que para sufrir, procuramos contrapesarlo con nuestra ignorancia, evitando en lo posible el saber cosas... ¡Cuidado que es cargante la instrucción!... Y siempre que podamos ignorar cosas sabias, las ignoramos, para ser muy borriquitas, pero muy borriquitas.

—Por eso—dijo Augusta con mucho donaire—yo no he querido almorzar abajo. Hoy tenéis dos sabios a la mesa. Ya le dije a Cruz que no contara conmigo..., para que no pueda pegárseme nada.

—Muy bien pensado. Es un gusto el ser una un poco primitiva, y no saber nada de Historia, y figurarse que el Sol anda alrededor de la Tierra, y creer en brujas, y tener el espíritu lleno de supersticiones.

—Y haber nacido entre pastores, y pasar la vida cargando haces de leña.

—No, no tanto.

—Concibiendo y pariendo y criando hijos robustos.

—Eso sí.

—Para después verlos ir de soldados.

—Eso no.

—Y envejeciendo en los trabajos rudos, con un marido que más bien parece un animal doméstico...

—¡Bah!... ¿Y qué nos importaría? Yo tengo sobre eso una idea, que alguna vez te he dicho. Mira: anoche estuve toda la noche pensando en ello. Se me antojaba que era yo una gran filósofa, y que mi cabeza se llenaba de un sinfín de verdades como puños, verdades que si se escribieran habrían de ser aceptadas por la Humanidad.

—¿Qué es?

—Si te lo he dicho... Pero nunca he sentido en mí tanto convencimiento como ahora. Digo y sostengo que el amor es una tontería, la mayor necedad en que el ser humano puede incurrir, y que sólo merecen la inmortalidad los hombres y mujeres que a todo trance consigan evitarla. ¿Cómo se evita? Pues muy fácilmente. ¿Quieres que te lo explique, grandísima tonta?

Vacilante entre la risa y la compasión, oyó Augusta las razones de su amiga. Triunfó al cabo el buen humor; soltaron ambas la risa. Ya la marquesa ponía el paño al púlpito para explanar su tesis cuando entraron con el almuerzo, y la tesis se cayó debajo de la mesa, y nadie se acordó más de ella.

Nueve

Hasta otra. Las tesis de Fidela se sucedían con pasmosa fecundidad, y si extravagante era la una, la otra más. Su endeble memoria no le permitía retener hoy lo que había dicho ayer; pero las contradicciones daban mayor encanto al inocente juego de su espíritu. Después de almorzar con apetito menos que mediano hizo que le llevaran al chiquillo, el cual, por milagro de Dios, no estuvo en brazos de la mamá tan salvaje como Augusta temía. Se dejó acariciar por ésta y aun respondió con cierto sentido a lo que ambas le preguntaron. Verdad que el sentido dependía en gran parte de la interpretación que se diera a sus bárbaras modulaciones. Fidela, única persona que las entendía, y de ello se preciaba como de poseer un idioma del Congo, ponía toda su buena voluntad en la traducción, y casi siempre sacaba respuestas muy bonitas.

—Dice que si le dejo el látigo me querrá más que a Rita: ta, ta, ca... Mira tú si es pillo. Y que a mí no me pegará: ca, pa, ta... Mira tú si es tunante. Ya sabe favorecer a los que le ayudan, a los que le dan armas para sus picardías. Pues esto, digas tú lo que quieras, es un destello de inteligencia.

—Claro que lo es. ¡Si al fin—dijo Augusta, pellizcándole las piernas—este pedazo de alcornoque va a salir con un talentazo que dejará bizca a toda la Humanidad!

Excitado por las cosquillas, Valentín se reía, abriendo su bocaza hasta las orejas.

—¡Ay, hijo mío, no abras tanto la mampara, que nos da miedo!... ¿Será posible que no se te achique, en la primera crisis de la edad, ese buzón que tienes por boca? Di, diamante en bruto, ¿a quién sales tú con esa sopera?

—Sí que es raro—dijo Augusta—. La tuya es bien chiquita, y la de su papá no choca por grande. ¡Misterios de la Naturaleza! Pues mira, fíjate bien: todo esto, de nariz arriba, y el entrecejo, y la frente abombada, es de su padre clavado... Pero ¿qué dice ahora?

Tomó parte el chico en la conversación, soltando una retahila de ásperas articulaciones, como las que pudieran oírse en una bandada de monos o de cotorras. Deslizóse al suelo, volvió al regazo de su madre, estirando las patas hasta el de Augusta, sin parar en su ininteligible cháchara.

—¡Ah!—exclamó la madre, al fin, venciendo con gran esfuerzo intelectual las dificultades de aquella interpretación—. Ya sé. Dice..., verás si es farsante..., dice que..., que me quiere mucho. ¿Ves, ves cómo sabe? Si mi brutito es muy pillín y muy saleroso. Que me quiere mucho. Más claro no puede ser.

—Pues, hija, yo nada saco en limpio de esa jerga.

—Porque tú no te has dedicado al estudio de las lenguas salvajes. El pobre se explica como puede...: ta..., ca, ja, pa..., ca..., ta. Que me quiere mucho. Y yo le voy a enseñar a mi salvajito a pronunciar claro, para que no tenga yo que devanarme los sesos con estas traducciones. Ea, a soltar bien esa lengüecita.

Cualquiera que fuese el sentido de lo que Valentinico expresar quería, ello es que mostraba en aquella ocasión una docilidad, un filial cariño que a entrambas las tenía maravilladas. Recostado en el seno de la madre, la acariciaba con sus manecitas sucias, y tenía su rostro una expresión de contento y placidez en él muy extraña. Fidela, que padecía de una pertinaz opresión y fatiga torácica, se cansó al fin de aquel peso descomunal; pero al querer traspasarlo al suelo o a los brazos de la niñera, se descompuso el crío, y adiós docilidad, adiós mansedumbre.

—No llores, rico, que te den tu látigo, dos látigos, y juega un poquitín por ahí. Pero no rompas nada.

Felizmente, el berrinche no fue de los más ruidosos; el heredero de San Eloy salió renqueando por aquellas salas y a poco se le oyó imitando el asmático aullar de un perro enfermo que en los bajos de la casa había. Cruz, que volvió con jaqueca de la segunda sesión con los señores sabios, dispuso que la niñera se llevara al bebé a un aposento lejano para que no molestase con sus desacordes chillidos, y entró a ver a su hermana.

—Regular—le dijo ésta—. La fatiga me molesta un poco. Y ¿qué tal tú?

—Loca, loca ya. Y aún tenemos arte y erudición para rato. ¡Qué mareo, Virgen Santísima!

—Porque no tienes tú—dijo Augusta con gracejo—aquella sandunga de mi padre para trastear a los *amateurs* y a todos los moscones del fanatismo artístico. A papá no le mareaba nadie, porque él poseía el don de marear a todo el mundo. Nadie le resistía, y cuando alguno de extraordinaria pesadez le caía por delante, empezaba a sacar y sacar objetos preciosos con tal prontitud y a enjaretar sobre cada uno de ellos observaciones tan rápidas, vertiginosas e incoherentes, que no había cabeza que le resistiera, y los más fastidiosos salían de estampía, sin ganas de volver a aparecer por allí... Tú no puedes practicar este sistema, para el cual se necesita un carácter socarrón y maleante, y, además, has de reservar todo tu talento para otras cosas, quizá más difíciles... A ver..., cuéntanos lo que pasó en ese almuerzo, y qué prodigios de esgrima has tenido que hacer para parar algún golpe desmandado del eximio... ¿No le llama así el periódico siempre que le nombra? Pues juraría que el eximio ha hecho alguna de las suyas.

—Pasmaos: ha estado correctísimo y discretísimo—replicó la primogénita, sentándose para descansar un ratito—. A mí no me dijo una palabra, de lo que me alegré mucho. Pero ¡ay!..., cuando yo vi que metía su cucharada en la conversación, me quedé muerta. «Adiós mi dinero—pensé—. Ahora es ella.» Pero Dios le inspiró, sin duda. Todo lo que dijo fue tan oportuno...

—¡Ah, qué bien!—exclamó Fidela alborozada—. ¡Pobre eximio de mi alma! Si digo yo que tiene mucho talento cuando quiere...

—Dijo que en las artes y las ciencias reina hoy el más completo caos.

—¡El más completo caos! Bien, bravísimo.

—Que todo es un caos, un caos la literatura, un caos de padre y muy señor mío la crítica de artes y letras, y que nadie sabe por dónde anda.

—¿Has visto...?

—¡Vaya si sabe! Luego dicen...

—Quedáronse aquellos señores medio lelos de admiración y celebraron mucho la especie, conviniendo en que lo del caos es una verdad como un templo. Por fortuna, poco más dijo, y su laconismo fue interpretado como reconcentración de las ideas, como avaricia del pensamiento y sistema de no prodigar las grandes verdades... Conque..., no entretenerme más aquí. Me llaman mis deberes de *cicerone*.

Su hermana y la amiguita quisieron retenerla; pero no se dio a partido. Por desgracia de las tres, el día estaba malísimo, y no había esperanza de que los dos ilustres investigadores de arte e historia se fuesen a dar un paseíto para despejar la cabeza. Nevaba con furiosa ventisca; cielo y suelo rivalizaban en tristeza y suciedad. La nieve, que caía en rachas violentísimas de menudos copos, no blanqueaba los pisos y en el momento de caer se convertía en fango. El frío era intenso en la calle y aun dentro de las bien caldeadas habitaciones, porque se colaba con hocico agudísimo por cuantas rendijas hallaba en ventanas y chimeneas y balcones, burlando burletes y rién-

dose de estufas. Sorprendidas las tres damas del furioso
viento que azotaba los cristales, aproximáronse a ellos
y se entretuvieron en observar el apuro de los transeúntes, a quienes no valía embozarse hasta las orejas, porque
el aire les arrebataba capas y tapabocas, a veces los sombreros. Esto y el cuidado de evitar resbalones hacía de
ellos, hombres y mujeres, figuras extrañas de un fantás-
tico baile en las estepas siberianas.

—Mira tú qué gracia de día—dijo Cruz con grandísimo desconsuelo—. Para que en todo resulte aciago, hoy
no podrá venir el padrito.

—Claro, ¡vive tan lejos!

—¡Y si le coge un torbellino de nieve! No, no, que
no salga, ¡pobrecito!

—Mándale el coche.

—Sí; para que lo devuelva vacío, y se venga a pie,
como el otro día, que diluviaba.

—Pero ¿tú crees—indicó Augusta—que a éste le
arredran ventiscas ni temporales?

—Claro que no... Pero veréis cómo no viene hoy.
Me lo da el corazón.

—Pues a mí me dice que viene—afirmó Fidela—.
¿Queréis apostarlo? Y mi corazón a mí no me engaña.
Hace días que todo lo acierta este pícaro. Es probado;
siempre que duele, dificultando la respiración, se vuelve
adivino. No me dice nada que no salga verdad.

—Y ahora te dirá que te retires del balcón y procures
no enfriarte. Eso es: enfríate, y después viene el quejidi-
to, y las malas noches, el cansancio y el continuo toser.

—¡Que me enfríe, mejor!—replicó Fidela con voz y
acento de niña mimosa, dejándose llevar al sofá—. Me
dice el corazón que pronto me he de enfriar tanto, tanto, que no habrá rescoldo que pueda calentarme. Ea, ya
estoy tiritando. Pero no es cosa, no. Ya me pasa. Ha
sido una ráfaga, un besito que me ha mandado el aire
de la calle a través de los cristales empañados. Anda,
vete, que tus sabios están impacientes, y el de las pinturas echándote muy de menos.

—¿Cómo lo sabes?

—Toma: por mi doble vista. ¿Qué? ¿No creéis en mi doble vista? Pues os digo que el padre Gamborena viene para acá. Y si no está entrando ya por el portal le falta poco.

—¿A que no?

—¿A que sí?

Salió presurosa la primogénita, y a poco volvió riendo:

—¡Vaya con tu doble vista! No ha venido ni vendrá. Mira, mira cómo cae ahora la nieve.

Ello sería casualidad, ¡quién lo duda! Pero no habían pasado diez minutos, cuando oyeron la voz del gran misionero en la estancia próxima, y las tres acudieron a su encuentro con grandes risas y efusión de sus almas gozosas. Había dejado el bendito cura en el piso bajo su paraguas enorme y su sombrero, y la poca nieve que traía en el balandrán se le derritió en el tiempo que tardara en subir. Al entrar, quitábase los negros guantes y se sacudía un dedo de la mano derecha con muestras de dolor.

—Hija mía—dijo a Fidela—, me ha mordido tu hijo.

—¡Jesús!—exclamó Cruz—. ¿Habráse visto picaruelo mayor? Le voy a matar.

—Si no es nada, hija. Pero me hincó el diente. Quise acariciarle. Estaba dando latigazos a diestro y siniestro. La suerte es que sus dientecitos no traspasaron el guante. ¡Vaya un hijo que os tenéis!...

—Muerde por gracia—indicó Fidela con tristeza—. Pero hay que quitarle esa fea costumbre. No, si no lo hace con mala intención, puede usted creerlo.

Diez

—En efecto, la intención no debe de ser mala—dijo el misionero con donaire—, pero el instinto no es de los buenos. ¡Qué geniecillo!

—Pues para el día que tenemos y para lo perdidas que están las calles—observó Cruz, sin quitar la vista del padrito, que a la chimenea se arrimaba—, no trae usted el calzado muy húmedo.

—Es que yo poseo el arte de andar por entre lodos peores que los de Madrid. No en balde ha educado uno el paso de grulla en los arrecifes de la Polinesia. Sé sortear los baches, así como los escurrideros, y aun los abismos. ¿Qué creéis?

—Lo que es hoy—dijo Fidela—sí que no se va sin comer. Y comerá con nosotras, si nos prefiere a los sabios que están abajo.

—Hoy no se va, no se va. Es que no le dejamos —afirmó Cruz, mirándole con un cariño que parecía maternal.

—No se va—repitió Augusta—, aunque para ello tengamos que amarrarle por una patita.

—Bueno, señoras mías—replicó el sacerdote con expansivo acento—, hagan de mí lo que quieran. Me entrego a discreción. Denme de comer, si gustan, y amárrenme a la pata de una silla, si es su voluntad. La crudeza del día me releva de mis obligaciones callejeras.

—Y lo mejor que podría hacer es quedarse en casa esta noche—agregó Cruz—. ¿Qué? ¿Qué tiene que decir? Aquí no nos comemos la gente. Le arreglaríamos el cuarto de arriba, donde estaría como un príncipe, mejor sería decir como un señor cardenal.

—Eso sí que no. Más hecho estoy a dormir en chozas de bambú que en casas ducales. Lo que no impide que me resigne a morar aquí, si para algo fuese necesaria mi presencia.

Cruz le incitó a quitarse el balandrán, que estaba muy húmedo, y ninguna falta le hacía en el bien templado gabinete, y él accedió, dejando que la ilustre señora le tirara de las mangas.

—Ahora, ¿quiere tomar alguna cosa?

—Pero, hija, ¿qué idea tienes de mí? ¿Crees que soy uno de estos tragaldabas que a cada instante necesitan poner reparos al estómago?

—Algún fiambre, una copita...

—Que no.

—Pues yo sí quiero—dijo Fidela con infantil volubilidad—. Que nos traigan algún vinito, por lo menos.

—¿Porto?

—Por mí, lo que quieras. Echaré un pequeño *trinquis* con estas buenas señoras.

Salió Cruz, y Gamborena habló otra vez de Valentinico, encareciendo la urgencia de poner en su educación alguna más severidad.

—Me da mucha pena castigarle—repuso Fidela—. El angelito no sabe lo que hace. Hay que esperar a que pueda tener del mal y del bien una idea más clara. Su entendimiento es algo obtuso.

—Y sus dientes muy afilados...

—Pues ése..., donde ustedes le ven..., ése va a ser listo—afirma Augusta.

—¡Como que sabe más!... Padre Gamborena, haga el favor de no ponerme esa cara tétrica cuando se habla del niño. Me duele mucho que se tenga mal concepto de mi brutito de mi alma y me duele más que se crea imposible el hacer de él un hombre.

—Hija mía, si no he dicho nada. El tiempo te traerá una solución.

—El tiempo..., la muerte quizá... ¿Alude usted a la muerte?

—Hija de mi alma, no he hablado nada de la muerte, ni en ella pensé...

—Sí, sí. Esa solución de que usted habla—añadió Fidela con la voz velada y enternecida—es la muerte; no me lo niegue. Ha querido decir que mi hijo se morirá, y así nos veremos libres de la tristeza de tener por único heredero a un...

—No he pensado en tal cosa; te lo aseguro.

—No me lo niegue. Mire que hoy estoy de vena. Adivino los pensamientos.

—Los míos no.

—Los de usted y los de todo el mundo. Esa solución que dice usted traerá... el tiempo no la veré yo, porque antes he de tener la mía, mi solución; quiero decir que moriré antes.

—No diré que no. ¿Quién sabe lo que el Señor dispone? Pero yo jamás anuncié la muerte de nadie, y si alguna vez hablo de esa señora, hágolo sin dar a mis palabras un acento tremebundo. Lo que llamamos muerte es un hecho vulgar y naturalísimo, un trámite indispensable en la vida total, y considero que ni el hecho ni el nombre deban asustar a ninguna persona de conciencia recta.

—Vea usted por qué no me asusta a mí.

—Pues a mí, sí, lo confieso—declaró Augusta—, y que el padrito diga de mi conciencia lo que quiera; no me incomodo.

—Nada tengo yo que ver con su conciencia, señora mía—replicó el sacerdote—. Pero si algo tuviera que decir no habría de callarlo, aunque usted se incomodara...

—Y yo recibiría sus reprimendas con resignación y hasta con gratitud.

—Ríñanos usted todo lo que quiera—indicó Fidela mordiscando pastas y fiambres que acababan de traerle—. Ya se me ha pasado el mal humor. Y es más: si quiere hablarnos de la muerte y echarnos un buen sermón sobre ella, lo oiremos... hasta con alegría.

—Eso no—dijo Augusta, ofreciendo al misionero una copa de Porto—. A mí no me hablen de muerte ni de nada tocante a ese misterio, que empieza en nuestros camposantos y acaba en el valle de Josafat. Yo encargo a los míos que cuando me muera me tapen bien los oídos para no oír las trompetas del Juicio final.

—¡Jesús, qué disparate!

—¿Teme usted la resurrección de la carne?

—No, señor. Temo el Juicio.

—Pues yo sí que quiero oírlas—afirmó Fidela—, y cuanto más prontito, mejor. Tan segura estoy de que he de irme al cielo como de que estoy bebiendo este vino delicioso.

—Yo también..., digo no..., tengo mis dudas—apuntó la de Orozco—. Pero confío en la misericordia divina.

—Muy bien. Confiar en la misericordia—manifestó el padrito—, siempre y cuando se hagan méritos para merecerla.

—Ya los hago.

—A todas podrá usted poner reparos, señor Gamborena—observó la de San Eloy con una gravedad ligeramente cómica y de buen gusto—; a todas menos a ésta, católica a machamartillo, que organiza solemnes cultos, preside Juntas benéficas y es colectora de dineritos para el Papa, para las misiones y otros fines... píos.

—Muy bien—dijo el padre, asimilándose la gravedad cómica de la marquesita—. No le falta a usted más que una cosa.

—¿Qué?

—Un poco de doctrina cristiana, de la elemental, de la que se enseña en las escuelas.

—¡Bah! La sé de corrido.

—Que no la sabe usted. Y si quiere, la examino ahora mismo.

—Hombre, no; tanto como examinar... A lo mejor se olvida una de cualquier cosilla.

—Nada importa olvidar la letra, si el principio, la esencia, permanecen estampados en el corazón.

—En el mío lo están.

—Me permito dudarlo.

—Y yo también—dijo Fidela, gozosa del giro que tomaba la conversación—. Esta, a la chita callando, es una gran hereje.

—¡Ay, qué gracia!

—Yo, no: yo creo todo lo que manda la Santa Madre Iglesia; pero creo, además, en otras muchas cosas.

—¿A ver?

—Creo que la máquina, mejor dicho, el gobierno del mundo, no marcha como debiera marchar... Vamos, que el presidente del Consejo de allá arriba tiene las cosas de este bajo planeta un tantico abandonadas.

—¿Bromitas impías? No sientes lo que dices, hija de mi alma; pero aun no sintiéndolo, cometes un pecado. No por ser chiste una frasecilla deja de ser blasfemia.

—Anda, vuelve por otra.

—Pues no me digan a mí—prosiguió la de San Eloy— que todo esto de la vida y la muerte está bien gobernado, sobre todo la muerte. Yo sostengo que las personas debieran morirse cuando quisiesen.

—¡Ja, ja!... ¡Qué bonito! Entonces, nadie querría morirse.

—¡Ah!... No estoy de acuerdo, y dispénseme—dijo Augusta con seriedad—. A todos, a todos absolutamente cuantos viven, aun viviendo miles de años, les llegaría la hora del cansancio. No habría un ser humano que no tuviera al fin un momento en que decir *ya no más, ya no más*. Hasta los egoístas empedernidos, los más apegados a los goces, concluirían por odiar su yo y mandarlo a paseo. Vendría la muerte voluntaria, evocada más que temida, sin vejez ni enfermedades. ¡Vaya, padrito, que si esto no es arreglar las cosas mejor de lo que están, que venga Dios y lo vea!

—Ya lo ha visto, y sabe que las dos tenéis la inteligencia tan dañada como el corazón. No quiero seguiros por ese camino de monstruoso filosofismo. Bromeáis impíamente.

—¡Impíamente!—exclamó Fidela—. No, padre. Bromeamos, y nada más. Cierto que cuando Dios lo ha hecho así, bien hecho está. Pero yo sigo en mis trece: no critico al Divino Poder; pero me gustaría que estableciera esto del morirse a voluntad.

—Es lo mismo que defender la mayor de las abominaciones: el suicidio.

—Yo no lo defiendo, yo no—declaró Augusta, poniéndose pálida.

—Pues yo...—indicó la otra, aguzando su mente—, si no lo defiendo, tampoco lo ataco..., quiero decir..., esperarse..., que si no fuera por lo antipáticos que son

todos los medios de quitarse la vida, me parecería...,
quiero decir..., no me resultaría tan malo.

—¡Jesús me valga!

—No, no se asuste el padrito—dijo la de Orozco, acudiendo en auxilio de su amiga—. Déjeme completar el
pensamiento de ésta. Su idea no es un disparate. El suicidio se acepta en la forma siguiente: que una..., o uno,
hablando también por cuenta de los hombres..., se duerma y conserve, por medio del sueño profundísimo, voluntad, poder o no sé qué, para permanecer dormido por los
siglos y no despertar nunca más, nunca más.

—Eso, eso mismo... ¡Qué bien lo has dicho!—exclamó Fidela batiendo palmas y echando lumbre por los
ojos—. Dormirse y hasta que suenen las trompetitas...

Pausadamente cogió Gamborena una silla y se colocó
frente a las dos señoras, teniendo a cada una de ellas
al alcance de sus manos, por una y otra banda, y con
acento familiar y bondadoso, al cual la dulzura del mirar daba mayor encanto, les endilgó la siguiente filípica:

Once

—Hijas mías, aunque no me lo permitáis, yo, como
sacerdote y amigo, quiero y debo reprenderos por esa
costumbre de tratar en solfa y alardeando de humorismo elegante con visos de literario las cuestiones más
graves de la moral y de la fe católica. Vicio es éste adquirido en la esfera altísima en que vivís, y que provie-
ne de la costumbre de poner en vuestras conversaciones
ideas chispeantes y deslumbradoras para entreteneros y
divertiros como en los juegos honestos de sociedad...,
suponiendo que sean honestos, y es mucho suponer. No
necesito que me deis licencia para deciros que cuanto
expresasteis acerca de la muerte y de nuestros fines aquí
y allá es herético, y además tonto y extravagantísimo, y
que sobre carecer de sentido cristiano, no tiene ninguna
gracia. Podrán alabar ese alambicado conceptismo los majaderos sin número que acuden a vuestras tertulias y

saraos, hombres corrompidos, mujeres sin pudor..., algunas, no digo todas. Si queréis decir gracias, decidlas
en asuntos pertinentes al orden temporal. Juzgad con
ligereza y originalidad de cosas de teatro, de baile o de
carreras de caballos o velocípedos. Pero en nada pertinente a la conciencia, en nada que toque al régimen
grandioso impuesto por el Criador a la criatura, digáis
palabra disconforme con lo que sabe y dice la última
niña de la escuela más humilde y pobre. Aquí resulta una
cosa muy triste, y es que las clases altas son las que más
olvidada tienen la doctrina pura y eterna. Y no me digan que protegéis la religión, ensalzando el culto con
ceremonias espléndidas o bien organizando hermandades y juntas caritativas; en los más casos no hacéis más
que rodear de pompa oficial y cortesana al Dios Omnipotente, negándole el homenaje de vuestros corazones.
Queréis hacer de El uno de estos reyes constitucionales
al uso, que reinan y no gobiernan. No, y esto no lo digo
precisamente por vosotras, sino por otras de vuestra clase; no os vale tanta religiosidad de aparato; no se acepta
el homenaje externo si no lo acompañáis del rendimiento
de los corazones y de la sumisión de la inteligencia. Sed
simples y candorosas en materia de fe; dad al ingenio lo
que al ingenio pertenece, y a Dios lo que siempre ha sido
y será de Dios.

Oían las dos damas absortas, bebiéndose con los ojos
la dulzura de los ojos del misionero, al propio tiempo
que absorbían por el oído, y las agasajaban en el pensamiento, las ideas que expresaba. Durante la breve pausa
que hizo apenas respiraban ellas, y él siguió tranquilo,
apretando un poquito en la severidad:

—Las clases altas, o, por mejor hablar, las clases ricas,
estáis profundamente dañadas en el corazón y en la inteligencia, porque habéis perdido la fe o, por lo menos,
andáis en vías de perderla. ¿Cómo? Por el continuo roce
que tenéis con el filosofismo. El filosofismo, en otros
tiempos, no traspasaba el lindero que os separa de las
clases inferiores; el filosofismo era entonces plebeyo,

ordinario y solía estar personificado en seres y tipos que os eran profundamente antipáticos: sabios barbudos y malolientes, poetas despeinados y que no sabían comer con limpieza. Pero, ¡ah!, todo ello ha cambiado. El filosofismo se ha hecho fino, se ha hecho elegante, se ha colado por vuestras puertas, y vosotras le dais abrigo y le hacéis carantoñas. Antes le despreciábais, ahora le agasajáis, y os parece que vuestras mesas no están bastante honradas si no sentáis a ellas diariamente a dos o tres alumnos de Satanás, y vuestros saraos no os parecen de tono si no traéis a ellos a toda la caterva de incrédulos, herejes y ateístas. Vosotras, clases altas y ricas, aburridas, fatigadas por no tener un papel glorioso que desempeñar en la sociedad presente, os habéis bajado a la política, como el noble enfermo y melancólico que, no sabiendo qué hacer para distraerse, desciende a bromear con la servidumbre. El filosofismo, harto de vivir en sótanos y entre telarañas, se ha subido a la política para buscar en ella su negocio, y en ese terreno común os habéis encontrado todos, y os habéis hecho amigos. Después, incurriendo en familiaridades de mal gusto, lleváis al filosofismo arriba, a vuestras salas, y allí el infame os contagia de sus perversas ideas, amortiguando la fe en vuestros corazones. Cierto que conserváis la fe nominal, pero tan sólo como un emblema, como una ejecutoria de la clase para defenderos con ella en caso de que veáis atacados vuestros fueros y amenazadas vuestras posiciones... Y la prueba de esto la hallamos en las novísimas costumbres de la gente noble. Decidme: ¿no salta a la vista que vuestras devociones son superficiales y que debajo de ellas no hay más que indiferentismo, corruptela? Vosotras mismas os habéis reído esta Navidad de las que *dieron misa del gallo* con baile. Vosotras mismas habéis organizado conciertos caritativos, y con igual frescura tomáis el teatro y la lotería por instrumentos de caridad, que lleváis a la iglesia las formas teatrales. Todo está bien con tal de divertiros, que es la suprema, la única aspiración de vuestras almas.

Descansaron las dos damas de aquella tirante atención, sacando cada cual un suspiro de lo más hondo del pecho, y Gamborena, después de repartir por igual palmaditas en las manos de una y otra, prosiguió y terminó benévolamente en esta forma:

—Hay que volver a la sencillez religiosa, señoras mías, limpiar el corazón de toda impureza y no permitir que la frivolidad se meta donde no la llaman, y donde hace tanta falta como los perros en misa. ¿Queréis ser elegantes? Sedlo enhorabuena, sin mezclar el nombre de Dios ni la doctrina católica en vuestras chismografías epigramáticas. La caridad, el culto, la devoción, sean cosas serias, no uno de tantos temas para lucir la travesura del pensamiento. La que no tenga fe, que lo diga y se deje de comedias que a nadie engañan, y menos al que todo lo ve. La que la tenga, sepa tenerla con simplicidad; sea como los niños para aprender la doctrina y como los humildes y pobres de espíritu para practicarla, dejando los escarceos del ingenio para el diablo, que es el gran hablador y el maestro de la cháchara y el que a la postre sale ganando con todas esas vanidades de la conversación. La alcurnia y el dinero suelen ser carga pesada para las almas que quieren remontarse y estorbo grande para los que buscan la simplicidad; el toque está, señoras mías, en conseguir aquellos fines sin arrojar dinero y alcurnia, aunque hay casos, pero de esto no se hable por ser excepcional y extraordinario. Sabiendo uno con quién trata y en qué tiempos vive, no incurrirá en la tontería de decir: «Imitad a los que siendo nobles y ricos quisieron ser pobres y plebeyos.» Esto no; vivimos en tiempos de muchísima prosa y de muchísima miseria y poquedad de ánimo. La voluntad humana degenera visiblemente, como árbol que se hace arbusto, y de arbusto planta de tiesto; no se le pueden pedir acciones grandes, como al pigmeo raquítico no se le puede mandar que se ponga la armadura de García de Paredes y ande con ella. No, hijas mías. No os diré nunca que seáis heroínas, porque os reiríais de mí y con razón. Sois muy enanas, y aunque os empinarais mucho, aunque os pusierais penachos de soberbio y tacones de vanidad, no podríais llegar a la talla. Por eso os digo: ya que sois tan poquita cosa, procurad ser buenas cristianas dentro de la cortedad de vuestros medios espirituales; seguir siendo aristócratas y ricas; compaginad la simplicidad religiosa con el boato que os impone vuestra posición social, y cuando os llegue el momento de pasar de esta vida, si habéis sabido limpiaros de la impureza que os invade el corazón, no encontraréis cerradas las puertas de la eterna dicha.

Oyeron las damas esta plática con emoción profunda, y poco faltó para que lloraran. Cuando el misionero terminó, repitiendo las afectuosas palmaditas en las manos de sus oyentes, Augusta no hacía más que suspirar. Fidela parecía un poquito asustada, y cuando se repuso, su genial travesura salió bruscamente con uno de aquellos rasgos que el sacerdote acababa de reprender:

—Pero si no puedo purificarme bien, lo que se llama bien, espero que habrá un poquito de manga ancha conmigo y que usted me abrirá la puerta celestial.

—¿Yo?

—Usted, sí, usted, que tiene las llaves.

—¿Yo?

—Lo dice mi marido, y lo cree, y por creerlo así le llama a usted *San Pedro*.

—Es una broma.

—¿Y no mereceré yo un poco de indulgencia?

—Indulgencia Dios la da.

—Pues mire usted, nadie me quita de la cabeza que la voy a necesitar pronto, muy pronto.

—¡Oh, no digas tal!

—Me lo pueden creer. Hace días vengo pensando en eso, en mi próxima muerte, y ahora, cuando usted hablaba, se me metió en la cabeza la idea de que ya estoy al caer; pero ya, ya...

—¡Qué tontería!

—Si no me asusto. Al contrario, lo miro con una tranquilidad... ¡Morir..., *dormir mucho tiempo!* ¿No es eso, padre? ¿No es eso, Augusta?

Entró en aquel momento Cruz, y habiendo entendido algo de lo que su hermana decía, la reprendió con dulzura, fijándose en la expresión de su rostro. Debió éste de parecerle hipocrático en grado sumo, aunque no lo bastante para sentir alarma.

—Claro, te estás toda la tarde de palique, y luego viene la fatiguita y la opresión. Tú no hagas más que oír y habla lo menos que puedas; sobre todo no te pongas a defender los mil disparates que se te ocurren, porque en las discusiones te quedas sin aliento, y ya ves...

Si no estoy mal—dijo Fidela con dificultosa respiración.

—No, no estás mal. Pero yo que tú, me acostaría. Ya ves qué día tenemos. Con todas las precauciones del mundo y echando leña sin cesar en las chimeneas, no podemos evitar que te enfríes. ¿Verdad, padrito, que debe acostarse?

Las instancias de su hermana, reforzadas por Gamborena, lleváronla al lecho, donde se sintió mejor. Después de haber descabezado un sueñecillo, hallábase muy risueña y decidora. Augusta, que de su lado no se separaba, le mandó más de una vez que cerrase el pico.

Nada ocurrió en el resto del día digno de ser contado. Gamborena y Cruz charlaban en el gabinete de Fidela, ésta, en su alcoba, se entretenía con Valentinito y con su fiel amiga. Ya entrada la noche, poco antes de la hora de comer, la marquesita de San Eloy despertó de un breve y tranquilo sueño, respirando desahogadamente. ¡Qué bien estaba! Así lo creyó Augusta al acercarse a ella, inclinándose sobre el lecho. Llevóse la niñera al chiquitín para darle de comer, y entonces Fidela, acariciando la mano de su amiga, le dijo en el tono más natural del mundo:

—Tengo que decirte una cosa.

—¿Qué?

—Que quiero confesarme.

—¡Confesarte!—exclamó Augusta, palideciendo y disimulando su turbación—. Pero ¿estás loca?

—No sé por qué ha de ser signo de locura el querer confesarse.

—Pero, hija, es que... creerán que estás mal.

—Yo no sé si estoy mal o bien. No hay más sino que quiero confesarme..., y cuanto más pronto mejor.

—Mañana.

—Déjate de mañanas. Mejor será esta misma noche.

—Pero ¿qué idea te ha dado...?

—Pues una idea, tú lo has dicho, una idea. ¿Acaso es mala?

—No..., pero es una idea alarmante.

—Bueno, mejor. Me harás el favor de decírselo a mi hermana. O se lo dices a Tor... No, no, mejor a mi hermana.

Doce

En el mismo instante que esto ocurría entraba del Senado don Francisco llevando consigo a su amigo, médico y senador, a quien había invitado a comer, más que por el gusto de obsequiarle, porque viera a su esposa, y proporcionarse de este modo una consulta gratuita sobre la dolencia fastidiosa y tenaz, ya que no grave, que aquélla sufría. Figuraba el senador entre las eminencias médicas, y quería serlo también política, para lo cual había tomado por su cuenta las reformas sociales, pronunciando discursos campanudos y pesadísimos, que a Torquemada le encantaban, por hallar en ellos perfecta concordancia con sus propias ideas sobre tales materias. Hicieron amistades en los pasillos, y en el salón se sentaban casi siempre juntos. Era el médico hombre amabilísimo, y don Francisco se encariñaba con los hombres finos, siempre que fueran desinteresados y no atacasen al bolsillo con las armas de la cortesía refinada, como ciertos *puntos* que a nuestro tacaño se le sentaban en la boca del estómago.

Vio, pues, el senador médico a la señora marquesa, la

interrogó con exquisita delicadeza y gracejo y su dictamen fue tranquilizador para la familia. Todo ello no era
más que anemia y un poco de histerismo. El tratamiento
de Quevedito le pareció de perlas, y había que esperar
de él la anhelada mejoría. No se permitió añadir más que
la *rusticación* cuando llegase el verano, residiendo en
país montañoso, lejos del mar. Después comieron todos
muy campantes, y Cruz notó en Augusta una tristeza que
en ella era cosa muy rara, pues por lo común alegraba la
mesa y entretenía gallardamente a los comensales. Torquemada estuvo decidor, queriendo a toda costa lucirse
delante de su amigo, el cual, *velis nolis,* metió entre dos
platos los problemas sociales, y allí fue Troya, pues el
médico resolvía la cuestión por lo político, el misionero
por lo religioso y el señor marqués deploraba las exageraciones de escuela. Tristes y aburridas abstuviéronse las
dos damas de dar su opinión en tan cargante materia.

Terminada la comida corrió Augusta a la alcoba y se
secreteó con Fidela:

—Dice Cruz que mañana...

—Mi hermana no ha dicho eso.

—¿Cómo no?

—No, porque tú no le has dicho nada todavía. Si todo
lo sé y lo veo desde aquí. Conmigo no valen mentirijillas.
Y si no se lo dices pronto, tendré que decírselo yo.

La inesperada presencia de Cruz en la alcoba, entrando
como una aparición, cortó bruscamente el diálogo. Al
pronto, notando algo extraño en la actitud de ambas,
creyó que se trataba de una travesura. Interrogó, le replicaron, y al fin supo la verdad de aquel antojo de su
hermana. ¡Confesarse! ¿Cuándo? ¡Pronto, pronto! ¿Qué
prisa había? Su empeño, verdadero o fingido, de tomarlo a risa, no dio más resultado que confirmar a la otra
en su tenaz deseo. Bien se comprende que aquel repentino afán de confesión, no hallándose la señora peor de su
dolencia, al decir de los médicos, inquietó a la familia.
Cruz fue con el cuento a Gamborena, y éste a don Fran-

cisco, que corrió alarmadísimo a la alcoba, y dijo a su cara mitad:

—Pero tú, ¿qué *fenómenos* tienes? Si dice el doctor que son *fenómenos reflejos, exclusivamente reflejos*... ¿A qué viene esa andrómina del confesarse? Tiempo tienes. Mi amigo se ha ido, pero si quieres le llamo... No, no será preciso. Mientras menos médicos aparezcan por aquí, mejor. Quevedo no tardará en llegar, y entre todos te convenceremos de tu tontería.

Interrogada por todos de un modo apremiante, Fidela no podía declarar, sin mentir, ningún síntoma peligroso. De fiebre no tenía ni chispa, según una vez y otra hizo constar don Francisco, que se las echaba de buen entendedor de pulsos. Lo único que sentía era la opresión del pecho, la dificultad del respirar, cual si un corsé de hierro le oprimiera la caja torácica, y algo, además, que, a su parecer, como dogal interno, apretaba su garganta, a la cual se llevaba las manos sin sosiego, creyendo cerciorarse con ellas de una fuerte hinchazón.

—Pero ¿no tengo aquí un bulto muy grande?

—No, hija, no tienes nada. Todo es aprensión.

—*Fenómenos reflejos.*

—Duérmete, y verás.

—Eso es lo que quiero, dormirme, y ver lo que hay por allá. Pero me parece que no pegaré los ojos en toda la noche.

Quevedito, que a la sazón entrara, no encontró en ella novedad que debiera ser motivo de alarma; pero el estado moral de la enferma y las extrañas inquietudes de su espíritu pusiéronle al fin en cuidado, y propuso a su suegro que al día siguiente fuese llamado en consulta el doctor Miquis. En tanto, Cruz trataba de convencer a Gamborena de la inconveniencia de retirarse a su domicilio en noche tan cruda y desapacible, y él no insistió, como otras veces, en largarse, afrontando la ventisca y el frío. Más que las molestias y aun peligros de la caminata, le retenían en la mansión ducal presentimientos vagos de que no sería excusada en ella su presencia. Convino, al fin,

en alojarse en la habitación *cardenalicia* que en el piso
alto le tenían preparada, y Cruz le suplicó que, antes de
recogerse, tratara de obtener de Fidela, con su omnímoda
autoridad, el aplazamiento de la confesión hasta el siguiente día. Dicho y hecho. Llegóse a la puerta de la
alcoba el buen sacerdote, y desde allí, con insinuante
cariño, dijo a la enferma:

—¿Sabes que tu hermana no me deja marchar? Me
resigno, porque las calles están heladas: caballos y personas tenemos miedo de un resbalón y de rompernos pata
o pierna... Eso que has pensado, hija mía, me parece
muy bien, muy bien. Por lo mismo que no estás peor,
quieres hacerlo descansada y fácilmente, como obligación de todo tiempo y de circunstancias normales. Bien,
muy bien. Pero yo estoy cansado, tú necesitas dormir,
y como me tienes en casa, quédese para mañana. Duérmete, niña, duérmete tranquila. Buenas noches.

Poco después de esto despidióse Augusta, besando una
y otra vez a su amiga, y prometiéndole ir tempranito a la
mañana siguiente. La paz y la quietud reinaron en la casa,
mas no en el corazón de Cruz, que no tenía sosiego, y se
acostó como el oficial de guardia cuando hay temores de
trifulca. Toda la noche la pasó don Francisco vigilando
a su esposa. Entraba de puntillas y aproximábase al
lecho como un fantasma. La pobrecita dormía algunos
ratos; pero eran sus sueños breves y nada tranquilos.

—Estoy despierta—decía alguna vez—. Aunque me
veas con los ojos cerrados, no duermo, no. Y ¡qué ganas
tengo de coger un buen sueño, largo, largo!...

—¿Hay algún nuevo fenómeno, hija mía?

—Nada, nada más que esta opresión maldita. Si no tuviera esto, me sentiría muy bien.

Y más tarde:

—*Eximio,* no te asustes, esto no es nada. Un momento
que me ha faltado la respiración, y creí que me ahogaba.

—¿Quieres otra cucharadita?

—No, ahora no. Creo que me hace daño tanto brebaje.
¡Ay! ¡Qué horrores soñé en un momento que me quedé

dormida! Que nuestro Valentín se había sacado los ojos
y jugaba con ellos. Después me los daba a mí para que se
los guardara... Ta..., ca..., pa..., ca... Y ¿qué haces que
no te acuestas, pobrecito *eximio?*

—Mientras tú estés despierta, velaré yo—le dijo el esposo, sentándose a su lado—. *Blasono* de precavido y
vigilante y soy la *previsión personificada.*

—Si no tengo nada, si estoy bien...

—Pero debemos *tender* a que estés mejor. A mí se me
ha ocurrido un plan. A veces sabe uno más que toda la
cafila de médicos que *pululan* por ahí.

—¡Si yo durmiera!... Pero ya verás..., de mañana no
pasa que coja yo un sueño largo, largo...

—Cuando yo estoy desvelado me pongo a sumar cifras,
y a meter y sacar por todos los rincones del cerebro la
aritmética que aprendí de muchacho.

—Pues yo también sumo, y no saco en limpio más que
los mil y quinientos minutos que me faltan para dormirme. ¡Qué cabeza ésta! ¿Ves? Ahora parece que tengo
sueño. Respiro bien, y el bulto de la garganta se me
sube a los ojos. Los párpados me pesan. *Eximio* Tor,
yo te aseguro que Valentín tendrá mucho talento, no
talento para los negocios, como tú, sino para la poesía y
para...

Se quedó dormida. A la madrugada, después de varios
letargos breves, tuvo un ligero ataque de disnea. Torquemada se alarmó. Pero ella le tranquilizaba, diciéndole:

—Querido *ex..., ex...imio,* no te asustes. No es nada.
Quiero respirar, y la nariz dice que... respire por la boca,
y la boca... que por la nariz..., y en esta disputa... ¿Ves?
Ya pasó..., ya.

Ya de día claro, durmió como unas dos horas, y se
despertó alegre, charlatana, preguntando si había venido
Augusta. Acudió su hermana a darle el desayuno, un té
con leche, que tomó con gran apetito. Torquemada se
había ido a descansar, y Gamborena se preparaba para
decir la misa. Revuelto y glacial, como el anterior, ofrecióse el amanecer de aquel día, lo que no impidió para que

la de Orozco se personase en el palacio, diligente y rece-
losa, poco antes de la misa, que oyó con gran recogimiento
y devoción. A las nueve, cuando Gamborena se desayunaba en la sacristía y se oían en los pasillos bajos el
desapacible chillar del heredero y el ruido de los vare-
tazos que daba en bancos y sillas, subió Augusta a la alcoba y charló con Fidela de cosas gratas, amenas y tenta-
doras de la risa. En lo mejor de este sabroso coloquio
entró el eclesiástico diciendo con gracejo:

—Amiguita, ahora está usted de más aquí. Fidela y
yo tenemos que echar un párrafo.

Salió de la alcoba la dama y quedaron solos la marquesa y el misionero. La confesión fue larga, aunque no tanto
como el sueño que aquélla deseaba.

Trece

—¿Y qué?—preguntaba Augusta al sacerdote en el gabinete de Cruz, mientras ésta pasaba un rato junto a su
hermana—. Después de la confesión, ¿tendremos también
Viático?

—¡*Tendremos!* Habla usted de ello, amiga mía, como
si se tratase de una *garden party* o de un cotillón.

—No es eso... Quiero decir...

Torquemada entró súbitamente, haciendo la misma
pregunta:

—¿Y qué? ¿*Viático tenemos?*

—Esperaremos a que ella lo pida—indicó Augusta—,
o a que los facultativos indiquen su oportunidad... Yo
la encuentro bien, y no veo motivo de alarma. ¡Pobre
ángel!

—Es una santa—dijo el tacaño con cierta solemnidad—, y no será justo ni equitativo que se nos muera
tan pronto, habiendo por el mundo tantos y tantas que
maldita la falta que hacen.

—Sólo Dios sabe quién debe morir—agregó el sacerdote—, y cuanto El dispone, bien dispuesto está.

—Sí; pero no es cosa de conformarse así, a la *bóbilis*

bóbilis—replicó Torquemada, amoscándose—. ¡Pues no faltaba más! Admito que todos somos mortales; pero yo le pediría al *señor de Altísimo* un poco más de lógica y de consecuencia política, quiero decir, de consecuencia mortífera... Esto es claro. No se mueren los que deben morirse, y tienen siete vidas, como los gatos, los que harían un *señalado servicio* a toda la Humanidad tomando soleta para el otro mundo.

Gamborena no contestó nada y se fue a rezar a la capilla.

Poco después de esto, Fidela, que, por consejo de toda la familia y disposición de Quevedito, se había quedado en el lecho, mandó que le llevaran al chiquillo, el cual, si al pronto se enfurruñó porque le privaban de hacer el burro en los pasillos bajos, no tardó en avenirse con la compañía de su madre, única persona a quien solía mostrar cariño. Cansado de dar vueltas por la alcoba pegando latigazos, se hizo subir a la cama, y por ella se paseó a cuatro patas, imitando el perro y el cochino; y ya se corría hacia la cabecera para dejarse besar de su mamá, ya bajaba hasta los pies, mordiscando la colcha, y haciendo *gru gru* para hacer creer a Augusta que era un terrible animalejo que le iba a comer una mano.

—Está monísimo—decía Fidela, encantada de aquel juego—. No me digan que este chico va a ser tonto. Lo que tiene es muchísima picardía, y en él la travesura del animalillo anuncia la inteligencia del hombre.

Agitaba ella los pies dentro de las sábanas para que él hocicara en el bulto con saltos y acometidas de bestia cazadora, y ya se esparrancaba, ya husmeaba el aire descansando sobre los cuartos traseros y erguido sobre los delanteros, ya, en fin, sentábase para frotarse el hocico con movimientos de oso cansado de divertir a la gente. Pero su principal diversión era asustar a las personas que rodeaban el lecho, y a su mamá misma, ladrándolas, embistiéndolas de mentirijillas, con la boca abierta en toda su pavorosa longitud. Verdad que nunca se las comía, pero les hacía creer que sí, a juzgar por las voces de espanto con que acogían sus furores. Por fin, tendióse a lo largo junto a su madre, y apoyando su rostro en el de ella, largo rato estuvo mirándola de hito en hito, sin articular gruñido ni voz alguna. Maravillábase Augusta de que la mirada de Valentinico tuviera aquel día expresión menos fosca y aviesa que de ordinario; pero no apuntó ninguna observación sobre este particular.

—¡Si es más bueno este hijo!—decía Fidela, gozosa—. ¡Ahora me está diciendo al oído unos secretitos tan salados! Ta, ta, pa, ca..., que me quiere mucho, y otras cosas muy bonitas, muy rebonitas.

Diferentes veces le puso Cruz en el suelo para que no molestase a su madre; pero él, con una querencia tenaz, que fue la mayor rareza de aquel memorable día, se las arreglaba para volver a la cama. Creyérase que comprendía la obligación de ser dócil y bueno para merecer aquellos honores. Nunca se le vio más sumiso ni se notó expresión tan dulce en el ta, ca, pa, que a cada instante pronunciaba, ni tuvo tanto aguante para permanecer quieto, pegado su hocico al rostro de su mamá, dejándose acariciar de ésta y oyendo de su boca tiernas palabras que seguramente no había de entender. Quedóse dormido un rato, y Fidela no consintió que le quitasen de su lado. Durmió también ella con placidez que todos creyeron de feliz augurio, y de fijo le habría sido provechoso aquel sueñecico si hubiera durado más.

Con la tardanza del doctor Miquis, que no pudo ir hasta la tarde, estaban en ascuas Cruz y don Francisco, esperando uno y otro cobrar ánimos con la visita del famoso médico. Antes que éste llegara tuvo Fidela otro ataquillo de disnea, seguido de un colapso muy breve, del cual sólo Augusta, única persona que entonces se hallaba presente, pudo enterarse. Volvió Valentinico a subirse a la cama, y si poco antes pudieron observar todos en sus ojuelos cierta dulzura (como no fuera esto efecto de la buena voluntad de los que le miraban), luego notaron en ellos la singularísima expresión ofensiva que de ordinario tenían. Quizá dependía esto de su pequeñez, contrastando con la voluminosa cabeza, y de una irisación gatuna en las oscuras pupilas. No se sabe; pero todos decían, y Augusta la primera, que aquél no era el mirar inocente y seductor de un niño. ¡Demonio de engendro! Le dio por echarse como un perro a los pies de su madre, y de amenazar con gruñidos a cuantos al lecho se acercaban, enseñando los dientes, y preparándose para morder al que se dejara, ya fuese su mismo papá o su tía.

—¡Qué bravo!—decía Fidela—. ¡Cómo defiende a su madre! Esto se llama inteligencia, esto se llama cariño... Pero ¡si nadie me hace daño, hijo mío! Estate quietecito y no te muevas mucho, que me molestas.

Entró en esto Miquis, y se llevaron al salvaje bebé, que con berridos protestaba de no hallarse presente en tan importante visita. Larga fue ésta, y detenidísimo el examen que de la ilustre enferma hizo aquel espejo de los facultativos. La animó con su galana y piadosa palabra, mostróse después reservado con la familia, y al fin, solos él y Quevedito, hablaron *mutatis mutandis* lo que sigue:

—Pero tú, ¿qué estás pensando?... Tú, ¿qué haces? ¿Estás tonto?

—¡Yo!... ¿Qué?—replicó balbuciente y poniéndose pálido el yerno de Torquemada—. ¿Por qué me dice usted eso, don Augusto?

—Porque eres un ciego si no ves que esta pobre señora está muy mal. ¡A buena hora me avisas, cuando ya...! Puede que aún sea tiempo, pero lo dudo. La depresión cardíaca es tal, que temo el colapso, y si viene el colapso con la intensidad que presumo, ya no hay nada que recetar, como no sea el Viático.

Quevedito se limpió el sudor del rostro. Un color se le iba y otro se le venía, no sabiendo qué contestar a las aterradoras palabras de su amigo y maestro, el cual siguió:

—Pero ¿a qué tanta digitalina? Basta, basta, y dispón las inyecciones de cafeína y éter, y las inhalaciones de oxígeno..., para lo que ha de venir esta noche.

—¡Teme usted!

—Ojalá me equivoque. Pero... no te comprometas

ante la familia con optimismos que, por desgracia, serían ilusorios..., no des esperanzas.

—¿Teme usted que el colapso...?

—Se ha iniciado ya. Lo he conocido en el pulso irregular, en el rostro, que se descompone o parece querer descomponerse...

—No había observado...

—Y ¿para qué sirve la adivinación médica, el arte de ver los fenómenos ya pasados en el rastro casi imperceptible que dejan en el organismo? Volveré esta noche. No te separes de la enferma y observa al minuto todo cuanto ocurra.

—¿Volverá usted?

—Sí. Creo que no adelantaremos nada y que la pobre señora no saldrá de la noche.

De tal modo desconcertaron estas lúgubres palabras al bueno de Quevedito, que cuando el otro se fue y Cruz, ansiosa, se llegó al médico de la casa, éste no pudo disimular su turbación. Faltábale poco para echarse a llorar. A las preguntas anhelantes de Cruz y a las de don Francisco contestó desordenadamente, luchando entre la veracidad profesional y el afecto de familia:

—Mal diagnóstico..., ¿para qué ocultarlo?... Malo, malo... Sería peor dar esperanzas, que... Pero aún no debemos perderlas, no, no, eso no... Basta de digitalina... Habrá que hacer inyecciones..., inhalaciones... Veremos esta noche... Creo que Miquis exagera el mal. Estos médicos de punta son así, dan grandes proporciones a la cosa más sencilla para luego salir diciendo... Pero la gravedad existe, una gravedad relativa..., y vale más estar prevenidos...

Catorce

La primera idea de Cruz, rehaciéndose valerosa ante el peligro, fue llamar inmediatamente a las principales eminencias médicas de Madrid. Torquemada, que poco después de oír a su yerno tocaba el cielo con las manos, empezó por arrojar todas sus iras contra Miquis:

—Ese hombre está loco. Ese hombre es un bribón, que quiere explotarnos. Ve que en esta casa hay *trigo* y dice: «Aquí me dejo caer...» No, no, fuera médicos ilustres, que no saben una patata. ¡Decir que hay peligro grave! ¿Dónde y por qué? Si sólo con verla se comprende que todo ello es *unas miajas* de fenómeno reflejo, catarro descuidado, el dengue y los achaquillos que deja... Esto es una picardía, un complot, *por decirlo así.*

Pronto varió de opinión, *transigiendo* con que se llevaran cuantos doctores de campanillas fuesen menester, y después su excitado cerebro discurría los arbitrios más extravagantes, por ejemplo, llamar a un curandero famoso de la Cava de San Miguel... El le conocía, y testimonio podía dar de sus maravillosas curas: nada se perdía, pues, con llevarle, porque si no curaba, daño no hacía; toda su terapéutica era agua del pozo y dar friegas en el estómago y en *los vacíos* con un cepillo de hierbas. Tan desconcertado estaba el hombre, que no tardó en reírse de su propio consejo, y volvió a poner en duda la competencia de la facultad para curar a nadie.

Con rapidez pasmosa cundió entre los amigos de la casa la noticia de la gravedad de la señora marquesa de San Eloy, llegando también al Senado antes del término de la sesión, por lo cual vióse don Francisco asaltado, a primera hora de la noche, de multitud de *amigos políticos y particulares,* que con enfáticas demostraciones de sentimiento estuvieron dándole matraca más tiempo del que su tristeza y ganas de soledad consentían. No hizo caso de nadie, ni aun de los que, echándoselas de profetas optimistas, le anunciaban una solución feliz de la enfermedad. Renegaba el tacaño de todo, de los amigos y de la ciencia, de la fatalidad y de los *llamados... altos designios de... quienquiera que fuese.* Hasta la compañía y los consuelos de Donoso, su amigo y en cierto modo maestro en ilustración, le cargaban en aquella infausta noche. Resistióse a probar bocado, y cuando los importunos empe-

zaron a desfilar, andaba de un lado para otro del palacio,
como un demente paseándose entre fantasmas, que no
otra cosa le parecían las figuras religiosas o paganas, desnudas unas, otras mal vestidas *con sábanas* o *colchas,* que
poblaban salones y galerías.

Entretanto, Fidela había pasado, en el tránsito melancólico del día a la noche, por diferentes alternativas, hallándose por momentos gravísima, por momentos tan aliviada, que la familia no sabía si temer o esperar. Augusta
no se separaba de su lecho; las manos de una enlazadas
con las de la otra confirmaban en aquellos críticos instantes el intenso cariño contra el cual la muerte misma no
debía prevalecer.

—Ahora te sientes mejor, mucho mejor, ¿no es verdad? No creas que nos hemos alarmado mucho. Bien se ve
que no es nada.

—Sí, no es nada—dijo Fidela recobrando la viveza de
su acento—. ¡Si siguiera como estoy ahora!... Me
siento bien; respiro sin dificultad y..., ¡qué cosa tan rara!,
se me ha refrescado tanto la memoria, que todo lo veo
clarito, y mil cosas que había olvidado, insignificantes, se
me presentan ahora en la imaginación como si hubieran
pasado ayer.

—¿Sí? ¡Qué gracia! Pues mira, no hables mucho. Ya
sabes que los médicos quieren que cierres el pico...
Fácil medicina es callar.

—Déjame que hable un poquitín. ¡Si es lo que me
gusta más en el mundo! La charla..., mi pasión.

—Bueno, te permito una pizca de charla. Si se enteran
Quevedo y tu hermana me reñirán.

—¡Ay, qué cosa tan rara! Alababa yo mi memoria, y
ahora me encuentro sin ella... Pues nada... Había pensado preguntarte una cosa, y se me ha olvidado... Pero
¡si hace medio minuto que lo tenía aquí, en la punta de la
lengua!

—Pues déjalo para después.

—¡Ah!... Ya, ya la tengo. Verás: cuatro palabras nada

más... Dime una cosa. ¿Crees tú que los muertos vuelven?

—Mira, hija de mi alma—replicó Augusta, sintiendo frío en el corazón—, no hables de muertos. ¡Vaya, qué tonterías se te ocurren!

—¿Y por qué ha de ser tontería? Yo te pregunto si crees tú que los que se mueren... vuelven al mundo de los vivos. Pues mira, yo creo que sí, y que no hay que burlarse de la conseja de las ánimas en pena.

—Yo no sé nada de eso; cállate o llamo a Cruz.

—No, no... ¡Flojo réspice me echaría!... Yo creo que cuando una es espíritu libre puede ir y venir donde le plazca. Lo que no sé es si tú podrás verme como yo te veré a ti... Y cuidadito con hacer picardías... Mira que te estaré mirando...

Augusta temblaba. Se apoderó de ella un terror instintivo; y como en la estancia había poca luz, creyó ver surgir de aquellas penumbras espectros que se aproximaban lenta y terroríficamente.

—¿Tú qué piensas de esto?—insistió Fidela con ligera inquietud—. ¿Alguna vez en tu vida, en circunstancias gravísimas, ¿me entiendes?, has visto la imagen de alguna persona querida que se te hubiera muerto? Porque el ser la persona muy querida, muy querida, paréceme condición indispensable para que el hecho de verla, de verla como te estoy viendo a ti, se verifique.

—¡Bah, bah!... ¿Te callas si te contesto lo que más puede gustarte? Pues bien, si te callas, te diré que sí... Pero no me preguntes más. Queriendo mucho, pues... Ea, basta ya. Esto podría desvelarte, y es preciso que duermas, pobrecita.

—Si yo también quiero dormirme. De eso se trata, tonta. ¡Que me place tu respuesta! Los que duermen, sueñan, y el que sueña vive en sueños, y su ser soñante puede ser su imagen visible... ¡Vaya una filosofía! ¡Ah, que no nos oiga el padrito! ¡Menudo sermón nos echaría!... Pues sí, a dormir, a dormir.

Cerró los ojos, y Augusta, después de abrigarle el

cuello con el embozo, la besó cariñosamente y la arrulló
como a los niños. Cruz entró de puntillas, y enterada
de su tranquilidad, volvió a salir. En consulta estaban
a la sazón tres eminencias, a más de Miquis y Quevedito,
y había gran ansiedad en la familia por conocer el resultado de la discusión científica. Por desgracia, el protomedicato confirmó plena y categóricamente la opinión de
Miquis respecto a la gravedad y al inminente peligro. La
temida catástrofe podía tardar un día, dos o precipitarse
en el instante menos pensado, aquella misma noche.

Quiso Cruz consultar con Torquemada si se traería el
Viático sin pérdida de tiempo; pero don Francisco, por
mediación de Donoso, que era el que andaba en aquellos
tratos, negóse a dar su opinión sobre tan grave materia.
Su abatimiento y pesimismo quitábanle la serenidad para
resolver cosa alguna. Gamborena, en tanto, con pretexto
de visitar a la enferma, entró en su alcoba. La vio dormida; esperó... Un ratito después, Fidela despertaba;
alegróse mucho de ver al misionero, y le dijo que quería
reconciliarse. Retiráronse todos, y Gamborena, como era
natural, aprovechó tan buena coyuntura para proponerle
la administración del Sacramento. Acerca de la hora no
hubo perfecto acuerdo, porque la enferma dijo: «Mañana.» Cruz no quería contrariarla manifestando prisa, y
el padre transigió, dando al mañana una interpretación
ingeniosa.

—Tempranito, tempranito... Es lo mejor. Son las diez
de la noche.

Don Francisco, a eso de las once, se dirigió a la alcoba,
cuando ya se había iniciado el temido colapso. El mismo
terror que invadía su alma le sugirió ardiente anhelo de
ver el tristísimo cuadro de aquella preciosa vida, próxima a extinguirse en lo mejor de la edad, burla horrorosa
de la lógica, del sentido común y aun de las leyes de la
Naturaleza, *sacrosantas*, sí, señor, *sacrosantas* cuando no
se dejan influir, ¡cuidado!, de las arbitrariedades que vienen de arriba. Contempló a su querida esposa lívido, desconcertado, sin acertar a proferir palabra ni queja, y allí

se estuvo como estatua, sintiendo con más fuerza que
había sentido el terror de la entrada en la alcoba el terror
de la salida. No hallaba ni la palabra, ni el gesto, ni el
movimiento para largarse. Por fin, Augusta, que lloraba
a lágrima viva, le cogió por un brazo, diciéndole entre
sollozos:

—Retírese, don Francisco, que esto le afectará demasiado.

El hombre encontróse fuera del cuarto cuando menos
lo pensaba, y silenciosamente, las manos a la espalda,
los labios fruncidos, bien apretados los dientes, como
si nunca más en su vida hubiese de articular palabra, se
fue a su despacho, en la planta baja, donde no había
nadie, pues Donoso andaba también por las alturas, tratando de algo referente a la imponente ceremonia que
se preparaba.

Quince

Metióse en su cuarto el marqués de San Eloy, como
alimaña huida que sólo se cree segura en la grieta que
le sirve de albergue; pero como éste era, en aquel caso,
bastante holgado, allí se entretuvo el hombre en espaciar
su desventura, paseándola de un extremo a otro, como si
de esta suerte, por estirarla y darle vueltas, pudiera llegar
a ser menos honda. Verdaderamente era una cosa inicua,
casi estaba por decir una mala partida..., vamos, una injusticia tremenda, que debiendo ser Cruz la condenada a
fallecer, por razón de la edad y porque maldita la falta
que hacía en el mundo, falleciese la otra, la bonísima y
dulce Fidela. ¡Qué pifia, Dios! Y a él no le faltaban aga-
llas para decírselo en su cara al Padre Eterno, como se
lo diría al nuncio y al mismo Papa para que fueran a
contárselo.

—¿A qué obedecía la muerte de Fidela? ¿A qué obedece?—repetía furioso, volviendo la cara hacia el techo,
como si en él pintada estuviese la cara de su interlocutor—. ¿Es esto justo? ¿Es esto misericordioso y divino?...

¡Divino! Vaya unas divinidades que se gastan por arriba.
Pues yo le digo a *Su Señoría* que no me ha convencido, y
que todo eso de infinitamente sabio, infinitamente... qué
sé yo, lo pongo en cuarentena. Ea, no me gusta adular
a los poderosos, a los que están por encima de mí. La
adulación no se compadece con mi carácter. Tengamos
dignidad. ¿Y qué es el rezo más que una adulación; verbigracia, besar el palo que nos desloma? Yo..., al fin y al
cabo..., rezaría si fuese preciso, si supiera que había de
encontrar piedad; pero..., como si lo viera..., ¡piedad!
¡Ah, quien no te conozca que te compre! Esto es obvio.
La piedad que haya, que me la claven en la frente. ¿Qué
más? ¿Cómo olvidar el caso de mi primer Valentín, de
aquel cacho de ángel que me quitaron de la manera más
atroz y bárbara, barrenando las leyes de la Naturaleza,
sin que me valieran rezos, ni limosnas, ni nada?... ¡Anda
y que adulen otros! No es uno un pelagatos, no es uno
un cualquiera, no es uno un mariquita...

Fatigado de dar tantas vueltas, se sentó en una silla,
apoyándose en la mesa, y se tapó los ojos con ambas
manos.

—¡Ñales!—decía—. Paréceme que estoy delirando.
Lo que me pasa no es para menos... Aunque nos volvié-
ramos locos de tanto rezar todos los que estamos en la
casa, nada conseguiríamos, porque el mal, a estas alturas,
es de los que no tienen remedio. La pobrecita Fidela se
muere..., se muere sin remisión..., quizá se ha muerto
ya... Sería preciso para salvarla que Aquél hiciera un mi-
lagrito, y lo que es eso... Favores ya los hace; pero milagros... Y falta que sea verdad que los hiciera... Favores,
sí; pero estas gangas son para los beatos y ratones de
iglesia... No está uno en el caso de rebajarse..., ¡cuidado!... Cierto que si me aseguraran que..., yo me rebajaría, vaya si me rebajaría... Pero, ¡con cien mil Biblias!,
para que me dejen con un palmo de narices, como en el
caso de Valentín...

Volvió a pasearse, transido de pena y terror, atormentado por la imagen de su esposa moribunda, fija en su

mente con los rasgos y matices de la pura realidad. La veía, la estaba viendo cual si delante la tuviera. ¡Cuánto mejor para él no haber entrado en la alcoba, haberse quedado fuera..., evitando el mal rato de verla agonizante y el tormento de quedarse con aquella imagen, con aquella fotografía en el cerebro, la cual no se borraría en mil años que viviese!... Perdido el conocimiento, sin ver a nadie ya, columbrando quizá las cosas del Cielo, la pobrecita Fidela se iba muriendo sin sentirlo, los ojos hundidos, las pupilas sin brillo ni viveza, vueltas hacia arriba, como si quisieran mirar al interior del cráneo; la boca anhelante, distendiendo y contrayendo los labios..., al modo de los pececillos de redoma...; en derredor de la boca, un cerco violado, que le desfiguraba horrorosamente el rostro...; la piel húmeda, del sudor frío que la cubría; el cabello pegado a las sienes, y también con aspecto de cosa muerta, postiza, como peluca desencajada y fuera de su lugar..., y, por fin, el cuerpo inmóvil, vencido ya por la inercia, sin contracciones. Sólo en los dedos la vida muscular se manifestaba expirante en ligeras crispaduras... Tal era la imagen lastimosa que había visto don Francisco y que en su mente quedó estampada con fuerza bastante para transportarse de la mente a la realidad.

Pasó algún tiempo, no podía decir cuánto, en aquella abstracción dolorosa, sintiendo hondo, viendo claro lo que no quería ver, luchando por borrar la imagen cuando se vivificaba demasiado, y por revelarla de nuevo cuando se desvanecía, pues si penoso era verla, desconsuelo le causaba no percibirla, y a tantos tormentos unióse pronto el de la duda. ¿Había muerto ya o vivía aún? Por nada del mundo habría vuelto a la alcoba. ¿Cómo no se le daba cuenta de la muerte, si ésta era un hecho? Lo probable era que aún viviese. ¿Le habrían traído el Viático? No, porque él hubiera sentido rumores de gente y el toque triste de la campanilla. Grande era el palacio, pero no tanto que un acto de tal naturaleza pudiese verificarse sin que él se enterara. Creyó sentir un bullicio extraño...

¡Gente de la parroquia! La Extremaunción sería, que el Viático no podía ser.

Puso después atento oído a los ruidos que sonaban en el inmenso caserón. A ratos reinaba silencio tan profundo, que todo parecía muerto, todo quieto y mudo, como las figuras de los lienzos que adornaban la ducal mansión; a ratos oía pasos precipitados de la gente de servicio, que bajaba o subía aprisa, como en busca de algo muy urgente. Tentado estuvo en más de una ocasión, al sentir próximo a su leonera el paso de algún criado, de salir a la puerta y preguntar... Pero no; si le anunciaban la muerte, ¿cómo soportar la noticia? Además, los criados todos se le habían hecho tan antipáticos, que no quería nada con ellos, y si por acaso le contestaban algo desagradable, trabajillo le había de costar no emprenderla con ellos a puntapiés. Tanta llegó a ser al fin su ansiedad, que entreabrió la puerta. Frente a ésta extendíase una ancha galería, bien iluminada. ¡En su dorada cavidad cuánta tristeza! Pasos se oían, sí, pero no muy lejanos, arriba, allá, donde estaba pasando... lo que pasaba. En el fondo de la galería vio una figura enorme, desnuda, con la cabeza próxima al techo y las piernazas encima de una puerta. Era un lienzo de Rubens, que a don Francisco le resultaba la cosa más cargante del mundo, un tío muy feo y muy bruto, amarrado a una peña. Decían que era Prometeo, un punto de la antigüedad mitológica; picardías muy malas debió de hacer el tal, porque un pajarraco le comía las asaduras, suplicio que, a juicio del marqués de San Eloy, estaba muy bien empleado. Más acá vio a una ninfa que también le cargaba casi en cueros la muy sinvergüenza, con los pechos al aire, y tan tiesa como si se hubiera tragado el palo del molinillo. No se acordaba Torquemada de su nombre; pero ello era también cosa de tirios y troyanos... Ganas le dieron súbitamente de salir con una estaca y emprenderla a palos con la estatua (copia de la *Dafne* de Nápoles) que decoraba el fondo de la galería y hacerla pedazos para que aquella pindongona no le señalara más con su dedo provocativo, ni se le riera en sus barbas... Pero habría sido disparate romperla valiendo lo que valía.

En esto sintió ruido de pasos en la escalera, y azorado cerró la puerta. «Ya vienen, ya vienen a decírmelo.» Después se acordó de que había dado a su ayuda de cámara la rigurosa consigna de que no le llevasen recados, que no quería saber nada ni ver a nadie. «*Velay*, por qué no se acerca a mi cuarto ni una mosca. Me tienen miedo.»

Ya debían de ser las dos de la mañana. El ruido se acentuó en la parte superior de la casa. Sintió don Francisco un frío intenso, y sobre el gabán que puesto tenía se echó otro, y siguió paseándose. «Seguramente—se dijo—es un hecho ya. Como si lo viera. Cruz estará haciendo aspavientos de dolor..., y lo siente, no dudo que lo siente. Pero no será ella quien venga a decírmelo. Donoso quizá. Tampoco; no se separará un momento de su adorada Cruz para consolarla y ponerse a pensar los dos..., ¡ah, los conozco!, en las disposiciones para el entierro. Donoso no vendrá. Augusta tampoco, porque ésa sí que estará afligida. ¡La quería tanto!... ¡Ah! Ya caigo; el llamado a comunicarme la triste noticia es el clérigo, mi señor Gamborena, que debe de estar también arriba, echando latines. ¡A buena hora! Véase para lo que vale la santa religión. Este San Pedro o San Perico, a quien tengo por portero del departamento celestial, no puede o no sabe evitar que se muera quien no debe morirse. Ya, lo que ellos quieren es llevar gente y más gente para arriba... No les importa quien sea. En el fondo de esa santidad hay un gran egoísmo, por decirlo así... Pues, sí, el beato Gamborena será el comisionado para traerme la noticia... Cuando no me la trae es que todavía...» Acercóse a la puerta, aplicó el oído... Nada sentía. «¡Si no vendrá tampoco el misionero a decirme nada!... Vamos, que reviento de ansiedad... ¡Si al fin tendré que subir y...! Paseemos otro poco.»

Algunas docenas de vueltas había dado cuando sintió pasos. El corazón quería saltársele del pecho... Sí, eran los pasos de Gamborena; los habría conocido entre mil y mil pisadas de una multitud en marcha. Hasta los andares del buen eclesiástico revelaban la grave noticia de que era mensajero, y antes de llegar venía diciéndola con los pies, con el compás seguro y rítmico, con el ruidillo que hacían las suelas sobre el entarimado... Detuviéronse al fin los pasos en la puerta; abrióse ésta con lentitud ceremoniosa, y en el rectángulo, como luminosa figura en marco negro, vio aparecer Torquemada la persona del misionero de Indias, su cara de talla antigua, de caliente y tostada pátina, la calva reluciente, el cuerpo todo negro, los ojos de angélica expresión. Don Francisco clavó en él los suyos, diciéndole con la mirada: «Ya sé..., ya.» Y él, con voz patética, solemne, terrible, que sonó en los oídos del tacaño como el restallar de los orbes al desquiciarse, le dijo:

—¡Señor, Dios lo ha querido!

Segunda parte

Uno

Es cosa averiguada que poco después de oír la noticia de la muerte, a la que añadió el reverendo Gamborena tristísimos pormenores, estiró los brazos don Francisco, y luego una de las patas, vulgo extremidades inferiores, cayendo redondo al suelo con un ataque espasmódico, semejante al que le dio al ver morir a su primer Valentínico. Acudieron al socorro del amo criados diferentes, y allí le sujetaron, y con mil trabajos pudieron llevarle a su alcoba, donde le fue administrada una mano de friegas como para un buey, hasta que pudo Quevedito tomarle por su cuenta. Pasó el arrechucho, y por la mañana, tras un corto descanso, pudo entrar a verle el señor de Donoso y a conferenciar con él sobre un asunto tan importante como era el sepelio y honras fúnebres de la señora marquesa. Para plantear estas cuestiones se pintaba solo el buen amigo de la casa, y las explanaba y discutía con un aplomo y una dialéctica que ya quisieran otros para los más graves negocios de Estado. Don Francisco no estaba en verdad para discusiones, y procuró cortarle los vuelos oratorios.

—¿Que debe ser de primera? Ya lo comprendo. Pero no veo la necesidad de extremar tanto el boato. Bueno que esté en armonía con nuestra posición... desahogada; pero... ya sabe usted que no me gustan pompas ni lujos asiáticos... Porque lo que usted me propone viene a ser como una especie de... orgullo satánico... o algo así como apoteosis que...

—No es eso, mi querido don Francisco. Es un homenaje, el único homenaje que podemos tributar a los queridos restos de aquel ángel...

Indicó después que Cruz deseaba dar al entierro y funerales toda la suntuosidad posible; pero nada resolvía sin conocer la opinión de quien debía disponerlo todo en la casa, oído lo cual por don Francisco se expresó con pasmosa ingenuidad, vaciando todo el contenido de su corazón y de su conciencia.

—Amigo mío, le soy a usted franco. Si tratáramos ahora de enterrarla a ella, a mi ilustre hermana política, debiéramos hacerlo a todo coste, por aquello de a enemigo que huye, puente de plata...

—¡Por Dios, amigo mío!

—¡Déjeme acabar, Biblia! Digo que cuando a uno le pasa una desgracia buena, es a saber, una desgracia de las que acarrean el descanso y la paz, no importa gastarse un capital en el sepelio. Pero cuando la desgracia es mala, de las que duelen, ¿eh?..., entonces el demasiado coste de honras fúnebres es acumular males sobre males y aunar penas con penas. Porque, reasumiendo: usted no dejará de reconocer, si piensa en ello, que en buena lógica, y sentando el principio de que tenía que morir una, ésta no debió ser Fidela, sino su hermana... Me parece que esto es claro como el agua.

—Ni claro ni turbio: es simplemente impío, pues sólo

Dios sabe y dispone quién debe morir. Acatemos sus designios...

—Ataquemos..., digo acatemos todo lo que usted quiera. Yo acato, ¡cuidado!, siempre y cuando me prueben que los tales designios no involucran una negación manifiesta de la...

—Basta, mi querido marqués; no puedo dejarle seguir por ese camino del absurdo. Con el disgusto tiene usted la cabeza un si es no es trastornada.

—Bien podría ser; que tan terrible vicisitud a cualquiera le trastorna. No se hable más de ello, y usted queda autorizado para representarme en todo lo que al entierro se contrae. Admito las razones que usted aduce. ¿Procede que haya pompa? Pues pompa, muchísima pompa, y a otra..., quiero decir, a ninguna más.

Con autorización tan amplia y tanto barro a mano, despacháronse Cruz y Donoso muy a su gusto, y allí fue el discurrir a competencia qué se haría para que todo resultase grandioso y lucido, la más bella conjunción posible entre lo elegante y lo mortuorio. Con actividad febril empezaron aquella misma mañana los preparativos, y vierais invadida la casa por industriales de este y el otro ramo, de cuantos ramos con las cosas fúnebres se relacionan. La papeleta de invitación era tan sencilla como elegante; eligióse el coche estufa de mayor magnificencia que había en Madrid; encargáronse coronas de una riqueza fenomenal y, por fin, se preparó la capilla ardiente con toda la suntuosidad de que tan soberbia morada era susceptible. El gran salón se pavimentó de negro. En las paredes fueron colocados los seis colosales lienzos del *Martirio de Santa Agueda,* por Tristán, y otros asuntos religiosos y místicos de gran apariencia; en el fondo, un altar riquísimo, con el tríptico de Van Eyck, y debajo un *Ecce homo,* del divino Morales. Murillos y Zurbaranes formaban la corte a un lado y otro. La parte inferior de los cuatro testeros fue tapizada de negro con galón fino de oro, y se colocaron otros dos altares con imágenes de superior talla: *Cristo en la columna,* de Juan de Juni;

la *Dolorosa,* de Gregorio Hernández. Los bancos que alrededor de la estancia se pusieron, de nogal claveteado, eran también obra maestra de la carpintería antigua y procedían de las colecciones de Cisneros. En los tres altares lucían relicarios de fabulosa valía, relieves de marfil y bronces estupendos. Donoso, otros dos amigos de la casa, artistas o *amateurs* de refinado gusto, dirigían la faena, ayudados de un sinfín de criados, costureras, carpinteros, etc. Cruz y Augusta iban a ver y a dar una opinión, pero no podían estar constantemente allí. Toda la fuerza de voluntad de la primera no bastaba a distraerla de su inmenso dolor. Ordenaba que no se omitiese gasto alguno que aumentar pudiera el esplendor de aquel homenaje, bien corto para lo que la pobrecita muerta merecía.

Con tanto ardor se trabajó aquella mañana, que antes de las dos ya quedó todo colocado con buen concierto y arte sumo, y en medio y en alto, bajo el dosel riquísimo de la cama imperial, Fidela dormía su sueño *largo, largo,* con ese abandono absoluto, tan solemne como triste de la cosa inerte, imagen marchita de lo que tuvo vida y movimiento. Vestida con un sencillo hábito de los Dolores, toca blanca, túnica negra, el rostro apenas desfigurado, serena y casi casi risueña, su aspecto llevaba al último límite la semejanza entre sueño y muerte. Centenares de luces difundían por la lujosa estancia claridad rojiza y ponían en el rostro de la difunta un tenue colorete, última ofrenda de la luz a la sombra.

Por la tarde llevaron sinfín de coronas, algunas de monstruoso tamaño, con variada abundancia de flores hermosísimas. Las de trapo eran gallarda emulación de las naturales, traídas de lejanos climas. Orgullosas de la fijeza de sus tintas y de su mentida frescura, envidiaban a las otras el rico aroma que ellas no tenían y como estuvieran próximas se lo robaban. Las vivas no podían disimular sus ganas de marchitarse, incitadas a la modorra en aquella tibia atmósfera de somnolencia. Violetas y rosas pálidas juntaban sus tristes colores con los matices afectadamente elegíacos de las contrahechas, y la fragancia descompuesta de las unas se confundía con el olorcillo de fábrica de las otras. Esta mezcolanza de olores se fundía luego con el de la cera ardiente, resultando lo indefinible, vaga sensación de las alquimias recónditas por donde la vida se descompone y la descomposición vuelve a ser vida.

Numeroso público (entendiendo por público la muchedumbre de amigos) acudió por la tarde a inscribirse en las listas. Algunos subían a admirar la capilla ardiente, en la cual hubo un verdadero jubileo toda la tarde. Para evitar la aglomeración, se dispuso, como en los reales palacios, que el público entrara por la galería grande y saliese por la rotonda, recorriendo así, en poco espacio, las partes más bellas del edificio. Lacayos con librea de luto velaban por el cumplimiento de las reglas de tránsito, que sólo los muy íntimos podían infringir. Como es fácil comprender, no faltaron diligentes periodistas, de los que se cuelan por el ojo de una aguja: iban a tomar nota de todas aquellas grandezas para sacarlas en el periódico. Nada se les escapaba a los muy pícaros, atentos a la prolijidad descriptiva y a recopilar nombres de personas y personajes. El *Licenciado Juan de Madrid,* que por allí se pareció, dábales noticias de la casa y de las maravillas en ella contenidas, sin olvidar ningún precioso dato biográfico de la familia Torquemada-San Eloy. En el portal, las firmas de visitantes llenaban ya un fabuloso número de pliegos, y el montón de tarjetas era tan grande, que más bien parecía cosa llovida, una granizada de papel o cosa tal.

Dos

La mañana del entierro, y media hora antes de la salida de éste, todos los balcones de la calle rebosaban de gente, y motivos había para tal curiosidad, pues rara vez era turbado el sosiego de aquellos barrios por tan grande rebullicio y movimiento. La aparición de la carroza fúnebre, tirada por ocho caballos negros empenachados, fue un verdadero alboroto. Aquel día hicieron novillos todos los muchachos de las escuelas adyacentes; sus chillidos y travesuras llenaban de alegría la calle, y en medio de tanta algazara, el ridículo armatoste negro y sus no bien alineados corceles resultaban con cierta inflexión cómica, por efecto, sin duda, del contagio. Corrían delante y detrás los chicos con agilidad suma, y cuando paró el carro los lacayos, de empolvada peluca, tuvieron que emprenderla con ellos a bofetada limpia para librarse de su molesta curiosidad. Esto, y el carnavalesco carruaje del Senado, la turbamulta de vehículos diferentes que por una y por otra parte de la calle venían, ocuparon a los guardias municipales, que ya no tenían cabeza ni manos para atender a tan complicado servicio.

En el interior de la casa, la invasión de personajes enlutados y con cara triste era mayor a cada minuto. Todos visitaban la capilla ardiente, en cuya atmósfera no era posible respirar mucho tiempo sin marearse. Hermanitas de diferentes congregaciones rezaban de rodillas; Gamborena y otros clérigos dijeron misa en el oratorio desde el alba hasta las nueve. La servidumbre no había tenido punto de reposo desde la noche anterior, y el cansancio, más que la pena, se pintaba en los bien afeitados rostros.

Senadores, negociantes de alto copete, próceres y amigos más o menos verdaderos, pasaron a visitar a don Francisco en su despacho, previo ensayo de los suspiros que habían de echarle y de las frasecillas lloriconas que demandaban las circunstancias. Halláronle vestido de riguroso luto, muy limpio, la cara fláccida y con señales de insomnio, atusado el cabello, torpe de palabra y gestos.

—Gracias, gracias, señores...—les decía, expresándose con estribillo—. No hay consuelo ni puede haberlo...

Y al otro, y al siguiente, les decía lo mismo:

—Desgracia tremenda, inesperada... ¿Quién había de esperar, si lo natural era que...? Agradezco estas mani-

festaciones... Pero no hay consuelo, ni puede haberlo...
Ataquemos, digo, acatemos los designios... Señores, agradezco estas manifestaciones... No hay consuelo, es
verdad, no lo hay... El consuelo es *un mito.* Yo no creía
que esta desgracia *tuviera lugar* ahora... Me ha sorprendido... ¿Qué remedio queda sino resignarse y aceptar
los hechos consumados?

Entre tanto, nuevo alboroto infantil en la calle con la
aparición de toda la clerecía de San Marcos, la magna
cruz y los ciriales, los tres curas revestidos, y luego, en
dos alas como un par de docenas de ellos con sobrepe-
lliz y bonete. El ir y venir de coches los obligó a dis-
persarse, tropezando aquí y allá con tanto chico y con
un rebaño de cabras, que en aquel momento, por fatal
coincidencia, acertó a pasar en dirección a la lechería del
número 15. Y entre los cocheros y los municipales y el
pastor de las cabras se armaron unas discusiones tan
subidas de tono, que los señores sacerdotes hubieron de
oír cosas bien distintas de la liturgia que iban a cantar.
El del piporro no pudo librarse, en tal confusión, de ser
arrastrado por la oleada a considerable distancia del
clero, sufriendo en su persona algunos estrujones y no
pocas magulladuras en su lúgubre instrumento. Al fin,
restablecido el orden, entraron los de la parroquia en el
palacio y subieron a la capilla ardiente. Parte de su vida
futura habrían dado los muchachos por subir tras ellos y
meter en todo sus narices, viendo el *túmulo,* que decían
era como un monumento, y oyendo el cantorrio de los
señores curas. Mientras éstos entonaban responsos frente
a la cámara imperial, los industriales floristas ocupábanse
a competencia (pues eran dos, y rivales encarnizados) en
colocar sus coronas del modo que resultaran más visibles
y con mayor lucimiento. Y los noticieros tomaban
apuntes de cuanto veían, oyendo también las indicaciones de los fabricantes de flores para que *su casa* fuese
citada en el periódico; y la servidumbre se puso en movimiento; y Donoso dictaba órdenes autocráticas para
despejar el salón; y el clero tiró para abajo, los emplea-

dos fúnebres para arriba; y fue bajado el cadáver en hombros de cuatro lacayos con librea negra. Llenóse el palacio de un grave y seco murmullo, más de pisadas que de voces, y en la espaciosa escalera, en la galería baja y en el vestíbulo de tal modo se apretaba el gentío, que los conductores del féretro tuvieron que detenerse dos o tres veces antes de llegar a la calle.

Dios y ayuda costó poner en movimiento la triste procesión, porque más de un cuarto de hora emplearon los dichosos floristas en *exponer* sus coronas sobre el ataúd y en las cuatro columnas del carro. Resultaba un efecto hermosísimo, con tanta flor de variados tonos apacibles y las cintas lujosas con letreros de oro que por una y otra parte pendían. No cabiendo todas allí, pusiéronse las restantes en un landó abierto que inmediatamente después del coche estufa debía marchar. Los guardias habían regularizado el tránsito en la vía pública, despejándola en lo posible de moscones pegajosos y de desvergonzados chicuelos. Gracias a esto, pudieron colocarse en dos alas los pobres de San Bernardino, los niños de la Doctrina, las religiosas de la Esclavitud y otras hermandades que formaban parte del cortejo. Donoso se multiplicaba, y lo primero que hizo fue echar delante al clero. Luego se puso en movimiento el carro mortuorio, lo que produjo un ¡ah! de admiración o curiosidad satisfecha en toda la calle, porque realmente era cosa muy bonita ver el pausado andar de los ocho caballos y los saludos que hacían con los plumachos negros que llevaban en sus cabezas. Y el cochero de pelo blanco y tricornio con borlitas era la mayor admiración de los pilletes, que no entendían cómo se las arreglaba con tanta rienda en aquel alto pescante donde sentado iba, como un rey en su trono.

El duelo, presidido por el señor obispo de Andrinópolis, y formado por personas de alta posición social, seguía al landó de las coronas; tras él mucha y diversa gente y luego sinfín de coches de lujo. El vecindario que llenaba balcones y ventanas no se cansaba de aquel desfile interminable, y habría deseado que durase toda la noche. A cada instante se detenía la comitiva por las obstrucciones que la delantera de ella encontraba en calle tan angosta. En la de San Bernardo ya marchó con más desahogo por entre la curiosidad de la multitud indiferente. Donoso no cesaba de mirar para atrás, viendo el sinnúmero de personas que seguían el duelo y la ondulante sierpe de carruajes.

—Es una manifestación—decía con semblante compungido al señor obispo—, una verdadera manifestación.

Mientras el entierro atravesaba todo Madrid, en dirección al cementerio de San Isidro, asombrando a los transeúntes por su desusada suntuosidad y lucidísimo acompañamiento, el palacio de Gravelinas caía en una especie de sedación taciturna, como cuerpo vencido del cansancio y la fiebre. El ruido que se produjo al retirar del salón los objetos de carácter fúnebre cesó unas horas después de la salida del entierro. La servidumbre se esmeraba en evitar todo rumor importuno y, aleccionada por el maestresala, lograba poner en sus rostros y ademanes la seriedad y el discreto dolor propios de las circunstancias. Acompañaban a Cruz, en su gabinete, Augusta y la señora de Morentín. Don Francisco, en su despacho, no quiso más compañía que la de su hija Rufina, que tenía los ojos encendidos de tanto llorar. Hija y padre apenas hablaban.

Hasta el tiempo diríase que pasaba por aquellos ámbitos de tristeza con cierta parsimonia, como pretendiendo que no fuesen muy notadas la cadencia de sus andares ni la fatalidad de sus divisiones inflexibles. Desde el día precursor al de la muerte, la imaginación de Cruz, exaltada por la ansiedad, apreciaba el tiempo con garrafales equivocaciones, y en la mañana del entierro el tiempo llegó a ser para ella absolutamente inapreciable. No hacía diez minutos que aquél había partido de la casa cuando la desconsolada señora, representándose el paso de la comitiva por las calles de Madrid, pensaba de este modo: «Ya llegan a la Cuesta de la Vega... Allí se despiden todos, casi todos..., sin contar los que se han ido escabullendo por las calles del tránsito... Ya bajan hacia el puente, acelerando un poco la marcha... No sé por qué han de ir tan aprisa...»

Hora y media dejó pasar, adormecida su mente en aquel éxtasis doloroso, y al cabo de este tiempo volvió a decir: «¡Qué aprisa, qué aprisa van! Pierde toda la solemnidad el acto con estas prisas... ¡Ya se ve! Los pobrecitos sacerdotes de la parroquia desean volver pronto, porque tienen costumbre de comer a las doce en punto... Ya llegan al cementerio... Van a la carrera... Y ¡qué malos deben de estar los pisos!... Con tanta humedad, ¡ay!, me temo que al padrecito se le agrave su resfriado. Bien le encargué que no fuera... ¡Señor, siempre hemos de tener un cuidado que nos atormente! Pero ésa es la vida. Cúmplase tu santísima voluntad... Ya la bajan del carro: entran todos... Misa de *Requiem*... ¡Jesús, qué soplo de misa! Ya se acabó. Ni las de tropa. Vamos, que lo que quieren es acabar y volver. ¡Qué tristeza! Ya la llevan por aquellos patios adelante. Ya la depositan junto a la sepultura; se agrupan todos..., no se ve nada... Ya la tierra la recibe en su seno. Parece que la acaricia, que la agasaja... Idos, marchaos todos y dejadla, que más cariñosa es la tierra que vosotros... Ya se ponen los sombreros y se van... Los pocos que allí quedan tapan el lecho de mi pobre hermana con una piedra enorme, pesada como la eternidad... En la puerta se reúnen los del duelo y los acompañantes y se hacen cortesías... Después se vuelven en los carruajes, hablando de negocios, del estreno de anoche o de la ronquera del Massini... ¡Cómo corren!... Es hora de almorzar... Allá, los pobres sepultureros, a corta distancia de la arcilla removida y de la piedra solitaria, se sientan en el suelo, sacan sus fiambreras, y almuerzan también... Hay que vivir...»

Regresaron los amigos íntimos. Donoso, que traía la elegante cajita de terciopelo con la llave, fue derecho al cuarto de don Francisco, a quien abrazó, y en tono encomiástico, que revelaba tanto cariño como orgullo, le dijo:

—Ha sido una manifestación, una verdadera manifestación.

Tres

Herido en lo profundo por aquel golpe, el marqués viudo de San Eloy pagó a la naturaleza física el tributo que su dolor le imponía, pues alguna vez había de desmentirse la robustez fisiológica, que con el desgaste de los años iba ya de capa caída. Un mes de enfermedad *le costó la broma*, según decía, viéndose obligado a dar de mano a los negocios y a cuidar tan sólo de echarse *tapas y medias suelas* para poder continuar en sus trajines de acuñador de caudales. Se le agravó aquel síntoma fastidioso que llamaba *abombamiento de la cabeza*, y que, unido a la pérdida casi absoluta de la memoria después de comer, le ponía en gran desesperación. Pero lo peor fueron los vértigos que inesperadamente le acometían, y que le privaron de ir al Senado, y aun de salir a la calle. Sin hacer caso de Quevedito, propinábase depurativos, que a poco le agravaron el mal. Más atención que al médico prestaba a los amigos que le recomendaban este y el otro específico. Probábalos todos, y como con alguno le resultase una mejoría engañosa y casual, lo tenía por excelente, infalible panacea. Pronto venía el desengaño, y a probar nuevas drogas, rechazando siempre el examen facultativo, pues no podía ver a los médicos ni en pintura. «Así como la desgracia le hace a uno *filósofo*—decía—, la enfermedad nos hace catedráticos de Medicina. Yo sé más que todos esos matasanos, porque me observo a mí mismo, y sé cuando me conviene *abrir las válvulas* y cuándo no.»

En lo moral, veíanse más claramente que en lo físico los estragos del mal conocido que le minaba, porque si siempre fue hombre de malas pulgas, en aquella época gastaba un genio insufrible. Con todo el mundo reñía,

grandes y chicos, parientes y servidores; su hija y yerno
necesitaban la paciencia de Cristo para soportarle, y sus
malas cualidades, la sordidez, la desconfianza, la crueldad
con los inferiores se acentuaron de un modo que imponía miedo a cuantos le rodeaban. Su pesimismo no podía
contenerse en la esfera doméstica, e invadía la pública,
ya política, ya de negocios. Cuantos tenían que tratar algo
con él eran unos ladrones; los ministros, bandidos a quienes había que ahorcar sin conmiseración; los senadores,
charlatanes, indecentes, y el mundo, un gran infierno...,
es decir, el único infierno admisible, pues el otro infierno
de que hablan las Biblias no existía; era una de tantas
papas con que el misticismo y el oscurantismo pretenden
embaucar a la Humanidad... para sacarle los cuartos.

A estos síntomas siguió lo que llamaba *debilidad de
estómago,* que trató de corregirse con jugos de carne,
gelatinas y caldos suculentos. Algo mejoró; pero luego
vinieron horribles dispepsias, indigestiones y cólicos que
le ponían a morir. Los buenos vinos, mezclados con ex-
tractos de carne, sentáronle bien, y tanto pensó en este
remedio que por unos días se dio a inventar un licor
específico, verdadero elixir vital, y se pasaba las horas
muertas trasegando líquidos y colando mixturas diversas, hecho un boticario de sainete. También aquellas ilusiones se desvanecieron como el humo. En fin, que el
buen señor no tuvo más remedio que entregarse a la
Facultad, y ésta, ya que no pudo curarle, le enderezó un
poco, permitiéndole volver, aunque con pies de plomo, a
sus campañas mercantiles.

Y ¡qué desmejorado y carideslucido le encontraron
los que en aquel mes de enfermedad no le habían echado la vista encima! Su cuerpo no tenía ya la rigidez aplo-
mada de otros tiempos; las piernas tiraban a ser de algodón; y la cara, de color terroso y con pliegues profundos,
tiraba más bien a careta de las que dan miedo a los
chicos. Otra novedad le hacía más desemejante a sí propio, y era que como últimamente le molestaba el afei-
tarse, resolvió por fin *cortar por lo sano,* dejándose la

barba y así no tenía que pensar más en aquel martirio del jabón y la navaja, raspándose la piel. Era la barba rala, desigual, fosca y entremezclada de revueltos matices de pelo de conejo, de crines de rocín, de cardas de lana sucia que con las pecas y máculas de sus mejillas pergaminosas hacían el más despreciable figurón que puede imaginarse.

Aunque pudo salir a sus negocios y dar alguna vuelta por el reino de la mercadería en gran escala, no tenía ya los borceguíes alados de Mercurio ni el caduceo con que, tocando aquí y allá, hacía brotar dinero de las piedras. Esto le enfurecía; buscaba en causas externas o en el ciego destino la causa de su impotencia mercantil, y al volver a su casa iba echando rayos y centellas, o poco menos, por ojos y boca. ¡Si viviera su cara Fidela, otro gallo le cantara!... Pero ¡carástolis, con las gracias del de arriba!... Miren que habérsela llevado y dejar aquí a la otra, a la pécora insufrible de Cruz... Mientras más lo pensaba menos lo entendía. Por esto, su casa, en vez de ser un oasis, era una cosa *diametralmente opuesta,* y allí no encontraba jamás ni consuelo ni paz ni satisfacciones.

Si fijaba la atención en su hijo, se le caía el alma a los pies, viéndole cada día más bruto. Muerta Fidela, a quien el cariño materno daba un tacto exquisito para tratarle y despertar en él destellos de inteligencia, ya no había esperanzas de que la bestiecilla llegara a ser persona. Nadie sabía amansarle; nadie entendía aquel extraño y bárbaro idioma, más que de ángeles, de cachorros de fiera, o de las crías de hotentote. El demonio del chico, desde la primera hora de orfandad, pareció querer asentar sus derechos de salvaje independencia berreando ferozmente y arrastrándose por las alfombras. Parecía decir: «Ya no tengo interés ninguno en dejar de ser bestia, y ahora muerdo, y aúllo, y pataleo todo lo que me da la gana.» Fidela, al menos, tenía fe en que el hijo despertase a la razón. Pero, ¡ay!, ya nadie creía en Valentinico; se le abandonaba a las contingencias de la vida animal, y se admitía con resignación aquel contraste irónico entre

su monstruosidad y la opulencia de su cuna. Ni Cruz, ni
Gamborena, ni Donoso, ni la servidumbre, ni él tampoco, el desconsolado padre, abrigaban esperanza alguna
de que el pobrecito cafre variase en su naturaleza física
y moral. No podía ser, no podía ser. Y penetrado de la
imposibilidad de tener un heredero inteligente y ama-
ble, el tacaño amaba a su hijo, sentíale unido a sí por
un afecto hondo, el cual no se quebrantaría aunque le
viese revolcándose en un cubil y comiendo tronchos de
berza. Le quería y se maravillaba de quererle, descono-
ciendo u olvidando las leyes de eslabonamiento vital que
establecen aquel amor.

Para mayor desgracia del buen don Francisco, ya no
tenía el recurso de meterse en sí, caldear su encéfalo,
como antaño lo hacía, y evocar, por un procedimiento
semejante a los arrobos del misticismo, la imagen del
primer Valentín, con objeto de recrearse en ella, de darle
vida fantástica, y traerla a una comunión y consorcio
muy íntimos con su propia personalidad. Estas *borra-
cheras*, que así las llamaba, de su pensamiento sutilizado
y *convertido en esencia de ángel,* no le producían los
efectos consoladores que perseguía, porque, ¡ni que el
demonio lo hiciera!, evocaba al primer Valentín y le salía
el segundo, el pobrecito fenómeno de cabeza deforme,
cara brutal, boca y dientes amenazadores, lenguaje áspero y primitivo. Y por más que el exaltado padre quería
ponerse peneque y destilar en la alquitara de su pensamiento la idea del otro hijo, no podía, ¡ñales!, no podía.
La imagen del precioso e inteligente niño se le había
borrado. Lo más que pudo conseguir fue que el segundo
Valentín, el feo, el que no parecía hijo de hombre, hablase con voz que a la del primero se parecía, y le dijese:
«Pero, papá, no me atormentes más. ¡Si soy el mismo,
si soy propiamente yo uno y doble! ¿Qué culpa tengo yo
de que me hayan dado esta figura? Ni yo me conozco, ni
nadie me conoce en este mundo ni en el otro. Estoy aquí
y allá... Allá y aquí me toman por una bestia, y lo soy,
lo soy... Ya no me acuerdo del talento que tuve. Ya no

hay talento. Esto se acabó, y ahora, padrecito, ponme en una pesebrera de oro una buena ración de cebada y verás qué pronto me la como.»

Salía don Francisco de estos chapuzones espirituales más muerto que vivo, con la inteligencia como envuelta en telarañas, que se quería quitar restregándose los ojos, y tardaba horas y horas en reponerse del arrechucho. Su salud se resquebrajaba de un modo notorio, y la confianza en su fibra, que le había sostenido en las crisis hondas de su existencia, perdíase también, dando lugar al recelo antiguo, a las aprensiones y manías patológicas, con algo de instintos de fuga y de delirio persecutorio. Pero su principal tormento, en aquellos aciagos días, era el odio, ya extremado y con vislumbres de trágico que profesaba a su hermana política. Como la viudez había quebrantado toda relación entre ellos, suspendiendo las fórmulas sociales, único lazo que antes los unía, Torquemada no hablaba jamás con Cruz, ni ella pretendía en ningún caso dirigirle la palabra, y si algo era forzoso tratar pertinente al régimen doméstico o a intereses Donoso se prestaba con mil amores a ser intermediario y a traer y llevar recaditos. Bien quisiera él limar asperezas; pero ¡a buena parte iba! Si en Cruz hallaba disposiciones a la concordia, el otro era como un puerco espín, que se convertía en una bola llena de pinchos en cuanto se le tocaba. En vida de su esposa, el cariño de ésta le hacía transigir, y el transigir no era más que someterse a la voluntad de la gobernadora; pero muerta Fidela, su carácter díscolo hallaba en la ruptura de relaciones un medio fácil de eludir la tiranía. Porque, bien lo sabía él, concediendo a su enemiga los honores de la palabra, que era como decir la beligerancia, estaba perdido, porque la muy picotera le fascinaba con sus retóricas, y después se lo comía como la serpiente se come al conejillo. Por eso valía más no exponerse al peligro de la fascinación: nada de trato, nada de familiaridades, ni siquiera el saludo, para no dejarla meter baza y hacer de las suyas.

A veces oficiaba de *legado pontificio* el padre Gamborena, y a éste le temía Torquemada más que a Donoso, porque siempre acababa echándole sermones que le ponían triste y llenaban su espíritu de zozobra y recelo.

Una tarde, cuando ya se hallaba don Francisco muy mejorado de su dolencia, y había vuelto al tráfago de los negocios, entró en casa más temprano que de costumbre, huyendo del frío de la calle, que era seco y penetrante, y en la galería baja se encontró al misionero, que se paseaba leyendo en su breviario.

—¡Qué oportunidad y qué felicidad, mi señor marqués!—le dijo, dándole los brazos, con los cuales el otro cruzó fríamente los suyos.

Cuatro

—¿Por qué?

—Porque yo me había propuesto no marcharme a casa sin ver a usted, y he aquí que mi señor marqués anticipa su vuelta, quizá por razón del frío..., aunque bien pudiéramos creer que le ha mandado Dios media horita antes de costumbre para que oiga lo que tengo que decirle.

—¿Tan urgente es?... Entremos.

—¿Que si es urgente? Ya lo verá. Urgentísimo. Pensaba yo que no se me escapara usted esta noche sin aguantar una nueva jaqueca de este pobre clérigo. ¡Qué quiere usted! Cada uno a su oficio. El de mi señor don Francisco es ganar dinero, el mío es decir verdades, aunque éstas sean, por su misma sencillez elemental, algo fastidiosas. Prepárese, y tenga paciencia, que esta tarde voy a ser un poquito duro.

Arrellanándose en la butaca, frente al sacerdote, Torquemada no contestó más que con un gruñido, significando así que se preparaba y se revestía de paciencia como de una coraza.

—Los que ejercemos este penoso ministerio—dijo Gamborena—estamos obligados a emplear las durezas

cuando las blanduras no son muy eficaces que digamos.
Ya usted me conoce. Sabe cuánto respeto y quiero a
esta noble familia, a usted, a todos. Con el doble carácter de evangelizador y de amigo, me permitiré, pues,
decir las cosas claritas. Yo soy así; o me toman o me
dejan. Por la misma puerta por donde entro cuando me
llaman salgo si me arrojan. Despídame usted y me iré
tranquilo por haber cumplido con mi deber, triste por no
haber logrado el fin moral que deseo. Y también le advierto que no sé gastar muchos cumplidos cuando se
trata de faltas graves que corregir y noto rebeldía o tes-
tarudez en el sujeto. Más claro: que no hago caso de
jerarquías, ni de respetabilidades, sean las que fueren,
porque ante la verdad no hay cabeza que no deba humillarse. No extrañe, pues, mi señor don Francisco, que en
el asunto que aquí nos reúne le trate como a un chiquillo de escuela... No, no hay que asustarse: he dicho
«como a un chiquillo de escuela», y no me vuelvo atrás,
porque yo, aunque nada soy en el mundo, ahora, por mi
ministerio, maestro soy, y de los más impertinentes, y
usted frente a mí, mediando el caso moral que media,
no es el señor marqués, ni el millonario, ni el respetabi-
lísimo senador, sino un cualquiera, un pecadorcillo sin
nombre ni categoría, que necesita de mi enseñanza. A
ella voy, y si doy palmetazo que duele, aguantar y a
corregirse.

«A ver por dónde sale este tío», dijo Torquemada
para su sayo, tragando saliva y revolviéndose en el sillón.

Y luego, en alta voz, con cierta displicencia:

—Bueno, señor mío, diga pronto lo que...

—¡Si usted lo sabe! ¿Apostamos a que lo sabe?

—Alguna encomienda fastidiosa de mi señora hermana política. A ver: plantee usted la cuestión.

—La cuestión que planteo es que usted ofende a Dios
gravemente, y ofende también a la sociedad alimentando
en su corazón el odio y la soberbia...; el odio, sí, contra
esa santa mujer, que ningún daño le ha hecho..., al contrario, ha sido para usted un ángel benéfico, y ese aborre-

cimiento infame con que paga las atenciones que de ella
ha recibido y esa soberbia con que se aleja de su compañía y de su trato, son pecados horribles con que usted
ennegrece su alma y la prepara para la condenación
eterna.

Dijo esto el misionero con tan soberana convicción, con
énfasis tan pujante en la palabra y el gesto, que no parecía sino que le acuchillaba, cosiéndole a cintarazos con
una luenga y cortante espada. El otro se tambaleó, aturdido de los golpes, y de pronto no supo qué decir, ni
hacer otra cosa que llevarse las manos a la cabeza. Pero
no tardó en volver sobre sí, y la bilis y destemplanza de
sus tiempos tristes se le recargaron prontamente. Hallábase, además, aquel día, de mal talante, por no ver
claro en cierto negocio: ésta y las otras causas despertaron en él, de súbito, al hombre grosero. Fue un espectáculo tristísimo verle resurgir, cuadrarse y contestar con
flemática impertinencia:

—Pero usted, señor cura, ¿qué tiene que ver si hablo
o no hablo con mi cuñada? ¿Quién le mete a usted en
cosas que no tocan a la conciencia, sino a la libre voluntad del *derecho del individuo?* Esto es abusar, ¡ñales!
Esto no lo aguanto yo, ni lo aguantaría ninguna personalidad de medianas circunstancias y luces.

—Pues lo dicho, dicho, señor marqués—replicó el
otro con entereza—. Hablo como padre de almas. Usted
rechaza la exhortación. Enhorabuena, y con su pan se lo
coma. Repítalo usted, repita que no se digna oírme, y
verá qué pronto le dejo en paz, quiero decir, en guerra
con su conciencia, ¡con su conciencia!, un fantasma que
de fijo no tiene la cara muy bonita.

—No, yo no he dicho que se vaya...—balbució Torquemada, serenándose—. Hable usted si quiere. Pero no
me convencerá.

—¿Que no?

—Que no. Porque yo tengo mis razones para romper todo trato con esa señora—dijo el tacaño, volviendo
a su ser normal y rebuscando en su mente la fraseología

fina—. Yo no niego que la *distinguida* señora del Aguila
haya *llevado a cabo* reformas *beneficiosas* en la casa;
pero ella es causante de que las economías sean aquí la
tela de Penélope. Lo que yo economizo en un año, ella
lo espolvorea en cuatro días.

—¡Siempre la mezquindad, siempre los hábitos de miseria! Yo sostengo que sin la dirección de Cruz no habría
llegado usted a poseer lo que posee. La razón de ese odio,
señor mío, no es la distribución del miserable ochavo.
Lo que pasa en el alma del señor marqués de San Eloy,
ni él mismo lo sabe, porque, sabiendo tantas cosas, no
acierta a leer en sí mismo. Pero yo lo sé, y voy a decírselo
bien claro. Estos misterios del humano espíritu no suelen revelarse al conocimiento del que los lleva dentro,
sino más bien a la penetración de los que atisban desde
fuera. La causa de la aversión diabólica que usted profesa a su hermana es la superioridad de ella, la excelsitud
de su inteligencia. En ella todo es grande, en usted todo
es pequeño, y su habilidad para ganar dinero, arte secundario y de menudencias, se siente humillada ante la grandeza de los pensamientos de Cruz. Es usted (a ver si me
explico) en esta industria de los negocios el simple obrero que ejecuta, ella la cabeza superior que concibe planes
admirables. Sin Cruz no sería usted más que un desdichado prestamista, que se pasaría la vida amasando un
menguado capital con la sangre del pobre. Con ella lo ha
sido todo y se ha empingorotado a las alturas sociales.
Pero es cosa muy común en la vida que el ambicioso
triunfante no reconozca la potencia que le alzó del polvo
hasta las nubes, sobre todo si este ambicioso es simple
brazo, y quien le levantó es inteligencia. El odio de los
miembros inferiores a la cabeza es achaque muy viejo
en el cuerpo social... Ejemplos hay en grande y en
chico, en los organismos humanos y en las familias, y
este ejemplo que tengo delante es de tal claridad que si
usted mismo no lo ve será porque no quiere verlo.

—Pues yo—dijo don Francisco, abrumado por la elocuencia contundente del bendito clérigo—le aseguro a

usted que no *abrigo*..., no, no puedo *abrigar* tal sentimiento. Ni veo yo tanta inteligencia en la señora doña
Cruz. Para discurrir mi senaduría y el marquesado y para
inventar la compra de estas *Américas de buen gusto* no
se necesita ser hija de los siete sabios de Grecia, ni abuela de las nueve Musas, por decirlo así. Cierto que no es
lerda. *Cúmpleme declarar* que posee cierto gancho para
el discurso, y que cuando saca contra uno todo el intríngulis de su *facultad perorativa* vuelve loco al Verbo.

—No quiero entrar en una discusión sobre este punto, ni he de demostrarle que tiene usted conciencia de
su inferioridad ante Cruz, porque esta conciencia bien a
la vista está. ¿Admite usted que el odio existe?

—Ella será quien lo *abrigue.*

—No, ella no; usted...

—Pues bien—dijo Torquemada más sereno, dándose
a partido—: yo confieso que no nos queremos bien, ni
yo a ella, ni ella a mí. Pero la *concausa,* el argumento
que usted *aduce*..., ¡oh!, eso sí que no lo admito. Yo
tengo mis quejas, yo tengo razones que *abonan mi conducta* en esta materia. Hago caso *omiso* de sus *tenden-
cias* a la ostentación, y me fijo tan sólo en su afán de
contrariar mi *prerrogativa,* de no permitir que se haga
en la casa nada de lo que yo mando, como si cuanto yo
mandara fuera una *deficiencia.* Nada; es que me tiene
tirria, una tirria *sui generis,* como si creyera que yo, disponiendo esto o lo otro, me había de lucir. Para ella no
hay acierto ni sentido común más que en lo que ella
dictamina.

—No es verdad, no es verdad. Ea, señor don Francisco, pasemos ya de las palabras a los hechos y, reco-
cida la llaga, probemos a curarla radicalmente—dijo el
eclesiástico con dulzura, posando sus manos en las rodillas del marqués—. Es preciso, sin pérdida de tiempo,
matar ese odio, destruirlo, aplastarlo, como a un reptil
venenoso, cuya picadura ocasiona la muerte.

—Pues por mí... La que odia es ella, no yo.

—El que odia es usted; y de usted debe partir la

iniciativa de la reconciliación. Mas para facilitarla, yo propongo que cada cual sacrifique algo de su amor propio. No haya, pues, escenas enfadosas, ni explicaciones. Se reunirán en la mesa uno de estos días, y se hablarán, como si nada hubiera pasado.

—Corriente—dijo don Francisco—. Pero antes fíjese una *línea de conducta*...

—Eso allá ustedes. Como sacerdote, yo procuro las paces, las propongo, las solicito. Hablo a los corazones, no a los intereses. Que uno y otro piensen en Dios y se reconozcan hermanos y vivan en la concordia y el amor. Conseguido esto, traten ampliamente de las prerrogativas de cada uno, y de los presupuestos de la casa, las economías y toda esa música. Tenga usted presente que si la reconciliación es puramente externa y de fórmula, si celebrado un convenio o *modus vivendi*, para figurar ante el mundo la cordialidad de relaciones, continúa el rencor escondido en el alma, nada se adelanta. Engañará usted a la sociedad, a Dios, no. Sin la pureza de la voluntad, mi señor don Francisco, no podrá aspirar, ya se lo dije en otra ocasión, a los bienes eternos.

—¡Dale, bola!...

—Sí, sí, y antes se cansará usted de ser malo que yo de reprenderle y exhortarle. En resumen, señor mío: no basta que usted haga paces de comedia con su hermana política, y le hable, y se concuerden para el gobierno. Es preciso que le perdone usted cuantas ofensas crea. haber recibido de ella, y que el aborrecimiento se convierta en amor, en fraternal cariño.

—Y si no puedo conseguir eso—preguntó Torquemada con viva curiosidad—, ¿qué me pasará?

—Bien lo sabe usted, pues aunque ignora muchas cosas esenciales, no creo que se le haya olvidado el abecé de la doctrina cristiana.

—Ya, ya—indicó el tacaño con afectado humorismo de librepensador—. Para los que aman es el Cielo, y el Infierno para los que aborrecen. Por mucho que usted me predique, padrito, no me convencerá de que yo he de condenarme.

—Eso... usted verá.

—No, si ya lo tengo bien visto. ¡Pues no faltaba más! ·Condenarme! En cierta ocasión me dijo usted que las puertas del Cielo no se abrirían para mí, y..., vamos, aquello me afectó. Algunas noches me pasé sin dormir, devanándome los sesos, y diciéndome: «Pero yo, ¡ñales!, ¿qué he hecho para no salvarme?...»

—Vale más que se pregunte usted: «¿Qué hago yo para merecer mi salvación?» Me veo obligado a repetírselo, señor marqués. Para ese fin sin fin no hace usted nada, o hace todo lo contrario de lo que debiera. ¿Tiene usted fe? *No, padre.* ¿Cree usted lo que todo buen cristiano está obligado a creer? *No, padre.* ¿Sofoca usted sus malas pasiones, destierra de su alma el rencor, ama usted a los que debe amar? *No, padre.* ¿Pone frenos al egoísmo, haciendo todo el bien posible a sus semejantes? *No, padre.* ¿Distribuye entre los menesterosos las enormes riquezas que le sobran? *No, padre.* Y el hombre que de tal modo se conduce, el hombre que, próximo ya al fin de la vida, no se cura de purificar su conciencia y de sanarla de tanta podredumbre, se atreve a decir: «Que me abran la puerta de la morada celestial, pues allá voy yo, dispuesto a empujarla con mis manos puercas o a sobornar al portero, que para eso me hizo Dios millonario, y marqués, y personaje eximio...»

Cinco

Reíase don Francisco, afectando regocijarse con la broma; pero se reía de dientes afuera; que por dentro, sábelo Dios, le andaba como un diablillo vivaracho que se le paseaba por toda el alma, causándole susto y turbación.

—Ría, ría usted y écheselas de filósofo y de espíritu fuerte—le dijo Gamborena—, que ya me lo dirá luego.

—Pero ¿de dónde saca usted, mi señor misionero, que yo no creo?

—¿Cumple usted con la Iglesia?

—Hombre, le diré a usted...

—¿A qué espera? A fe que es usted un jovenzuelo rebosando salud para que pueda decir como otros tales: «Tiempo hay, tiempo hay.»

—No, ya sé que no hay tiempo—dijo el tacaño con súbita tristeza y sintiendo que la afectada risa se resolvía en contracciones dolorosas de los músculos de su cara—. Esta máquina se descompone, y aquí dentro hay algo que..., que...

—Dígalo claro, algo que le aterra... Naturalmente, ve usted la pérdida de los bienes materiales, el término de la vida. Los desdichados que no saben ver el más allá ven un vacío..., un vacío, ¡ay!, que seguramente no tiene nada de agradable... Ea, mi señor marqués, ¿quiere usted, sí o no, que los últimos días de su vida sean tranquilos; quiere usted, sí o no, prepararse para mirar con ánimo sereno el trance final, o el paso de lo finito a lo infinito? Respóndame pronto, y aquí me tiene a su disposición.

—Pues, hablando en plata—replicó el de San Eloy, con ganas de rendirse, pero buscando la manera de hacerlo sin sacrificio de su amor propio—, yo acepto cualquier solución que usted formule. Dificilillo le será convencerme de ciertas cosas. Por algo la desgracia le ha hecho a uno filósofo. Aquí donde usted me ve, yo soy muy científico, y aunque no tuve estudios, de viejo he mirado mucho las cosas y estudiado en los hombres y en los fenómenos naturales... Yo miro mucho al fenómeno práctico dondequiera que lo cojo por delante. Ahora bien: si ello consiste en ser uno bueno, téngame a mí por un pedazo de pan. ¿Hay que dar algo a los necesitados? Pues no hay inconveniente. Conque... ya tiene usted a su salvaje convertido.

—Poquito a poco. No es cosa de coser y cantar. Pero no quiero atosigarle, y, hoy por hoy, me contento con la buena disposición. Seré su conquistador y le atacaré con cuantas armas halle en mi arsenal evangélico.

—Corriente—dijo don Francisco, volviendo a tomar el airecillo de senador enfatuado que discute un punto de administración o de política menuda—. Conste que desde hoy mi objetivo es ganar el cielo, ¿eh? Ganarlo digo, y sé muy bien lo que significa la especie.

—Que no es lo mismo que ganar dos, tres, mil, cien mil duros en una operación. El dinero se gana con la inteligencia, con la travesura, a veces con perfidia y malas artes; el cielo se gana con las buenas acciones, con la pureza de la conciencia.

—Todo ello es facilísimo, en mi sentir. Y aquí me tiene dispuesto a obedecerlo en cuanto quiera mandarme, tocante al dogma y a la conciencia.

—Está bien.

—Pero siempre es uno filósofo y científico..., no se puede remediar. De poeta no tengo ni un ápice, gracias a Dios. Me da por pensar, y dilucido a mi manera el fenómeno de acá y de allá. La duda me pica y, francamente, duda uno sin sospecharlo, sin quererlo. ¿Por qué duda uno? Pues porque existe, ea. Seamos científicos, no poetas. El poeta es un gaznápiro, que tiene el aquel de las palabras bonitas, un alcornoque que echa flores, ¿me entiende usted? Pues sigo. Vamos a hacer un arreglo, señor Gamborena.

—¿Un arreglo? Aquí no hay más arreglo que poner usted su conciencia en mis manos y dejarse llevar.

—A eso voy—y diciendo esto acercó el marqués su sillón al del sacerdote para poder darle palmaditas en las rodillas—. Francisco Torquemada está dispuesto a dejarse gobernar por el padre Gamborena, como el último de los párvulos, siempre que el padre Gamborena le garantice...

—¿Qué es eso de garantizar?

—Calma. Soy muy claro cuando trato de negocios... Es en mí inveterada costumbre de ponerlo todo muy clarito y atar bien los cabos...

—Pero el negocio del alma...

—Negocio del alma, por decirlo así... Aludo a la entidad que llamamos ánima, que suponemos es un capital cuantioso y pingüe, el primero de los capitales.

—Bueno, bueno.

—Y, naturalmente, yo, tratando de la colocación de ese saneado capital y de asegurarlo bien, tengo que discutir con toda minuciosidad las condiciones. Por consiguiente, yo le entrego a usted lo que me exige la conciencia... Bueno... Pero usted me ha de garantizar que, una vez en su poder mi conciencia toda, se me han de abrir las puertas de la gloria eterna, que ha de franqueármelas usted mismo, puesto que llaves tiene para ello. Haya por ambas partes lealtad y buena fe, ¡cuidado!, porque, francamente, sería muy triste, señor misionero de mis entretelas, que yo diera mi capital y que luego resultara que no había tales puertas, ni tal gloria ni Cristo que los fundó...

—¿Conque nada menos que garantías?—dijo el clérigo, montando en cólera—. ¿Soy acaso algún corredor o agente de Bolsa? Yo no necesito garantizar las verdades eternas. Las predico. El pecador que no las crea carece de base para la enmienda. El negociante que dude de la seguridad de ese Banco en que deposite sus capitales, ya se las entenderá luego con el demonio... Hay que tener fe, y teniéndola hallará usted la garantía en su propia conciencia... Y, por último, no admito bromas en este terreno, y para que nos entendamos olvide usted las mañas, los hábitos y hasta el lenguaje de los negocios. Si no, creeré que es usted cosa perdida y le abandonaré a las tristezas de su vejez, a los temores de su mala salud y a los espantos de su conciencia llena de sombras.

Pausa. Don Francisco se echó para atrás en su sillón y se pasó las manos por los ojos.

—Penétrese usted en las grandes verdades de la doctrina, tan fáciles, tan sencillas, tan claras, que la inteligencia del niño las comprende—dijo el misionero con bondad—, y no necesitará que yo le garantice nada. Yo podría decir: «Respóndame usted de su enmienda y las puertas se abrirán.» Lo primero es lo primero. Pero usted, como buen egoísta, quiere que vaya por delante la seguridad de ganancia. Le dejo a usted para que piense en ello.

Levantóse el padrito; pero Torquemada le agarró por un brazo, obligándole a sentarse.

—Un ratito más. Quedamos en que me reconciliaré con Cruz. La idea es plausible. Por algo se empieza.

—Sí, pero con efusión del alma, reconciliación verdadera, no de dientes afuera.

—Pues, mire usted, trabajillo me ha de costar, si ha de ser en esos términos y con todo el rigor de las condiciones *sine qua nones*... En fin, se hará lo que se pueda, y por el pronto, hablemos reiteradamente de estas cosas, que me ensimisman más de lo que parece. Yo sostengo que debe uno pensar en ello y prepararse por lo que pueda tronar. Al fin y a la postre, usted, reverendísimo señor *San Pedro,* me abrirá la puerta, pues por algo somos amigos y...

—Ni soy el portero celestial—dijo Gamborena cortándole la palabra—, ni aunque lo fuera abriría la puerta para quien no mereciese entrar. Tiene usted la cabeza llena de consejas ridículas, de cuentos irreverentes y absurdos.

—Pues ya que habla de cuentos, voy a referirle uno muy viejo, que puede interesarle. El porqué y el cómo y cuándo de esta costumbre que tengo de llamarle a usted *San Pedro.*

—Venga, venga.

—Se ha de reír. Es una tontería. Cosas de nuestra imaginación, que es la gran cómica. Parece mentira que siendo uno tan científico y no teniendo pizca de poeta, se deje embaucar por esa loquinaria. Pues ello pasó hace muchos años, cuando yo era un pobre o poco menos, y me cayó enfermo el niño de aquella perra enfermedad que se le llevó, un ataque a la cabeza, vulgo meningitis [1].

---

[1] *Torquemada en la hoguera.*

No sabiendo qué hacer para conseguir que Dios me salvara al hijo, y abrigando mis sospechas de que lo mismo el Señor que los santos me tenían entre ojos porque era un poquitín tirano para los pobres, se me ocurrió que, variando de conducta y haciéndome compasivo, los señores de arriba se apiadarían de mi aflicción. Generoso y aun despilfarrado y manirroto fui. ¿Cree usted que me hicieron caso? Como si fuera un perro... ¡Y luego dicen...! Más vale callar.

—La caridad debe practicarse siempre y por sistema —dijo el clérigo con severidad dulce—, no en determinados casos de apuro, como quien pone dinero a la lotería con avidez de sacar ganancia. Ni se debe hacer el bien por cálculo, ni el Cielo es un Ministerio al cual se dirigen memoriales para alcanzar un destino. Pero dejemos esto y adelante.

—A lo que iba diciendo. Salía una noche, desesperado y hecho un demonio, quiero decir, afligidísimo, porque el niño estaba muy grave. Resuelto iba a dar limosna a todo pobre que cogiera por delante. Y así lo hice, me lo puede creer. Repartí porción de perras grandes y chicas, amén de los cuantiosos beneficios que había hecho aquella mañana en mi casa de la calle de San Blas, perdonando picos de alquileres y dando respiro a los inquilinos morosos..., gente mala, ¡ay!, gente muy mala, entre paréntesis... Pues, como digo, iba yo por la calle de Jacometrezo, y allá cerca del Postigo de San Martín me encontré a un vejete, que pedía limosna, tiritando de frío. Estaba el pobrecillo en mangas de camisa, viéndosele el pecho velludo, los pies descalzos, la poca ropa que llevaba toda hecha jirones. Me dio mucha lástima. Hablé con él y le miré bien a la cara. Y aquí entra la primera parte de la gracia del cuento, que si no fuera por el chiste, vulgo coincidencia, no merecería ser contado.

—¿Tiene dos partes la gracia?

—Dos. La primera coincidencia es que aquel hombre se me pareció a un *San Pedro,* imagen de mucha devoción que podrá usted ver en San Cayetano, en la primera

capilla de la derecha, conforme se entra. La misma
calva, los mismísimos ojos, el cerquillo rizado, las facciones todas, en fin, San Pedro vivo, y muy vivo. Y yo
conocía y trataba a la imagen del apóstol como a mis mejores amigos, porque fui mayordomo de la cofradía de que
él era patrono, y en mis verdes tiempos le tuve cierta
devoción. San Pedro es patrono de los pescadores; pero
como en Madrid no hay hombres de mar, nos congregá-
bamos para darle culto los prestamistas, que, en cierto
modo, también somos gentes de pesca... Adelante. Ello es
que el pobre haraposo era igual, exactamente igual, al
santo de nuestra cofradía.

—Y ¿le dio usted limosna?

—¡Toma! Le di mi capa. Pues ¿qué se creía usted?
Yo no las gasto menos.

—Está bien.

—Pero, seamos justos, no le di la capa que llevaba
puesta, que era el número uno, sino otra vieja que tenía
en casa. Para él buena estaba.

—Siempre es un acto muy meritorio, sí, señor...,
¡vaya!

—Pues se me quedó tan presente en la memoria la
cara de aquel hombre, que pasaron años y años y no le
podía olvidar; y cambié de fortuna y de posición, y siempre con aquel maldito santo fresco y vivo en mi magín.
Pues, señor, pasa tiempo y un día, cuando menos en ella
pensaba, se me presenta otra vez en carne y hueso, con
alma, con vida, con voz, la misma entidad, aunque con
traje muy distinto. Aquí tiene usted la segunda parte de
la gracia del cuento. Mi *San Pedro* era usted.

—Sí que es gracioso. ¿De modo que me parezco...?

—Al que me pidió limosna aquella noche, y por ende,
al santo apóstol de marras.

—Y aquel San Pedro ¿tenía llaves?

—¡Vaya! Y de plata, como de una tercia.

—Pues en eso no nos parecemos.

—La cara es la misma, esa calva, esas arrugas, el cerquillo, los ojos como alumbrados y las facciones todas,

boca y nariz y hasta el metal de voz. Sólo que aquél no se afeitaba, y usted sí... Pero ¡qué parecido tan atroz, Señor! El día que usted entró en casa yo me asusté, crea que me asusté, y se lo dije a Fidela, sí, le dije: «Este hombre es el demonio.»

—¡Jesús!

—No, fue un dicho, nada más que un dicho. Pero me dio que pensar, y todo se me volvía discurrir si usted tenía o no tenía llaves.

—No las tengo—dijo Gamborena festivo, levantándose—. Pero para el caso de conciencia es lo mismo. No se apure. Las llaves las tiene la Iglesia, y quien puede abrir aquellas puertas me transmite a mí poder y a todos los que ejercemos este ministerio divino. Conque disponerse para la entrada. ¿Quedamos en que se efectuará la reconciliación?

—Quedamos en ello. Pero ¿se va ya?

—Sí, que ustedes van a comer. Es muy tarde. Reconciliación verdadera. De lo demás hablaremos pronto, pues me parece que no estamos para dar largas al asunto.

—No. Desde hoy, la cuestión queda sobre el tapete. Y usted tratará de ello cuando guste.

—Bueno. Adiós. Me ha hecho gracia el cuento. Tenemos que repetir lo de la capa, quiero decir, que yo se la pido a usted otra vez, y tiene que dármela.

—Corriente.

—Si no, no hay llaves. Y crea usted, amigo mío, que lo que es aquella puerta no se abre con ganzúa.

Seis

Obra de romanos era, en verdad, la tal reconciliación, y para poder llevarla a cabo, como decía don Francisco, hubo de intervenir nuevamente, con más diplomacia que religión, el buen Gamborena, asistido del excelente Donoso y de Rufinita. Por fin, Cruz y Torquemada se juntaron a comer un día, y las paces quedaron hechas, mostrándose ambos dispuestos a la concordia, aunque siempre reservados sobre los puntos graves del cisma que los separó. Por dicha de todos, aquel día tuvo el señor marqués buen apetito, y comió de cuanto llevaron a la mesa, sin que nada le hiciera daño, cosa rara, pues sus digestiones habían llegado a ser harto difíciles.

No las tenía todas consigo el misionero, y tanto él como Donoso sospechaban que la aproximación no era sustancial, sino más bien aparente, y que los corazones de ambos permanecían distante uno de otro, lo que se confirmó en la práctica a los pocos días de establecido el *modus vivendi*, pues tales cosas pidió y quiso ejecutar don Francisco, que los mismos negociadores se asustaron. Quería nada menos que licenciar los dos tercios de la servidumbre, dejando tan sólo lo indispensable para la asistencia de las dos personas mayores y del niño, y metiendo sin piedad la hoz de las economías en el personal necesario para la limpieza y custodia de las riquezas artísticas. Desmayada ya en sus ambiciones de autócrata, Cruz a todo se avenía. La soledad en que la dejó la muerte de sus queridos hermanos habíale aplacado el orgullo, inspirándole la indiferencia y aun el desprecio de las vanidades suntuarias. Le dolía, sí, que a las obras de arte no se rindiera el debido culto; llevaba muy a mal la sordidez de su ilustre cuñado, quien con un pie en el sepulcro desdoraba su nombre y casa por economizar sumas insignificantes en su colosal riqueza. En otras circunstancias, Cruz había tratado la cuestión con brío, segura de salir victoriosa; en aquéllas no quiso dar batalla alguna, y con la gravedad melancólica de un emperador que se mete en Yuste, dijo a sus buenos amigos Gamborena y Donoso:

—Que campe ahora por sus respetos. Justo es que ese bruto recobre en sus últimos años la posesión de su voluntad cicatera. ¿Qué se adelanta con mortificarle? Amargar sus últimos días y predisponerle mal para la muerte. No. Después de mí, él, y después de él, el diluvio. ¡Pobre casa de Gravelinas! Por mi gusto me metería en un convento, pues de nada sirvo ya, ni quiero intervenir en cosa alguna.

Realmente, Cruz, como heroína que en lucha formidable agotó sus energías poderosas, hallábase a la sazón extenuada de voluntad, enferma de desaliento. Había hecho tanto, había creado tantas maravillas, que justo era permitirle descansar al séptimo día. La ingratitud de aquel hombre, su discípulo, su hechura, no le amargaba la vida tanto como debiera, sin duda porque con ella contaba y porque su grande espíritu se sentía más alto, viendo la distancia que aquella ingratitud ponía entre el artista y su obra. Llegó, además, para la egregia dama el tiempo de mirar más a las cosas divinas que a las terrenas. Evolución natural de la vida en las circunstancias en que ella se encontraba, sola, sin más afecto que el de su sobrinito (a quien amaba con inefable lástima), con todas sus ambiciones cumplidas, la casa del Aguila restaurada, las venganzas de familia, que en su conciencia tomaban carácter de inflexible justicia, satisfechas. Todo lo temporal estaba, pues, realizado con creces; ocasión era de mirar a la otra parte de los linderos oscuros de nuestra vida. La soledad, la tristeza, la edad misma que ya rebasaba de los ocho lustros, la incitaban a ello, y si algo faltara para acelerar la evolución, diéraselo la compañía constante del gran misionero, el ejemplo de su virtud y el oírle preconizar la purificación del alma y los goces de la inmortalidad.

A poco de morir Fidela diose Cruz a la lectura de escritores místicos, y tal afición tomó a este regalo, que ya no podía pasar sin él durante largas horas del día y de la noche. Le encantaban los místicos españoles del siglo de oro no sólo por la senda luminosa que ante sus ojos abrían, sino porque en el estilo encontraba un cierto empaque aristocrático, embeleso de su espíritu, siempre tirando a lo noble. Aquella literatura, además de santa por las ideas, era por la forma digna, selecta, majestuosa.

No tardó en pasar de los pensamientos a los actos, dedicando las horas de la mañana y las primeras de la noche a prácticas religiosas en su capilla, engolfándose en meditaciones y ejercicios. De los actos de pura devo-

ción pasó fácilmente a las obras evangélicas, y como el
modus vivendi había separado su peculio del de Torquemada, pudo consagrar libremente sus rentas a la caridad.
Y por cierto que la practicaba con una discreción y un
tino que pudieran servir de modelo a toda la cristiandad
aristocrática. Verdaderamente, ¿en qué cosa había de
poner la mano aquella mujer tan intelectual y tan conoce-
dora del mundo que no resultara la misma perfección?
Aunque las colectividades benéficas no eran muy de su
gusto, no eludía los frecuentes compromisos de pertenecer a ellas... pero reservaba sus energías y lo mejor
de sus recursos para campañas que emprendía sola, sin
aparato ni publicidad de ninguna clase. Vestía con sencillez, hacía pocas visitas de etiqueta y su coche era muy
conocido en los barrios pobres. No hay para qué decir
que Gamborena, encantado de la aplicación de su discí-
pula, traíale notas y noticias de miserias vergonzantes
o de males desgarradores para que la dama se encontrase
con la mitad del trabajo hecho y no tuviese que afanarse
tanto.

Bien quisiera ella mostrar su espíritu evangélico en las
proporciones de sublime virtud que las vidas de santos
nos ofrecen. Mas no era culpa suya que la regularidad
de la existencia en nuestro perfilado siglo imposibilite
ciertos extremos. Con fuerzas se sentía la noble dama
para imitar a la Santa Isabel de Murillo, lavando a los
tiñosos, y tan cristiana y tan señora como ella se creía.
Pero tales ambiciones no era fácil que se viesen satisfechas: el mismo Gamborena no se lo habría permitido,
por temor a que padeciera su salud. Ello es que su imaginación se exaltaba más de día en día, y que su voluntad
potente, no teniendo ya otras cosas en que emplearse,
se manifestaba en aquélla para gloria suya y de la idea
cristiana.

No descuidaba por esto Cruz ciertas obligaciones de la
casa que, según el *modus vivendi,* corrían a su cargo.
La limpieza del heredero, sus comidas, sus ropas, sus
juegos, todo era vigilado y dispuesto por la señora con

maternal solicitud, y lo mismo habría hecho con su educación, si educación fuera posible con aquel desdichado engendro, que cada día era más indócil, más bruto y más desposeído de todo gracejo infantil. Pero si su tía Cruz le cuidaba con esmero en el orden material, sin que en ello se conociera la falta de la madre, no pasaba lo mismo en otros órdenes, porque Valentinico no tenía ya quien le comprendiese, ni quien tradujera su bárbaro lenguaje, ni quien creyera en su porvenir de persona humana. Privado de inteligencia y de sensibilidad, el pobre salvaje no apreciaba el vacío que en torno suyo dejó su buena mamá, que le hacía caricias con toda el alma, buscando siempre el ángel en los ojos del animalito. De don Francisco no hablemos. Aunque le amaba también como sangre de su sangre y hueso de sus huesos, veía en él una esperanza absolutamente fallida, y su cariño era como cosa oficial y de obligación.

En tanto, iba creciendo el heredero, y su cabeza parecía cada vez más grande, sus patas más torcidas, sus dientes más afilados, sus hábitos más groseros y su genio más áspero, avieso y cruel. Daba mucha guerra en la casa; su tía le consagraba tanta paciencia, que no quedaba en su alma sitio para el cariño. Si enfermaba, le asistía con afán, deseando salvarle, y el monstruoso niño sanaba rápidamente en todos sus arrechuchos, y de cada una de aquellas crisis salía más apegado a la tierra y a la animalidad. En lo único que adelantó algo fue en el lenguaje, pues al final la niñera le enseñó a articular muchas sílabas y a pronunciar toscamente las palabras más fáciles del idioma.

Al mes escaso de hallarse en vigor el *modus vivendi,* ya don Francisco, agriado por sus dolencias, que se le exacerbaron a la entrada de la primavera, empezó a barrenarlo, alterando alguna de las principales bases. Muy conforme, al principio, con que Cruz no se metiera en sus cosas, dio él en meterse en las que eran de absoluta incumbencia de la dama. En las economías de personal creyó ver intenciones de fastidiarle a él, quitándole servicio, mientras la otra lo aumentaba para sí. Además, le cargaba ver a todas horas la caterva de clérigos y beatas que tomaba por asalto el palacio y la capilla. Porque la capilla era suya, y, francamente, debían tenerle la consideración de no hacer uso de ella sino en los domingos y fiestas de guardar. Le molestaba el ruido de tantas devociones y el organito y los cánticos de las niñas que iban allí cada lunes y cada martes con pretexto de religión, y en realidad, para verse y codearse con sus novios. Vamos, no quería que su capilla sirviese para escandalizar.

Estas y otras barbaridades que soltó el marqués de San Eloy una mañana con boca grosera y modales descompuestos fueron reprendidas por el padre Gamborena, que al fin tuvo que incomodarse. Amoscóse el otro, que padecía horrorosamente del estómago, subieron ambos de tono, salió el misionero por la tremenda, replicó el tacaño con palabras amarguísimas, mezcladas con las quejas de su arraigada dolencia, y por fin el padrito le dijo:

—Está usted hoy imposible, señor marqués. Pero discúlpese con su malestar, y quizá no tenga yo nada que contestarle. Sí; le contestaré que urge llamar al médico, a los mejores, y ponerse en consulta. Su enfermedad le enturbia el ánimo y le oscurece la razón. Perdónanse al enfermo los disparates que le hace decir su mal. No es él quien habla, sino el hígado alterado, la bilis revuelta.

—Eso digo yo, señor Gamborena, la bilis, y siendo tan sencillo llevarla en su sitio, ¿por qué estoy malo? ¡Ah! Porque con esta vida no es posible la salud. No tengo nadie que me cuide, nadie que se interese por mí. Si viviera mi Fidela o mi Silvia, si me vivieran las dos, otro gallo me cantara. Pero aquí me tienen abandonado en mi propia casa, en medio de este palaciote que se me cae encima y me agobia el alma. Porque ya ve usted, me he sacrificado en aras de la paz doméstica, y nadie se sacrifica en aras de mi bienestar. ¿Cómo he de tener salud con los condumios de esta casa, que harían perder el apetito a una pareja de heliogábalos? Me están matando, me están asesinando poquito a poco, y cuando uno sufre y revienta de dolor, venga de organillo y de canticios de monjas, que me encienden la sangre y me rallan las tripas.

Siete

Oyó Cruz en la puerta del cuarto el final de esta retahíla, y entró presurosa, esforzándose por poner semblante conciliador y risueño para decirle:

—Pero si no hemos cambiado de cocinero, y las comidas son las mismas. Eche usted la culpa a su estómago, que ahora está de malas, y si quiere curarlo, clame contra sus berrinches antes que contra las comidas, que son excelentes. Pero se variarán todo lo que usted quiera. Dígame lo que apetece y su boca será servida.

—Déjeme, déjeme en paz, Crucita de mis pecados—replicó el marqués, echándose en un sofá—. ¡Si no apetezco nada, si todo me repugna, hasta el vino con jugos que inventé y que es el brebaje más indecente que ha entrado en boca de cristianos!

—Verá como Chatillón le da gusto al fin, aderezándole platillos gratos al paladar y de fácil digestión... Y en cuanto a los ruidos de la capilla, callará el órgano y nos iremos con la música a otra parte. Aquí estamos para contentarle y evitarle molestias. Usted manda, y a bajar todos la cabeza.

Aplacóse con estas palabras de humildad y afecto el fiero millonario, y retirada Cruz, otra vez se quedó solo con Gamborena, el cual le recomendó la paciencia como único alivio de sus males, mientras la Medicina determinaba si podía o no curarlos definitivamente. Bien podría suceder que la ciencia, por estar el mal muy hondo y la naturaleza del enfermo muy quebrantada, no lograra salir airosa. Lo más seguro era ponerse en lo peor, dar por inevitable en plazo próximo el acabamiento de tantos dolores y prepararse para mejor vida.

—¿De modo que tengo que morirme de ésta?—dijo Torquemada sulfurándose—. ¿Luego estoy en capilla, por decirlo así, y no tengo que pensar más que en mis funerales?

—De eso cuidarán otros. Usted piense en lo que más le importa. A un hombre de carácter entero, como usted, se le debe hablar el lenguaje de la verdad.

—Claro, y la misión del sacerdote es restregarle a uno la muerte en los hocicos... Pues mire usted, señor misionero, muy malo estoy, muy mal; pero no se entusiasmen tan pronto los que están deseando verme salir de aquí con los pies por delante, que como yo me plante en no morirme, no habrá tu tía; soy de mucho aguante y de una madera que no se tuerce ni se astilla. Ni todo el protomedicato ni todo el cleriguicio del mundo me han de precipitar a la defunción antes que la cosa venga por sus pasos contados. Y los que piensan heredarme, que esperen sentaditos. ¿No hay más sino hacer el caldo gordo a los que no nos quieren bien? Todavía he de dar mucha guerra. Claro que cuando llegue la sazón oportuna y la naturaleza diga de aquí no paso, yo no he de oponerme. Seamos justos: no me opongo, en principio, se entiende. Pero aún no, aún no, ¡ñales!, y guárdese usted sus responsos para cuando se los pidan, ¡ñales!, para cuando los pidan las circunstancias..., ¡reñales! ¿Qué es usted? Un funcionario de lo espiritual, que viene a prestar servicio cuando le llaman. Pero entre tanto no se le avise, usted no toca pito ni tiene vela en este entierro; digo, no se trata de entierro, ¡cuidado!, sino una cosa diametralmente opuesta.

—¡Bueno, mi señor don Francisco, bueno!—dijo el clérigo con dulzura, comprendiendo que en aquella crisis de hipocondría no era prudente contrariarle—. Usted avisará. Siempre me tiene a sus órdenes. Espero verle a usted pronto aliviado de sus alifafes y, por consiguiente, aplacadas esas cóleras que se le suben a la cabeza y le empañan el juicio. A descansar, y ya hablaremos otro día.

Hablaron otro día y otro, sin adelantar cosa mayor, porque, lejos de mejorar, agravóse el enfermo, haciéndose intratable. Ni Donoso ni Gamborena podían con él, y éste veía con desconsuelo el mal giro que iba tomando el negocio de aquella conciencia y cuán expuesto era perder la partida si la infinita misericordia no abría caminos nuevos por donde menos se pensara.

Tanto arreciaba el mal del marqués de San Eloy, que en todo abril no tuvo un día bueno, y hubo de apartarse absolutamente de los negocios, poniéndose más displicente a causa de la holgaza y dándose a los demonios de sólo pensar que ya no ganaba dinero y que sus capitales se estancarían improductivos. Raro era el día que no devolvía los alimentos. ¡Cosa más rara! Comía con regular apetito, procurando contenerse dentro de la más estricta sobriedad, y a la hora, ¡zas!, mareos, angustias, bascas y... Francamente, era una broma pesada de la naturaleza o de la economía...

—¡Ah!...—exclamaba palpándose el estómago y los costados—. No sé qué tiene esta condenada economía, que parece una casa de locos. No hay gobierno aquí dentro, y los órganos hacen lo que les da la real gana, sin respeto al orden establecido ni a los hechos consumados. ¿Qué Biblias tiene este cuerpo para no querer alimentarse y para rechazarme la buena comida que le propino? Sin duda hay levadura de revolución o de anarquismo en estas interioridades mías... Pero que se ande con cuidado el señor estómago, que estas demasías fenomenales se toleran una vez, dos veces; pero bien podría encontrarse un específico que le pusiera las peras a cuarto al órgano este que me está dando la santísima y haciéndome..., ¡ay, ay!...

Su displicencia no era continua, pues a menudo la interrumpían enternecimientos que por su exageración eran verdaderos ataques. Algunos días mostrábase tan tierno, que no parecía el mismo hombre, y sus ternuras recaían casi siempre en Rufinita, que por aquel entonces no faltaba de su lado día y noche.

—Hija querida, tú eres la única persona que me quiere de veras. ¿Quién se interesa por mí más que tú?... Por eso, ¡malditas Biblias!, yo te quiero a ti más que a nadie. Tú no haces ni dices cosa alguna por aburrirme y fasti-

diarme, como otras personalidades que parece que están
estudiando la manera de hacer cosquillas a mi genio para
hacerle saltar. Tú eres el dechado de las buenas hijas y un
ángel, como quien dice, si bien yo, seamos justos, no creo
que haya ángeles ni serafines... Pero yo te quiero con toda
mi alma y te lo digo con el corazón en la mano, si por
algo siento mi defunción es por ti, pues aunque tienes
a tu maridillo, te vas a quedar muy solita, muy solita.
Ya ves..., se me llenan de agua los ojos, y se me cae la
baba.

Rufina, que era buena como el pan, le consolaba y le
hacía mil carantoñas, procurando arrancar de su mente
toda idea pesimista, y de su corazón el odio inextinguible
hacia otras personas de la familia.

—No, hija de mi vida —decía, mordiendo el pañuelo
que tenía en la mano—, no me digas que Cruz es buena.
Tú juzgas a todos por el prisma de ti misma, pedazo de
ángel; pero tu corazón tierno te engaña. No es buena esa
mujer. Yo me reconcilié con ella por complacer al amigo
Donoso y a ese Gamborena bendito, y también por no ser
un óbice al arreglo y separación de intereses... Ya ves:
hemos vuelto a ser amigos, y nos tratamos, y yo la considero y me someto a sus caprichos de mujer arbitraria y
a sus mangoneos. Días hace que no como más que lo que
ella dice...

Volvía Rufinita a la carga, ensalzando los méritos de
Cruz y su talento y su intachable rectitud, y el usurero
parecía, al fin, si no convencido, en vías de convencerse.
Extremaba sus cariños a la hija, hasta que, pasado aquel
remolino misterioso de su hipocondría, volvían las amargas ondas a invadir su alma.

—¡Qué empeño tenéis todos en que estoy muy enfermo! —decía, paseándose por el cuarto—. Y ese Quevedito, tu marido, lo conseguirá al fin si hago caso de su
ciencia de ñales. ¿Qué sabe él de estas cosas de la economía? Lo que yo entiendo de castrar mosquitos entiende
él de Facultad. ¡Vaya con el plan que quiere ponerme
ahora! Que no tome más que leche: leche por la mañana,

leche por la noche, leche a la madrugada. ¡Leche! Ni que
fuera yo un mamón... Porque, seamos imparciales, ¿qué
interés tienen ustedes en que yo siga muy malo? No se
hable de morirme, porque de eso no se trata, sino de
estar malísimo... ¿Qué vais ganando vosotros con que yo
viva preso en este cuarto del mismísimo cuerno y no
pueda salir a evacuar mis asuntos?... ¡Ah! Ya veréis, ya
veréis algún día, de aquí a muchísimos años, cuando yo
cierre el párpado..., muchísimos años, ya veréis... ¡Qué
chasco vais a llevaros cuando os encontréis con que no
hay tales carneros, con que la riqueza que creíais pingüe
no es más que un pedazo de pan, como quien dice, porque
lo ganado ayer con el trabajo se ha perdido hoy en la hol-
ganza!... Claro, van otros y apandan los negocios, mientras yo me estoy aquí, quitándome motas al santísimo
aburrimiento y mirando a mi estómago y a mi economía y
a mis Biblias de tripas para ver si pasa o no pasa por
ellas el... qué sé yo qué... Es horrible vivir así, viendo
que el montón amasado con mi sudor se desmorona, y que
lo que yo pierdo otros lo ganan, se llevan la carne y no
me dejan más que el hueso...

Porque otro síntoma de su mal, a más de aquellos enternecimientos que rompían la igualdad de su endiablado
humor, era la tenaz idea de que no pudiendo trabajar
no sólo se estancaban sus capitales, sino que la inacción
los destruía, hasta llevarlos a la nada, cual si fueran una
masa líquida abandonada a la intemperie y a la evaporación. En vano sus amigos empleaban la lógica más elemental para arrancarle idea tan absurda, pero ésta se aferraba
a su mente con tal fuerza, que ni lógica, ni ejemplos claros, ni el razonamiento, ni la burla le curaban de aquel
extraño mal de la imaginación. Noche y día le atormentaba la pícara idea, y para sofocarla no hallaba más arbitrio que retardar considerablemente su muerte, suponerse
curado y metido otra vez en el trajín ardiente de los
negocios.

De mal en peor iba el hombre, y llegó día en que sólo
el intento de ponerse a comer le producía indecibles mo-

lestias del estómago y riñones, opresión cardíaca y vértigos. Una noche, después de luchar con el insomnio, cayó
en un sopor que más parecía borrachera que sueño, y allá
de madrugada despertó de un salto, como si se hubiera
desplomado sobre él la elegante cimera de la cama en
que dormía. Una idea terrible le asaltó, como rayo que
le atravesara el cráneo de parte a parte. Saltó del lecho a
oscuras, encendió la luz... La idea no se desvaneció ante
la claridad; al contrario, agarrábase con más fuerza a su
ofuscado entendimiento. «Es cosa clara, es como esa luz,
es la pura evidencia, y soy el mayor zoquete del mundo
por no haberlo descubierto antes... ¡Me están envene-
nando!... ¿Quién es el criminal? No quiero pensarlo...
Pero el cómplice es ese Chatillón indecente y cochino, ese
cocinero de extranjis... Gracias a Dios que lo veo claro:
todos los días me echan un poquito, unas gotas de... lo
que sea. Y así me voy muriendo sin sentirlo. No cabe
duda. Si no, que me hagan la autopsia ahora mismo y
verán cómo está mi fisonomía... Pero ¡si siento en la boca
el gustillo amargo de ese porquísimo veneno!... Lo repito, lo estoy repitiendo a todas horas... ¿Y serán capaces
de negármelo esos bandidos?»

Las tristísimas horas de angustia, de espanto, de convulsiva congoja que pasó hasta que le visitaron las claridades del naciente día no son para descritas. Tan pronto
se arropaba, transido de frío, tan pronto abrasado de calor
retiraba el pesado edredón. Y la idea que le taladraba los
sesos descendía por la corriente nerviosa hasta el gran
simpático, y allí se cebaba la infame, produciéndole un
afán inenarrable y un suplicio de Prometeo. «Estoy pensando con el estómago... Váyase lo uno por lo otro, pues
ayer he estado digiriendo con la cabeza.»

La luz matinal le despejó un poco, llevando a su espíritu la duda, que en aquel caso era consoladora. Sería
o no sería. El envenenamiento podía ser, podía no ser un
hecho. Ya se afirmaba en su mortificante idea, ya la
desechaba como la más absurda que en cerebro enfermo
pudiera manifestarse. Al fin, ¡qué demonio!, la razón fue

recobrando sus fueros e imponiéndose a los insubordinados pensamientos que en aquella infausta madrugada dieron el grito de rebelión... «¡Envenenarme!... ¡Qué desatino!... ¿Y a santo de qué?»

Ocho

Levantóse, lleváronle el chocolate, y lo mismo fue verlo ante sí que le acometió una repugnancia intensísima, y la terrible idea asomó como un diablillo que juega al escondite. «Aquí estoy—le dijo—. No tomes esa pócima si quieres vivir...»

—Ramón—dijo Torquemada a su ayudante de cámara—. No quiero el chocolate. Dile al danzante de Chatillón que ese jarope se lo tome él para que reviente de una vez... Oye: desde mañana, que me traigan todos los trebejos y una lamparilla de espíritu; yo mismo haré aquí mi chocolate.

Su tenaz monomanía le sugirió un procedimiento lógico en esta forma: «Pero ¿a qué me apuro, si es tan fácil probarlo? Un par de días me bastarán para llegar al convencimiento claro de si me envenenan. La cosa es facilísima. No tengo tranquilidad hasta no asegurarme... palmariamente...»

Pidió su coche. Para evitar las preguntas y oficiosidades de Cruz, que de fijo, al verle salir tan de mañana, habría de sorprenderse y alarmarse, procurando por todos los medios impedir la salida, quiso aprovechar los momentos en que la señora oía su primera misa. ¡Buena se pondría cuando supiera que el enfermo se había echado a la calle en uso de su libérrima voluntad! ¡Y qué aspavientos haría la condenada! «¡Salir tan temprano y sin desayunarse!... ¡Y estando tan delicadito!» «Tú sí que estás delicadita..., pero es de la conciencia... Ya te daré yo remilgos.» Y antes que concluyera la misa escapó como un colegial, con no poca sorpresa de la servidumbre, que al ver salir al señor marqués tan a deshora después del largo encierro, creyó que su enfermedad le había trastornado la cabeza.

Ordenó al cochero que le llevase por las afueras, sin designar sitio; ansiaba respirar aire puro, ver caras nuevas, es decir, caras distintas de las que diariamente veía en su casa, y espaciar su espíritu y sus ojos. La mañana estaba hermosísima, risueño y claro el cielo, despejado el ambiente. No bien salió el carruaje a las rondas, sintió Torquemada que se le iba metiendo en el alma la placidez de aquel hermoso día de mayo; y al avanzar hacia los suburbios, cuanto veía, suelo y casas, árboles y personas, se presentaban a sus ojos cual si hubieran dado a la Naturaleza una mano de alegría o pintádola de nuevo. Así vio el tacaño lo que veía: los transeúntes, gente de pueblo que habitaba en aquellos arrabales, se le antojaron felices que iban por la calle o carretera pregonando, con la expresión del rostro más que con la palabra, la dicha de que se hallaban poseídos en aquel día supremo.

Desde los altos de Vallehermoso mandó al cochero que descendiera a las alamedas de la Virgen del Puerto, y allí se aventuró a dar un paseíto a pie. Apoyándose en el bastón de puño de asta recorrió distancias considerables, gozoso de notarse con fuerzas para ello; aunque claudicaba un poco, sus piernas no eran un modelo de seguridad y le dolían las plantas de los pies. Y para mayor dicha no sentía molestia alguna en el estómago, ni en el vientre, ni en parte alguna. ¡Si ni siquiera se enteraba de poseer tal estómago! En verdad, no hay cosa más higiénica que los paseos matinales ni nada que destruya la naturaleza como encaramarse y llenarse el cuerpo de asquerosos medicamentos. Por supuesto, su familia tenía la culpa de que él hubiese llegado a tal extremo en su dolencia, la cual no habría pasado de una leve indisposición si no le rodearan de tan estúpidos cuidados y precauciones, si no le marearan con tanto mediquillo hablando del píloro y de la diátesis, y de tanto clérigo agorero hablando de la muerte.

—¡Biblias pasteleras!—exclamó cuando ya llevaba una

hora de renquear por aquellas solitarias alamedas—.
Pues ¿no tengo apetito?... Sí, no hay duda. O esto es
apetito o yo no sé lo que me pesco. Apetito es, y de los
finos. Las señas son mortales. ¡Me comería yo ahora...!
Vamos, cosa de mucho peso no me comería; pero unas
buenas sopas de ajo o un arroz con bacalao, sí que me lo
zampaba... Véase por dónde hice bien en no tomar el
chocolate en mi casa. En cuanto el estómago se ha
echado a la calle ya es otro hombre, ya es otro estómago,
por decirlo así, y recobra su autonomía, Bien, bien...
¡Cómo me río yo ahora de Cruz, y de Donoso, del propio
San Pedro, con llaves y todo, y de este ladrón de cocinero,
y de toda la taifa de mi casa palacio!... ¡Ah caserón de
Gravelinas, déjate estar, que ya te arreglaré yo! Por lo
que me has hecho sufrir en tu recinto yo te derribaré,
después de enajenadas todas las *Américas,* y venderé el
solar, que vale un pico. Y que se vayan Cruz y el de las
llaves a decir sus misas y a rezar sus letanías a otra
parte... ¡Cuerno, pues esto pasa de castaño oscuro!
¡Vaya un señor apetito que me está entrando! Es un
apetito famélico, como el que uno tiene cuando es muchacho y vuelve de la escuela... ¡Si me comería medio carnero!... Pero, ¡ay!, de sólo recordar los bodrios a la
francesa que hace Chatillón parece que el estómago quiere
llamarse a engaño, y siento esas cosquillas que anteceden
a las ganas de vomitar... No, no; abajo la raza espuria de
los Chatillones y compinches... Ya os arreglaré yo, gran-
dísimos tunantes, si, como todo parece indicar, resulta
demostrado... Pero a bien que quizá no seáis vosotros
los culpables... ¿Qué interés podíais tener vosotros en
que yo estirara la pata tan pronto? En otra parte habrá
que buscar la iniciativa del crimen... Pero ¡qué apetito
tan bárbaro! ¿Qué mejor síntoma de lo que sospeché y
descubrí? El estómago echa las campanas a vuelo desde
que se ha visto lejos de aquella infame acción..., y con
su alegre repicar me dice que coma, que coma sin miedo,
libre ya de clérigos y beatas, que lo mismo envenenan
un alma que un cuerpo... Y si yo, Francisco Torque-

mada, marqués de San Eloy, me metiera en un ventorrillo de esos que hay hacia los lavaderos y pidiera un plato de callos o unas magras con tomate, ¿qué diría la voz pública?... ¡Ja, ja! ¿Qué diría el Senado si tal supiera? ¡Ja, ja!... Lo cierto es que me rejuvenezco... Bien lo dijo el que dijo que todo eso de religión es música, y que no hay más que Naturaleza... Naturaleza es la madre, la médica, la maestra y la novia del hombre...

De sus desordenados pensamientos no podía derivarse ninguna acción que no fuera un desatino, y en vez de volverse a casa se pasó un gran rato discurriendo dónde buscar la pitanza que su estómago con energías juveniles le reclamaba. De pronto, como caballería que olfatea el pesebre, pegó un respingo y enderezó las miradas del cuerpo y del alma hacia el caserío de Madrid, que desde aquella parte apiñado se ve, cien cúpulas y torres, Vistillas, Puerta de Toledo, San Francisco, San Cayetano, Escuela Pía de San Fernando, etcétera. Sintió la querencia de los sitios en que pasara los años mejores de su vida, trabajando como un negro, eso sí, pero en tranquila independencia, aquellos deliciosos barrios del Sur, tan prolíficos, tan honrados, tan rumbosos y con tanta alegría en las calles como gracejo en las personas. Desearlo y resolverlo fue todo uno, y el cochero arreó por la calle de Segovia arriba, con orden de pararse en Puerta Cerrada.

Desde que se apeó el señor marqués empezó a fijarse en él la gente, y cuando avanzaba despacito por la calle de Cuchilleros, cargando el cuerpo sobre el bastón, como si anduviese con tres pies, hombres y mujeres salían a las puertas de las angostas tiendas para mirarle. Los más no le conocían; si su rostro había cambiado mucho en los últimos tiempos, más había cambiado la fisonomía del pueblo. En los años transcurridos desde que el usurero Torquemada trasladó su vida y sus tráficos a otras esferas, casi teníamos una generación nueva. Pero alguien, entre los antiguos, debió de conocerle, sin duda; corrió la voz entre el vecindario, y a cada minuto salían a las puertas más y más personas. Recorrió toda la calle por la acera de los impares, reconociendo las principales tiendas, que poca o ninguna mudanza ofrecían. En la acera de enfrente vio la casa en que había morado la gran doña Lupe, y este recuerdo prodújole una fugaz emoción. ¡Si viviera *la de los Pavos*, cuánto se alegraría de verle!..., ¡y cómo le palpitaría el seno de algodón!

En una y otra acera reconoció, como se reconocen caras familiares y en mucho tiempo no vistas, las tiendas, que bien podrían llamarse históricas, madrileñas de pura raza: pollerías de aves vivas, la botería con sus hinchados pellejos de muestra, el tornero, el plomista, con los cristales relucientes, como piezas de artillería de un museo militar; la célebre casa de comidas de Sobrinos de Botín, las tiendas de navajas, el taller y telares de esteras de junco, y por fin la escalerilla, con su bodegón antiquísimo, como caverna tallada en los cimientos de la plaza Mayor. Ante él se detuvo un instante; pero la curiosidad pegajosa de unas mujeres que a la puerta de la tal caverna salieron le hizo volver grupas y tirar para abajo. Con el dueño de aquel figón tuvo buenas amistades don Francisco en otros tiempos; pero ya el establecimiento había pasado a nuevas manos. «La verdad—pensó el de San Eloy, remando otra vez hacia Puerta Cerrada por la acera de los pares—, la verdad es que se va muriendo la gente. Hoy uno, mañana dos; pero no se acaba el mundo, no, y vienen otros y otros, y los que ayer eran niños hoy andan por aquí gobernando los establecimientos.» Del fondo oscuro de una pollería, con el suelo ensangrentado y lleno de plumas, desembocaron unas mujeres que debieron de reconocerle; así al menos lo revelaba el pasmo que se pintó en sus semblantes y el asombro con que se santiguaban. Corrió la voz cual reguero de pólvora, y antes que llegara a la tienda de las jeringas, algunas voces pronunciaron el nombre de Torquemada. El no hizo caso y siguió acordándose de que era prócer, ricacho y que no estaban bien las familiaridades con aquella gente. Fijóse un instante en la vitrina donde se exponían, en reluciente variedad, todos los tipos de lavativas y clísteles, y un poco más allá hizo propósito de preguntar por el único amigo que en aquellos barrios conservaba y convidarse a tomar un bocado en su establecimiento, si tenía la suerte de encontrarle en él. ¡Tendría gracia que se hubiera muerto Matías Vallejo en el año transcurrido desde la última vez que se vieron! «Bien podría ser, porque... todos los días está pasando que antes de morirse uno se mueren los otros.»

Detúvose a contemplar una sucia vidriera de taberna, en la cual vio el cazolón de judías con un moje colorado que tiraba para atrás, las doradas sardinas, las amarillas ruedas de merluza, las chuletas del de la vista baja, pringadas en tomate, las sartas de chorizos, con aquel moho ceniciento y aquel cárdeno viso que acusan su prosapia española; y estaba dilucidando el señor marqués si aquel bodegón sería o no sería el de Vallejo, cuando...

Nueve

He aquí que el propio Matías Vallejo se le puso delante, y quitándose la gorra con muestras de tanto respeto como alegría, le dijo:

—¡Señor don Francisco de mi alma, usted en estos barrios, usted mirando estas pobrezas!

—¡Ah! Matías; pensaba preguntar por ti. ¿Es ésta tu casa? Y la tienda, ¿dónde está?

—Venga, venga conmigo—dijo aquel pedazo de animal, llevándole de una mano, para lo cual fue preciso romper a codazo limpio el círculo de curiosos que al instante se formó.

Componían la persona de Matías Vallejo una panza frailuna, revestida del verde mandil con rayas negras; por abajo, unos pies que apenas cabían dentro de inconmensurables pantuflas de alfombra, y por arriba, una cabeza que era lo mismo que un gran tomate con ojos, boca y narices. Sobre todo esto una afabilidad campechana, una risa bramadora y un mirar acuoso y tierno, que indicaban la paz de la conciencia, el vinazo y la vida

sedentaria. Con este hombre, que a la sazón contaba sesenta años, y contaría más si no reventaba pronto como
un pellejo al que se le cascan las costuras y se le corre la
pez, tuvo don Francisco amistad íntima en otros tiempos.
En los de sus grandezas fue la única persona de aquellos
barrios con quien se trató pasajeramente. Matías Vallejo,
rompiendo por todas las etiquetas, se presentó dos o tres
veces en la casa de la calle de Silva y en el palacio de
Gravelinas a pedir un auxilio pecuniario al amigo de
antaño, y éste se lo prestó gentilmente, sin interés, caso
inaudito del cual no hay otro ejemplo en la historia del
grande hombre. Verdad que Vallejo cumplió bien y los
réditos se los pagó en gratitud; que era hombre de buena
cepa y también de circunstancias, a su manera tosca.

Pues, como digo, lleváronle a la tienda, y de ésta a la
trastienda, casi en triunfo, y le sentaron junto a una mesa
de palo mal pintado, en la cual las culeras de los toscos
vasos habían dejado círculos de moscatel pegajoso, que
una mujer refregó, más que limpió, con un trapo. Vallejo,
su hija y yerno y otras dos personas que en la trastienda
había, estaban como atontados con tan extraordinario y
excelso huésped, y no sabían qué decirle ni qué obsequios
hacerle para cumplir y dejar bien puesto el pabellón de la
casa. Iban de aquí para allá, azorados; la mujerona contenía la irrupción de los parroquianos entremetidos que
quisieron colarse detrás de don Francisco; Vallejo se reía
como un fuelle, y el yerno se rascaba la cabeza, quitándose
la gorra y volviéndosela a poner.

—¡Vaya, vaya, don Francisco por aquí! ¡Qué sorpresa..., venir a honrar este pobre tenducho..., tú, un
señor marqués!...

En otro tiempo se tuteaban Torquemada y Vallejo.
Este cayó en la cuenta de que a tiempos nuevos, trata-
mientos nuevos, y mordiéndose la lengua, como por vía
de castigo, juró tener más cuidado en adelante.

—Pues venía paseando—dijo don Francisco, algo afectado por los agasajos de aquella buena gente—, y dije,

digo: «Voy a ver si ese pobre Vallejo se ha muerto ya o si vive... Yo he estado muy malito.»

—Lo oí decir..., y crea que lo sentí de veras.

—Pero ya estoy en la convalecencia, en plena convalecencia, gracias a mi determinación de tomar el aire, y de... zafarme de médicos y boticas.

—-Ya... Si no hay nada como el santo aire y la vida de pueblo. Lo que digo: vosotros, los de sangre azul, que os cuidáis más de la cuenta, vivís poco.

—No, pues lo que es yo no la entrego a dos tirones. ¡Biblias pasteleras! Mira, Matías, sin ir más lejos, hoy mismo le he dado una patada a la muerte que..., vamos, que la he mandado a hacer puñales... ¡Ja, ja!... Y dime una cosa: ¿podría yo almorzar aquí?

—¡Ave María Purísima!... ¡Me caso con San Cristóbal!... ¡Qué cosas dice usted!... ¡Nicolasa, jinojo, que quiere almorzar!... Colasa, y tú, Pepón, ¡que almuerza en casa! ¡Vaya una honra! Pronto, a ver..., ¿hay perdices?... Si no, que las traigan. Tenemos un cochinillo que es para chuparse los dedos.

—No, cochinillo no.

—¡Colasa!... Pero ¿qué haces? ¡Que su excelencia quiere almorzar! Más honor que si fuera el emperador de todas las Alemanias y de todas las Rusias.

Creyérase que se habían vuelto locos. Vallejo lloraba de risa y pateaba de contento. El mismo limpió nuevamente la mesa con su delantal verde mientras Nicolasa traía manteles y servilletas de gusanillo de lo que guardaba en las arcas, pues el servicio de la taberna no era para tan gran personaje. Debe advertirse que taberna y tienda componían el establecimiento de Vallejo, ambas industrias administradas en común y los dos locales comunicados por la trastienda.

--Hay de todo—dijo Vallejo a su amigo—: chuletas de cerdo y de ternera, lomo adobado, aves, besugo, jamón, cordero, calamares en su tinta, tostón, chicharrones, sobreasada, el rico chorizo de Candelario y cuanto se quiera, ea, ¡me caigo en el puente de Toledo!, cuanto se quiera.

—No has nombrado una cosa que he visto en tu vidriera, y que me entró por el ojo derecho cuando la vi. Es un antojo. Me lo pide el cuerpo, Matías, y pienso que ha de sentarme muy bien... ¿No caes? Pues judías, dame un platito de judías estofadas, ¡cuerno!, que ya es tiempo de ser uno pueblo, y de volver al pueblo, a la Naturaleza, por decirlo así.

—¡Colasa!... ¿Oyes?... ¡Quiere judías..., un excelentísimo senador..., judías! ¡Válgate Dios, qué llano y qué...! Pero también tomará usted una tortilla con jamón, y luego unas magras...

—Por de pronto las judiitas, y veremos lo que dice el estómago, que de seguro ha de agradecerme este alimento tan nutritivo y tan... francote. Porque yo tengo para mí, Matías, que todo el condimento español y madrileño neto cae mejor en los estómagos que las mil y mil porquerías que hace mi cocinero francés, capaces de quitarle la salud al caballo de bronce de la plaza Mayor.

—Diga usted que sí, ¡jinojo!, y a mí nadie me quita de la cabeza que todo el mal que el señor don Francisco tuvo no fue más que un empacho de tanta judía cataplasma y de tanta composición de salsas pasteleras, que más parecen de botica que de mesa. Para arreglar la caja, señor marqués, no hay más que las buenas magras y el vino de ley sin sacramento. No le diré a vuecencia que estando delicado tome carne del de la vista baja, con perdón; pero unas chuletas de ternera tengo aquí que asadas en parrillas, resucitan a un muerto.

—Las cataremos—dijo el prócer, empezando a comer las judías, que le sabían a gloria—. Mentira me parece que coma yo esto con apetito y que me caiga tan bien. Nada, Matías, como si de ayer a hoy me hubieran sacado el estómago para ponerme otro nuevo... Riquísimas están tus judías. No sé los años que hace que no las probaba. Aquí traería yo a mi cocinero a que aprendiese a guisar. Pues no creas; me cuesta cuarenta duros al

mes, sin contar lo que sisa, que debe de ser una millonada, créetelo, una millonada.

Matías hacía los honores a su huésped comiendo con
él, para incitarle con el ejemplo, que era de los más
persuasivos. Trajeron, además, vinos diferentes para que
escogiesen, prefiriendo los dos un Valdepeñas añejo que
llamaba a Dios de tú. Después de saborear las alubias
notó el marqués con alegría que su estómago, lejos de
sentir fatiga o desgana, pedíale más, como colegial sacado del encierro que se lanza a las más locas travesuras.
Venga la tortilla con jamón o chorizo de lo bueno; vengan las chuletas como ruedas de carro, bien asaditas y
con su albarda de tomate, y, sobre todo, tira de Valdepeñas para macerar en el buche toda aquella sustancia
y digerirla bien.

Cuantas personas entraban en la trastienda, ya fueran
a ver al señor Matías, ya llegaran con intenciones de tomar algo en las otras mesas, quedábanse como quien ve
visiones ante la presencia del señor de Torquemada, y
unos por no conocerle, otros por haberle conocido demasiado, abrían un palmo de boca. Y el respeto que tan
gran personaje a todos infundía los tuvo silenciosos,
hasta que Vallejo, a mitad del almuerzo, animándose con
el vinillo y con los vapores de su propia satisfacción, les
dijo:

—Blas, y tú, Carando, y tú, Higinio, no seáis *pusilá-
mines*, ni tengáis cortedad. Arrimaos aquí, que el señor
marqués no se avergüenza de alternar, y es un señor muy
democrático y muy disoluto.

Arrimáronse, y don Francisco les hizo una de aquellas graves reverencias que aprendido había en sus tiempos de aristocracia. Hizo Matías la presentación en estilo
llano:

—Este Blas es el ordinario de Astorga, y aquí donde
usted le ve, no se deja ahorcar por treinta mil duros. Higinio Portela es sobrino de aquel Deogracias Portela que
tuvo la pollería de la Cava... ¿Se acuerda usted?

—¡Oh! Sí, me acuerdo..., ya..., Deogracias... Por muchos años.

—Y este Carando es un burro, con perdón, porque tenía el negocio de animales muertos, y por pleitear con los González, de Carabanchel Bajo, se quedó sin camisa. Total, que todos aquí, mil duros más o mil duros menos, semos unos pelagatos en comparanza con tu grandeza, con la opulencia opípara del hombre que si, a mano viene, tiene más millones en sus arcas que pelos en la cabeza.

—No exagerar, no exagerar—dijo don Francisco con afectación de modestia—. No creáis las aseveraciones del vulgo... He trabajado mucho, y pienso trabajar más todavía, para reparar los quebrantos que esta jeringada enfermedad me ha traído. Gracias que hoy me rejuvenezco, y, según la gana con que como y lo bien que me cae, paréceme que nunca estuve enfermo ni volveré a estarlo en los días que me quedan de vida, que serán muchos, pero muchos...

Diez

Alzaron los vasos y bebieron a la salud del más democrático de los próceres y del menos orgulloso de los plebeyos enriquecidos, aunque ni estas palabras ni otras semejantes emplearon los bebedores: la dea estuvo tan sólo en su ruda intención y en el mug do con que la expresaron. Inundado de un gozo juvenil se sentía Torquemada: muy satisfecho de lo bien que se portaba su estómago; no sabía qué alabar más, si el excelente sabor de lo que comía, o la gallarda franqueza de aquella gente sencilla y leal que tan de corazón le festejaba. Por cierto que al comprender la necesidad de pagar verbalmente sus agasajos, pensó también, con seguro juicio, que en tal lugar y ante tales personas debía sostener la dignidad de su posición y de su nombre, empleando el lenguaje fino que no sin trabajo aprendiera en la vida política y aristocrática.

—Señores—les dijo, rebuscando en su magín las ideas nobles y los conceptos escogidos—, yo agradezco mucho esas manifestaciones, y tengo una verdadera satisfacción en sentarme en medio de vosotros y en compartir estos manjares suculentos y gastronómicos... Yo no oculto mi origen. Pueblo fui, y pueblo seré siempre... Ya sabrán que en la Cámara he defendido a las clases obreras y populares... Para que la nación prospere es menester que entre las clases no haya antagonismo y que fraternicen tirios y troyanos...

—Vean, vean—exclamó Matías, a quien el entusiasmo puso rojo, o más bien, de color de moras negras—. Lo mismo vus dice hoy este hombre que vus dije yo ayer. Que se den la mano las clases, los de la grandeza y los artistas, para que haiga orden público y prosperidad nacional.

—Es que entre vuestras ideas y las mías—dijo Torquemada, emprendiéndola valiente con la carne—hay muchos puntos de contacto.

—¡Si todos los de arriba—inició el llamado Carando—fueran como los de ciertas casas principales que yo conozco...! No lo digo porque esté delante el señor don Francisco; que ayer también lo dije. Pues el cuento es que hay ricos y todos no son como los de la familia del que me oye. No haiga miedo de que ningún pobre de estos barrios se muera de hambre mientras exista esa señora del Aguila, que anda de buhardilla en buhardilla averiguando dónde hay bocas abiertas para taparlas y carnes desnudas para vestirlas. Yo la he visto, y en mi casa de la calle del Nuncio más de cuatro le deben la vida.

—Es verdad—afirmó el llamado Higinio—. Y a mí también me consta. A unos vecinos míos les libró al hijo de quintas, y a la chica le compró la máquina de coser.

—Ya, ya—dijo el de San Eloy sin mirarlos, comprendiendo que debía mantener allí, no sólo su dignidad, sino la de toda la familia—. Mi hermana política, Cruz del Aguila... Es una santa.

—Pues que viva mil años, y a su salud echemos la primera copa de moscatel.

—Gracias, señores, gracias. Yo también bebo a la salud de aquella *noble dama*...—dijo don Francisco, pensando que sus agravios particulares contra ella no debían manifestarse ante una sociedad extraña—. ¡Ah! ¡Nos queremos tanto ella y yo...! Le dejo hacer su santa voluntad, porque tiene un talento y una... Cuantas reformas se *implantan* en mi casa-palacio ella las dispone. Y si alguna disidencia o *discrepancia* surge entre nosotros, yo transijo y sacrifico mi voluntad *en aras* de la familia. No hay otra mujer que *raye a mayor altura* para gobernar a una servidumbre numerosa. La mía es como los ejércitos de Jerges. ¿Sabéis vosotros quién era ese Jerges? Un rey de la Persia, país que está allá por Filipinas, el cual tenía tantas tropas de todas armas, que cuando les pasaba revista, lo menos tardaba siete meses en verlas venir o verlas pasar... En fin, señores míos, y tú, Matías, *mi particular amigo*, dejemos ahora a mi cuñadita allá en sus rezos, tratando a Dios de tú, y vengamos a la *realidad de las cosas*. Yo soy muy dado a lo real, a lo verdadero, soy el realismo por excelencia. ¡Qué rica ternera! Bien haya la vaca que te parió y te dio de mamar y el pindongo matachín que te sacó la sangre para hacerte más tierna!... Yo *profeso el principio* de que la ternera es mejor que el buey y éste mejor que la vaca. En resumen, señores: yo me encuentro aquí muy bien. Como un sabañón, sin que el estómago se me suba a las barbas, y estoy alegre, tan alegre, que de aquí no me movería, si no me llamaran a otra parte los mil asuntos que tengo que *ventilar*. Esto es un *oasis*... ¿Sabéis lo que es un *oasis?*

—¡Toma! El merendero fino que han puesto ahora en la Bombilla, y que tiene un rótulo que dice: «Al oasis del río.»

—Eso no concuerda bien—dijo Torquemada, empe-

zando a sospechar que había comido más de lo justo y
excedídose un poco en el beber—. No concuerda absolutamente, porque *oasis* es cosa de tierra, y el río ya
veis...

Ocurrió lo que es inevitable en comidas de gente llana, obsequiosa, de mucho corazón y escasa finura; y fue
que, como don Francisco manifestara cierto recelo de
cargar su estómago, cayéronle todos encima, gritando
como energúmenos para incitarle a seguir atracándose de
cuanto en el establecimiento había.

—¡Vaya, que hacer ascos al besugo! ¿Cree que no está
tan bueno como los que le pone su cocinero franchute?
¡Ea, no consiento que haga desprecio de nuestra pobreza!... Tiene que probarlo, nada más que probarlo...
Verá qué cosa rica... Pero ¡si hoy ha echado el día a
perros!... Créame, don Francisco, su estómago lo quisiera yo para mí. Lo que tiene el muy ladrón es mugre
de tanta judía botica como dentro le han metido, y la
mugre se quita comiendo lo bueno y bebiendo lo fino...
Fuera miedo, señor marqués, que tripas llevan pies, y
no pies tripas... No, pues de mi casa no se va despre-
ciándome el besugo, ¡jinojo!..., y para después tengo
unos capones que dan el quién vive a la Santísima Tri-
nidad... ¡Arreando! A beber, a hacer un poco por la
vida.

Mucho carácter y tesón muy fuerte se necesitaba para
resistir a estas sugerencias de una hospitalidad tan cor-
dial como impertinente, y de uno y otro carecía Torquemada en aquel instante, por abdicación de su voluntad
ante los que eran sus iguales por el nacimiento y la educación. Y como la molestia que empezaba a sentir era
leve aún y la contrarrestaban los instintos de gula que
ante aquellos manjares tan de su gusto se le despertaron,
a todo dijo amén, y adelante con el festín. La cháchara
le distraía de la aprensión, no permitiéndole oír los avisos que de tiempo en tiempo le mandaba su estómago.
Pero con todo, al llegar a los capones se cerró a la banda,
porque verdaderamente sentía un peso en la barriga que

le inquietaba. ¡Capones! *Vade retro.* De lo que sí comió fue de la jugosa y bien aliñada ensalada de lechuga, y *entre medias* copas y más copas de variados vinos, que maquinalmente se metía entre pecho y espalda sin reparar en ello.

—La verdad es—decía—que todo *me cae* bien. Un poquito de peso, pero nada más. Yo estoy muy alegre, rejuvenecido, *digámoslo así,* y dispuesto a repetir la francachela cada lunes y cada martes... Si me vieran los de casa se quedarían absortos y patitiesos... Y yo les contestaría: «Ya, ya tengo la prueba. Ved este señor estómago, que antes no podía *realizar* la digestión de un *mero* chocolate, y ahora... Me basta salir de vuestra órbita para encontrarme al pelo, y el estómago es lo primero que se felicita de hallarse en *otra esfera de acción* muy distinta de aquella en que... Porque salta a la vista que hay crimen y que...»

Por primera vez le faltó la palabra y se le oscureció el pensamiento. Un instante estuvo manoteando en el aire. Por fortuna, aquello pasó, y, al volver en sí, el señor marqués se quejaba de difícil respiración.

—Eso no es más que viento—le dijo Matías—. Una copita de anís del Mono, y verá cómo descarga. ¡Colasa!...

Mientras venía el anís, aplicó al enfermo la medicación elemental de golpearle la espalda con la palma de la mano. Pero lo hacía con tan buena voluntad y tal deseo de obtener un resultado eficaz y pronto, que Torquemada tuvo que decirle:

—Basta, basta, hombre, no seas bruto. ¿Me tomas a mí por un bombo?... ¡Ay, ay!... Ya parece que cede algo... Es flato, nada más que un flato que se atraviesa... ¡Brrr!...

Trató de echar fuera el temporal, provocando regurgitaciones, que se le frustraban a medio camino, dejándole peor que estaba. El condenado anís le produjo algún alivio a poco de beberlo, y vuelta a tomar la palabra, y a expresar su contento.

—*Abundo* en vuestras ideas; quiero decir, pienso lo mismo que pensáis vosotros sobre la... ¡Eh! Tú, ¿de qué estábamos hablando?... Vaya, que se me escapa toda la memoria... ¡Biblias, cómo se me olvidan las cosas!... ¡Eh! Tú, ¿cuál es tu gracia? ¡Mira que olvidárseme cómo te llamas tú!

—Matías Vallejo, para servirte—replicó el anfitrión, que con tanto comer y beber se sentía inclinado a la confianza—. ¿Qué? ¿Te da otra vez el soponcio?... Paquillo, ¿qué es eso?... ¡So bruto!... ¡Si no es más que jinojo del viento!... Echalo, échalo pronto, con cien mil pares de bolas... ¡Arreando!

Y vuelta a los palmetazos en la espalda. Mientras el otro le administraba la medicina inclinábase don Francisco hacia adelante, rígido, hinchado, como un costal repleto y puesto en pie que pierde el equilibrio.

—Basta; te digo que basta. Tienes una mano que parece un pisón para adoquinar las calles..., ¡recuerno!... Pues ya he recobrado la memoria; ya sé lo que iba a deciros, señores comensales... Pues alguno de vosotros manifestó que se debía dar algo a mi cochero, que está esperándome ahí fuera..., y yo..., cabal..., yo dije: «Señores, *abundo* en vuestras ideas, o, *en otros términos,* pienso también que se debe dar algo a ese borrachón de mi cochero.»

—Pues es verdad—gruñó Matías—. No me acordaba. ¡Colasa!...

—Y *a este tenor,* sigo diciéndote—prosiguió don Francisco, con evidente dificultad para mantener derecho su cuerpo—que no me encuentro muy bien que digamos. Parece que me he tragado la cruz de Puerta Cerrada, que desde aquí veíamos por la ventanilla... ¡Toma, ya no la veo!... ¿Dónde se habrá ido esa arrastrada... cruz..., Cruz?... He dicho Cruz, y no me vuelvo atrás...

—¡Pacorro de mi alma!—exclamó Matías, abrazando con violencia el cuerpo de don Francisco, que en uno de aquellos vaivenes fue a chocar contra el suyo—. Te quiero como a un hijo... Para que se nos despeje la cabeza, venga café... ¡Colasa!

—Café moka—dijo Torquemada con ansia, abriendo no sin esfuerzo sus párpados, que a todo trance se le querían cerrar—. Café...

—¿Con ron o caña?

—También hay *fin-champán*.

—Señores—murmuró el marqués de San Eloy con mugidos más que con palabras—, yo estoy mal, muy mal... El que diga que yo me encuentro bien, falta a la verdad..., a la verdad de los hechos... He comido como el más tragón de todos los heliogábalos... Pero yo juro por las santísimas Biblias en pasta que lo tengo que digerir, para que allá no digan..., para que no se ría de mí ésa, la otra, la... ¡Cuernos con la memoria! Di tú, Matías, ¿cómo se llama ésa...?

—¿Quién?

—Esa..., la hermana de mi difunta... Se me ha olvidado el nombre... Mira, tú, hace un rato la estaba viendo por el ventanillo..., por allí...

—Ya..., la cruz de Puerta Cerrada.

—¡Ah! Puerta Cerrada se llama..., la cruz es ésta, no..., la otra..., y la Puerta Cerrada es la Cruz que yo tengo dentro de mi cuerpo y que no puedo echar fuera..., cruz del diablo, y puerta del Cielo que no quiere abrirse, y puerta cerrada del infierno... Oye, ¿cómo se llama ese marrano de clérigo?... El de las municiones, measiones, misiones o como quiera que se diga. Dime cuál es su gracia, que quiero soltarle cuatro frescas... Entre él y la gata gazmoña de Gravelinas concibieron el plan de envenenarme... Y lo llevaron a cabo... Ya ves... cómo me han puesto... Me metieron en el cuerpo esta casa... ¿Cómo la echo yo ahora, cuerno, Biblias pasteleras..., ñales de San Francisco?

Cayó del lado contrario al sitio que ocupaba Matías, y fue a dar contra una silla que le impidió rodar al suelo. Acudieron todos a él. No sabían si enderezarle o tenderle, poniendo en fila dos o tres banquetas. Gruñendo como un cerdo, se retorcía con horrorosas convulsiones. Por fin, ¡brrr!... El suelo de la trastienda era poco para todo lo que salió de aquel cuerpo mísero...

—¡Colasa!

Once

—Este hombre está muy malo—dijo Matías a sus amigos—. ¿Y qué hacemos? ¿Qué jinojo le damos?...

—Déjalo que desembaúle.

—¡Ay Dios mío!... ¿Qué es esto? ¿Dónde estoy? ¡Vaya un contratiempo!... Yo creí... ¡Lástima de comida! Matías, señores, yo estoy muy malo...

Esto fue lo primero que dijo Torquemada después del horrible soponcio, y si al desembaular sintió aliviada la opresión, luego le atormentaron agudísimos dolores en la región gástrica.

—Una taza de té... ¡Colasa!

—¡Yo que estaba tan terne!... ¡Y me había caído tan guapamente la comida! ¿Sabéis lo que me ha hecho daño? El calor. Hace aquí un bochorno horrible... Y como hablabais todos a un tiempo, y hacíais ruido golpeando en la mesa con los vasos... ¡Ay, qué dolor! Parece que me retuercen las tripas... Digan lo que quieran, esto es natural. Porque, créanmelo: tiene uno adarmes de *científico* y sabe distinguir los males naturales de los artificiales... Hay *fenómenos patológicos* que son obra de la Naturaleza y otros que son *el resultado* de la malquerencia de nuestros enemigos. Juraría que tengo calentura. Tú, Matías, ¿entiendes de pulso?

Propusiéronle llevarle a su casa, y se resistió a ello. No podía tenerse derecho, y la cabeza le pesaba como plomo. Se la sostenía con ambas manos, apoyados los codos en la mesa.

—No voy a casa hasta que no me pase esta desazón. El dolor ya no es tan fuerte. Pero noto que se me escabulle otra vez la memoria. ¿Creeréis que no me acuerdo de cómo se llama mi casa? Es decir, se me ha trasconeja-

do el nombre del muy gorrino del duque a quien se la
compré, tramposo él, pinturero él... ¡Otra! También se
me ha ido el nombre de mi cochero... En mi casa estarán
con el alma en un hilo, y mi..., tampoco me acuerdo...,
ésa, el cura y Donoso..., creerán que me he muerto...
El caso es que tampoco me doy cuenta de por qué me
entró la ventolera de salir tan de mañana. Ello debió de
ser una idea repentina, un negocio urgente... Vamos,
que no encuentro la *concordancia*... Lo que sí tengo bien
clavado en la memoria es que en mi casa hay muchos
cuadros, y el Masaccio, el famoso Masaccio, por el cual
me ofrecían los ingleses quinientas libras, y no lo quise
dar... A ver si ustedes ayudan mi memoria. ¿Salí yo
porque me llamasteis para comprarme la galería que fue
de aquel *punto*..., tampoco me acuerdo..., del papá de
doña Augusta? ¿O salí porque me dio una idea *sui generis*, y me eché a correr sin saber lo que hacía?

—Vete a tu casa... Váyase, señor don Francisco—le
dijo Vallejo, que con el susto iba recobrando el uso corriente de sus facultades mentales—. Allá estarán con
cuidado.

Los otros fueron de la misma opinión y apoyaron las
razones de Vallejo, que ya quería ver su establecimiento
libre de tal estorbo.

—Mi casa está muy lejos—dijo Torquemada con honda tristeza, atormentado nuevamente por agudos dolores—. No respondo yo de llegar hasta allá, ni de que
no me muera por el camino. ¿Cómo me llevan? ¿En ca-
milla? ¡Ah! Tenéis razón: en mi coche. Ya no me acordaba de que gasto coche... ¡Vaya una gracia! Ahora mismito creía yo que vivía en la calle de la Leche, que era
pobre, vamos al decir, y que no me había casado todavía
con las Aguilas pamplinosas. Pues ¿sabéis lo que os digo?
Si me llevan, que sea a la casa de mi hija Rufina, que
me quiere como a las niñas de sus ojos. Aunque si he de
seros franco, empiezo a barruntar que también me quiere Cruz, y que el presbítero..., de ese nombre sí que no
me acuerdo..., me asegura la salvación del alma, siempre

y cuando yo le dé cuenta y razón bien clara de todos los
pecados que figuran en el *Debe* de mi conciencia, los
cuales yo aseguro a ustedes que no son muchos, y si
quieren que me confiese ahora mismo, lo desembucho
todo..., que hoy parece día de desembuchar... ¿Conque
a mi casa? Mi casa es muy grande. La estoy viendo como
si hubiera salido de ella hace un minuto. Aunque vosotros sostengáis *la tesis contraria,* yo digo y repito que
tengo una calentura lo menos de ochenta grados, que
también la calentura se cuenta por grados, como el *calórico* de los termómetros... Yo estoy muy agradecido a
vuestra fina hospitalidad, y *deploro* con toda mi alma
que me hubiera hecho daño el *menú, vulgo* comida, lo
cual que ha sido una tracamundana de mi estómago, pues
si éste se hubiera portado decentemente, a estas horas
ya lo tenía más digerido que la primera papilla. Pero,
en fin, otra vez será, pues para mí es un hecho incontrovertible que he de ponerme como un reloj. A este señor
estómago lo meto yo en cintura pronto, y si no quiere por
las buenas, por las malas. El escandaloso *en grado sumo*
que por los caprichitos de un hi de tal de estómago esté
un individuo desatendiendo sus intereses, sin poder asistir a la *Cámara,* donde hay tanto, tanto que *ventilar,* y
privándose de la comida..., aunque, si me permitís mani-
festaros todo lo que pienso, os diré que como este órgano mío *persevere en su campaña demoledora,* yo lo arreglaré por el procedimiento de gobierno más sencillo y
eficaz... ¿Qué creen ustedes que haré? Pues no comer.
Así como suena: *no comer.* ¿Qué quiere ese trasto? ¿Que
yo le eche comida para devolvérmela? Pues le corto la
ración, vamos, que le limpio el comedero. De una plu-
mada echo abajo todo el presupuesto de almuerzos y
comidas. Verán ustedes cómo entonces se rinde, y me
pide perdón, y me pide sustancia. Pero no se la doy, no.
No se rían. Cuando se quiere hacer una cosa, se hace.
¡Viva la sacratísima fuerza de voluntad! Cuando uno

se propone no comer, no come, y yo juro y prometo que no vuelvo a comer en mi vida.

Celebraron todos la gracia, y, *puesta de nuevo sobre el tapete,* o sobre la sucia tabla de la tabernaria mesa, la cuestión de si debía marcharse y adónde, dijo el atribulado marqués que le llevaran a donde quisieran, añadiendo que no podía moverse, que sus piernas se habían vuelto de algodón, y que la caja del cuerpo le pesaba como un baúl mundo lleno de piedras. Por fin, Matías y Carando le condujeron casi en vilo al coche, que arrimó a la misma puerta, y con no poca dificultad le metieron dentro a puñados, despidiéndole todos muy corteses, y alegrándose mucho de que semejante calamidad se les hubiera quitado de encima.

Pues digo: ¡el escándalo que se armó en el palacio de Gravelinas cuando llegó el coche y vieron el portero y otros criados al señor, tumbado como cuerpo muerto, cerrados los ojos y echando espumarajos y hondos bramidos de su contraída boca! Inquietud muy grande había en la casa, así por lo extraño de la salida, como por la tardanza del señor marqués. Cruz y los amigos que acudieron allí temían una desgracia. Confirmó sus temores la llegada del coche y el lastimoso estado en que el enfermo venía. Pero sólo se pensó en sacarle del vehículo y meterle en su cama. Cuatro fámulos de los más robustos se encargaron de tan difícil operación, transportándole por galerías, escaleras y antesalas hasta la alcoba. Había perdido el sentido y no movía ni un dedo el pobre señor. Cruz mandó al instante en busca de médicos, y se acudió sin tardanza a los remedios caseros y elementales para devolverle el conocimiento y despertar la vida, si es que alguna quedaba en aquel mísero cuerpo inerte. Cuando arrojaron el pesado fardo sobre la cama rebotó el colchón de muelles como si quisiera lanzarlo fuera.

Entró jadeante Quevedo y le examinó al punto. Antes le había examinado Donoso, que por suerte se hallaba en la casa cuando llegó el coche; pero no pudo determinar el verdadero estado de su infeliz amigo.

—Paréceme que no está muerto—dijo Donoso al médico, temiendo una respuesta que quitara toda esperanza.

—Muerto, no..., pero de ésta no sale.

Tercera parte

Uno

Con revulsivos enérgicos pudieron conseguir que de nuevo anduviera la desvencijada máquina fisiológica del gran tacaño de Madrid; pero aún pasó toda la noche y parte del otro día antes que recobrara la memoria y el conocimiento de su situación. Hallóse, pues, a la tarde siguiente en relativa mejoría, y así se consignó en las listas, que rápidamente se cubrieron de centenares de firmas ilustres en la política y en la Banca. No fue necesaria la indicación del médico de cabecera para traer al doctor Miquis, pues el mismo paciente pidió que viniera al recobrar el sentido y la palabra. Ordenó el célebre doctor un plan expectante y un régimen de exploración, por no tener aún seguridad del mal que había de combatir. La diátesis era oscura y los síntomas no acusaban con claridad el carácter morboso de la profunda alteración orgánica. En sus conversaciones reservadas con Queve-

dito, Miquis habló algo de enteroptose, algo de cáncer
de píloro; pero nada podía afirmarse aún, como no fuera la gravedad y casi la inutilidad final de los esfuerzos
de la ciencia.

En su resurrección, que así puede llamarse, salió el
pobre don Francisco por el registro patético y de la ternura, que tan bien armonizaba con su debilidad física
y con el desmayo de sus facultades. Dio en la flor de
pedir perdón a todo quisque, de emocionarse por la menor cosa y de expresar vehementes afectos a cuantas
personas se acercaban a su lecho para consolarle. Con
Rufinita era un almíbar: le apretaba la mano, llamándola
su *ángel,* su *esperanza,* su *gloria.* Con Cruz estaba a partir un piñón, y no cesaba de elogiar su talento y dotes
de gobernar, y a Gamborena y Donoso los llamó *columnas de la casa,* amigos incomparables, de los que son
nones en el mundo.

Al través de todas estas manifestaciones sentimentales advertíase en el ánimo del enfermo un miedo intensísimo. Su amor propio quería disimularlo, pero lo dela-
taban el suspirar hondo y frecuente, la profunda atención
a todo cuchicheo que en la alcoba sonase, la expresión
de alarma en sus ojos al verse interrogado. Gustaba extraordinariamente de que le animasen con anuncios de
mejoría, y a todos preguntaba la opinión propia y la
ajena sobre su enfermedad. Una mañana, hallándose solo
con el doctor Miquis, le tomó la mano y gravemente le
dijo:

—Querido don Augusto, usted es hombre de mucha
ciencia y de respetabilidad, y no ha de engañarme. Yo
soy algo *científico,* quiero decir que en mi natural lo
científico domina a lo poético, ya usted me entiende...,
y, por tanto, merezco que se me diga la verdad. ¿Es
cierto que usted cree que me curaré?

—¿Pues no he de creerlo? Sí, señor, tenga confianza,
sométase al régimen y...

—¿Será cosa de...? ¿Cómo cuánto, mi señor don Augusto? ¿Tardará un mes en darme de alta o tendré que esperar algo más?

—No es fácil precisarlo... Pero ello será pronto. Mucha tranquilidad y no se preocupe de volver a los negocios.

—¿No?...—dijo el tacaño con profundo desconsuelo—. Pues si la Facultad quiere que me anime, déjeme pensar en mis negocios y contar los días que me faltan para volver a meterme en ellos de hoz y de coz... ¡Ay amigo mío y sapientísimo médico, yo le suplico a usted por lo que más quiera en el mundo que haga un esfuerzo y afine bien su ciencia para curarme pronto, pronto! Lea cuanto hay que leer, estudie cuanto hay que estudiar, y no dude, el emolumento será tal que no tenga usted queja de mí. Ya sé lo que me responde: que ya lo sabe todo y no tiene nada que aprender. ¡Ah! La ciencia es infinita; nunca se la posee completa. Se me ocurre que en el archivo de esta su casa podrá haber algún papelote antiguo que traiga tales o cuales recetas para curar esta gaita que yo tengo, recetas que los médicos de ahora no conocen... ¡Por vida de...! ¿Quién me asegura que los antiguos no conocieron algún zumo de hierbas, unto o cosa tal, que los modernos ignoran? Piénselo, y ya sabe que tiene el archivo a su disposición. Me costó un ojo de la cara, y es lástima que no hallemos en él mi remedio.

—¡Quién sabe!—dijo benévolamente el médico por consolarle—. Puede que entre los papeles de Nápoles y Sicilia haya algún récipe de antiguo alquimista o curandero nigromante.

—No se ría usted de la magia ni de aquellos tipos que echaban la buenaventura mirando las estrellas. La ciencia es cosa que no tiene fin... ni principio... Y ya que hablamos de ciencia, dígame: ¿qué demonios es esto que tengo? Porque yo, pensando en ello estos días, creo..., se me ha metido en la cabeza que mi mal es filfa, una indisposición ligera, y que ustedes los señores médicos creen lo mismo; pero que por guardar la etiqueta...

científica me tienen aquí, con todo este aparato escénico
de cama y régimen y Biblias. Yo me siento ahora bien,
muy bien. ¿Me confiesa usted, sí o no, que no tengo
nada?

—Poco a poco. Su enfermedad no será muy grave;
pero tampoco es una desazón leve. Cuidándola la ven-
ceremos.

—¿De modo que puedo confiar...? ¿Usted me asegura...?—interrogó el de San Eloy con viva ansiedad.

—Tranquilícese y tenga confianza en mí y en Dios,
en Dios primero.

—Ya la tengo... Pues qué, ¿el Señor Dios me había
de dejar en la estacada, sin dar yo motivo para ello?
Como usted le ayude con los recursos de la Facultad, el
Señor no tendrá inconveniente en que yo vuelva a mis
ocupaciones habituales. Sí, mi querido don Augusto, hará
usted un bien a la Humanidad dándome de alta. ¡Tengo
un proyecto! ¡Ay, qué proyecto! Es una idea que a nadie
se le ocurre más que a este cura. Usted no entiende de
esto ni yo le fastidiaré explicándoselo. Cada uno tiene
su ciencia, y en la mía doy yo quince y raya al lucero del
alba. Póngame bueno y temblará el mundo de los negocios con esa combinación que traigo entre ceja y ceja...
Tal importancia tiene la cosa, que me conformo con
estar bueno el tiempo necesario para mover las fichas
en el tablero y hacer la gran jugada... Y después, no me
importaría caer malo otra vez... Un paréntesis, señor
don Augusto, un paréntesis de salud... Pero no, sería
una lástima que después de realizada la operación reven-
tase yo, sí, para que se quedaran riendo los que vienen
detrás. Esto no es justo, confiéseme usted que esto no
es justo.

Tan vivamente posesionado de su idea le vio Miquis
y tanto le alarmó el brillo de sus ojos y la inquietud de
sus manos, que creyó prudente cortar la conversación. Y
como para calmarle no había mejor camino que halagar sus
deseos, despidióse el doctor, dándole seguridades de restablecimiento. Claro, éste vendría más pronto o más tar-

de, según que el enfermo lo acelerase con su quietud
del cuerpo y espíritu o lo retrasara con su impaciencia.
Y mientras menos pensase en combinaciones financieras,
mejor. Tiempo había...

Ello es que el hombre quedó gozoso de la visita, y
las esperanzas le daban ánimos para sobrellevar las tristezas del régimen dietético y de la encerrona entre sábanas. Hablando con Cruz, le dijo:

—Ese don Augusto es un gran hombre. Me asegura
que es todo cuestión de unos días... Y bien pudieran
darme ustedes algún más alimento, que yo respondo de
digerirlo *velis nolis.* ¡No faltaba más sino que el señor
estómago volviera a las andadas! Los dolores del vientre ya no son tan agudos, y lo que es calentura no la
tengo... Lo único que recomiendo a usted es que vigile
a los cocineros y marmitones, porque... podría írseles
la mano en el condimento y resultar algo que me envene-
nara... *en principio, por decirlo así.* No, no digo yo que
me envenenen de *motu proprio,* como aquel pillo de
Matías Vallejo y los gansos de sus amigos, que a la fuerza me atracaron de mil porquerías... No, si ya sé que
usted vigilará... Yo *abrigo la convicción* de que con
usted no hay cuidado... En fin, arreglárselas entre todos
para que yo esté bueno dentro de unos días, porque, sépalo usted, importa mucho para la familia y casi casi
estoy por decir para la nación y para toda la Humanidad,
si me apuran. Que si este condenado *fenómeno patológico* se agarra más, no sé adónde irá a parar la fortunita
reunida con tanto trabajo, y hasta podría suceder que
mis hijos el día de mañana, si yo continúo enclenque, no
tuvieran qué comer.

Echóse a reír Cruz, y olvidándose por un momento
de que en aquel caso debía sobreponerse la piedad men-
tirosa a la verdad que, como inteligencia suprema de la
familia, profesaba siempre, le amonestó en forma autoritaria:

—No piense tanto, no piense tanto en los intereses
que han de quedarse por aquí, pues aunque no está en

peligro de muerte, ni lo quiera Dios, su situación es de
las que deben considerarse como avisos providenciales,
y, por tanto, hay que volver los ojos a los intereses de
allá, a los eternos, aunque no sea más que para irse acostumbrando. Vamos a ver: ¿todavía le parece a usted
que tiene poco dinero, o es que piensa llevárselo al otro
mundo para fundar un Banco o sociedad de crédito en
las regiones de la bienaventuranza eterna?

—Si fundo o no fundo sociedades de crédito en la
gloria divina, eso no es cuenta de usted. Haré lo que
me dé la gana, señora mía—dijo, y con gesto de chiquillo castigado se zambulló en el lecho y se tapó el rostro
con la sábana.

Dos

Por mañana o tarde, Gamborena no dejaba de visitarle un solo día, mostrándose cariñosísimo con el pobre
enfermo, a quien hablaba en lenguaje de amigo más que
de director espiritual. Lo que con este carácter le dijo
alguna vez fue tan delicado y tan bien envuelta iba en
conceptos generales o de salud, que el otro recibía la
indicación sin alarmarse. Cuando don Francisco tuvo su
cabeza firme, Gamborena le entretenía contándole casos
y pasajes interesantísimos de las misiones, que el otro
escuchaba con tanto deleite como si le leyeran libros de
novela o de viajes. Tan de su gusto era, que más de una
vez le mandó llamar antes de la hora en que acostumbraba visitarle, y le pedía *un cuento,* como los niños en-
fermitos al ama o niñera que los cuida. Y creyendo Gamborena que, aprisionada la imaginación del enfermo,
fácil le sería cautivar su voluntad, referíale estupendos
episodios de su poema evangélico: sus trabajos en el
vicariato de Oubangui, Africa ecuatorial, y en pleno país
de caníbales, cuando los sacerdotes, después de oficiar,
se despojaban de sus vestiduras y trabajaban como albañiles o carpinteros en la construcción de la modesta catedral de Brazzaville; la peligrosísima misión en el país

de los banziris, la tribu africana más feroz, donde algunos padres sufrieron martirio, y él pudo escapar por milagro de Dios, con ayuda de su sutil ingenio, y, por último, la conmovedora odisea de los trabajos en las islas remotas del Pacífico central, el archipiélago de Fidji, donde fueron en breve tiempo fundadas setenta iglesias y convertidos a la fe católica diez mil *canacas*.

Por supuesto, el que Torquemada oyera con viva atención y profundo interés tales narraciones no significaba que las creyese o que por hechos reales y positivos las estimase. Pensaba más bien que todo aquello había ocurrido en otro planeta y que Gamborena era un ser excepcional, historiador, que no inventor, de tan sublimes patrañas. Teníales por cuentos para niños grandes o para ancianos enfermos.

No se sabe cómo fue rodando la conversación al terreno en que el sacerdote deseaba encontrarse con su amigo, pero ello es que una tarde en que vio a Torquemada relativamente tranquilo, se insinuó en esta forma:

—Paréceme, señor mío, que ya no debemos aplazar por más tiempo nuestro asunto. Hace días me dijo usted que tenía la cabeza muy débil; hoy la tiene usted fuerte, por lo que veo, y en su interés está que hablemos.

—Como usted guste—replicó Torquemada, mascullando las palabras y tomando un ligero acento infantil—. Pero si he de serle franco, no veo tanta prisa. Para mí es indudable que escapo de ésta: me siento bien; espero ponerme bueno muy pronto...

—Tanto mejor. Y qué, ¿hemos de esperar a las últimas horas para prepararnos, cuando ya no haya tiempo y llegue tarde la medicina? Vamos, señor mío, ya no aguardo más. Yo cumplo mi deber.

—Pero ¡si yo no tengo pecados, diantre!—manifestó don Francisco entre bromas y veras—. El único que tenía se lo dije la otra tarde. Que me asaltó la idea de que Cruz quería envenenarme... De un mal pensamiento nadie está libre.

—Ya... Y ¿no hay más? Busque bien, busque.

—No, no hay más. Aunque usted se enoje, señor Gamborena de mis pecados..., de mis pecados no, porque no los tengo... Señor Gamborena de mis virtudes..., aunque usted se escandalice, tengo que decirle que soy un santo.

—¡Un santo!... Sea enhorabuena. A poco más me pide que sea yo su penitente y usted mi confesor.

—No, porque yo no soy cura. Ser santo es otra cosa...; dígome santo, porque yo no hago mal a nadie.

—¿Está seguro de ello? No dejaré yo de reconocer como verdad lo que acaba de decirme, si me lo demuestra. Ea, ya estoy esperando la demostración... ¿Quiere que le abra camino? Pues allá va. Usted no tiene más que un vicio, uno solo, que es la avaricia. Convénzame de que puede ser santo un hombre avariento y codicioso en grado máximo, un hombre que no conoce más amor que el dinero, ni más afán que traer a casa todo lo que encuentra por ahí; convénzame de esto, y yo seré el primero que pida su canonización, señor don Francisco.

—¡Bah, bah!... ¡Cuerno!... ¡Ya sale usted con la tecla de la avaricia... y del tanto más cuanto! Palabras, palabras, palabras. Ustedes los clérigos, *vulgo* ministros del altar, entenderán de teologías, pero de negocios no entienden una patata. Vamos a ver: ¿qué mal hay en que yo traiga dinero a casa, si el dinero se deja traer? Y esta gran operación que proyecto, ¿por qué ha de ser pecado? ¡Pecado que yo proponga al Gobierno la conversión de la *Deuda exterior* en *Deuda interior*! A ver, amiguito, ¿dicen algo de esto el Concilio de Trento, los Santos Padres o el que redactó la Biblia, que parece fue Moisés? ¡Demonio, si la conversión del *exterior* en *interior* es un gran bien para el país! Dígame usted, señor *San Pedro,* ¿qué va ganando Dios con que los cambios estén tan altos? Pues si yo consigo bajarlos y beneficio al país y a toda la Humanidad, ¿en qué peco, santísimas Biblias?... Pero ya, ya sé lo que va a decirme el señor ministro del altar. Que yo no verifico esta operación por beneficio de la Humanidad, sino por provecho mío,

y que lo que busco es la comisión que apandamos yo y
los demás banqueros que entran en el ajo... Pero a esa
objeción le contesto con una pregunta: ¿en qué tablas
de la ley, o en qué misal, o en qué doctrina cristiana o
mahometana se dice que el obrero no debe cobrar nada
por su trabajo? ¿Es justo que yo arriesgue mis *fondos*
y ande por esas calles como un azacán, de Ministerio en
Ministerio, sin *percibir* un tanto correspondiente a la
cuantía de la operación? Y dígame: hacer un bien al
Estado, ¿no es también caridad? ¿Qué es el Estado más
que un prójimo grande? Y si se admite que a mí me
gusta que hagan por mí lo que yo hago por el Estado,
¿no tenemos aquí claro y patente lo de *al prójimo como
a ti mismo?*

—¡Santo, santo, santo..., hosanna!...—exclamó Gamborena riendo, pues ¿qué habría de hacer el padrito sino
tomarlo a risa?—. Vamos, que la enfermedad le ha hecho
a usted gracioso. Confieso que me ha entretenido su explicación. Pero, mire usted, no he acabado de convencerme, y me temo mucho que con tales conversiones de deudas y tanto *sacrificio* por el Estado y los cambios y la Humanidad, vaya a parar mi don Francisco a los profundos
infiernos, donde acabarán de ajustarle las cuentas de comisión los tenedores de libros de Satanás, que allí están
encargados de esas y otras liquidaciones. ¡El infierno, sí!
Hay que decirlo en seco, aunque usted se me asuste. Allí
caen de cabeza los que en vida no supieron ni quisieron
hacer otra cosa que acumular riquezas, los que no tuvieron compasión de la miseria, ni consolaron a ningún
afligido. ¡El infierno, sí, señor! No espere usted de mí
más que la verdad desnuda y con todo el rigor de la
doctrina. Las ofensas hechas a Dios, que es el bien eterno, son las penas eternas que se han de pagar.

—¡Bah!... Ya viene usted de malas—dijo Torquemada con fingido humor de bromas y completamente
acobardado—. ¿Y qué? ¿No tengo más remedio que
creer en la existencia de ese *centro* todo lleno de lumbre

y en los diablos y en que todo ello debe durar eterni-
dades?

—Pues claro que tiene que creerlo.

—Corriente... Se creerá, si es obligación. ¿De modo
que ni siquiera puedo *ponerlo en tela de juicio...*, sino
creer a raja tabla, quiero decir..., creerlo con los ojos
cerrados?—el misionero afirmaba con la cabeza—. Bueno; pues a creer tocan. Quedamos en que hay infierno;
pero en que yo no voy a él.

—No irá siempre que lo procure por los medios que
le propongo, y que son lo más elemental de la doctrina
que profeso y quiero inculcarle.

—Pues inculque cuanto crea necesario, que aquí me
tiene dispuesto a todo—dijo don Francisco con una conformidad que al misionero le pareció de bonísimo augurio—. ¿Qué tengo que hacer para salvarme? Explíquese
pronto y con la claridad que debe emplearse en los negocios. Yo, como buen cristiano que soy, quiero y necesito la salvación. Hasta por mi decoro debo solicitarla.
¡No está bien que digan...! Pues a salvarnos, señor Gamborena; ahora dígame qué tengo que *hacer* o qué tengo
que *dar* para *obtener ese resultado.*

Tres

—¡Qué tengo que *hacer...,* qué tengo que *dar!*—repitió Gamborena, frunciendo el ceño—. Siempre ha de
tratar usted este asunto como si fuera una operación
mercantil. ¡Cuánto más le valdría olvidar sus hábitos y
hasta su lenguaje de negociante! Lo que tiene usted que
hacer, señor mío, es purificar su alma de toda esa lepra
de la codicia, ser bueno y humano, mirar más a las innumerables desdichas que le rodean para remediarlas, y
persuadirse de que no es justo que uno solo posea lo que
a tantos falta.

—Total, que hay muchos, muchísimos pobres. Yo
también he sido pobre. Si ahora soy rico, a mí mismo me
lo debo. Yo no he fracturado cajas de nadie, ni he salido

a un camino con trabuco... Y otra cosa: todos esos pobres que *pululan* por ahí yo no los he hecho. Pero ¿no dicen ustedes que es muy bonito ser pobre? Dejadlos, dejadlos y no nos metamos a quitarles su divina miseria. La cual no es *óbice* para que yo, en mi testamento, mande repartir socorros aunque la verdad, nunca me ha gustado *dar pábulo* a la holgazanería. Pero algo dejaré para ayuda de un hospital o de lo que quieran, ¡ñales!... Dispénseme, se me escapó... Y al santo clero también le dejaré para misas por mí y por mis dos esposas queridas: que justo es que el cleriguicio coma... La verdad, hay mucha miseria en el *sacerdocio* parroquial.

—Bueno es eso—dijo Gamborena con dulzura—, pero no es todo lo que yo quiero... No veo que salgan del corazón esas ofrendas. Paréceme que usted las dispone como un acto de cumplido, como pagar una visita, como dejar una tarjeta en el momento de salir para un viaje. ¡Ay, amigo mío! Cuando usted parta para el viaje supremo ha de llevar tanto peso en su alma, que le ha de costar trabajillo remontar el vuelo.

—¿Peso..., peso?—murmuró el tacaño con tristeza—. ¡Si nada de lo que tengo he de llevarme, y todito se ha de quedar por acá!

—Eso es lo que usted siente, que las riquezas aquí se quedan y no hay que pensar en su transporte a la eternidad, donde maldita la falta que hacen. Allí, las riquezas que se cotizan tienen otro nombre: llámanse *buenas acciones*.

—¡Buenas acciones! Y ¿con buenas acciones tengo segura la...?—dijo Torquemada, dando de mano a su marrullería.

—Pero esas buenas acciones no las veo en usted, que es todo sequedad de corazón, egoísmo, codicia.

—¿Sequedad de corazón? Me parece que no está usted en lo cierto. Señor Gamborena, yo quiero a mis hijos, al primero, sobre todo, le adoraba; yo quise a mis dos señoras, a mi Silvia y a la que he perdido este año.

—¡Vaya un mérito! ¡Querer a los hijos!... ¡Si hasta

los animales los quieren! Si de sentimiento tan primor-
dial estuviese privado el señor marqués de San Eloy,
sería un monstruo más o menos eximio... ¡Querer a su
esposa, a la compañera de su vida, a la que le daba posición social, un nombre ilustre!... Pues ¿qué menos? Y
cuando Dios se la llevó usted se afligía, es cierto; pero
también rabiaba, protestando de que no se hubiera muerto Cruz en vez de morirse Fidela. Es decir, que se habría alegrado de ver morir a su hermana política.

—¡Hombre, tanto como alegrarme!... Pero planteado
el *dilema* entre las dos, no podía dudar un momento.

—Déjese de dilemas. Usted me ha confesado que
deseaba la muerte de Cruz.

—Bueno, pues sí, yo...

—La sequedad de corazón está bien demostrada. Y
la sordidez, la codicia..., ciego será quien no las vea, y
usted mismo debe reconocer esas horribles llagas de su
ser y confesarlas.

—Confesado... Arreando. Uno es como es, y no puede ser de otra manera. Sólo cuando se acerca el fin ve
uno más claro, y como ya no tiene intereses acá, naturalmente, llama por lo de allá. Y lo peor es que nos
salen con esa matraca de las buenas acciones cuando ya
no tenemos tiempo de... *verificarlas* ni malas ni buenas.

—Tiempo tiene usted todavía.

—Lo mismo pienso—dijo el marqués con cierto brillo
en los ojos—, porque de ésta no caigo. Tengo tiempo,
¿verdad?

—Seguramente, y lo aprovecharemos en seguida.

—¿Cómo?

—Dándome usted su capa.

—¡Ah!... ¿Conque quiere usted la capita? ¡Ja, ja!...

—Sí, sí; pero entendámonos: quiero la nueva.

—Hola, hola... ¿La nueva?

—La nuevecita, la número uno. En aquella ocasión,
pase que me diera usted un guiñapo que no le servía
para nada. Hoy me tiene que dar la prenda que más
estime...

—¡Caramba!

—Y, además, quiero también su levita, su gabán, chaleco, en fin, la mejor ropa que el excelentísimo señor marqués posea.

—Me va usted a dejar en cueros vivos.

—Así andará más ligero.

—¡Pues no estará poco majo el hombre con toda mi ropa..., ni poco abrigado en gracia de Dios!

—No, si no quiero esas prendas para mí. Ya ve: estoy bien vestido y no carezco de nada. Las pido para otros que están desnudos.

—Total, que tengo que vestir a mucha gente.

—Y abrigarles el estómago, darles lo que a usted ninguna falta le hace ya. Pero ello ha de ser con efusión del alma, como me dio la capa vieja el don Francisco de marras.

—Bueno, pues *formule, formule* usted su proposición.

—La formularé, descuide. Que si yo no le facilitara la solución, ya sé que el astuto negociante que me escucha *haría de su capa un sayo, y...*

—Venga esa fórmula.

—¡Ah! No es puñalada de pícaro. Déjeme pensarla bien. Pero luego no se me vuelva atrás. La capa que pretendo es de un paño tan superior, que con su importe en venta se han de remediar muchas miserias, muchas. Ya están de enhorabuena los pobres, un sinnúmero de pobres, media Humanidad.

—Eh..., poco a poco—dijo el de San Eloy, vivamente alarmado—. No hay que correrse tanto, señor misionero. Soy enemigo de las exageraciones *de escuela,* y si me *extralimito,* entonces no seré santo, sino loco, y los locos no van a la gloria, sino al limbo.

—Usted irá... a donde merezca ir. Delante verá todos los caminos. Escoja el que le cuadre, pues para eso tiene su libre albedrío. Con la pureza del corazón, con el amor del prójimo, con la caridad, irá fácilmente para arriba... Con lo contrario, abajo sin remedio. Y no crea que por

darme la capa está segura la salvación si con aquel pedazo de paño no me entrega el alma.

—¿Entonces...?

—Pero aunque la efusión debe preceder al acto, hay
casos en que el acto produce la efusión o, por lo menos,
la ayuda. De modo que siempre va usted ganando... Y
no me detengo más, amigo mío.

—Pero no se vaya sin que nos pongamos de acuerdo
siquiera en las *bases*...

—Déjeme a mí, que yo me encargo de las bases. Por
ahora no le conviene más conversación. Bastante hemos
hablado. A descansar y a tener calma y confianza en la
voluntad de Dios. Esta noche, si usted se encuentra bien,
entraré otro ratito. Adiós.

Quedóse don Francisco muy caviloso con aquello de
dar la capa, y, en verdad, no llegaba a comprender qué
demonios entendía por *capa* el beato Gamborena. Y bien
pudiera ser que estimada la prenda en un valor fabuloso, no hubiese manera de arreglarse con él. Deseaba
que llegara la noche para *conferenciar* nuevamente con
el clérigo sobre aquel asunto y fijar por sí mismo las
consabidas bases. Por su desgracia, al anochecer fue acometido de violentísimos dolores en el vientre, de arcadas y angustias tales, que el hombre llegó a creer que se
moría, y el miedo le duplicaba el mal, y sus temores y
sus bascas, formando un conjunto imponente, hicieron
creer a toda la familia que llegaba la última hora del
señor marqués de San Eloy. Acudió Miquis presuroso,
y ordenó inyecciones de morfina y atropina. A eso de las
diez amainó la tormenta; pero el enfermo se hallaba des-
troncado, aturdido, tembloroso de pies y manos, y tan
descompuesto de rostro como de espíritu, sin dar pie con
bola en nada de lo que decía. Ansiaba tomar alimento, y
le horrorizaba lo mismo que apetecía. En vista de la
gravedad del mal, la familia obtuvo de Miquis que se
quedase allí toda la noche; Rufinita y Cruz resolvieron
velar, y Donoso, como el más abonado para ello, se encargó de preparar a su amigo para aquellos actos y dis-

posiciones que, por lo apretado de la situación, no debían prorrogarse más. Antes de dar este paso, hubo de conferenciar con el buen doctor, que prometió abrirle camino en la primera ocasión que se le presentara.

En efecto, llamado a su cabecera por don Francisco, que animarse quería con la presencia del médico eminente, Augusto le dijo:

—Señor marqués, no hay que amilanarse. Hemos tenido un retroceso. Pero ya echaremos otra vez el carro para adelante.

—No aludirá usted al carro fúnebre...

—¡Oh! No.

—Porque yo, aunque me siento muy mal esta noche, no creo que... Usted, ¿qué opina? Con franqueza.

—Opino que, sin haber peligro por el momento, podría suceder que tarde usted algunos días en reponerse. El sábado convinimos en aguardar la mejoría para que usted pudiese satisfacer tranquilamente su..., su noble deseo de cumplir..., vamos, de cumplir con su conciencia, como buen cristiano. Ahora pienso que, en vez de esperar la mejoría..., mejoría segura, pero que tardará quizá dos, tres días..., *debemos* realizar ese acto, pues... ese acto, que, según dice la experiencia, es tan provechoso para el cuerpo como para el alma... Digo, si a usted le parece...

—Ya, ya...—murmuró don Francisco, que se había quedado sin aliento y sintió un frío mortal que hasta los huesos le penetraba. Por un instante creyó que el techo se le caía encima como una losa y que la estancia se quedaba en profunda oscuridad. Su inmenso pánico le dejó sin palabra y hasta sin ideas.

Cuatro

—Eso quiere decir—balbució a los diez minutos de oír a su médico—que..., vamos, ya me lo barruntaba yo al verle a usted aquí tan tarde. ¿Qué hora es? No, no quiero saberlo. El quedarse aquí el médico toda la noche, señal es de que esto va medianillo. ¿No es eso? ¡Y ahora, con lo que me ha dicho...!

Donoso intervino con toda su diplomacia, corroborando las aseveraciones del doctor.

—Si se le propone a usted, mi querido amigo, que no retrase lo que hace días pensó..., un acto de piedad tan hermoso, tan dulce, tan consolador; si se le propone anticiparlo, digo, es porque *en la conciencia de todos está* que tantas ventajas proporciona al espíritu como a la materia. Los enfermos, después de cumplir con esos deberes elementales, se animan, se alegran, se entonan y cobran grandes ánimos, con lo cual, la dolencia, en la *casi totalidad de los casos,* se calma, cede, y en más de una ocasión desaparece por completo. *Yo profeso la teoría* de que debemos cumplir cuando estamos bien, o siquiera regular, para no tener que hacerlo atropelladamente y de mala manera.

—Corriente—dijo don Francisco, suspirando fuerte—, y yo también he oído que muchos enfermos graves hallaron mejoría sólo con cumplir el mandamiento, y hasta hubo alguno, desahuciado..., ahora lo recuerdo..., el tahonero de la Cava Baja, que ya estaba medio muerto, y el santo Viático fue para él la resurrección. Por ahí anda tan campante.

—Hay miles de casos, miles.

—Pues será casualidad—indicó el enfermo, sonriendo melancólico—; pero ello es que sólo de hablar de eso parece que estoy un poquitín mejor. Si tuviera sueño, dormiría un rato antes de... Pero no es fácil que yo pueda dormir. Quiero hablar con Cruz. Avisadla.

—Si estoy aquí—dijo la dama, adelantándose desde la penumbra en que se escondía—. Hablemos todo lo que usted quiera.

Retirándose los demás, y Cruz, sentada junto al lecho, se dispuso a oír lo que su ilustre cuñado tenía que decirle. Mas como pasase un rato y otro sin formular concepto alguno, ni dar más señal de conocimiento que algún suspiro que a duras penas echaba de su angustiado pecho, levantóse la dama para mirarle de cerca el rostro, y poniendo su mano sobre la de él le dijo cariñosamente:

—Ánimo, don Francisco. No pensar más que en Dios, créame a mí. Cualquiera que sea el resultado de esta crisis, dé usted por concluido todo lo que pertenece a este mundo miserable. ¿Que mejora usted? Sea para bien de Dios y para rendirle homenaje en los últimos días.

—Ya pienso, ya pienso en El—replicó don Francisco, articulando las palabras con dificultad—. Y usted, Crucita, que tiene tanto talento, ¿cree que el Señor hará caso de mí?

—¡Dudar de la misericordia divina! ¡Qué aberración! Un arrepentimiento sincero borra todas las culpas. La humillación es el antídoto de la soberbia; la abnegación, la generosidad, lo son del egoísmo. Pensar en Dios, pedirle la gracia..., y la gracia vendrá. La conciencia se ilumina, el alma se transforma, se abrasa en un amor ardiente, y con el deseo ardiente de ser perdonado basta...

—Ha dicho usted abnegación, generosidad—murmuró Torquemada con voz que apenas se oía—. Sepa que el padre Gamborena me pedía la capa... ¿Sabe usted lo que es la capa? Pues se la he dado... Estoy aquí esperando a que formule las bases... Luego hablaré con Donoso sobre las disposiciones testamentarias, y dejaré... ¿Usted qué opina? ¿Debo dejar mucho para los pobres? ¿En qué forma, en qué condiciones? No olvide usted que a veces todo lo que se les da va a parar a las tabernas, y si se les da ropa, va a parar a las casas de empeño.

—No empequeñezca usted la cuestión. ¿Quiere saber lo que pienso?

—Sí, lo quiero, y pronto.

—Ya sabe usted que yo todo lo pienso en grande, muy en grande.

—En grande, sí.

—Ha reunido usted un capital enorme; con su ingenio ha sabido traer a su casa dinerales cuantiosos..., que en su mayoría debieron quedarse en otras partes; pero los ha traído no sé cómo, pero forzando un poco la máquina, sin duda. Caudal tan inmenso no debe ser de una sola persona, así lo pienso, así lo creo y así lo digo. Desde la muerte de mi hermana han variado mis ideas sobre este particular; he meditado mucho en las cosas de este mundo, en los caminos para encontrar la salud eterna en el otro, y he visto claramente lo que antes no veía...

—¿Qué...? Ya.

—Que la posesión de riquezas exorbitantes es contra la ley divina y contra la equidad humana, malísima carga para nuestro espíritu; pésima levadura para nuestro cuerpo.

—Entonces, ¿usted...?

—¿Yo? Hoy consagro a socorrer miserias todo lo que me sobra después de atendidas mis necesidades. Pienso reducirlas a los límites de la mayor modestia en lo que me quede de vida, y cuando esto haga, destinaré mayor cantidad a fines piadosos. En mi testamento dejo todo a los pobres.

—¡Todo!

La estupefacción de don Francisco se manifestaba repitiendo la palabra *todo* con intervalos de una precisión lúgubre, como los que median entre los dobles de campanas tocando a funeral.

—¡Todo!

—Sí, señor. Ya sabe usted que en mis ideas, en mi manera personal de ver las cosas, no caben partijas, ni mezquindades, ni términos medios. He dado todo a la sociedad, cuando no tenía yo más mira que el decoro de la familia, de su nombre de usted y del mío. Ahora que las grandezas adquiridas se vuelven humo, lo doy todo a Dios.

—¡Todo!

—Lo devuelvo a su legítimo dueño.

—¡Todo!

—Ya hemos hablado de mí más de lo que yo merezco. Hablemos ahora de usted, que es lo más importante por ahora. Me pide mi opinión, y yo se la doy como se la he dado siempre, con absoluta franqueza, si me lo permite, con la autoridad un tanto arrogante que usted llamaba despotismo, y que era tan sólo el convencimiento de poseer la verdad en todo lo concerniente a los intereses de la familia. Antes miré por su dignidad, por su elevación, por ponerle en condiciones de acrecentar su fortuna. Ahora, en estos días de desengaño y tristeza, miro por la salvación de su alma. Antes me empeñé en guiarle a las alturas sociales, sirviéndole de lazarillo; ahora, todo mi afán es conducirle a la mansión de los justos...

—Diga pronto... ¿Qué debo yo hacer?... ¡Todo!

—Creo en conciencia—dijo Cruz con ceremoniosa voz, acercándose más, y recibiendo de lleno en sus ojos la mirada mortecina de los ojos del tacaño—, creo en conciencia que, después de reservar a sus hijos los dos tercios que marca el Código, dando partes iguales a cada uno, debe usted entregar el resto, o sea el tercio disponible..., íntegramente..., ¡a la Iglesia!...

—A la Iglesia—repitió don Francisco, sin hacer el menor movimiento—. Para que cuide de repartirlo... ¡Todo!... ¡A la Iglesia!...

Alzando los dos brazos con cierta solemnidad sacerdotal los dejó caer pesadamente sobre las sábanas.

—¡Todo!... A la Iglesia...; el tercio disponible... Y ¿de este modo me aseguran que...?

Sin parar mientes en lo que expresaba el último concepto, Cruz siguió desarrollando su idea en esta forma:

—Piénselo bien, y verá que, en cierto modo, es una restitución. Esos cuantiosísimos bienes de la Iglesia han sido, y usted no hace más que devolverlos a su dueño. ¿No entiende? Oiga una palabrita. La llamada desamortización, que debiera llamarse despojo, arrancó su propiedad a la Iglesia, para entregarla a los particulares, a la burguesía, por medio de ventas que no eran sino verdaderos regalos. De esa riqueza distribuida en el estado llano, ha nacido todo este mundo de los negocios, de las contratas, de las obras públicas, mundo en el cual ha traficado usted, absorbiendo dinerales que unas veces estaban en estas manos, otras en aquéllas, y que, al fin, han venido a parar, en gran parte, a las de usted. La corriente varía muy a menudo de dirección; pero la riqueza que lleva y trae siempre es la misma, ya que se quitó a la Iglesia. ¡Feliz aquel que, poseyéndola temporalmente por los caprichos de la fortuna, tiene virtud para devolverla a su legítimo dueño!... Conque ya sabe lo que opino. Sobre la forma de hacer la devolución. Donoso le informará mejor que yo. Hay mil maneras de ordenarlo y distribuirlo entre los distintos institutos religiosos... ¿Qué contesta?

Hizo Cruz esta pregunta, porque don Francisco había enmudecido. Pero el temor de que hubiera perdido el conocimiento era infundado; que bien claras oyó el enfermo las opiniones de su hermana política. Sólo que su espíritu se recogió de tal modo en sí, que no tenía fuerza para echar al exterior ninguna manifestación. Había cerrado los ojos; su semblante imitaba la muerte. Mirando para su interior, se decía: «Ya no hay duda; me muero. Cuando ésta sale por ese registro no hay esperanza. ¡Todo a la Iglesia!... Bueno, Señor, me contento con tal que me salve. Lo que es ahora o me salvo o no hay justicia en el cielo, como no la hay en la tierra.»

—¿Qué contesta?—repitió Cruz—. ¿Se ha dormido?

—No, hija, no duermo—dijo el pobre señor con voz tan desmayada que parecía salir de lo profundo, y sin abrir los ojos—. Es que medito, es que pido a Dios que me lleve a su seno y me perdone mis pecados. El Señor es muy bueno, ¿verdad?

—¡Tan bueno, que...!

La emoción que la noble dama sentía ahogó su voz. Abrió al fin Torquemada sus ojuelos y ella y él se contemplaron mudos un instante, confirmando en aquel cambio de miradas su respectivo convencimiento acerca de la bondad infinita.

Cinco

Diéronle champán helado, *consommé* helado, único
alimento posible, y pasó tranquilo como una hora, hablando a ratos con voz cavernosa y empañada. Llamando a su lado a Gamborena, le dijo en secreto:

—¡La capa!... Todo..., todo lo disponible..., para
usted, señor *San Pedro* de mi alma. Ya Donoso tiene
instrucciones...

—Para mí, no. No quiero dejar de hacer una aclara-
ción. Cruz aconsejó a usted, por sí y ante sí, lo que acaba
de decirme el señor Donoso. Yo nada tengo que ver
en eso. Predico la moral salvadora, amonesto a las almas,
les indico el camino de la salud; pero no intervengo en
el reparto de los bienes materiales. Al pedir a usted la
capa le signifiqué que no olvidara en sus disposiciones a
los menesterosos, a los hambrientos, a los desnudos. Nunca pensé que mi petición se interpretara como un propósito, como un deseo de que la capa, o el valor de la
capa, viniese a mis manos, para rasgarla y distribuir sus
pedazos. Estas manos no tocaron jamás dinero de nadie,
ni han recibido de ningún moribundo manda ni legado.
Delo usted a quien quiera. Otra cosa diré, que ya he
manifestado al señor Donoso. Mi congregación no admite
donativos testamentarios, ni cosa alguna, en concepto de
herencia; mi congregación vive de la limosna, y tiene
fijadas para poder percibirla cifras mínimas que en ningún caso pueden alterarse.

—Según eso—dijo don Francisco, recobrando por un
instante la viveza de su espíritu—, ¿usted no quiere?...
Pues ya lo acordé... Todo a la Iglesia, y usted, mi señor
San Pedro, será quien...

—Yo, no. Otros hay más abonados que yo para esa
comisión. Ni yo ni mis hermanos podemos recibir en-
cargos de esa especie. Alabo su resolución, la creo utilísima para su alma; pero allá otros recibirán la ofrenda,
y sabrán aplicarla al bien de la cristiandad.

—¿De modo que... no quiere...? Pues yo accedí,

pensando en usted, en su congregación, que es toda de
santos... ¿Qué dice Donoso? ¿Qué dice Cruz?... Pero
usted no me abandonará. Usted me dirá que me salvo.

—Se lo diré cuando sepa que puedo decírselo.

—Pues ¿a cuándo espera, santo varón?—replicó Torquemada con impaciencia, revolviéndose entre las sábanas—. Ahora, ahora, después del sacrificio que acabo
de hacer..., ¡todo, Señor, todo!..., ahora ¿no merezco
yo que se me diga, que se me asegure...?

—¿Ha tomado usted esa resolución con miras de caridad, con ardiente amor del prójimo y ansia verdadera
de aliviar las miserias de sus semejantes?

—Sí, señor...

—¿Lo ha hecho con el alma puesta en Dios y creyéndose indigno de que se le perdonen sus culpas?

—Claro que sí.

—Mire, señor marqués, que a mí puede engañarme, a
Dios no, porque todo lo ve. ¿Está usted bien seguro de
lo que dice? ¿Habla con la conciencia?

—Soy muy verídico en mis tratos.

—Esto no es un trato.

—Bueno, pues lo que sea. Yo me he propuesto salvarme. Naturalmente, creo todo lo que manda Dios que se
crea. ¡Pues estaría bueno que viéndome tan cerca del fin
saliéramos ahora con que no creo tal o cual punto!...
Fuera dudas, para que se vayan también fuera los temores. Yo tengo fe, yo deseo salvarme, y me parece que lo
demuestro dando el tercio disponible a la santa Iglesia.
Ella lo administrará bien; hay en las distintas religiones
hombres muy celosos y muy buenos administradores...
¡Oh, mi dinero estará en muy buenas manos! ¡Cuánto
mejor que en las de un heredero pródigo y mala cabeza,
que lo gaste en porquerías y estupideces! Ya veo que
se harán capillas y catedrales, hospitales magníficos, y
que la posteridad no dirá: «¡Ah, el tacaño!... ¡Ah, el
avariento!... ¡Ah, el judío!...», sino que dirá: «¡Oh, el
magnífico!... ¡Oh, el generoso prócer!... ¡Oh, el sostene-
dor del cristianismo!...» Mejor está el tercio disponible

en manos eclesiásticas que en manos seglares, de gente rumbosa y desarreglada. No apurarse, señor *San Pedro;* nombraré una junta de personas *idóneas,* presidida por el señor obispo de Andrinópolis. Y en tanto, cuento con usted: no me abandone, ni me ponga peros para la entrada en el reino celestial.

—No hay tales peros—díjole Gamborena con exquisita bondad y dulzura—. Tenga usted juicio, y entréguese a mí con entera confianza. Lo que digo es que su resolución, mi señor don Francisco, con ser buena, bonísima..., no basta, no basta. Se necesita algo más.

—Pero... ¡Señor, más todavía!

—No vaya a creer que regateo la cantidad. Aunque ese tercio disponible fuera una cifra de millones tan alta como la que representan todas las arenas del mar, no bastaría si el acto no significara, al propio tiempo, un movimiento espontáneo del corazón, si no lo acompañase la ofrenda de la conciencia purificada. Esto es muy claro.

—Sí, muy claro... *Abundo* en esas ideas.

—Porque, amigo mío—añadió el sacerdote con mucha gracia, incorporándose para verle de cerca el rostro—, no me atrevo a sospechar que usted piense en conseguir su entrada en el cielo sobornándome a mí, al guardián de la puerta. Si tal creyese, mi señor marqués de San Eloy, no sería el primero. Muchos creen que dando una propinilla al Santo... Pero no, usted no es de ésos, usted ha vuelto ya los ojos a Dios, apartándolos para siempre de la vileza de los bienes temporales y caducos, usted tiene ya la divina luz en su conciencia; lo veo, lo conozco; esta noche, en un ratito de descanso, hemos de quedar muy amigos, muy conformes en todo, usted muy consolado, con el alma serena, libre, llena de confianza y amor; yo, satisfecho, y más contento que unas Pascuas.

Torquemada había cerrado los ojos, mirando para dentro de sí, y no contestaba más que con ligeros movimientos de cabeza a las sentidas amonestaciones de su

amigo y padre espiritual. Aprovechó este la buena
ocasión que la relativa tranquilidad del enfermo le ofrecía y exhortándole con su palabra persuasiva y cariñosa,
hecho a la domesticación de las fieras humanas más
rebeldes que cabe imaginar, a la media hora le había
puesto tan blando que nadie le conocía, ni él mismo
se conociera, si pudiera verse desde su ser antiguo.

Descansó después algunas horas, y a la madrugada
volvió el padrito a cogerle por su cuenta, temeroso de
que se le fuera de entre las manos. Pero no; bien asegu-
rado estaba, humilde y con timidez mimosa de niño enfermo, descompuesto el carácter, del cual sólo quedaban
escorias, destruida su salvaje independencia. La certidumbre de su próximo fin le transformaba; sin duda, obraba
en su espíritu como la enfermedad en su organismo, de-
vorándolo, con efectos semejantes a los del fuego, y re-
duciéndolo a cenizas. Su voz quejumbrosa despertaba en
cuantos le oían una emoción profunda. El genio quisqui-
lloso y las expresiones groseras y disonantes ya no atormentaban a la familia y servidumbre. Todo era concordia, lástima, perdón, cariño. Tal beneficio había hecho la
muerte con sólo llamar a la puerta del pecador. Agobiado éste por el mal que de hora en hora le iba consu-
miendo, apenas tenía fuerzas para articular palabras breves, de ternura para su hija y para Cruz, de bondad paternal para las demás personas que le rodeaban. No se
movía; su cara terrosa hundíase en las almohadas, y en
la cara los ojos, con los cuales hablaba más que con la
lengua. Creyérase que con ellos imploraba el perdón de
su egoísmo. Y con ellos parecía decir también: «Os lo
entrego todo, mi alma y mis riquezas, para que hagáis de
ello lo que queráis. Ya no soy nada, ya no valgo nada.
Heme vuelto polvo, y como polvo os pido que sopléis
en mí para lanzarme al viento y difundirme por los espacios.»

Lleváronle el Señor ya muy avanzada la mañana, sin
pompa, con asistencia tan sólo de las personas de mayor
intimidad. Más hermosa que nunca pareció aquel día la

mansión ducal, sirviendo de marco espléndido a la patética ceremonia, y al concurso grave que desfiló por el
vestíbulo y galerías espaciosas, pobladas de representa-
ciones de la humana belleza. La servidumbre, muy mer-
mada desde el *modus vivendi,* asistió de rigurosa etiqueta. La capilla, que con tanta cera encendida era un ascua
de oro, se llenó de monjitas blancas y azules, de señoras
con mantilla negra. En la alcoba del enfermo púsose un
altar, con el tríptico de Van Eyck que había presidido la
capilla ardiente de Fidela. La entrada del Viático produjo
en todo cuanto contenía la cavidad de aquella morada de
príncipes, en todo absolutamente, lo vivo y lo figurado,
personas y cosas, arte y humanidad, una emoción profunda. Al penetrar la Majestad Divina en la alcoba, la
emoción total fue más intensa, realzada por el silencio
que dentro y fuera envolvía el solemne acto. La voz del
sacerdote sonó con placidez amorosa en medio de aquella paz. Las llamas movibles de los hachones teñían de
un amarillo de oro viejo la escena y sus figuras. Al recibir
a Dios, don Francisco Torquemada, marqués de San Eloy,
parecía otro. No era el mismo de antes, ni tampoco el
mismo de la noche anterior, con la cara terrosa y los ojos
apagados. Fuese por el reflejo de las luces o por alguna
causa interna, ello es que la piel de su rostro recobró
los colores de la vida, y su mirada la vivez de sus mejores tiempos. Expresaba un respeto hondo, una cortedad
de genio que rayaba en pueril timidez, una compunción
indefinible, que lo mismo podía significar todas las
ternezas del alma que todos los terrores del instinto.

Terminado el acto, prodújose el ruido de la salida,
las pisadas, los rezos, el *tilín* de la campana; la procesión
descendió por la escalera, y, recorriendo de nuevo la
gran galería, salió a la calle, volviendo todas las cosas del
palacio a su ser natural.

En la capilla se aglomeró mucha gente: unos entraron ávidos de oración, otros de admirar las preciosidades
artísticas que adornaban el altar. Y el enfermo, en tanto,
después de hablar poco y bueno con Gamborena, Cruz

y Donoso, en lenguaje afectuoso, cándido, sencillo, congratulándose de todo corazón de lo que había hecho, y recibiendo con alegría los parabienes, sintió viva necesidad de descanso, como si el acto religioso determinara en su fatigado organismo una sedación intensísima. Cerrando los párpados, durmió tan sosegada y profundamente, que al pronto le creyeron muerto. Pero no: dormía como un bendito.

Seis

La familia y amigos vieron con regocijo aquel descanso del pobre enfermo, aunque tenían por inevitable el término funesto del mal. En la estancia próxima a la alcoba hallábanse todos, esperando a ver en qué pararía sueño tan largo, y si Donoso y Cruz manifestaron cierto recelo, no tardó en tranquilizarlos Augusto Miquis diciéndoles que aquel dormir era de los que traen el descanso y la reparación del organismo, fenómeno lisonjero en el proceso de la enfermedad, sin que por ello disminuyera el peligro inminente e irremediable. Convenía, pues, no turbar aquel sueño, precursor de un alivio seguro, aunque de corta duración. Esperaron, no sin cierta desconfianza de lo que el doctor les dijo, y, por fin, ya muy avanzada la tarde, oyendo que don Francisco daba una gran voz, acudieron presurosos allá, y le vieron desperezándose y bostezando. Estiró los brazos todo lo que pudo, y luego, con semblante risueño, les dijo:

—Estoy mejor... Pero muy mejor... Probad a darme algo de comer, que... maldita sea mi suerte si no tengo un poquitín de hambre.

Oyóse en torno del lecho un coro de plácemes y alabanzas, y pronto le trajeron algunas cucharadas, y encima un trago de jerez.

—Pues miren, mucho tiempo hace que no paso el alimento con tan buena disposición. Tengo lo que se llama apetito. Y me parece que esta sustancia me caerá bien...

—¿Qué tiene usted que decir ahora?—le preguntó

Cruz, gozosa y triunfante—. ¿Es o no cosa probada que el cumplir nuestros deberes de cristianos católicos nos trae siempre bienes, sin contar los del alma?

—Sí, tiene usted razón—replicó don Francisco, sintiendo que se le comunicaba el júbilo de su familia y amigos—. Yo también lo creía..., y por eso me apresuré a recibir al Señor. ¡Bendito sea el *Ser Supremo,* que me ha dado esta mejoría, esta resurrección, *por decirlo así,* pues si esto no es resucitar, que venga Dios y lo vea! Y yo había oído contar casos verdaderamente milagrosos..., enfermos desahuciados que sólo con la visita de Su Divina Majestad volvieron a la vida y a la salud. Casos hay, y bien podría suceder que yo fuera uno de los más sonados.

—Pero por lo mismo que tenemos mejoría—díjole Donoso, que no quería verle tan parlanchín—, conviene guardar quietud y no hablar demasiado.

—¿Ya sale usted, amigo Donoso, con sus parsimonias y sus camandulerías? Pues si me apuran soy capaz de... ¿Qué apuestan a que me levanto y voy a mi despacho y...?

—Eso de ninguna manera.

—¡Jesús, qué desatino!

Y las manos de todos se extendieron sobre él como para sujetarle, por si realmente intentaba *llevar a cabo* su insana idea.

—No, no asustarse—dijo el enfermo, afectando docilidad—. Ya saben que no obro nunca con precipitación. En la camita estaré hasta que acabe de reponerme. Y crean, como yo creo en Dios y le reverencio, que me siento mejor, muy mejor, y que estoy en vías de curación.

—Opino, mi señor don Francisco—le dijo Gamborena muy cariñoso—, que la mejor manera de expresar su gratitud al Dios Omnipotente, que hoy se ha dignado visitarle y ser con usted en cuerpo y sangre, consiste en la conformidad con lo que El determine, cualquiera que su fallo sea.

—Tiene razón mi buen amigo y maestro—replicó Tor-

quemada, llamándole a sus brazos—. A usted, a usted
le debo la salud, digo, este alivio. Yo me avengo a todo
lo que el Señor quiera disponer respecto a mí. Si quiere
matarme, que me mate; no me opongo. Si quiere sanar-
me, mejor. Tampoco debo hacer ascos a la vida, si el
bendito Señor quiere dármela por muchos años más...
Oh padrito, qué bueno es estar bien con Dios, decirle
todos los pecados, reconocer uno los puntos negros de
su carácter, acordarse de que nunca ha sido uno blando
de corazón, y, en fin, llenarse de buena voluntad y de
amor divino. Porque, *sin ir más lejos,* Dios hizo el mundo, después padeció por nosotros..., esto es *obvio.* Luego debemos amarle, y hacer, y sentir, y pensar todo lo
que nos diga el bueno del padrito. Conforme, conforme;
déme usted otro abrazo, señor Gamborena, y tú, Rufinita,
abrázame también, y abrácenme Cruz y Donoso. Bien, ya
estoy contento, porque me reconozco muy cristiano, y
juntos damos gracias al Todopoderoso por haberme curado, digo, aliviado... Sea lo que El quiera, y cúmplase
su voluntad.

—Bien, bien.

—¡Qué bueno es el Señor! ¡Y yo qué malo hasta ahora por no haberlo declarado y reconocido *a priori!* Pero
no viene tarde quien a casa llega, ¿verdad?

—Verdad.

—¡Que viva Cristo y su Santa Madre! ¡Y yo, miserable
de mí, que desconfiaba de la infinita misericordia! Pero
ahora no desconfío: que bien clara la veo. Y no me vuelvo atrás, ¡cuidado!, de nada de lo que concedí y deter-
miné. El Señor me ha iluminado, y ahora he de seguir
una *línea de conducta diametralmente opuesta...*

A ninguno de los presentes le pareció bien que hablase tanto; ni le gustaba verle tan avispado. Diéronle otro
poco de caldo y de vino, que le cayó tan bien como la
dosis que había tomado anteriormente, y, previo acuerdo
de la familia, dejáronle solo con Donoso, que aprovechar
quiso la mejoría para hablarle de las disposiciones testamentarias y acordar los *últimos detalles,* a fin de que todo

quedase hecho aquel mismo día. Hablaron sosegadamente, y Torquemada confirmó sus resoluciones respecto a
la manera de distribuir sus cuantiosas riquezas. El buen
amigo le propuso algunos *extremos,* que el otro aceptó
sin vacilar. Como era hombre que nunca dejaba de poner
reparos a lo que no había discurrido él mismo, Donoso
veía con recelo tanta mansedumbre.

—Todo, todo lo que usted quiera—le dijo Torquemada—. Hágase el testamento *concebido en los términos*
que usted crea oportunos... En todo caso, las disposiciones testamentarias pueden modificarse el día de mañana,
o cuando a uno le acomode.

Donoso se calló, y siguió tomando nota.

—No quiere decir que yo piense modificarla—añadió
don Francisco, que por el desahogo con que hablaba parecía completamente restablecido—. Soy hombre de palabra; y cuando digo: «¡Hecho!», la operación queda cerrada. No, no quiero en manera alguna romper mis buenas relaciones con el señor Dios, que tan bien se ha portado conmigo... ¡No faltaba más! Soy quien soy, y Francisco Torquemada no se vuelve atrás de lo dicho. El
tercero enterito para la santa Iglesia, repartido entre
los distintos institutos religiosos que se dedican a la
enseñanza y a la caridad... Se entiende que eso será después de mi fallecimiento... Claro.

Trataron de otros *extremos* que al nombramiento de
albaceas *se contraía,* y Donoso, con todos los datos bien
seguros, le incitó a la quietud, al silencio, y casi estuvo
por decir a la oración mental; pero no lo dijo.

—Conforme, mi querido don José María—replicó el
enfermo—; pero al sentirme bien, no puede desmentirse en mí el hombre de actividad. Confiéseme usted que
yo tengo siete vidas, como los gatos. Vamos, que de
ésta escapo. No, si estoy muy agradecido a Su Divina
Majestad, pues la salud que recobraré, ¿a quién se la
debo? Verdad que yo puse de mi parte cuanto se me
exigió y estoy muy contento, pero muy contento de ser
buen cristiano.

—Digo lo que Gamborena: que hay que conformarse con la voluntad de Dios y aceptar de Él lo que quiera mandarnos, la vida o la muerte.

—Justamente, lo que yo digo y sostengo también de *motu proprio;* y la voluntad de Dios es ahora que yo viva. Lo siento en mi alma, en mi corazón, en toda mi *economía,* que me dice: «Vivirás para que puedas realizar tu magno proyecto.»

—¿Qué proyecto?

—Pues, al abrir los ojos después de aquel sueño reparador, me sentí con las energías de siempre en el pensamiento y en la voluntad. Desde que volví a la vida, mi querido don José, se me llenó la cabeza de las ideas que hace tiempo vengo *acariciando,* y hace poco, mientras abrazaba a toda la familia, pensaba en las combinaciones que han de hacer factible el negocio.

—¿Qué negocio?

—¡Hágase usted el tonto! Pues ¿no lo sabe? El proyecto que presentaré al Gobierno para convertir el *Exterior* en *Interior*... Con ello se salda la deuda flotante del Tesoro, y se llegará a la unificación de la deuda del Estado, *bajo la base de Renta única perpetua interior, rebajando el interés a tres por ciento.* Ya sabe usted que en la conversión se incluyen los *billetes hipotecarios* de Cuba.

—¡Oh!... Sí, gran proyecto—dijo Donoso, alarmado de la excitación cerebral de su amigo—; pero tiempo hay de pensarlo. Para eso el Gobierno tiene que pedir autorización a las Cortes.

—Se pedirá, hombre, se pedirá, y las Cortes la concederán. No se apure usted.

—Yo no me apuro; digo que no debemos, por el momento, pensar en esas cosas.

—Pero venga usted acá. Al sentirme aliviado y en vías de curación, veo yo la voluntad de Dios tan clara que más no puede ser. Y el Señor, dígase lo que se quiera, me devuelve la vida a fin de que yo realice un proyecto tan beneficioso para la Humanidad, o, *sin ir tan lejos,* para nuestra querida España, nación a quien

Dios tiene mucho cariño. Vamos a ver: ¿no es España *la nación católica por excelencia?*

—Sí, señor.

—¿No es justo y natural que Dios, o sea, la Divina Providencia, quiera hacerle un gran favor?

—Seguramente.

—Pues ahí lo tiene usted: ahí tiene por qué el *Sumo Hacedor* no quiere que yo me muera.

—Pero ¿usted cree que Dios se va a ocupar ahora de si se hace o no se hace la conversión del *Exterior* en *Interior?*

—Dios lo mueve todo, todo lo dirige, lo mismo lo pequeño que lo grande. Lo ha dicho Gamborena. Dios da el mal y el bien, según convenga, a los individuos y a las naciones. A los pájaros les da el granito o la pajita de que se alimentan, y a las *colectividades...,* o un palo cuando lo merecen, *verbigracia,* el Diluvio universal, las pestes y calamidades, o un beneficio, para que vivan y medren. ¿Le parece a usted que Dios puede ver con indiferencia los males de esta pobre nación y que tengamos los cambios a veintitrés? ¡Pobrecito comercio, pobrecita industria y pobrecitas clases trabajadoras!

—Sí, muy bien. Me gusta esa lógica—díjole Donoso, creyendo que era peor contrariarle—. No hay duda de que el Autor de todas las cosas desea favorecer a la católica España, y para esto, ¿qué medio mejor que arreglarle su Hacienda?

—Justo...—agregó Torquemada con énfasis—. No sé por qué razón no ha de mirar Su Divina Majestad las cosas financieras como mira un buen padre los trabajos diferentes a que se dedican sus hijos. Es muy raro esto, señores beatos: que en cuanto se habla de dinero, del santo dinero, habéis de poner la cara muy compungida. ¡Biblias! O el Señor tira de la cuerda para todos o para ninguno. Ahí tiene usted a los militares, cuyo oficio es matar gente, y nos hablan del *Dios de las batallas.* Pues ¿por qué, ¡por vida de los ñales!, no hemos de tener

también el *Dios de las haciendas,* el *Dios de los presupuestos, de los negocios* o *del tanto más cuanto?*

Siete

—Por mí—replicó Donoso—, que haya ese Dios y
cuantos a usted le acomoden. De la conversión hablaremos
despacio, y ahora, calma, calma, hasta recobrar la salud
por entero. Hablar poquito, y no discurrir más que lo absolutamente necesario... Y yo me voy a casa del notario
a llevar estos apuntes. Todo podrá quedar concluido esta
noche, y lo leeremos y firmaremos cuando usted disponga.

—Bien, mi querido amigo. Todo se hará según lo resol-
vimos ayer..., o anteayer; ya no me acuerdo. Ya se sabe:
mi palabra es sagrada, sacratísima, como quien dice...

Fuese Donoso, no sin advertir a la familia la hiperemia
cerebral que don Francisco revelaba, para que procurasen
todos *no dar pábulo* a un síntoma tan peligroso. Así lo
prometieron, mas cuando pasaron a la cabecera del enfermo halláronle calmado. No les habló de negocios, sino
de su conformidad con la voluntad del Señor. En verdad
que el hombre estaba edificante. Sus ojuelos resplandecían
febriles, y sus manos acompañaban con gesto expresivo la
palabra. Hablóle Cruz de cosas místicas, de la infinita
misericordia de Dios, de lo preciosa que es la eternidad,
y él contestaba con breves frases, mostrándose en todo
conforme con su ilustre hermana, y añadiendo que Dios
castiga o premia a los individuos y a las nacionalidades
según los merecimientos de cada cual. «Naturalmente, a
la nación que profesa la verdad y es buena católica la
protege y hasta la mima. Esto es *obvio.*»

Continuó toda la prima noche en relativa tranquilidad,
y a eso de las nueve y media llegaron los testigos para el
testamento, cuya lectura y firma no quiso diferir Donoso,
pues si era muy probable que don Francisco continuase
en buena disposición al siguiente día, también podría
suceder lo contrario y que su cabeza no rigiese. La misma

opinión sostuvo Gamborena: cuanto más pronto se quitase de en medio aquel trámite del testamento, mejor.
Reunidos en el salón los testigos, mientras aguardaban
al notario, Donoso les dio una idea, *a grandes rasgos,*
de la estructura y contenido de aquel documento. Empezaba el testador con la declaración solemne de sus creencias religiosas, y con su acatamiento a la santa Iglesia.
Ordenaba que fuesen modestísimas sus honras fúnebres,
y que se le diese sepultura junto a su segunda esposa, la
excelentísima..., etc. Dejaba a sus hijos, Rufina y Valentín, los dos tercios de su fortuna, designando para cada
uno partes iguales, o sea, el tercio justo. Esta igualdad
entre la legítima de los dos hijos, el de la primera y la
segunda esposa, fue idea de Cruz, que todos alabaron,
como una prueba más de la grandeza de alma de la ilustre
señora. Si se hacía la liquidación de gananciales, la parte
de Valentín habría de ser mayor que la de Rufinita. Más
sencillo y más generoso era partir por igual, fijando bien
los términos de la disposición, para evitar cuestiones ulte-
riores entre los herederos. En otra cláusula era nombrado el señor Donoso tutor de Valentín, y se tomaban las
precauciones oportunas para que la voluntad del testador
fuera puntualmente cumplida.

Y, por fin, el tercio del capital se destinaba íntegro a
obras de piedad, nombrándose una Junta que con los
señores testamentarios procediese a distribuirlo entre los
institutos religiosos que el testador designaba. Enterados
de las bases, disertaron luego los señores testigos sobre
la cuantía del caudal que se dejaba por acá el señor
don Francisco al partir para el otro mundo. Las opiniones
eran diversas: quién se dejaba correr a cifras más que
fabulosas; quién opinaba que más era el ruido que las
nueces. El buen amigo de la casa, orgulloso de poder dar
en aquel asunto los informes más cercanos a la verdad,
afirmó que el capital del señor marqués viudo de San
Eloy no bajaría de treinta millones de pesetas, oído lo
cual por los otros abrieron un palmo de boca, y cuando
el estupor les permitió hablar, ensalzaron la constancia,

la astucia y la suerte, fundamento de aquel desmedido montón de oro.

Llegado el notario procediose a la lectura, durante la cual mostró el testador serenidad, sin hacer observación alguna, como no fuera un par de frasecillas alusivas a la desmesurada longitud del documento. Pero todo tiene su término en este mundo: la última palabra del testamento fue leída, y firmaron todos, Torquemada con mano un tanto trémula. Donoso no ocultaba su satisfacción por ver felizmente realizado un acto de tantísima trascendencia. El enfermo fue congratulado por su mejoría, que él corroboró de palabra, atribuyéndola a la infinita misericordia de Dios, y a sus *inescrutables* designios, y le dejaron descansar, que bien se lo merecía después de tan larga y no muy amena lectura.

Tras el notario, el médico, que incitó a don Francisco al reposo, prohibiéndole toda cavilación, y asegurándole que cuanto menos pensara en negocios más pronto se curaría. Dispuso algunas cosillas para el caso, no improbable, de que se presentasen fenómenos de extremada gravedad, y se fue, indicando a la familia su propósito de volver a cualquier hora que se le llamase, y añadiendo su escasa confianza en aquel alivio engañoso y traicionero. Con tales augurios quedáronse a velar Rufinita, Cruz y el sacerdote. Muy sosegado en apariencia seguía Torquemada, pero sin sueño, y con ganas de que le acompañaran y le dieran conversación. Repetía las seguridades de su restablecimiento próximo, y satisfecho de haber hecho las paces *con Dios y con los hombres,* fundaba en aquella cordialidad de relaciones mil proyectos risueños.

—Ahora que marchamos de acuerdo, hemos de hacer algo que sea muy sonado.

Poco le duraron estas bonitas esperanzas, porque a la madrugada, después de un letargo brevísimo, se sintió mal. Viva inquietud, picazones en la epidermis, tuviéronle largo rato dando vueltas en la cama y tomando las más extrañas posturas. Maldecía y renegaba, olvidado de su flamante cristianismo, culpando a la familia, al ayuda de cámara, que le había echado *pica-pica* en las sábanas para impedirle dormir. De improviso, presentáronse vivos dolores en el vientre, que le hicieron prorrumpir en gritos descompasados, y encorvarse, y retorcerse, cerrando los puños y desgarrando las sábanas.

—Pues esto—decía, con espumarajos de ira—no es más que debilidad... El estómago que se subleva contra el no comer... ¡Maldito médico! Me está matando. ¡Y yo que ahora mismo me comería medio cabrito!...

Aplicóle Quevedo algunas inyecciones y diéronle caldo helado. Pero no había concluido de tragarlo cuando las horribles arcadas y mortales angustias demostraron la incapacidad de aquel infeliz estómago para recibir alimento.

—Pero ¿qué demonios me habéis dado aquí?—decía en medio de sus ansias—. Esto sabe a infierno... Se empeñan en matarme y han de salirse con ella, por no tener yo a nadie que mire por mí. ¡Señor, Señor, confúndelos, confunde a nuestros enemigos!

Desde aquel momento cesó en él toda tranquilidad de cuerpo y de espíritu; sus ojos se desencajaron, su boca no supo pronunciar una palabra cariñosa.

—¡Vaya, que este retroceso de ñales!... Aquí hay engaño... No, pues lo que es yo no me entrego... Que llamen a Miquis... ¡Menuda cuenta me va a poner ese danzante! Pero como no me cure, ya verá él... Ahí es nada lo del ojo... ¡Qué dirá la nación, qué la Humanidad, qué el mismísimo Ser supremo!... Vaya, que no le pago si no me cura... ¡Eh, Cruz! Ya lo sabe usted. Si *por casualidad* me muero, la cuenta del médico no hay que abonarla... Que coja un trabuco y se vaya a Sierra Morena... ¡Oh Dios mío, qué malo me he puesto!... *Heme aquí* con ganas de comer, y sin poder meter en mi cuerpo ni un buche de agua, porque lo mismo es tragarlo que toda la *economía* se me subleva, y se arma dentro de mí la de Dios es Cristo.

Sentado en la cama, ya elevaba los brazos, echando la cabeza para atrás, ya se encorvaba, quedándose como un ovillo, la cara entre las manos, los codos tocando a las rodillas. Gamborena se acercó para recomendarle la paciencia y la conformidad. Encaróse con él don Francisco y le habló así:

—Y ¿qué me dice usted de esto, señor fraile, señor ministro del altar o de la *Biblia en pasta?*... ¿Qué me cuenta usted ahora? Pues nos hemos lucido usted y yo... ¡Tan bien como iba! Y de repente, ¡Cristo me valga!, de repente me da este achuchón, que... cualquiera diría que me ronda la muerte. Esto es un engaño, una verdadera estafa, sí, señor...; no me callo, no... Me da la gana de decirlo: yo soy muy claro... ¡Ay, ay! El alma se me quiere arrancar... ¡Bribona!... Ya sé lo que tú quieres: largarte volando y dejarme aquí hecho un montón de basura. Pues te fastidias, que no te suelto... ¡No faltaba más sino que usted, señora alma, voluntariosa, hi de tal, pendanga, se fuera de picos pardos por esos mundos!... No, no..., fastidiarse. Yo mando en mi santísimo yo, y todas esas arrogancias de usted me las paso yo por las narices, so tía... ¿Qué dice usted, señor Gamborena, mi *particular amigo?*... ¿Por qué me pone esa cara? ¿También usted es de los que creen que me muero? Pues el Señor, su amo de usted propiamente, me ha dicho a mí que no, y que se fastidie usted y todos los curánganos que ya se están relamiendo con la idea del sinfín de misas que van a decir por mí... Aliviarse, señores, y espérenme sentados.

En verdad que el buen misionero no sabía qué decirle, pues si al principio fue su intención reprenderle por aquel ridículo y bestial lenguaje, luego entendió que, estando su mente trastornada, no tenía conciencia ni responsabilidad de tan atroces conceptos.

—Hermano mío—le dijo, apretándole las manos—, piense en Dios, en su Santísima Madre; confórmese con la voluntad divina y se le disiparán esas tinieblas que quieren invadirle el entendimiento. La oración le devolverá la tranquilidad.

—Déjeme, déjeme, señor misionero—replicó el tacaño, airado, descompuesto, fuera de sí—, y váyase a donde fue el padre Padilla... Y mi capa, ¿dónde está? Bien puede devolvérmela... La necesito, tengo frío y no he trabajado yo toda la vida para el obispo ni para que cuatro holgazanes se abriguen con mi paño.

Consternados le oían todos, sin saber qué decirle ni por qué procedimientos traerle al reposo y a la conformidad. Como había rechazado a Gamborena, rechazó a Rufinita, diciéndole:

—Quita allá, *espíritu de la golosina.* ¿Crees que me engatusas con tus arrumacos de gata ladrona? ¡Te relames preparando las uñitas! Todo para cazar el *tercio...* Pues no hay *tercio.* Límpiate los hocicos, que los tienes de huevo. Lo mismo que esa otra, esa que antes se ponía moños conmigo, y ahora me quiere camelar la hipócrita, la excelentísima señora *cernícala,* más que *águila,* que desde que caí malo está tocando el cielo con las uñas. ¡Cazarme un *tercio* para *los de misa y olla...,* esa engarzarrosarios, ama de *San Pedro!*

Ocho

En cuanto Miquis le vio túvole en su interior por hombre acabado. Un día, hora más, hora menos, le separaba de la insondable eternidad. Y como le ordenasen paliativos, sin más objeto que hacer menos dolorosos sus últimos instantes, díjole Torquemada con aspereza:

—Pero ¿en qué piensa usted, señor doctor, que no me quita esta birria de enfermedad? Veo que o no saben ustedes una patata o que no quieren curar de veras más que a los pobres de los hospitales, que maldita la falta que hacen a la Humanidad. ¿Les cae un rico por delante? Pues a partirlo por el eje... Eso, eso; a dividir la riqueza para que las naciones se debiliten y no haya jamás un presupuesto verdadero. Yo digo: «Vivimos para nivelar», y ustedes, los de la Facultad, dicen: «Nivelemos matando.» Ya se lo dirán a ustedes de misas... Y a otra cosa: si alguien quisiera salvarme de veras, procedería a ponerme reparos en la boca del estómago. Porque, lo que yo digo,

¿no hay más modo de alimentarse que comiendo? *En mi sentir,* bien se puede vivir sin comer. Y voy más allá: *¿a qué obedece* el comer? A fomentar un vicio, la gula. Aplíquenme los reparos y verán cómo me alimento por el rezumo de los líquidos, *vulgo* absorción. Nada se les ocurre: yo tengo que pensarlo todo, y si no fuera por mi talento natural, era hombre perdido, y al menor descuidillo ya tenía usted a la loquinaria del alma echándose a volar y dejándome aquí con dos palmos de narices.

Pusiéronle los reparos, aunque sólo eran remedio sugestivo, y el hombre se calmó un poco, sin parar por eso en su desatinada palabrería.

—Oigame usted, padre—dijo a Gamborena, cogiéndole una mano—, aquí no hay más persona decente que mi hijo, el pobre Valentín, que por lo mismo que no discurre es incapaz de hacerme daño ni de desear mi fallecimiento. Para él ha de ser todo el día en que el Señor se sirva disponer que yo suba al cielo, día que está lejos aún, digan lo que quieran. Se hará la liquidación de gananciales para que esa sanguijuela de Rufina no se chupe lo que no le pertenece, y en cuanto a la capa, o sea el *tercio* libre, le digo a usted que vuelve a mi poder, sin que esto quiera decir que no le dé algo, una cosa prudencial, verbigracia, un chaleco en buen uso.

Y a Donoso, que también acudió a su llamamiento, le dijo:

—No hay nada de lo tratado, y tiempo de sobra tenemos para revocarlo. Todo lo que la ley permita, y algo más que yo agencie con mis combinaciones, para Valentín, ese pedazo de ángel bárbaro y en estado de salvajismo bruto, pero sin malicia. Y ¡que no quiere poco a su padre el borriquito de Dios! Ayer me decía: «Pa, pa, ca, ja, la, pa», que quiere decir: «Verás qué bien te lo guardo todo.» Claro, con un buen consejo de familia, que cuide de alimentar al niño y tenerlo aseado, se pueden ir acumulando los intereses y aumentar el capital. Y luego, en la mayor edad, el hombrecito mío ha de ser todo lo que se quiera, menos pródigo, pues de eso sí que no tiene trazas. Será cazador y no comerá más que legumbres. Ni tendrá afición al teatro ni a la poesía, que es por donde se pierden los hombres, y esconderá el dinero en una olla para que no lo vea ni Dios... ¡Oh, qué hijo tengo y qué gusto trabajar todavía unos cuantos años, muchos años, para llenarle bien su hucha!

Ya de día se contuvo el desorden cerebral; pero los fenómenos gástricos y nerviosos tomaron ya un carácter de franca insurrección, que anunciaba el término de la vida. Pronunciada por el médico la fatal sentencia, la Facultad se declaraba vencida. Sólo Dios podía salvarle, si tal era su santa voluntad; mas para ello tenía que hacer un milagro en opinión de Miquis. Milagro o favor, la testaruda Cruz no desesperaba de obtenerlo, y allí fue el discurrir y poner en práctica cuantos medios inspiraba la fe para impetrar de la misericordia divina la salud del excelentísimo señor marqués viudo de San Eloy y demás hierbas. Se repartieron limosnas en cantidad considerable, misas sin número fueron dichas en diferentes iglesias y oratorios; pidióse por telégrafo a Roma la bendición papal, y, en fin, como suprema efusión de la piedad, se determinó, previa licencia del señor obispo, poner de Manifiesto al Santísimo en la capilla del palacio. Dicha la misa por Gamborena, quedó después expuesta Su Divina Majestad en magnífica custodia con viril de oro guarnecido de piedras preciosas que, con otras alhajas del culto, procedían, como el palacio, de la liquidación y saldo de Gravelinas. Sacerdotes y hermanitas en regular número velaban el Santísimo, turnando de dos en dos en la guardia. Adornóse la capilla con las mejores preseas, y fueron encendidas multitud de luces. Todo era recogimiento y devoción en la suntuosa morada; las visitas entraban en ella como en la iglesia, pues desde que ponían el pie en el vestíbulo notaban todos algo de patético y solemne, y les daba en la nariz el ambiente de catedral. Ocurría lo que se cuenta en la primera quincena de mayo, próxima ya la festividad de San Isidro, día grande de Madrid.

Gamborena, instalado provisionalmente en la casa,

pasaba en la alcoba del paciente todo el tiempo que el servicio de la capilla le permitía. Sentado junto a la cama, leía su breviario, sin desatender al enfermo; y si éste rezongaba o pedía de beber, dejaba el libro encima de la colcha para responderle o servirle. Por la mañana, el abatimiento y taciturnidad de don Francisco eran tan grandes como su excitación en la noche precedente. Sólo contestaba con monosílabos, que más bien parecían gruñidos, y cerraba los párpados, como vencido de un sopor o cansancio invencibles. Era el agotamiento de la energía muscular y nerviosa, el desgaste total de la máquina, cuyas piezas no engranaban ya y apenas se movían. En cambio, las facultades mentales aparecían más despejadas cuando por breve instante el sueño les permitía manifestarse.

—Amigo del alma, hermano mío—díjole Gamborena, acariciando sus manos—, ¿se siente usted mejor? ¿Tiene conciencia de sí?

Con la cabeza contestó Torquemada afirmativamente.

—¿Se ratifica en lo que me declaró ayer, se somete a la voluntad de Dios y cree en El y en su divina misericordia?

Nueva contestación afirmativa con el mismo lenguaje mímico.

—¿Renuncia a todas las vanidades, se despoja de su egoísmo como de una vestidura pestilente, y humilde, pobre, desnudo, pide el perdón de sus culpas y anhela ser admitido en la morada celestial?

No habiendo obtenido respuesta, repitió el misionero la pregunta, agregando conceptos muy del caso. De improviso abrió el infeliz Torquemada los ojos, y como si nada hubiera oído de lo que su confesor le decía, salió por otro registro, con voz cavernosa, tomando aliento cada cuatro palabras:

—Estoy muy débil..., pero con los reparos saldré adelante, y no me muero, no me muero. Ya tengo bien calculadas las combinaciones de la conversión...

—¡Por Dios, déjese de eso!... Piense en Jesús y en su Santísima Madre.

—Jesús y Santísima Madre... ¡Qué buenos son y con qué gusto les rezo yo para que me concedan la vida!

—Pídales que le concedan la inmortal, la verdadera salud, que jamás se pierde.

—Ya lo he pedido..., y mis oraciones y las de usted, padrito, y las de Cruz..., y las de todos han llegado al Cielo..., donde se tiene muy en cuenta lo que piden las personas formales... Yo rezo, pero me distraigo alguna vez..., porque me vienen al pensamiento cosas de mi juventud que ya tenía olvidadas... ¡Esto sí que es raro! Ahora me acordaba de un sucedido..., allá..., cuando yo era muchacho..., y lo veía tan claro como si me encontrase en aquel *momento histórico*.

Animándose poco a poco, prosiguió así:

—Ocurrió esto el día que llegué a Madrid. Tenía yo dieciséis años. Vinimos juntos yo y otro chico, que... le llamaban Perico Moratilla, y después fue militar y murió en la guerra de Africa... ¡Guapo chico! Pues como le digo, llegamos a la Cava Baja con lo puesto y sin una mota. ¿Qué comeríamos? ¿Dónde pasaríamos la noche? Allá conseguimos de una vieja pollera, viuda de un maragato, unos mendrugos de pan... Moratilla tenía en su morral un pedazo grande de jabón, que le dieron más acá de Galapagar; quisimos venderlo; no pudimos. Llegó la noche, y *velay* que hicimos nuestra alcoba arrimados a los cajones de la plazuela de San Miguel... Dormimos como unos canónigos hasta la madrugada, y al despertar, a entrambos se nos antojó tomar venganza de la porquísima Humanidad que en aquel desamparo nos tenía. Antes que Dios amaneciera nos fuimos a la escalerilla de la plaza Mayor y untamos de jabón todos los escalones de la mitad para arriba... Luego nos pusimos abajo, a ver caer la gente. Tempranito empezaron a pasar hombres y mujeres y a resbalar, ¡zas! Era una diversión. Bajaban como balas, y algunos iban disparados hasta la calle de Cuchilleros... Este se rompía una pierna, aquél se descalabraba, y mujer hubo que rodó con las enaguas envueltas en la cabeza. En mi vida me he reído más. Ya que no comíamos, nos alimentábamos con la alegría. ¡Cosas de muchachos!... Fue una maldad. Pues tome nota, y ahí tiene un pecado que no le dije porque de él no me acordaba.

Nueve

Gamborena no le contestó. Le afligía la falta de unción religiosa que el enfermo mostraba y la rebeldía de su espíritu ante el inevitable tránsito. O no creía en él o creyéndolo se rebelaba contra la divina sentencia poseído de furor diabólico. Testarudo era el misionero, y no se dejaría quitar tan fácilmente la presa. Observóle el rostro, queriendo penetrar con sagaz mirada en su pensamiento y ver qué ideas bullían bajo el amarillo cráneo, qué imágenes bajo los párpados abatidos. Hombre de mucha práctica en aquellos negocios y expertísimo en catequizar sanos y moribundos, recelaba que el espíritu maligno, burlando las precauciones tomadas contra él, hubiese ganado solapadamente la voluntad del desdichado marqués de San Eloy y le tuviese ya cogido para llevársele. El buen sacerdote se preparó a luchar como un león; examinado el terreno y elegidas las armas, se trazó un plan, cuya estructura lógica se comprenderá por el siguiente razonamiento: «Este desdichado es todo egoísmo, con su poco de orgullo y desmedido amor a las riquezas. En el egoísmo, enorme peso, monstruoso bulto, hace presa el maldito Satán; la codicia le infunde su ardiente anhelo de vivir. Adora su yo, su personalidad viva, y mientras tenga esperanza de conservarse en sí, como es, no se conformará con la muerte, no dará entrada en su alma a la compunción ni a la gracia divina. Que pierda la esperanza, y el egoísmo se debilitará. Duro es, y a veces inhumano, quitar a los moribundos la última esperanza, cortar la hebra tenue con que el instinto se agarra a las materialidades de este mundo. Pero hay casos en que conviene cortarla, y yo la corto, sí, porque en ello veo, en conciencia, el único medio de arrancar al demonio maldito lo que no debe ser suyo, no y no mil veces..., no lo será.»

Pensando esto, se dispuso a obrar con presteza.

—Señor don Francisco—le dijo, sacudiéndole por un brazo.

No respondió hasta la tercera vez.

—Señor don Francisco, óigame un instante.

—Déjeme ahora... Estaba pensando... Vamos, que me veía en aquellas fechas..., cuando entré en el Real Cuerpo de Alabarderos y me puse por primera vez el uniforme.

—¿Por ventura no tenemos ahora cosa de más provecho en que pensar?

—Sí..., me siento bien, y pienso en mis cosas.

—¿Y no teme que pronto puede sentirse mal?

—Usted me ha dicho que me restableceré.

—Eso se dice siempre para consolar a los pobres enfermos. Pero a un hombre de carácter entero y de inteligencia superior no se le debe ocultar la verdad.

—¿No me salvaré?—preguntó de súbito don Francisco, abriendo mucho los ojos.

—¿Qué entiende usted por salvarse?

—Vivir.

—No estamos de acuerdo: salvarse no es eso.

—¿Quiere usted decir que *debo* morirme?

—Yo no digo que usted *debe* morirse, sino que el término de la vida ha llegado y que es urgente prepararse.

La estupefacción paralizó la lengua de Torquemada, que por un mediano rato tuvo clavados sus ojos en el rostro del confesor.

—¿De modo que... no hay remedio?

—No.

Pronunció este *no* el sacerdote con la calculada energía que el caso, a su parecer, demandaba, creyendo cumplir con un deber de conciencia, dentro de las atribuciones de su alto ministerio. Fue como un hachazo. Creyó que debía darlo, y lo dio sin consideración alguna. Para Torquemada fue como si una mano de formidable fuerza le

apretara el cuello. Puso los ojos en blanco, soltó de su
boca un sordo mugido, y cuerpo y cabeza se hundieron
más en las blanduras del lecho, o al menos pareció que
se hundían.

—Hermano mío—le dijo Gamborena—, más propia de
un buen cristiano es en estos instantes la alegría que la
aflicción. Considere que abandona las miserias de este
mundo execrable y entra a gozar de la presencia de Dios
y de la bienaventuranza, premio glorioso de los que mueren en el aborrecimiento del pecado y en el amor de la
virtud. Basta con que dirija todos sus pensamientos, todas
sus facultades a Jesús divino y le ofrezca su alma. Ánimo,
hijo mío, ánimo para renunciar a los bienes caducos y a
toda esta putrefacción terrenal, y fervor, amor, fuego
del alma para remontarse al seno de Nuestro Padre, que
amoroso ha de recibirle en sus brazos.

Nada dijo don Francisco, y el confesor temió que hubiera perdido el conocimiento. Abatidos los párpados,
fruncido el entrecejo, la boca fuertemente cerrada, cha-
fando un labio contra otro, el enfermo se desfiguró visiblemente en breve tiempo. Su piel era como papel de
estraza y despedía un olor ratonil, síntoma comúnmente
observado en la muerte por hambre. ¿Dormía o había
caído en un colapso profundo, precursor del sueño eterno?
Fuera lo que fuese, ello es que al meterse en sí como
caracol asustado que se esconde dentro de su cáscara,
percibió vagas imágenes, y sintió emociones que conturba-
ron su alma, casi desligada ya de la materia. Creyóse
andando por un camino, a término del cual había una
puerta no muy grande. Más bien era pequeña; pero ¡qué
bonita!... El marco, de plata, y la hoja (porque no tenía
más que una hoja), de oro con clavos de diamantes; también en las bisagras, en el llamador y en el escudillo de la
cerradura. Y los constructores de la tal puerta habíanla
hecho con monedas, no fundidas, sino claveteadas unas
sobre otras o pegadas no se sabía cómo. Vio claramente
el cuño de Carlos III en las pálidas peluconas, duros
americanos y españoles, y entre ellos, preciosas moneditas

de las de *veintiuno y cuartillo*. Miraba el tacaño la puerta
sin atreverse a poner su trémula mano en el aldabón,
cuando oyó rechinar la cerradura. La puerta se abría desde
dentro por la mano del beatísimo Gamborena; pero no
se abría lo suficiente para que pudiera entrar una persona,
aunque sí lo bastante para ver que el buen misionero vestía como el *San Pedro* de la cofradía de prestamistas, en la
cual él (don Francisco) había sido mayordomo. La calva
reluciente, los ojuelos dulces no se le despintaron desde
fuera. Observó que estaba descalzo y que llevaba sobre
los hombros una capa con embozos colorados bastante
vieja.

Miróle el portero sonriendo, y él se sonrió también,
movido de temor y esperanza, diciendo:

—¿Puedo entrar, maestro?

Diez

Tantas veces le llamó Gamborena, hablándole con la
boca casi pegada a la oreja, que al fin respondió como
despertando:

—Sí, maestro, sí; me he quedado con las ganas de
saber...

—¿Qué?

—Si me dejaba entrar o no. A ver... ¿Tiene ahí las
llaves?

—No piense en las llaves y dígame con brevedad si
son sinceros sus deseos de entrar, si ama a Jesucristo y
anhela ser con El; si reconoce sus pecados, el vicio infame de la avaricia, la crueldad con los inferiores, la falta
absoluta de piedad para con el prójimo, la tibieza de sus
creencias.

—Reconozco—dijo Torquemada con sorda voz que
apenas se oía—. Reconozco... y confieso.

—Y ahora, todos sus pensamientos son para Jesús,
y si alguna idea o algún afán de los que le extraviaron
en vida viene a turbar esa paz, esa resignación dulce con

que aguarda su fin, usted lo rechazará, usted rechazará ese sentimiento, esa idea...

—La rechazo..., sí... Jesús...—murmuró el enfermo—. Pero ¿usted abre?... Dígame si abre. Porque si no..., aquí me quedo, y... A bien que no es floja empresa... convertir el Exterior y las Cubas en Interior...

—Hijo mío, desprecie toda esa inmundicia.

—¡Inmundicia! ¿Lo llama inmundicia?

Siguió rezongando muy por lo bajo. No se le entendía. Su habla era como el gorgoteo profundo de un manantial en el fondo de una caverna.

Desconsolado y lleno de inquietud, Gamborena tuvo por cierto que la lucha seguía empeñada entre él y Satanás, disputándose la posesión de un alma próxima a lanzarse a lo infinito. ¿Quién vencería? Dotado de facultades poéticas, la mente del clérigo vio representada en imágenes la formidable batalla. Del otro lado del lecho, por la parte de la pared, estaba el demonio, tanto más traidor cuanto más invisible. El sacerdote cristiano sugería por la izquierda; el enemigo de todo bien, por la derecha. Gamborena tenía por su lado el corazón. Puso sobre él la mano y apenas le sentía latir. Probó llamar al entendimiento, con esperanza de que aún respondiera, pero el entendimiento no quiso darse por entendido o ya no ejercía autoridad sobre la palabra. Los gemidos inarticulados, las rudas expresiones irónicas que moduló el frío labio del moribundo sonaron en el oído del sacerdote como inspiradas por el enemigo que de la otra parte luchaba encarnizadamente.

Anochecía, y el misionero hubo de abandonar por un lado su puesto de combate para acudir a la capilla a Reservar el Santísimo. En esta imponente ceremonia, a la que asistieron la familia, la servidumbre y muchos amigos de la casa, elevó el buen padrito su espíritu con ardiente fervor a la Majestad Omnipotente, implorando sostén y auxilio para salir victorioso en la tremenda lucha. Encomendó con plegaria dolorida el alma del triste pecador, y pidió para él la gracia por los maravillosos medios que sólo Dios sabe y emplea, supliendo la ineficacia de los medios humanos. La emoción del buen sacerdote se traslucía en su semblante grave y en la dulzura de sus ojos. Cuando terminó el acto, pudo observar que muchos de los presentes tenían el rostro encendido de llorar.

Y otra vez allí, al campo de batalla. En el breve tiempo que duró la Reserva habíase desfigurado tanto el rostro del pobre enfermo, que Gamborena le hubiera desconocido si no estuviese acostumbrado a tales mudanzas del humano semblante en trances como aquél. Si cada transformación de las facciones pudiera expresarse por espacios de tiempo y la descomposición fisonómica se representara por edades, don Francisco Torquemada tenía ya novecientos años, como Matusalén.

Por acuerdo entre la familia y el doctor se suprimió la medicación de última hora, que no sirve más que para disputar algunos instantes a la muerte, atormentando inútilmente al enfermo. La ciencia nada tenía que hacer allí; bien lo demostró la salida de Miquis y su paso por la gran galería hacia afuera, paso en el cual pudiera verse cierta tristeza, pero también resolución, como de un hombre que siente no haber triunfado allí y que se dirige a otra parte donde triunfar espera. Despedida la Ciencia, a la Religión correspondía lo restante, que era mucho, a juicio de todos. Gamborena y una hermana de la Caridad ocuparon los dos costados del lecho que pronto sería mortuorio. La familia se retiró al próximo gabinete.

Don Francisco abría con ansia su boca, en demanda de agua, que le daba la monjita. Angustiosa era su respiración, con un pausado ritmo que desesperaba. Llegó un momento en que la suspensión casi instantánea del estertor les hizo creer que había muerto, y ya se disponían a la prueba del espejillo cuando Torquemada respiró de nuevo con relativa fuerza, y dijo algunas palabras:

—Exterior y Cubas..., mi alma..., la puerta.

Los miró. Pero sin duda no los conocía. Volviéndose hacia la monja, le dijo:

—¿Abre usted o no abre? Quiero entrar...

Gamborena suspiraba. Su intranquilidad subió de
punto, observando en la mirada del moribundo la expresión irónica que en él era común cuando hablaba de cosas
de ultratumba. Díjole el misionero palabras muy sentidas; pero él no pareció comprenderlas. Sus ojos, que allá
en lo profundo de las cuencas amoratadas apenas brilla-
ban ya, no se fijaban en objeto alguno, y se movían in-
ciertos buscando... Dios sabe qué. Gamborena vio la base
de aquella personalidad próxima a extinguirse.

Por el otro lado, la monjita le decía con ferviente anhelo que invocase a Jesús, y mostrándole un crucifijo de
bronce lo aplicó a sus labios para que lo besara. No se
pudo asegurar que lo hiciera, porque el movimiento de
los labios fue imperceptible. Cuando le administraron la
Extremaunción no se dio cuenta de ello el enfermo.
Poco después tuvo otro momento de relativa lucidez, y a
las exhortaciones de la monjita respondió quizá de un
modo inconsciente:

—Jesús, Jesús y yo..., buenos amigos... Quiero salvarme.

Cobró esperanzas Gamborena, y lo que lograr no podía
dirigiéndose a un alma casi desligada ya del cuerpo, inten-
tábalo invocando fervorosamente al Divino Juez, que
pronto había de juzgarla. Estrechó la mano del moribundo: creyó sentir ligera presión de los dedos glaciales.
A lo que el misionero le decía aproximando mucho su
rostro, respondía Torquemada con estremecimientos de
la mano, que bien podían ser un lenguaje. Algunas expresiones, mugidos o simples fenómenos acústicos del aliento
resbalando entre los labios, o del aire en la laringe, los
tradujo Gamborena con vario criterio. Unas veces, con-
fiado y optimista, traducía: «Jesús..., salvación..., perdón...» Otras, pesimista y desesperanzado, tradujo: «La
llave..., venga la llave... Exterior..., mi capa..., tres por
ciento.»

Dos horas o poco más se prolongó esta situación tristísima. A la madrugada, seguros ya los dos religiosos de
que se acercaba el fin, redoblaron su celo de agonizantes,

y cuando la monjita le exhortaba con gran vehemencia a repetir los nombres de Jesús y María y a besar el santo crucifijo, el pobre tacaño se despidió de este mundo diciendo con voz muy perceptible:

—Conversión.

Algunos minutos después de decirlo volvió aquella alma su rostro hacia la eternidad.

—¡Ha dicho conversión!—observó la monjita con alegría, cruzando las manos—. Ha querido decir que se convierte, que...

Palpando la frente del muerto, Gamborena daba fríamente esta respuesta:

—¡Conversión! ¿Es la de su alma o la de la Deuda?

La monjita no comprendió bien el concepto, y ambos, de rodillas, se pusieron a rezar. Lo que pensaba el bravo misionero de Indias al propio tiempo que elevaba sus oraciones al Cielo, él no había de decirlo nunca, ni el profano puede penetrarlo.

Ante el arcano que cubre, como nube sombría, las fronteras entre lo finito y lo infinito, conténtese el profano con decir que en el momento aquel solemnísimo, el alma del señor marqués de San Eloy se aproximó a la puerta, cuyas llaves tiene... quien las tiene. Nada se veía; oyóse, sí, rechinar de metales en la cerradura. Después el golpe seco, el formidable portazo que hace estremecer los orbes. Pero aquí entra la inmensa duda. ¿Cerraron después que pasara el alma o cerraron dejándola fuera?

De esta duda, ni el mismo Gamborena, *San Pedro* de acá, con saber tanto, nos puede sacar. El profano, deteniéndose medroso ante el velo impenetrable que oculta el más temido y al propio tiempo el más hermoso misterio de la existencia humana, se abstiene de expresar un fallo que sería irrespetuoso, y se limita a decir:

—Bien pudo Torquemada salvarse.

—Bien pudo condenarse.

Pero no afirma ni una cosa ni otra..., ¡cuidado!

Indice

Libros en venta

---

* Volumen intermedio   ** Volumen doble   *** Volumen especial

**** Volumen extra   ● Volumen sin determinar
